北京師範大學
一百二十周年校庆
120th Anniversary of Beijing Normal University

1902 - 2022

上册 ◎

周作宇　陈光巨　主编

北师大的校友们

北京师范大学出版集团
BEIJING NORMAL UNIVERSITY PUBLISHING GROUP
北京师范大学出版社

学为人师

行为世范

谨以此书

献给北京师范大学 120 周年华诞

编委会

主　任：

周作宇　李晓兵　陈光巨

副主任：

范文霞　魏　欣　隋璐璐　吕晓慧　郭智芳

编　委（按姓氏笔画排序）：

王雅莉　元　静　卢晓华　兰熙琳　李悦池

李　强　何胜男　沈淑艳　张恒瑞　张梦珺

尚晓燕　赵紫名　胡　曼

前　言　Foreword

　　岁华匆匆而去，写尽青春诗章；微风穿云而来，传颂木铎金声。从1902年建立的京师大学堂师范馆到如今国家"双一流"建设高校，北京师范大学120个春秋的发展足迹，与国家、人民休戚与共，走过了不平凡的发展岁月。作为我国最早的现代师范教育高等学府，北师大为党和国家培养了一大批优秀人民教师，为各行各业输送了一大批杰出人才。数代学人在这座知识的殿堂里治学修身，砥节砺行。离开校园，曾经的优秀学子投身科研、扎根教育、服务基层，弄潮商海，效力政坛，秉持"学为人师，行为世范"的校训精神，以数年如一日的赤诚之心，为国家和社会发展做出努力和贡献。

　　学子之于母校，是绿叶对根的情谊；母校之于学子，是故乡对游子的牵挂。北师大每一个成就的取得，都凝聚着校友的力量，与此同时，在"扶上马，送一程，服务终身"校友工作思想的指导下，北师大也在不断探索如何更好地服务校友，为校友成长赋能护航。从校友踏出校门的那一刻起，北师大就关注着校友的成长，是校友们终生发展的强大后盾与心灵港湾。

　　如今，百廿师大已是桃李芬芳，声播四海。每年都有朝气蓬勃的学子带着无限热情与远大志向走向工作岗位，奉献青春热血和专业才华。北师大的精神就这样一代代传承，生生不息。站在新的历史起点，北师大肩负为党育人、为国育才的时代使命，校友们熔铸兼济天下、慎思笃行的家国情怀，在承前启后的荣光中，在与时俱进的步伐里，与母校一道，为实现中华民族伟大复兴发挥北师大人的作用，体现北师大人的担当。

在北京师范大学建校120周年之际，我们特别编写《北师大的校友们》一书，集中展示校友的成就与风采，也以此表达广大校友对母校的祝福与想念。本书以"校友回忆""校友讲演""校友风采"为题归集为三编，分别展现校友们对求学时光的美好记忆、回归母校对后学的指引教导以及在各行业领域绽放的优秀风采。书中既有次旺俊美、张廷芳伉俪"到边疆去，到祖国最需要的地方去"的理想信念，也有时代楷模黄文秀"不获全胜，决不收兵"的决心勇气，还有公费师范生钱家锋"做好基础教育的传承和创新"的坚定抱负……作为北师大优秀校友群像中的一组，他们将北师大的教育精神写在了祖国大地上。为庆祝北师大建校120周年，本次编写我们共选取了120位校友代表，从不同角度，以不同方式进行了呈现，因篇幅有限，回忆投稿、校友讲演以及采访的优秀校友风采无法全部纳入，后续将会以展览、微信推送、杂志刊发等形式陆续展示。希望读者在看到这本书的时候，能够为自己在北师大曾经或者正在度过的温暖时光而会心一笑，为母校能拥有如此众多优秀校友而感到自豪骄傲。

本书由北京师范大学校友会联合党委学生工作部组织编写，在编辑出版过程中，得到了北师大校领导、广大校友、各地校友会、学部院系以及北师大出版集团各位领导的关心与支持，教师教育分社郭兴举社长、鲍红玉编辑为本书的出版付出了辛苦劳动，在此表示衷心的感谢。因为时间紧迫，人物众多，编写过程中难免疏漏，敬请广大校友、读者朋友批评指正。

谨以此书赠予我们在栉风沐雨中锐意前行的母校，赠予承前启后、薪火相传的北师大校友。时光的齿轮永不停转，从百廿启程，希望校友们将北师大的精彩继续演绎下去，共同创造和见证北师大下一个荣耀的120年。

编者

2022年7月

目　录　Contents

第一编　校友回忆

第二编　校友讲演

第三编　校友风采

第一编

校友回忆

01 甲午回想

/ 1954级中文系　孙一珍

1954年，这个年号对北京师范大学来说非常重要。那是新校的开启年，也就是现校址的诞辰，同时也是我们这一届学生入校的时刻。

那时北师大分三个校址：南校即和平门外原北师大；北校在定阜大街原辅仁大学；新校即现在的北师大，1954年秋季，数学、物理、中文三个系入驻。原来这三个系的学生由老校搬迁过来，我们这一届新生就直接入新校。无疑，我们1954年入学的三个系的学生，均为与北师大同龄的师大人。所以，对于我们来说，1954年，即甲午之年是个重大的纪念年。

我们入校的时候仅有数学、物理两座教学楼。东斋刚建好三座楼，南楼为女生宿舍，北楼为男生宿舍，东楼为校部和中文系的办公室，三层为单身教工宿舍。刚完工的学生大饭厅和员工食堂与东斋马路相隔，和大饭厅南北马路相隔的是尚未交工的大操场，经过同学们的义务劳动细化后，才能使用。逐步又建好几个篮球场，一个足球场，供跳高、跳远使用

的沙坑，练体操的高低杠、双杠、爬杆等，还有平平整整的400米跑道。到冬天，在体育老师的指导下又泼了滑冰场。除此之外，整个北师大就是一个大工地，栅栏里有一排排的临时工棚，里面住着建筑工人，堆放着各种建筑器材，工人师傅和师生分门出入。刚开学我们的教室就是大工棚，没有课桌，每人一把扶手椅。阅览室也是工棚式的简易建筑，一排长长的平房，每晚自习时间，人满为患，同学们都加快吃晚饭的速度，为了能在阅览室找到一个座位，我吃饭狼吞虎咽的毛病就是那时养成的。

那时，我们的校长是历史学家陈垣先生。他个子不高不矮，体形不胖不瘦，健壮挺拔，留着美髯，有飘然若仙之风，是一位慈祥和善的学者。陈校长在开学典礼上的讲演，依然回响在我的耳畔：北京师范大学要培养德智体美全面发展的中学人民教师。

中文系的系主任是黄药眠先生，他身着笔挺的中山装，腋夹黑色皮包，来去匆匆，说话

巧遇陈垣老校长

不紧不慢，仪态矜持、大方，是位有修养的学者型领导。中文系教师实力雄厚，文艺理论有一级教授黄药眠；现代文学有教授叶丁易，副教授陈秋帆，叶先生留下我国第一部以马克思文艺思想为指导的《中国现代文学史》，作为几届学生的教材；古典文学有人称"活字典"的刘盼遂教授；《中国文学史》的著者李长之教授；自费从日本影印大量孤本明清小说的王古鲁教授；魏晋文学专家王汝弼教授，唐诗专家启功副教授。外国文学有彭慧、穆木天教授、杨敏如副教授。语言学有大名鼎鼎的黎锦熙教授、萧璋教授、陆宗达教授、俞敏副教授。民间文学有钟敬文教授。教学法有被北京市中学称为"王"的叶苍岑教授。讲师有黎风、郭预衡、李文保、钟子翔等。真可谓人才济济，良师满堂！

那时老师对学生要求非常严格，学期开始各教研室就开出读书目录，分必读和选读两类，仅外国文学就有两百多种。从古希腊神话、荷马史诗、中世纪文学到欧洲文艺复兴各种流派的代表作品；从19世纪俄罗斯文学到苏联文学，世界各国文学应有尽有。中国文学作品自不必说，诗经、诸子百家、史记、汉赋、魏晋文学、唐诗、宋词、元曲、明清小说的代表作，又是数百种。加上近代谴责小说，到现代文学的鲁迅、茅盾、郭沫若、巴金、曹禺、老舍、丁玲等。我记得第一次拿到书目高兴得都跳了起来，做梦还梦见我抱着的许多书被同学抢走了，我都急哭了。

学生们都抱着为祖国学习的愿望，把国家人民的需要当成自己的志愿、把为祖国健康工作五十年作为自己的目标。我们学习的榜样是保尔·柯察金、卓娅和舒拉、古丽雅等，还有中国的保尔吴运铎、抗日英雄赵一曼和刘胡兰等。因而尊师爱校好学，上课认真听讲，课后努力复习、做作业。阅读成风、锻炼成风，早上闻铃即起，争先恐后到大操场锻炼。我坚持中学的习惯，每天早晨围着跑道跑四圈。下午

古丽雅锻炼队

课外活动时间也要到操场锻炼。体育女老师是中年的朱氏双胞胎姐妹，早晨及下午她们都到操场辅导、巡视同学们练习。当时向苏联学习，实行"劳卫制"，每个人都争取通过、达标。我们向中文系高年级的同学学习，也成立了"古丽雅锻炼队"。我届女生年纪大的、结了婚的、做了妈妈的数量不少，但是这些调干生也和我们应届生一起参加体育活动，她们克服重重困难、艰苦锻炼，最后多数人都通过了劳卫制。古丽雅锻炼队美名远扬，中国青年报社专门来校采访拍照，用了整版篇幅加以报道，后来新闻制片厂还为我们拍摄了纪录片。

学生多数都有社会工作，也参加各种社团，在活动中锻炼成长，人人追求德智体全面发展。1956年向科学进军更是把刻苦学习推向高潮，争创"三好"学生、"四好"班集体蔚然成风。"四好"班的学生不但学习好、体育好，还要人人会唱歌、跳舞，我曾经因为不会跳舞，被班上视为创四好的障碍，派专人教我跳舞。

1958年，即毕业前夕最激动人心的两次劳动令人终生难忘。一是到十三陵修建水库。十三陵劳动可以说全民总动员，毛主席、周总理带头，北京市各界都来这里义务劳动，用千军万马、人山人海来描述毫不过分。而且每个人都斗志昂扬、争先恐后。十三陵大坝的沙土就是各界人士一担担挑上去的。同学们挑起扁担，装满沙石，飞跑着爬上高土坡，肩膀压肿了、磨破了，谁都不叫苦。我们班同学杨礼源为战地写了一首歌："小扁担，滑溜溜，人人争挑窝窝头……"还有一首在工地广为流传的歌曲："窝窝头啊窝窝头，过去见了你就发愁；如今来到了工地上，我和窝头做了朋友……"道出了人们争挑重担、乐观向上的心声。二是在天安门参加人民大会堂打地基劳动。当时彭真市长要求北京的应届毕业生都来参与这项有重大意义的劳动。我们很多同学都参加了，我们班的李镜如同学还当场写了诗歌："敢叫高楼站起来。"如今，我每次去天安门广场，看到雄伟的人民大会堂，都会骄傲而自豪地想到这里洒下了我们这一届的汗水！

我们毕业时的口号是：到边疆去，到艰苦的地方去，到祖国最需要的地方去。所以中文系58届有60%的同学分到西北、东北等边远地区，以内蒙古、新疆、青海、宁夏居多。

如分配到青海的林锡纯，在那里工作了一辈子。从中学老师到文学期刊的编辑，直到《西宁晚报》总编辑退休，并身兼数职，中国书法家协会理事、青海书协主席、西宁市作协主席等。张学莹在青海做了数十年中学教师，荣获特级教师的光荣称号，北京姑娘早已变成了青海教育界的中坚分子，连说话都带有青海味。

在宁夏扎根的刘世俊、郭雪六、吴淮生、李增林、李镜如、梁诚、陈学兰等，早已成为地道的宁夏人。刘世俊作为宁夏大学的开创者之一，从普通教师到副校长；吴淮生从文联一般干部做到宁夏作协副主席，至今仍然思维敏捷、笔耕不辍；李增林从教学到从政，当了宁夏政协副主席。他们都是宁夏的一代名人。

在内蒙古教书育人的王桂环、韩学屏、郤小艾、张惠娇、张守忠、柯大课、宁宓用、戴家鸿等。他们勤勤恳恳为内蒙古的中教、高教事业献身，多数荣获特级教师、高级教师的称号。

在新疆伊犁耕耘数十年的尹志礼，退休后还发挥余热持续工作多年。维吾尔族同学木哈买提先在新疆大学任教，后来做了新疆维吾尔自治区文化厅副厅长、党委宣传部副部长。

在东北的宗福琛、李东源、蔡士钊、方祖良、王悦，终身为东北的教育事业而克勤克俭。

更值得怀念的是在祖国边远地区英年早逝的马克前、梁贯中，还有把生命献给边疆教育事业的朱东兀、吴宗渊、吕宪庄、李汝祁、欧阳端清、乌兰达赖、张祖炯等同学，我们敬重他们、永远怀念他们！

留在津京地区的是少数，也各自做出了贡献。许令仪、贾景娴、刘文涛、魏其光、金世玲都为天津市中等教育做出无私奉献，贾景娴还当选了天津市政协委员。而从边疆调回天津的范亦豪、闫承尧都在大学里成为骨干，范亦豪在老舍研究方面有突出成就。北京的曾满祥、曾彩美、黎念慈、郭锡荣兢兢业业一辈子为中学教育奋斗，多数评为特级教师。北师大的何乃英、郭志刚，社科院研究生院的张恩和，都是知名教授。从青海调回北师大的王宁被评为资深教授，学术上卓有成就，至今年近八旬还在孜孜工作。分散在广东、广西、湖南、湖北、山西、山东、河南等地的同学都不辜负母校的培育，在各自教育、文化战线上勤耕细作，都做出了卓越成绩。

饮水思源，同学们所有的成绩，都源自母校的教育培养，都源自德智体美全面发展的教育方针，都源自各位师长的谆谆教导、行为世范。请允许我这耄耋之人，向敬爱的母校致以崇高的敬意和衷心的感谢！

02 我的大学生涯

/ 1955级生物系 王良信

我在北京师范大学度过了四年的大学生活，前两年是在北校，后两年搬到新校。在那四年，我收获了毕生的精神财富。

入学

1955年8月下旬的一天下午，我到北京师范大学新校报到，当时父亲还提醒我早点回家吃饭。交完录取通知书后，在一位师兄的带领下办完了注册手续，但他对我说："别回家吃饭了，学校的饭好着呐！"于是我在学校吃了新学期的第一顿饭——两荤两素，主食是精粉馒头和小站稻大米饭。我心想，若是在家里，我哪能吃得这么好呀。

吃完饭，我就到师兄的宿舍里闲聊。他向我介绍了生物系的情况，说等报到结束，会把我们送到北校。我也聊了聊报考生物系的原因，还给他介绍了我在中学看过的苏联植物学译本和一部萨方诺夫著的抒情科学散文集《大

地花开》，引得他惊讶连连，因为他还没有看过这本书。

一年级

我们一年级是在北校度过的。犹记得宿舍和学校中间隔着一个操场，食堂在东面另一个地方，据说是原来的恭王府。

当年我国教育向苏联学习，我们学校的课程也相应地按苏联教学计划制订，将公共必修的英文课改为俄文课，增加了米丘林生物学（我们那时改为《达尔文主义》）和人体解剖学，取消了比较解剖学，将植物形态学、植物分类学合并成植物学（一）和植物学（二），将无脊椎动物学和脊椎动物学合并成动物学（一）和动物学（二），并将动植物标本采集改为野外实习，固定于教学计划中——一年级到海滨进行无脊椎动物及低等植物实习，二年级到林区进行脊椎动物及高等植物实习。因此，

在北校的合影（前排左三为作者）

我们一年级课程有：植物（一）、动物（一）、达尔文主义、普通化学、联共党史、心理学等。而我最喜欢的课程是植物（一）、达尔文主义和心理学。

俄语课

开学前，系里说如果俄语课在中学学过，可以申请免修，于是我以第一名的成绩通过了考试，免修了一年级的俄语课。等到第二学期开始，我到系办公室跟马老师说："我的俄语课是不是还要再考试才能免修？"没想到马老师说："不用考了，你都能翻译原文了，还考什么试？假期老师开会，陈昭熙老师拿着你的翻译文对全体老师说，王良信一年级就能翻译俄文专业文献，你们看，多好呀，可不要骄傲呀。"就这样，第二年我的俄语课又免修了，但马老师的谆谆教诲，我一直记在心里，做学问不敢骄傲。

大学第一年第二学期，为了进行梨树芽科学研究，我摘译了一篇俄文资料——特·恩·别丽斯卡娅的《植物形态特征年龄变化研究方法》，并送给了张述祖老师，请他改正。

植物（一）

植物（一）讲授的是植物形态学和低等植物分类学，由陈昭熙教授和张述祖讲师任教，实验课是王慧老师。

这是1956年的译文原稿，当时好些字还是繁体，如特徵（特征）、繫绳子（系绳子）、基礎（基础）、乾燥（干燥）、記錄（记录）、轉化（转化）、調查（调查）等。

我虽然喜欢植物学，但第一学期我只有植物（一）这一门课没有得5分（苏联式5分制），于是系里就让我再考一次。

如今想来，这第二次考试十分有意思。我记得是陈昭熙老师主考，张述祖老师为副考。考试途中，陈老师突然拿一个木贼孢子图问我有几个弹丝，我说："4个。"陈老师说："对吗？你再看看图。"我看后改口说："是2个。"

陈老师又追问："到底是几个？"张述祖老师在旁边急得给我使眼色，可惜我没有看明白，还是答道："4个。"最后我答错了，结果还是4分。考完张老师说："王良信，你真笨，我都给你使眼色了，你怎么还说4个呀？"因此，我没能当成全优学生。不过我却明白了，学习知识时一定要扎实、准确。

动物（一）

动物（一）由武兆发教授给我们讲授。武老师不但教给我们知识，还特别教给我们学习方法，而且最使我们感动的是，他一点没有权威教授的架子。我记得当讲到昆虫纲，课间休息时，我曾问武老师是否知道有一种蝉要在地下经过17年才能孵化成虫。他说："不知道呀，你在哪里看到的？"我说："在法布尔的《昆虫记》里。"他当时肯定了我的说法，还说以后可以告诉学生，而且说是我告诉他的。这弄得我不好意思起来。

当时，我们的动物（一）的实验课是刘凌云老师指导的，而《达尔文主义》由郭学聪老师讲授，除了达尔文学说外，只能讲米丘林和李森科的学说。记得在课程结束时，我曾写了一个很受郭老师肯定的读书报告，可惜之后一直没有找到。

心理学

此外，我比较愿意学习的是《心理学》，因为我在高中时就看了捷普洛夫的《心理学》和罗素的《快乐的心理》，所以有了心理学的基础知识，听起来就很入迷。但当时大多数同学不喜欢这门课，因为这些同学第一志愿是医学院。而我对心理学的学习，后来证明这对我做教师、在师范学校讲授心理学都大有裨益。

海滨实习

1956年7月1日到16日，我们到烟台进行海滨无脊椎动物和海藻实习。当时，我们从北京出发乘火车到天津，再坐轮船去烟台。我记得坐的船是"民主11号"，是一艘货轮，因为客轮"民主7号"入坞检修去了。我们大家都统一待在货轮的最上层，只能和衣而睡。到了烟台之后，我们在离海边特别近的一所小学落脚，晚间可以听到海涛的声音。

实习一共进行了14天，我们上午在海边采集无脊椎动物标本，下午回来就在教室里观察，还参观了海带养殖场、果园等。此外，我们还常常坐在海边看海。有一天傍晚，正是大潮时，海浪拍击到岸上，打湿了我们的衣裳，远处浪花翻滚着，煞是好看。我们一边看，一边大声朗诵海涅的《波罗的海》：

"黄昏朦胧的走近，波涛翻滚地更狂了，我（们）坐在海边，看着雪白的巨浪舞蹈，一种深沉的怀乡使我想念你，可爱的人呦。"

在王慧和刘凌云两位老师严格要求的影响下，我凭借较强的笔记记录功力在海滨实习期间写出了两个比较好的实习报告，我的动物实习总结也得到了振武老师的好评。

听课

武兆发教授在给我们上第一节动物课时候曾言："你们已经是大学生了，进校后学会的第一件事情应该是什么？是学会听课和记笔记。不要小瞧记笔记，它是任何现成书本不能代替的，因为记笔记不但锻炼你速记能力，还会培养你在听写时进行思考的能力。"我谨记老师的教诲，一直坚持记笔记。到了大学二年级，我就明显感到，我与未采用这个方法的同学相比，拥有了许多优势：

第一，我能够把老师讲授的内容完整记录下来，在复习的时候能够更多地拓宽知识面，获益匪浅。

第二，我能在任何情况下都把讲授者的话完全记录，以此加深对专业知识的理解。

第三，我有较强的速记能力，可以把讲课人的知识毫无遗漏地记下，并讲给他人听。

1964年寒假，黑龙江省教育厅在哈尔滨举办为期10天的本省各地中学农业课教师培训班，我在听课时，就把老师讲的内容几乎无遗漏地记录了下来。因此，轮到我为市农业教师进行培训时，我便得心应手。和我一起去哈尔滨培训的鹤岗二中农业课尚作轩老师曾问

我："王老师假期备课了？"我说没有，他却十分惊讶："那你怎么讲的和省里老师讲的一样啊？"我就告诉他我的笔记记得全，还给他看了一下。他称赞道："北师大毕业的，到底和我们农校毕业的不一样。"

复习

武兆发教授曾告诉我们，晚自习复习时要这样做：

第一，先不要看笔记和教材，要按照知识点从大到小的顺序闭目回想老师在课上讲授的内容。

第二，打开笔记本，从头到尾补写，思考自己所想与老师讲授的差别，反思没有回忆起来的内容及其原因。

第三，最后再阅读教师指定的参考书，并与老师讲的内容进行对比，把老师没有讲到的记在笔记本上。我就按照这种方法学习，一直坚持到大学四年级。

二年级

植物（二）

二年级我最下功夫的课程是植物（二）。自此我们开始学习蕨类植物和种子植物。植物（二）课程是贺士元老师讲授的，当时他还是讲师，但课程非常受学生欢迎，他也非常关心学生。贺老师知道我经常到生物系腊叶标本

室认识标本后，还把实验室的钥匙交给我，让我随时都能去看标本。

北校后花园有一个温室，里面有不少植物，我便利用课余时间去那里认识植物。还记得当时管理温室的工人姓康，我们都亲昵地叫他"老康"，他也不生气，还特别认真教我认识植物，同时和我一起学习拉丁学名。他的拉丁学名记得很多，是贺老师教给他的，因此，我从他那里也学了不少学名。到二年级结束时，我已经能背诵400多个拉丁学名。

动物（二）

再说动物（二）课程。那一年，我是生物系田径队队员，中长跑训练比较多，再加上当时情绪欠佳，就没有好好学这门课。复习时，我的大学挚友发现我学得差之后大惊，怕我不及格，就拿着笔记帮我复习。幸亏有他们的帮助，我最后没有不及格，反而出乎意料地得了4分。

教育学

二年级，我还认真学习教育学。当时我们学的是苏联教育学家凯洛夫的《教育学》，同时也学习凯洛夫的"五环节课堂教学法"。

学习方法

到了大学二年级，就要选择自己喜欢的课程进行深入学习。我因为喜欢植物分类学，所以除了在课堂认真听讲外，我还特别地进行植物的识别和标本的采集。除了认识后花园的植物外，我还经常请教温室工人，认识了不少植物。

到二年级下学期，我认识了比我高一年级的同学宋联德，他也喜欢植物分类学，我们利用星期日到北京郊区香山、潭柘寺、大觉寺、玉泉山、鹫峰采集标本，认识了将近400种植物，做了整整10本腊叶标本。

这些活动大大提高了我的植物分类学知识和野外识别植物的能力。同时养成我认真学习的习惯。

二年级的分类学学习，为我到佳木斯医学院从事药用植物学和中药资源学教学奠定了坚实的学科基础，使我能在这两门学科的研究和教学中有所建树。

三年级

到了大学三年级，由于当时的政治形势，我们的学习已经成为运动式学习。那一年，我们基本没有学到新知识，更多的时间是在参加"大跃进"劳动。

那一年我们系把农业课作为重点，其他课程如《植物生理学》《生物化学》放到次要地位。我凭借一二年级学习的积累，既在田间劳动中学会了如何掌握农业技术，也在深翻地的劳动中学会了劳动技巧。我和赵美华同学还准备写一本《掏粪学》。所有这些，对我以后的农业课教学都起到了很好的作用。

我最大的收获是明白一个道理：在掌握农业技术能力时，要知道它的理论基础，实践可以使理论知识更加丰满。

四年级

因临近毕业，而且已经知道要分配到遥远的黑龙江省，为此，我便利用四年级一年的课余时间到北京图书馆和中国科学院图书馆查阅植物分类学资料，做了100多张卡片，并且完成了一篇综述《植物分类学的研究历史和研究方法》。这些工作使我学会如何查阅资料、消化知识，并结合自己的理解完成一篇综述文章，也使得我在到佳木斯药学院时，能在脱离这门课19年后很快熟悉药用植物学和中药资源学的教学与研究工作。

感谢我的母校，感谢她带给我四年丰富的大学生活。

03 难忘的大学生活

/ 1959级教育系　杨松青

第一印象

1959年8月末的一天，华灯初上的时刻，我一个人提着简单的行李踏入了陌生的北师大东校门。几个热情的老同学围上来，问我是哪个系的，然后领我到教育系新生报到处办完了入学手续。正待送我去西北楼学生宿舍，恰有一位青年女教师说她顺路带我前往。路上，她问我从哪里来，我说是从福建来。她说我普通话讲得不错，不像福建口音。我刚到北京，听到这样的话，心里很高兴。到后来我才知道，她原来是中文系的老师，也到过福建，懂得好多方言。到了西北楼下，她问明我宿舍的位置，与我上了三楼，交代了以后就下去了。同班的同学高兴地接我进了寝室。原来他们早已安排好了。从此，我开始了崭新的历时五年的大学生活。在这里我一直住到毕业离开。

在温馨明亮的夜光中，北师大给我留下了第一个美好而深刻的印象。

团结和谐　不觉困难

我们上大学时，正遇上三年困难时期，但是，我们在校内，生活、学习、工作都很正常，各方面工作都做得很好。

我们这一届学校教育专业有两个班共60人，来自23个省市6个民族。其中有调干生、保送生、归侨生、应届高考录取生，年龄相差较大，党、团员很多，年级建有党、团支部，配有年级主任。真正是一个"来自五湖四海，为了一个共同的革命目标，走到一起来了"的集体。学校党委很重视学生的思想工作。我系也抓得很好，特别注意团结，帮助学习、生活有困难的同学。

生活上，我们当时上大学（师范类）都是免费的，家庭困难的同学，还享有国家助学金。听说饭量大的男生觉得定量不够，有些同学出现浮肿症状。后来我们的伙食标准提高了，粮食定量也增加了，同学间还开展互助，

教育系学校教育专业1964届毕业照

部分女同学把定量匀给一些男同学，保证了大家身体健康。学校根据中央精神，大力组织各种文化娱乐活动，丰富大学的生活。每周六晚，都在操场放映电影，让大家免费观看；在饭厅举办舞会，教大家跳交谊舞。平时课余，有多种社团和体育活动，如音乐、美术、舞蹈等兴趣小组，校系学生运动会，班级球赛等。我参加校合唱团和手风琴小组学习活动，还帮校学生会文化部出电影、舞会通知；我们班除了有特长的同学参加校系运动会外，还坚持每天早晨集体跑步锻炼，增强了体质，也培养了集体精神。

学习上，有两位新疆、内蒙古的同学，因为语言上的一些障碍，在听课记笔记以及对讲义中的一些内容理解上有困难，我们就主动要求并派专人帮助她们，一起上课、自习，帮助整理笔记、解释问题等。年龄大一点的同学学习上遇有困难需要帮助时，我们也都会主动帮助他们。在其他活动中，我们

对少数民族和年龄大的同学都会特别关照。大家生活在一起，无论天南地北，南腔北调，各族同学欢聚一堂，共同学习，共同进步，亲密无间，胜似兄弟姐妹。至今，我们还多有联系。特别是远在新疆伊宁、内蒙古呼和浩特、贵州贵阳、广西南宁、海南海口、广东深圳等地的哈萨克、蒙古、土、壮、汉族的同学更是常致问候，互祝健康长寿，可谓情深似海，情满边疆。

党的关怀，使我们的生活丰富多彩，团结和谐，过得很愉快，感觉不到有什么"困难"。

紧张学习

我们上大学时，正逢教改，学制从四年变为五年，课程很多，教学进度也很快。学习抓得很紧。专业课有：教育学（苏联凯洛夫）、教学法、中外教育史、普通心理学、儿童心理学、教育心理学、教育见习、实习、

生理卫生；公共必修课有：外语、体育、辩证唯物主义（哲学）、政治经济学、社会发展史、中共党史。讲课的有著名教授彭飞、朱智贤等。老师在课上都讲得很快、很多，除了认真讲授以外，课后还很耐心解答同学的问题，不时还抽阅同学的笔记或作业。有一次课后，我向教育心理学老师请教讲义中的一个问题，她在解答后看到我讲义中有很多圈圈点点和旁注，说我学习很认真，我很受鼓舞。平时上课，我们从来没有人缺席，也不敢缺席，因为怕跟不上进度。我们都会自觉地利用课余时间自习。图书馆和公共教室，常常都要早去才会有座位。几个学业突出、有意考研的同学，更是抓紧攻读。

我们上学不久，就遇到了一次全校性的作文考试，不及格的还要补考。这次活动给了大家一个极大的启示，就是一定要加强各种基本功的训练，真正提高自己的文化素质。

紧张的学习，看不完的书籍，使我们的生活过得很充实。丰富的知识开阔了我们的视野，增长了智慧，增强了能力，为以后的工作打下了坚实的专业基础；尤其是四门政治理论课，更是使我们初步掌握了科学世界观的基本观点，思想认识有了极大的提高。

下乡劳动和调查

每到寒暑假，系里就会根据学校部署和本系需要，组织学生下乡支农和搞社会调查。我们班到过北京通州、顺义、密云、延庆、昌平和天津蓟县等地农村，参加拔麦、挖土豆等劳动和教育调查；到过石景山钢铁厂访问工人，写家史。我们自己还组织访问我校老校长、著名历史学家陈垣，游览八达岭长城、故宫博物院、颐和园、十三陵等名胜古迹，参观全国工业、农业展览等活动。

下乡劳动和搞社会调查让我们受到深刻的教育，最使我们难忘。我们接触了不少北方农村和工厂，了解和体验了一些农民和工人的劳动和生活，锻炼了自己的体力和意志，养成了热爱劳动的习惯，增进了对劳动人民的深厚感情，更懂得了农民的艰辛和勤俭节约的重要性。

比如那年暑假在延庆抢挖土豆的劳动。土豆丰收了，但遇到连续下雨，很多都烂在地里，很可惜。北京市委、市团委号召并组织大学生去抢收。那时正是困难时期，我们学校自办伙食，学生自带被褥，开赴"前线"，由当地公社统一安排，集体睡在一个颇宽的旧仓库楼上。为了体验当地农村困难的生活，全体学生都去地里找野菜，拌玉米面煮稀粥，让我们跟农民一样喝着很稀的野菜"粥"，这时，才真正感受到农民的艰辛。这在学校里面是体会不到的。劳动时，男生人手一把山锄挖土豆，女生在后面收拾。从来没有参加过重农业劳动的我，开始觉得不轻松，每挖一会儿就要歇一下，但不能不坚持。挖到后来，挥动自如，好像山锄没有重量一样。意志和体力都得到了锻炼。在延庆，我第一次吃到了荞麦馒头。有人讲不能多吃，不然会胀破肚皮。我觉得它很好吃，但也不敢多吃。在石景山钢铁厂，我第一次看到工人吃的很大的白面馍馍，我一个都吃不完。在多次访问中，我了解到了那家工人祖辈所受到的被压迫、被剥削的苦难，想尽可能翔实地把他的家史写出来，交给厂史办。这既反映了工人的疾苦，也很好地锻炼了我的写作能力和采访功夫。

这样的活动，使我们年轻的、一直在读书的学生们，即使是从农村来的，都能受到真实的劳动和生活的教育。看到了他们的热情和劳动，了解了他们的历史，使我们更加热爱他们。要想不做"三门"（从家门到校门，再到校门或政门）干部，就要到最基层去实践锻炼，才会真正体会到应该如何全心全意为人民服务。

学习毛主席著作

《毛泽东选集》第四卷出版以后，我们班党支部就开始组织大家学习。利用每周六下午1—2小时，在宿舍分组集体学习或自学或讨论。从重点篇目逐步扩大学习范围，以至全册。不少同学还读完了一至四卷。学习毛主席著作成了自觉行动。

学习毛主席著作，使我们真正受到了毛泽东思想的教育。《为人民服务》《纪念白求恩》《愚公移山》《矛盾论》《实践论》《关于正确处理人民内部矛盾的问题》《人的正确思想是从哪里来的？》《在延安文艺工作座谈会上的讲话》《中国社会各阶级的分析》等重要篇章，使我们的立场、观点和方法受到了直接而巨大的影响，从而发生了质的飞跃。我们更加了解了中国现代史，更加了解了毛泽东和中国共产党的伟大，从而更加热爱中国共产党和她的领袖毛泽东。我的世界观、人生观和价值观，就是在学习毛主席著作中受到教育而逐步确立的。我始终坚信马列主义、毛泽东思想不动摇，从来没有过什么"信仰危机"；坚信只有社会主义能够救中国，只有中国共产党才能领导中国革命和建设达到成功；牢记完全、彻底地为人民服务，保持谦虚、谨慎、不骄、不躁和艰苦奋斗的作风以及群众路线的工作方法，等等。我们生活在毛泽东时代，是在毛泽东思想哺育下成长的。我们的心中装着的都是像黄继光、邱少云、罗盛教、张思德、董存瑞、雷锋、王进喜、焦裕禄等英雄人物的形象，都是以他们的行为和思想为榜样。这使我们在毕业的时候真正做到了"毛主席的战士，最听党的话，哪里需要到哪里去，哪里艰苦哪安家"，"祖国要我守边卡，扛起枪杆我就走，打起背包就出发"。毫无自私自利之心，只有服从党和祖国的需要。走上工作岗位以后，我们都做到了坚定信念、埋头苦干、无私奉献。

游行·狂欢·迎宾

那时，每逢重大节日，如国庆十周年、"五一"劳动节，都有盛大游行，全市各单位都要参加。仪仗队和各方阵以及群众队伍，都要通过天安门，接受党和国家领导人的检阅。大家都很认真，很高兴，希望能够看到城楼上的毛主席。晚上，高校学生都要参加天安门广场的狂欢活动。下午四点多就要入场，我们游行后就在指定地点集中等候、吃饭。每个单位都有划定的区域，大家围成一圈，唱歌、跳舞、表演各种特色节目。活动中间，观赏焰火，看到火树银花飞向天空，千姿百态、灿烂辉煌，全场欢呼雀跃，快乐无比。党和国家领导人以及外国元首、国际友人在城楼上与大家共度欢乐时光。周总理和北京市领导人有时会到广场上来看望大家。活动到深夜，大家才慢慢有序地散场。

遇到重要的外交活动，我们还有机会到机场迎接外宾。最荣幸的一次，是迎接越南总理范文同到访。那天，我们在机场边上迎候。同时还有其他高校学生参加。周总理陪同范总理绕场向群众致意。当他们走到我们面前时，范总理突然伸出手来要与我左边的一位女同学握手，她有点不知所措。周总理和蔼地说："赶紧握手啊。"她才不好意思地伸出手来热情地握了一下。近在咫尺，我第一次目睹了周总理平易近人的风度，十分激动。终生难忘！与总理面对面，这么近距离地见到周总理，这是多么难得的机遇啊！

勤工俭学

在校期间，我们还利用课余时间开展勤工俭学活动。我们系每个班都有一块菜地（在原主楼前），大半个篮球场大，分给每个小组自行管理。收成送到有关学生食堂。从开挖、整畦、撒种到移苗、栽种、除草、施肥、收成，全过程作业，使大家体验了劳动的苦与乐，培养了劳动热情和习惯。特别是施肥这一关，更是对同学们的一种考验。在需要施肥时，由劳动委员轮流带领两三个同学，去学校工具室借一辆板车、两个大铁粪桶，带上长杆桶式粪勺，到各楼北边粪井中找粪，然后用桶勺舀上粪来，装满大桶，再拉到菜地去，浇完菜，洗干净，再送回工具室。男女同学都不怕脏不怕累，干得很认真、很卖力。热爱体力劳动的品质，也就在这平凡的劳动中慢慢养成。

当时，我们还参加校办工厂劳动，不管严冬和酷暑，都要值夜班。同时，我们班还培训了理发员（我是其一），为部分同学义务理发；每人都有针线包，缝缝补补不求人；自己动手洗衣、洗被，等等。开展学习雷锋活动以后，这些事情我们更是坚持不懈地去做，勤俭节约、艰苦奋斗蔚然成风。优良的革命传统一直保持在我们这些人的生活中。

寄望

上大学，是我们人生的重大转折。在几年的大学生活中，应该努力为自己打下坚实的专业理论和实践基础，还应该加强自己的思想修养，确立科学的世界观、人生观和价值观。这样才能为今后的人生开辟更为广阔的前景。五年过去了，五十年过去了，再也没有像过去那样的美好时光了！我衷心感谢母校对我们的精心培养，衷心祝福母校发展壮大，也衷心希望学弟学妹们珍惜眼前，展望未来，抓紧深造，把自己培养成祖国有用之才。

1964年我们毕业的时候，我们国家的经济已经全面恢复，毛主席"向雷锋同志学习"的号召深入人心，全国社会风气空前良好。我们正是在这样大好的形势下走向工作岗位。正如毛主席在《重阳》词中所说："人生易老天难老，岁岁重阳。今又重阳，战地黄花分外香……"半个世纪过去了，而今我们的国家已经发生了天翻地覆的变化。祝愿祖国更加繁荣富强。

为了纪念我们不可忘怀的大学生活，找寻分散各地的同学行踪，重温无比珍贵的同学之情，大部分同学曾于1992年90周年校庆、2002年100周年校庆、2009年入学50周年时在母校聚会，2007年在福建厦门、2013年少数同学在新疆伊宁聚会，有些同学已经因病离开人世，不胜怀念。愿活着的同学继续谱写青春时代的美好乐章，给自己也给别人带来快乐，让人们细细品味。

04 青春绚丽的大学时光

/ 1960级数学系　高锦延

1960年9月，我顺利考入北京师范大学数学系，在这里我度过了五年的大学时光。在这五年中，我不仅学习了数学专业的基础和专业知识，提升了自己阅读理解和归纳总结的能力，更重要的是在政治思想方面受到了熏陶，得到了提升；在担任学生干部工作中热情为大家服务，工作能力有了较大的提高，这为自己今后的工作奠定了一定的基础。下面，我分几个方面回顾、归纳和总结这五年的大学生活。

学知识　长本领

入大学后的一段时间内，由于对大学的学习方法和特点不了解，课堂上老师讲得较快，课堂练习也很少，用的教材是苏联数学家辛钦编著的《数学分析简明教程》，语言文字又不通俗易懂，课后作业的难度还较大，学起来感到有些吃力。经过和同学们交流后才认识到：上课要认真做好课堂笔记，对重点内容要加以标记，课后自习时再和同学们认真核对笔记，力争把主要内容当天消化掉，不能使问题成堆，那样的话就很难向前推进了。一个单元结束后就要把这个单元的知识要点归纳总结，特别要检查自己对重点内容是否真正掌握了。这样做虽然很费时间和精力，但却培养了自己阅读理解、归纳总结的能力，这些能力的提高对自己今后的工作是有很大帮助的。

在大学五年中我们学习的基础课及专业课有二十几门，教我们的教师中给我留下印象最深的有三位：教《高等代数》的郝炳新老师，教材就是他和张禾瑞教授编著的。他对教材非常熟悉，上课时他只带一张二指宽的纸条，上面写着当天要布置的作业题。讲课时条理很清晰且语速很快，弄得我们课堂笔记就很难记全，必须课后互相核对才行，郝老师对教材的熟练掌握真可谓是我们学习的榜样。大学毕业后我当了教师，除了课前要努力钻研教材，把握好教材的重点和难点，并认真写好讲稿，在讲课时我可以做到基本不看讲稿，课堂上一边讲述，一边注意观察同学们的反应，这样就会收到比较好的教学效果。教《复变函数》的教师是王家鋆，他个子不高，但课讲得很好，条理清晰、重点突出，给我留下了深刻印象。1978年年初我在新疆师范大学数学系任教，为迎接恢复高考后即将入学的七七级大学新生，教师们各自提出自己可以承担的教学科目，剩下《复变函数》无人承担。系主任王教授找我谈话，征求我的意见，"能否承担该课？"我提出，"毕业十几年来我就没有摸过这门课，要承担可以，但必须给我半年的进修时间"，他爽快地答应了。随后，我在西安交通大学进修了几个月，返回乌鲁木齐后我给数学系两个年级讲授了这门课，同学们反映还不错。给我们上《中学数学教材教法》的是钟善基老师，他是初等数学的专家，对如何讲好初等数学课为我们提出非常具体的建议。在我们教学实习期间他亲临一线亲切指导，使我们的教学实习圆满成功。后来教育部组织专家学者们编写新的中学教材，他参加了《平面几何》部分的编写工作。当时新疆维吾尔自治区教育厅派遣我和另一名教师参加北京市教育局举办的新教材培训班，其间我拜访过他，他给我提供了很宝贵的材料，我非常感谢。

铸造心灵　思想升华

北师大党委和各系党总支很注重学生们的政治思想教育，除了开设马列基础课外，还利用处于首都的有利条件举办了多场专题报告会。我能回忆起来的有：中国首次成功攀登珠穆朗玛峰的登山队队长史占春同志的报告，著名电影演员陈强同志的报告，地质部副部长何长工同志的报告，毛泽东的生活秘书所做的报告及1964年彭真市长在欢送首都大学毕业生大会上的报告等。这些报告对我们青年学生们的成长很有帮助，虽然已经过去五十多年了，但至今仍深深地留在我的脑海中。

北师大还很注重培养青年学生们热爱劳动和尊重劳动人民的思想品格，五年中我们先后多次参加了帮助农业社夏收、秋收及植树造林等劳动。在学习全国劳动模范时传祥同志的先进事迹时，学校组织我们背上粪桶到居民院子里去掏大粪，虽然溅得头发上和脖子里都是粪水，但却让我们亲身体验到清洁工人们劳动的艰辛和高尚。

上大学后不久即遇上粮食定量、副食供应不足、油水较少等困难，当时我们正处于青春期，消化功能强，早餐只吃二两饭，等不到中午肚子就已经咕噜咕噜地响了。不少同学出现了浮肿和便秘，学校决定减少活动量，体育课也只教太极拳、做广播操了。为了鼓励同学们克服困难，学校广播站经常播放红军长征的故事，我至今还记得《一袋干粮》的故事，我还在新华书店买了几本解放军文艺出版社编写的"红旗飘飘"丛书，以增强自己战胜困难的勇气。校党委副书记王正枝同志经常中午在学生食堂和我们一起就餐，一边吃饭一边问我们学习、生活上有什么困难，大家都很喜欢他。有一次，高教部部长杨秀峰同志到北师大视察，上午开完会后他坚持中午要到学生食堂吃饭，看到我们领饭队伍排得较长，下午他在党委会上提出："可以多设几个打饭点嘛！让学生们能吃到热饭。"当我们听到传达后真为有这样的好部长而感到高兴！

1963年3月毛主席发出"向雷锋同志学习"的号召，全校师生积极响应，大家从点滴小事做起，班委会、团支部组织大家打扫教室、教学楼的厕所、图书馆的阅览室等。提倡勤俭节约，衣服和袜子破了就自己缝补，我的针线活儿就是从那时学会的。

作为首都的大学生迎接外宾的任务还是比较频繁的，北师大迎接外宾的区域每次都在钓鱼台国宾馆所在的迎宾大道上，学校确定各系轮流着去。在大学五年中我先后参加了几次迎外宾活动，在此活动中能近距离地看见国家主席刘少奇及夫人王光美、周恩来总理及外交部长陈毅等党和国家领导人。

每年国庆节的庆祝游行，北师大都要承接游行队伍最前面的国家仪仗队的部分任务。从"五一"劳动节后直至9月底，每周约有两天下午要在大操场进行严格的训练。因为每一排都是70个人，所以大家的步伐必须非常一致才会整齐。训练到最后，每个人的动作都十分规范，走起正步来手臂和腿脚甩出去整齐划一，从侧面看去整个排面是笔直的一条线，充分体现出青年人的活力和朝气。在五年中我先后参加了仪仗队中的年号队、红旗队以及文艺队伍中的腰鼓队等。我还多次参加了十一国庆节晚上在天安门广场举行的焰火晚会及文娱活动。现在回想起来，能在首都的中心——天安门广场参加宏大的国庆庆典活动，应该是我这一生中值得庆幸和快乐的事情。

热情服务　立志报国

在大学五年中我一直担任学生干部，做过班委会生活委员、班长、系学生会及系团总支委员等。刚入大学后我担任班委会生活委员，从广西壮族自治区、贵州省等地来的新同学中有很多人的被褥及衣物很单薄，也没有棉鞋，且家境较贫寒，要添置这些生活必需品经济上有一定困难，于是提出申请困难补助。我协助数学系办公室的生活秘书，负责对申请困难补助的同学进行登记、审核、发放等工作，使这些同学能安全过冬。大学二年级后我被大家推选为班长，主要是负责开展班级的一些集体活动。每年的新年晚会是必不可少的活动，动员大家以小组或宿舍为单位出节目。为了让大家踊跃表演节目，自己就得带头。我和徐显忠两人自编自演了一个塔吉克斯坦舞蹈，他装扮成姑娘，我扮演追求爱情的小伙子，我们的表演博得大家的一片掌声。我们班的文娱委员李敏霞很有文艺细胞，有一年元旦晚会她选用电影《刘三姐》中的"刘三姐舌战群儒"这个片段，由她扮演刘三姐，由我们三个男生扮演秀才，排练确实没少花费时间，演出时博得同学们的好评。1963年的一个星期天，班委会组织全班同学去颐和园春游，在园内一片空地上大家围坐在一起表演了文艺节目，又在迎春亭前照了一张全班合影，大家玩得很开心。开展这些活动既活跃了大家的文体生活，又增进了同学间的友情。大四时又让我担任系学生会的军体委员，主要任务是组织每年春季数学系的田径运动会和组织参加学校举办的系级篮球、排球比赛。数学系的男篮和女排中都有校代表队的队员，水平还不错，有一年还获得了冠军。

现在回想起来，担任学生干部确实占据了个人不少的自习和休息时间。但是，有失也有得，在为同学们服务的工作中也锻炼和提高了自己的组织能力。1972年乌鲁木齐市第一师范恢复招收师范生后，我这个年轻教师担任了年级组长，而后学校又让我担任数学教研室副主任，能承担这些社会工作恐怕与我在大学时担任学生干部所得到的锻炼还是有一定关系的。

1964年我父亲到北京参加第三机械工业部召开的工作会议期间，我去看望他时曾问他："听我们同学说我国已经制造出原子弹了，是真的吗?"他严肃地对我说："你怎么能问我这个问题！这是国家的核心机密，我就是知道也不能告诉你，这是铁的纪律！"就在这年的10月16日，我国成功爆炸了第一颗原子弹，第二天《人民日报》号外发布了这一振奋人心的消息，全体师生欢呼雀跃，热烈庆祝的场面至今仍深深地留在我的脑海中。

大学三年级时我曾向数学系学生党支部提交过入党申请书，一年多来，我也没有主动向党组织汇报过思想，党支部也没人找我谈过话，对此我有些不解。暑假期间我向父亲谈及此事，他说："对一个申请入党的人来说，在党外多经受锻炼和考验只有好处，没有坏处。"当时听了这话我不甚理解，还觉得他一点儿也不体谅我想迫切入党的心情。直至我入了党，又多年从事党的工作后才认识到父亲说的话很有道理，"组织入党只一次，思想入党在一生"。

五年级下学期的主要活动就是进行毕业分配教育，根据当时国家的政治和经济形势，教育部对北师大毕业生分配工作指出要三个面向："面向华北和西北、面向基层、面向中学。"这与我们入学时学校所宣传过的："面向高校、面向科研院所、面向尖端领域"的培养目标相差也太大了。同学们有些想不通，所以毕业分配思想教育工作做起来有很大的难度。数学系党总支安排：首先是进行学习和宣传一些优秀毕业生的先进事迹的教育活动；接着进行分组学习讨论，每个人都要谈谈自己的想法和打算；与此同时，又召开党员和入党积极分子座谈会，动员大家要响应号召，要起模范带头作用。大家受党的教育多年，在国家需要和个人利益发生矛盾时，还是会摆正位置的，再加上正处于风华正茂、朝气蓬勃的青年时代，报效祖国的热情还是高涨的。我也征求过父亲的意见，他表示"是党和国家把你培养长大，现在大学毕业了，应该服从国家的需要"。我在会上表明态度时坦白地说："第一是我身体好，第二是我家庭没有负担，所以全国各地哪儿都行！"在填报志愿时，我填写了去祖国的大西北——新疆。宣布分配方案时，1965年北师大分配至新疆的毕业生共90名，其中数学系15名。同学们在一块儿话别五年来共同学习生活的友情，我们也表示要努力把自己的青春贡献给边疆的教育事业。再见了祖国的首都——北京！再见了母校——北师大！

05 收获尚实、唯是之心

/ 1960级政教系　赵绍敏

今年是北京师范大学120岁纪年。120年来，她以中国高等教育学府的不朽标识，奋争在旧时代和服务于新中国，经历了近现代思想变革和制度变革的长长岁月。翻天覆地的百年沧桑锻造了她的高尚品格与不屈的性格，那就是爱国、为民、尚实、唯是。这是由李大钊、鲁迅、陈垣、启功等一大批先杰推崇并身体力行着的，构成了北师大的精神与灵魂。我们世代学子都受到这崇高思想的哺育和照耀。我对于母校给予的尚实、唯是之心，更为感佩和倍觉真切。"唯真实是，唯真理是"，成了我和家人的座右铭，它照耀了我"学为"与"行为"的一生。

我是1960年入北师大的。算起来，至今已有62年。1965年毕业（我们是五年制本科），也过去了57年。21岁那年，我从云南考入了北师大政教系，分在马列主义基础专业，就是后来的科学社会主义专业。那时我是个穷孩子，小学毕业后种了三年地，当了地道的农民，从山里到昆明后，靠助学金和挑煤炭的脚钱读完了初高中，所以入大学时的年龄偏大。也因为有这样的经历，对母校尚实、唯是的风气尤为心仪，也特别敏感。我妻子却是地道的北京人，姓李，名士文，比我晚两年即1962年入北师大，就读在同一个系，1967年毕业。在半个多世纪中，我们的儿子和儿媳，还有大孙子，也相继考入了北师大。一家三代五口都成了北师大人，也都沐浴了母校尚实、唯是的恩惠。

北师大尚实、唯是的品格与风气，是一种内在的百年传统，是生生不息浸透于北师大人骨髓的一种精神和风尚。它贯穿于学校的整个治学环境，浸润着师授子承的各个环节。

这种精神与风尚首先就见于读书。苦读、精读，老实扎实地读，宽展浩繁地读，如牛"嚼草"般反复地读，批判地读，扬弃地读，靠读书夯实"唯是"的功底。这100多年，学校师生皆如此。就说我入学后那五年，正是读书的好时光。记得我刚踏进校门第一天，见到的第一位先生，也是我的第一位班主任，为我做的第一件事情，就是在我宿舍里亲手给我开列了一份长长的读书清单。这份书单起自《共产党宣言》，终至《新民主主义论》，它同以后的数十份书单，陪伴了我一生。为我开列这第一份书单的先生便是徐鸿武教授。50多年后，他80岁时，我曾有诗写道："鸿武开启治世书，一日不读难成眠。"这就是我们那时读书的情志和状况。

在校的五年间，含十个寒暑假，计1825天，我没有回过家乡云南，是政教系唯一一名五年未回过家的学生。在图书馆、教室、宿舍和校园的假山上，都留下了我读书的足迹，读书成了我追梦知识与探寻真理的通道。在这里，我读完了马克思的《资本论》，《法兰西内战》的一、二稿，《共产党宣言》的几个版本，马克思的其他重要著作和恩格斯、列宁的主要著作，以及空想社会主义者们的代表作，已出版的毛泽东著作和党的重要文献，还有欧洲文艺复兴时期的人文代表作，俄国、法国、英国、美国、日本批判现实主义的文学作品。阅读使我加深了对世界的认识，也更多地了解中国，开始懂得革命理论及其革命的发生、发展和指向。一条观察中国、世界和人类命运的链条逐渐把我的思想连接起来，从纷乱走向清晰。在阅读中我接受了马克思主义，接受了社会主义，接受了中国共产党。一种崭新的世界观、政治观、历史观和价值观实实在在地融入了我的血液、我的生命。

在长久的阅读中，我结识了图书馆二楼政教系阅览室的杨国昌馆员（后为北师大副校长）。有些节假日，他专门为我开放阅览室，常等到我作为最后一个读者离开才关门。读书夯实了我的人文学科基础，锻造了我的政治敏锐力。

尚实、唯是精神的养成，还体现在写作这一人文情怀与内在能力的培养和训练上。在独立思考中进行真诚、自由而富于创造性的写作，是北师大历来的人文主张。读北师大不会写作，会被人笑话的；违逆真实的写作，更是会让人不齿的。我在图书馆喜欢拜读"五四"时期陈独秀、李大钊、胡适办的《新青年》和鲁迅等人的文章，并被这份杂志创办者和作者们的智慧、勇气深深感染。他们是敢为唯真实之中国、唯真理之未来而呼的一代。我和我的同行们也想效仿他们，为尚实与唯是，为真实和真理呼唤。从二年级起，我与班上同学商量，发起主办了"自己的杂志"——《学步》，并鼓动哲学班同学投稿，同时创办了《练笔》。这是两份用手写在从学联社买回标有"崇文""京文"字样稿纸上的、装订后挂在宿舍走廊供翻阅的内部学刊。支持我们创办学刊的两位教授是李生林、李思温。学校和政教系为我们办刊开放了绿灯。我现在还存放着《学步》四期、七册，计10余万字，28位同学的手写文章原件。我们所写题目包括：《从

〈法兰西内战〉看马克思主义国家学说的发展》《列宁论武装与社会革命、阶级斗争的关系》《试论巴黎公社的民主集中制》《批判无政府主义在国家问题上的错误》《马克思首先是一个革命家》《究竟谁是托洛茨基主义》《帝国主义矛盾的新高峰》等。其题其文充满了那个时代的认知和青年学子的探求精神。

在《学步》创刊时，《练笔》的主编赖祖德给我送来一封贺词，原信这样写道：

我们欢呼《学步》的诞生，更以十倍的热情、百倍的信心祝贺它的胜利。

《学步》是走路的起点和开端。从扶墙而行到健步如飞以至攀登高峰，必须经过学步的阶段。要学会原来不会的走路，需要付出巨大的劳动。从这个意义上讲，《学步》又是崎岖小路的开路人，是披荆斩棘的拓荒者。

我们是知识的幼童，学步是一个漫长的过程，但是目标始终如一，果实一定是丰硕的。科学上需要的不是怯懦，而是勇敢；不是犹豫，而是坚定；不是畏缩，而是前进！

写得是何等实在，何等深情。

我除了为学刊写作和编发稿件外，还与同系的同学写有北钢工人家史《三十年苦甜录》，并获北师大优秀文章奖项。

写作成了北师大学生深化理性认识、思考社会现实、追寻真理的自觉行为与自在作业。

尚实、唯是精神与风尚的培育，更直接地体现在北师大组织学生开展的经常性的社会调查上。20世纪60年代重调查研究之风吹进了大学校园，给了我们做学生的锻造一双真实的眼睛和探寻社会真理的机会。但敢于真实，并坚守真理而不畏，不是所有的人能做到的。

1961年夏天，正当我们国家开始摆脱三年困难时期，人们深入思考困难时期形成的社会原因时，我所在的班级被派到了河北涿县（今为涿州市）解甲营参加劳动锻炼。1963年冬，我们参加了北京郊区大兴县（今为大兴区）青云店公社历时3个月的社会主义教育运动之后，于1964年10月到1965年6月，又奔赴陕西延安参加了8个月的"四清"。在这场运动中，政教系师生不约而同地站到了延安优良传统和北师大多年培育的一个共同的节点上：向着真实，从真实出发。唯真实是，唯真理是。实现真实与真理的统一，是中国共产党、中国人民，也是北师大人永久的遵循。

师生们在延安乡村真实看到的，是这里的

穷。改变贫穷是延安的任务，也是我们所有人的责任。8个月的时间，我们因真实而收获了真理，所有的参加者都为改变贫穷做了事，便在心中打下了难以磨灭的向贫穷开战的深深印迹。这印迹成为我们这代人的一个坚定不移的行向和指针。

从延安回校两个月，开始了毕业分配。我带着改变中国百姓生活的强烈愿望，坚定地选择了到艰苦地方去工作。只身去了山西阳泉基层工作。

在山西生活的13年，尚实、唯是之心牢牢地支配着我的思想和工作。我到市委宣传部工作期间，常年深入乡村、工厂，投入煤矿产业工人和农民的怀抱，以真实为据，推崇平顺西沟李顺达、申纪兰带领农民发展粮林牧副业的经验。我于1975年出版的首本关于农村农业的小书，叫《下章召》，是写阳泉郊区农民改天换地的纪实性著作。1976年春天，我参加了北京天安门广场悼念周总理的活动，并在《四五行》诗中写道："我步泪海信白花，长诗吟处待天明。他日若得东风起，报以四月一世情。"我在天安门广场真切地看到了白花似海、万众洒泪的悲壮场景。在这里，我感受到了历史唯物主义称道的人民"合力"在聚集，它让中国走向新生，"文化大革命"结束两年后，我决定回云南工作。我和家人在去云南的火车上听到了党的十一届三中全会公报，那是人民日夜期盼的久旱逢甘霖。自此，我开始了

我心仪的在云南边疆长达40多年的艰苦工作。

我先在省农业委员会工作，以务实、求真的态度参加了云南农村第一步改革，长年深入乡村调研，著文《开足马力落实农村经济政策》《论农业生产责任制》，全身心推动以家庭联产承包责任制为主要形式的农业产量责任制，提出了山区坝区均可包产到户的主张。文章刊发《云南日报》头版和由国家有关部门批转全国，或经省委书记批发，影响甚大。1982年，终于实现了我多年的政治夙愿：我加入了中国共产党。

五年后，农村改革第一步工作结束，我回到了省委宣传部从事理论工作。从1989年起，我分管了全省理论工作和学校工作10年，两年后我兼任云南省委党校常务副校长、党委书记，7年后，同时任省社科联主席、党组书记。我长年在两副重担下工作，成了不计日夜、不知疲苦的"工作狂"。这10年间，我不敢忘记党和人民重托，不曾忘却母校的培育和教导。唯国、唯民、唯实、唯是，填满我工作和生活的日日夜夜。

迎着全国改革开放浪潮，我同云南思想宣传战线的工作者一道，致力于全省干部、党员、群众的思想解放，推动云南汇入全国波澜壮阔的改革发展行列。改革开放初期的云南，依旧是历史上保守封闭云南的继续。思想解放就是要打破现状，让山风搅动起云南这汪春水，让它激荡起来、飞扬起来，注入新的力

量、新的思想、新的视野。靠着党和人民的力量，靠着马克思主义的科学真理，我和我的同行们用了几年时间，让云南在观念变革中大步前行，经济、社会、文化领域发生了前所未有的变化。

而就在这一变革、变化的行进中，从1989年至1991年年间，东欧剧变，苏联解体，怎样看待马克思主义、社会主义及其未来前景，考验着每一个人。面对这一大历史大考，省委前后交给我了两项重大任务：一、带领三千名大中学生"重走"红军长征路，用革命优良传统和基层群众实践教育青年。我和我的同行们与青年学生同甘共苦，负重同行，深入乡村，服务百姓，分段走完了红军两次过云南全程，成功、安全地完成了前后长达百天、上万人参与的重大思想教育活动，用红色历史和革命精神重塑青年理想信念，开创了新时期中国思想教育史上的重要范例。二、用党的基本理论、基本路线、基本知识教育全省县级以上领导干部。从1991年到1995年的五年间，在省委和省委书记的领导下，学习马克思主义基本理论、党的基本路线和基本知识，坚持理论联系实际，开展批评和自我批评，总结经验教训，解决领导干部共产主义理想和社会主义信念、实事求是思想路线、为人民服务和民主集中制基本问题，打牢马克思主义基本功底，完成了对县以上党员干部教育轮训任务。这次教育轮训，开创了社会主义新时期党的思想建设和干

部队伍建设的先河，为云南、也为全国党的建设积累了宝贵经验。

在这一时期的历史大考中，我看到了一个全新的以马克思主义为指导的在改革开放大潮中大步前行的社会主义中国，越来越多的干部群众在自我教育中重塑着自己的崇高信仰、信念和信心。这也是我和我的同行们在这一时期奋斗不息所热切期盼看到的。

为记述这段艰难与珍贵岁月，企及社会主义美好未来，我曾有诗写道：

方寸皆唯真理是，
不依风势垂半分。
浪高自有平沙时，
舟自彼岸又一村。

在我埋首云南工作的时候，1992年，一件我所期待又难于践行的事情到来：中央组织部决定调我到北京中直单位中国社科院工作。这对我和家人来说，是一个千载难逢的机会。特别是我夫人，回北京是她多年的愿望。但按照组织的意见，我没有去北京，依旧留在了云南。那年我53岁。我想继续践行我毕业时的许诺：到基层去，到边疆去，到最艰苦的地方去。我做到了，一直做到了最后。我不回京，妻子也只能随我留在云南。这便成了我对妻子一生的亏欠，对一家人的一生亏欠。

今年，我已83岁，还在做着一些社会科

赵绍敏

学研究工作。我从事科学社会主义研究近60年，担任省科学社会主义学会会长20年，出版著作20余本、逾数百万字，其内容主要属于科学社会主义范畴，包括《中国少数民族地区马克思主义教育丛书》（20册）、《中国社会主义建设》、《邓小平理论概论》及《论社会主义的西部开发问题》、《生态文明与民族边疆地区的跨越式发展》等，曾获国家和省部级8个社会科学论著奖，有些著作曾在国内，在全省干部和高校学生教育中起过一些作用。现在正在完成的有《新泥》和《重塑信仰的岁月》两部，待出版后一定送给母校，请同人们指正。

以上我说的、做的，全都是党和人民哺育教育的结果，凝结着党和人民的心血，凝结着母校教育培养的心血。我感谢北师大，没有北师大的教育和培养，就没有我的事业，我的今天。

祝贺北师大120周年校庆。愿母校再展风华，享誉全球，造福未来。

06 难忘的记忆

/ 1961级数学系 李宝玉

1961年夏天，我从家乡沈阳考入北京师范大学数学系，由于历史的原因，我在北师大学习工作了11年，此间的许多往事都给我留下了难忘的记忆。

一、学会打腰鼓、走正步

1961年9月刚报到，我就接到了打腰鼓的任务，从未接触过腰鼓的我，要在二十多天内学会并去参加天安门游行。我行吗？我在心里犯嘀咕。记得当时是由物理系的一位高年级女同学负责训练我们，在她的指导下，短短二十几天里，我们竟然学会了三种不同的打法：第一种是"路点"："咚吧、咚吧、咚吧。"第二种的节奏是"咚、咚、咚、咚吧咚吧。"第三种则是单腿高高抬起，右手将鼓槌和绸穗高高上扬，打出咚咚的鼓声。在10月1日通过天安门城楼时，面对毛主席等中央领导人，我们一边高呼"毛主席万岁"，一边打着第三种鼓乐的最强音。这是我进入北师大接受的第一项工作，并经过认真练习顺利完成了任务，更重要的是接受了毛主席的检阅，真是无比幸福和快乐！

1962年到1964年连续三年我都加入了国庆游行的仪仗队。国家仪仗营的战士们来学校做示范，在他们的激励下，我们刻苦训练，没有仪仗就扛着大树干训练。由北师大女同学们组成的国旗方阵队和我们的国徽队、年号队走在游行队伍的最前列，肩负着国家的信任和期望，110人的方阵队伍踢着正步，走成一条条直线，我们高质量地完成了任务，成为北师大的骄傲！

一个普通的学生，在短时间内学会打腰鼓，经过刻苦训练成为一名合格的仪仗队员，这样的事实教育了我，无论什么工作，只要认真努力，持之以恒，增强团队意识，就会取得优异的成绩！

二、荣幸地参加了北京野营团

1963年暑假，我荣幸地参加了北京野营团。八一建军节前夕，我们从北京出发，于当天下午到达塘沽，乘上了开往山东长山岛的长达百米的343登陆舰。夜里我们在甲板上举办了联欢会，观看了戴爱莲等艺术家们的精彩表演。第二天凌晨我们在甲板上看日出，一轮红日在海平面喷薄而出，经过十八小时的航行，我们在次日上午到达了长山岛。随后我们开始接受队列训练——射击打靶、紧急集合，还乘快艇去蓬莱阁参观部队的实弹演练。野营生活丰富多彩，我还在参加宣传工作期间取得了优秀的成绩。

参加北京市团委组织的北京野营团，是我第一次乘坐登陆舰和快艇，让我生平第一次看见了大海。第一次体验了打靶训练，增强了我的组织性和纪律性，让我更加热爱我们的人民军队，也为我后来的部队锻炼和学生军训组织工作奠定了良好的基础。

三、难忘的几件"小事"

记得有一次在北饭厅听报告，第二书记程今吾在主席台上就座。报告结束后，未等主持人退席，就有部分同学拿起椅子准备退场。此时，程书记立刻让同学们坐下，待客人退席后，书记讲了一段话，大意是要尊重客人，要讲礼貌。看似一件小事，却给我留下了深刻的印象。学生的思想教育要从点滴抓起，潜移默化，润物无声。

1963年全国掀起学习雷锋的热潮，北师大校园内也是一片新气象。各处的电灯开关旁，人们自发贴上"随手关灯"的标签。这都是没有组织的自主行为，勤俭节约的美德被提倡，雷锋的精神处处闪光。

当全国出现学习时传祥同志"宁可一人脏，换来万家净"的先进事迹的风尚时，我们班的同学也加入了挑粪的行列。粪桶又高又重，我们又缺乏经验，以致有一位女同学从头到脚都被溅上了大粪。虽然我们身上的衣服都被弄脏了，但我们体会了普通劳动者的艰辛，增强了对劳动人民的感情，心灵也得到了净化。

这些所谓的小事蕴含着深刻的道理，这也正是"学为人师，行为世范"的校训的体现。

我于1961年入学，以系主任张禾瑞为代表的老教授老先生们给我们上课，他们严谨的治学精神和良好的教风使我受益终生。虽然我没有做出突出的成绩，但也凭借良好的专业基础和工作能力先后担任了包头师专数学系的副主任和北华航天工业学院基础部主任，荣获航天部教学成果二等奖并晋升为教授。

在工作中，我团结广大教师，认真教学，关爱学生。包头发生地震时，我和学生们一起在操场住地震棚；在测量课实习时，我与学生同吃同住，摸爬滚打，为内蒙古巴盟五原水利局进行土地规划测量，并在测量工作中增进了师生感情。我在包头师专时有一位学生名叫郭英，她是上海知青，在内蒙古建设兵团时是全师标兵，毕业后被评为乌海市十大标兵。由于忘我地工作，积劳成疾，她在病危的时候托同班同学找到我（当时我已经调到河北廊坊工作），说想和我通个电话。我立即接通她从同事处借来的手机，她说："李老师，我没什么事，我患了骨癌，就想和您说几句话，再听听您的声音……"她在生命的最后一刻还不忘自己的恩师，这份情感就是学生对我辛勤工作的最好回报！

我所有成绩的取得都是母校北师大精心培养的结果，我热爱北师大，为她的飞速发展而欣慰，为自己身为北师大的学子而骄傲。我以勤奋工作为母校增光添彩，以实际行动践行了母校的校训！

1962年，在北师大参加母校60周年大庆时我见到了老校长陈垣。毕业后，我回校参加了90周年校庆，后来还组织同班同学参加了100周年和110周年校庆。2016年，我组织我们班同学回校参加毕业50周年的聚会时，受到校友会和数学学院的热情接待，数学学院院长和书记发表了热情洋溢的讲话，每位同学还收到校友会颁发的毕业五十年纪念章、数学学院印制的纪念相册和数学学科百年大事记。我们为校友会捐款以表达心中的激动与感恩，我还作为全班同学代表写了一幅字——"辛勤耕耘结硕果，芬芳桃李满天下"，以此倾诉我们对数学学院的深切感激之情。

在北师大120周年校庆即将到来之际，我祝愿母校百尺竿头，更进一步，展翅翱翔，再创辉煌！

07 育人泰斗　大爱慈心

——怀念启功先生

/ 1963级物理系　赵继彦

在从事教育国际交流事业35年的经历中，我曾经留意过国内外名校的校训，每个校训都深刻表达了学校创办者的情怀。比如，清华大学校训"自强不息，厚德载物"，北京大学校训"思想自由、兼容并包"，复旦大学校训"博学而笃志、切问而近思"，美国哈佛大学校训"真理"，英国剑桥大学校训"此地乃启蒙之所和智慧之源"等，用以激励师生勤奋学习，成就人生。

这些校训让我景仰和感叹，但启功先生留给北京师范大学的校训"学为人师，行为世范"则与众不同。启功先生更提倡教育的实践性，更强调教育在社会发展中的特殊地位。

母校百年校庆时，召开了北京师范大学第四届第二次校友理事会，会前，时任校长钟秉林教授看望重病的启功先生。那时他的身体状况已经不能出席校友理事会议，但启功先生坚持有话要与校友们说，最后以录音讲话的形式实现了先生的意愿。他声音极度虚弱却一字一句地说："我们北京师范大学校友遍布全国各地，你们要记住，要牢记呀，教育要珍惜生命，要教育年轻人珍惜生命，不虚度年华，更不能轻生。'猫还有九条命'呢，何况人……"整个会场鸦雀无声，绣花针落地也能听见。

我想先生的话有两层意思。一是针对学生轻生现象，以猫做比喻，告诫我们要教育学生珍惜生命。身体发肤受之父母，轻生给亲人带来痛苦，最不幸的也莫过于父母，轻生是最大的不孝，也是轻生者的耻辱。

先生的另一层意思是珍惜生命，不仅是狭义的生与死，而是要求教育者要在整个教育过程中珍惜生命。林崇德先生曾说过，教育的使命是以促进人的个体发展和社会发展为目的，以传授知识、经验和文化为手段的社会活动。教育就是发展。教育始终伴随人的成长和社会的发展，好的教育本质上就是珍惜生命。

"学为人师，行为世范"要求教师要把真才实学传授给学生，成为世人之师；同时还要行胜于言，言行一致，成为世人的楷模。"学为人师，行为世范"既有哲学品格又有实际要求，对学生既有精神激励又督促其身体力行。先生的人生正是"学为人师，行为世范"的楷模。

先生是教育、诗词、书法、古籍鉴赏诸多领域的学术大师，又是循循善诱的师长，还是童心永驻、菩萨般心肠的慈祥老人。他对学生如慈父，希望青出于蓝而胜于蓝，发现"雏凤清于老凤声"时，他欣喜之情溢于言表。面对显宦富豪为附庸风雅索取书画时，他凛然婉拒或闭门不见。在书画店里看到"启功书"的赝品时，店主说："这是启功先生的真迹，怎么样？收藏一幅？"先生幽默地回答说："是啊，比启功写得好。"离开时陪同的朋友问："为什么不揭穿他呢？"先生说："随他去吧，也是为了生活。"

我常常回忆先生的自嘲小诗："中学生，副教授。博不精，专不透。名虽扬，实不够。高不成，低不就。瘫趋左，派曾右。面微圆，皮欠厚。妻已亡，并无后。丧犹新，病照旧。六十六，非不寿。八宝山，渐相凑。计平生，谥曰陋。身与名，一齐臭。"先生的名望已四海皆知，无论荣辱都是那样谦和平易，联想他在"文化大革命"期间昼夜替造反派誊抄大字报的悲情，想到他诲人不倦的师德师风，每次回到母校，我总要坐在他雕像附近的长椅上凝望许久。

茫茫人海，万千众生。在生命的旅途中，每个人都处于凡人和圣人之间的某个位置。启功先生是圣人，或者说是最接近圣人的人；启功先生是凡人，是最可尊崇的凡人。在庆祝北京师范大学120周年校庆之际，我尤其怀念这位慈祥可敬的老人。

08 幸福校园生活　国庆大典时光

/ 1963级物理系　丁时祺

1963年我进入北京师范大学物理系学习，第二年正遇上国庆15周年，北京各大学校都有参加天安门广场庆典的任务。我荣幸地获准参加国庆日天安门广场的仪仗队和晚上天安门广场的庆祝晚会，我高兴得睡不着觉，感到无比兴奋、自豪！

从8月下旬开始，学校就组织了庆典的训练，每天下午上完课，我们就在操场和排练场集合，进行仪仗队步伐的操练和舞蹈节目的排练。

仪仗队训练首先是单人的步伐训练，把一个完整的步伐分成八个步骤，叫作"八半步"，每个步骤都有严格的要求，脚上绑沙袋，抬脚离地须20厘米，整个上身要保持正直，挺胸收腹，眼睛正视前方。单人训练时同学们会互相帮助，纠正动作。后来是集体的队伍训练，仪仗队要求70人一横排，动作要一致，抬脚要一样高，用眼睛余光保持并排整齐，按播放的音乐节奏每分钟走112步。

在天安门庆祝活动中，我们校文工团要表演舞蹈节目。我从校文工团合唱队抽调到舞蹈队排练舞蹈"十八勇士飞夺泸定桥"，我们扮演十八勇士，个个劲头十足，排练中摸爬滚打不觉辛苦。节目中高难度的空中翻滚等动作则由体育系的同学代替。

国庆节那天，我们所有参加仪仗队和群众游行的同学们四点钟起床，在食堂吃完早饭，每人再领一袋吃的，里面装有面包、鸡蛋、牛奶，在大操场集合后就向天安门广场出发了。大队伍安静地徒步行走，积蓄着体力以便在天安门广场展示。只有在遇到其他队伍后才热情地打招呼，互相询问是哪个学校的。

我们来到长安大街指定的位置，换上洁白笔挺的仪仗队服装，做好各项准备工作。十点整大会开始，时任北京市市长彭真同志，在大会讲话后，宣布游行开始。这时广场上空响起激动人心的音乐："五星红旗迎风飘扬，胜利歌声多么响亮！歌唱我们亲爱的祖国，从今走向繁荣富强……"我们整好队伍，踏着雄壮的音乐节奏，仪仗队伍启动了，开始是齐步走，到天安门广场时，一声令下："正步——走！"我们个个精神饱满，昂首挺胸，在响彻云霄的歌声中迈着正步走过天安门广场，接受毛主席等国家领导人及全国人民的检阅，向全世界展示中国人民的风采！仪仗队后接着走过广场的是五彩缤纷、激情洋溢的群众游行队伍……

当天晚上，天安门广场举行150万人的庆祝活动，天安门城楼上毛主席等国家领导人也参加了晚会。我们又来到天安门广场，按照划分的区域，我们与北京大学、清华大学、中国人民大学的活动场地安排在广场里中轴线上离天安门城楼最近的地方。各个单位、学校、团体围成各自方块，拉歌、跳集体舞、表演节目。我们排练了一个来月的舞蹈"十八勇士飞夺泸定桥"也在天安门广场演出了，还获得了最热烈的掌声……

庆祝晚会的高潮是放烟花。每隔半小时，天安门广场的四周就放起烟花。嗖！嗖！嗖！烟花炮齐齐地射向天空，五彩缤纷的焰火在空中争相绽放，令人目不暇接，呈现出一派欣欣向荣的气象！闪亮的烟花挂着许许多多的小小降落伞徐徐下降，落在人群中，大家高兴地忙着接各色小降落伞，我是第一次见到这样壮观的场面，广场沉浸在欢乐的音乐声和欢笑声之中。晚会宣布结束时，我们都舍不得离场。离场之后，也是一路兴奋地徒步走回学校，洗漱休息时已很晚。第二天同学们近中午才陆续起床，食堂只好开流水席……

这是我在北师大校园生活中最难忘的一段时光。这样重大的活动让我开阔了眼界，增长了见识，学习了本领。学校精心的组织安排、同学们的饱满热情、相互帮助结下的友谊，都给我留下深刻的印象！

怀念青春，自豪祖国，感恩母校！

09 三进北师大

/ 1964级中文系　张　余

人的一生，进进出出过无数之门。北京市新街口外大街19号——北京师范大学之校门，是我一生一世最难忘之门。

我于1964年考入北京师范大学中文系，1969年毕业，1972年离校走向社会，将近8年，进出校门无数次。后来，或进修深造，或拜师访友，又多次进出校门。《易》曰："一生二，二生三，三生万物。"三为虚数，指代无数，又为实数。50多年，进出北师大校门不计其数，而让我最难忘的则有三次，故题曰："三进北师大"。

一、1964年，初进北师大

我出生于山西农村，父亲不识字，常常说他是睁眼的瞎子，斗大的字不识半升，要我好好读书。1964年高中毕业，要不要考大学？想到父亲年迈，家境困难，我犹豫不决。然而父亲却说，只要你能考上，就要上。那时是在考前填报志愿，报哪个大学？听说师范院校不用交饭钱，就毅然选择北京师范大学中文系为第一志愿。高考结束，我回到村里，天天下地劳动挣工分。一天，有人从大队部带给我一封信，拆开一看，竟然是北京师范大学的录取通知书，全家人喜出望外。我在农村生活19年，十分闭塞，父亲托人把我带到太原，帮我买了火车票，送我上了车，已是傍晚。那是我第一次出远门，第一次坐火车，十分好奇，似乎一夜未曾合眼，翌日早晨，到达永定门车站，有老师和师兄师姐们迎接，坐校车进入北师大校门——那天，是1964年8月30日，我记住了这个日子。我像刘姥姥第一次走进大观园似的，不辨东西南北。大学有多大？校门朝哪里开？摸索几天，记住了，校门在新街口外大街之西侧，大学的东南角，门牌19号。

北师大中文系1964级有三个班，我们班的编号为"4643"，前一个"4"，是中文系的代号，中间的"64"是1964年的缩写，后一个"3"是本年级的第三班。北师大中文系是中国语言文学界的教学重镇，名师云集。虽然许多老一辈教授因故被迫离开讲坛，但中青年的教师也尽是不凡人才，为我们讲课的芦志恒老师、邹晓丽老师、张恩和老师……皆为师中翘楚。全班同学如饥似渴地听课、讨论、写作业，团结友爱，废寝忘食，专攻学业。

二、1982年，二进北师大

"文化大革命"结束，春风又吹，民间文艺园地复苏繁荣，我搜集整理的民间故事陆续在报刊上发表，其中《三个鸡蛋的故事》被《晋阳文艺》评为民间文学优秀作品，于1982年6月在太原颁奖。出乎意料，颁奖嘉宾是北师大中文系的许钰先生，分外亲切。许先生告诉我，教育部委托钟敬文先生主持的民间文学教师进修班，将于9月开班，问我愿不愿意去进修。机缘巧合，求之不得，我立马答应。

1982年8月30日，在走出校门时隔10年后，我第二次走进北师大。其时，北师大各系都在办各种进修班，参加进修班的学员十分珍惜"回炉""充电"的机会，刻苦用功。1982年9月至1983年5月，聆听了钟敬文、许钰、陈子艾、潜明兹诸先生系统讲授的民间文学与民俗学的专业知识，真可谓如鱼得水。回到吕梁群众艺术馆，将所学知识运用于实际工作中，办培训，搞调研，布展览，红红火火，省文化局在吕梁召开现场会，给予了肯定、表扬和推广。

1985年，我调入山西省文联民间文艺家协会，主要抓民间文学集成工作和理论研究工作。我抽暇撰写的《民间文学与民俗学基础》，1994年由山西高校联合出版社出版发行，钟敬文先生予以题词：

普及民俗学及民间文学知识，是我国学界的重要任务之一。这部书的刊行，无疑是我们完成这种任务的有益助力！

钟敬文　1994.7

北京

后来，钟先生又专门致函：

张余同志：尊著《基础》一书收到。谢谢。此书印刷、装潢都不错，内容也有益于一般读者（对专家也可供参考），值得推广。如果你手头有余书，可寄来十册，以便代送海内外专家、学者，也是扩大影响并获得切磋之益的一种机会。

钟敬文

一九九五年四月十二日

《民间文学与民俗学基础》是我的第一本学术著作，是我第二次进入北师大校门后顺理而成的结果。尤其是钟先生勤谨、创新、开放的治学风格，对我有着巨大的影响。记得1982年冬天，进修班学员讨论民间文学的特殊性，在我发言之后，钟先生插话说：学习、研究和写作是相互联系又各不相同的阶段，你们现在学的是前人和别人的认识和结论，搞研究要有自己的发现，要讲出别人所未讲，要让别人认为讲得对才行。我把这段话作为座右铭，牢记并实践着，在民间文化学术道路上不断前行。

三、1996年，三进北师大

光阴荏苒，1996年9月，再一次机缘巧合，我第三次走进北师大校门。

那年夏天，陈子艾教授写信告诉我说，受国家教委委托，由钟敬文先生主持的"中国民间文化高级研讨班"将于9月在北师大举办，宗旨是培养中国民俗文化专业高层次学术带头人，助推社会主义精神文明的建设。我毫不犹豫，立即报名。

9月9日—19日，在北师大图书馆讲演厅，来自全国的30多名学员，连续12天，聆听了钟敬文、季羡林、伊藤清司（日本）、崔仁鹤（韩国）、欧达伟（美国）等13位著名教授的16次讲演，他们渊博的专业知识，严谨的治学态度，坦诚的处世风范，深深地感染着每一个学员，使大家在道德和学业上得到了升华与净化，永难相忘。9月20日，高级研讨班举行结业典礼，94岁高龄的钟敬文先生给各位学员颁发了结业证书，并赠送《钟敬文学术论著自选集》等书籍。我带着一种使命感和责任感，走出北师大校门。回到山西，心无旁骛，尽心尽力，完成本职工作，先后编纂出版了《中国谚语集成·山西卷》《中国民间故事集·山西卷》《中国歌谣集成·山西卷》，由我负责的山西民间文学集成工作取得圆满成果。另外，还撰写出版了学术著作《中国民俗大系·山西民俗》《山西民间故事情节类型索引》等，在民间文化学术道路上一步一步前行，辛苦并快乐着，觉得充实。

三进北师大，母校老师们刻苦治学，诲人不倦的风范，令我终生难忘。北京师范大学——莘莘学子的母校，像一位慈祥的母亲，抚育一拨又一拨的青年才俊，学有所成，不忘初心，贡献人生。

北京市新街口外大街19号——北京师范大学校门，是我的难忘之门，幸福之门，奋斗之门。

10 跋山涉水实习路

/ 1978级生物系　郭淑敏

我在北京师范大学第二分校学习的是生物学专业。我们学习的课程包括公共基础课，如中共党史、政治经济学、哲学、高等数学、大学物理、体育等。学习的专业基础课程有无机化学、有机化学、分析化学、物理化学等。学习的专业课程有普通生物学、植物学、动物学、人体解剖学、人体生理学、微生物学等。加上选修课，总共有几十门课程。在这些课程中，绝大多数专业基础课和专业课都安排了实验或实习。其中，植物学、动物学课程安排了野外实习。我们曾经到过北京市怀柔区喇叭沟门实习植物学，到山东烟台实习动物学，这两次实习活动都给我留下了深刻的印象。

喇叭沟门位于北京市怀柔县（今为怀柔区）最北端，与河北省交界，是原始次生林生态区，有原始次生林7万亩。喇叭沟门地区的植物极其丰茂，大片的杨树、白桦林覆盖着山峰。树林间是各种灌木和草垫，石头上还长满了厚厚的苔藓。山间有清澈的小溪流过。一不

留神，就会发现有野兔等动物出没。喇叭沟门距北京市区100多千米，我们到那里实习时，是学校的大巴车送我们去的。我是第一次坐那么长时间的汽车。在行进途中，我和几个同学开始晕车。司机师傅发现后，就停下车来，让我们稍事休息，等到好些后再继续行进。

在喇叭沟门这样的林区实习，我们需要绑好腿，以防止被动物咬伤，也防止湿冷的露水打湿衣服；需要带干粮和水，有时中午在外用餐；需要用树枝制成拐杖，用来探路和"打草惊蛇"；需要背上标本夹，好采集植物标本。记得那时同学们经常说，科学的道路是崎岖的，世上本没有路，走的人多了，便成了路。

在老师的带领下，我们在茫茫林海中穿行，采集了众多的植物标本，如黄精、玉竹、鸢尾等。我们用标本夹将它们夹起来，回到住地后反复翻晾，使其不断干燥定型，最后制成标本。我们还观察白桦、杨树等高大树种和蕨类、苔藓等，了解它们的生长习性，分析所有

植物标本的界、门、纲、目、科、属、种。

我们到烟台实习动物学是在1981年6月14日—28日，住在芝罘海峡附近的一个大院里，出了这个大院很快就能到达海滩。在那里，我初步了解了烟台专区，熟悉了威海、文登、荣成、蓬莱、海阳、莱阳、掖县、招远、栖霞、牟平、即墨、莱西、乳山、长岛等地名。在大街上我们还看到了老百姓用玉米皮编织的箱包等工艺品摆在各自的摊位上出售。这些摊位上就写着上述一些地名，我感到很新鲜。

实习活动之前，老师会给我们讲解实习要求，特别强调要注意人身安全。实习活动期间，我们在北师大郑光美、刘凌云、吴翠衡等老师的带领下，到海边采集和观察动物。回到住地整理动物标本，记录实习情况，书写实习笔记，开展小组讨论，以巩固加深课堂上所学知识。在大海里，我们可以寻找到海星、海葵、海参等多种海洋动物。海潮上涨时，速度很快，如果当时我们在海里，就要用跑百米的速度，与海潮赛跑，才能到达岸边。待潮水退下后，在海滩上可捡拾遗留下来的动物如竹蛏、海螺、海蜇等。

为了观察鸟类的习性，老师带我们来到昆嵛山区。这里曾经是抗日根据地，小说《苦菜花》写的就是这里的抗日斗争的故事。我们到达昆嵛山时，那里虽然还不算太富裕，但是改革的春风已经吹来。可以看到村里家家整齐的房屋，小院内盛开的石榴花探出院墙，村边的

小溪清澈见底，远近的山峰郁郁葱葱，时而能够听到鸟叫的声音，景色真是很美。我们认真观察鸟类的习性，并与书本上的知识相对照。郑光美老师是鸟类专家，他结合对这里鸟类的观察，详细地为我们讲解鸟类的知识。

我还清楚地记得，当时我们遇到了一个小男孩，大家问他长大了想干什么？他毫不犹豫地回答："去当兵!"当时我还有些不太理解，后来我慢慢地得知，山东省参军的人很多，是部队重要的兵源地之一。不少官兵曾经在这里浴血奋战，抗击日寇。胶东地区的百姓是在残酷的抗日战争中了解部队、认识部队的。军民之间结成的是鱼水之情。他们热爱部队，进而愿意将他们的子弟送到部队锻炼。

上面提到的两次实习活动，对我们来说，收获是很大的。一是实习对我们掌握书本知识发挥了非常好的作用，使我们对老师上课所讲的内容有了更加深入的理解，对于植物和动物的形态和分类有了感性的认识，并能够将理性认识和感性认识相统一，达到了比较完美的结合。二是这跋山涉水的经历，增强了我们克服困难的决心和勇气。从那以后，无论是在学习上，还是在工作中，每当遇到困难时，我就会想起这两次实习经历。想到当年的崇山峻岭之中连路都没有，需要我们在复杂的层林中冲破荆棘，开辟道路，那是多难的事啊！我们脚踩海水，头顶烈日，低头弯腰，在大海里寻找各种动物。我们在广阔的海滩上与大潮赛跑，那

生物系烟台动物实习师生合影（1981年）

也是不容易的事啊！想到这些，自己克服困难的勇气就增强了。三是通过对社会的深入了解，我们增强了对祖国的热爱。这两次实习活动都是在20世纪80年代初期，在这些地方都可以感受到改革的春风。实习结束后，我又对昆嵛山的抗日战争历史进行了一些学习和了解，得知了在这里有很多抗日的故事，心中更加感动。也认识到今天的幸福生活来之不易，只有祖国强大，人民才能有幸福的生活。四是师生之间增进了感情。在这两次实习活动中，几位专业课老师对工作认真负责，对我们既严格要求，又关心体贴。为了安排好我们的生活，学校后勤的老师尽全力保证我们物资供应。这些都使我们感动不已。我们学生住的都是通铺，女生宿舍是十多个甚至更多的同学住在一起，大家互相关心互相帮助，一起上山下海，一起起居用餐，互相之间深入谈心，感情进一步拉近了。五是更加热爱大自然，增强了环保意识。当时我们对海潮的涨落特别感兴趣，也享受了与海潮赛跑的喜悦。我们体验了山的无欲和海的博大，对"海纳百川有容乃大，壁立千仞无欲则刚"这句话有了更深入的理解。热爱和保护好自然生态环境，很快成为大家的共识。

这两次实习活动已经过去30多年了，但是当时的场景在我的脑海里仍时常浮现，成为我一生不能忘怀的经历。实习的路是学习的路，也是成长的路，只有走得坚实，才能有收获。读万卷书，行万里路。这句话很有道理，是一个人成才的必由之路。在学校教育中，在要求学生学好课上知识的同时，引导学生参加实习实践活动，是立德树人的重要环节。让学生在接触实际的过程中健康成才，是必要的，也是可行的。

11　摇篮里的生活　摇篮摇出来的人

/　1978级哲学系　韩　锐

1978年的金秋十月，我们作为恢复高考后的第二批大学生，走进了北师大。校园里，迎新标语醒目地写着：北师大——人民教师的摇篮；欢迎你——教育战线的新兵。入学教育时，老师告诉我们，北师大是生产人民教师的"工作母机"。

当时的我们，对这些似懂非懂，不知道这些话的分量。

四年的大学生活，转眼就过去了。很快，我们毕业5年了，10年了，20年了，今年，我们毕业30年了。步入人生之秋、事业之尾的我们，盘点入学以来的人生，对这个摇篮，有了更深的体会。

当年我们走进的，是刚刚经历了十年浩劫的北师大，师资短缺，设备陈旧。记得，我们经常去自习的教二楼108课室，几盏日光灯经常不亮，其中还有一盏只吊着一根吊线。我的室友唐耶夫把这个情景画成漫画，名为《谭厚兰之功》。学校的食堂没有凳子，

我们站着吃了四年饭。餐具经常丢失，不少同学把勺子放在上衣口袋放钢笔的地方，还特意把勺柄扭得弯弯曲曲。学校没有办法给我们开英语课，外语好的于益同学就主动当起了我们的启蒙老师。

入学后，我住进了中南楼104，可能住了不到一周，调整了一次宿舍。这次调整后，舍友们一直在一起生活了一年。当年宿舍里的同学，直到今天，大部分还在当着老师。这就是对"摇篮""工作母机"内涵的最好诠释。

当时，我们宿舍里最有能力的是范景中，入学前是内蒙古一所中专的老师。入学后，他经常说，考大学考早了，要不就直接考研究生了。我们当时是听不懂这些话的。他平时不怎么去教室上课，即使去，也是看自己的书。当时教我们中文的一位老师特别负责任，上课点名，发现他不在，就问谁和他一个宿舍。本来我们宿舍那么多人在，可是，他却选中了我，

让我通知范景中到老师的办公室去一下。我们回去告诉老范的时候，都替他捏了一把汗。可是，当他从老师那回来时，却显得十分高兴。他说，老师问他为什么不去上课，他说自己都学过了。老师让他写篇文章交上去。他在宿舍的大桌子上摊开一张八开的白纸，略微构思了一下，开始写，我们就在旁边看着他写。他一气呵成，写了一篇《海赋》。看了一下，只改了一个字，就交上去了。老师根据这篇文章，决定给他免修。后来，这篇文章被几个女同学索去抄录了下来。

这件事之后，老范跟我说，其实，他读中专时，就没有好好听过课，总是在后面看自己的书。有同学向老师举报他，他也是被老师叫去了办公室，也是如此说了一番。那次他的结果，比这次更好：谈话之后，学校决定让他提前毕业，留校任教。

我们特别敬重他的学问，把他称为导师般的同学。他总是喜欢在宿舍看书，我们却喜欢在忙累一天之后于晚上洗漱时在宿舍里进行大声交流。他就提示我们："沉默是金。"他总是说，同宿舍的人，要"互相吹捧，共同提高"。我们理解他的意思，就是要互相学习，共同提高。他会写毛笔字，我们让他把这句话写出来，当作"舍训"。他摊开旧报纸，沉思，运气，挥毫落笔，没想到，他写出来的却是："为中华崛起而读书！"

老范最神奇之笔，在于把握机会，报考

硕士研究生。当时国家急于培养优秀人才，决定允许在校的77级、78级大学生直接报考硕士研究生。老范知道消息后，不仅自己抓紧备战，还鼓动滕振国报考。老范报考了浙江美术学院艺术理论专业，老滕报考了南京大学中文系古代戏曲专业明清戏曲研究。两人均被录取了。老范录取前，录取单位还来人到我们新搬进来的西南楼231宿舍面试他。他们让他画画，他翻箱倒柜，找出了几幅素描作品，我们才知道他原来还有这个本领。老范、老滕都是我们送到火车站的。曾荣发向系里借了三轮车，我们几个骑着自行车，把他俩送上了火车。然而，这一别就是30多年。2017年6月，我们班30多位同学在上海聚会，老范和老滕都参加了。

入学时，我们是在政治教育系，一个年级分为两个班，共有91名同学。入大二之前，政教系分为政治经济学系、哲学系和马克思列宁主义研究所。我们在校生自己选择去哪个系。当时，我们宿舍的同学，深受范景中热爱美学和艺术的影响，集体报名到哲学系。做出这种选择，也有其他因素：我们这些人，数学基础都不好，怕学不好数学，影响经济学的学习。可是，我们又不甘心就这样决定自己的命运，于是，在正式决定前，我和曹和平还做了小游戏。我们做了四个纸团，两个写着哲学，两个写着经济学。说来也怪，我们两个全抓了哲学。然后我们又掷硬币，约定哪面朝上是什么系，结果也都是哲学。其实，这里面最主要的，还是觉得哲学是科学的科学，是大学问，所以才选了它。

转眼，这些都成了往事。如今，盘点一下我们的同学，在各个领域里都有了不小的成就，也有人陆续地先我们而去，这也是生命的规律。

毕业后，我们曾相聚，只觉得同学容颜虽改，感情却依旧。这些，都源于什么呢？源于，我们都是北师大这个人民教师的摇篮摇出来的人。

为同学聚会而作

带着泥土油污墨渍，
答完了1978年的试题。
生疏的简单常识，
决出了胜负高低。
历史选择了我们，
成为时代骄子。
自己把握命运，
汇入了新的集体。

我们，
与共和国同龄，
与改革开放同进。
走过共同的坎坷，
有过共同的经历。

带着亲朋的嘱托，
扎进了象牙塔里。
厚重的师大校风，
把我们浸润培育。
图书馆大操场乐群，

三零八东饭厅新一。
经济系哲学系分家，
专业公共访学实习。

我们，
如枯木逢春，
如久旱逢雨。
徜徉在知识的海洋，
驰骋在思维的疆域。

怀揣师长厚望，
奔赴祖国各地。
三尺讲台一支粉笔，
蜡炬成灰培桃育李。
各行各业文武齐备，
从普通工作、普通教师
到著名学者、高级官吏。
大哥大姐纷纷退休，
小弟小妹仍在出力。

我们，
曾有过认真的付出，
曾获得丰厚的业绩。
踏遍青山人还未老，
心态年轻满怀童趣。

承沪上同窗盛情，
于东方明珠再聚。
亲切呼唤昵称，
握手拥抱嬉戏。

关心现在如何，
幸福回忆过去。
感恩天赐同学，
世间最纯情谊。

我们，
走过了人生辉煌，
走向那金秋落日。
像刚入学一样激昂，
像在校时一样亲密！

12 京华苦读四春秋

——北师大中文系求学记

/ 1979级中文系　文师华

1979年7月，我第二次参加高考，有幸被北师大中文系录取了。

到北师大后，学校每月给我们的伙食标准是面20斤，大米8斤，杂粮（玉米）5斤。助学金根据学生家庭情况，每人每月18—22元不等。我每月享受22元助学金，每月开支如下：吃饭15元，买日用品等约3元，买书、参观展览等4元。当时食堂最贵最好的食物是肉饼，每个五角。看到别人吃肉饼，心里很羡慕，但我始终没有买。原因是自己钱不够用，必须量入为出，克制自己。窝窝头倒是不受限制，但在那个年头，我们最缺乏的是油水。没有油水，窝窝头很难啃得下去。

在读书四年时间里，我家境贫寒，经常因营养不足而感到体力虚弱。营养不足，只有靠早晚跑步来增强体力。每当体力疲乏时，就买一包麦乳精冲水喝，聊作补充。

在读书期间，我只回家过两次，一次是1980年暑假，另一次是1982年寒假。在北京度过了两个暑假、三个春节。

在北师大的四年，课内学习、课外活动的事情很多，最值得回忆的有以下几件事。

学业上的困惑
——现代汉语语音课和英语课

由于我在中学阶段没有学过汉语语音和英语，所以刚来北师大，就被这两个拦路虎挡住了我的学习步伐。怎么能赶上别人啊！我越想心里越难受，苦闷极了。

在汉语语音学习方面，我幸好遇上了一位性情温和、很有耐心的老师，她就是语音辅导老师安老师。记得在1979年11月11日（星期天）上午，安老师叫我到她工作间去补课。她把总复习的题目一道一道地讲给我听，足足讲了一个上午。此后，为了学好汉语拼音，我把《新华字典》从头到尾翻阅一遍，把我老家的方言与普通话对照，凡是方言与普通话在读音上不一致的字，都抄在一个小本子上，然后用心去记住。这样坚持了一段时间，就知道了我老家方言与普通话的区别所在。经过一番刻苦学习，终于掌握了汉语拼音的方法，普通话也大有长进。

在英语学习方面，我十分迟钝，成绩自然很差。记得在1980年上半年开学初上第一堂英语课时，老师公布上学期期末英语考试成绩。我只有47分，全班倒数第一。我心里非常难过。我在中学从未学过英语，对英语毫无兴趣，因此怎么也学不进去。但为了能顺利毕业，我还必须咬紧牙关，跌倒了爬起来，继续向前追赶。我天天死记硬背。到英语课结束时，我参加英语补考，总算得到80多分。毕业以后，从1985年开始，我果断地把英语丢掉了，改学日语。以后职称晋级考试都是考日语，1997年考博士研究生也是考日语。如果继续学英语，可能晋级非常难，考博士更是没有希望。所以，当一条路走不通时，要敢于冒险，改弦更张，另择途径。这是我的人生体会。

在各门功课中，我最喜爱中国古代文学，在这方面用功最多，成绩也最突出。我在听古代文学课时，除了记录老师所讲的知识外，还注意分析总结老师上课的特点。例如，杨敏如先生讲"魏晋南北朝文学"时，感性色彩浓厚，颇带几分魏晋风度。在讲陶渊明时，她带着我们进入陶渊明的生活场景，说："我也想喝几杯。"在讲到曹丕迫害骨肉兄弟曹彰、曹植时，她对曹丕的阴险狠毒十分痛恨，愤激之情溢于言表。叶嘉莹先生讲"唐诗研究"课，像跑野马似的，自由轻松，她自始至终都强调自然、社会生活对诗人的"感发"作用，诗歌对读者的感发作用。李修生先生给我们讲授"元代文学史"。他最擅长讲"元杂剧"。在朗读《窦娥冤》《汉宫秋》等剧本时，字正腔圆，绘声绘色，极有感染力。他强调，搞任何学问都需要理论。没有理论，在学问上很难出成绩。做学问，对研究界的状况要及时了解，每隔一两个月要到图书馆去翻阅一下重要期刊。启功先生讲"元代诗文研究"选修课，常常穿插一些学术界的逸闻轶事。他说，在参加"二十四史"点校时，为了一个字、一个标点，老先生们会争得面红耳赤。有一次，在讨论"而"字前面能不能打标点的问题时，许多专家认为"'而'字前面不能加标点"，启先生却说："陶渊明诗句'结庐在人境，而无车马喧'不是加了标点吗？"在讲到中国历代诗歌的不同特征时，他说："汉魏以前的诗是淌出来的，唐诗是嚷出来的，宋诗是想出来的，元明清诗是仿出来的。""嚷"字后来改为"唱"。他这四句话简洁、风趣而又准确，遗貌取神，合乎情理，给我们留下深刻印象。启先生正是凭他渊博的学识、幽默的口才、和善的态度和漂亮的书法，赢得北师大广大师生的尊敬。

《双桨船》杂志

到北医附中实习
——走上讲台的第一步

1982年9月至10月，我被分到北京医学院附中初二（3）班实习。我试教的课文是鲁迅的《故乡》。在我讲《故乡》时，北医附中的副校长和教导主任也都来到教室听课。到10月实习快结束时，中文系实习指导老师张本性找我谈话，说北医附中的老师对我的反映很好，讲课认真，班主任工作做得踏实，他们预感我将来能成为一名好的语文教师。

在《双桨船》上发表论文
——科研上的第一步

1982年上半年，我把司马迁《史记》从头至尾翻阅了一遍，发现《史记》写了不少女性人物。此年下半年，韩兆琦老师讲授"《史记》研究"选修课，在看书和听课的基础上，我撰写论文初稿《〈史记〉中的妇女形象》，并以这篇论文作为毕业论文，得到了论文指导老师韩兆琦的同意。韩老师建议我把《史记》中的妇女形象由四大类并为两大类，并要求我在草稿基础上，补充论述司马迁对先秦史书的继承以及对后代史学、文学的影响，增加文章的广度和深度。韩老师一席话，使我受益匪浅。

按照韩老师的建议，我到图书馆查阅《左传纪事本末》《通鉴纪事本末》，补充论文资料，对论文进行修改。然后，我将修改后的论文誊写了两份，一份送给了中文系学生刊物《双桨船》的主编李锦章学兄，另一份准备呈送给韩兆琦老师。

1983年5月28日，中文系学生刊物《双桨船》创刊号与同学见面，我的论文拙稿《谈〈史记〉中的妇女形象》，得到李锦章学兄的肯定和推荐，在创刊号上发表了。这是我在古代文学科研上的处女作。我十分珍惜《双桨船》这本油印的刊物。

苦练书法——收获立身之助

为了将来能当一名优秀的语文教师，我从踏进北师大的门槛之日起，就开始自觉地把练字作为一门业余的功课来对待。我买来颜真卿《多宝塔碑》《唐怀仁集王羲之圣教序》等有名的字帖，每天在午饭后临习半小时，晚饭后再临习半小时。当时我是靠学校发的助学金维持学习和生活的，经济十分拮据，常常为买笔、墨、纸而发愁，那时连报纸都非常少。后来，我从校园的工地上搬来两块新砖，用毛笔蘸清水在砖上练字。有时向同学讨几张废报纸作为练字的纸张。参加学校举办的书法比赛时，不得不咬咬牙，挤出几块钱来，买几张宣纸。在北师大念书四年，无论酷暑寒冬，我都坚持以勤补拙，刻苦练字，在书法方面成为全年级130多人中的佼佼者之一。毕业之后，我依然坚持临池学书。书法成了我的立身之柱，甚至可以说是第二专业。

拜访老师——得到言传身教

在北师大念书期间，我喜欢抽空拜访老师，听老师耳提面命。我拜访的老师主要有聂石樵先生、张恩和先生等。从他们身上，我学到了许多做人的道理和治学的方法。

我到聂石樵老师家拜访，缘于他为我们讲课。1980年11月的一天，聂老师给我们讲"先秦文学史"课。下课后，我拿着一本《草诀歌》冒昧地说："聂老师，我想找个时间拜访您，向您请教书法方面的问题。"他很谦虚，说他不懂书法，但最后还是答应了，并把他家的住址抄给了我。记得1980年寒假的一天下午，我到聂老师家，请他帮我列了基本参考书。聂老师见我没有回家去过寒假，就安慰和鼓励我说："你们四年有八个假期，寒假20来天，暑假40多天。如果把假期都用到读书上，四年下来，你比那些在寒暑假回家的同学至少多读半年书，很值得。"在谈话过程中，聂老师态度温和，平易近人，我感到如沐春风。聂老师的话对我很有启发。从那时起，我就经常提醒自己，要学会巧妙、合理地利用时间。

我到张恩和老师家拜访，缘于在学校理发馆的闲谈。1981年1月27日下午，我到校理发馆理发，碰到为我们讲"现代文学"课的张恩和老师。闲聊中，他问我是哪里人，我说："我来自江西瑞昌县（今为瑞昌市）。"他很高兴，并嘱咐我有空到他家玩。他是江西南昌人，向来对来自江西的学子很热情，很关心。1981年8月的一天晚上，我到张老师家拜访。他给我提了两点要求：一是完成好学校规定的课程，对中外名著必须阅读，在读的过程中，要做好笔记，把作品中的主要人物、故事情节和优美文句记录下来；二是在古代文学方面，要多看作品和古今名家的评论文章，同时开动脑筋，琢磨人家的观点是否可取。

1983年7月9日，江西大学派老师到北师大联系毕业生，我回江西大学工作的事情，很快就定下来了。

7月10日晚上，张恩和老师在他家为我饯行。临别时，他叮嘱我到工作单位后，努力学习和工作，力争在三年之内站稳脚跟。之后，我到聂老师家辞行，临别之时，聂老师说："大学是做学问的地方。我年轻时，我的老师语重心长地告诉我，做学问要有三个条件：一是有书籍，二是有安定的生活环境，三是不做官。"他叮嘱到工作单位后，潜心从事教学科研，对其他事情姑且知而不言。聂老师的临别赠言语重心长，对我后来从事教育、潜心专业的人生选择有极大影响。

我出身农民家庭。在求学的道路上，我从江西瑞昌九源的山沟飞到祖国的首都北京，在北师大中文系攻读了本科；1997年又奔向国际大都市上海，在上海师范大学攻读了古代文学博士，可谓转战南北。但我的职业始终是大学教师，工作单位也始终没有变换，一直在原江西大学、现南昌大学任教。

13 我的北师大"往日时光"

/ 1979级教育系　林公翔

最近特别喜欢听一首男声四重唱《往日时光》，四个年轻的帅小伙声情并茂、如痴如醉地演唱着。"人生中最美的珍藏，正是那些往日时光。虽然穷得只剩下快乐，身上穿着旧衣裳……如今我们变了模样，为了生活天天奔忙。但是只要想起往日时光，你的眼睛就会发亮……"具有磁性的声音让人内心久久不能平静。是的，在往日时光中，我们仿佛穿过时光的隧道，又回到了年轻的岁月。

对在北师大度过的"往日时光"，我有许多特别温馨的记忆。

许多人都以为我是中文系毕业的，其实我学的是教育，而且是学前教育。1979年，我考进北师大，当年，由于数学只考了23分，填志愿时糊里糊涂就报了一个冷门——学前教育专业。而我的兴趣其实并不在此。所以，入学后专业思想很不稳定。我沉浸于自己的一方小天地，写诗、画画、写字，在《中国青年报》《少年文史报》《飞天》等报刊上发表大量文章，特别是在北师大校刊上时不时有文章发表。我记得主持当年北师大校刊的老师叫桂梦春，给予我那个时代一颗总想飞翔的飘忽不定的心有诸多帮助，他让我对自我有了一个重新的规划和认识。后来我当年的辅导员刘老师告诉我，教育系原本考虑要将我转到中文系的，但不知何故没有转成。当时的教育系是一个大系，学校教育、学前教育和心理学三个专业公共课都是一起上的。北师大教育系1979级学前教育专业总共有21位同学，来自五湖四海，除了有北京的，还有浙江、安徽、湖南、河北、内蒙古、天津、陕西、福建等地的，19位女生，2位男生，两位男生都来自福建，其中一位就是我。赖同学来自福建永定，我不知道他为什么也和我一样会报考这个专业。他常有从老家寄来的家书，信封上的寄信地址总是写着"福建省永定县（今为永定区）合溪公社天丰大队"。两个男生在这个专业里绝对是个宝，19位女同学以为男生胃口大、吃不饱，常常将有限的粮票省吃俭用送给我们。北师大学前教育专业78级也有两个男生，都来自上海，加上我们79级来自福建的两个男生，我的内心便变得踏实。78级、79级学前教育专业的男生，应该是中国学前教育专业第一批男生，本可以为中国教育建功立业。但回想起来，如今我们两位男生都不从事学前教育，学非所用，真是可惜。

赖同学毕业后分配在北京官园的中国儿童少年活动中心，后来去了加拿大；而我大概因为发表了很多文章，原先分配在中央人民广播电台的"小喇叭"，也算对口，但后来母亲觉得还是"七溜八溜，不离福州"，改去刚刚成立学前教育专业的福建师范大学教育系。在福建师大待了十年，又去了一个媒体当总编。在前年北师大教育系79级入学40周年聚会上，后来代替我分配到"小喇叭"的学校教育专业来自新疆的张同学问我有没有后悔，我说，每个人、每个阶段的选择都是对的。

在中国，北师大教育系的学前教育专业绝对是第一流的，名气很大。记得1979年我们入学时，只有南京师范大学有学前教育专业，南师大因为有一位学前教育家陈鹤琴，所以在国内也颇有地位。我们班还与南师大79级学前教育专业的同学一对一进行通信，与我通信联系的是余碧君同学。余同学40多年都没有联系，别来无恙。正因为北师大学前教育专业的引领，后来许多师范大学才陆陆续续在教育系成立了学前教育专业；正因为北师大的学前教育

专业集聚了中国一流的学者，她们筚路蓝缕，开创了中国学前教育的一片新天地。像卢乐山、陈帼眉、梁志燊、陈俊恬、祝士媛、林嘉绥、万钫、李晋瑗等，都是中国一流的学前教育专家，她们以渊博的学识、妈妈般的情怀，深深地感染了我们。我现在闭着眼睛，还会想起她们当年骑着破旧的自行车在校园里风一样穿行的背影。留着齐耳短发的陈帼眉老师、总是让我觉得有点严肃的梁志燊老师、有着一副娃娃脸的陈俊恬老师、我的福州老乡林嘉绥老师、有着一头白发说话总是笑眯眯的李晋瑗老师、同样剪着短发目光炯炯有神的万钫老师。如今，这些老师大都离我们远去，而活着的也大都成为耄耋老人。想想自己当年走进北师大时才17岁，而明年就要退休，老师驾鹤西去或垂垂老去也是再自然不过的事儿。

不久前看到我的老师祝士媛教授的记者访谈，看到她依然神采奕奕，思维敏捷，感觉特别亲切。尽管岁月在她脸上留下痕迹，但她依旧是我心目中当年的模样。在访谈中才知道，如今86岁高龄的祝老师曾经参加过开国大典，是当年周总理在她参加开国大典后在她的中学队伍中亲自选定的给苏联驻中国第一任大使罗申献花的少女。这个献花的影像被保留在新中国的重要档案之中。当年，祝老师只有14岁。

在北师大学习期间，祝老师教我们《儿童

文学》和《幼儿语言教学法》，她家住在解放军报社，她的先生是军报领导，我曾去过她的家。祝老师的课是我最喜欢的，加上她上课幽默风趣，还是我毕业论文的指导老师。大概因为与祝老师的这层"关系"，我毕业分配到福建师范大学教育系，上的也是这两门课，同时，我还在河北教育出版社出版了专著《现代儿童心理语言学》。

我至今依然记得北师大旧东门的右侧有一间琴房，那时我们有几个同学在李晋瑗老师的指导下学钢琴，由于每周都要定时回琴，所以我们经常要练琴。当然弹的都是《拜尔》《车尔尼》练习曲中一些简单的曲子，但我们乐此不疲。冬天有时天寒地冻，从西北楼的宿舍到东门有一段距离，这需要一股力量的支撑，好在我们那时学习都很自觉。那时东门外面还是一条土路，凌晨时分，常有马车驮着蔬菜、土豆等哒哒哒哒地往北太平庄的方向驶去。琴房里有一个炉子，炉子连着长长的一根烟囱伸出窗外。我们从南方来的学生不懂生火，经常手足无措。而琴房边上有一个大大的自行车棚，那里有一位会抽烟的老大娘，背有一点驼，她总是不厌其烦地帮我们生火，有时还会送我烤红薯吃。火生起来后，琴房一下子便变得温暖，练琴的手不再僵硬。我至今都会记起老大娘的模样和她对我们的关照。都40多年过去了，我敢肯定她已不在人世，但想起北师大的往日时光，她亲切的笑容依旧会在我的眼前被唤起。

我至今依然记得北师大那些老师严谨的教学作风。有一次，我在教二楼教室里做了一期黑板报，用彩色粉笔画的。黑板报前面有一个前言是我写的，内容我已记不清了，但有"惜花春起早，爱月夜眠迟"等句。大概不长的前言有很多病句错别字，有一位中文系的老师看到后从头到尾抄了下来并一一做了订正。当时的教育系主任叫尹德新，这位中文系老师特意将这份订正好的纸片交给尹主任，嘱托尹主任转交给素不相识的我。多年后我才知道，这位中文系老师叫许嘉璐。这大概也是北师大校训"学为人师，行为世范"的一个注解吧。

在我们的毕业证书和学位证书上签名的是代校长王于畊和校学术委员会主任白寿彝。对福建来的学生而言，王于畊的名字如雷贯耳，她也是一位教育家。据说新中国成立初期的福建，基础教育十分落后，八成人口是文盲和半文盲，全省高考及格率仅为5.6%，列华东地区末位。在王于畊的带领下，福建省创造了连续三年夺得高考第一的骄人成绩，成为闻名全国的"高考红旗"。从此，福建基础教育声名鹊起，王于畊功不可没。临毕业之际，我拿了一本册子到主楼她的办公室，她为我题词："林公翔同学：研究和发展我国的教育科学，是一项重要任务，我们所做的，仅是开头，今后则是你们的责任了。"

有趣的是，毕业前大概系里觉得我的钢笔

字写得还行，所以，在所有教育系79级同学毕业证书"填空"的地方，都是我书写的。其实，字写得好的同学大有人在，我只不过幸运地领了这一份"差事"。

岁月如梭，往事如风。

在北师大度过的"往日时光"像一尊被白雪覆盖着的雕像，矗立在我生命的深处。

14 毕业实习后我选择了做教师

/ 1979级教育系　郭瞻予

我是1983年7月毕业于北师大教育系学校教育专业，同年来到沈阳师范学院（沈阳师范大学的前身）工作，现在已经退休。说起选择做教师，并非是我的初衷。当年考大学填报志愿时，我一直想避开师范类学校，不想重复父母的职业。我父亲是一名中学教师，母亲是一名小学教师，他们一辈子勤勤恳恳，在老家还有点名气，可"文化大革命"时教师地位低下，即便是在家族中，也远没有当干部、工人、店员的那些亲戚有地位。1979年我参加高考，成绩不错。那年是先公布分数，后报志愿，我的高考成绩与北师大在辽宁的招生分数很接近，父亲建议我报考北师大，一是北师大很有名气，二是读师范有助学金，可以为父母减轻一些经济负担。至于读教育系学校教育专业，这并非是我所填报的志愿，因为在志愿栏中填写"服从分配"，就被教育系学校教育专业录取了，这个专业我读得有点"苦"，自我调整了很长一段时间。

对于20世纪80年代初期的大学生来说，国家包分配，可以有多种选择，即便是师范类学校的毕业生，也可以选择学校以外的其他职业。当时，北师大教育系的毕业生有的去了国家机关、教育行政机关，还有的去了报社、出版社等，就业面很广。大三的时候，辽宁师范大学教育系的刘占华和杨丽珠两位老师先后到北师大教育系进修，他们夫妇俩还受单位的委托，为辽师大物色在北师大教育系读书的辽宁籍学生，欢迎他们去辽师大教育系工作，因为辽师大刚刚成立教育系，急需教师。刘老师和杨老师轮番对我进行了考察，与我经常接触，希望我能去大连工作。他们还到系里了解我的学习和表现，对我比较满意。两位老师回校后就向当时的系主任韩进之先生汇报我的情况，韩先生也比较满意，杨丽珠老师当时明确向北师大教育系表示，欢迎郭瞻予毕业后去辽师大工作。对于杨老师和刘老师给予我的肯定和盛情，我十分感动，但我并没有下定决心毕业后就是从事教育工作，当时的就业机会很多，我还在选择之中。

促使我最后选择教师工作的直接动因是大四第一个学期的毕业实习，六周的中师实习让我有了比较清醒的自我认识和自我评价，也由此对自己未来的职业进行了认真的规划。我毕业实习是在天津师范学校（该校后来与天津师范大学合并），我们实习小组共计10个人，带队的指导教师是我们原来的班主任申振信老师和当时的系团委书记刘淑兰老师。我们的实习任务有两项：一是每个人给中师生讲三节教育学课，二是实习班主任工作。这两项任务对于我来说都具有挑战性，教育学课程理论性比较强，讲起来有些枯燥，在当时的条件下，查找资料是很难的，加上第一次与师范生接触，还不了解他们的学习基础，教学要做到理论联系实际、深入浅出，对于我这个从校门到校门，没有一点实践经验的人来说难度不小。在前三周的备课过程中，我认真读教材，比较大学里的教育学课程和中师教育学课程的区别与联系，请教两位带队老师，虚心向实习学校的指导老师学习，一遍遍地试讲，听取指导老师和同学的意见，反复修改讲稿，克服初上讲台时的胆怯与慌张。指导老师和同学们对我的评价是语言流畅，思路清晰，内容丰富，但还需要提高教学组织能力。三节课下来，我一次比一次有信心、有进步。在班主任实习过程中，我感受到了更多的快乐。那时的中师生大多是因

喜欢做教师或因家庭困难要早点参加工作。他们基本功扎实，有很多学生还多才多艺。当时，他们是第一次接待来自大学的实习生，对我们这些来自京城的大学生既羡慕又感到新鲜，用朴实而又热情的方式来接待我们。我和同班的范向阳同学在一个班级做"副班主任"，指导老师是实习学校的张老师。张老师40多岁，人很厚道，让我们大胆工作。我的搭档范向阳同学来自贵州遵义，上大学前下过乡，参加过工作，能写会画，是当时班里的才子，人也长得帅气，深受实习学校学生的欢迎，我也跟着沾光。我们一起组织学生搞活动，课余时间给他们讲大学的学习和生活，也辅导他们学习，学生非常高兴，按他们班主任张老师的话说，带这个班两年多了，从来没有见过学生这么活跃，学习的劲头这么足。我和范同学突然意识到，我们的工作热情应随着实习结束的临近慢慢"冷却"下来，我们只是"临时"班主任，不能给原班主任的工作带来不必要的麻烦。说心里话，我们真的与学生们打成了一片，我们喜欢这些朴实可爱的学生，而我们带给他们新的知识、观念、见闻也打开了他们的视野。令我们感动的是1983年的五一节，这个班的春游的地点因我们的这次实习而选择了北京，当我和范同学知道这个消息时很激动，我们选择了在天安门前与同学们见面。尽管停留的时间很短暂，来不及和每一个同学都说上话，但那情景至今依然历历在目。那时

我们都是穷学生，无力请他们吃饭，只是买了一些北京产的糖果送给学生们尝尝，学生干部代表送我和范同学每人一本日记本，我至今依然保留着，封页上还有他们的签名。很遗憾那时我们还没有相机，没有留下照片，但这段经历深深地铭刻在我的记忆中，并成为我职业选择的最大动力。

由于个人的一些原因，我最终没有去辽师大教育系工作，而是来到了沈阳师范学院从事心理学的教学工作，直到现在我还觉得愧对杨老师和刘老师对我的信任。即便是在沈阳，无论是工作和生活，依然能得到两位老师的关心和指导。我第一次上专业课儿童心理学，得到了杨丽珠老师的指导。暑假时我去大连就住在杨老师家里，杨老师指导我如何上好这门课，刘老师亲自下厨做饭。我对两位老师充满着深深的敬意与感激，这也是北师大人的情怀吧。

当年如果去辽师大工作，我的生命旅程也许是另一个样子。但无论如何，北师大四年的学习对我的人生观和价值观影响是没有变的。北师大一直倡导的"诚实勤勉、以身作则"的精神也成为我人生的座右铭。如今我更以母校"学为人师、行为世范"的校训为荣，继续鞭策自己。37年多的教学生涯，我做过班主任、带过研究生，讲授过多门课程，获得过学校授予的"优秀班主任""优秀共产党员""教学名师""最受学生欢迎的教师"等称号。如今虽已退休，但应学校的邀请在做督学工作，继续为学校做点应有的贡献。

在迎接母校诞辰120年之际，写上一篇小文作为纪念，以此感谢母校的培育之恩，感谢为我们的成长付出辛苦的各位老师。

木铎金声，滋兰树蕙，祝母校桃李天下，再谱华章！

15 在北师大见证共和国的第一个教师节

/ 1984级政治经济学系　张健民

我于1966年高中毕业，1984年开始，我同来自华北两省一市一区的30多位年龄相仿的学友在北师大经济系读书两年，在高中毕业后的第20个年头取得本科毕业证和经济学学士学位，学习期间加入中国共产党，是名副其实的"大"学生、"老"党员，被戏称为"前辈"，成为经济系一道奇特的风景线。

20世纪80年代的中国，教育界青黄不接。高校招生数量有限，从省到地区各部门都在重建新建一批中专学校，招收应届高中毕业生，快速培养技术力量。我于1981年调入建设中的一所中专，新学校的一部分师资是从机关企业调来的老大学生，他们有一定专业基础，但多数曾经下放到基层甚至农村，业务荒疏严重，其中好多人没有上过讲台，有的面临退休，总体看数量不足，知识老化。从1982年开始，各中等学校陆续分配来一些新毕业的大学生，这些毕业生甘心吃粉笔灰的不是太多，眼瞅着其他单位也在争要人才，明显存在更多的发展机会。不出几年，调出者多，留下者少，随时准备撤退的也占很大比例，既有实践经验又有理论水平的高精尖人才"进不来(不进来)留不住"。据山西省教育志记载，1982年山西中专专任教师5046人，其中本科1368人，占比不到25%；1984年专任教师5885人，本科毕业教师增加到2537人，占比仍然不足50%，亟待改善。全国大致也是如此。教育部当机立断，由北师大带头，从北京、河北、山西、内蒙古四省市区招生，办几个专科起点的中等学校教师本科班，将来毕业还回中学中专任教。此举可谓空前绝后，雪中送炭。

立项突然，时间紧迫。北师大政治教师班原计划招80人，因为统招后的考生入学成绩不理想，上级部门曾经有停办的想法。记得那段时间我在学校参加成人高考的阅卷工作，天气酷热，抽空看一眼洛杉矶奥运会实况转播，苦苦等到8月底，已经准备放弃的时候，入学通知悄然而至。我们也才能搭乘开往首都的列车，一帮老友枯木逢春，犹在梦中。

经济系最后只招了一个班，不足40人。学校的要求一点不降低，开始只同意为两年学完全部课程并合格者发给本科毕业证，不授予学士学位，后来才改为分别对待的办法。学校严格审查资格，采取精简部分基础课的培养方案，挤压休息时间，每周六周日全天课程基本排满，规定《资本论》研究等几门课要逐个抽题面试，西方经济学、外语等骨干课程必须及格，相关课程都加大课时，闭卷考试，严格审查毕业论文……就是这样，最后毕业，全班竟有四分之一同学拿不到学士学位，要一年之后再回北师大参加补考，和下届本科生同考。不要说对在职生有什么照顾，连请假都很难轻易批准。河北一位母亲学员，周六下课匆匆坐长途车颠簸三小时回家看孩子，星期一打早摸黑回学校，不敢误第一节课，坐车路上还得背外语单词。系里领导说，难进又难出，文凭的含金量才高。要知道各位学友虽说是有专科基础，但一部分学员是在"文化大革命"中入学，学科基础薄弱，其他学员还有本不是学政治、教政治的，更需从零开始"恶补"。我们能有这个机会已经不易，可要赶上这最后一趟车，千万别掉队。

鱼儿得水，小牛进了菜园子，基础类课程我们和应届高中生一起上大课，其余课程则另开"小灶"。"二进宫"回炉的大龄学生上课总是抢着坐头排，积极参加讨论，受到老师的重视，和老师在课上课下的交流也特别频繁。大家背着小书包整日在校园穿梭，忘记了年纪，也无暇游览京城。北师大改革方兴未艾，配合教学，系里经常组织参观学习，课余讲座几乎每天都有，饭厅、礼堂、五百座讲堂及各个阶梯教室里，群贤毕至，高朋满座，充满了进取的气氛。和著名作家、艺术家、哲学家、政治家们面对面探讨问题，其收获远胜窝在基层的昔日。国家领导人以及启功、方成、陈鼓应、张岱年、邵燕祥、廖静文、傅庚辰、杜维明等各领域大家，甚至联合国的前秘书长都是北师大的座上客，有演讲有示范，看风度看气质，对大家的提高大有裨益。

恰在我们入学这一年，著名的数学家、中科院院士王梓坤刚好来到北师大任校长。先生个子瘦高，早生华发，穿一件灰色中山服，走起路来，腰板挺直，完全是文人气质、秀才风度。有时候我们上系里办事，与校长在主楼相遇，先生微微一笑，点头示以问候，没有一点架子。王校长每天骑一辆22英寸小轮的自行车在校园穿梭，从宿舍区到办公楼，正是西北到东南的对角线上。下班后，先生吃完晚饭，急匆匆骑车往办公室去，经常和大家擦肩而过。有一次，我们几个在北师大东校门挤上公交车，抬头一看，座椅上端坐着王校长，应该是在铁狮子坟上的车。虽然民间有不到北京不知道自己官小的说法，但是像王校长这样全国知名的大教授、副部级干部，出门办事无论是公

1985年9月10日，同学们在北师大东操场举行庆祝活动

是私，要一辆小车是不成问题的，可是他也和我们一起乘公交。当时经济系主任是姚森老师，副主任是王同勋老师、许统乔老师，书记前期是孟月乔老师，后期是白爱珠老师，班主任庚欣老师也不过20多岁，正忙着读研究生呢。在北师大可以充分体验教师的责任感和荣誉感。一次在阶梯教室上大课，讲《资本论》的彭延光老师冒着瓢泼大雨从长安街社科院宿舍骑着自行车赶来，走进教室，浑身雨水下淌，同学们激动地起立鼓掌，向忠于职守的老师致敬。讲政治经济学的张志强教授，在讲堂上因心脏病发作被送到医院。王善迈老师是教育经济学的开创者，讲课干脆利索，无半句废话，板书简练，字体清秀。先生住一间半房，自己用桌子备课，儿子趴在床上写作业。杨国昌，读研究生时被划为"右派"，被打发到图书馆工作，他潜心钻到书堆中排除一切干扰，因祸得福，读了大量有用的书，做了许多笔记，"文化大革命"结束马上有大批研究马克思主义经济学的著作印行，成为研究《资本论》的专家。北师大质朴而扎实的校风就是由这样的师长带头建立起来的，所以能够代代相传，对学生成长来说，这些课堂之外的潜移默化，似乎比课堂上耳提面命的教导有更大作用。

第二年的开学，9月10日下午，天气晴朗。北师大东操场上，国家领导人及教师、学生、勤杂人员悉数集合在这里召开大会，庆祝新中国第一个教师节。时任国务院总理讲了话，王校长和老教授代表也相继发言，记得王光美等北师大老校友也在台上就座。时间不长，气氛热烈，学生们不时举起"教师万岁"的横幅与主席台相呼应。

学习生活中不乏花絮趣事。一个星期日的下午，我们在宿舍休息，滕显间老师满头大汗地赶来找我们，原来他刚得到两张新建的北京音乐厅的门票，特意给我们送来。老靳与大栋来不及换衣服，连忙奔往公交站。到音乐厅门口被告知衣冠不整不得入内，低头一看，两人还穿着露趾拖鞋，情急之下跑到附近六部口一带居民家借了两双布鞋换上才得以进入音乐厅。两人回来当笑话说给我们听，感叹印着北师大字样的短袖衫"好使"。

1986年夏天，辛勤劳动终成正果。老系主任陶大镛先生参加我们的毕业合影，北师大教务处的领导与我们一起毕业会餐。

也是在1984年，中央决定在知识分子中大量发展党员，我们这些工作在一线的教师终于得偿所愿。1985年，我的入党申请被批准，成为中政班第一批入党的学员，随后有更多的"大"学生入党。曾经被边缘化的"老园丁"，终于在青春末期实现了夙愿。如果没有"四人帮"的被粉碎，没有关于实践是检验真理唯一标准的大讨论，没有党的十一届三中全会，没有全党工作重点的转移，没有"四化"蓝图的召唤，没有知识分子政策的落实……就不会有我们大显身手的80年代。北师大的两年对于每位学员之后的教学生涯都具有非同寻常的意义。教育的改革创新，我们不但参与其中，而且直接受惠。毕业重返岗位以后，大伙底气更足，接了地气，做出了更大的成绩。

可喜的是，我的儿子在1992年从太原考到北师大生物系，读完研究生后又去了瑞士巴塞尔大学攻读生化专业的博士，并在取得博士学位后远赴美国哈佛大学继续深造。

30年弹指一挥间。2016年秋日，我们中政本科班学友别后第一次在北师大重聚，和久违了的王同勋（90岁）、詹俊仲（88岁）、王善迈（86岁）三位老先生聚餐，共同回顾30多年前在师大学习生活的日子，感谢师大留给我们一辈子受用不尽的精神财富。

16 你是人间三月花，倾我一生一世念

——关于北校的斑驳记忆

/ 1991级中文系 黄 倩

　　早春，有人在朋友圈里发了几组位于护国寺的辅仁校区的美图，冬月又有辅仁校区的初雪图。这些图片不断撞击我的记忆之门。辅仁校区，她是我们大学曾生活了一年的北校啊！有同学说，北校，那是我们的集体初恋。翻回昔日旧影，一张张青春的笑脸在脑海闪过，那真是一个无思无想的青柠时代。

　　留在记忆里的是一座古老的"回"字形院落，高高的围墙，长着青草的屋顶，漆色斑驳的后花园长廊。主建筑是一栋两层楼，长长的回廊把图书馆、教室、礼堂、宿舍等一切大一学生的生活和学习连接在了一起。饭堂和澡堂在后花园长廊外的两个小楼里，上体育课就在校外对面街的一个院落内。多年以后，才知道这赫赫有名的古建筑是辅仁大学原址，更是文物保护单位，是清朝一位贝勒爷的王府和花园。但对我们这些刚从高中升到大一的新生来说，这里驻留的就是关于青春的记忆：青涩、懵懂，美好、悠远。

　　记忆的断片和跳跃让我不再能记起所有老师的教学内容，但有的场景却历久弥新。图书馆一楼的书并不多，记忆深刻的是在夏天清凉宜人的青石地板；冬天馆内有暖气，伴着入窗的柔和阳光，特别适合在宽大的书台上抄上课笔记。从事编辑工作多年后，在一次培训班上，我见到了当时教我们古代汉语课的王宁老师，真是激动万分。据说，我们是王老师教的最后一届本科生。还记得那个时候，她喜欢穿长裙，再优雅地挽一个发髻。她给我们分析《烛之武退秦师》《触詟说赵太后》等课文的场景仿佛从未远去。

　　北校古雅的小礼堂和后花园有很多流传的故事。《霸王别姬》《阳光灿烂的日子》等有名的电影曾在这里取景拍摄。我在这里也有过做群众演员的经历。影片讲述的是教育家陶行知先生的故事。我们当时穿着民国的校服——浅蓝色布衣、黑色小裙和布鞋，出演了举着小旗子在校门口排队抗议，在教室里听课并窃窃私

语等几个场景。当时，我正好留着齐耳的学生短发，第二天再去拍时，负责服装的工作人员和我说："你的形象挺符合民国时期的青年学生，上镜，今天导演要让你说几句台词，要好好演哦。"果然，我和另外一个经济系的同学各领了几句台词的任务，开始有对话表演了。拍了几天后，由于过节的原因，我们班级要排练一个舞蹈，在时间上起了冲突。我选择了排节目，拒绝了副导演的邀请，就这么潇洒地结束了我的"演员梦"。不过，那个片子我最终也没看过，也许那些镜头早就被剪掉了吧。

犹记得排练的舞蹈叫《梦江南》。付渝同学带着我们几个女同学排练，一直持续到军训的时候。"不知今宵是何时的云烟，也不知今夕是何夕的睡莲。只愿化成唐宋诗篇，长眠在你身边。"这是关于江南和故乡的一首歌，淡淡哀愁和思念，写就当时我们初次远离家乡出门求学的心情。

在北校，我们度过了初次出远门的中秋节，彩带布置的252宿舍留下我们开心的笑声（现在看相片才知道当时居然有那么多水果，还有葡萄酒）。至今还记得在北校宿舍做过的一件傻事。一天早上，天蒙蒙亮，因为我起得最早，想着先去食堂买早点。我在架子上发现一个塑料袋，里面装着看似像前一天的油饼一样的东西。我在水房把它倒掉后，下楼去饭堂买回了全宿舍人的早餐。大家开心地吃了，无话。过了一天，京毛忽然说起，她带了

一个烧鸡给我们，但是找不到了。大家奇怪了一番，我也没在意。缓了大半天，我才有点模模糊糊地想起，难道……那天早上的那个"油饼"是那只烧鸡？！大家集体哀号！

1991年的北京，大家还是用粮票的。记忆深刻的是学校门外那街角的牛肉拉面、京都肉饼、炒疙瘩、北京酸奶。还有我们不断用粮票换的花生、锅巴、曲奇饼。关于吃，几乎是我们252宿舍最经典的集体记忆。出了校门，再走远一点是什刹海和后海。第一次下雪，我们几个南方孩子，激动得很。在后花园摆出各种姿势，拍了很多照片。什刹海的冰面上也是我们玩雪的好去处，当然还有不远处的北海公园。湖边的九龙壁、绕湖如烟的垂柳、矗立的白塔，我们在湖面泛舟唱《让我们荡起双桨》，避雨时在五角亭子里玩抓人游戏。北海公园里售卖的长长的羊肉串和冰糖葫芦最是好吃。

离开北京后第一次回来是在1997年。刚下飞机就能闻到当年那种气息。那是记忆里的北京的气息，混着一点点尘土的味道，干爽的气息。坐在的士车上，我和司机一起数起留在我记忆中的北京美食：糖炒栗子、驴打滚、豌豆黄、水蜜桃，美食夜市的杏仁茶、羊杂碎、灌肠。但当我重新回到定阜街、柳荫街、后海，回到北校，却再也吃不到那样的美味，找不回那时的感觉。叹今夕何夕，看物是人非。

从前慢，今时快。我们都在现世的生活里被裹挟着快速前行，需要加速，甚至超速才能

握住现实的一些东西。某个不经意的场景，却会让人猝不及防地想起模糊或清晰的一幕。原来记忆一直停留在那里，等着你的回眸。

虽然我们不再青春年少，虽然生活中仍有各种的无奈无助，但属于青春的、无数的记忆碎片，就这样如老电影般闪闪烁烁，又如一股清泉潜藏心底，潺潺流过。再相见，让我们一起回忆一切美好，喝一杯聚会的小酒，叙一场阔别重逢的旧。天南地北珍重！祝福友谊长存！

17 那些木铎与金声

/ 1991级教育系　焦玉琨

大学四年，留给我们什么呢？与专业知识相比，老师们有意无意的经验之谈、身行世范，更长久地留存在我的记忆里，影响深远。

辛永清老师：时间宝贵，惜时有法

辛老师是我们入学时的班主任，那时他大概在读研究生。要有时间观念，是辛老师给我们上的大学第一课。"去食堂吃饭，要么早去，要么晚去，这样可以避免人多排长队，节约时间。"这似乎是辛老师在我们第一次见面会时说的话。入学不久，辛老师在中南中北楼院门外召集我们开小会，有的同学迟到，辛老师毫不客气地予以批评，强调要遵守时间。大四那年的春季，辛老师是负责我们就业工作的老师之一，他的办公室门上贴上了写有"来访接待时间"的纸条……时过境迁，每次想起辛老师的言传身教，都警醒一下。

谢宇老师：宽容与支持的力量胜过惩罚

谢宇老师当年是数学系系主任，教我们高数课。她能歌善舞，隐约记得曾有幸欣赏过谢老师跳的民族舞。谢老师曾有个学生应激犯罪入狱服刑。虽然自己工作任务量很大，谢老师还是很关心那个学生，不愿放弃他。她利用休息时间多次去狱里给那个学生补课，鼓励他继续学习，争取为社会做出贡献。在谢老师的帮助下，那个学生后来考上了研究生，得以继续深造……有人说要允许教师举起惩罚的戒尺，如果谢老师还在，她一定还是崇尚宽容的力量吧？缅怀谢老师的时候，在网上看到谢老师的学生设立的"谢宇基金会"的信息。谢老师对学生的影响之大，由此可见一斑。

许嘉璐老师：每一门课都是有价值的

许老师不是我们的任课教师，大学期间受

许老师之教仅限于一次报告、一次讲话。讲话是在1995年我们的毕业典礼上，许老师结合一些事例，嘱咐我们走上社会后，要多吸取经验，学会保护自己。讲到学业发展时，许老师说：不要轻视任何课程，每一门课程都会丰富你的知识结构、促进你的思维发展……听闻此言我感到有些遗憾——如果早听到这句话，对某些课程也许能更认真些。参加工作后，每每听到有孩子说：学习这门课有什么用？我就搬出许老师的话来。在工作和学习中，我对许老师的话又有了进一步的认识：作为教育者，学习一门课，不仅能从中学到其学科本身的知识体系和思维方法，还能学到讲授者的教育教学方式方法，可以"择其善者而从之，其不善者而改之"。

一位不知名的老师：只要心中有信念，终会迎来光明

记得老师似乎姓廖，70多岁，在教七楼顶楼实验室教我们做幻灯片。大概是课间休息的时候，老师讲起他的一段经历："文化大革命"期间，老师被批斗致残，他很不甘心，暗下决心：一定要努力活下去！要活着看到那些"造反派"的下场……最后，老师不但等来了拨乱反正的那一天，还重回课堂。老师说，他每天坚持练气功锻炼身体，只需睡四五个小时，精力充沛。

彭玲老师：美好的事物不一定要付出昂贵代价；教学视觉化很有必要

彭老师身材瘦小，看起来像一个弱女子，但她的教学和妆容打扮却都是非常认真、一丝不苟。彭老师曾教我们电视原理课，几乎每节课她那娟秀的小字都写满黑板，间有插图，有时写满一黑板后会擦去再写……上课期间跟着老师记了满本的笔记，印象最深刻的却是彭老师给我们上的大学里的最后一课。那次课是专为我们女同学上的。彭老师大概讲了一些女生在工作中可能遇到的问题，给出了一些建议，特别提到了职场女性的衣着问题。彭老师在大屏幕上投放出一条白裙子，裙子设计很简单，上身有4—5寸宽的金黄色横条，其他再无装饰。彭老师让我们猜裙子的价钱，然后告诉我们，这条裙子是花20元买下的，既便宜，穿着又大方得体。这次课，除了让我记住了彭老师的话——"好东西不一定高价"，也让我体会到"教学视觉化"的重要——那个画面至今仍很清晰。

…………

木铎金声远，良师德惠长。老师的教诲不能一一尽述。多数老师不知道有我这么一个学生，我却依然从其受益。想来老师也并不期回报，只愿"学为人师，教化从容；行为世范，砥砺无穷……"

18 母校的回忆

/ 1993级哲学系　张纯和

从北师大毕业一晃20多年，自己业已转岗政协。回首大学时光，确有诸多片段如在昨天，魂牵梦绕，难以忘怀。

输在起跑线上，最终扣响北师大之门

1993年9月，在家乡六安农村办过8年私立中学的我，参加当年高考，考取北师大哲学系。从那时至今，常有校友问我上学"迟到"的背景，我总是心酸而又自信地说：路长且困，行则必至！对照"不能输在起跑线上"这句"警世"之言，我则生来即遇种种不顺：出身成分不好家庭；幼年母亲病逝，小学一度停学；若非校长曾为父亲私塾学生，险些无缘初中；刚念初一，突遭意外火灾，伤残右手并为此辍学，放过牛羊、拾过猪粪甚至讨过饭；左手习字后重返校园，又因营养不良休克考场……接二连三的打击，使得少小的我节节落伍同龄人，压抑、孤独、饥饿、挫败感，成为

我弱冠之前挥之不去的生命基调。

今天回头看，个人"否极泰来"，实则得益于改革开放春风化雨。20世纪80年代初，为尽快普及义务教育，政府鼓励个人办学。遂与左臂车祸致残的中学校友陈攀（日后我们结为夫妻），为生计、也为家乡因教育资源短缺而失学的孩子，办起了后来被认定为改革开放后安徽省第一所私立中学。白手起家办学，条件十分简陋，但师生勤勉精进，三年如一日夙兴夜寐。苦心人天不负，首届中考成绩骄人，办学成果得到认可，我们夫妇因此获得许多殊荣。90年代初，国家教委决定面向省级以上先进青年招收"劳模生"。当我接收到母校那张方寸大小、朴实无华的录取通知书时，顿觉之前所有艰辛与付出，在她面前得到加倍奖赏与补偿。人生幸与不幸，我自有些许体会。

录取前还有个插曲。那一届计划招生20名，因达线只有4人，学校觉得难以单班教学，准备弃招。我们几位入围考生原本坐等录

取通知，闻讯紧张起来，于是向校方表达想来读书的强烈愿望。"精诚所至，金石为开"，母校最终决定录取，并把我们放进同届同班教学、同等要求。大学四年，我们几位"苦并快乐着"。因为毕竟年龄大、基础差，且已成家，但很珍惜来之不易的进修机会，困难大、决心更大，最后顺利完成学业。

从字母开始补习外语

当年高考，外语免试。入学后，校方根据学位授予规定，要求我们必修英语，为此专设"字母班"。我等"劳模生"虽不大情愿但不敢懈怠，老老实实背单词，认认真真挣学分。辛苦之处还在于大一时，我们住在、学在辅仁大学旧址北校，唯独英语要去新外大街校本部上，两地相距好几千米，全是晚课。为往返方便，记得我在缸瓦市附近"跳蚤市场"花50元（相当于半个月伙食费），买了一辆二手自行车。我虽一手掌车，但个大腿长，骑车又稳又快，不少步行同学还搭过我顺车之便。而作为南方生源，京师严冬体验徒手骑行之寒，今天依然佩服自己！

"字母班"两年结业，感恩学校照顾，英语算是过关。但我没有放弃继续学习。那时有个情结，想毕业回乡重操旧业。因担心农村学校难招英语教师，我发奋把《新概念英语》四册全攻下来。下此决心还有外部动力，那就是

我们班上好多低龄同学（普遍是70后）愿意帮我。其中几位我印象最为深刻。一是李洪友。洪友性格木讷，真诚厚道，学习刻苦。为练习听力，他坚持每日早晚收听中国国际广播电台。我羡慕他的听力和口语，节衣缩食也买了"随身听"。更难忘的是，1996年寒假，他准备考研，我学《新概念英语》，全班就我俩留校。我上午集中背单词，下午逐字逐句学课文，晚上一题不落做课后作业，然后请洪友同学面批。整个假期，唯除夕应唐伟老师之邀校外吃了一顿年夜饭之外，我俩一天也未休息，形影不离，埋头苦干。毕业之初几年，我们时常通信。他重回母校读研期间，我还趁出差，到他宿舍小聚。二是徐云杰，四川人，聪颖好学，说话幽默更兼辛辣。大三时他就开始备考北京大学，学习时间金贵，但只要我来请教，从不嫌烦，并亲切以"老张"相称，所教之处诲我不倦。后来我硕士论文选题，还得到他的高见和启发，获益匪浅。再一位是我六安小老乡庞芳。她当年以地区拔尖生考入北师大，四年大学成绩一直冠盖全班。庞芳课堂笔记内容精准，字迹清秀，堪称范本。每逢期末复习，平时懒散同学铁定复印她的笔记来应考。大四时，她放弃保研，想先工作，学习任务不重，多次来我宿舍传达室，给我讲解英语语法。令人称奇的是，她能边听音乐边背单词，学习像玩一样轻松。而我背单词最吃力，花功夫也最多。我晚自习学英语经常深夜才回宿舍。每

当此时，室友戏称"疯子回来了""疯子回来了"，借以调侃我疯狂学外语。后来我申请硕士学位如愿通过国考，要是没有同窗助学、领学，"独学而无友"必"勤苦而难成"。

带着孩子一起读书

入学北师大前，我已婚且育有一子。孩子妈先进中国人民大学，我们夫妇双方父母都不在世，孩子在农村老家无人监护，成了名副其实留守儿童。不得已，我们决定带他来京上学。幸得系里特别给力，杜仲成老师亲自出面协商实验小学，让孩子有机会与我一同校内读书，直到随我毕业回到合肥。这期间，母校、室友和同学给予我们父子太多关心和照顾。

首先是住的问题。几位劳模生得到优待，普通本科生七八位一间，而我们寝室一人一个上下铺。这样我睡上面，孩子睡下面。学校对宿舍管理严格，外人不得留宿。楼长默许，每回卫生和秩序检查对此未持异议。但毕竟宿舍多个小孩，给其他同学带来诸多不便，无以为感，我唯有日日早起为大家多打几瓶热水，以表歉意与谢意。

实验小学十分注重孩子们良好习惯的培养。每日从听课、作业、卫生、勤劳、友爱等若干方面关注孩子的成长，表现优秀的在相应表格内贴上一颗星，一天一小结，一周一总结，让家长及时了解孩子的校园行为。同时要求家长及时反馈孩子在家的表现，坚持每月一次家长会，形成家校携手共育的互动机制。我孩子班主任孙老师说，孩子不是简单读书考分的机器，而是应该全面发展的人，需要统筹兼顾，需要多方合力。尤其让我感动的是，我家孩子来自农村，一点也没有被歧视的感觉。小家伙学习认真，成绩很好。穿着很土，但是他热爱打扫卫生，既不怕苦也不怕脏，经常受到表扬。离校那一天，孙老师专门把我俩送到校门口并且抱着孩子照相，成为永远而又温馨的记忆。

为发挥家庭教育功能，实验学校要求家长每天晚上督促孩子完成作业并签字。他做完作业时，我多半还在教室自习，只得委托周建军等同学代签。久而久之，孩子居然会模仿乃父字迹，不用大人操心！几年间，没有到位的父母职责，倒逼他更早学会自习、学会生活。后来他去省外读大学、考研乃至成家、立业，表现出超乎同龄人的自信与自立。这要归功于母校附小那段特殊岁月练就的"童子功"。

实习课上难得的表扬

大四下学期，学校按照惯例安排我们实习。我的课程是初中二年级思想政治，其间老师要听试讲。我被选中的是"生产力与生产关系的相互作用"一节。这一部分内容，对于初中生比较抽象。回想自己当年中学时代也没有完全搞明白，只知道死记硬背应付考试。后来办学，面对十几岁的学生，我试着打比方来帮助他们加深理解。"同学们正是早晨八九点钟的太阳，生产力如同你们的身体，每日都在发育生长，而我们买的或者缝制的衣服便是生产关系，一经成型就相对固定。初期，衣服得体，穿着舒服；一段时间后，身体在长，而衣服没变，再穿便捆绑束缚了身体。"这就要求"生产关系"这件衣服必须随着"生产力"这个身体的变化而不断调整。如此试讲完，徐惠英老师当场点评并自谦说，自己教书多年也未用过这个生动而浅显的比喻。那份肯定至今令我骄傲……比较来说，大学四年，其他学科成绩平平，鲜有高分和类似的表扬，因此印象深刻。

离校后工作之中、生活之余这些年，或因例行填什么表格，或因公私有什么聚会，话题自然经常涉及自己毕业何方，坦率地说，我为学在京师而自豪。母校，圆了我大学之梦，宠得我一生之幸！在这里、从此后，一路为学、为人和做事，富有一则校训左右和引领……

欣逢母校百廿华诞，回望校园点滴，诚为母校庆生！

19 我亲历的北师大百年华诞

/ 2000级教育学院　胡　蓓

2002年，正好是北师大建校一百周年。

学校为此专门成立了校庆筹划办公室，精心策划了一系列活动，如印发校庆纪念邮票，举办"同一首歌"演唱会，迎接校友返校，举办著名校友论坛……而其中最引人瞩目的，莫过于在人民大会堂举办校庆庆典。

参加庆典的现场观众主要由在校学生构成，鉴于大一新生刚入校，对学校历史不太清楚，而大四学生面临毕业找工作，时间精力有限，于是，观众的人选主要从大二、大三学生中挑选。

我们当时正好读大二。没想到这种百年一遇的光荣时刻居然能落到自己这一届学生身上，我们个个心情激荡，摩拳擦掌，希望自己能成为这个幸运儿。

最终，学生代表的选择标准是：每班期末考试前两名的学生。

我刚好符合这个标准。就这样，我成了一名光荣的学生代表，即将和其他几百名学生一道，走进人民大会堂，参加学校百年华诞的庆典。

学校对庆典慎之又慎，专门把我们这些参会学生召集起来开会。校领导在主席台上三令五申地强调：为了确保安检能顺利通过，不能带相机，不能带手机，不能带金属物品，基本上空手进去最好。

"你们去参会，不光是去听报告，去见识国家领导的"，校领导强调，"你们还肩负着重要的任务，就是——维护学校荣誉，保持会场秩序。"

2002年9月8日，我们怀着激动的心情，集体乘车前往心中圣地——人民大会堂。我们一大早就出门，比正式开会时间提前了两个钟头，到达会场外。经过一遍又一遍的安检，我们终于顺利入场，见到了只在电视新闻里见过的人民大会堂。

我使劲仰着头，只见天花板上正中央，一颗硕大的五角星和周围簇拥的小星星无比闪耀。那正是每天在《新闻联播》上看到的场景。我心潮澎湃。

时间到了，全场肃静。随着欢迎乐的背景，国家领导人一一入场。我们沸腾了，使劲地鼓掌。掌声经久不息。

庆典开始，领导人开始讲话。我们凝神谛听。

现场观众席里，每个学院各自组成一个方阵，顺序就座。我们每个学生都穿着专门为校庆定制的文化衫，每个方阵的颜色都不同。为了安保的要求，我们每个人的座位都是事先安排好的，一人一座，对号入座。

我正好坐在我们学院方阵的第一排最右边，挨着过道。会议期间，摄像师们在过道中来回走动。他们扛着摄像机，对着我们这些观众拍摄。

每当摄像机对准我们这一排的时候，我就赶紧挺直身板，生怕自己的精神面貌不够积极向上，展现不了在校生朝气蓬勃的形象。

会议开得很顺利，最终在热烈的掌声中结束了。

我们坐在回学校的大巴上，心情激动，叽叽喳喳地交流感想。

带队老师提醒我们："大家晚上记得收看《新闻联播》啊。应该会有咱们学校校庆的新闻。"

回到宿舍，室友们围了上来，跟我了解现场的感受。我都一一作答。

当晚7点，《新闻联播》准时开始。果然，第一条就是我们学校百年校庆的新闻。画面挨个呈现国家领导人。接下来，画面一转，切到现场观众。没想到，出现在屏幕上的，正好是我！虽然画面只停留了不到1秒，但我仔细聆听的样子还是非常清楚的。

室友们转过头看向我，眼里带着羡慕。

我有点不好意思。本来能够作为学生代表，去人民大会堂参加庆典，我就已经非常感恩了。没想到还能上电视。在大家灼人的目光中，我害羞而又幸福地低下了头。

终于，新闻播完了。

"咱们走吧。"室友突然看了一下表，起身收拾。

我问："你们干嘛去？"

"8点要开始《同一首歌》，再不走要迟到了。"她们说。

我这才想起来，原来校庆系列活动的组成之一，就是今晚在学校录制《同一首歌》，有很多知名的歌手都会参加，非常令人期待。

我赶紧收拾东西："等我一下。"

有人提醒说："记得带上门票。"

我这才想起，晚会的座位有限，没法保证人人参与。而我，已经去过人民大会堂了，其他活动没法再参加，自然没有晚会的门票。

虽然有点遗憾，但我也完全理解并拥护学校的这一决定。百年校庆机会难得，每名学子都希望参与其中。学校为了公平起见，尽量让大家都有机会参与。这是非常合情合理的安排。

于是我送走室友，独自留在宿舍。

那天，校园里到处都是过节的喜庆氛围，隐约还有一些锣鼓声和欢呼声飘进宿舍。

我突然反应过来，就算我没有门票，无法进入现场观看，但也可以在附近走走，感受一下气氛啊。

我走出宿舍，突然手机响了，接起来一听是我妈："刚才我们在电视里看到你了。"

在没人的地方，我终于不再掩饰内心的开心："哈哈，是吗？我在电视里好看吗？"

其实那一阵，因为学一学二食堂的伙食好，我天天大快朵颐，脸上还有点婴儿肥，但我妈一迭声地说好看好看。

她还说，新闻播出没多久，每天雷打不动观看《新闻联播》的姥爷也给她打了电话，问刚刚电视上那个是不是我。

没想到自己有幸参加学校庆典，还能让远在家乡的亲人们在电视上看到。我真是感到由衷的开心，和身为母校学子无比的骄傲。

谢谢母校，能让我这样一个普普通通的学生有幸走进人民大会堂，参加校庆，聆听国家领导人的讲话。

但我也非常清楚地知道，这种荣耀并不是我个人的，而是我们全体在校学生，全体校友，全体老师的。正是母校的多年耕耘，为国家输送了一代又一代优秀的教师和教育工作者，为国家教育事业的发展做出了长足的贡献，才迎来了这样的高光时刻。

接下来的几天，我们这些在校学生，作为主力军，参与到校庆系列活动中。我们充当志愿者，迎接了来自祖国各地的校友们返校。看到这些两鬓斑白的校友们，我更是感触颇深。

回首当年，一届又一届的校友们从母校毕业后，服从祖国的召唤，去到天南海北，在不同的岗位上勤勤恳恳，教书育人，贡献青春年华。而当他们辛辛苦苦工作几十年，收到母校百年华诞的邀约后，又从祖国各地回归母校，聚在一起，追昔抚今，闲话家常。

那种历经岁月的磨砺，那种同学情谊的真挚，让我们这些在校生无不动容，感慨万千。我暗暗决定，要向这些可爱又可敬的校友们学习，在北师大学到本领技能，将来服务社会，回报母校。

20 我的"元届"本科生生活

/ 2001级环境学院　汤历漫

20年时光飞逝，2001年入学北京师范大学环境学院本科的我，回想起那段美好的大学时光，依然历历在目。

2001年入学的我，适逢北师大的两件幸事：北京师范大学百年校庆，以及作为北师大环境学院成立以来第一届本科生入学。环境学院为了建设博士站，从地理遥感学院升级成为独立学院，并且招收第一届本科生。

我和我们专业26位来自五湖四海的本科生（包括励耘实验班在大二分到环境学院的四五位同学），带着欣喜走进大学校门。没有大二年级以上的学长们，都是环境学院研究生的学长们带着我们新生入学注册，办理入住宿舍手续，并且领着我们去宿舍。

2001年9月8日，新生入学的时候，北师大全校在紧锣密鼓地准备迎接百年校庆。百年校庆给北师大带来了新的主楼，就是我们现在的木铎金声主楼。百岁北师大在当时赶着修葺一新，有位同学从北太平庄偏北门进入，开玩笑

说以为走错了地方，到处都在修路挖沟，好像一个建筑工地。

城市不同，北师大招生的批次也不同。北师大是一所非常优秀的大学，当年在江西和四川，都是师范、军校提前批的批次里要分最高的。我们经过高考独木桥，有幸进入北师大，我们是第一届本科生，环境学院整个本科暂时就是我们20多人，我们自称为"环本元届"，人数虽少，但并没有掩盖我们如愿以偿进入北师大的兴奋及与对未来大学生活的展望。

这四年的生活也因为我们是第一届本科生显得有些不同。在课业上，环境工程专业是工科，不是师范专业，所以我们的课程设置非常繁重，从数理化到政治、英语和其他专业课，无不涉及。工科学的课程多，课程难度大、要求高，大一到大三我们基本周一到周六全天有课，包括晚上。我们的日常轨迹基本是周一到周六，早上8点上课到12点，

12—13点午饭，13点—17点上课，17—18点晚饭，18点—21点上课。我们也常为了高等数学难题学习到深夜，为了分析化学的分析天平测试或有机化学的有机物提取实验在化学楼待到10点寝室关门后，中间还辗转于各种阶梯教室上大课。大二开始参加环境学院组织的野外生态学习和工程项目参观实践。等到大四，我们忙毕业论文、忙找工作和准备研究生入学，生活中也被实验室的设备药品、深夜自习室苦读和找工作面试填充得满满的。

大学生活非常充实，很多同学笑称如果自己读一个中文系或者教育系，也许文艺多彩的社交生活会多一些。因为学习经常搞到半夜，我们也经常吃夜宵或者去北师大北门外的苍蝇馆子聚餐等，那个时候夜宵只有乐群，我们会一边吐槽8元一份的肉丝炒饼里基本是肉丁，一边往嘴里送；也会半夜去宿舍楼下小卖部买个方便面和火腿肠，让小卖部老板给煮得热腾腾吃起来；周末晚上在馆子吃个夜宵，感觉什么学习、实验和考试的压力都没有了。

但在繁重的学业之余，我们学院也积极参加学校的各类活动。因为是第一届本科生，在各类体育和社团活动中显得与别的学院不同。

体育必修课有球类、武术类、舞蹈类课程可以选择，但由于我们年级人少并且本科刚设立，体育老师们并不知道该如何给我们做课程设置，最后我们学院只能选择篮球、足球或排球。当时我选了篮球，这对体育不太好的我来说是一个很大的挑战。还好我每天傍晚都在球场练习，在毫无篮球技巧的前提下，两分线投篮考试，我也来了一个10投8中，丝毫没有技术的带球上篮也来了一个75分。体育课搞定之后，北师大的学生各类体育比赛我们也很难，男生就11人，足球赛全员都上了，还有穿着凉鞋上场踢球的，让那些从小踢球技术较好的同学哭笑不得。其他比赛我们人数不足，就靠啦啦队来拼命打气，我们学院因为啦啦队的嘹亮嗓门，曾经获得学校评选的最佳助威啦啦队奖。

北师大的人文活动非常丰富，如英语话剧大赛、KTV大赛、英语演讲比赛和模特大赛等。我们环本元届人少，但是气势不能输，我们非常积极地参加这些活动。别看我们是学工科的，同样也是人才济济，新疆、内蒙古来的同学能歌善舞，其他各地的同学在英语比赛及活动组织方面都很有经验。大二时候的英语话剧比赛，我们排练的2个节目：一个搞笑话剧和一个歌舞剧脱颖而出，顺利进入决赛，成为决赛公演11个项目之一，最后打败了强手如云的文科系，跻身前五名奖项。连学院班主任和学生处老师都说：你们这届人虽少，但是真厉害。

学校还鼓励我们参加各类实践活动。在校期间我参加北师大校内大学生创业大赛并获得大赛奖金，参加白鸽青年志愿者协会、学院学生会等，其他同学也非常积极地参加各类活动，这些活动对我们毕业之后保送研究生或走上工作岗位，都产生了不少的正面影响。

大学毕业分别的时刻，我们同学之间都没有说太多话。毕业典礼那天骄阳如火，当时北师大的启功老师还在，那时他年事已高，为了避开高温天气，我们的毕业典礼安排在早上7点半至8点举办，但整个毕业典礼过程15分钟左右，校长总结毕业的学生数据；启功老师说了2分钟祝福。我们有幸在开学典礼时也见到他，现在看到启功老师的题字，还能想起他老人家在我们开学典礼和毕业典礼上对我们的祝福。四年我们已经说了太多，学校生活太精彩，我们也付出和收获了太多，在课业、在项目、在活动、在同学们的聚会，在作为第一届本科生互相依靠、帮助、支持的岁月中。毕业之际，我们团坐在学生宿舍区——西南楼和西北楼之间的刘和珍君雕像旁边，开了一个小会，就解散了。毕业后同学们依然会偶尔联系，但都有了各自的生活。

从北师大毕业以后，我进入北京航空航天大学学习，工作几年后，又进入中国科学院大学读MBA。每个学校的气质与文化都不同，这些学校都很优秀。但是在我心中，永远怀念着北师大那种充满人文又专注技术，鼓励学生主动沟通、社交和表达自我的学校文化，以及"学为人师，行为世范"的校训。

20年后，再次回忆大学生活，依然清晰。祝福北师大学子，祝福120岁的北师大越来越好！

第二编

校友讲演

21 黄会林

一生追求，一路前行

校友简介：

黄会林，1934年生，中共党员，北京师范大学1955级校友，资深教授，中国高校第一位电影学博士生导师，北京师范大学艺术与传媒学院首任院长。现任北京师范大学中国文化国际传播研究院院长、影视戏剧研究中心主任，中国高教学会影视教育专业委员会名誉理事长等职。

我从1955年进入北师大读本科，因为赶上了1958年"大跃进"，所以提前毕业留校任教。要是从1955年算起，到现在（2021年）是66年了，如果从1958年留校工作算就63年了。我在北师大获得了自己成长的一个非常重要的机缘。这样的经历和党庆百年这样隆重、盛大、有世界意义的光辉日期能够有所连接，我觉得特别荣幸，能够在这里回顾自己的几十年的经历也是一种幸福。

一、初识我党，青春入朝

因为时局的动荡和家庭的变故，我的小学是在很多地方流转的，一直到我上初一时才步入了正轨。初一我考上了苏州的一所著名女中——振华女中。振华女中有很多杰出的校友，像何泽慧先生、杨绛先生、费孝通先生。进入振华女中是我人生启蒙的重点，也是我接触到中国共产党和中国革命的起点。

振华女中有一个很有意思的规矩，初一入学的学生要配备一个高一的学姐学长来指导。我进了初一就受到了一位大学姐的帮助，她对我非常地关怀和呵护，后来知道她是一位地下党员，叫叶梅娟。叶大姐是我接受革命教育的起点，是我的革命引路人。她带领我学解放区的歌和秧歌舞，给我讲新民主主义的价值观、中国革命的意义，这个应该说是我最初的精神启蒙。我还参加了各种进步的文娱活动，演过一些革命作家创作的话剧，参加过辩论赛。应该说振华女中有一种革命进步的特质，能够让我这个刚刚入学的学生接触到革命的信息。

之后因为家里的变动，我转学到了上海的培明女中。在那里，我打着腰鼓迎接了解放军，又在1949年年末光荣地参加了当时叫新民主主义青年团，后来改名共青团。后来父亲工作调动，我们家又搬回了北京，我在北京经过考试进了北师大附中，这也是我跟北师大关联的开始。

在师大读到初三的时候，我意料之外地得到了生命中最重要的一个节点——青春入朝。1950年朝鲜战争爆发，全中国人民义愤填膺，大家纷纷要求到前线为祖国浴血奋战。师大附中的师生们写了各种各样的请愿书，要求被批准上前线。我们班40名学生都递了申请书，最后我们班被批准了四个学生，我非常侥幸地进入了这个行列，到了部队后经过了一些训练，有机会进入高炮团，到前线去打仗。

在前线打仗的过程中，有很多非常重要的记忆。我还记得到朝鲜那一天是傍晚了，我们进到朝鲜一个小村子宿营。到了农家以后发现只有一位老大爷和一位老大娘，他们年轻的也都参军了。老大爷非常感动，说中国人民为了帮助朝鲜，把自己的战士们、青壮年都派到了这里，这是来面对炮火、面对战场啊！他取过一张白纸写了一行字，居然是《论语》里的"有朋自远方来，不亦乐乎"。他把这张纸送给了团首长。这是我进入朝鲜后的第一个细节，让我感觉到身上肩负着一种异样的责任和使命。

跟战士们在一起，我最大的感受是我们的战士们太伟大了，他们很多也只有十七八岁，过了江以后，不要说脱衣服睡觉，连鞋带都不可能解开去休息。到了宿营地首长一声令下，战士们就把背包靠在背后，往后一仰就休息了。有了敌情，也是一声令下，战士们一跃而起，直接进入阵地。他们过的完全是战斗生活，但是没有一个人有怨言，大家都在一心一意地帮助朝鲜的兄弟姐妹，在保卫自己的家园。这是我人生最实在的第一课。

从部队入朝的第一天到奉命回国，他们基本上每天都在战斗中。我举一个例子，是我们参加的一次比较大的战役——清川江保卫战。清川江大桥是朝鲜特别重要的桥梁，战役的任务是保卫这座桥。清川江保卫战打了整整七天七夜，大家都在火线上。只要敌机朝大桥飞过来，战士们就会和指挥员一起立刻扑向阵地。到了阵地上，团长马上宣布今天的战斗情况，如果我牺牲了某某立刻接替我，接替者也立刻接着说，如果我牺牲了某某接替我，就是做出了牺牲的准备，誓死保卫大桥。当时我被派到了三营八连测高班，它相当于整个连队的眼睛，要保护一个最先进的仪器叫测高仪。我们的班长是一个非常活泼的战士，名叫刘兴沛，既能打仗又能团结战友，非常有人缘。我们到了测高班，和班长一起擦炮弹、整理仪器，一起吃干粮。可是第二天就赶上了七天七夜的大战役。班长紧张地操作着测高仪，一枚炸弹冲下来，他猛地扑到了测高仪上，保护这个重要的仪器。班长牺牲了，机器保住了。像这样的事情，给我们树立了一生的价值观、人生观，告诉我们为什么活着、应该怎么活着。

这只是一次战斗的例子，这样的状况是经常有的。记得我们往阵地上送炮弹，十六七岁的女兵们扛起一箱直接奔向山头，后来才知道一箱炮弹有100多斤，可是当时根本不知道有多重，也没觉出来有多重。在送往阵地的途中，会遇到敌人一路扫射，扫射的炮弹壳会跳起来打到我们的钢盔上，一直嘣嘣地响。这种生死的锻炼太可贵、太难得了，对人的影响是终生的。我们从宿营地去阵地的时候，规定三人一组，每组间隔50米以上，为的是少一点牺牲，随时准备迎接敌情。有一次我和两位战友结伴去阵地，走到半路就听见敌机的声音，我们知道有敌情了，就在附近找了一个弹坑跳进去，埋下头。刚躲进去，这架飞机就来了，轰轰巨响，脚底大地震颤，土块、石头块、泥块往我们身上砸。我们埋着头在弹坑里躲避，身上被压住了，人也被埋住了。当时我心里一闪念：今天该我牺牲了。但是后来却感受到飞机越来越远，我们三人互相碰了一下，扒拉扒拉身上的泥块、土块、石块，跳出弹坑，看看都还活着。从这次以后，我发现原来死也没那么容易，我们是可以躲避敌情的，并不是只要有敌情就会牺牲，死亡也就没有那么可怕了。这是在实战中我受到的教育。

部队有一个规矩：大型的战斗结束以后，要总结这一次的战斗经验，还要评选"人民功臣"。那次七天七夜的战斗后，我们团开总结会，要评选一百位"人民功臣"。我又侥幸了一次，一百位战士中，唯一一个女战士就是我。我现在还保存着发给我的立功证明。

在那个时候，我们都不知道战争什么时候结束，什么时候能回去。总之，只要有战争，我们就应该坚守在那儿，就应该在祖国的边防以外，保卫祖国。经过了上甘岭战役、板门店谈判，签订了停战协议后，我们陆续回国。

从朝鲜战场回来，大家都有一个想法：我们是幸存者。那么多战士把生命留在那里，是他们保护了我们。我们每个人肩膀上扛着两份责任，一份是自己的，一份是烈士的。牺牲的战士们遗体留在那里，遗愿留给我们。所以我们回国以后，祖国需要我们做什么，就应该去做什么，工作需要到哪去，就应该到哪去，因为我们身后是那一批牺牲的战友。应该说这是我的人生观、世界观形成的最重要的节点。

枪林弹雨已经远去了，可是到今天，我们的中国共产党、我们的新中国、我们的无产阶级革命，依然面临很严峻的挑战，依然需要有付出自己生命的思想准备。这是我和诸位都义不容辞的。

二、听党召唤，四度转型

从朝鲜回来，那时是1953年，五年计划刚刚开始，百废待兴。大建设需要我们贡献自己的力量，需要文化，而我底子太差，所以领导问我想干什么的时候，我就回答，想接着读书，把自己充实了再投入祖国的建设中。部队帮助联系，经过考试，把我送进了北京师范大学工农速成中学去读书。

到速成中学去报到，教务主任让我插班进入二年级下学期，一年半完成高中课程，然后再向下发展。于是我就跟着大家一起疯狂地补课，把前面的一年半的课程补上，还要跟得上后面一年半的课程。毕业时，我很有幸被列入了保送名单。

就是在这个班上认识了我现在的老伴儿绍武。我没到这个班以前，他是全班最小的，功课最好的，门门考满分。我来到这个班，就是瞄着他往上追的。到公布毕业名单的时候，绍武也被列在了报送名单，所以我们就一块儿到了北师大，后来就成了一家人。

绍武是一个具有传奇性的烈士遗孤。他出生10个月时父亲病故，妈妈带着他教小学。接着抗战爆发，八路军来了，妈妈就带着他参加了八路军，承担了各种工作，所以他是在八路军里长大的。1942年，日军搞"五一大扫荡"。当时绍武的妈妈带着他跟着刘邓部队在太行山里反扫荡。八路军预先把很多物资藏到了山洞里，不能让日军拿走。山里有两条路，一条路通向保存物资的山洞，另外一条路是远离这个山洞的。绍武的妈妈带着他有意地走向了另外那条路，躲开了藏着东西的山洞。但是这条路的尽头是悬崖。到了悬崖没路可走了，日军在后边追上来了，妈妈抱着他跳崖。妈妈牺牲了，他活下来了，就在部队里长大。

绍武一直有一个坚定的，甚至固执的念头，他觉得人民军队、中国革命太伟大了，可歌可泣的故事和人物太多了，他下决心要学写作，要把他能写的革命英雄人物留在历史上。保送我们上大学时征求意见，想学什么专业。我特别喜欢小孩儿，所以想选择学前教育专业。绍武一心想搞写作，要写红色英雄，他就坚定不移地要去中文系，并且一直动员我一起报中文系，最后把我拉过来了，就一块儿来到了北师大中文系。

到了中文系，我们是很努力的，因为来之不易，我们要提升自己，参加祖国大建设，要拿出自己全部的力量，所以读书、学习、参加运动都不能落后。那个时候的大学是包分配的，到毕业之前会让大家填志愿，每个人可以填三个志愿，当时绍武动员我说，我们这三个志愿就都填边疆，因为北京有的是人才，而边疆缺人，需要有参加建设的。我说没问题，哪需要我们就到哪。没想到1958年"大跃进"来了，北师大那个时候需要补充人，中文系也一样，于是我们俩又被留校了，想要填的志愿也就没填成，留在北师大到现在。

1958年到现在，就是刚才算的63年。在这60多年里，我有四次转型，都是因为党的事业的需要，祖国建设、文化建设的需要，只要是需要我转，我就转，因为我们前面已经向烈士表过态。我们不仅应该做好自己的，还应该为他们的遗志而奋斗。这样的信仰、追求，可以说是从小到大，青年、中年、老年一直应该坚持的。

留校以后，我本来特别喜欢古代文学，准备在这个领域发展。可是一报到，领导说古典文学教研室人还够，现代文学专业缺人，是不是可以去那儿，我就去了中文系现代文学专业，这是我的第一次转型。我整整做了20年的助教，都是需要做什么我就做什么，同时我还需要不断地提高自己。组织上还要求我担任班主任和辅导员，做学生的政治思想工作。我感觉特别幸福的是，那些学生们都是那么的亲切可爱，有一些我做班主任的时候的同学，现在我们还有联系，还是特别亲密的老朋友。

1966年"文化大革命"开始，大学不办了。到1978年大学重新招生，学校开始抓学科建设，需要教育的革新。那时我们教研室老主任说，全国现代文学都是"鲁郭茅巴老曹"，我们改一改，按照文体分类来建学科，就是一个新的体系。因为我在"文化大革命"中配合着绍武参加了一些文学创作，所以老主任说，你搞了创作了，你就去把戏剧口。就把我分配

到了现代戏剧这个领域，我就从现代文学转型，给高年级开中国现代戏剧研究课，又是从教学起，这是事业的需要，是教学的改革，是一个新任务，我就努力地尝试进入第二个岗位。

20世纪80年代为了教学改革，让中国现代戏剧重新进入正规化的教学课堂。也就是因为这样一个过程，我们才创建了北师大的北国剧社。搞戏剧，我认真备课，课教得还可以，学生也爱听。我们这时开始有了一个意识，就是知行合一，应该把知变成行，行再补充知，这样才是一个完整的学人。在开讲戏剧课的时候，绍武给我提了个意见，说戏剧课讲得再好，学生没有实践，也长不了真本领，因为戏剧是需要实践的，不仅应该能听，还应该能创作、能表演、能做实践的表达，这才是全面的。我觉得有道理，就让他帮着我开始了新的举措。

那一年的期末，我跟同学们说戏剧课考试，你们可以答卷子，我给分；也可以不答卷，交一个剧本，只要是你自己的，一律加10分，试一试搞戏剧创作。结果这个年级一下子就交上来了六七十个剧本。我就拉着绍武一起来组织讨论、挑选，选出6个进行排演。学生们特别感兴趣，自己写，自己演，自己做舞美，自己登台，完成一切。演出的时间选择在两个考试周中间的那个礼拜六。学生说，大家都在背笔记，准备答卷子，没人来怎么办？我说来一个人也算咱们演了，一定要把这个试验

做完。于是就排了这几个小戏。

我们在创作中认识了一些戏剧影视界的专家，我们就给这些专家打了个招呼，如果有兴趣来就请他们来看。果然来了几个大专家。演出的那一天就是两个考试周中间的周六，我们在敬文讲堂开演，最后在开演的时候，居然挤进去了五六百人，学生们特别兴奋，觉得自己是可以的。散了以后，几百位观众不走，在台下鼓掌等着谢幕。学生们激动地搂在一起，抱头大哭，场面很感人。这就是北国剧社的开始。我由此认识到，教学改革一定要有活力，一定要有很强的推动力，能够激发出学生们的创造潜力。

几位专家回去以后，也在议论北师大演的剧，正好赶上那年中国承办莎士比亚国际戏剧节，专家们在讨论怎么办，其中有些专家看过我们的演出，他们说，是不是可以找北师大来演一个片段，算是百花园中一朵小花，也算是一种青年参与。那是1985年，在戏剧界说是中国话剧要灭亡了，所以他们看到北师大这种鲜活的生命力，马上产生了信心，认为中国话剧有救了。他们就提出来让我们去参加莎士比亚戏剧节。回来我一问学生，学生说我们要演，但不是演片段，而要演全剧。剧协觉得也可以，就这样开始了。

但是要演莎剧可不是闹着玩的，我们必须在北师大建一个剧社，这就是北国剧社的由来。在全校贴通告请学生报名，一下子报了

300人，哪个学科的都有，没想到他们演得特别出彩。我就请了一些戏剧界的权威做面试官。最后定了100人，北国剧社就架起来了。新办一个剧团叫什么名字呢？我们戏剧课刚讲完中国话剧的创始，田汉先生是中国话剧的创始人之一，他在上海建了南国剧社，我就跟同学们建议，我们仰慕田老，追踪南国社，我们又在北京，是不是可以叫北国社呢？同学们一致认可，于是就有了北国剧社的名字。

排莎剧是非常艰难的，但又是非常丰富、充实的过程。戏排出了以后，曹禺先生立刻过来看戏。看完了，老先生到舞台上对演员们说，我只有一个问题：你们怎么可以演得这么好！这给大家的鼓舞太大了。

在首都剧场演出的当天晚上，就得到国家领导人的认可，这是莎士比亚戏剧节所有演出里的独一份儿。北国剧社的剧照也曾作为国礼的一部分，向他国展示了我国戏剧的风貌。之后，英国的莎士比亚博物馆也主动找我们要相关材料。所以我觉得搞教育是一个很幸福的事情，是一种能够看到成长、看到年轻一代未来的职业。这个职业也是我们中国共产党最关注的面向未来的事业。

到了90年代，又有了第三次转型，就是"创专业，办影节"。这又是因为国家和学校建新学科的需要。方福康校长找我谈话，说要创建一个新专业，就是影视专业。在此之前，北师大没有影视专业，不光北师大没有，全国

综合性大学也没有，北师大决心要搞，希望我把这个担子挑起来，建一个新兴的影视学科，这是我们学校、也是我们党的事业发展的需要。我就又一次转型，调到了艺术系，担当系主任。

两个任务：第一个任务是从零开始，创建北师大的影视学科，是为全国的综合性高校填补空白的任务。第二个任务是恢复我校的传统艺术学科，因为当时的北师大艺术学科停摆5年没有招过生，已经是名存实亡了。于是我就带着这个任务离开中文系，到了北校，就是原来的辅仁大学。在北校的处境是比较惨的，给我们的是后院一个已经废弃的化学药品小仓库，周围几间破平房。我们要去创建影视学科，也是临危受命，从零起步，但是全体师生发愤图强，专业创立起来了。

我们是1992年9月1日开学去的，1993年就争取到一个影视学科硕士点，1994年开始招全国的影视专业本科生，1995年又争取到了全国所有高校都没有的电影学博士点。在4年前，我们获得了全国的"双一流"学科。接着在教育部的学科评估中，又获得了全国第一的A+学科，这就是我们影视专业从零开始走过来的路。我们从那个小破仓库到艺术楼的1万平方米建筑，现在我们是全国综合性大学唯一一个全艺术学科覆盖的艺术与传媒学院。这说明人的创造力是无穷的，也说明，只要认准了目标，是祖国需要的，是世界发展的未来，是我们必须付出心血的，最后就能有所收获。作为一个共产党员，作为一个追随党的事业、追随马克思主义共产主义的理想者，我努力做了应该做的事。

在影视学科建设的过程中，我总结了四个数字："一二三四"。

"一"，就是一个目标，我们要培养文化上有积淀、学理上有存储、专业上有专长的综合性复合型人才。

"二"，是两个翅膀，就是艺术与传媒双翼齐飞，翱翔长空。

"三"，是三根支柱，办好新兴影视学科，一是搞好教学，二是抓住科研，三是和实践紧密结合。

"四"，是四个特色，即要有整合建制的特色、培养人才的特色、理论建设的特色、自有品牌的特色。在整合建制方面，我们的艺术学科目前是全国唯一的全面覆盖；在培养人才方面，我们的艺术学科过去只有十几个人，现在有160人，九个艺术学科专业都有了，而且纷纷地向上攀登；在理论方面，我们在90年代初就提出了中国影视民族化的理念，这也是我们构建博士点的一个基础，现在成了全国电影电视界的一个任务；在品牌特色方面，大学生电影节到现在已举办了28届，很多电影人出自大影节的评奖，中宣部、广电部、教育部及北京市相关部门都支撑着这个电影节，现在走向了国际，被中国电影人称赞为最独特、含金量最高、有最高层观众的电影节。

进入21世纪，在北师大终于立起了一座田家炳艺术楼。为此我们师生是做了不懈努力的，这里也有很多故事。1998年，陆善镇校长把我找去，说香港的企业家田家炳准备在内地捐资建若干教育楼，你看是不是能去跟他谈谈，争取给北师大也建一个楼。

我就想办法找到了田家炳先生。田先生一开始不同意，但是我们和田先生讨论，还邀请他到我们的小破仓库来，为他演唱了师生创作的《梦想的田庄》，表达了我们迫切希望有一片自己的天地的愿望。田先生很受感动，决定把北师大列入计划，就有了我们的艺术楼。

田家炳先生把自己的豪宅卖了，捐了几百幢教育楼，他自己就租住了一个三室一厅。我想我们艺术学院的师生永远不会忘记他，每年本科新生到校，我都会告诉他们，你们进的这个"田楼"不是生来就有的，是一位老先生把自己的房子都卖了，捐献出来的钱，有了我们这个楼。

田家炳艺术楼是很特别的，一层楼一个格局，从地下到地上共七层，都是围绕着全艺术学科来确认功能和建造方案。我们自己参与设计，参与施工，最后学校党委说，这个楼是廉政楼，这么特别的一个楼，一平方米的造价才3800元。我们是不敢随便花费田先生的心血的。有了"田楼"，学校决定把艺术系升格为艺术与传媒学院，每一个专业都有了自己的天地，有了独立的有特色的田园，我们梦想的田庄。

奠基礼和落成礼田先生都来了。我们在一楼大厅立了田先生的头像。现在，田先生还在那里，每天他会看着成千的师生走过，他会看到学科在成长，师生在努力，我觉得他应该也会很欣慰。一直到2019年，田家炳基金会还给我们来信捐钱，支持我们的事业。

所以我觉得这一生真的很幸运，有这么多贵人相助，有这么多仁人志士、同行同道，有那么多愿意为了祖国、为了党的事业付出自己的人，我们在一起奋斗。其实，人的一生怎么都是过，但可以过得很不一样。我觉得作为一个普通的老教师，作为一个共产党员，一定要在最后对我们牺牲的战友们说，我努力了，这就行了。

三、永远跟党走，守望第三极

21世纪的最初10年，最后一个事业，就是中国文化国际传播研究院所进行的中国文化国际传播事业。2002年学院建立，陈文博书记找我说让我担任首任院长，于是我又回到了建制，跟大家一起拼搏，建了一个全学科的艺术专业。到了2007年，申请换届，就由王一川教授接了我的班。

把学院的事情放下，就开始放眼国内，我们觉得中国的文化有两个"缺"，传统文明缺少传承，当代国人精神缺钙，被强势文化全面覆盖，没有了自己。我和绍武讨论了一个想法，就是中国文化需要定位，需要有自己努力的方向，所以就提了一个"第三极文化"的理念。在多元文化格局当中，能覆盖世界的文化我们把它叫极。欧洲和美国这两个极的文化，影响力都面对全世界。我们给中国文化定位，要做第三极文化，要有自己，要让世界承认它独特的存在，它应有的担当和责任，让我国的中国文化达到"立起来，走出去"，跟我们的综合国力相一致。

当时我写了一篇文章，讨论出了一个思路，在北京的一个文艺论坛上斗胆发了言。这就是第一次提出来。2010年开了研讨会，请国内外的专家们来讨论"第三极文化"，会议获得了大家很大的鼓励。学校领导说，你的这个想法是有创新性的，但还需要搭个平台，建立一个研究院，推行第三极文化的实践，这就是我们今天的中国文化国际传播研究院。研究院成立之初只有几个人，现在有了十几个人，干了七件大事，七个项目。我们用了七个字来总结。

第一个字是"看"，我们做的第一个项目叫"看中国·外国青年影像计划"，请外国的青年大学生来中国，用自己的眼睛看中国，用自己的心感受中国，然后每人完成一部10分钟的短片，留给我们，也带到世界上。目前已经做了十届，邀请了83个国家、77所高校、735位外国青年过来，一共完成了713部影片，得了120多项国际性的奖项。习近平总书记在新加坡的讲话当中还专门讲到了这个项目，用了

将近90个字给予了充分的肯定。

第二个字叫"问"。我们每年组织一次国际性的外文调查问卷，调查中国电影国际传播的状态和国际影响力，然后在期刊上发表我们的调研报告，再出一本年度报告银皮书。银皮书一年一本已经出了10本，得到了国家广播电视总局的肯定。

第三个字叫"论"。我们每年组织两次国际论坛，一个叫"走出去"，组织专家团到其他国家进行文化交流，讨论中国文化如何走向世界；另一个叫"请进来"，请海内外专家来师大讨论中国文化如何走出去。把这两个论坛优秀的、重要的文章集成一本书，就是《中国文化的世界价值——"第三极文化"论丛》，这个论丛现在也出版10本了。

第四个字是"研"。我们申请到了国家社科基金的重大项目，这是中国最高的项目，我们全体成员都参加这个项目。项目名字叫"当代中国文化国际影响力的生成研究"。另外，我们团队中年轻成员们也有自己的项目、著作、研究，这样不断发酵，就在这个"研"字里。

第五个字是"刊"。我们办了一个国际性的英文学术期刊：《中国文化国际传播》，外文的缩写是ICCC，是和德国的施普林格出版集团联合出版的。文章都是有关中国文化国际传播的，请了17个国家和地区的编委审稿，在国际上发行。这个刊物已经完成了24期，最近已经进入了十佳检索和一个重要的检索ESCI。

第六个字是"创"。我们认为"第三极文化"不能只讲理念，还要有匹配的创作、实际的成果，所以搞了一些文艺创作，出了80万字的长篇小说《红军家族》，已拍成电视连续剧，向党的百岁献礼。此外，我们还有古典诗歌吟诵、邓小平访美纪录片，还有电影剧本获奖，等等，都在这个"创"字里。

第七个字是"会"，就是在我的学生、同事的关爱下建了会林文化基金。基金除了用于前面六个字以外，还有一个任务就是每年评一次会林文化奖，面向全世界奖一位外国人、一位中国人，标准是对中国文化国际传播做出突出贡献者。已经做了七届了，连续评出来的都是相当有分量的传播者，也获得了越来越多的好评。

这就是我们的七个项目，七个字。

最后，我还想说的是我的团队。目前我们的团队有十五六人，主要是在读的博士生、博士后和几位在编者，但是非常高效。每一位都有一种奉献精神，有牺牲自己也要把事情做好的追求。给我们团队的报酬是非常少的，可是每个人都是争着抢着干事情，要把事情做好。我想这就是我们团队整体的素质和整体的觉悟，它关系着团队里每一个人的理想、追求、信念、信仰。没有这些全心全力、团结互助、不计较个人得失的优秀的小伙伴，我们什么事都做不成。

其实，一个人怎么都是一生，但是，你要是有追求，你就能够一直往前走，叫"一生追求，一路前行"。特别是青年人，我觉得青年人永远是最有潜质的，是最能够成才的，关键还是自己要有理想和追求。为这个国家和为国家做出无限成就的共产党，加一把油，添一把火，能够把自己燃烧在当中，最后你就会觉得很值得。

22　赵锡山

古都记忆

校友简介：

赵锡山，北京师范大学1962级校友，1967年毕业于外文系，曾任崇文区（今为东城区）教研中心教研员，曾在北京市第五十二中学执教多年，工作之余亦笔耕不辍，作品集《昨日重现》真实再现了老北京的旧时风貌，其画作多次参展，被《光明日报》《北京日报》等媒体报道，获得了极高的评价。

北京，是一个有着3000多年建成史和800多年建都史的世界历史名城，当"建设与保护、创新与传承"的议题成为城市发展的重要关照点，对"古都记忆"的亲近与拾遗便有了更特别的时代意义。

一、北师大情：出走半生，归来忆少年

2021年11月，正好是我从北师大毕业离校外出工作半个世纪多，这54年里，风雨洗身，五味杂陈。对我来说，我一直怀念着我的母校北师大，铭记着学校对我的培养。

我1942年出生，1962年考入了北师大外语系，当时还叫外语系英语专业。当我们新录取的同学凑在一起时才了解到，那年北京的招收录取非常严格，偌大的北京一共才有七名同学被外语系录取，我们都胆战心惊，对招收规则感到后怕，但结果我们都很幸运地来到了这所学校。而且1962年正值国家的三年困难时期，是社会经济对教育和高校影响最严重的一年，那年高考各校都缩减专业类别和招收人数。尽管那时候很困难，但我们也成了被北师大录取的幸运儿。

我记得来到北师大以后，毕业生还没分配出去，学校接待我们以后，就安排我们住在现在东面临街的大教师楼，我们当时叫教师楼，也就是中文系，我们在那住了一个月，才搬进了真正的宿舍里。最后，我们就住到了西斋北楼（之前叫西北楼，过去叫"斋"——西斋、

南斋、中斋，我们的住所就叫西斋北楼4楼）。

这就是我的北师大校园记忆中最为深刻的部分——入学经历，也是我与北师大半生情谊的开端。

二、绘画缘：扎根半生，顾盼忆缘起

画画是我的业余爱好。

1950年到1953年，我上私立小学，遇见了我的启蒙老师，他叫杨小凤，是一位老先生，除了讲课之外，他还会讲《水浒传》《三国演义》之类的书，讲述的同时他拿着粉笔，只需几秒钟的时间，黑板上就出现了武松、孙悟空等栩栩如生的人物形象，我对老师越发崇拜，对画画的兴趣也越来越浓。

1953年的"五一"节前夕，老师给班里同学出了一个题目——以"庆祝五一节"为主题画一张画。画面内容我已经忘记了，只记得这位老师看着我的画高兴地说："这就是赵锡山同学画的画，你们瞧瞧！"这张画还得到一个"甲上"的成绩，并被学校留下保存。老师的赞扬和鼓励带给我深深的触动，让我在幼年就爱上了画画，后来的求学路上我也一直保持着对美术的热爱，积极地争当美术课代表，在每位美术老师的指导下进步。

画画必有画风，也就是画的风格，我虽没有专门学过美术，但我所坚持的画风主要是反映真实性。我的绘画主要有两个特点：一是吸取中国画里工笔画的特长，善于精细地描摹轮廓，但鲜艳色彩和仔细描画仍难以呈现出真实的、身临其境的感觉，于是我又结合了西方油画的特点，有阴暗面和光源的呈现，有亮和暗的对比，使画面呈现出立体感。我把这两者结合起来画画，力争把每张画都画成一张彩色照片，希望观看者能够身临其境，看到真实存在着的东西；二是我画过去有而现在没有的东西，想到要画的对象，只画我亲眼见过的事物，通过回忆使老建筑在脑海里成形，再把它们用画笔呈现出来。另外，我还画现在仍存在但周边环境发生了变化的事物，比如，正阳门城楼，这是北京唯一一个保存比较完整的城楼，它虽尚在，但周边的城墙和建筑都消失了。还有一种情况，是为了完成某一项"任务"而画画，比如，我在出版的画集《昨日重现》里提到，这本画集应该对北京的所有城楼都有所表现，但这难度很大，因为有的城楼我很熟悉，有些城楼我却从来没见过，有些已经见不到了，如德胜门，因为它1921年就被拆了。于是我也面临难题——没见过的城楼到底画不画呢？有时无法避免，我就仿照其他城门楼的特点和了解的大概情况作画，因非亲眼所见，必在画下注明"非亲眼所见"，这是一种对绘画负责任的态度。

这是我与绘画的缘分，也是我这半生最真挚的投入。

三、京城愿：铭记半生，彩笔忆京城

最近几十年北京发生了巨大的变化，我就想，能不能用画笔把这些北京过去的景观记录下来呢？最初我画画的目的是保存一些我个人对老北京的怀念，但后来被大家的热情打动，也陆续举办了画展，并受到了新闻媒体的关注。在几十年的回忆和创作中，我始终坚持实事求是，追求还原北京城的本来样貌。

成长经历和绘画体验使我对北京城有着隽永的情感，让我们一同走进记忆，认识老北京的城、楼、景、物，与古都的旧时光相逢。

北京作为六朝古都，保存着数百年的历史，尤其是元、明、清时期，北京被建设成一个文化底蕴深厚、社会内容丰富、文明历史悠久的大都市。北京的轮廓大致是以内长为边界的正方形，南北稍长，西北角少一小块，据说是建城时想绕开积水潭的水域。北京内城一共有九个城门，外城共七个城门，清朝时本想将外城围着内城建一圈，但因为财力不足，就在东便门和西便门的位置草草收拢，形成北京最终的格局。关于北京的记忆，我想说说老北京的城门城墙、中轴线、大街小巷和民居以及交通电车。

（一）城门讲究多

首先说到北京的城门和城墙。

北京内城有九个门，高低不同，但规制相当，其中正阳门的规格是最大的，从正面看外围，正阳门是十根立柱，其他的城门都是八根立柱；从房间里面看，它有七开间，其他的城门都是五开间。过去北京有一个说法叫"前门楼子九丈九"，换算成现代高度有40多米。

城门楼都有瓮城，就是在城门的外边圈起来的一块地，形状有圆有方。在城楼的正前方都有一座箭楼，是古代用于射箭的防御工事，箭楼上一排排的窗户，就是供守城侍卫从上往下射箭的箭孔。本来内城的九个城门都有箭楼，后来陆续被拆除，只保存下两处：德胜门箭楼和前门箭楼。前门箭楼跟其他箭楼相比规格最大，一般箭楼的箭孔正面有四排，每排12个，而前门的箭楼则每排有13个箭孔。另外，北京的箭楼都没有门洞，除了正阳门的前门箭楼，因为皇帝上天坛祭天时需走正门，但箭楼没有门洞只能拐小弯，不符合皇家的礼仪规范，于是破例在正阳门的前门箭楼中开有门洞。

每个城门的瓮城里都有庙，正阳门楼底下有两座庙，从北往南看，左边是观音菩萨庙，右边是关公庙。这些庙在20世纪50年代被拆掉，这些城楼也相继被拆毁，箭楼受到轻视。最主要的拆除工程是在60年代，地铁2号线开始动工，途经德胜门时主张把德胜门城楼也拆掉。德胜门箭楼即将拆毁的消息让各界都很惊讶，据说最后是周总理批示地铁稍微改线，这个箭楼才得以保存，成为北京除了前门之外唯一保存的古建筑。

城墙四角有四个角楼，四周都有城门楼，过去有一说法叫"门间门，三里地"，就是说两个城门之间有三里的距离。北京的各个城门功能各异，但通常外城的门窄小，制造也很简陋，没有经过拆除也会慢慢倾塌，往后修缮也无济于事。而内城经过正城墙往外，每隔五六十米远就出现一个墩，即垛子，是为了瞭望城根底下有没有敌人，起到岗哨的作用。内城墙一般建得高大，而外城相反，我曾见过一些外城的残垣断壁，都较为低矮。

（二）中轴一条线

北京的中轴线是北京的脊梁，体现的是中国人的建筑智慧，要想了解北京，除了城门城墙，中轴线也是必要的知识点。

中轴线不是绝对的正，从南端算起，它穿过永定门、永定门箭楼、永定门城楼，往北经过五牌楼，也叫前门五牌楼或正阳桥牌楼（北京原来的主要街道几乎都有牌楼，最广为人知的是西四和再往南的西单，西四和西单的名字来源却鲜为人知，西四最初是个十字路口，建有四座牌楼，也就称作四牌楼，又因位于西面，就叫西四牌楼。而后牌楼被拆除，也就简单地称作"西四"，"东四""西单"等地名都经历了这样的发展演变）。转过来是前门，前门有正阳门，往北是中华门，再往北就是天安门，我们的脚步开始进入皇宫建筑群，依次穿过端门、午门，就真正进入了故宫。午门进去

后见太和门，太和门北侧是故宫里的最大的建筑———太和殿，皇帝在此举行盛大的庆祝活动，越过中和殿、保和殿，览得"三大殿"的庄严，再往里就到了皇帝的"日常办事处"———乾清宫，更北的是用来报时的交泰殿，经过坤宁宫到御花园，庆安殿之后是神武门，就已经到达皇宫的最北边，沿着景山再往北还有地安门及鼓钟楼。

我将这一片建筑群像固定成一张画，叫作《一目了然》，选取了近似航拍的角度，力图展示这一段中轴线的全貌。

（三）街巷与屋舍

接着，我们把目光嵌入摊开的京城，就进入北京的大街小巷与邻居屋舍。

北京的大街主要是东西向，少有南北向，即使有也比较狭窄。北京东西向的大街主要有六条：第一条是张自忠路到平安里，第二条是东四到西四，第三条是东单到西单，也就是长安街，第四条是自东交民巷经前门到西交民巷和平门为止。东西向最长的一条街，是南城的东打磨厂到前门。南城还有一条位于南面的长街，就是磁器口经过珠市口到菜市口。我曾画过一张东西向六条街道的画，把我的街道记忆表现了出来，这幅画作大概有四米长，超越了一般的画面规格。南北的街道则以中轴线为中心，东四被我起名为东轴线，西四为西轴线。正是因为北京的城市格局相对最"正"，街道

走向东西南北分明，北京居民对方向的认识也延续了最传统最标准的"东西南北"。

北京还有一个显著的文化特征——胡同是特别多，有一个说法叫"北京有名儿的胡同三千六，没名儿的胡同数不清"。北京原有的胡同基本都是明清时候的建筑风格，清一色瓦房四合院，现在多已年久失修，失去原样。最传统的北京胡同一般都坐落在东西向的大街里，因为四合院的正房一定要对着大门，一般都坐落在四合院的北面，自东西向大街的北侧进来后，正好对准了正北房，这间房子冬暖夏凉，最适宜居住，理应成为"正房"。当然，胡同里的四合院里不可避免地存在东西南北各向的房子，有的是单独一个院，有的则是两进或三进的，低矮而众多的平房里，住着安稳的北京普通老百姓。

（四）电车趣味足

最后，我们再把目光聚焦到北京的电车。对于电车，我可以自信地说自己是最了解它的世居北京人之一，因为我上中学时坐了四五年的电车，从新中国成立到50年代末，电车都是北京最主要的公共交通工具。

从80年代起有一种说法，把过去的有轨电车叫垫垫（dian dian）车，这是因为电车的司机脚下有一个铜帽，这个铜帽下边有铁棍儿杵着铜铃，电车前进时，司机踩一下铜铃，电车就发出"垫垫"声，因此电车通常是一边走

一边"当当，当当"，这样的景象一直持续到1955年老式电车被取缔。这种老式电车乘坐体验很差，又点头又左右晃，过一会儿还没电，但电车制动起来很有意思，它是靠人力来制动的，电车上有一根立柱，在司机手里弯成一个把手，眼看快到站了，司机把它沿顺时针方向扭一圈半，下面齿轮转动，就刹住车了。但是这种方法极不安全，对时间和人力的要求都很高，电车的摩擦力本就很小，不容易停住，便叫人不由得担心起安全问题。但这担心倒挺多余，因为这么多年都没有听到北京的有轨电车发生过任何恶性交通事故，路人和司机彼此避让，安全性能高，甚至还挺有乐趣。

现在只有前门还保存两辆电车，叫前门1号和前门2号，却已经失去电车时代的真正韵味。电车的全盛时期是1955年到1958年，1959年以后因为十大建筑的修筑，内城的电车线就都被拆掉，有轨电车逐渐退出历史舞台。无轨电车在1959年前后出现，彻底替代了有轨电车。

这就是我的京城记忆，那些变化既是我画中事，也成为我生命里不可分割的组成部分。历史难以复制，保护更为重要，期待继承与创新携手并肩，期待青年一代接续传递城市情感，肩负起传承与创新的责任感、使命感，让这份"古都记忆"为首都的未来增添些许历史的底色。

23 忻顺康

我国外交工作和一个外交官的成长经历

校友简介：

忻顺康，北京师范大学英语系1977级校友，1982—1985年在学校外语系担任英语教师，系党总支副书记，后调入外交部。曾先后任中国驻津巴布韦共和国特命全权大使、中国驻纳米比亚共和国特命全权大使，现任外交部中国前外交官联谊会副会长兼秘书长。

当今的国际局势如何？发展中世界面临什么样的挑战与机遇？中国的外交有哪些突破？成为一个出色的外交家又需要什么样的素养呢？

一、国际形势：处变不惊、辩证看待

当今世界处在一个大发展、大变革和大调整时期，中国在复杂的国际关系中处于什么样的位置，我们如何正确地看待国际形势，都是非常重要的问题。面对时代变迁，我们在分析国际形势时要跟上时代的变化。

认识国际形势，我们可以从四个方面入手。首先是世界经济形势，目前是喜忧参半的。近期，联合国国际货币基金组织和经济合作发展组织，还有世界银行都相继发布了有关世界经济形势的报告，总体认为，当前世界经济转型过渡的特征日益明显，积极因素和消极因素、周期性调整和短期压力都相互交织，在孕育新挑战的同时也创造着新的机遇。

危机经过妥善处理就会变成机遇，反之，机遇如果把握不住也容易演变成危机。国际货币基金组织认为，2021年，世界经济增速达到了3.8%，创下了2011年以来的最快的速度，预计2023年和2024年，世界经济增速将会进一步提升。虽然增长不多，但依然是在上行，这就表明世界经济的转型调整取得了积极的成效，发展动力和潜力得到了进一步释放，对于世界各国来讲这是好的迹象。究其原因，是发展中国家的经济增长态势引领了世界经济向好发展，特别是中国的经济持续高速增长和南非、巴西等国经济危机的缓和。

虽然如此，实体经济仍然面临着挑战，这种挑战来自贸易保护主义和相关政策的不确定性，比如，各国的贸易保护措施在很大程度上影响着国际投资和生产力的发展。美国从3月以来，连续出台了很多单边、高强度的贸易保护主义措施，挑起了新一轮的贸易战，这都对世界经济产生了负面的或者是外溢的影响，全球金融市场的波动也会因此进一步加剧，以世界贸易组织为基础的多边贸易规则体系也会受到严重的冲击。在这种局势下，中国进口贸易博览会的召开就释放了一个非常好的信号，像中国这样一个发展中国家，勇于打开自己的大门，使得世界各国的优秀产品能够进入中国市场，如果世界各国都能如此，对世界经济的发展将会有很大的促进。

实体经济面临的挑战还与全球层面的货币政策进入调整和收缩期有关。美国继续推进其加息紧缩的货币政策，加拿大跟进加息，欧洲和日本央行也显示出货币政策正常化的征兆，印度、印尼、土耳其、俄罗斯、阿根廷这些新的经济体也在被动加息。这种情况下，全球的金融环境呈现出收紧的态势。但经济全球化是历史的潮流，尽管过程会有曲折甚至波澜，而设置这种壁垒反而不会解决全球经济问题。

关于国际安全形势，总体看挑战增多。"冷战"结束以来，包括俄罗斯和美国在内的主要大国曾一度保持了合作态势，使得国际安全形势趋于缓和，但近年来，随着俄美、俄欧关系的进一步趋紧，世界又重新回到了大国对抗的时代。联合国秘书长古特雷斯对此非常忧心，联合国的安全机制和保障措施似乎不那么管用了。据有关调查，如今全球民粹主义政党获得的支持力甚至已经接近"二战"时期的水平，这种政治环境对世界经济的发展是不利的。但目前，世界重蹈两极对抗覆辙、全面爆发军事冲突的可能性也不大。在这种情况下，传统的和非传统的安全威胁互相交织，大国博弈和地区热点问题相互联动，中东乱局和东北亚格局的重塑等，对国际安全的走势产生了重大的影响，未来国际安全环境中的不稳定因素会进一步增加。

我们国家面临的安全形势比较复杂，陆海交错、地缘博弈以及周边环境的风险不容忽视。中国作为一个地区大国，在成长进步中也要处理好周边国际事务。

关于民粹主义思潮，目前有逐渐上升趋势。民粹主义思潮席卷美国和欧洲，英国脱欧、欧洲右翼政党崛起、排斥伊斯兰难民、国家分裂和地区分裂等事件也接连出现。民粹主义已经影响到了西方社会政治、经济和文化发展等各个方面，也给世界带来了冲击和混乱。其国民似乎已经看到原执政党或老牌政党的守旧，并对他们缺乏信任，加之求新求变的心理因素发生作用，使得极端的、反建制的、反精英的、反全球化的、反自由贸易等的主张一度占了上风。但从全球发展来看，尤其是像美国这样的发达国家，更应该承担起它的历史责任，不能只着眼自身利益。

关于国际形势，当前是东升西降趋势继续发展。群体性崛起是近十几年来国际格局最重要的变化。根据国际货币基金组织的数据，按照购买力的评价来计算，2014年新兴市场和发展中国家的经济总量已经超过了发达国家，到了2017年其占世界经济总量的比重则达到了58.2%。按汇率方法计算，2007年到2017年的十年间，新兴市场和发展中国家占世界经济的比重也上升了11个百分点，达到了40%。这种经济实力的对比消长，是国际形势深刻演变的重要驱动力。随着新兴国家力量的增强，其话语权也会越来越强大，进而推动新兴市场和发展中国家在国际舞台上施加更积极有力的影响。

亚洲基础设施投资银行、金砖国家新开发银行等机构的建立，打破了西方国家长期以来在国际金融领域的垄断地位，这些银行的建立则得益于中国的参与和主张。当然，这并非意味着"另起独灶"，而是对世界银行和国际货币基金组织的一种有益补充。未来，我们也会持续发挥这样的作用。此外，越来越多的来自新兴国家的代表开始担任国际经济金融机构的主要负责人，这对国际组织的发展有好处。

二、外交回顾：中央带领、成果丰硕

2022年以来，在以习近平同志为核心的党中央坚强领导下，在国内各地方、各部门大力支持下，中国外交开拓进取，主动有为，打造了一系列亮点，打赢了一场场硬仗，取得了丰硕成果。主要表现在，大力推动元首外交，实现周边外交的三大突破，巩固和深化了与发展中国家的关系。中国在大国关系中继续保持战略主动。始终积极斡旋一系列热点问题。

中国的元首外交具有鲜明的特点。习近平主席在博鳌亚洲论坛年会上发表了重要讲话，强调中国对外开放的大门不会关闭，将继续推动贸易、投资自由化和便利化。习近平主席主持召开了上海合作组织青岛峰会，会上提出了发展观、安全观、合作观、文明观和全球治理观，为"上合组织"的时代内涵赋予了新的内容。在中非合作论坛北京峰会上，54个非洲成员国代表到场参会，参会人数超过了3200人，这也是迄今为止中国举办的规模最大的中非合作高规格外交活动。会上，习近平主席针对中非合作提出了四个坚持和处理非洲事务的五不原则，又提出了一揽子合作协议。在中国国际进口博览会的开幕式上，习近平主席提出了包容、普惠、互利、共赢和中国将继续改革开放的主张。国际友人们纷纷表示，中国的经济发展变化给世界经济带来了希望。改革开放40多年，中国不仅改变了自己，也改变了世界。从以上元首外交的例子可以看出，当我们积极有为地来发展和建设自身时，国际形势会随着积极因素的影响而变化。中国作为一个发展中大国和一个社会主义的国家，有责任带动世界朝着正能量的方向去发展。

中国外交还取得了周边问题的三大突破。第一个突破，印度和中国元首在武汉会晤，创造了两国领导人交往的新模式，只要双方深入开展战略沟通，及时跳出战略疑虑，中印合作的战略价值就会更加清晰。第二个突破，习近平主席和金正恩委员长就发展中朝关系，引导半岛局势达成了诸多共识，共同开创了中朝两国高层交往的新历史。第三个突破，李克强总理成功赴日本访问，这是中国总理时隔八年后的首次正式访日，对中日关系重回正轨和两国关系进一步发展具有重要意义。此外，中国同广大发展中国家的关系也在不断深化。体现了我国独立自主的外交政策和路线。

我国外交的又一特点是继续保持大国关系中的战略主动地位。中美关系是中国大国关系中重要的一对关系，面对美国新政府的中美关系的不确定性，习近平主席高瞻远瞩，同美国总统进行了多次通话和通信，为中美关系的发展提供了战略指导。实际上，作为两个大国，中美之间合则两利，只有相互包容，相互尊重，才能分享合作的果实。但面对未来可能出现的危机，我们也要早做准备，面对美国针对中国的一系列措施，更要积极地处理应对，需要用智慧、方法和经验妥善处理好中美关系，保持战略耐心和战略定力。

三、外交大使：有素质、有能力、有感情

在上大学前，我已经做了四年的中学教师。我觉得这四年的教师经历对我后来上大学、留校任教都是很有帮助的。1977年高考改革后我考上大学，当时的规定是，报考志愿的时候，凡是当老师的必须要报师范院校，我立志要当一名好老师，就报考了北京师范大学。2022年7月，我曾经教过的一批学生，我比他们只大六岁，如今已经过了40年了，他们还把我叫去聚会，跟我说："忻老师，我们当初喜欢学习外语，就是因为您。"

我当中学老师时，也当过较乱班级的班主任，但经过大家的努力，这些班级都成为优秀班集体，学生和我也建立了深厚的感情。有的学生说，中学时代，是他们人生成长的关键期，有位老师陪伴他们一起度过，这是很值得怀念的。

到了北师大后，我在英语系学习，毕业后作为政治辅导员留校，成为系党总支副书记。随后，当外交部社会招聘考试时，我抓住机会进行了尝试，最后成功考上，进入了外交部。进入外交部后，我服从组织安排，从主任科员开始做起。最初我担任外交信使，这是一份很重要又充满挑战的工作。担任外交信使，使我

养成了认真仔细的工作作风。我现在有一个习惯，不论到哪出差，乘坐交通工具，我都会把行李包牢牢夹在腿中间，绝不放在边上。由于工作的特殊性，我在四年时间中走遍了103个国家和地区，开阔了视野，了解了各驻外使领馆的状况，为我今后驻外工作打下了很好的基础。

后来，因为在北师大时有做过共青团工作的经历，我担任了外交部团委书记，这让我有了更开阔的视野和更多展示自我的机会。随后，我积极主动地工作，灵活多样地开展共青团活动和青年工作，受到好评。外交部有很多优秀人物，他们工作努力，具有强大的记忆力和理解转化能力。他们都成为我学习的榜样，帮助我不断进步。

如何成为合格的外交官，我有三个体会：一是要具有优秀的政治素质。二是要有很深的家国情怀。三是具有"两种意识"，即纪律意识和吃苦意识。政治素质不用多说，外交工作本身就有很强的政治性，不论什么场合，你的讲话或发言都会代表你个人的政治立场。至于情怀，指的是一种感情，对国家和人民、对于祖国外交事业的感情。外交人员因为本身的特殊性又被叫作文装解放军，"解放军"这个名词就已经暗含了纪律的重要性。政治上不坚定，缺乏纪律性，这会毁了自己，伤害国家。人们经常想象外交官极其风光，西装革履出席各种外事活动。其实，外交工作更多是默默无

闻的，需要脚踏实地的工作。甚至在很多使馆，如伊拉克、索马里地区，条件非常艰苦，外交人员还会有生命危险。这时候，吃苦意识就要发挥作用。

在危险和艰苦的地区工作，恰恰可以帮助青年干部迅速成长。我知道一位外交部年轻干部，在国外工作时，遇到当地发生政变，匪徒闯入使馆，他用自己的身体挡住匪徒的袭击，表现得非常勇敢。如今这个干部已经成为司局级领导，成为优秀青年干部的代表。

作为一名合格的外交官还需要具备三种能力。首先是沟通能力，作为外交官我们态度上要开放，愿意和别人交朋友，以便能够宣传我们国家的政策。通常比较内向的同学，我都建议要培养自己开朗的性格，有意识地参加一些活动。比如，我在使馆当大使时，就曾让所有的年轻外交官上台主持联欢会或是集体活动，以便锻炼他们的胆量，提升他们的表达能力和全面的素养。

第二个能力是会"说好话"，也就是会在适当的场合说别人爱听的话，用发现优点、找共同点，提升交流的质量。比如，我在和别人聊天的时，特别讲究相互尊重，所说的话要让人听着舒服，恰当又真诚。我记得，我在给领导同志当秘书时候，他下午要见四位客人，分别来自中东、非洲和欧洲，但他见每一位客人都会很认真地听人家讲，然后针对对方的问题谈出自己的想法，很具有针对性，一看就是做

了认真准备和很强的知识储备，对方也很满意，这种尊重给外国客人留下了很深的印象。

我在津巴布韦当大使的时候，当地政治形势并不是很稳定，联合政府内部矛盾很多，作为一名外国大使，我必须要处理好相关关系，抓住各党派都愿意发展与中国友好关系的主线，多做增信释疑、劝和促谈工作。讲究外交技巧，注意方式方法，实事求是地提出政策建议，将两国友好关系做深做细，发挥中国外交工作独特作用。在津巴布韦工作期间，我被当地媒体评选为当年度"最佳全球外交官"和"最佳亚洲外交官"。

第三个能力是学习能力。我们提倡"终身学习"，不管是做外交工作，还是在其他岗位，我们要学习的东西都很多。比如，我在津巴布韦和纳米比亚当大使时，学会了用当地语言演唱这两个国家的国歌，受到当地人的欢迎。我组织使馆全体同志一起学唱，诞生了一种"国歌外交"。我们可以换位思考，如果一个外国人在中国会唱中国的国歌，而且是用中文演唱，唱得非常好，我们肯定会觉得这个外国人很友好，从而对他产生亲近感。另外，通过加强学习，我还增强了自己主动为当地华人华侨和中资企业服务的能力。提出"大使要大家使"，积极主动地为当地华人华侨服务，我主动公布我的手机号码，希望大家有困难时找使馆，我们随时准备着为大家排忧解难。

我离任的时候驻当地的中国记者做了一个电视短片，这里承载着大家对我的依依惜别。当我接待一个高访团时，领导对我讲，"忻大使，我觉得你这个大使很有特点，身上有四个情：第一，你这个人特别有感情；第二，你这个人很热情；第三，你还特别痴情；第四，你这个人特别有激情。像你这个快到退休年龄了，但你还在积极进取，不断为两国关系发展建言献策，很有朝气，非常值得肯定"。

我以此作为收尾，想告诉大家，不妨做一个"有感情、有热情、有痴情、有激情"的学生。我相信，如果做到这样，大家未来的生活会非常阳光，会充满收获，也会倍感幸福！

24 赵声良

敦煌艺术的传承创新

校友简介：

赵声良，敦煌研究院研究员，专业为美术史，目前从事敦煌艺术史的研究。1980年考入北京师范大学中文系，1984年毕业后到敦煌研究院工作，1998年在东京艺术大学做客座研究员，1998年起在日本成城大学攻读硕士和博士学位，回国之后依然到敦煌研究院工作。曾任副院长、院长，现为党委书记、学术委员会主任委员，担任《敦煌研究》编辑部主任、执行主编。

千年石窟，鲜艳色彩受风沙磨蚀，可凝固的艺术在时间中历久弥新。在对中华优秀传统文化传承创新的时代洪流中，须观其形、晓其事、通其意，方可悉心坚守，才能活态传递。

我们现在谈到艺术，会特别强调对中华优秀传统文化的传承创新，但传承创新这件事情并不是现在才开始的，从敦煌艺术来看，历朝历代都有创新。所以我们主要讲以下几个方面的问题：第一，敦煌艺术本身，它就是一个不断创新的典范；第二，自20世纪40年代以来，中国的艺术家对敦煌艺术的探索；第三，科技进步推动敦煌艺术的传承创新；第四，改革开放以来，敦煌艺术的传承创新、百花齐放。

一、敦煌不老："日新月异"的千年石窟

首先，敦煌艺术就是一个不断创新的典范。敦煌莫高窟位于中国的西部，敦煌曾是丝绸之路上的交通要道，由于佛教的传入，在敦煌开凿出了不少洞窟，在其中营造佛像绘制壁画。石窟的营建延续了1000多年，现仍存有735个洞窟，包括大量的壁画、彩塑。就敦煌石窟而言，它包括三个方面：石窟建筑、雕塑和壁画，从这三个方面都可以看到敦煌石窟对外来艺术的吸收和创新。

从建筑结构上看，敦煌有独特的创制。比如，一种出现在北朝早期的特殊洞窟，有中心柱窟。这些中心柱窟是怎么形成的呢？在印度有一种洞窟的形式叫支提窟，就是在洞窟的正

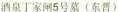

酒泉丁家闸5号墓（东晋）

莫高窟第249窟（西魏）

图①

中间建一座佛塔，支提就是佛塔的意思，信众进到洞窟里面，围绕洞窟进行礼拜，所以也称作"塔庙窟"，这种塔庙窟传到中国之后就改变了，敦煌的工匠们在洞窟正中间造一个方形的柱子，叫中心柱窟，这个中心柱就是一个佛塔，因为中国的佛塔是方形的，所以在洞窟里面看到方形柱子就是佛塔的象征。那么，把印度的支提窟改变成敦煌的中心柱窟，是中国的艺术家对它的改造。不仅如此，洞窟的窟顶也有改变，有一个人字形的窟顶，被称为人字披。这个人字披顶就是中国古代木构建筑的常用形式，有一些洞窟的人字披顶上，还可以看到一些传统木结构的建筑构件，如斗拱，这是中国最传统的一种建筑结构，在梁下起到支撑的作用，还有椽子，一道一道的人字形椽子支撑着屋顶，这样的形式也在洞窟里出现。（图①）

另一种形式是中国式的覆斗顶窟，这种覆斗顶窟在印度是没有的。中国古代有一些房屋建筑采用了斗帐的形式，自汉朝以来，很多墓葬都采用覆斗顶，就像一个斗倒扣过来，这种覆斗顶的形式可以从汉朝到魏晋南北朝找到很多例证，所以敦煌的石窟从南北朝后期到隋唐，尤其是唐朝以后，基本上都是覆斗顶窟，这是一次对外来佛教石窟的大改造。将这些中国人习惯的形式放到佛教的石窟里面，对中国人来说，就有了进入中国的房子一般的亲切感觉。

再说到彩塑方面的问题。彩塑的形式与佛教的传入密切相关，首先要有佛像、菩萨像、天王像等形式，最初中国没有这样的佛像，所以要学习外来传入的印度、犍陀罗等的形式。那么，在敦煌的早期洞窟中，可以看到有相当多的接受外来影响的形式，比如北魏时期莫高窟的思维菩萨像就是典型的犍陀罗风格（犍陀罗就是古印度北部，现在的巴基斯坦和阿富汗一带，犍陀罗艺术的一个重要之处就在于它接受了希腊文化，同时也

莫高窟第45窟　彩塑　盛唐

图②

接受了印度文化，是希腊文化与印度文化交融的产物。犍陀罗融合印度和希腊文化之后随佛教传进了中国，中国的佛教雕刻就出现了大量犍陀罗的形式，不仅在敦煌，在云冈石窟等地也可以看到很多类似的形式），早期莫高窟的佛像还可以看出受印度影响的一些特点，印度本土有个地方叫马图拉，是古代印度的佛教中心，因此在马图拉有大量极具印度特点的佛像被保存下来，佛像的衣服都是薄薄的一层贴着身体，衣纹线细细的，这些特点也可以在莫高窟北魏时期的佛像当中看到，莫高窟第259窟的坐像就是典型的马图拉风格，从袈裟紧贴着身体可以看出颇有马图拉的特点。3世纪到5世纪，强盛的笈多王朝在印度发展起来，佛教也因此不断往外扩张，笈多艺术的风格便在中国传播开了，在北朝晚期，中国北方有相当多笈多风格的佛像，一直到隋朝，莫高窟的佛像显著地受到笈多风格的影响，人体站得直直的，身强体

壮，袈裟轻薄紧贴身体，这些特点可以在印度萨拉纳特的佛像中找到，它延续了马图拉的一些特点，并逐渐发展起来。尽管外来的印度的、犍陀罗的风格不断地影响到敦煌，但是敦煌的艺术家也在不断创新，一些富有个性的菩萨与佛弟子的形象，实际上跟印度已经有了很大的区别，他们的面貌已经逐渐改变过来，有中国人的形象特征了。

盛唐时期最重要的一个洞窟——第45窟中出现的彩塑（图②）。这一组彩塑中，中间是佛像，两边是弟子，再往外是菩萨、天王。佛有四大弟子，在洞窟里面通常是两个弟子像，一老一少代表了所有的弟子，迦叶是一位饱经沧桑的高僧，在一些雕刻当中，如犍陀罗，会把他塑造成特别苍老的弟子形象，在唐朝的艺术家看来，迦叶则是一个充满智慧的形象，尽管年纪很大，但是精力充沛，目光炯炯有神，敦煌的彩塑将这种神态展现得非常好。中国人最喜欢菩萨像，因为菩萨的职能是救苦救难，

在唐朝洞窟里面，菩萨像已经不像早期的外国人物形象，而是被中国化，完全符合中国人的形象审美，中国的艺术家把人间最美好的形象赋予了菩萨，所以我们看到菩萨的美好、庄严与典雅。天王是守护世界的，所以艺术家们赋予他将军的强悍形象，穿着铠甲，手持武器，从一些考古发掘来看，天王身上的装束跟唐代将军的铠甲是一致的，说明这些彩塑都有现实的依据，我们可以从中感知到彩塑形象对中国社会的折射。由此可见，每个时代的艺术家在不断吸收外来艺术的同时，也在不断创造新的东西，并致力于展示时代的艺术风貌。

从壁画来看，最初的壁画艺术也接收了印度、中亚的一些绘画手法，但到北魏后期至西魏的阶段，一些中国传统的绘画特点已经进入佛教的壁画里面，所以从壁画的形象上看，菩萨、比丘的面貌都被改变成中国人的形象，从绘画的技法上看，它采用了中国传统的绘画方法，已经看不到立体感显著的外来风格，而是注重人物的精神刻画与细微表情的刻画，通过线描表现眼神、嘴角等变化，将人的神态真实生动地表现出来，所以我们看到的人物形象，一是比较清瘦。二是注重整体的韵味，人走起来会有飘飘然的感觉。这就让我们联想到东晋的画家顾恺之，他曾经画《洛神赋图》，洛神行于洛水之上的身体清瘦、衣带飘飘的感觉也能在莫高窟的第285窟看到。把中国最流行的绘画风格放到壁画里面，表现外来的佛教文化，这是当时的一种流行倾向。

还有一个特点是传入印度的佛经故事在中国壁画中的独特呈现。如五百强盗成佛的故事，讲佛感化强盗，使其放下屠刀、立地成佛、皈依佛法，其中画出了大量的山水背景。我们到印度去考察会发现，印度的壁画和雕刻基本都不管山水背景，都是画人，而到中国的壁画里，从北朝后期开始，大量的山水风景被表现出来了，这是中国壁画的独特之处。中国魏晋南北朝时期流行山水画和山水诗，必然影响到了敦煌石窟，敦煌的画家们也把山水背景、原野树木画到了壁画中，跟佛教故事融合在一起，让我们感受到中国绘画的一种精神特色，也体现出中国式的佛教艺术。

最能够集中体现中国画家创意的就是经变画。经变的内容在印度和中亚是没有的，只有在中国的雕塑与壁画里面可以看到。它是中国艺术家创造的。"经变"就是根据一部佛经的主题思想、主要内容，用很大的画面表现一个佛国世界，它的内容非常丰富，画面容量巨大，人物众多，环境复杂。比如，第220窟的药师经变（图③），这个世界就是药师琉璃光世界，站在中间的有七尊药师佛像，周边有菩萨、弟子和许多音乐舞蹈的形象。在唐朝，人们最希望在佛教绘画中看到想象中的佛国世界，而画家谁也没有去过佛国世界，能画出的就是最美好的人间世界，因此佛国世界中所画的内容大概都是有依据

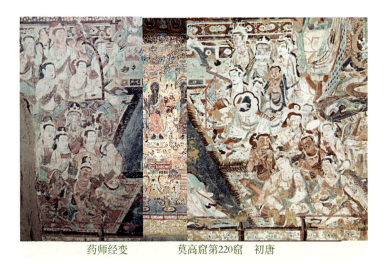

药师经变　　莫高窟第220窟　初唐

图③

的。经变画表现佛国世界，表达对佛的供养，音乐舞蹈是其中的重要方面，因此每一幅经变画里几乎都采用了唐朝非常流行的大规模宫廷音乐和舞蹈，从这些形象上可以感受到当时音乐和舞蹈的发达情况。在药师经变里，我们会发现下部的两个小角落各画了大规模的乐队，共有二十几人在分组演奏乐器，这样庞大的乐队在那个年代（唐朝7～8世纪）的世界范围内是绝无仅有的，中国的历史文献中记载，唐朝的宫廷音乐有九部乐，称作唐大曲，一个大曲里有套曲（类似交响曲的序曲、变奏等），所以中国的音乐在唐朝已经取得了非常高的成就，尽管我们现在听不到盛唐之音，但是从这么大规模的乐队来看，唐朝音乐的发达成就便可见一斑。音乐舞蹈也体现了中国的艺术家对外来艺术的广泛吸收和传承发扬，我们从唐朝九部乐中，也可以看出相当多的外来音乐元素，如高丽乐、天竺乐等，都被广泛地吸收成为中

国的音乐。舞蹈也一样，唐诗里也会经常读到胡旋舞、胡腾舞等，都是从外面传进来的胡舞，这些外来的舞蹈逐渐被我们学习融化，最后形成了新的舞蹈风格。从音乐舞蹈的变化上，我们可以感受到中国音乐艺术丰富多彩的情况。

从壁画上，我们还可以看到对当时社会生活的一些反映（图④）。比如，在弥勒经变里就表现出农村生活和耕地收获的情况，甚至还出现了婚嫁的场面，因为弥勒经里说，到了极乐世界会一种七收，所以在绘画出现了很多耕种收获的画面，并且极乐世界里人都很长寿，人寿八万四千岁，女人五百岁出嫁，在壁画里也表现这样的婚嫁场面，在帐篷里有老人坐在正中，右边跪着一个新郎，旁边站着一个新娘，唐朝的习惯是拜见双方父母时男跪女不跪，女性的地位比较高。从这个画面中还可以看出一个很有意思的现象，有穿吐蕃服装的，也有着汉族服装的，所以中国古代汉族和少数

耕种收获图

婚嫁图

图④

民族通婚、多民族共同生活的场面也反映出来了。

从经变画中可以看出敦煌艺术在每个时代的不断创新。

二、敦煌不孤：上下求索的艺术人生

20世纪40年代以后，中国的艺术家对敦煌有诸多探索、学习和弘扬。

在20世纪前半叶，有很多中国的艺术家认识到了敦煌艺术的价值，如徐悲鸿等著名画家，已经看到敦煌壁画中所保存的艺术都是出自无名英雄之手，因此他们感觉到中国的艺术传统，应该到像敦煌这些地方去学习。真正身体力行的，就是张大千，1941年到1943年期间，张大千到敦煌临摹壁画，两年多的时间内共临摹壁画300多幅，为莫高窟逐一编号，做了大量的工作，他将自己的壁画临摹品拿到外地进行展览，让越来越多的人了解了敦煌艺术，对于宣传推广敦煌艺术起到了非常重要的作用。

张大千临摹壁画采用的方法是复原，因为很多壁画都已经变色，张大千就按照自己的想象把这些壁画复原出来，他的临摹品都色彩鲜艳，带有主观理想的色彩。张大千还从青海请来了擅长画唐卡的喇嘛，帮助他做一些颜料制作、画布缝制以及绘制的工作，因为有一些壁画非常大，普通宣纸难以摹出全图，因此用布来画，要将几块布缝在一起来画，青海喇嘛技艺高超，缝线后的画布也极为平展。

张大千在敦煌的临摹对他的一生非常重要，在他到敦煌之前已对中国绘画做了很多方面的研究，在研究中发现当时学界对古代绘画的了解到宋朝为止，宋之前的绘画样态在中国美术史上仍是空白，当他听说敦煌壁画之后便坚决要来看看，一看就投入进去，在敦煌待了两三年之久，为其后来的研究与发展奠定了良好的基础。在敦煌艺术的熏陶下，他对中国绘画的认识和画法产生了巨大的变化，因此他的山水画与花鸟画都显现出大气宏伟的别样特征，可以找寻与敦煌艺术的似曾相识之感。比如，敦煌石窟中有大量壁画本应是五彩斑斓的，但1000年过去，一些壁画变黑，但在黑色中透露出极其鲜艳的色彩，这种特点在张大千晚年的山水画中体现得尤为显著。

所以创新并非将古人的东西亦步亦趋地模仿出来，而是思考如何将传统的精神放在今天的语境和创造中，张大千可以给我们带来很多启发，也让我们对传统艺术的认识更加深刻。

张大千到敦煌前后，也有一些考古学家前往敦煌探索敦煌艺术，以王子云为代表的西北考察团到敦煌进行了古代绘画的临摹学习，著名画家关山月、赵望云也在1943年到敦煌临摹壁画，这些都对他们后来的创新产生了重要的作用。

20世纪40年代到敦煌探索的画家，最重要的就是常书鸿先生。他是杭州人，30年代到法国留学，9年国外求学经历使得常书鸿在油画艺术上取得很高造诣，他不断参加法国的画展，相当多的作品被法国的美术馆收藏。当他偶然看到《敦煌画册》，并进而到吉美博物馆看到流落到法国的敦煌绘画作品时，使他非常震惊，他看到了一个完全不同于明清以来文人画系统的中国传统绘画艺术，唐朝绘画的人物造型与色彩，使他认识到中国绘画曾经达到的高峰，从而唤起了他的民族自信心。他决定放弃国外的安逸生活回到祖国。1936年常书鸿先生回国，随大部队南迁至重庆，1941年后有人提出敦煌艺术的重要性与保护的必要性，张大千也增强了敦煌艺术的社会传播度，1943年国民党决定成立敦煌艺术研究所，常书鸿任筹备委员会副主任，带领工作人员到敦煌进行实地考察，考察后常书鸿向教育部交考察报告，希望尽快成立敦煌学院，让中国的艺术家们来学习与传承敦煌艺术。常书鸿的理想就是通过培养艺术人才将敦煌艺术发扬光大，但当时敦煌生活条件太差，国民党决定先从研究与保护出发，成立研究所。1944年1月1日，敦煌艺术研究所正式成立，常书鸿任所长，他带领一批艺术家，除沙搭梯，在艰苦条件下开创了敦煌研究的新篇章。

在常书鸿先生的感召下，一些艺术家、历史学家与考古学家也来到了敦煌，常书鸿带领大家，一边做力所能及的保护工作，建设围墙，修复裂纹，一边进行壁画临摹，促进敦煌艺术的介绍与传播，同时便于保存。常书鸿先生认识到敦煌在中国传统艺术中无与伦比的价值，是中国绘画艺术的根脉所在，因此他带着两个孩子扎根敦煌，用油画展现出敦煌周边戈壁景观的别样美好，可以窥得常书鸿先生开阔的心胸与坚毅的品质，以及对敦煌艺术的一往情深。常书鸿先生晚年一直坚持绘画创作，他认为学习敦煌艺术的目的是创新，为我们的时代画出更多更丰富的作品，也是对自我理想的实现。

跟随常书鸿先生之后，越来越多的中国艺术家认识到敦煌艺术的重要价值。常先生的弟子董希文先生创作的油画《开国大典》，其中的诸多构图特点就学习了中国传统绘画，从敦煌壁画中得到了启示，按照西方的焦点透视法，从天安门城楼无法看到广场的情景，因此只能采用中国的空间处理法，可以达成两个场面的和谐统一，其中人物的衣角飘飘，似乎也可以看出敦煌壁画对董先生的影响。另一位画家潘絜兹先生在工笔画上颇有成就，重要作品《石窟艺术的创造者》设身处地地描绘了建造者们的多样努力，展现出古代社会生活的场面，也记录了潘先生自身在敦煌的真切体会。

三、敦煌不朽：数字化的"孤芳不自赏"

敦煌研究院对推动敦煌艺术的传承创新起到了举足轻重的作用。

敦煌艺术研究所1944年成立，到新中国成立后的50年代改名为敦煌文物研究所，1984年扩建为敦煌研究院，最重要的任务就是保护、研究、弘扬敦煌艺术，第一位的工作是通过科技将洞窟保护好，然后才能进行研究，最后进行传承与发扬。20世纪六七十年代，保护研究工作大多还是手工作业的办法，改革开放之后，研究活动的国际合作开展起来，对文化遗产的保护成为世界共识，取得了很多成就。起

初我们到国外学习保护的科技，90年代成长起一批年轻的专家，与外国的合作也更为平等，而现在我们的保护措施达到国际领先水平，带动国际部门共同开展保护工作，积累了丰富经验，取得了丰硕成果，也对莫高窟的局部与宏观保护都有不断创新的发展规划。

我们不仅对洞窟的本体做保护，还从20世纪90年代起持续推进治沙的工程，因为风沙、气候等大环境都不可避免地对洞窟外的绿化和洞窟中的文物产生破坏性的影响，因此要从根本上治沙防沙。第一道屏障是草方格，用来固沙。第二道屏障是用沙生植物固沙。第三道屏障是"人"字形防沙障，让沙子从洞窟的两边刮过，那样就不会破坏洞窟了。几十年的治沙工程取得了非常显著的效果，我1984年刚到敦煌工作时，稍微有点风吹草动，洞窟上面的沙石就滑下来了，人被砸中可能会丧命，所以当时我们每天都会扫沙运沙，经过几十年的治沙之后，这个问题被基本解决了，即使偶尔刮风，也可以放心地在洞窟上行走，这是治沙工程取得的显著成果，但是治沙工程仍不可掉以轻心，人不进则沙进，所以每年我们还在继续做草方格，加强植物的固沙能力。

在与外国的合作中，我们也发展起了一些新的科技，如数字化。20世纪90年代时数码相机的像素非常低，过去用胶片拍摄洞窟照片，彩色胶片经过十几年就变质褪色了，怎么才能把洞窟的资料信息永久地保存下来，数字化给

我们提供了一条非常好的道路，所以樊锦诗院长带领大家攻克数字化的难关，最后敦煌研究院专门成立了一个文物数字化研究所来推进这一项工作。现在已经有一个大型团队，专门从事数字化的工作，要通过数字化的办法，把所有洞的壁画、雕塑全部真实地、高清晰度地记录下来，莫高窟有700多个洞窟，有壁画和雕塑的洞窟有492个，现在经过了20多年的数字化工程，也才完成了200多个洞窟的数字化工作，这仍是一项道阻且长的工作。

数字化技术不仅可以在保护研究方面得到利用，还为旅游开放提供了一个新思路。基于此，我们为旅游开发建立了数字展示中心，因为游客太多会损坏洞窟，我们就得限制人数，经过科学的调查，每天正常参观莫高窟的人数不能超过6000人，而洞窟中的内容太过丰富，观众也可能对其中包含的历史背景与佛教背景不甚了解，考虑到这两点，我们安排观众先看两场电影：一是讲莫高窟的历史文化，二是通过数字化把敦煌艺术最有代表性的特点展示出来。观看了数字化的电影之后，观众们再进到洞窟时就能有知识基础，能够获得更好的参观体验。先看数字化电影、再看莫高窟的参观模式已经形成目前的基本接待习惯，这个习惯使我们形成一个按时参观的新开放模式，我们为游客划分出时间范围，以半小时的频率引导游客分批次进入，实现游客分流，看莫高窟的数字化电影正好可以自然地使游客分批次进入，

游客的时间都被有效利用起来。这是建立数字展示中心之后产生的一个非常好的效果。

我们在不断的发展当中，也扩大了国际交流。20世纪八九十年代，我们与国际的交往主要是派人出去学习，和国际力量合作进行一些保护研究的项目，这些项目现在仍在持续，但21世纪以来出现了一个新的合作倾向——为"一带一路"的发展助力，侧重与"一带一路"沿线国家的联合，几十年前我们得到很多国外的帮助，现在我们的保护科技发展起来，开始帮助丝绸之路沿线的一些发展中国家开展文物保护的工作。在国际交流方面，数十年来敦煌研究院与美国、澳洲、日本等几十个国家都保持良好的合作关系，每年举办的国际性学术讨论会都取得了很好的效果，众多学者汇聚一堂，可以团结全世界的敦煌学学者，共同推进敦煌文化的传承与发展。

我们还在持续做普及读物和艺术展览，让更多的人了解敦煌艺术。20世纪50年代起，敦煌研究院就不断在国内国外进行展览，每一次敦煌艺术展览都深受欢迎。2008年为了配合北京奥运会，我们在中国美术馆做了一个展览，两个月之内参观人数超过了60万人次，这在中国美术馆的历史上是空前的，可见敦煌艺术越来越深入人心。而我们筹办的国内国际展览都受到极大欢迎，因为敦煌艺术本就是多元文化的产物，会在各国观众的心中产生共鸣，比如，2016年，我们与美国盖蒂研究所合作，在

洛杉矶做了一次大规模展览，最初很多人担心在美国进行中国展览难以吸引观众，没想到展览时人山人海，美国东部的纽约、波士顿等地有很多人专门飞到洛杉矶观看展览，说明这次展览取得了非常好的效果，同时美国的亚洲艺术博物馆的馆长也联系我们，希望下一次也到他们的博物馆做展览。我们还有一些小型展览，在世界各地进行巡回展出，如敦煌壁画精品展。我们还在维也纳的联合国大厅举办过展览，在世界各地及知名大学中都做过小规模的展览，通过展览联系"一带一路"及世界各国，进行和谐友好的文化交流，敦煌艺术的展览已经成为文化交流中的亮丽名片。

四、敦煌不衰：多面盛放的传统之花

最后谈一谈改革开放以来，敦煌艺术传承创新的一些情况。

敦煌研究院的一些艺术家，在临摹、学习古人的传统时也在做一些创新，有一些作品也被国内国外的单位收藏，比如，日本的日中会馆收藏的一幅《菩萨行》，就是敦煌研究院李其琼老师的作品。曾经在敦煌工作过的雕塑家何鄂女士也有很多创新，最著名的是1987年曾经获得全国首届城市雕塑优秀奖的《黄河母亲》。常书鸿的女儿常沙娜后来在中央工艺美术学院任院长，一直做装饰设计，在新中国成立初期北京有十大建筑，当时梁思成和林徽因

主持这些建筑项目，林徽因邀请年轻的常沙娜参与，期待常沙娜在建筑装饰上活用敦煌艺术，所以当时建筑的门窗上的诸多装饰图案都是对敦煌壁画的有效利用，取得了良好的效果，现在看来北京的十大建筑的宏伟筑构与装饰都经得住了时间的考验，也代表了当时中国的较高水平。在香港回归的时候，中央人民政府送给香港特区一个礼物——城市雕塑"紫荆花"，常沙娜在对"紫荆花"的主持设计里，确实也囊括了敦煌的元素，所以我们会感受到敦煌的艺术元素代表了一个国家与民族高度发达的文化水平。这都是在学习传统的基础上，把传统发扬光大的真实事例。

在敦煌的音乐舞蹈方面传承创新所取得的成果也具有代表性。《丝路花雨》等大型音乐舞蹈的创作，让我们感受到对敦煌艺术持续性、发展性的传承创新，《丝路花雨》历经了几代演员的演绎与几十年的观众检验，长演不衰，就是因为它是把中国传统艺术的成分浓缩为精华，原汁原味地呈现了敦煌文化的内涵与特征。《丝路花雨》剧组在1980年前后到敦煌来学习，请敦煌研究院的专家给他们讲课，还到每一个洞窟里考察观摩，然后大家来体会、设想舞蹈动作和造型，最后功夫不负有心人，《丝路花雨》成为代表当代中国的最优秀的舞蹈之一。由《丝路花雨》延伸出来形成了敦煌舞这一舞种，甘肃艺术学院的高金荣教授把敦煌舞规范化，使其适合教学，成为国家传统舞

蹈教育教学的重要组成部分。敦煌的音乐舞蹈是一个巨大的宝库，还有很多值得开发的东西。而音乐方面，现在在香港有一些年轻的音乐家青睐敦煌艺术，改变了一些敦煌乐器，加入一些现代成分，形成了一个天籁敦煌乐团，最近的线上演出也取得了很大的成就。香港特区政府高度重视这件事情，也给他们以很大的支持。音乐的创造性也让我们看到了敦煌艺术传承创新发展的可能性。

敦煌艺术的传承创新还扩展到一个更加前卫与时尚的行业——服装设计。服装设计行业最初大多从国外传入，过去我们的时装设计都往欧洲或美国看齐，因此我们的服装设计师在国际时尚领域难有话语权，在知名时装周中也难有自己的地位。但现在越来越多的服装设计师认识到自我意识的问题，必须走我们自己的道路，越是民族的东西，才越是国际的东西，要将传统的东西把握住，所以北京服装学院有一批老师来学习敦煌的传统艺术，从敦煌的壁画中寻找灵感，最后创作出既有时代特色又有传统精神的时装。这是一个非常正确的道路，时尚行业把传统的东西融会贯通，才能真正创制出具有中国气派的时代新衣。

我们讲艺术的传承创新，归根结底是要有一个"根"，把"根"抓住并发扬光大，艺术才能有希望，否则创新就沦为空谈。从敦煌艺术中可以找到大量值得我们继承发扬的传统，这个巨大的艺术宝库蕴藏千年历史，也引导每一个时代都在传统的基础上不断创新。

敦煌的传承创新有一个基本点——不忘本来、吸收外来、面向未来，首先必须有自己的根基和传统。其次要有开阔的胸襟，开放包容，吸收外来的优秀文化。最后面向未来。在创新中认清艺术的前途，形成独属于本时代的最新艺术形态，才能在时代的路途中无愧于这个时代，才能推动中华的传统文化与艺术不断攀升，再创新辉煌。

25 韩 震

哲学思维与领导力

校友简介：

韩震，哲学博士，教授，博士生导师，北京师范大学学术委员会主任。曾任北京师范大学副校长，北京外国语大学校长、党委书记。兼任中央马克思主义理论研究和建设工程咨询委员会委员、国家教材委员会委员、教育部社会科学委员会委员、北京市社会科学界联合会副主席等职。研究方向为近现代欧美哲学、西方历史哲学、价值哲学等。先后主持国家和省部级科研项目多项，出版学术著作20余部。曾获北京市、教育部和国家级多项学术成果奖、教学奖和教材奖等。

一、哲学之源：人的"看家本领"

北师大的育人理念是"治学修身，兼济天下"。既然有天下的观念，就要有一种胸怀，有一种领袖气质，在各个行业里起到引领作用。我在做副校长的时候一直讲，北师大作为一所百年老校有着深厚的底蕴，应该培养出对中国文化、对世界进步起更大作用的学生，当然我们已经起到了这种作用，但我还是对更年轻的学子寄予更多厚望，希望他们有这种领导力。所谓领导力，就是让大家要有一种领袖气质，有敢为天下先的勇气。

习近平总书记说，领导干部要学习马克思主义哲学，学习马克思主义哲学，才能掌握看家本领。什么叫看家本领？牛的力气大，马跑得快，鸟会飞，老虎、狮子有尖牙利爪，这是它们的看家本领。人在这些方面都是弱者。但是人为什么能成为这个世界的主宰？是因为人有思想的力量。思想是人类根基性的能力。黑格尔说，人是靠头脑站立起来的。马克思说，最蹩脚的建筑师也比蜜蜂强，因为他要建造建筑之前，在内心有一个设计，这种设计就有了创新的可能性。也就是说，人通过思想打开了重新安排这个世界的可能性。

以色列历史学家赫拉利的《人类简史》中讲到，动物实际上也有语言，但是所有动物只能讲世界上存在的、看得到的东西，只有人能讲看不到的东西，甚至不存在的东西。人能看到看不见的东西就赋予人一种特殊的本领，因为我们常说的规律、事物之间的联系和事物的意义，都是肉眼看不见的。把握了意义世界，人就可以沟通合作，有了共同的基础，就可以组织起来。人可以依靠共同的精神纽带，组织协会、政党以至国家，这是任何动物没法做到的。更重要的是，由于可以看到事物之间的联系和背后的客观关系，人就可以获得按照这些规律重新安排自然和改造社会的可能性。这就是人的根基性能力。前两天我去上海交通大学调研，看到校友钱学森的介绍里提到，美国人说宁可把他毙了也不让他回中国，因为他相当于五个装甲师。钱学森当然没有那么大的力气，是他脑子里的思想、他的创造力太厉害。思想是人的元能力，所谓元能力就是基础性、根基性的能力。人的看家本领就是作为元能力的思想创造力。

人类的进化，是一步步离开动物那种只能看到眼前的东西的状态，而获得了一种远见。有了思想，人就可以发展出看问题的高度、思想的深度、视野的广度，而具备这些要靠哲学思维的训练。哲学智慧的滋养还能培养人辩论和战略思维的能力。陈云说，学习理论，首先要学习哲学，学习正确观察问题的思想方法，如果对辩证唯物主义一窍不通的话就总是犯错误。所以说要把党和国家领导好，最要紧的是要使领导干部思想方法搞对。学习哲学使人开窍，学好哲学终身受用，因此在党内，在干部中，尤其在青年当中，学习哲学有根本的意义。只有掌握了马克思主义哲学，在思想上、工作上才能真正提高。李瑞环对哲学有个定义：哲学就是明白学。就是从这个意义上，我希望大家读点哲学。因此，哲学真正起作用，不在于培养了多少专门的哲学家，而在于让青年人都有一定哲学素养。

二、哲学之义：系统的批判性思维活动

什么是哲学呢？亚里士多德说过，哲学产生于惊奇感。为什么孩子的学习能力强？因为孩子的兴趣比较强，对什么都感兴趣，但是他的理解力还没那么强。问题是人往往随着理解力提升，兴趣没有了，问"为什么"的这种惊奇感没了。所以说，在这个意义上，孩子更具有哲学家气质。

外部事物是否存在？除了哲学家，一般人不会问这个问题。贝克莱说，存在就是被感知；马赫说，存在就是感觉要素的组合。我们批评他们是唯心主义，但是爱因斯坦说，没有贝克莱、没有马赫就没有相对论。比如，庄子和惠子关于"鱼之乐"的论辩，实际上里面有一个深刻的哲学问题，就是主体与主体之间的关系问题，就是主体间性问题（intersubjectivity）。又比如，生活中有一个人老盯着你看的话，你会非常不自在，因为你被当作对象来看，被物化了、客体化了。我们日常中这些现象都有，但是谁去研究？哲学家就研究。哲学使人保持一种对追问的敏锐，追问才能推进研究问题的深度。

另外，哲学是关于客观世界和人类社会最一般的学问，是抽象的。哲学是思想中把握着时代，它是带着爱恨情仇的头脑在思考着那些爱恨情仇的事情。它不是在天上看下面的芸芸众生，而是就是用芸芸众生的头脑思考着芸芸众生。因此，哲学是"in situation, in world, in it"。

哲学本质上不是知识，是系统的反思性、批判性思维活动。就像马克思说的，以往的哲学是解释世界，而问题在于改变世界。既然是改变世界，就有革命的批判的辩证法。学哲学不是把自己的头脑变成别人思想的跑马场，而是让别人的思想激活你的思想，让你在原有思想的基础上，继续前行和深化。批判不是见谁批谁，真正的批判是系统的反思性的，是有前提、有原理、有推理过程的，是一个整体的系统性过程，是一个让理论完整起来的过程。它不是就事论事，而是对类问题的深度思考，因此它是本质层面的思考。

没有一种学问像哲学这样认真地对待自己的历史。黑格尔说过，哲学就是哲学史。恩格斯说，一个民族没有思维水平的话，不可能站在人类的顶点上，而要提高自己的思维水平，除了学习以往的哲学没有别的办法，因为哲学的创新就是既有思想和自身逻辑深化的结果。哲学的批判不是外在的批判，而是内在的深化。所以学哲学，首先得学会原有的哲学，然后再走出来，最典型的例子就是康德和费希特

的关系。当康德是个大学者的时候，费希特还是个大学生，费希特对康德佩服得五体投地，一直认为自己是康德的忠实信徒。在他成长的过程中，康德对他的帮助也很大，包括推荐他的书出版，对费希特的成名起了很重要的作用。但是，随着研究的深化，在他自认为还是康德忠实信徒的时候，实际上已经消解了康德哲学，把康德的自在之物概念给解构掉了。康德在批评费希特的时候，费希特也一下子明白了，在哲学的意义上我已经不是康德了，我是费希特了。也就是说费希特已经成为一个独立的哲学家了。他不是一开始就反对康德，他恰恰是作为康德的忠实信徒，由于他的深度研究，才创立了费希特哲学。所以说，哲学的批判不是外在的批判，而是内在的深化。

哲学思维有几个特征。第一，它是个系统思维，因此具有战略性。不谋全局者不能谋一世，不谋万事者不能谋一时。第二，它是反思性的，能看到背后的本质和联系。既然是背后的本质联系，就是发展的，就是批判性思维。第三，哲学能看到事物背后的联系，当我们重新安排这种客观联系的时候，就是创新。创新不是改变客观规律，而是按照客观规律重新安排它的可能性。第四，哲学用逻辑语言工作，因此理性思维要合乎逻辑。第五，辩证思维，事物本来是发展的，就要发展地看问题，事物是普遍联系的，就要普遍联系地看问题。第六，底线思维，过去我们更多地关注量达到一

定程度才会发生质变，而底线思维认为，任何量里都有质，如果总是抓大放小，底线往往就容易被突破。

三、哲学之用：无用之用，是为大用

有人说哲学家最怕问两个问题，一是哲学是什么，二是哲学有什么用。我到北京外国语大学工作的时候，有人问我什么是哲学，我用英文回答说哲学It's very difficult to understand, but useless（它很难懂，但很有用）。实际上，哲学的最大用处就是无用。无用之用，是为大用。它不是直接作用，而是根基性的力量。哲学能对自然科学、社会科学进行总结，但是这个总结并不就是哲学。自然科学17世纪才产生，社会科学19世纪才产生，在这之前，哲学已经存在了几千年了。哲学恰恰是在自然科学、社会科学研究不到的地方发挥作用。正如前边讲的，哲学就是系统的反思性的思维活动，关键是"活动"。

那么哲学有什么独特的价值功能呢？

第一，哲学能让人的言行更条理化。用逻辑进行工作，言行就有条理。哲学里本质与现象、偶然与必然、原因与结果，主要矛盾与次要矛盾等，这些都是思路。

第二，反思的深刻性。一个人有热情，就容易做事；有能力，做的事就大。但是还有一个因素在起作用，就是思维方式。能力、热情，都是0到100，但是思维方式是从–100到100。

第三，用宏大视野观照全局。哲学绝对不能代替其他科学，但是哲学可以补充自然科学、社会科学的一些方面。自然科学也好，社会科学也好，都是就某个方面去研究。这种细分能提高研究的深度和水平，但同时也往往让人失去了整体性的眼光。而哲学作为世界观、作为世界图景，恰恰能弥补这方面，可以全面地、系统地、整体地看问题。大思维才有大格局。

第四，哲学的辩证思维让人头脑灵活。困难的不在于坚持原则，坚持真理，而在于在现实中坚持，而且能够把事情干成，这叫实践智慧。因为现实往往不是黑白分明的，在这种情况下怎么能坚持原则，这就需要哲学的智慧。

第五，因憧憬理想而满怀希望。人是有限的，要用有限的理想，给自己构建理想的人生。理想是什么？理想是随着你前进的步伐不断往前延伸的地平线。个人如此，民族也是如此。

第六，因高度概括而精神丰富。有了哲学基础，无论学什么都能提高自己的能力和素养。哲学是文化的灵魂，在文化层面上解决了问题，就具有了深度。而且哲学更具有理性的普遍意义。读了美国哲学，就知道美国人的性格；读了德国人的哲学，就知道德国人的性格；同样，人家读了中国哲学也知道中国人的性格。儒、释、道三个思想造就了中国人的性格，得志时，修身养性治国平天下，舍我其谁；不得志时，种菊东篱下，悠然见南山，获得新的平衡。

第七，因理性品格而坚毅。人生苦短，但人生也非常漫长，总会有挫折，如果你知道人生的规律，就能坚守住自己，就能避免站在历史的反面。

第八，因思想活跃而更具生命力。大家都说哲学系的教授寿命长。为什么？不仅是看得开，还有更深刻的原因。人的根基性能力是高度身心一体化的，也就是说，人高度精神化了。既然精神化了，当你思想活跃的时候，就更具有生命力。

我做北师大副校长的时候，每年主持毕业典礼都对学生说，我有足够的信心相信，你们走出去能成功。实际上，也是在告诉学生，要有社会的精英意识，领袖气质，奋斗的意志。要做到这一点，必须跳出自己的狭隘性，不能光有工具理性。如果仅仅局限于自己这个学科的价值观、个人得失，那格局就小了。所以，各个学科的青年都应该学点哲学。

哲学有时候也有一些负面作用。学了错误哲学可能就走错路。但是什么是错误哲学？尼采是错误的吗？贝克莱和马赫是错误的吗？但他们为什么又起到了正面的效应呢？就是因为哲学家对待尼采、贝克莱等人，不是把自己的头脑变成他们思想的跑马场，而是用他们的思

想激活自己的思想，在原有的思想基础上继续前行和深化。反过来讲，即使是正确的哲学，是认识世界、改造世界的武器，如果把它当作教条，也就成了作茧自缚了。

四、哲学之力：造就领袖气质

当领导，光靠经验不行，还需要理论水平发挥作用。比如说，我在北师大做副校长的时候，我当时主张，对科研成果不要什么都奖励，就奖励最好的那些，为的就是要让大家更高质量地研究。这个主张当时起了一定的作用。但是我这种政策到北外就不能用，因为北外是小语种多，有90多个语种，有些小语种听都没听说过，而其中一些小语种所在国家本身就落后，很难提供研究水平的高基点。但是，为了提高教学水平又要促进他们研究，怎么办？我就说，豆腐块都奖励，意思就是说，能写200字，慢慢就能写300字，然后就能写500字、能写1000字。如果照搬北师大的奖励办法，没几个人能拿到奖励。那还有什么用处呢？

那么，学习哲学为什么能提高领导力呢？

第一，领导力就是思想力，有思想有思路，才能有方向感，才有清晰的路线图。而哲学能帮助你解决思想问题，厘清思路。

第二，领导是组织变革的催化剂。社会在变化，一个机构如果不变化就会被时代所淘汰。变革是必然的，但是大家往往都容易受惯

性的影响。因此，一个好领导不光自己要意识到变化，还要能走在时代的前头，并且能够通过交流把新思想变成大家的共识。

第三，领导是组织精神领袖。好领导必须得有高远的道德作为规范性力量，要跳出自己的狭隘利益，要用更积极的、更宏大的哲学思维编制更大的格局。

第四，领导必须善于总结经验。走群众路线，群众的要求确实是直接的、真实的，但是每个人往往是从自己个人的角度去考虑问题的。真正的领导不能满足每个人的愿望，而是让所有人都感到有希望，这就需要一个概括上升的能力。

第五，领导要有组织协调能力，要有平衡能力。有的时候局部过分发展并不有利于整体，这时候就要平衡，但是又不能平均用力。北外的核心竞争力是外语，但也办了一些非外语学科，如法学，可能没法跟北京大学、中国人民大学、中国政法大学比，但是学法律的，能用外语工作，这就是你的比较优势。再比如，学金融的，亚洲基础设施投资银行的行长金立群，就是北外毕业的，他的金融知识未必像北大、清华那么厉害，但是能用外语工作，这就是他比较的优势。作为领导可能没法让所有人感到十分满意，但是必须让大多数人感到有希望。工作节奏上，不要揠苗助长，要抓住时机，该干的就干，不要做过分了。

第六，领导还是形象代言人。腹有诗书气自华，当你在本源性的元能力上提升了自己的时候，就更具有影响力。

一个民族没有深远的哲学思维，不会赢得世界的尊重。同样一个人也是如此，没有深邃的思想，就不能承担起时代赋予的大任。哲学确实难懂，因为感性容易理解，而理论是集约性的知识。但正因为难，才能锻炼思维。祝愿各位校友，都能成为具有哲学头脑和超凡魅力的青年领袖，对人类、对国家、对民族做出更大的贡献！

26 刘成旭

扎根土乡教育，谱写教育新篇章

校友简介：

刘成旭，1987年毕业于北京师范大学数学系，青海省海东市互助土族自治县彩虹小学党支部书记、校长，荣获"全国未成年人思想道德建设先进工作者""第三届中国好校长""中国基础教育魅力领导人""全国青少年文明礼仪教育标兵""青海省优秀共产党员""青海省杰出校长""全省中小学先进德育工作者""海东市十佳校长""海东市优秀校长""互助县十佳校长""抓管理先进工作者"等荣誉称号，30多次受到县级以上表彰。其典型事迹先后在《时代先锋》《西海农民报》《红旗文稿》《海东日报》等媒体报道。

"期盼自由呼吸的教育，让教育充满激情与个性，让师生真正成为教育的舞者"，这是他的教育情怀。

34年坚守教育初心，为党育人、为国育才；34年不变的教育情怀，奉献青春、服务师生；34年周而复始的起航，三尺讲台、倾情奉献。34年的教育守望，一路绽放芬芳……

一、岁月荏苒青丝白，丹心育人满桃李

1965年12月我出生在美丽的彩虹土乡，1987年7月参加工作，中共党员，高级职称教师，2016年8月任互助土族自治县彩虹小学党支部书记、校长。

1987年我毕业于北京师范大学，随后我选择回到家乡做一名普通的人民教师。34年来，我始终坚守最初的梦想，为人师表，自觉践行"四有好老师""四个引路人"的要求，勤勤恳恳为土乡教育的发展不懈奋斗。我政治强、情怀深、思维新、视野广、自律严、人格正，把毕生的智慧和精力无私地献给了家乡的教育事业。奉命艰难却总能励精图治，屡创辉煌。接受重任身先士卒，带领大家埋头苦干，并总能奇迹般地在最短的时间让学校焕发生机与活力。我先后获得"全国未成年人思想道德建设先进工作者""第三届中国好校长""全国青少年文明礼仪教育标兵""全省中小学先进德育工作者""青海省优秀共产党员""青海省

杰出校长""海东市优秀校长""海东市十佳校长""海东市先进教育工作者""互助县十佳校长"等荣誉称号。典型事迹也先后在《海东日报》《时代先锋》《西海农民报》《红旗文稿》等宣传报道。由于教育教学成绩卓著，于2021年5月17日受北京师范大学邀请，为北师大师生作了"基础教育工作"专题报告。在我不断的努力下，彩虹小学自建校以来先后被授予"全国青少年足球特色学校""青海省抗击新冠肺炎疫情先进集体""青海省优秀少先队大队""海东地区教育工作先进单位""海东地区优秀少先大队""海东地区优秀学校""海东地区语言文字规范化示范校""海东市平安示范校园""海东市优秀学校""全市五四红旗团委""互助县先进基层党组织"等多个荣誉。我脚踏实地的教育作风和推陈出新的管理经验和教学方法，得到领导的肯定、家长的信任、教师的尊重、学生的爱戴。

二、至诚至真的坚守，只为心中最初的信念

（一）甘做小草，汲取营养，努力成长

1987年7月我告别了大学的青葱时光，执着地回到了家乡——青海省互助土族自治县民族中学任教！在这里一待就是15年，这15年里我先后担任学校班主任、团委书记、德育主任。时光在学校管理、班级管理与辅导学生等烦琐的工作中匆匆流逝。20世纪80年代的家乡真的不能仅用贫穷一词来形容，这里的校舍破旧，是土木结构的平房，师生的宿舍和教室里没有像样的炉子不说，连生火的煤都是班主任带领学生用沫煤渣自制的煤块，还限量使用。与大学的时光相比，我备感失落，有点后悔来到这里。然而我并没有放弃，虚心求教，大胆工作，激发了孩子们的学习动力，与孩子们共同成长。更可喜的是，那一年我所带的第一届学生在高考中取得喜人成绩，个人荣获高考数学单科第一的好成绩，收获了任教以来的第一个喜悦。

（二）努力扎根，收获成长

我担任高三毕业班工作15年之久，三尺讲台见证了我从一个零教学经验的新手，成长为一员教学骨干。我将自己的所学倾囊相授，兢兢业业、恪守职责。所带班级高考成绩连年优秀，学生们都争先恐后地要转到我的班级。现在，我培养的学生长大成才，在各自的岗位上努力奋斗，真正做到了为党育人、为国育才。由于我的教学成绩突出，得到领导的认可，2003年9月我到青海省互助县边滩教委任教委校长，那是偏远的脑山地区，我在那里工作了三年。三年来我为贫困地区学校解决了校舍危房问题，为孩子们搭建了一间间温暖的教室。在那里我最大的成就感就是将自己对教学的热爱植入了孩子们的心中，使他们向往学习，热爱生活，追求梦想。

（三）深深扎根，汲取成长的营养

2006年4月，由于工作成绩突出，我被调入互助县第五中学任副校长。2007年5月，我被任命为互助县城南小学党支部书记、校长。在那里，追求卓越的理念给予我成长的营养，让我明白做好一名校长更重要的是责任与担当。我全身心投入"德育立校、质量兴校"的办学理念中，其间学校的各项成绩名列全县第一。我享受整个奋斗的过程，乐此不疲。至今，我已记不清获得过多少个校级奖项，这一些感动的瞬间，在记忆里历久弥新。

2014年9月，全县学校布局调整，新设立互助县城东小学，我又被任命为城东小学党支部书记、校长。那是一所寄宿制小学，寄宿生、留守儿童、进城务工人员子女学校成了城东小学的标签。新建学校有挑战、有压力，很多人都不愿承担这个重任，而我却主动请缨。面对很多家长的质疑和领导的担忧，我义无反顾地承担起城东小学的重任。起步阶段举步维艰，硬件设施、师资队伍、生源质量都是制约学校发展的短板与不足，我不抛弃、不放弃，把学校当家、把师生当家人，真抓实干，一个难点一个难点地突破，一个问题一个问题地解决。为解决学生自信心不足、学生综合素质不强的困境，我创新社团、大课间活动，将中国传统文化——武术融入大课间。在2015年5月全县大课间展演文艺汇演中惊艳全场，荣获第一名的好成绩，展现了孩子们蓬勃向上和积极进取的精神风貌。同时，我狠抓教育教学质量，积极探索推行"生本教育"模式，坚持"一切为了学生、高度尊重学生、全面依靠学生"，让学生成为课堂的主人，这一创新工作取得了良好的成效。2015年，城东小学的各项工作取得了显著成绩。短短两年时间，城东小学成了互助县的名牌学校、品牌学校。

2016年8月，彩虹学校建成。我又一次走上新的岗位，任青海省互助县彩虹学校党支部书记、校长。我给自己定下目标，要全力把学校打造成全县示范性窗口学校，给学生营造一个温馨、有爱、向上、积极、乐观的学习环境。我东奔西走，四处筹措资金，美化、绿化校园环境，从校园墙体、校内绿化带、楼道文化、教室文化、校园文化设计等，我都亲力亲为，亲自主导参与，使学校成为环境优雅、育人氛围浓厚的摇篮。学校从原来的27个教学班800多名学生，发展到现在的51个教学班2712名学生的大学校。我一直倡导"爱是我们的初心，责任是我们的使命"的办学理念和"让学生拥有幸福生活，让教师品味精彩人生"的办学方略。短短几年时间，得到了当地的广泛认可，使学校成为省市县有名的优秀学校。

三、党建引领育人，牢记使命育才

多年来，我始终将未成年人思想道德建设

贯穿在教育教学工作的方方面面，为深化学校思政工作，落实立德树人根本任务，深入学习贯彻落实习近平总书记在全国教育大会、全国学校思想政治理论课教师座谈会讲话精神，检验和展示"立德树人、思政为先、志存高远、奋斗前行"的学校思政建设。根据学校实际，我积极筹建新时代学生思政工作室，把工作室作为学校思政教育的主阵地，创新以学校领导班子讲思政讲堂、年级组长讲思政讲座、班主任及思政教师讲思政微课三个层面的思政课讲课模式，构建了"思政课程＋课程思政＋社团思政"全方位育人大格局。坚持每学期主讲第一堂"思政大讲堂"，积极培育和践行社会主义核心价值观，推进习近平新时代中国特色社会主义思想进教材、进课堂、进头脑，让"思政大讲堂""思政讲座""思政微课"成为思政课主阵地。同时，借助思政课平台，广泛开展理想信念教育、新时代中国特色社会主义和中国梦宣传教育。弘扬民族精神和时代精神，加强爱国主义、社会主义、集体主义教育，引导师生树立正确的历史观、民族观、国家观、文化观、生态观，正确引导学生以实际行动实现人生理想，给学生心灵深处埋下真善美的种子，在潜移默化中培养学生的爱国情，引导学生扣好人生第一粒扣子。

四、创新生本教育，树立学校品牌

彩虹小学是一所年轻而充满活力的县属小学。建校以来，我一直坚持"爱是我们的初心，责任是我们的使命"的办学宗旨，将"一切为了学生，高度尊重学生，全面依靠学生"的生本教育理念贯穿教育教学全过程，结合实际，创新发展生本教育理论，提出并践行彩虹小学"生本课堂五思路"，坚持以课堂教学改革为载体，促进学校的内涵式发展。积极创建特色品牌学校，走出了一条适合彩虹小学的特色生本实践之路，推出了一大批生本教学品牌教师，提升了教学质量。

建校近五年时间，来彩虹小学参加县级连片教研的学校已有20多个，参与听课交流的人数已达2000多人，2019年彩虹小学成功举办了"海东市生本推进会"，推进会受到上级教育部门的高度肯定。学校经常开展县内外送培送教活动。为了进一步深度推进"生本"课堂教学，我经常组织教师开展"教研沙龙"活动，不仅促进教研活动的实效性，而且加强了全校教师的凝聚力。学校先后组织了六届生本讲课大赛、两届信息技术生本教学说课大赛。全校涌现出了60多名品牌教师及优秀生本讲课教师，成为学校教育发展的骨干力量。

我始终坚持立德树人的根本目标，紧紧围绕促进学生德、智、体、美、劳全面发展，积极实践，大胆改革，遵循儿童成长规律，积极减轻学生课业负担。由我主导的"我的假期我做主"特色假期作业，打破以往以书面作业为主的作业模式，根据学段、学科特点及学生兴趣爱好，创新设计内容新颖、趣味性强、学以致用的开放性作业。指导教师积极编写内容丰富、形式多样、实践新颖的假期作业，学生在科任教师的指导下选择假期作业，这种创新方式激发了学生学习的兴趣、减轻了压力，受到学生、家长的一致好评。彩虹小学"我的假期我做主"特色作业被评为2020年全国基础教育优秀工作案例。

五、提升学科素养，开展特色活动

为了提升学生良好的学科素养，我要求学校教研组，集中优势力量联合攻关，每学期都要组织形式多样、精彩纷呈的学科特色竞赛活动，成为学校教育教学活动中的一大亮点。

为了更好地发挥学生的兴趣特长，丰富学生的社团活动。我积极创办彩虹小学精品社团和普及社团。其中，戏曲社团、机器人社团、书法社团、足球社团、非洲鼓社团、曳步舞社团、花样跳绳社团、乐队社团、舞蹈社团等已成为学校精品社团。传统体育、经典诵读、手势舞、刮画、刺绣、手工等40余个为学校普及社团。社团活动的扎实开展，丰富了校园文化，促进了孩子们德、智、体、美、劳全面发展。

六、无悔地耕耘，只为花朵美丽绽放

30余年来，我无怨无悔地扎根在教育这片沃土上，始终以勤勉的精神、先进的理念、严谨的作风、真诚待人的品质感染着每一位同志，教育着一届又一届学生。教育从来不是一个人的孤军奋战，而是一个群体的砥砺前行；教育从来不是一劳永逸的工程，而是一代又一代教育人的风雨兼程！在一路拼搏中，我所获得的荣誉不单单属于我个人，更属于彩虹小学100多名可爱可敬的老师们，也属于培养我的北京师范大学。

"路漫漫其修远兮，吾将上下而求索。"教育是心灵对心灵的交流过程，常做常新的事业。我爱这里的学生，爱学校的一切，我愿意在这片沃土奉献自己的全部，用孜孜不倦、精益求精的精神书写着土乡教育的新华章。

27 陈国才
理想择业与就业

校友简介:

陈国才，北京师范大学哲学系1986级学士，教育学部2003级教育经济与管理硕士；北京师范大学基础教育研究员；北京市首批中小学特级校长；北京师范大学附属实验中学分党委书记、副校长。

一、关于择业观

职业选择不是是非判断，而是价值判断和关系判断，选择职业要看个人的适应度，个人是否适应这一职业是一个非常关键的问题。那么如何判断适合不适合？有几个方面的标准，如工资待遇、生活方式和我们的职业期待、我们的能力，以及我们的个性与这一工作的匹配度如何。

那么如何找到适合自己的工作呢？我想有两个方式：一是找，也许一次不成功，现在有个词叫跳槽，也就是我们有寻找适合自己的工作的权力；二是改，真正契合自己的工作不一定能找到，那就需要改变自己去适应工作，做一些改进，才能令自己适应工作，做好工作，过好生活。

在这个问题上，我们的心态需要平和。第一，不要一山望着一山高。虽然社会上有很多机会，但是，大部分人都找不到自己的平台，一辈子都在各个领域之间游走，到头来并不清楚自己真正喜欢的、需要的是什么，所以，应该静下心来，不能一山望着一山高。第二，不能盲目攀比。适合他人的不一定也适合你。我们要学会放下，才能达到一个更好的人生状态。

二、关于教师这个职业

首先，我想跟大家分享一下教师职业的几个优点。第一，教师这个职业比较稳定，从国家目前的状况来看，国家注重教育问题，教育行业从工作、工资待遇等方面都比较稳定。第二，教师有更多闲暇时间。第三，教师工作很大程度上体现个体性，有很大专业自主权。第四，教师主要工作对象是人，中小学面对的是未成年人，工作有一定的挑战性和复杂性，需要创造性地开展工作。第五，教师工作更重要的是有精神方面的收获。一届一届学生从我们这里走出去，又回来看望我们的时候，真的会油然而生许多感慨，很多感动。这辈子，有人记得你，有人来看你，是非常幸运的事情。

当老师可以去的学校很多，包括我所在的北京师范大学附属实验中学，如果想要致力于教师这一职业，也欢迎大家来实验中学。实验中学有100多年的历史，它的历史很长，有深厚的文化底蕴，在建校100多年的历史中，各种思潮的延伸，都为校史增添了一分厚重。实验中学是一个非常尊重人性的学校，它的培育理念力求符合学生的成长规律，给予学生与老师一个舒适的学习生活环境，让大家很自在，愿意做事情，愿意为大家服务，这是成就大家的一个环境。这种民主宽松、开放大气、学院式的学校氛围，有利于教师的专业发展。另外，它对于老师的专业发展也有一套比较成熟的机制，会提供很多很好的发展机会，教师很快就会在专业上有所发展和进步，相比在其他学校会更容易获得成就感。

当然，还有一些其他有底蕴的学校，也值得大家去努力。

同时，到普通学校去，到欠发达地区、边远地区从事教育工作也是非常好的选择。一方面这些地区的教育急需人才。另一方面，这些地区的生活条件在不断改善，随着国家政策的重点倾斜，待遇也得到了很大的提高。这些地区和学校的基础弱，是大家可以大有作为的一片天地。

其次，关于学校招聘会，它会关注哪些问题，我简单跟大家介绍一些。

一是外表仪态方面，服饰大方得体、干净，气质上平和、有内涵。

二是举手投足有教养。

三是有扎实的专业知识。

四是语言表达简单明了，语速有节奏感，思维清晰有层次感，让人听着舒适而又能抓住重点。

五是还需要一点亲和力和幽默感。有亲和力，容易跟孩子和家长打交道，亲其师而信其道，有利于教育教学工作的开展。同时，整天和孩子在一起，没有幽默感会很乏味。

一位教师是不是用心，是可以从他的诸多行为细节中看出来的，做教师，不仅需要有扎实的知识，更要有高尚的品德、强大的表达和交往能力。祝愿在场有志于教师职业的同学都能找到理想的工作岗位。

（本文根据一次座谈会发言整理而成）

28 张晓军

关于"成功"的演讲

校友简介:

张晓军,北京师范大学地理系1986级校友。现任北京世纪唐人旅游发展股份有限公司董事长,中国旅游协会民宿客栈与精品酒店分会会长。

一、我的成长路

(一)学生时代:美好、温暖

我1986年入学,1990年毕业。30年过去了,北师大依然是我熟悉的校园。虽然走在寒风中,但是我感受到浓浓的暖意,尤其是刚才在校友总会两位领导和师妹的陪同下,专门到学生餐厅吃了一顿晚餐,这是我特意要求的。因为我记得在读本科的时候,每天晚上从教二楼,离开那几棵高大的法国梧桐往"西西楼"宿舍走的路上,心里总是想,此时此刻要是能吃点东西该是多么美妙的事情。后来学校食堂加了夜宵。给我印象最深的就是饺子,一两饺子7个,一顿我一般要吃四五两。每次买饺子的时候我就盯着卖饺子阿姨的手腕,特别不希望她的手腕抖,因为我知道,她手腕一抖勺里的饺子就会漏下去一个。有时候在食堂吃了四两饺子还没有过瘾,还要再买两袋方便面。当时的方便面不像现在有这么多的品种,那时还没有"碗面"的概念,都是塑料袋装着的"板面"。我们地理系的学生有野外考察的装备,其中一个很重要的就是铝合金饭盒,带把手儿的,把手儿翻过来可以盖到饭盒盖上。回到宿舍里面,两板方便面正好能放到饭盒里面,不大不小,不宽不窄,把开水倒进去,把盖儿盖上,然后把把手儿翻过来扣上。之后要么去洗漱,要么神侃。半小时以后,打开饭盒,方便面已经被水泡得胀满一饭盒。放入调料一拌,大口大口囫囵吞掉,带着强烈的饱腹感入睡,幸福!所以北师大给我留下的,都是非常美妙的记忆。

我是北京平谷人，出生在燕山山沟里一个叫"瓦罐头"的小山村。我特别庆幸能够进入北师大上学。我是北京市第八十中学毕业被保送到北师大的。当年保送还有个小插曲：因为我的中学化学课成绩还不错，比如，我中考的时候化学得了99.75分，因为把一个句号写成了逗号，阅卷老师毫不客气地扣掉了0.25分。上了高中，我的化学课成绩依然非常好。大家知道为什么路口的红绿灯颜色非常鲜艳吗？因为灯罩里面有稀土元素。我第一次听到稀土这个词，是在高二的一堂化学课上，我的班主任兼化学老师，也是我高三（入党）时的入党介绍人蒋长根先生说的。他说，以前的红绿灯灯罩里面是没有稀土元素的，加了稀土，颜色就更加鲜艳了。那时在内蒙古包头发现了世界上最大的稀土矿。稀土成为一个热词。高三时我想考北大化学系，以便去研究稀土。但是学校决定保送我到北师大地理系。接受保送以后，师大地理系的一位老师面试我，我还傻乎乎地问："老师，我能去化学系吗？"这个年轻的女老师特别好，她没有否定我的化学梦，而是告诉我去地理系是最佳选择。她说："如果你去读化学系的话，每天面对的都是瓶瓶罐罐，而读地理系的话，你每天都是游山玩水，而且是免费的。"这句话真的打动了我，所以我就坚定了保送地理系的决心。1986年9月入学后，我发现老师说的是真话。因为开学没两天，我

们就参加了第一次公费旅游，游览八达岭长城。那时没有八达岭高速，我们是从南口下车，然后一路盘山路走到八达岭长城的，沿途美极了。后来我们去了北京西山、秦皇岛、庐山、南京、上海等好多好玩的地方。当然，这都是因为地质学、地貌学、自然地理学、经济地理学等课程的野外实习。

1990年从北师大毕业后，我去了民政部工作。其实，如果不是一念之差，我现在应该是北京师范大学附属实验中学的地理课教师。因为在大三的教学实习，我被分到实验中学。通过努力，我得到了实验中学的领导、老师和学生的一致好评。比如说，我带的是初一（2）班的孩子们，既当班主任又讲地理。我印象很深，实验中学的孩子们非常棒！我们在老师的指导下辛辛苦苦备了几天的课，开堂讲了十几分钟就讲不下去了，因为我要讲的知识孩子们都懂。受虐后我就想着怎么能避免这种尴尬，于是就问同学们想听什么。当年正好中国和越南发生海战，这些初一的小朋友们就说："小张老师，我们想听海洋的东西。"现在，不管是从蓝色国土的角度、从生态环境保护的角度，还是从国际法的角度，我们已经比较熟悉海洋的概念了。但是当年海洋对于很多人而言，还真的不是一个耳熟能详的词。初一的孩子们就能提出海洋的概念，我当时是很震惊的。为了能把课讲好，我就跑到北师大南面四站地的新街口新华书店，在那里找到海洋法单行本，我记得很清楚，那本小册子是白底红字。买

回来后我埋头苦读，基本搞懂之后再把"领海"等概念讲给孩子们听。当时实验中学的地理教研组有五位老师，是四个老奶奶加一个老爷爷，老爷爷是返聘的，所以地理教学面临非常尴尬的后继无人的问题。我记得当时实验中学的校长姓王，他听了我三堂课后说："晓军，我看上你了，你要留下来，我给你分一间单人宿舍。"当年住房紧张，本科生到中学当老师，可能得几个人住一间集体宿舍。而他承诺给我一个人一间宿舍，还要给我派学校最好的教师做我的指导老师，并且说实验中学马上就要建游泳馆了，给我描述了很多美好的前景。但是毕业前夕，民政部突然来地理系招人，提出很多条件。结果全班70多人符合条件的只有我一人，所以我就被选去了民政部，"背弃"了实验中学。有一个画面我永世难忘：得知我要去民政部而不是实验中学工作后，实验中学的贾老师——我的实习指导教师，初一（2）班的班主任，一个非常瘦弱的、和蔼可亲的、即将退休的白发苍苍老太太，骑着一辆破旧的自行车到北师大，在学生食堂门口找到我，苦口婆心地做我的思想工作，希望我到实验中学工作。但是真的非常惭愧，我让她失望了。没有从事教育工作，真的是我心中的一个痛。

（二）初次就业：深刻、自豪

1990年7月5日，我到民政部上班，开始了我的职业生涯。1992年这一年在我的人生中画上了浓墨重彩的一笔。我参加民政部第五批扶贫团，到江西省莲花县去扶贫。我在那里待了一年的时间。这一年让我深刻地认识到革命老区竟然还如此贫穷。我在莲花县结交了很多朋友。我把莲花县当成我的第二故乡。2021年春节，我们全家回莲花县探亲，在那里走亲访友待了大概一个星期的时间。革命老区的巨大变化让我瞠目结舌，老区的人民现在也过上好日子了。

"信息"二字今天大家耳熟能详，已成为日常词汇了，但是当年没有"信息"这个词。1991年10月到1992年10月扶贫期间，我做了一件大事，叫"信息扶贫"。我们带着200万元巨款——当年200万元可是一笔大钱——到莲花县搞扶贫。一年的扶贫经历给我非常深刻的教育，在江西的这一年时间，是我在政府机关公务员生涯中一个非常好的起点。扶贫期间我见到了我后来事业上的恩师、人生的导师，她叫章明，是民政部的一位副部长。她到莲花县检查指导工作的时候，发现了我正在做的"信息扶贫"项目。现在我们每人一部智能手机，可以利用碎片化的时间，随时获知国内外的大事。在当年别说是智能手机，就连传真机都是稀罕物，电脑基本上是属于必须放在电脑室里才能用的宝贝，普通人是不能碰的。到了莲花县，我发现县长看的报纸都是上周的过时报纸！信息非常闭塞！在这种情况下，我意识到信息、资讯对于开启人的智慧和思路是非常有必要的。我决定编印《扶贫信息》杂志，把农产品加工和市场需求等有用的信息传递给老区人民。于是我就去县城的图书馆查阅资料，手抄下来。然后手工排版。现在大家上网、拷贝，用word编辑，然后输出打印就好了。那时北大还没有发明方正，莲花县印刷厂是铅字印刷。我到印刷厂和工人们一起捡铅字、制版、出清样、三校、印刷、装订。16开的开本，每期几十页，黑白印刷。封面的"扶贫信息"四个字，是我用毛笔在木板上写好，然后用刀子刻成凸版，再套色印成白底绿字的。这样，每月出一期《扶贫信息》，免费赠阅给吉安市各区县所有乡镇领导。这个信息扶贫的做法，成了民政部扶贫史上的一大创举。正因为这个创新，章明副部长在我1993年结束扶贫回到部里工作后，就把我调到办公室做她的秘书。这秘书工作，我一做就是四年半。当时秘书的任期一般不超过一年半，而我干了四年多。所以，当年我创造了两个纪录：第一，我是部里年龄最小的秘书，我当秘书的时候才24岁。第二，我是任职时间最长的秘书。这是令我非常自豪的。

（三）选择旅游：放弃、圆梦

结束了四年半的秘书工作之后，我就走到了一个新的职业生涯十字路口，一般而言，秘书工作结束后，应该是顺理成章地接着在机关发展。1997年春天，在西安飞回北京的航班上，章部长对我说：关于你的工作安排，我最后一次找你谈话，这已经是第四次谈话了，你必须要"单飞"了！她说，你去一个你喜欢的同时有空缺的司局吧！在跟我同一期进入民政部的大学生里面，我是最早达到主任科员这个级别的，比别人基本上早了半年的时间。章部长就是要给我一个非常好的前程。然后我就对章部长掏了心窝子。我说我不想在民政部干了。她很惊讶："你在民政部待了将近七年，你积累了非常好的基础，如果离开民政部，就意味着放弃了七年的积累，为什么？！"我说："我要去干旅游，去圆我1990年毕业时的一个梦。"

北师大让我知道什么叫旅游。读大二时，我们地理系有门课程叫旅游地理学，教授这门课程的老先生叫卢云亭，他在四五年前去世了。卢云亭先生是中国旅游地理学的奠基人，也是旅游规划设计的大师。卢先生是河南林州人，口音特别重，给我们教了一学期的旅游地理学，我几乎没有听懂他在说什么，但我得到了一本书，一本宝书，就是他写的《现代旅游地理学》教材。卢先生的谆谆教诲，让我知道世界上还有"旅游"这个行业。于是1990年毕业择业时，我就想去干旅游，但是完全不懂旅游工作是什么，完全不知道有什么旅游单位。所以1997年能够再次择业的时候，我跟章部长说我要去干旅游。章部长非常理解我，为我联系国家旅游局，最终我去了北京市旅游局。

（四）跳槽企业：挫折、希望

在北京市旅游局我干了整两年的时间，从1997年8月2日到1999年8月2日。1999年8月2日上午10点钟，我抱着一个不大的纸箱子，辞职离开了北京市旅游局，实现了职业生涯三级跳，由部机关到市机关，最终到了企业。这个企业，就是我一直服务到现在的唐人旅游。现在大家择业去企业是很正常的事情。但在1999年，去一家企业，尤其是去一家民营企业，需要极大的勇气，因为那个时候民营企业非常不发达，尤其我们这个企业还是一个初创才半年的企业，一个资金匮乏、没有稳定业务的微型企业。到唐人旅游工作的第二个周末，外面下着暴雨，我躺在床上，突然感觉身体漂浮着，下面是无底的深渊。我能感受到有形的床铺对我身体的支撑，但是感受不到我精神的存在。巨大的危机感笼罩着我。我突然意识到，在国家机关毕竟还有保障，到了企业我就什么都没有了！为了排解恐惧，我冲出家门，跳上车，在暴雨中向北京西山方向漫无目的地开去。不知不觉到了戒台寺，暴雨已经变成毛毛细雨了。我把车停好，走进空无一人的戒台寺。看到戒台废墟，看到戒台旁边那棵倾斜的古松，我的内心终于平静下来。回到车上，在雨中睡了一个多小时，然后开车回家。从此我度过了一场心理危机，接受了由机关到企业自谋出路的现实。从那之后，我从来没有动摇过。曾经有人问我："张晓军，辞职你后悔不后悔，放弃仕途后悔不后悔，进入小企业后悔不后悔，做旅游后不后悔?"——不后悔。这个世界上没有后悔药。你选择了，就要对你的选择负责。

当年我们企业做了一个游乐项目，叫"速降"，是和蹦极同时产生的。原理很简单，从高处到低处，系两根钢缆，配两个滑轮，用一个安全带把游客绑上，然后凭借重力由高处高速滑到低处。就这么简单。这个项目现在在全国景区泛滥成灾了，当时玩一次80元，现在玩一次可能只要20元。第一个把这个项目商业化、标准化的人就是我。大连的老虎滩、北京的幽谷神潭、广东的飞来峡，这几个地方的速降项目都是我做的。当年一个速降，从两边的混凝土基座施工，到配钢缆、滑轮、安全带等设备，还有操作人员培训，我们叫"交钥匙"服务，收费10万块钱。第一年我们生意火得不得了。这是我创业的第一个项目。但是一夜之间，这个项目的市场荡然无存，我手头的订单全部撤销。我这边设备也都采购了，准备要给人家施工了，然后人家打电话说："项目我们不上了。"连个解释都没有。我和团队百思不得其解。后来发现，我们收费10万元，我的竞争对手，河南的一家企业，收费只有2万元。因为劣币驱逐良币，这个市场就从此不复存在。经过了长达17年的发展，虽然我们的企业现在还是小微企业，但是世纪唐人旅游是要在新三板挂牌的。我们的规划设计院是国家旅游甲级资质的，是全国响当当的旅游规划设计著名品牌。还有我们的唐乡，是乡村建设模式的创新。唐乡是特别好玩的一件事情，是我最得意的一件事情。企业虽然不大，盈利不多，但我们一直把履行社会责任作为企业的核心理念。

二、我的成功观

站在这里跟大家探讨"成功"，我心里其实很忐忑。因为我觉得应该由一位成功人士来讲"成功"这个话题。从个人成功与否来讲，我觉得我不是特别的合适。所以我一直在想，今天到底从哪个角度来讲"论成功，你需要什么?"这个主题。我有一个很重要的理念，就是成功是一个过程、一个目标，而不是一个结果。每个人对成功的理解都不一样，不同的时代对成功的理解也是千差万别的。接下来谈一谈我对成功的理解以及成功的要素有哪些。

(一) 成功的基础——性格

成功有个非常重要的基础性因素，就是性格。我的性格不适合在机关里取得成功。为什么呢? 因为我是一个炮筒子，有事我必须说，而且我还不会委婉地说。在给部长当秘书之前，我有事必须得说，是出于责任，

是出于坦诚。给部长当秘书之后，再有话直说，就变成了一种狂妄、一种自负。所以在北京市旅游局的两年，我混得特别惨，主要有两个原因。第一，我不会站队。当你进入社会，你会发现这个社会是讲阵容的，就像踢足球，有这边，有那边; 就像下围棋或象棋，是有界的。第二，我是有一些自负，毕竟是从国家机关来的，好像水平确实比别人高一点。如果你想去国家机关，一定不要再犯张晓军当年犯过的错误。

(二) 成功的关键——表达能力

如果想去国家机关，请你们练好表达能力。至少有三个表达能力要掌握。第一，你要会说话。也就是说，你得会像张师兄这样，站在这么多优秀的北师大学子面前，站在校友总会的领导面前，可以脸不红、腿不抖，能把话说下去。你要有表达自己思想的能力，要能精彩地表达。这是每个人必须具有的能力。第二，文笔的表达。虽然我们现在输出基本上是用电脑或用信息化设备，但书写是人类永远丢不掉的能力，即使你用电脑写，不也要用白屏黑字来表达你的思想吗? ! 要能够把大脑中丰富的，不管是学术思想、管理思想还是经营思想转化为文字，一定需要非常精准的文字表达能力。这点请各位同学一定要谨记在心。而且我特别希望你们能够提高这方面的能力。你有丰富

的、美妙的思想，有伟大的创意，但你无法用文字表达出来，不会表达就无法让别人了解你。第三，具有应对信息化的手段，要有制作PPT的能力，这叫形象、美观、生动地表达你的思想。语言是通过声音表达思想，文字是精准地表达思想，PPT是形象地表达思想。要想让别人接受你，你就至少要有这三种表达能力。这件事宜早不宜迟。你如果说，没关系，等我大学毕业那年再练，可能就有点晚了。

怎么提高这三种能力呢？第一，你一定要争取当众说话的机会。我特别看好未来校友交流协会，如果有可能大家都要争取进入这个社团。第二，你一定要多写东西。我知道大家很忙，我也很忙，但是不写东西是不行的。我告诉大家我的一件糗事。我大学毕业进入民政部行政区划和地名管理司工作不久，有一天处长跟我说，张晓军，你帮我拟一份全国会议通知，某年某月某日在河北省邢台市召开全国地名标牌现场工作会。然后我就写了，两页纸都没有写完。完成后呈报给处长。处长姓陈，他一边叹气，一边拿红笔修改。两页纸上被改得"祖国山河一片红"。我深受刺激，为什么被改得这么惨？！好歹我也是北师大的优秀毕业生。但是看完人家改的稿子，我心服口服！处长用半页纸十几句话能说清楚的事情，我用两页纸还没说清楚。这就是文笔能力的差距。所以大家一定要好好练这个能力。第三，PPT制作的能力，网上有大量的PPT制作技巧或者模板可以用。再补充一点，你想要有好的文字表达能力和口头表达能力，我建议你们读《人民日报》。《人民日报》是用全国顶尖的笔杆子做编辑、记者的报纸，全国写作水平最高的人在人民日报社。所以你要想提高自己的文字表达能力，你就一天或者一周拿出半小时读一篇《人民日报》的文章，不管是学术文章、报道文章、时政文章，还是社论文章，都可以读一读。日积月累，积少成多，你慢慢地就会成为文字表达的大师。这么多年我一直在坚持读《人民日报》。你是学地理的，《人民日报》上有地理的信息。你是学林业的、学生态的，也一定能在《人民日报》上找到你想要的权威信息。

（三）成功的方法——提高逆商

刚才我们谈到，每个人对成功的理解不一样。我想不管成功是什么，至少我们要有实现成功或追求成功的方法和理论。大家都知道"智商"，大家听说过"逆商"吗？你的逆商足够强吗？智商决定一个人的智力水平，也就是你能不能知道一件事是怎么回事，它能告诉你解决问题的方案。逆商是告诉你一旦不能解决这个问题，一旦碰到挫折，你该怎么办。不管是失恋了，考研失败了，还是求职被人拒了，你能不能面对困难？能不能重新来过？！

这就是逆商。成功的一个关键因素，就是你得是个意志坚强的人，碰到点困难不能退缩，不能否定自己，应该想怎么突破困难。如果大家想创业，一定要记住一句话：经历没有正负之分，不管是挫折还是顺利。顺利会告诉你经验，挫折会告诉你教训。无论什么样的经历都是人生的财富。

（四）成功的目标——被人需要

我的成功是什么或者我理解的成功是什么？至少应该跟这几个因素相关联：第一，民族和国家；第二，团队；第三，家庭；第四，自我价值的实现。早上我跟我的助理探讨这个问题的时候，她说了一句很直白的话。我说："成功，是我干成了我想干的事。"然后我的助理毫不客气地批评我说："如果是这样，那张晓军，你是一个自私自利的人。"我想了想，认为她的话很有道理。如果只是把自己想干的事干成了，那就是高度的利己。所以成功还是要跟我们的民族、国家、环境、团队、家庭结合起来。我理解的成功就是被人需要，因为我们是社会人。所以，我一直讲，被人需要是一种幸福。今天就把"被人需要是一种成功"这样一个理念跟大家分享。

29 姚训琪

面向未来教育的职业生涯规划

校友简介：

姚训琪，北京师范大学哲学学院思想政治教育专业1992级校友。现任华南师范大学附属中学校长、党委书记。中学高级教师，华南师范大学兼职硕士生导师，现行国家统编教材高中思想政治《政治生活》作者。政协第十二届广东省委员会委员，第十一届广东省青年联合会常委，粤港澳大湾区中小学校长联合会首任主席，广东教育学会副会长，广东省中小学德育研究会副会长。

我是1992年报读北师大哲学系的政教专业，1996年本科毕业。这四年的学习，是我人生的一个转折点，也让我踏上了中学教师这条道路。在1996年的时候，我到广东实验中学当了一名普通的政治课教师。2017年，我从广东实验中学副校长、副书记的职位转岗到了华南师范大学附属中学。我的教育经历非常简单，1992年报读思想政治教育专业，它本身就是一个师范专业，毕业的时候也走上了教师岗位，所以用现在流行词来说，叫作"慎终如始"。

一、学在北师大：在北师大四年的收获

在北师大的四年学习，有很多难忘的地方，这里借用我的同班同学杨辉当年所作的诗——《我的师大，我的精神乳娘》，回忆一下我的北师大岁月。

不能忘

北影厂，尝过的群众演员的盒饭；

装甲学院，军训打响的第一枪。

五百座，聆听启功先生书法讲堂；

西北楼前，瞩望刘和珍君等民族脊梁。

科文厅，熬夜看过美国世界杯；

新乐群餐厅，二锅头混合着诱人的肉香。

教七楼，考前狂抄大冬梅等女生笔记；

图书馆里，欣赏国外大片的录像。

八达岭长城，当一回英雄好汉；

香山之巅，红叶尽情渲染故都秋的悲凉。

这首诗里谈到的一些地点，有校内的，也有校外的；谈到了启功先生——北师大的一个精神图腾，也包括刘和珍君的雕像。这首诗展现了我们丰富多彩的大学生活。

北师大的四年让我收获颇多。北师大作为师范类的最高学府，给我带来了荣光。这份荣光不仅仅体现在我考上北师大的那一瞬间，更重要的是我走出北师大，走到社会，走上工作岗位，时时刻刻都体会到最高学府给我带来的荣光。

在北师大的四年学习中，让我有机会接近那些学富五车的大家、教授，这些大家很多时候我们只是在书本上读到，或者在电视上看到，在收音机里听到。所以当时我们能够有与大家、教授近距离接触的机会是非常难得的。此外，北师大给每一个师大人最大的激励是校训——由启功先生写的"学为人师，行为世范"。它时时刻刻提醒我们要怎样为师，怎么求学。在我走上教师岗位后，更深刻地体会到"学为人师，行为世范"这八个字的意义。

二、浅析职业：
对"四有好老师"的理解

关于教师这份职业，我有三个基本判断。

第一个判断是：近几年，我国的尊师重教优良传统正在回归正常。在教书育人岗位上，为党和人民事业做出新的更大的贡献。随着办学条件不断改善，教育投入要更多向教师倾斜，不断提高教师待遇。让广大教师安心从教，热心从教。我印象非常深刻，在2021年9月10日，也就是教师节那一天，广州的地标性建筑——广州塔上不断循环着"老师您好"4个字，所有从事教育行业的人都感觉到自己是受尊重的。特别是这几年，教师的社会地位逐渐提高，工资待遇也有很大提高。所以我认为这个时候当老师，是非常好的选择。

第二个判断是：在两个大局中，教师职业，或者说教育的作用，越来越明显。领导干部要胸怀两个大局，一是中华民族伟大复兴的战略全局，二是世界百年未有之大变局，在这两个大局当中我们越来越能看到教育的重要性，教育所起到的对国家、对民族发展基础性、支撑性的作用。现在国家之间的经济竞争，核心是科技竞争，而科技竞争的关键是人才竞争，人才需要靠教育来培养。

第三个判断是：人工智能时代，教师这份职业不会消亡。人工智能再先进，也不可代替人的。教育作为培养人的事业，更是无法取代的。当然，教师的作用、教师的角色可以做一些调整和分工。新冠肺炎疫情防控期间停课不停学的线上教学，印证了线下教学是不可或缺的，老师跟学生之间面对面的交流，对学生的学习非常重要。所以作为一所实体学校，教师职业也不会消亡。

2014年9月9日，教师节的前夕，习近平总书记在北师大考察的时候，号召全国广大教师要做"有理想信念，有道德情操，有扎实的学识，有仁爱之心"的好教师。下面我谈一谈我对"四有好老师"的理解。

第一，要有理想信念。一个有坚定理想信念的老师，才能引导学生抵制住各种诱惑，扣好人生第二粒扣子。作为一个有理想信念的好老师，心中得有国家，要清醒地知道，讲台是党和人民给的，我们始终要同党和人民站在一起，自觉做中国特色社会主义的坚定信仰者和忠实的实践者。只有教师心中有国家，心中有信仰，我们培养的学生才能成为社会主义合格的建设者和接班人。有理想信念的老师眼中要有方向。每个老师特别是中小学老师，一定要明确自己所肩负的教书育人的事业。我们要用好课堂、讲台，用自己的学识、阅历、经验和实际行动，来激励学生对真善美的向往和追求。身体力行，教育引导学生做好社会主义核心价值观的自觉践行者和积极传播者。

第二，要有道德情操。育人合格的老师，首先应该是道德上的合格者。好老师要以德施教，当老师是一个不断自我修炼的过程，在自我修养不断提升过程中来实现道德追求，以模范行为影响和带动学生，引领和帮助学生把握好人生的方向。我们经常讲干一行爱一行，坚守忠诚，热爱所从事的职业。教师把自己对教育的理想、对培养人的追求、对人类文明传承的使命当成人生奋斗的方向；要能够抵御社会

对我们事业的不良诱惑，一定要除掉功利浮躁之气，踏踏实实干一行爱一行。

第三，要有扎实的学识。扎实的知识功底、过硬的教学能力、勤勉的教学态度、科学的教学方法，是老师的基本素质。首先，要做学术型教师，对自己所学的专业能够不断地探索。每一个学科教师要有能够胜任教学的专业知识、广博的通用知识和广阔的胸怀视野。只有具备扎实的学识，才能得到学生的信任和认可。其次，要做智慧型教师，除了教书，更要育人，我们要掌握一些基本的教学智慧，同时要具备处世的智慧。特别是中小学教师，一定要学会跟未成年人相处，因为在中小学学生的心目当中，老师的地位非常高，所以老师的智慧是非常关键的。最后，要做学习型教师。大学四年所学的知识和技能，走到工作岗位上，可能只够应付前三年，从第四年开始，仅靠大学所学的东西是远远不够的。随着信息社会、人工智能时代的到来，我们更要树立终身学习的理念，要站在教育发展的时代前沿，不断充实提高自己。

第四，要有仁爱之心。教育是一份仁而爱人的事业，爱是教育的灵魂，没有爱就没有教育。我们要培养学生爱父母，爱身边的人，爱社会，爱国家。首先，老师心中要有爱，要用爱来培育爱、激发爱、传播爱，通过真情、真心、真诚来拉近与学生之间的距离。其次，教师心中要有责任。当一名老师，坚守教书育人

的岗位，一定要深刻理解教育的根本任务就是立德树人，要把立德树人的责任落实到细微的教学管理当中，落实到与学生相处的点滴当中。最后，教师心中要有尊重。我们所面对的学生群体，来自不同的家庭，天赋有高有低，学习基础有好有坏，个性差异也很大。老师要尊重每一位学生，平等对待每一位学生，尽可能地理解学生的情感和需求。学生在校学习期间，只有身心健康成长，以后才能成为社会的有用之人。

除了以上四点，"四有好老师"还要做学生成长的引路人。教师要做学生锤炼品格的引路人，做学生学习知识的引路人，做学生创新思维的引路人，做学生奉献祖国的引路人。

三、分享经验：对新时代教师队伍的建设

作为一名中学校长，我希望我们学校老师的成长理念是——"时代新师"。按照这个理念，学校提出来要打造一支育英才、乐作为、求真知、守初心的新时代教师队伍。"育英才"指要有奉献国家的育人理念，"乐作为"指要有吃苦敬业的为师之德，"求真知"指要不断探索教育教学的规律，"守初心"指要守住教书育人的初心。

在育人的过程中有繁重的教育教学任务，需要老师们有吃苦精神、敬业精神。我们华南

师大附中专门成立了义工团，学校的老师在完成校内的本职工作之余，也很愿意到校外去做一些公益活动。我们的教师队伍都乐于奉献，这也是我作为校长很引以为傲的事情。

今天给大家简要介绍我们学校两位教师：一位是语文教师曾一鸣，另一位是生物教师李金月。

曾一鸣老师，本科毕业生，教龄18年，现在是中学语文高级教师，获得过广东省五一劳动奖章，是全国的十佳文学教师，也是我们华南师范大学的优秀教师。

在大学时，曾一鸣老师就博览群书，成绩优秀，多次被评为学校的优秀学生干部、"三好"学生，多次获得学校一等奖学金。她不仅在专业领域优秀，还积极辅修教育心理学，练好一名教师的内功。在大学期间，她还积极参与各项学生活动和比赛，多方面培养自己的管理能力。走上工作岗位，来到华南师大附中，在这片沃土上她不断追梦。在老教师的榜样引领下她不断完善自己。在后续工作中，她很愿意去上一些公开课。公开课对教师的课堂把控能力、沟通能力、变能力的要求非常高，每一次公开课对新老师来说都是一种考验，也是难得的磨炼机会。老师要吃透课标，要突出重点，上出新意。在备课时，特别是跟备课组的老师磨课时，听同备课组老师们的意见，不断地学习。

曾老师非常注重教育科研，从实践中来，

到实践中去，让教学与科研相互促进。她参加了教育部的全国性的重点课题，被评为广东省第六届普通教学成果一等奖。她还获得了广东省五一劳动奖章，是因为她参加了广东省首届中小学青年教师教学能力大赛，获得高中语文组的一等奖，同时她也获得了整个高中组所有学生所有学科比赛的总冠军，后来参加全国的比赛，获得了一等奖。同时她也非常注重自身学术能力的提升，她攻读教育硕士学位，参加广东省骨干教师培训，去海外境外学习，这让她的学科素养和教学水平得到非常大的提升。

曾老师不仅是一位具有扎实学识的学科教师，还是一名优秀的班主任。她注重把现代的教育理论与班主任的传统美德相结合，形成独特的班风和学风。她带的班多次被评为优秀班集体，她也多次被评为优秀班主任和先进德育工作者。这些年，她培养多名学生考入北京大学、清华大学等知名院校。

给大家介绍的第二位是一个新老师，她叫李金月，是一名生物老师，2018年入职华南师大附中。从进入华南师范大学那一刻开始，她就想当一名中学老师，所以大学期间她在学习教育教学理论的同时，还非常注重教育教学实践，积极参加各种教育教学实践活动。

作为一个新手教师，李老师的工作主要分为三块内容，第一块是教学，包括课堂常规教学、学科组和备课组的一些活动以及校内外的比赛和观摩活动。第二块是教研活动，包括参与课题研究、参与校本选修课的开设、发表教学论文。第三块是作为一名班主任，她要参加常规的班级管理、德育培训活动等。李老师是位虚心好学的老师，不断通过课堂教学实践去反思和改进自己的教学方式和方法，向优秀教师学习。她还经常参加各种教学比赛，并获得了优异成绩。

在华南师大附中，我们会要求每个老师开校本选修课，通过开校本选修课，让学生能有更多的学习拓展空间。李老师在短短的两年时间里，开了三门校本选修课，积极指导学生参加各种科技创新比赛，也获得了很好的成绩。她是新老师中的一个杰出代表。

通过上面的两个中青年教师的成长案例，我想跟学弟学妹们介绍一下华南师大附中在教师队伍建设方面的四种方略。

第一，事业激励。我们会告诉学校的老师，一定不要把教师仅仅作为一份养家糊口的职业。要成为一名好老师，一定要把教师当成终身追求的事业，同时要把这份事业跟民族、国家、社会的发展连在一起。第二，文化吸引。在学校教师队伍建设中，我们希望老师跟学生能够平等相处；同时，作为校长，作为管理者，跟老师们也要平等相处，我们更希望形成一个遵从学术的氛围，让学术型教师、智慧型教师有更高的平台，有更好的发展机会。第三，待遇留人。教师队伍建设离不开好的待遇，经济待遇是基本保障，随着职称岗位晋升之后，收入水平也会越来越高。第四，情感浸润。我们希望老师有更多的获得感和更强的幸福感，在培养学生这份教育事业中，能够体会到更多的成就感。这就是我们华南师大附中对教师队伍的理解。

四、畅想未来：未来教师的定位和职业规划

未来教育给教育行业的人提出了三个问题。第一个问题：未来教育可能会发生什么样的变化？第二个问题：未来教师的角色将发生什么改变？第三个问题：在校大学生应该如何适应未来教育的需求？我想就这三个问题谈谈我的看法。

第一个问题：未来教育可能会发生什么样的改变？随着"互联网+"教育，特别是人工智能时代的到来，未来的教育会发生很大变化。这里我借用Facebook创始人扎克·伯格所指出来的未来教育趋势。第一，未来的学生将根据自身的兴趣需要和目标来寻找老师，学习将是个性化和定制化的。第二，基于互联网的学习，将突破时空限制，也不会受到同龄人学习进度的束缚。第三，学习将不再仅仅是记忆前人的知识和经验，而是掌握可实践的技能，甚至是要不断去探索未知的世界、未知的领域。那么未来的教育对老师提出的挑战是什么呢？老师可能不再是一种全职的职业，将不会

受到年龄、职称、学历的限制，只要某个人在某个领域很出色，就可以在这个领域灵活地教学生。

未来的教育将是一个人人学习、时时学习、处处学习的时代。我国提出我们要建立完备的现代国民教育体系，社会要提供充分的学习资源，要构建起立交桥式的四通八达的学习体系，每一个人都有终身学习和发展的愿望，也就是人人学习、时时学习、处处学习。所以教育不仅仅指学校教育，而是指整个社会大教育。面对未来教育时代，每一个教育工作者将大有可为。

我认为未来中小学教师的发展趋势有以下几个方面。第一，教师的来源多元化，不仅师范大学或综合性大学所培养的学生可以走上教师岗位，而是各个领域中对教育感兴趣、愿意当教师的人都具有成为教师的可能性。第二，准入门槛会越来越高。随着中小学教师政治地位、社会地位、经济地位的提高，学校选择教师的要求也会越来越高。第三，职业的流动性越来越强。这包括两个意思，一是教师职业内部流动性越来越强，二是教师职业外部流动性越来越强。

第二个问题：未来的教师角色将发生哪些改变？我想教师角色的转变要从教书育人变成"读懂学生、重组课程、连接世界"。首先，未来的教师，要做读懂学生的分析师，要了解学生的学习需求，我们可以借用大数据，

读懂学生的认知状态，为学生量身订制学习计划。比如，现在学生的每一份练习题都是经过信息扫描处理的，那么通过大数据技术，就可以了解学生目前在知识掌握上的短板，老师进行指导的时候就可以给学生制订个性化的学习计划。读懂学生，除了传授知识以外，更需要在学习过程当中根据学生的性格特点、年龄大小、平时的行为表现，不断地激励学生。其次，要成为重组课程的设计师。未来会是一个课程丰富的时代，未来的学校将打造一个资源充足的课程大超市。现在在国内，越好的中学，它的课程就越丰富。我们华师附中每年除了开设国家必修课程，还开设校本课程，给学生的个性化成长提供了丰富的资源。所以老师在做重组课程设计的时候，一定要学会开发自己的资源、学院的资源等。在这个过程中，我们要通过跨概念、跨学科、跨领域的方式，建设以主题呈现的学科课程体系。再次，要成为连接世界的策划师。未来的课堂不仅是学校里面的课堂，而是整个社会学生学习成长的课堂。所以老师要能够连接外部社会的优质教育资源，把一些我们不擅长的领域交给校外的老师来做。同时校内的老师要不断给学生创设走进社会的机会，让社会变成课堂，学生在与社会的互动中进行深度学习，让学生建立起知识与现实之间的联系。未来的学校将更加开放，学生将走出课堂，走进社会，享受社会中更加丰富多彩，更加优质的教育资源。

第三个问题：在校大学生应如何适应未来教育的需求？我在这里特别强调四种素养：研究素养、创新素养、跨学科素养、信息素养。

第一，要有研究素养。一所学校的核心竞争力包括文化、办学特色、课程设置，核心竞争力的根基在于课程改革和课题研究，所以现在的大学生一定要形成做课题研究的素养。广东教育研究院的黄志宏博士提出课题研究的几个流程：研究背景、聚焦问题和研究的现实意义。研究目标是具体的、集中的，而不是宽泛的分散概念的界定，对研究的内容要进行分析，在团队中要进行分工，研究的阶段是循环式的。我想这不仅给在校大学生，也给我们在校老师提供了一个非常好的思考方向。

第二，要有创新素养。培养人的过程本身就是一个创新的过程。从前有些人一本教材或者是一个教案用几十年，现在是不可能的。如果抱着这种思想来当老师，一定会被学生轰下台。所以在校大学生如果要想当中小学老师的话，一定要把每一次教学都当成创意设计和实施的过程，为学生也为自己提供创新的时间和空间。在这个过程中，一定要宽容学生的失败，鼓励学生去冒险，去尝试。学生的创新欲望才会产生，教学中的创新氛围才能形成。

第三，要有跨学科素养。要开展学科之间的对话，建立多学科、多层面的连接。现在的大学学科教育、学习，在某种程度上把我们所学的知识给割裂了，但是教学过程中的很多问题不是单一学科能回答的，需要跨学科的知识。所以我希望在校的大学生们要从学科相联系、相交叉、相渗透的地方去提出研究的具体问题，可以利用数字技术去开发一些跨学科的融合课程，引导学生在这些跨学科融合的课程当中进行综合学习，掌握综合的技能去解决问题。华师附中非常强调教学跨学科融合，我们有智能控件的校本课程，有steam技术智能车、steam创意课堂，有3D打印素质模型与输出，还有未来基因工程师、生物创新实验等校本课程。这些校本课程实际上就是项目式教学，只靠原来的学科素养是不够的，所以一定要有跨学科的素养。

第四，要有信息素养。一方面，我们要利用有效的信息去开展教育教学活动。因为现在学生所面对的信息资源太多了，在海量的信息中，学生很容易迷失。所以作为老师，要学会教育引导学生去寻找和筛选对他的学习、对他的未来有用的信息。另一方面，要学会利用现代信息技术，包括人工智能技术去开发一些数字化学习的资源，创设数字化学习环境的能力。当然这对非信息技术学科老师或者大学生来说是很大的挑战，但是我想基本的一些信息技能还是要掌握。比如，在线上教学期间，我们发现年轻老师对于线上教学技术掌握得非常快，非常熟练。但是一些年长的教师，在信息素养方面确实比较薄弱，掌握起来就很辛苦。后来学校采取了一种方式，由新老师来教老教师，怎样利用信息技术，怎么样用好线上教学平台。所以，信息素养的提升，是我们教师专业发展中一个非常重要的部分。

教学是一门科学，更是一门艺术，教师是一种职业，更是一份事业。让我们一起成为国家未来教育发展的脊梁。

30 白庚胜

绘声汇色—— 一场心灵与色彩的对话

校友简介:

白庚胜,文学博士、研究员。现任中国作家协会副主席、第十三届全国政协常委。曾于1998年至2001年在北京师范大学从事民俗学专业博士后研究。长期从事文学创作、评论、翻译、田野作业,先后在民族文学、民间文学、文化遗产学领域从事研究与组织领导工作,已出版由孙淑玲主编的《白庚胜文集》(共50卷)。

色彩和心理学、语言学、美术、艺术学等学科形成一个很重要的体系,运用到我们的社会生活中就是色彩文化学。色彩原是自然光,但被人类接受、使用以后,就具有了文化的内涵、审美的意义。这时候的色彩,已经变成我们文化的一部分。

一、色彩的含义与其文化内涵概述

颜色,英语是color,汉语里是颜和色加起来组成的一个复合词。在古代,颜和色并不同义,它们只是近义词。到了现在,颜和色混在一起,就叫颜色了。但在我们的实际使用中,颜和色还不是完全一致,比如,佛教的空、色、行、义中的"色"与"颜"的意思就不同。

"颜色"这个议题很大众化。首先,我们谁都离不开色彩。如晚上的夜空是黑色的。我们知道,在物理学里,白和黑不是色,而是有色和无色的两种状态。白是把所有的物质色彩全都显示出来,而黑则把所有色彩都吸收进去。吸收和释放不一样。黑色能吞没百分之百的物象,而白色所显示的物象只有80%以上。在物理学里面,光是色彩唯一的源泉,能够进入我们的视觉当中,复又进入我们的头脑当中,变成语言表达出来,再进入内心世界进行色彩认知。

色的唯一源泉是可见光,光是我们今天可辨的、速度最快的时间表象。光的速度大约一秒钟能够绕赤道七圈半,也就是30万千米/秒。所以,我们很多时候说色、香、味,把色放在第一位，就因为它的速度最快，而香属于嗅觉，跟着气流走，它的速度就较慢。所以，在生物学中，光与色最易被感知。光可以直射到我们的眼球，也折射、散射、漫射、反射，成为赤、橙、黄、绿、青、蓝、紫等色彩。人们命名光的三原色是红、绿、蓝，其他色彩是由它们不断重叠组合混合成的。

因色彩由光的有和无、明和暗所决定，也就分成两个基本系：一个是暖色，一个是冷色。暖色也叫明色，冷色也叫暗色。色彩有几个基本概念，如色相、明度、彩度。色相就是我们看到的红、黄、蓝、绿等各种不同的色彩表象；色的明度是由光波强弱所决定的；彩度是一般色彩的浓度，越浓则彩度越高、强，越淡则彩度越浅、淡、弱。

二、色彩与命名

色彩的命名，涉及地名、种族、民族、动植物、矿物，以及人的姓氏、字、号、名字等。1969年和1971年有人研究菲律宾岛屿的民族的色彩，每个民族对色彩的辨识度是不一样的，有的民族能辨认的只有黑和白，有的民族除了黑和白，还能说出红色，有的民族处于第三级，已经有黄色，处于第四级的有蓝色。历史越长的国家，色彩越丰富，运用色彩的能力也就越强。中国确实是全世界色彩最丰富的国家，在漫长的岁月中累积下了丰厚的色彩文化。

我的家乡丽江之丽，最先应该是陕西骊山的骊。因为在中国古代，丽江就叫黑水，又叫纳江、诺夷江、若水，这里的族群，习惯把自己所居住地方的最大的东西称为黑，大山叫黑山，大水叫黑水。我曾写过一篇考黑水的文章，从黑龙江开始一直考到丽江，发现中国有17条黑江，都曾是羌族人活动过的地方。现在大家出去旅游，导游说"金生丽水"，这里的"丽"指的是丽江，是不对的，那应是伊洛瓦底江，而丽江应该是骊水，即黑水。色彩在民族地名中广为应用。华夏中的夏这个王朝就是主要由古代羌人建立的国家，所以夏后氏尚黑，古代羌人、彝族、纳西、纳木依这些羌人后裔到今天为止仍然以黑为尊，以黑为大，以黑为美。

到了唐宋时，高昌等也用色彩命名自己的族群和国家，喀喇汗一译"黑色的王朝"，喀喇昆仑山中的喀喇是哈拉的变音，哈拉又是哈纳的变音，而纳在彝语支语言中就是黑，并引申为大、美，以黑为尊，从而昆仑山就是黑色的山，也就是大山的意思。这样的例子在蒙古语里面也存在，白酒叫黑酒，不是说它颜色是黑的，是说它度数很高、非常浓烈。张承志先生写小说，把最美丽的马叫黑骏马，也是最英俊的马的意思。在古代汉族也有十几条大江大河冠以黑，称黑江黑河，其意旨相通，皆谓其大也，而非色黑。

可见，在山水的命名、部落的命名中，色彩已经具有文化的内涵、美丑的意义、大小的区别，不再是自然光及其光谱，而是已经变成我们文化的一部分。比如，物理学里面本不是颜色的黑和白在文化中就成了非常重要的颜色，使文化的原色成了五原色，即黑、白、红、绿、蓝，接着衍生出各种色彩、色名、色谱，极大地丰富了人们的精神世界。

三、色彩与阴阳五行

中华民族的道教，把宇宙最基本的模式结构为太极，而太极是一黑一白阴阳结合体。它们互相包含，黑中有白，白中有黑，像两只眼睛，辩证地表明没有绝对的黑，也没有绝对的白。世界乃是阳中有阴、阴中有阳，而且还有变色。阴阳在运动中黑白浑一为第三种颜色——灰色。灰，非白非黑，又是白又是黑，单独叫灰色，成了间色，正与正色相对应。这让我们确信色彩是有区别的，但又是运动的、发展的、变化的，正如阴和阳也在不断发展变化。速度、力量、距离、时间、空间决定其成型、解构、消失或合成。中华民族的整体思维、辩证文化于斯表现得形象生动、淋漓尽致。

支配中国传统色彩理念的除了阴阳就是五行，五行又配上五方、五位，甚至五神、五帝、五鬼、五佛、五味、五脏等，成为一个庞大有序的体系。而其最重要的特点是它们都加

以固化，并用色彩加以表示。比如，我们在任何一个城市里，东边看到的龙潭都会用青色，黑龙潭必然在北边，白龙潭肯定在西边，红龙潭肯定在南方。掌握了阴阳五行学说，五种颜色赋予了五行。这是因为东是树，用青表示；西是金，用白表示；北是水，用黑表示；南是火，用红表示；中是土，用黄表示。掌握了这套符号体系，再加上熟练运用它们间相生相克的原理，并配以八卦六爻，中国文化形式的解构也就几无大碍了。

朝代的代表色也遵循阴阳五行五色相生相克的原理。像刚才说的夏王朝尚黑，商朝就按阴阳相克的原理尚白克黑。到了周朝，根据这个学说的原理尚红，因为火属红色，以火克金，尚白属金的周处于被它克制的对象。秦朝尚黑，用黑旗，穿黑服，住黑房，因为黑色属水，按水克火的原理，实现对周王朝的彻底否定。到了汉朝，红色又一次出现，它以红色的火克秦朝黑色的水。魏晋以后，中国出现了大动荡、大混乱的五代十国。到唐朝又回归到红色，而且唐朝时候的红色不是明朝的朱红，而是中国红，是大红，没有杂质的红色。明朝，朱元璋姓朱，所以尚红，但这个红是朱，就是红里有黑，与我国另一个色彩——玄相反。玄是黑里有红。宋朝，尚火德以红色为尊，皇帝着红色服装，三品以上为紫，五品以上为红色，但尊青色、蓝色、绿色，与程朱理学盛行有关，因为青色和蓝色一直是我们道教和儒教

尊崇的色彩，故有"缁流道士""青青子衿"之说法。接着，元代尚白，明朝尚红，到了清朝就改尚青色，在青旁加了三点水作清，表示以水克火，即克明代之朱红色，肯定青色才是它的本色。后来，清朝形成八旗制度，用来区分满、蒙、汉各八支军队。可见，各个朝代色彩巧妙应用了中国哲学里面的阴阳五行相生相克的原理。

四、色彩与信仰、生活

色彩与信仰、生活也有千丝万缕的联系。有一些少数民族甚至极其崇拜某些色彩的神秘力量，在主流色彩主导下，有其自身的色彩，作为信仰的象征。

在世俗的层面，色彩也于人们的生活中无所不在。比如，在表示方向的时候，北方属水，北方是玄武、黑地，被"黑色"所贯穿。比如，苗族、瑶族和畲族是同根的，中原战乱，他们逃往南部山区，但保持以黑为尊的记忆与习俗，如三月三吃黑糯米饭，就是因三月三是颛顼生日，而颛顼就是"黑帝"。由于他们一直有着对黑色的尊敬和认同及对颛顼皇帝的敬意，除了饮食，建筑、服饰、医疗等方面的色彩表象，色彩运用在各族各地生产生活中不胜枚举。1990年北京办亚运会，劲松东口的房子都统一粉刷为红色。当地居民就反对说，当时北京温度高，有警察在马路值班几个小时

就躺下去，希望不要再用红色。于是，当地居委会就把劲松东口的房子全部抹上蓝色。老百姓又觉得不妥，因为在我们中华民族审美当中，蓝色是鬼火色，觉得不快。最后，市政府找朝阳区政府继续改色，短短几周内又改成灰色。到了奥林匹克运动会的时候，还讨论过北京市到底应该是什么色。讨论的结果是，向国际化看齐，大城市基本上都是灰色，定成了灰色。于是，很多胡同虽然破烂也马上涂成了灰色。灰色是个没有个性的色彩，它不是白也不是黑，不排除别的色彩，有包容性。北京作为全中国的中心，一定要有包容性，灰色也就定调成了北京的颜色。看北京整个城市的时候，可以看到神圣的空间和世俗空间都各不一样，看寺庙、看故宫、看胡同，能够发现整个中国色彩的丰富多彩。百姓的胡同平房皆为灰色，而故宫的屋顶是什么色？大家知道，最高的是金黄色，再下来有青蓝的斗拱，其下是红墙红柱，最底下是灰色的土石。而王府大都是绿青色顶，拱檐少花草，基石为土石，用灰色作连接，墙壁还是红色。

仅就民居而言，江南地区首先令人想到的是黑瓦白墙。屋顶瓦是黑瓦或是灰瓦，墙壁是白色的，做到黑白分明、儒道精神。除了黑与白构成的大宇宙与小宇宙阴阳和谐，还将五行相生相克与防火安全知识叠加在一起，房顶的黑瓦代表水色，以克制房子中烧火做饭之火，确保家宅安全。这在故宫里也有一点痕迹，如

文渊阁顶也用黑瓦镇火，令书籍安全无恙。江南一般是黑白颜色居多，然后才出现黄色。一般房子都是自然色，先白后黑，使古老的房子都渐成黑色。也有的是一开始就把大柱子漆成黑色，把大门涂成黑门。

我国在艺术领域的色彩运用也很丰富，其服饰都模式化，一看服色就知道是生、旦、净、末、丑，光看衣服还不够，还要看脸谱，如红脸的关公、黑脸的张飞、蓝脸的窦尔敦，一看就知道这个人的性格。脸谱过去不是画在脸上，而是作为面具在脸上戴的。但戴上很重，没有办法翻跟头，必须轻便化，才把脸谱画在了脸上。这一画，就与色彩关系至深了。

关于色彩的语言，我国异常丰富，且黑和白、红和绿成对使用。又因五行五色的存在，从而像五色索、五色线等成组使用。有的如黑阴白阳、红男绿女、红事白事、五彩缤纷、七彩云霞等成组固化。我们还学会了色彩的转换，把正常色彩转变为非正常色彩。比如，人死前贴的是红对联，人死后要贴白挽联，第二年要改绿对联，第三年要改为黄对联，第四年可以恢复为贴红对联。这是一种从正常到非正常，又逐渐回到正常社会秩序的色彩转换方式。这种方法很有智慧，表明色彩不能生硬地使用，要合理地科学转换。我在日本见过女孩结婚时要换色、换装。怎么个换法？即妈妈给她换上一身白色的嫁妆、脸抹白粉、头戴白冠去神社，然后在神社由神职人员给她念祝词后换装，换成金色或银灰或红色的婚服，然后再祝福，再把这些衣服换成深色婚服离开神社。这表示已经离开了白净纯洁的少女时代，进入了有各种责任和权利的女主人的时代。

31 马凯华

塑造心理韧性，应对新未来

校友简介：

马凯华，北京师范大学心理学部2003级本科校友，易普斯咨询副总裁。

大家在求职过程中一定会想，用人单位在求职者身上最想看到的品质是什么呢？微软总裁萨提亚·纳德拉曾回应说，他会关注一个人的清晰度和活力，也就是逻辑性和正能量。那么如何提升和展示自己的活力呢？我将就此带来"塑造心理韧性，应对新未来"的主题分享。

一、疫情时代：呼唤心理韧性

我从2003年进入北师大心理学院读书，2007年本科毕业后开始从事心理学理论应用的相关工作。具体来说这个领域是关于社会心理服务和企业EAP应用的，旨在通过心理学的专业干预和心理健康管理服务来帮助企业员工减少日常工作和生活中面对的心理困扰，提升他们工作和生活的质量，以改善企业整体的团队氛围，提升经营绩效。

围绕"疫情"这个主题，我们会想到它对于经济、社会环境的深远影响，但从心理学角度看，希望在这种背景下，我们仍然能保持积极向上的心态，这也就意味着我们要有足够的心理韧性，帮我们应对包括新冠肺炎疫情在内的生活中各种各样的挑战。我所在单位曾联合北师大的职业心理健康研究室，在2020年2月开展了一项全国职工的心理健康状况调查。结果显示，在疫情这样的"黑天鹅事件"中，我们的心理健康状况确实受到了很大的挑战，70%以上的职工表示自己受到了不同程度的影响，其中超过半数的人会担心身边的人感染病毒，也存在一定的睡眠质量问题和焦虑、抑郁倾向，我在开展工作的过程中也发现，2022年接受的心理咨询个案量比往年有大幅度的提升。

我们很容易发现，如果有人感染了新冠病毒，他们的心态会受到极大的打击。当然疫情对我们的影响不只是可能会感染病毒，还包括工作和生活上的变化，如隔离期间不得不居家办公。以前人们还会觉得下班的时候在一起聊聊天，夫妻关系也好，婆媳关系也融洽，但自从居家办公，每天都相处在一起，以前没发现的问题也会暴露出来。疫情带来的人际关系、家庭关系问题，生活节奏和方式的变化，对人的心理都会造成困扰。

而疫情只是我们要面临的诸多困难之一，在不同的人生阶段、不同的人生角色中，不管地位高低，我们都会面对各种各样的负面心理影响，如学业压力、工作压力、长期持续性事件的压力等。心理学家塞利格曼曾做过"习得性心理无助"的实验，对关进笼子里的狗施加电击，因为它无法逃脱，而这种痛苦它也不知道什么时候会结束，在实验进行到一半的时候它就开始放弃抵抗。第二天它同样不会抵抗，当有机会逃脱时它也不会逃跑，在预知到痛苦要来时它只会躲在角落发出悲鸣。那么迁移来看，在社会上如果我们持续受到痛苦，努力也没有用，人也会有同样的反应，放弃抵抗。相信我们身边也会有这样的人遇到这样的事。比如，写一份报告给领导，期待得到表扬，实际上很多次下来不但没有表扬，有时候还会被批

评，你可能就会说"就这样吧，爱咋咋地"，陷入一种日常的"习得性无助"。

但实际上面对打击时，行为上是会有个体差异的，塞利格曼也发现，在狗、老鼠、蟑螂或人中，面对挫折时总会有三分之一的不会轻易放弃，有很强的心理韧性。

韧性是一个积极的概念，现在不止在我们身上会谈心理韧性，在企业中我们也会谈组织韧性，甚至国家也会谈经济长期发展的韧性。提到心理韧性，一般大家会想到强大，因为只有自己强大了，才能更好应对外界不断变化的环境；还有就是灵活，只有灵活想到处理办法，我们才能对抗负面情绪。除此之外，还有保持活力，不能轻易被打倒失去生机。在学术上，心理韧性也是这样一个概念，在面对挫折和悲剧时，我们能够保持适应良好的过程和状态，这是一种能力，是人和组织成长的关键。具备较高水平心理韧性的人，在同等困境下他的压力感受会更小，幸福感会更高，更容易获得成就感，抑郁情况也会少。一个团队如果具备更多高心理素质的员工，它的凝聚力、忠诚度都会更好，这就是组织内部需要建设心理韧性的关键所在，它不只是关心员工，还是提升绩效和团队向心力的方法。

二、深入了解：心理韧性如何作用

那么心理韧性是怎么在我们应对挑战时发

挥作用的呢？根据研究者的模型，当挑战出现时，我们第一反应是会调动资源和能力，也就是保护性因素，去应对相关问题，如果解决得很容易时，身心状态就会很平衡。但类似疫情这种突如其来的变化发生，或者在企业中身处"能上能下"的位置时，我们的身心机能可能就会失调，产生负面情绪，当然这是很正常的反应，是外在保护性因素不能帮助应对危机的表现。这时我们需要进行自身状态的重组，也就是心理韧性发挥作用的时刻。当然韧性不能保证我们不遇到挑战，也不能保证在遇到挑战时我们一点反应都没有，只是当遇到打击时，我们是不是能重新振作起来。

一般遭遇挫折时我们会有四种不同的反应，第一种是越挫越勇，第二种是复原、回归。举个例子，在一个单位中有一个基层班组，由组长和一线员工组成，组长由一线员工提拔，做不好就调回去。在面对由组长降级为普通员工时，第一种越挫越勇型的人会想，"我虽然被调下来了，但我会继续竞聘，还会比上次做得更好"。第二种回归型的人会想，"你把我调下来了，我就还像以前当员工时那样，保持一个比较积极的心态，努力做好自己手头上的工作"，他们会有短暂的失落，但能很快恢复。第三种则叫作"缺失性重组"，指在自我调整后丧失了原先的动力，比如，认为自己已经是普通员工了，就丧失了原来竞争班组长时的热情，想"我就这样

吧，只要生活过得去就行"。这类似于前两年流行的"佛系"，那为什么佛系那么流行，大家共鸣那么强呢？就在于大家感觉竞争压力越来越大了，面临问题越来越多。佛系职工、佛系青年等，就表现了越来越多的人在环境压力下产生了缺失性重组，忘记了原来的某些动机，在自己认为还行的情况下凑合着过，实际上这不是一个很好的状态。当然第四种就是机能不良的重组，比如，有一小部分人在面临调岗等各种挑战的时候，会产生一些行为上的紊乱甚至患上抑郁症，因为打击而变得毫无生机，情绪低落，吃饭睡觉都不安稳。刚刚说过有习得性无助的人，就会有这种完全放弃并自我痛苦的状态。这就是心理韧性在我们面对困难时的应对机制。

三、四种方法：怎样培养心理韧性

那么心理韧性是不是天生的呢？是不是有三分之一的人就是天生具有很强的心理韧性，而剩下的三分之二就是容易受到外界影响？不是的，心理韧性其实是可以培养的，就像锻炼身体一样，可以通过不断训练变得越来越强大，让我们更好应对环境变化带来的挑战。下面介绍一些训练方向。

第一，学会乐观，这也是塞利格曼在做"习得性无助"的实验时发现的。为什么有这三分之一的人在面对各种各样的环境时都不

轻易放弃自己呢？主要因为他们的认知风格和他人不一样，认知风格比较坚韧的人会比较乐观，这种乐观又会影响他们对于挫折和困难的解释。例如，他们会将一个负面的事件解释为暂时的、局部的和可变的。同样面对降级，他们会认为这只是暂时的，自己将来一定会卷土重来。如果这个事情没做好，他们也会认为这是局部的，自己在其他方面还是很有优势的，同样如果今天或者现在自己做不好，他们也会认为通过努力，将来一定会做好。而悲观的人恰恰相反，他们会将挫折解释为永久的、全面的和不可变的，认为"我干这个不行我就干啥都不行，我今天干不好我就永远都干不好"，所以我们可能需要借助一些方法改变自身的认知风格。

第二，良好的支持系统，我们以疫情为案例。在开展疫情方面心理疏导时我发现，一个良好的家庭或者亲人的支持系统是能够帮助我们更好应对各种各样挫折和挑战的。一方面这种支持系统可以在我们遇到痛苦时给我们情感方面的支持，这种情感支持让我们觉得自己并非孤立无助。另一方面我们还会从中获得一些实际支持，这也是我们战胜困难的弹药。

第三，保持身心健康，当然这有很多方法，但比较重要的一个是保持积极的生活方式。我们也会发现，疫情防控期间很多人因为居家生活就不会像平时上班一样按时、规律地起床，可能工作和生活的空间都在一个很狭小

的区域里，所以不是在床上躺着，就是在沙发上躺着，整个人的作息时间比较紊乱。这种生活方式对人的精神面貌会有不好的影响，所以我们还是需要保持适当的运动和良好的作息，帮助我们调整心理状态，当然也可以通过一些专业的正念等方式提升心理健康水平。要注意的是我们要避免物质的滥用，比如，疫情防控期间居家饮酒量比往常明显提高，很多人选择通过饮酒的方式缓解情绪，但这在长远来看是不健康的，虽然短时间内你可能得到了纾解，但它会形成依赖。当然还有通过寻找目标感，主动对他人给予帮助的人，他们通过这种方式培养自己的价值感，接纳和承认情绪并主动应对它。其实拥有负面情绪是正常的，我们不是圣人，正常人都会有这种反应，关键在于承认情绪之后我们是否会采取措施改变这种状态。

第四，寻求专业的帮助。比如，在"习得性无助"的情况下，大家可能会认为自己已经什么都不愿意做了，这时就需要专业的心理治疗，得到专业的指导，帮助我们走出困境。

这些都是从个人的角度上看，我们可以尝试一些打造心理韧性的方法。从组织的角度来讲，也有很多方法可以去提升和打造团队韧性的。首先，可以从提升个人心理素质的角度入手，增强宣传，让大家多了解关于心理韧性的知识，掌握一些自助的方法。还可以通过一些测评让员工了解自己的心理水平，通过一些专

业辅导对员工的不良情绪和不适应状态进行针对性辅导，这也是组织层面所要关注的。其次，组织还可以通过各种调查、危机干预和管理顾问等方式从不同角度控制心理问题带来的危机，从班组长或管理者层面直接指导和帮助员工，还可以进行一些相关心理工作的内化或采用一些专项服务。

当然一些不确定性也可能会对员工造成影响，如组织变革，这是不能阻挡和预料的。那么在变革时期我们如何帮助受到影响的人积极应对变革；怎样帮助班组建设成为一个有韧性的基层生产单元，帮助他们面对各种市场和业务竞争、生产压力；怎样帮助外派员工更好适应国外生活，等等，这都是我们需要考虑的。企业也可以尝试在开展活动的过程中融入心理韧性的考量，比如，原来开运动会只是让大家快乐，现在可以结合心理素质的打造，让员工通过竞技比赛来感受心理韧性的塑造。

32 肖向荣

信仰之光照耀创作之路

校友简介：

肖向荣，北京师范大学艺术与传媒学院2003级校友，教授，博士。现任北京师范大学艺术与传媒学院院长、北京师范大学艺术与科技融合创新中心主任、教育部教育促进会理事、全国艺术专业学位研究生教育指导委员会副主任委员、中国舞蹈家协会理事等职。肖向荣学长曾荣获中宣部、教育部共同授予的"最美教师"称号，入选2021年首都教育十大新闻人物。2008年奥运会开闭幕式、2009年新中国成立60周年大型音乐舞蹈史诗《复兴之路》执行总导演，2016年杭州G20开幕式核心主创及室内版总导演，2019年庆祝新中国成立70周年群众游行活动总导演，庆祝中国共产党成立100周年大会天安门广场活动总导演、文艺演出大型情景史诗《伟大征程》执行导演等。

百年来，中华大地上发生的影响最深远的一件大事，莫过于中国共产党的诞生以及她领导中国人民艰苦奋斗所书写的惊天地泣鬼神的壮丽史诗。经过百年持续奋斗，中国共产党团结带领中国人民从积贫积弱、四分五裂中崛起，成功地实现了从站起来、富起来到强起来的伟大飞跃。一代代文艺工作者用艺术语言追魂摄魄，记录百年巨变、描绘百年党史，留下了一大批经典之作。生于斯、长于斯的众多中国艺术家，自觉投入记录和描绘这场百年大变局的历史洪流中，将我们党的伟大历史征程凝聚于壮阔恢宏的丹青画卷、音乐或舞蹈的史诗，通过具有史诗品格、震撼心灵的艺术经典，塑造人物、表现历史、描绘现实，成为中国共产党百年奋斗史的生动注脚。一代代中国

人既不走封闭僵化的老路，也不走改旗易帜的邪路，我们走的是"以人民为中心"的人间正道，大道之行，天下为公。

一、新世界：革命文艺造就精神圣地

延安是很重要的历史时间和空间的节点，因为革命文艺造就了延安的精神圣地。但这不是到了延安才形成，我们党在建党初期就受到了左翼文艺思潮和文艺运动的影响，在20世纪30年代初期，白求恩、海明威、罗伯特·卡帕、伊文思等著名左翼运动人士都对中国革命有着非常重要的影响和帮助。左翼文艺在20世纪二三十年代形成高潮，风靡欧亚美非四洲，而且比历史上出现过的任何一种文

艺思潮和文艺运动都更广泛，国际无产阶级文艺运动蓬勃发展，形成了弥漫全球的"红色三十年代"。在这样的世界大背景之下，所有促成精神圣地的元素变数都融合到了延安，并产生了化合反应。这个变数并不是左翼运动后，到了延安才想起来把文艺作为一个很重要的力量来重新铺排。早在1933年中央苏区成立之初，著名表演艺术家李伯钊就已经成立了党中央的蓝衫剧团学校——一个以戏剧、音乐、舞蹈为三个基本构成要素的先进文艺团体，重在宣传讲解红军的政策和思想。1938年，毛泽东和周恩来在延安发起成立了"鲁艺"，这是整个红色文艺的大本营。"鲁艺"是文艺进入学院派教育和艺术教育体系的重要集大成者。1942年，毛泽东的《在延安文艺座谈会上的讲话》帮助文艺工作者统一了思想，也确定了方向；同年，延安新秧歌运动开始。从1933年到1942年，年限跨度虽然不长，但它奠定了我们党对文艺的基本方针和培养什么人、为谁培养人的目标。

1938年成立的"鲁艺"对新中国的办学经验提供了很好的思想基础，毛泽东也对"鲁艺"的办学方向与人才培养提出了要求：第一是具有远大理想，有远大理想是非常重要的艺术人才的标准，是红色基因里非常重要的参数。远大理想也有两层含义，一是目标高远，二是为大众服务。第二是丰富的斗争经验，这个经验在那个年代可能有敌我斗争这样一层因

素的解读在里面，但实际上常年从事文艺创作的人太清楚斗争经验了，他们与困难斗争，与没有灵感斗争，为了达到艺术效果与各种阻碍作斗争，对于艺术家来说丰富的斗争经验是非常重要的能力。第三是良好的艺术技巧。此三者缺一不可，既要有大的情怀，又要有实事求是和深扎生活的实战能力，还要有良好的艺术技巧。良好的艺术技巧是你与听众、观众沟通的唯一媒介，如何让他们沉浸在艺术技巧里，必须用独特的艺术媒介来传达艺术家的思想和感情。所以对于一个伟大的艺术家来说，这三者是非常重要的命题，到今天仍是我们艺术院校办学方针的重要思想基础。

1942年5月，毛泽东在《在延安文艺座谈会上的讲话》中鲜明地指出，我们的文学艺术都是为人民大众的，首先是为工农兵的，为工农兵而创作，为工农兵所利用的。新秧歌不仅为继承、改造传统民间艺术积累了宝贵的经验，而且对于发展、创新革命文艺起到了巨大的促进作用，使秧歌这种民间艺术形式能够更好地为革命斗争服务，为革命宣传服务，为广大人民群众服务。延安文艺工作者在深入群众的实践过程中，将无产阶级的时代精神和革命元素融入传统秧歌的改造和创新中，发起了一场前所未有、盛况空前、意义深远的新秧歌运动。从历史意义上说，延安新秧歌运动是中国共产党继五四运动后，再次领导的群众性的革命文艺运

动。在新秧歌运动中，延安文艺工作者与广大军民受到了新的革命意识形态的熏陶和洗礼，彻底进行了政治革命和社会改革，坚实的群众基础，是新秧歌运动得以巩固革命政权、推动政治发展和社会进步的基石。

二、新中国：《东方红》史诗构筑国家"神话"

1949年10月1日，中华人民共和国正式成立，一个以社会主义和共产主义为目标的新的社会制度取得了胜利，同时，艺术家们创作了一批充分反映新的时代精神的艺术作品。这个时期的美术创作深受苏联写实主义油画风格的影响，而传统的中国绘画一度被认为是脱离了时代的、与人民的现实生活不接轨的艺术，甚至中央美术学院的中国画系都停止了授课，当时的教师李可染被安排去讲授水粉课程。在这种状况下，取法现实、表现生活的做法让传统艺术重新焕发了青春。大的"帽子"是苏联写实主义，但是在1962年李可染先生的《万山红遍》里，中国的艺术家又在外来的教条理论底下，悄然地把自己的传统绘画技巧和传统美学理论渗透到新中国的建设当中去，这是他们自发的。中央美院在教授这些课程时，利用水粉的方式创作了《万山红遍》这样一种新中国的新气象，他们起名为"为山河立传"，它不再是过去宋元明清时期的山水画、文人画，而是用这种方式走进生活、师法自然，去描绘祖国的大山大水和火热的现实生活，来创造出一系列的优秀作品。如果我们有机会进入党史馆，可以看到那幅《长城》和这幅《万山红遍》在基因上的亲近和相同，是一脉相承的关系，这就是在那个年代里奠定下来的美学追求。

"为山河立传"的美学范式在今天还依旧影响着我们，包括1964年的大型音乐舞蹈史诗《东方红》的展现，其中的35首歌几乎每一首都是经典，它们流传至今，给中国人留下了非常深刻的印象。在《东方红》的经典图像里，人民拾级而上，慢慢走进人民大会堂，在二楼的观众席里打开了节目单《东方红》，两侧仪式般地站着两个合唱队，非常具备社会主义大国的形象，开创了国家文艺的新的范式结构。后面的布景是海面上透射出来阳光，一轮红日从大海里出来，仿佛莫奈印象派画家的作品，但前面的圆圈、扳腰下去的图示结构，又感觉是苏联的民间舞，演员手上拿的扇子又是汉族山东胶州地区的鲜明特色，可见我们从来都是兼容并包的国家形象，但我们在那个时代呈现出来的国家特点是革命化的、民族化的、大众化的，是中华人民共和国成立之后中华民族的命运共同体。作为国家话语表达的《东方红》，结合了中国革命政治文化语境中革命的现实主义与浪漫主义，以"政治大歌舞"对党和人民以及新中国、新生活进行歌颂。

1964年，一位清华学子看完《东方红》之后，在《人民日报》发表了一篇题为《上了生动一课》的文章。他在文章中写道："看了音乐舞蹈史诗《东方红》以后，我的心情久久不能平静，这不仅是一场很好的歌舞，而且是一部中国革命巨大史诗，是党领导下40多年革命斗争的缩影，是对我们进行阶级教育和革命传统教育的好教材，它赋予了我巨大的精神力量，给我们上了生动的一课。"这位深受感动的清华学子就是2009年第三部音乐舞蹈史诗的重要领导者胡锦涛同志。在看完《东方红》的几十年之后，他再来领导大家去做2009年的《复兴之路》时，表现出对音乐舞蹈史诗的无比熟悉，就是深受《东方红》的感动和驱动。大型音乐舞蹈史诗《东方红》从创作背景、目的与雏形来看是那一时期群众与政党所需，它充分将文艺的社会功能与政治功能有机结合起来，通过"延安经验"奠定了《东方红》"革命化""民族化""大众化"的基础。《东方红》"神话"的诞生并不是某个艺术家的个人创作，而是集体共同的艺术想象，这种想象的共同体本身，就是高度默契、高度认同、高度模造的艺术语汇开发，开创一个新的符号、新的故事、新的文化特征即国庆庆典史诗的"神话"。此后，包括《中国革命之歌》《复兴之路》《奋斗吧中华儿女》等从舞台进入银幕的典章范式。《东方红》表演场地在标志性地代表新中国人民当家做主的最高权力场——人民大会堂，演出时是国庆节那日的神圣时刻，在时间、空间的两重维度的加持下，生成了一个"为山河立传"的新中国仪式。

三、新时期：东方晨曲奏响

改革开放初期的十年，是中国社会的转型期。这一阶段的中国现当代艺术开始了艺术反思，先后出现了"伤痕美术""乡土美术""85新潮"。同时，西方现代艺术传入国内，不断给予艺术家新的启示。我们可以从罗中立的著名作品《父亲》里看到它吸收了60年代欧美流行的照相写实主义手法，重新激活了我们对自己国家和自然的描绘；1979年陈丹青的西藏组画，也可以看出他们摆脱苏联、拥抱欧美的美学转向，但是他本身又用新的技术手段去描绘我们的现实生活，所以有了这样一系列的作品。1984年，电影《黄土地》横空出世，标志着"第五代"导演集体亮相，并带着独特的美学倾向走上世界舞台。同年为了庆祝中华人民共和国成立35周年的《中国革命之歌》，则注定是带着不可回避的政治转向的一次探险。

《中国革命之歌》也是第一次从大会堂走进了中国剧院。在1984年庆祝中华人民共和国成立35周年的当口上，《中国革命之歌》用新的技术手段和全新的空间来营造一个特殊的国家典礼。开场是身穿白衣的舞蹈演员半坐在舞台上，干冰弥漫，是一个非常浪漫主义的具有芭蕾气质的作品，背后一群白衣少女仰望着万里长城，这样的一种开场到今天都是非常新颖和大胆的，因为白色和坐姿都不是我们传统文化接受的，我们逢大庆或者过年很少会身穿白色并躺坐下，可见我们当时受到了欧美的影响，他们多么渴望能够坐下来、放松下来，经过高度的神经紧张和内心的伤痛之后，人们渴望恢复闲适恬淡的状态，他们渴望自然，渴望坐在草坪上和湖泊边，看着祖国的山河。1984年的《中国革命之歌》让我们很清晰地感觉到人们对自由和自然的渴望，展示了一个艺术性非常高的、被很多艺术家们共同呈现的盛况。它具备了大量有改革开放痕迹、思想交锋呈现出来的身体美学。虽然也会看到非常传统的民间方式，但更多的是看到摆脱了苏联的教条、吸收了欧美的优秀的艺术流派的做法，到今天我们依旧能看到他们的服饰、身形都是在1984年的《中国革命之歌》里奠定的一种新的美学观和文艺实践的方向。

为了更好地去把过去的伤痕文学和记忆中的伤痛呈现出来，并回到个人主义的表现手段，整个第五代文艺作品的推出都是一个非常需要勇气的探索。到今天，学界对整个80年代还有着很强的缅怀和回忆，每次提到80年代都觉得很美好。并不是怀念物质上的丰盈，而是怀念精神上的活跃，所以邓小平同志在第四次全国文代会上发表《祝词》，强调社会主义新人要敢于创新、丰富多彩，最重要的是要防止和克服单调刻板、机械划一的公式化概念化的倾向。这一点在以往

的文艺政策中几乎没有被明确提出过。这说明，在改革开放的背景下，新时期的中国需要更多、更丰富的文学、艺术作品，而这些作品的创造需要文艺工作者不断提高自己的艺术表现能力，说明了新时期的中国领导人已经开始关注和重视文艺自身的发展规律。革命现实主义既是社会主义现实生活的艺术产儿，又是社会主义伟大时代的美学动力，它为了社会主义才来到世间，并勠力于以巨大的刚健的艺术力量，永不停息地将社会主义推向更新、更纯、更高、更美的境界和阶段。所以，它理所当然地应当和必须成为社会主义艺术的主潮，社会主义艺术也应当和必须以革命现实主义构成自己的主体意识——主体性。整个中国焕发出活力。中国社会以崭新的面貌重新登上了国际舞台，充分地显示出《中国革命之歌》受时代新风影响所体现的现代化美学品格。

四、新世纪：让世界看到中国

来到新世纪就不得不提到奥运会。奥运会所呈现出的东方传统文化，是更具中国文明特色的一种。无论是延安时期、新中国成立初期还是改革开放初期，过去关注现实多于关注传统。但是在百年奥运会这样的时刻，导演组接收到最多的来自各个方面的期待就是"我们究竟要给全世界40亿人民看什么样的中国"，这是导演们一直压在心头的重担。当国家形象突然成了外宣的形象，它不再仅仅满足国内人

民，而是要走到世界舞台中央，成为一个新的体现。

奥运会用先导片的方式向人们展示了一个画卷，这也是第一次用传统文化与传统文明的特征去打动全世界，是奥运会很重要的指征。我们第一次重新梳理和展示自我的文明，在传统文明和当代文明之间找到了平衡。用身体在地面上作画，这是一个行为艺术的概念，通过舞蹈这种形式完成了一幅画，这幅画的结果并不重要，行为过程大于呈现出来的结果，这是奥运会开场点燃西方观众的很重要的特征，这样的特征下，除了我们传统艺术里的材料，很重要的是我们把当代艺术的概念植入了国家的故事讲述里。编舞者是沈伟先生，著名的当代舞蹈艺术家，他本身也是一个画家，舞者用身体在地面上的运动轨迹和身体表达，都是建立在现当代舞蹈的层面上的，是通过西方现代舞的百年历史流变出来的纯肢体的行动，如果我们把它仅仅当舞蹈看，显然是不成立的，但这又确实是舞蹈的一种形式，是现当代舞的形式，它不以叙事、传达为结果，而是以过程和形式感而胜出。在奥运会里，我们穷尽了手段去呈现出我们灿烂的中华文明和传统文化符号，有很多细节，每一个点都能看到结构巧思。

在这样一个背景下，2009年，张继钢导演邀请我加入《复兴之路》这一音乐舞蹈史诗的制作。有了奥运会的洗礼后再回来做这场晚会，我们有了全新的思考，即新的传播的理念——究竟要给世界展示一个什么样的中国？如果奥运会展现的是中国文明，那这一次又要展现什么？所以我们在后面的活动里更多的是去展现中国人的整体精神状态。在整个《复兴之路》里面，我是张继钢导演的执行总导演，正是30多岁最年轻的一个状态，所以我想到史诗，就想到我们能不能四两拨千斤，从一首诗开始。

《复兴之路》没有以阶级斗争和国家宏大叙事的开场方式，而是选用了艾青先生的一首诗来拉开新中国成立60周年国家文艺史诗的大幕。"为什么我的眼里常含泪水，因为我对这土地爱得深沉。"把这一句诗打在了大会堂的大幕上，拉开了新世纪以来我们对过去169年苦难的中国、奋斗的中国和行进中的中国的历史描绘。《复兴之路》在追求着对尽善尽美的"史""诗""思""情"的营造时，以诗的浪漫结构一个宏大的主题，用平实而高贵的美学风格去讲述一个民族百年来的沧桑巨变。它不再以追求再现历史场景为艺术理想，而去追溯当代人对历史与诗性的感知，既保留着岁月流过之后的浪漫情致，又传承我党恒久的精神力量与民族之美。

五、新时代：人类命运共同体的美好想象

进入新时代，以文艺为号角吹响了以人民

为中心的文化生活和艺术的大景象。这几年文艺创作有了突飞猛进的发展，这也跟党和国家的政策以及民众对文艺的需求有关。每一次大型晚会和大型文艺活动的推出，都是一个凝心聚力的过程，大家能集中地感受到文艺的凝聚力，在最短的时间内展示了国家的形象，展现了国家的面貌和民族的精神。这是以往开会等形式所办不到的。2016年中国G20杭州峰会《最忆是杭州》文艺演出，告别了让世界看到中国的单向方式，而是中西合璧，让世界人民从中国看到世界，小小的西湖展现人类艺术的精粹，由此G20峰会晚会超越了民族性，走向了世界性。

我们在西湖里搭建了最初的创意，就是要在西湖里看天鹅湖，代表了中国的融合和包容。2012年，习近平总书记在党的十八大上明确提出了"人类命运共同体"等概念，怎么把人类的经典都浓缩到西湖里去？艺术家们用了非常当代又很唯美的技术，营造了远山近景、皓月当空、小桥流水等非常魔幻的过程，获得了各国领导人的赞许，这并不是技术有多优秀，而是来自想象力。艺术家们用了东方的想象去完成对西方经典的重新改编，通过想象打造出全新的融合，与"共享、共通、共融"理念和"人类命运共同体"理念在艺术形式上呼应，2014年10月15日习近平总书记在文艺座谈会上指出，整个文艺事业是人类审美的独特的意识形态，既具备商品属性，更具备意识形态

属性。我们必须自觉地摒弃过去长期制约我们的二元对立、非此即彼的单向思维，转变为兼容整合、全面辩证的思维，实现哲学思维上的根本性飞跃。2016年的杭州晚会实现了东方哲学的精髓，在这里面，每一个人都会感受到西方经典和东方经典相交织于人类共同命运的美好想象。

2019年10月1日，"群众游行"成为庆祝中华人民共和国成立70周年庆祝大会中吸睛的靓丽一笔。我作为总导演，根据"小方阵、大主题"的理念，提出"一场盛大的游行、一幅壮美的画卷、一部奋斗的史诗"的设想，并在"三个一"基础上进一步提出"四个回归"——回归群众、回归真情、回归素朴、回归精神。这里面最重要的是"回归精神"，每一个时代都有每个时代的精神，将中国人的精神展现给世界，是这次游行的重要使命。今天的中国是一个多样性的中国，是一个繁荣的中国，是一个百花齐放的中国，每一个人都有幸福的笑脸，但每个人的表现又是不一样的，这才是现在真正的中国人的面貌。中央给了我们很大的包容度，八字方针——"自由生动，欢愉活泼"彻底解放了我们。在捕捉中国人的精神时，如何去捕捉他们的共情点、共有点、共用点、共域点，如何去体现对中央的承诺，即这是一个流动的史诗，所以我们用了整体艺术和关系美学的方式，这是一种开放性的排列，在计算机的整体模拟上重点打造仪式感。所以

在70周年庆典里渗透出一种仪式感，跟以往的欢歌笑语方式不太一样。镜头先给到小女孩唱歌，巨幅的国旗缓缓展开，然后再反切到四位少年，这些都是精心设计的画面，有着纯真的感情，这种赤子之心一般的演唱，在天安门广场上，完成了一个史诗般的画面。就是在这样一种仪式感下，我们营造了回归群众、回归真情的场景。那么如何激发群众的真情，便是很重要的课题。跳《社会主义好》的姑娘们，最初只给了她们四个动作，就是为了让她们忘记动作，引发她们对这首歌或者对国家70周年生日庆典的一种想象，情便动于其中了。为什么要回归素朴、回归真情呢？一切都在于真实、真情、真切、真诚，是今天中国人要向全世界展现出来的豪迈的气势和朴素的精神。强国最重要的文化自信体现在对自我文化的认同、对自我身体的认同，这对我们的建党100周年庆典有了很重要的启示。

建党100周年庆典在鸟巢里面呈现的是真实情感，在有限的单位空间里展现党的形象，让党拟人化地出现在每个节目里，用大色彩的对比去完成影像到现实的转化；但是天安门的现场中，用了四个孩子的真情告白与合唱、军乐团的三重关系，构成了艺术家们对百年大党的致敬，以及对于未来的期待。国庆时候是秋天，整个大色彩呈现出比较浓烈的范畴，"七一"的时候是夏天，但更重要的是我们的党既是百年大党，又是千秋伟业，它还是一个非常年轻的中国共产党，在百年的新起点上，我们要看到希望、看到未来，就像习近平总书记说的我们要依靠青年相信青年一样，要呈现一个一往无前的大党大国的趋势，所以这也是精心设计的整块色彩和构成方式。

同困难做斗争，是物质的脚力，也是精神的对垒。在梳理党的百年历史时，可以看到一切都是来自精神，精神才是我们这个时代里面最宝贵的财富。无论是物质贫瘠时代还是物质丰富的今天，永远要把精神立住，把精神内核和精神谱系紧紧贴合在时代之上，这是非常重要的一个精神呼唤，中国精神的树立是很重要的基础。

33 李 铎

教育创新趋势与知识产权保护策略

校友简介：

李铎，北京师范大学2011级法律硕士校友，目前在国家知识产权局直属中国知识产权报社担任双语记者，《双语周刊》责编，《国际观察》主编，从事专利、商标、版权、地理标志、非物质文化遗产等知识产权专业领域宣传和报道工作，曾经任国家知识产权局办公室挂职干部。

一、我国知识产权保护的类别

国际通行的知识产权保护的类别包括专利、商标、地理标志、非物质文化遗产、版权（也叫著作权）等，在国际通行的知识产权保护层面，还有集成电路布图设计、植物新品种、遗传资源以及商业秘密等。由此能看出国际通行的知识产权保护类别是非常广泛的。

（一）专利

"专利"分为发明专利、实用新型专利、外观设计专利。我国对专利的审查部门是国家知识产权局，审查流程分为三个阶段，分别是：形式审查、实质审查、授权或者驳回。发明专利的保护期限是20年，是目前通行的保护期限最长的一种专利，实用新型专利和外观设计专利的保护期限都是10年。根据与国际接轨的大趋势，在我国产权保护备受重视的背景下，我国正在对专利法进行修改。根据国际规则，修改后的专利法计划将外观设计专利的保护期限延长至15年。

中国发明专利金奖是由国家知识产权局和世界知识产权组织联合评定和颁发的。杭州师范大学药学院院长谢恬教授的抗癌新药"榄香烯"相关专利获得第21届中国发明专利金奖。谢恬教授的这件专利是一种药物专利，而且是中药专利，代表了我国的一种传统文化和传统技艺的传承，也是目前中药研发领域非常前沿的一项专利技术。他的创新思路在于对中医药的充分挖掘，寻找2000多年前治愈癌症的有效药物，主要是从传统的中医药药物成分里提取有益的、有用的抗癌成分。在此基础上，谢恬教授还提交了20多件新药的专利申请。相关的科技成果比美国早了4年，比欧盟早了5年。大家都知道，药物研发是一个长期过程，有的药物研发可能会长达10年、20年甚至几十年的时间。在中医药领域，我国的教授、专家进行了长期、大量的药物研发和储备工作。中医药在全国抗击新冠肺炎病毒中得到了良好的应用，这也反映出我国的传统中药在抗疫方面的优势，所以我们有责任和义务去传承和发展中医药。谢教授的这项专利从2017年开始，相关的药物就已经纳入国家医保范围了，老百姓能用医保来进行抗癌治疗。目前，全国已经有5000多家二级医院和100多万名患者使用到了一些药物。这里需要特别说明一点，现在杭州师范大学药学院中医药研发团队研发的平台进一步深化了产学研合作，成立了产学研联盟，与20多家药厂合作研发创新药物。这体现出大学的药物研发优势，同时更有利于高校专利的转化，在实际应用制药过程中，为社会服务，为人民服务。

外观设计专利，顾名思义，强调外观设计的新颖性和创意性。比如说，校园的一些文创产品蕴含了许多创意设计，这些文创产品就可以申请外观设计专利。关于外观设计专利，在国家层面，我国颁布了《"十三五"国家战略性新兴产业发展规划》。同时，在国际层面，有专门的世界知识产权组织颁布了《海牙协定》。《海牙协定》是全球通行的，由全球主要的成员国家共同遵守，共同维护。工业设计作为国家战略性新兴产业之一，强化了工业设计引领的作用，通过工业设计，推动中国制造向中国创造转变，推动中国速度向中国质量转变。2018年，我国的外观设计专利申请量达到了70.9万件，外观设计有力支撑了我国的社会经济发展。工业设计实际上代表了一种工业的转型和升级，由制造型的企业变为创造型的企业。在经济高质量发展的环境下，我们的生活也得到了极大的改变，有益于提高审美，提高老百姓的生活质量，同时让我们有更多的获得感和幸福感。外观设计领域有一些重要的国内国际活动，如无锡的国际设计博览会、2019年的世界园艺博览会、2020年世界论语产业博览会。这些博览会构成了目前国内国际最重要的创意设计活动。据美国的一项调查，工业设计每投入1美元，相关产品的销售收入将会增加1500美元。随着工业品设计产业的快速发展，知识产权制度也正在为设计领域的高质量发展提供重要的制度保障，为外观设计的保护提供更多的渠道和方向。同时，我们还能看到很多校园文创产品，在新时期有突飞猛进的发展。校园的文创生活馆、校园的文创组织，以及高校的学生都会有很多的创意设计。

（二）商标

商标和品牌有直接的关联性。没有商标，

就无所谓品牌，就无法形成品牌效应；如果品牌打不响，商标也就火不起来。个人、企业、单位或者高校都会对自己的商标和品牌领域进行保护。经过2018年机构改革和调整，现在的商标审查机构是国家知识产权局，商标的保护期限是10年。由于商标富有品牌化，具有符号概念，考虑到很多商标的延续性、品牌的延续性，所以与专利不同，它的保护期限可以延长。

下面给大家介绍一些商标标识。第一个是"好客山东"。山东一直以好客热情为特色，所以它代表了山东的一种文化。第二个是崇礼，崇礼是北京冬奥会的主举办地之一，所以设计了一个以冰雪为主题的商标标识。据我所知，北京冬奥组委已经围绕2022年的北京冬奥会申请了比较全面的商标保护，对于北京冬奥会的标识也进行了很多商标注册，目的就是保护奥运文化、奥运遗产。下面这几个大家更熟悉。"七彩云南""老家河南""清新福建"，这些都是某一个省或者某一个地域的价值符号或者文化符号，代表了地域特色和文化精神。除此之外，我们会看到很多关于美食的标识，如"沙县小吃""兰州牛肉拉面"等。我们国家地大物博，各个地方都有代表性名吃。为了宣扬地方区域特色品牌，各个地方都会有自己的一些标识，这个标识会让人耳目一新，让人一看就能联想到它代表的是地方的特色品类。

同时，在高校领域也有很多商标标识，最有代表性的就是校徽，一看到校徽，我们就会知道它代表哪个学校，代表什么样的校训特色或者学风特色，代表怎样的文化底蕴。比如我们看到北京师范大学的校徽就会直接联想到它的校训"学为人师，行为世范"，校徽也代表了学校的文化，代表了北师大百年的历史传承和深厚的人文历史积淀。

（三）地理标志

地理标志的审查认定职能在新一轮改革之后也划归到了国家知识产权局。我们常说"一方水土养一方人"，"橘生淮南则为橘，生于淮北则为枳"。这就说明由于地理位置、气候条件这些天然因素不同，导致了各个地方的特色产品不同。通俗来讲，地理标志就是农业、手工业等一些特色产品，而全球通行的叫法为"地理标志"。地理标志产品有两个重要的影响因素。第一个是自然因素，如水源、土壤、阳光、地形地貌、气候等先天决定了地理标志产品生长的环境。第二个是人文因素，包括历史传承、故事传说等文化记载，或者在史书、县志、古迹中关于特色产品的记载，还有关于传统工艺传承的书籍或古典著作中都有对于当地特色的一些描述。《本草纲目》里就有很多关于中草药产地、品色、疗效的记载；《徐霞客游记》里记录了很多我们国家的大好河山以及地方特产。在自然因素和人文因素这两层因素的相互影响下，促成了现有的地理标志。

中国和欧盟共同签署了《中欧地理标志合作协定》，主要内容是把中欧双方的地理标志产品纳入共同保护机制当中。分为两个阶段，第一个阶段是"100+100"阶段，中国和欧洲各自提供100个地理标志产品名单，这个名单上的地理标志产品会在双方的对外贸易和对外合作中，获得跨国跨区域的同等保护。如安吉白茶、安溪铁观音、保山小粒咖啡以及赣南脐橙等100个产品。国外的有捷克布杰约维采啤酒，布杰约维采是捷克共和国最有名的城市，也是全球最有名的啤酒花的生产地，啤酒花的质量直接决定了啤酒的质量和口感。还有爱尔兰威士忌、菲达奶酪以及香槟。香槟是法国的地理标志，是一个地区名称，它代表了法国香槟这个地区所出产的起泡酒的产品特色和产品质量。此后，《中欧地理标志合作协定》经过4年的实施后进入第二阶段，在"100+100"的基础上，再增加"175+175"的产品保护，这属于第二梯队的地理标志产品保护。意思是在现有的"100+100"基础上，双方再各自增加175个产品，进入中欧双方互认互保的产品名录。在双方贸易以及多边贸易过程中对这550个地理标志产品进行对等的保护，这也是目前我国在双边贸易过程中取得的规模最大、层级最高、保护最严格、数量最多的贸易协定。这些地理标志产品代表了我国或者东方国家在全球知识产权保护领域、地理标志保护领域的重要特色。目前中国地理标志产品的相关产值已经超过了1万亿元，地理标志在保护民族品牌、传承传统文化以及助力脱贫攻坚和服务外交外贸等方面发挥了重要的作用。

（四）版权（著作权）

版权实行登记制。根据全球通行的版权保护法律，所有的作品只要一完成，作者或者权利人就自然拥有版权或者称为著作权。如果想得到法律上的认可，可以到版权管理部门进行版权登记。版权保护期限是作者或者权利人逝世以后50年。过了50年之后，就不再延续了。著作权的对象其实就是作品，一般是指文学、艺术、舞蹈、戏剧，还有在科学领域具有独创性的，并能够以某种形式复制的作品。例如：教材、视频、歌曲、作词、电视剧、电影等，都是具有版权的。在具体的分类方面，第一类是文字作品，主要包括口述作品、音乐、戏剧等。第二类是美术设计、建筑设计、摄影作品、电影作品等。第三类是工程设计图、产品设计图、地图、示意图等图形作品以及模型作品。第四类是计算机软件著作权。近几年国内和国际层面的有名的互联网公司都会有很多本公司的计算机软件著作权，构成了互联网公司核心知识产权的一部分。这些知识产权保护支撑了他们在技术领域、研发领域、产品设计领域、市场领域的发展。

版权在现有的经济社会生活当中，能够产

生什么样的经济效益和社会效益？以版权博览会为例，在2019年的江苏南京版权贸易博览会上，达成签订贸易合同意向的人数有2000多万，直接签订的版权贸易合同金额有3.9亿元，现场直接销售金额为109.8万元。此外，大家平时看的球赛、电子竞技大赛等节目实况转播权，如世界杯的转播权、NBA的转播权的价格非常高昂。这就说明当今社会对版权的重视程度，以及版权在社会经济生活领域中的重要地位。

（五）非物质文化遗产

我们来自五湖四海，每个人的家乡都会有一些古老的经验传承。如刺绣、瓷器、板画等都属于非物质文化遗产。我国目前对于非物质文化遗产保护的主管部门是文化和旅游部的非遗司，在国际层面是联合国的教科文组织，在全球范围内评定世界非物质文化遗产。非物质文化遗产的主要分类如下：第一类是传统口头文学，如一些口述历史、口述作品；第二类是传统的美术、书法、音乐、舞蹈、曲艺、杂技，如京韵大鼓、国粹京剧、黄梅戏以及各个地方的曲艺、杂技等；第三类是传统的技艺、传统的医药、天文、立法，如生活中的香油、麻油、陈醋等生产工艺以及中医药领域的药方；第四类是传统的礼仪、传统的节气。北师大前两年参与了一项重要的世界非物质文化遗产申报，就是中国传统二十四节气，北师大的很多老师和专家都参与了二十四节气申报项目，并且也取得了成功，这一点非常值得我们骄傲。

2006年，国务院发布了一个专门通知，制定了一个国、省、市、县四级保护体系。在国家层面，有京剧、黄梅戏、刘三姐歌谣、济公传说等，是最具有代表性的国家级特色、技艺传承和故事传说。在省级层面，有安徽的孔雀东南飞、江苏的梁山伯与祝英台传说、江苏的昆曲。在市级层面，有扬州八怪、菏泽市鲁西南鼓吹月。在县级层面，有江苏高邮县（今为高邮市）的高邮民歌、湖南衡阳衡南县的渔鼓。到目前为止我国就通过这样的四级保护体系促成了整体的非遗防护体系。

二、教育创新发展趋势

新冠肺炎疫情对于我国和全球的经济社会发展造成了很大的冲击，教育行业也受到很大的影响。刚刚入学的大一校友经历了高考推迟，由于疫情原因只能在家复习，没办法和同学一起坐在教室里备战高考。但是全国上下众志成城，在我国整体的医疗保护体系下，所有一线战士抗击疫情努力，疫情控制住了，高考也按照推迟以后的计划如期举行。此次新冠肺炎疫情暴发，在全球范围内有15亿学生以及6300多万的中小学教师受到了影响，200多个国家和地区对于教育采取了一些紧急措施。在我国，大概有2.7亿在校生受到影响，教育部在2020年2月初发出了"停课，不停学"的通知，开启了在线学习形式，对各个阶段的学生来说这都是一种不一样的经历。由于疫情影响，现在的教育模式是线上线下混合式教学，运用各种在线学习APP进行学习、考试以及沟通交流。在这个过程中人工智能技术对促成在线教育发挥了重大作用，技术公司开发了众多人工智能学习软件。另外一点就是大数据，前些年大数据的应用已经初具规模，在疫情时期大数据在在线教育方面有了更为广泛的应用，云课堂，云阅读等形式也纷纷兴起。

三、知识产权保护策略

我国对知识产权的保护策略有以下几个方面。第一个是全面保护，针对教育行业，对于教育项目、教育产品、具体的教育载体进行全领域的保护。比如北京师范大学作为全国著名的高校，有一百多年的深厚历史和人文底蕴。我们除了在文科领域如心理学、教育学、文学占有绝对优势，在技术领域如脑认知科学、医学、人工智能、核物理、天文领域也有非常大的优势。那么，在这些技术领域，我们就可以申请专利权、商标权、版权，进行全面保护。第二，我们可以针对优势产品、优势产业、优势领域进行针对性的品牌布局。对于教育品牌和教育产业前期开发比较充分，为了拓展整个教育产业的领域和市场，可以进行更大范围的扩展性保护。第三，我们拥有这么多的人文历史遗迹、人文积淀，足以构成北师大教育学科和其他门类学科的学科优势，可以进行永久性的保护。

四、校园创新

知识产权能产生巨大的社会进步和技术突破，同时也能带来可观的经济效益，给我们的社会生活带来翻天覆地的变化。在专利代理方面有一个全国专利代理师考试，往年都是针对毕业生的，2020年，由于疫情原因，为了促进高校毕业生就业，人力资源和社会保障部、教育部和国家知识产权局共同印发通知，把专利代理师的考试参加者扩展到了在校学生，毕业前就可以考。对高等院校来讲，国家知识产权局和教育部联合下发《国家知识产权试点示范高校建设工作方案》，这个工作方案的目标是要建设50家左右凸显知识产权综合能力示范高校，凸显知识产权特色和优势，对于高校是一个非常好的建设机会，也可以促进"双一流"建设。

2008年国务院颁发《国家知识产权战略纲要》（简称《纲要》），2020年是决胜之年。《纲要》规定了一项内容，要广泛开展知识产权普及型教育，实施全国中小学知识产权普及教育计划，将知识产权纳入中小学课程管理体系。目前全国已经建设了数千所中小学知识产权教育试点和示范的学校。现在这项计划已经延伸到大学了，已经有80多所院校设立了知识产权学院，同时把知识产权作为其他专业的一个平行专业，学生可以修双学位，实施知识产权的专业本科和研究生等培养计划。目前我国已批准建设了60多所高校知识产权信息服务中心，把大学老师和学生的前沿创新研究、创新技术进行专利申报和专利保护，以项目的形式进行专利转化。北师大作为综合类高校，在校团委、校党委学生工作部、校友总会等各个部门齐心协力下，做了大量工作。如创新创业大赛，很多校友获得了奖励，在创业方面也获得很多启发和指导。

34 袁治杰

漫话《民法典》

校友简介：

袁治杰，北京师范大学法学院教授、博士生导师，副院长，德国法兰克福大学法学博士，法治发展研究中心主任。兼任北京教育法治研究基地（北师大）副主任，中国民法学研究会理事。

《中华人民共和国民法典》（以下简称《民法典》）内容非常庞杂，一共有一千二百六十条，被称为社会生活的百科全书，伴随我们每一个人从生到死，在出生之前就跟我们发生关联，在死亡之后若干年内还会保护我们，甚至于永久。

中国大概有四五百部法律，目前只有《民法典》一部法律是以"典"字命名的。典本来的含义是书脊，它统领了书的全部内容；典还有典型的意思，《民法典》是指导我们社会生活的法律，在没有特殊约定的时候，就要适用法律的规定；典还有包罗万象的意思，在《民法典》生效之前，我们国家有《民法总则》，有《侵权责任法》《物权法》《婚姻法》《继承法》《合同法》等，《民法典》出来之后，这些法律全部都失效了，现在涉及民事的生活领域的就只有一部法典，当然还有很多的司法解释。

一、总则：诚信为本

《民法典》分为七编，第一编是总则编，统领其他分则编。总则编确立了民事生活中一些最基本的原则。比如，平等原则，民法上确立的每一个主体都是平等的，无论是个人还是公司；普通人面对大公司的时候，会遇到不平等的状态，法律就会对大公司单方面制定的规范进行规制。还有自愿原则，民事主体之间的交易要你情我愿地进行，不能有强迫，不能强买强卖、巧取豪夺，更不能包办买卖婚姻；还有公平原则、诚信原则；还有一个非常重要的原则就是公序良俗，民事主体从事民事活动不能违反法律，不能违背公序良俗。公序良俗指的是公共秩序和善良风俗，就是社会的主导价值观。

分则编一共有六编，由总则编统领，总则编确立的原则在分则编都有体现。法律适用的一个基本原则就是，分则编有特殊规定的情况下优先适用特殊规定，在没有特殊规定的情况下，再看总则编的一般规定。

接下来看几个案例。首先是胎儿的利益保护。在胎儿没有出生之前，法律规定涉及遗产继承、接受赠予等胎儿利益保护的，胎儿被视为具有民事权利能力，即使还没有出生，也可以接受继承、接受遗赠。但有一个前提，这个胎儿必须是活体出生的，才能真正继承财产和接受遗赠。

再来看一个案例，就是被监护人的财产保护。父母买房的时候经常把房子登记在孩子名下，实际上就是把房产赠予孩子了。之后父母有没有权利处分这个房产，如把房子卖掉或者用房子抵押找银行借款？父母是孩子的监护人，是他的法定代理人，监护既是权利又是义务，作为父母有义务保护被监护人的人身权利、财产权利以及其他的合法权利。《民法典》这次确立了一个原则，叫作被监护人利益最大化原则，只有为了维护被监护人利益的情况下，才可以处分被监护人的财产。

再来看一下同样涉及主体的规定。比如，

这几年引起关注比较大的，一些孩子在未经父母同意的情况下在直播平台打赏，有时候是高额打赏，打赏之后这个钱能不能要回，这涉及《民法典》对于民事行为能力的基本规定。不满8周岁的孩子是无民事行为能力人，意味着他不能够实施有效的民事行为，必须要有法定代理人代理实施民事行为，8周岁到18周岁之间是所谓的限制民事行为能力人，他们只在优先的范围内可以有效地实施民事行为，原则上同样需要法定代理人同意。主要有这样几个例外：一是纯获利的行为，不需要监护人的同意，因为这样的纯获利的行为对未成年人没有坏处；二是与其年龄智力相适应的行为。未成年人擅自大额打赏，超出了他的行为能力，显然与其年龄和智力不相适应，所以这种情况可以要求返还。

我们国家还有一个特殊的规定，就是16周岁到18周岁之间，如果通过自己劳动能够独立生活的，也被认为是完全民事行为能力人，可以实施所有的民事法律行为。18周岁以上就是完全民事行为能力人，可以实施任何行为，所以父母买的房子挂在孩子的名下，等到他18周岁的时候他自己就可以处理了。

还有很多成年人因为精神、智力的原因，不能够有效地独立实施民事法律行为。不能完全辨认自己行为的成年人，也是限制民事行为能力人。因此实践当中，如果与神志明显不够清醒的成年人或者年纪比较大的老人签合同，为了避免签署的合同无效，最好是通过公证的方式，确保交易对象是完全行为能力人，合同签署的时候最好有配偶或者成年子女在场签字，尽最大可能防范风险。

接下来再讲一个诉讼时效制度。《民法典》规定了诉讼时效制度，在债务到期之日起三年内，如果债权人不去主张权利，债务人就有抗辩权，如果他主张抗辩权，就可以不还债。这个跟我们的日常理解是相反的，但是法律有它的道理。法律规定诉讼时效一般是三年，目的是督促权利人积极行使权利，有一句谚语叫"法律不保护权利上的睡眠者"，如果你有权利但从来不去行使，法律就不保护你，过期不候；只要你积极主张权利，法律就会继续保护你，因此诉讼时效这个三年可以不停地中断，只要在三年当中主张一次权利，这三年的诉讼时效就重新起算一次，最大期限是二十年。诉讼时效制度是给债务人提供的保护，有时过了很长时间，没有办法明确当时债务双方之间的权利义务关系，诉讼时效制度就给债务人提供一个保护。它的核心是，第一，债权人积极主张权利，第二，每一次主张权利要保存证据。

好撒玛利亚人法是《民法典》新的规定。《民法典》规定，因为自愿实施紧急救助行为造成受助人损害，救助人不承担民事责任，不管什么情况，只要是积极地助人为乐就不承担责任。法律的规定就是让我们勇于救助他人，

不必担心为此承担民事责任。不仅如此，如果我们在救人的过程中有支出，给自己造成损害，还可以要求受助的一方给予一定的补偿。

二、物权：物各有主

物权法强调的是物各有主。饮食男女，核心是财产问题，每个人的吃穿住行、生与死都需要有财产基础。现在社会财产的形态非常多样，物权法主要规范的是看得见摸得着的财产，如房子、车子、首饰、字画等属于典型的法律上的物。

《民法典》把物分为两类，一类是动产，一类是不动产。不动产主要指的是房屋和土地，其他的物就是动产。对于不动产而言，我们国家建立了统一的不动产登记簿，围绕房屋和土地的各种权利都登记在登记簿上，登记簿上没有的权利你通常就不享有。所以买房的时候，只要没办理过户登记手续，房子就算住了十年二十年，依然不是你的，核心是看登记簿。有一些特殊情况不需要看登记簿，比如，儿子继承父亲的房子，虽然没有办理过户登记手续，这房子依然是他的，但是如果儿子想把这个房子再卖给别人，就必须要办理继承遗产的手续。

而对于动产，权利人是否拥有权利非常复杂，一般来说占有很重要，关键就在于是否实际上获得了该动产，简单地说就是一手交钱一

手交货，没拿到东西，原则上说就没有获得所有权。当然，《民法典》对于各种各样的物权都给予了全面的保护，无权占有不动产或者动产的，权利人有权请求返还，造成损害的时候还有权要求赔偿。不仅如此，《中华人民共和国刑法》以下简称《刑法》也对我们给予了很强的保护。

接下来围绕房屋交易简单讲一讲生活当中的一些重要问题。买房屋是一个非常复杂的交易，风险很大，我们国家因为有网签制度，相对还好一点，但是依然是一个风险巨大的行为。北京历史上最夸张的一个案件，一套房子被卖了七十次，出卖人卷款七千多万潜逃，这就提示我们巨大的风险。

我们来看一些案例。首先是一物二卖，实践当中非常常见，一套房子同时卖了两次，房子到底给谁？当然是办理了过户登记手续的人才能够获得房屋所有权，所以在买房子的时候一定要处理好，千万不要钱交了之后没拿到房子，或者房子过户了没拿到钱。买卖房屋的时候，核心就是办理过户手续，只要没有办理过户登记手续都没用，有时候大家说办理过户登记手续要花很长时间，没法办，法律还提供了一个保障手段，叫作预告登记，办理预告登记相对是比较容易的。也可以通过公证的方式，尽可能将风险降到最低。

现在全国很多地方有限购政策的存在，很多人买不到房，就借别人的名字买房。借名买房有多重的风险，第一，房子登记在谁名下就是谁的，如果人家把房子卖掉了，你一点儿招都没有。第二，风险是买卖合同本身，根据最高人民法院的一些判决，借名买房这个合同本身是无效的，可能产生一些问题。

再来看一下小产权房的问题。首先了解一下什么叫小产权房，没有合法的建造手续，登记簿上也看不到，这就是小产权房。北京周边有很多小别墅，很多都是小产权房。小产权房没法办理登记手续，买了房子也没法办理抵押，没法获得贷款等，风险是非常大的，所以买房的时候一定要注意产权状况。

另外，城里人经常会到乡下去买房子，可是房子是盖在宅基地上的。我们国家的宅基地是具有保障属性的，城里人没有权利到农村去买宅基地。宅基地是以农村村民的身份为前提条件的，像土地承包经营权等这些制度，都是以村民、村集体成员的身份为前提，它是一个成员权，具有财产的属性，但不是纯粹的财产权。

房屋核心是过户登记，实践中有很多人不愿意办理过户登记，因为税金很贵，一些熟人之间为了逃税或避税不办过户登记手续，这样风险就很大。凡是涉及不动产交易的，核心是登记，只要没有办理登记手续，就不能够对抗别人，因为别人买房子可能就看登记簿。

居住权是《民法典》新规定的一个制度，就是住别人房子的权利。为什么法律要规定这么一个居住权？大家可以看这样一个案例，两口子要离婚，只有一套房子不好分割，双方就协议约定好，男方拥有房屋的所有权，女方拥有房屋的居住权，男方的财产权得到保障，女方可以住到再次结婚，或者规定她可以住几年，这样男方即使把房屋卖掉了，女方依然有权居住，因为居住权跟所有权、抵押权一样，在登记簿上是有登记的。还有像这样的案件很多，比如，父母可以把房子赠送给自己的孩子，然后给自己设定居住权，这样就不用担心孩子不孝顺把自己赶走。实践当中还有更多的需求，比如，说老年人黄昏恋，他可以把房子提前赠送给自己的子女，然后给老伴设定一个永久的居住权，直到老伴死亡，这样他就不用担心自己过世之后老伴没地方住，而自己的子女又能最终获得房屋的所有权。

我们再来看一下学区房，这是成年人世界很头疼的一件事，实践当中有很多纠纷。买学区房的时候，第一要确定房屋到底是不是学区房，第二要确定买来的学区房能用几次。学区房使用的前提通常来说是要求户口迁进去，合同当中必须得明确约定卖主户口不迁出去怎么办。买了学区房之后，学区也在经常变动，这都是风险。包括一个学区房能用几个学位，这也是要提前约定好的，不能够想当然，否则房子就白买了。

再简单讲一下业主共有权。建筑区划内的绿地除属于城镇公共绿地或者明确属于个人所有的之外，都属于业主共有，其他公共场所、公用设施和物业服务用房也都属于业主共有，占用共有的道路或者其他场地用于停车的车位也属于业主共有。需要注意的一点是，买房子的时候拿到的售楼广告一定要保存好，因为《民法典》规定，售楼广告单对于相关设施所做的说明和允诺，即使最终在合同里面没有明确规定，但是如果它对于房屋价格有重大影响，视为是合同内容，发生纠纷的时候，拿着售楼广告就可以主张权利。

三、合同：一诺千金

在我们一生当中会签订大量的合同，只不过有时候没感觉，比如下载APP时要点一堆同意，其实就是在签订合同。合同就是我们设立、变更、终止民事法律关系的协议，包括买卖、租赁、赠予、借贷、保证等。还有一些涉及婚姻、收养、监护等有关身份关系的协议，虽然原则上是有特别的规定，但没有特别规定的时候也具有合同的属性。合同有多种形式，有书面形式、口头形式，还有认证的形式、公证的形式等。

有效的合同双方都有遵守的义务，拒绝履行合同或者没有按照合同约定履行合同，守约的一方有权要求违约的一方继续履行合同，包括采取补救措施或者赔偿损失，即使合同没有约定违约责任，违约方也要按照法律规定承担违约责任。《民法典》是一个强调司法自治的法律，强调我们每一个人围绕自己产生的民事关系都是自主决定的。只要双方一致，即使这个合同是不公平的，只要没有欺诈、胁迫、乘人之危等情况，都是有效的，所以在这个意义上自愿原则排在第一位，公平原则是排在自愿原则之后的。《民法典》当中大部分条款都是所谓的任意性规范，也就是说双方当事人有约定的时候，按照合同的约定，合同当中没有约定，就按照《民法典》合同编的规定。签订的合同一诺千金，签了合同就得遵守，实践当中很多人签了合同之后不遵守，觉得把定金返还就行了，不是这样的。如果对方接受那没问题，如果不接受，对方就有权要求强制履行，不履行则可以主张违约赔偿。当然有些合同是不能够强制履行的，只能要求赔偿，如说涉及身份性的协议。违约造成对方损失的时候，赔偿数额相当于违约所造成的损失，履行合同之后原本可以获得的利益原则上也要赔偿。违约赔偿不能够超过违约一方订立合同时所能预见到的因违约可能造成的损失。还有一些因为不可抗力而不能履行合同的，根据不可抗力的影响，要部分或者全部免除责任。有一点对于我们普通人而言需要注意，一方违约的时候，对方应当采取措施防止损失的扩大，而不是放任自流，没有采取适当措施防止损失扩大的，对于扩大的损失不能够主张赔偿，当然为了防止损失扩大所产生的费用，有权要求违约方赔偿。这是诚信原则的一个体现。所谓的诚信就是强调合同双方处在一个密切的关系当中，都有义务顾及对方的利益。

合同非常复杂，每一个合同都可以讲好多。租赁合同是日常生活中我们碰到比较多的。我们国家租赁合同最长期限不能超过二十年，租赁合同超过二十年的，超过的部分无效。在租赁期限内，房屋所有权有变化的，不影响租赁合同，为了保护承租人的利益，法律规定买卖不破租赁。房东卖房的时候必须通知租户，因为法律规定同等条件下承租人享有优先购买权，优先购买权不能够对抗共有人或者其他近亲属。承租人没有房东同意也不能转租。租房的时候还有一点一定要注意，现在有很多人假冒他人名义出租房屋，所以租房子一定要看房产证。房屋是夫妻共有的情况下，确保夫妻双方都同意出租是最妥当的。

定金条款很复杂，简单来说就是收受方违约双倍返还，交付方违约不能要回定金。接受定金的一方如果违约，应当双倍返还定金，而交付定金的一方违约，就不能够再要回定金了，如果造成损失了还要再判断。定金不能超过合同总价款的20%，以实际交付的为准。如果合同同时约定定金和违约金，就选择其中一个请求主张，如果不足以弥补损失的话还可以请求赔偿超过部分的损失，必要的时候可以请求强制执行。合同双方订立合同的时候可以约定违约金，违约金如果过分低于造成的损失，可以适当增加；如果约定的违约金过高，法院可以适当降低。当然即使没有约定违约金，违约造成损失了，依然应当赔偿。

四、人格权：尊严至上

《民法典》确立了人格权编，核心是保护我们的人格。我简单讲一些我们有时候意识不明确的地方，比如，个人信息保护。姓名，出生日期，身份证号码，生物识别信息，住址，电话号码，行踪信息，健康信息，基因信息，这都属于典型的个人信息，不能够擅自泄露。处理个人信息要遵守三个原则，就是合法、正当、必要，特别是必要原则，工信部及国家网信部门一直在全面打击各种APP乱收集个人信息的问题，手机里面的APP动辄能调用照片、录音，甚至通话的时候都在收集信息，很多情况超出了必要原则。网络用户利用网络服务进行侵权行为的，权利人有权通知网络服务提供者采取删除、屏蔽、断开链接等必要措施。

身份证非常重要，可能被不法分子用来办理银行卡、手机号甚至贷款，还有很多人顶着身份证去实施犯罪行为，夸张的案例中也有伪造身份证，冒名把房主的房子卖掉，所以身份证一定要谨慎保管。

肖像权比较简单，自然人享有肖像权，使用的时候都要经过同意，即使是已经公开的肖像，也仅在学习或者教学的合理必要的范围内可以使用。

五、婚姻家庭：家和万事兴

家庭通常是因为婚姻而成立，我们国家是一夫一妻制，禁止重婚，禁止有配偶者与他人同居。我们国家的重婚在民法上和刑法上是不一样的，民法上重婚要求两次登记结婚，但是刑法上婚后又和他人对外以夫妻的名义共同生活就构成重婚罪。夫妻之间实行男女平等，夫妻双方都有属于自己的平等的权利，平等享有和承担对子女抚养教育和保护的权利。有一点是我们普通人意识不到的，叫夫妻敌体，有时候也叫夫妻一体，意味着夫妻互相之间也有扶养的义务，也有相互继承遗产的权利。

《民法典》这次也明确了什么叫家庭成员，包括配偶、父母、子女和其他共同生活的近亲属都属于家庭成员，对近亲属也做了界定，包括兄弟姐妹、祖父母、外祖父母、孙子女、外孙子女。近亲属之间在法律规定的范围内也有互相抚养和赡养的义务。

结婚在我们国家只有一个形式，就是到民政局去办理登记。没有登记，即使双方以夫妻名义共同生活好多年，依然不是夫妻关系，互相之间没有继承权、抚养义务等。

除了生和死之外，婚姻关系是人生最大的事情，因为它带来了一系列的问题。实践当中我们经常出现这种情况，妻子在产房里处于高危状态，是否手术要由她的监护人来定，这就是为什么夫妻关系如此之重大，我们国家配偶是排在第一位的，接下来才是父母子女。

结婚带来的一个最大的变化就是夫妻之间婚后所得的财产原则上是共同财产，除非另有约定。债务也是这样，除非有一些特殊债务，比如，赌债、吸毒的债务，这属于个人债务，否则的话原则上只要是为了家庭共同生活承担的债务都属于共同债务，共同债务就要共同承担。婚后夫妻所得的财产都属于共同财产，除非另有约定，婚前的财产依然是个人财产，不会因为婚姻关系持续时间的长久而变成共同财产。婚前财产婚后增值的部分是不是共同财产，要看具体情况。

再简单给大家讲一下假离婚。实践当中有很多假离婚，无外乎是为了多买一套房子或单位福利分房，或者一些其他的考虑。假离婚有很多风险。在法律上基本不承认所谓的假离婚，只要民政局盖了章，它就是真的，所以假离婚的第一个风险就是弄假成真，一方不愿意复婚或者在这中间又与他人结婚了，那就没办法了。第二个风险是互相丧失继承权，如果一方不幸离世，另一方无法继承其财产。第三个风险是假离婚之后分共同财产，比如说男方净身出户了，在复婚之后，女方的财产就变成婚前财产了，如果之后双方真离婚了，这些财产就是女方的个人财产。

父母和子女的关系不会因为离婚而消除。抚养权的归属是，子女不满2岁的，原则上由母亲抚养，特殊情况如母亲吸毒除外。核心是

按照有利于未成年子女的原则判决，满两周岁的就按照这个原则。满8岁的孩子就是限制民事行为能力人了，要尊重孩子的真实意愿，不直接抚养子女的父或母也有探望子女的权利。

再来看一下共同债务。大额的债务原则上是共债共签，也就是双方共同签署合同，债务由双方共同承担。如果是一方承担的债务，但是事实上用于家庭共同生活，同样也属于共同债务。如果在离婚的时候，一方伪造夫妻共同债务，企图侵占另一方财产，离婚时候可以少分或者不分，离婚之后发现一方伪造债务的，可以要求重新分割财产。在离婚的时候财产分割，确定了哪些是个人财产，哪些是共同财产之后，原则上夫妻共同财产按照双方的约定处理，如果协议不成的，法院要按照照顾子女方和无过错方的原则判决，并不是一定要平分。有这么几种情况是可以少分或者不分的，比如，离婚时隐匿财产、转移财产、重婚、与他人同居，包括实施家庭暴力，虐待、遗弃家庭成员，或者有其他重大过错的，这种情况下无过错一方有权请求损害赔偿。我们国家夫妻之间是有忠贞的义务的，婚姻家庭制度受到宪法保护，给别人戴绿帽子是违法行为，要承担损害赔偿责任，因为侵害了配偶的权利。

六、继承：生死事大

再来看一下继承编。首先有一个基本原

则，就是限定继承原则。限定继承原则强调的是，继承人从被继承人那里继承的财产要用来清偿被继承人生前的债务，但是以此为限。死亡赔偿金不属于死者死亡时候所遗留的财产，是死亡之后才得到的，不属于遗产，不用拿来清偿债务。人寿保险金如果指定了受益人的话，就归属于受益人，没有指定受益人的情况下则属于遗产。

继承在我们国家分几类，一是法定继承，二是遗嘱继承，三是遗赠扶养协议。我们国家适用的是遗嘱自由原则，可以通过立遗嘱分配财产，如果没有立遗嘱就按照法律规定的原则办理继承手续。遗赠扶养协议在实践当中也非常多，老人如果没有人扶养，就找自己的亲朋好友签订一份遗赠扶养协议，扶养人尽到了扶养义务之后可以获得他的财产。没有立遗嘱的情况下，按照法律规定的顺序继承，第一顺序是配偶、子女、父母，其中子女包括婚生子女、非婚生子女、私生子，只要是法律认可的子女关系都一样。第二顺序是兄弟姐妹、祖父母、外祖父母，同样兄弟姐妹包括继兄弟姐妹、养兄弟姐妹等。在没有第一顺序继承人的时候，第二顺序的继承人才有权继承。继承份额不是必须均等。

还可以通过立遗嘱的方式处分自己的合法财产，遗嘱有很多种方式，有打印遗嘱、口头遗嘱、自书遗嘱等，也可以通过公证的方式。以最后时间设立的遗嘱为准，紧急情况下必须

要有没有利害关系的人见证才能够设立有效的遗嘱。亲笔书写的遗嘱要保留好自己签名，免得以后产生争议，包括打印遗嘱的签字，必须要有见证人，最好是律师，利益中立的，不能继承人自己做见证人。

遗嘱自由在法律上也有限制，内容违背公序良俗的遗嘱是无效的。

七、侵权：错错错，莫莫莫

侵权责任法跟我们每个人都有关系。我们经常会说怨天尤人，怨天尤人这两个其实是不能够并列的。比如说地震造成损坏，没法找人赔偿，这叫怨天。侵权法的第一个原则就是让损害停留在原地，找不着凶手就自己承担损害后果。第二原则就是尤人，生活当中更多的风险是由人类造成的，侵权法主要解决的是尤人的问题，如果每一个人都尽到了自己的注意义务，就不会造成这么多损害，这就是侵权法上的过错责任，这是核心的原则。过错包括两方面：一方面是故意，另一方面是过失，包括重大过失和一般过失。一个人因为过错造成他人损害，才需要承担责任，反之如果尽到了自己的注意义务，没有过错，就不需要承担赔偿责任。

侵权责任是要讲证据的，受害人也就是被侵权人，必须得证明侵权人的四点：第一，要证明遭受了损害；第二，证明加害人实施了加害行为；第三，加害行为和损害后果之间有一

定的因果关系；第四，证明他是有过错的。在很多情况下，受害人证明不了加害人有过错，比如，医疗损害或幼儿园中的事故，这时候法律就推定加害人有过错，这叫过错推定责任，只有医院或幼儿园能够证明自己没有过错，才不需要承担责任。

除此之外，还有一点是跟法律外行的理解常识不一样，就是所谓的无过错责任，没有过错还要承担赔偿责任。高度危险行为领域适用无过错责任，比如，航空、高压、高空、高速、运送剧毒的爆炸品，即使没有过错，也要承担赔偿责任，因为风险所在，利益所在，责任所在，这就是法律规定无过错责任的理由。涉及高度危险领域的，法律都规定了，一般都买了各种各样的责任保险。当然正因为没有过错，所以法律出于公平的考虑，规定了赔偿责任限额。有一些特殊情况，如受害人故意造成损害，司机当然不需要赔偿。

《侵权责任法》还有一个重要的原则，实施的行为风险越高，注意义务就越高，实施的行为高度危险，就需要高度注意。在无过错责任领域如高空、高危、高速、爆炸品这种领域，有故意和重大过失造成损失的时候，不能够适用赔偿责任限额。《侵权责任法》的赔偿原则是适用所谓的填平原则，造成多少损害就赔偿多少。

再简单讲一点跟教育有关的。孩子造成损害了，要由监护人承担侵权责任，只有监护人证明自己尽到了监护职责的，才可以减轻其侵权责任，孩子造成了损害，家长永远免除不了责任，所以一定要把孩子教育好，不仅是对孩子负责，也是对自己负责。

再来看一下教育机构的过错责任。8岁以上就是限制民事行为能力人，限制行为能力人在学校遭受损害，学校或者其他教育机构未尽到教育管理职责的，应当承担侵权责任，要由受害人提出证据来证明侵权人未尽到教育管理职责。刑法最近修订了，12岁到14岁之间的孩子犯故意杀人、故意伤害致人重伤，情节特别严重的，报最高检同意也是有可能追究刑事责任的。二年级以下的孩子一般都是无民事行为能力人，在这种情况下适用的是教育机构的过错推定责任。第三人侵权的时候，学校等教育机构在未尽到安全管理职责的情况下，承担相应的补充责任，也就是要由侵权人先来承担赔偿责任，侵权人承担责任之后，不足的部分，教育机构再来承担补充责任。《中华人民共和国未成年人保护法》还确立了一个报告义务，如果老师或者保安、厨师等发现有未成年人受到了侵犯或者疑似受到侵犯，都有报告义务，有关机构无论是公安机关、民政部门还是学校，如果没有尽到报告义务，都要承担责任，严重的时候要承担刑事责任。

古罗马的一句法谚：正直生活，无害他人，各得其所。正直生活是对我们每一个人从正面提出的要求。无害他人是从《侵权责任法》的角度确立了我们不能伤害他人,《侵权责任法》划定了我们社会生活当中的行为边界，在边界以内法律不干预；己所不欲勿施于人，己之所欲亦勿施于人，因为你不能够干预他人的生活，除非是特殊情况。各得其所，每个人自己的归自己的，不去侵犯他人。

35 欧阳江河

诗歌写作中的词与物关系

校友简介:

欧阳江河,著名诗人、诗学批评家、书法家,北京师范大学教授。代表作有《玻璃工厂》《计划经济时代的爱情》,诗集《谁去谁留》《欧阳江河诗选》《事物的眼泪》,长诗集《开耳》《江南引》,诗歌评论集《站在虚构这边》等。

诗歌是生活的解药,在对诗歌无意识的审美感受之外,诗中的物象与承载物象的语词都有其深刻的艺术魅力,让我们在探讨"诗歌写作中的词与物关系"的过程中,以词代意,以物引情,于诗海自在泛舟。

一、"现场"与"物质":诗歌发生时的词物关联

诗歌的深层写作至少有两个层面,就像当年苏珊·桑塔格在评价凡·高的绘画时说,凡·高曾经给她的弟弟提奥写信:"我正在法国的南部画画,但是我实际上是在日本。"其中第二个地点"日本"是心理的、想象的、观念的地点,这就构成了空间意义和视觉观看意义上的双重性,一下子把观看者引到了另外一个地方,并且把自己搁置在一个自身所不在的地方,成了一个"他不是"的人。这就是说,生活中的人和创作中的人是有差别的,实际所在的地点与创作时心里所想的那个隐形的地点,很可能是存在差异的,哪怕是同一地方,也会出现细节的分别。

因此我们进入第一个问题,写作者的处身地点与诗歌所表现的地点并非同一处。这很符合我们从中国古诗入手去探求规律的逻辑。感受中国古诗的写作脉络后会发现,六朝后自陶渊明开始,诗歌写作出现了区隔,出现了"间离"。德国的戏剧家布莱希特的戏剧理论讲间离效果,就是人在舞台上时,也将舞台后面的真实空间带进去,但这个"带进去"需要一直

由演员告诉自己和观众，自己在扮演一个观众以为的真实的角色，但舞台上所表演的"真实"是假的，这个间离效果就是双重性。舞台的空间，作为一个戏剧家要表演的、被观看的这个空间，需要尽可能地仿生——模仿真实，但是也得告诉观看者："这是一个表演。"

这其实已经触及文学写作的本质，即是在文学写作中，文字和真实的人的自我，文本空间和真实的人所处的社会空间是有间隔的，所以存在至少两个处所。这就是我首先指出的：文本空间和真实空间的差别。

西方的中世纪骑士文学在行文中总是提醒读者注意现场感，因为在读到这些文本的时候，现场发生的场面已经过去了，我们读到的是对现场发生的记录，但是作者不停地提醒读者，他的写作和事件的发生是同步的，坚持一种同一性——"写就是发生"。

而这个主题也是20世纪的当代诗歌最常问的一个诗学问题——写作是不是事件的发生。当代诗歌一直探讨古典诗歌的神圣地位消失后诗歌的走向问题，在这样的情况下，诗人要想找到高出读者的优越感，就得寻找其他的办法，其中一个方法就是问"写作和发生的关系"，一个基本的理论便因势而出，认为写作不仅仅是对已经发生的事情的追溯、记忆、描写、叙事和抒情，不仅仅是对已经发生的人间事物、情感事物和子虚乌有的一种描述、记录和传递，写作本身也是一种存在方式，也是一

种发生，即"写作就是发生本身"。在这个意义上将"发生"物质化以后，写作就不仅仅是词语，写作也是物质形态。

那么，词和物的关系就变成了写作和发生的关系，在其中我们看到诗人的优越感又改头换面地出现了。这种优越感支撑了抒情诗的继续创作，我几乎否认抒情诗的可写性，是因为我认为写抒情诗一定要有一个抒情主体，这个抒情主体就是写作者或写作者的化身，需要将诗人作为主体，强化为正确、优美、崇高的化身，其他人只是在接受这个抒情，在这样的转化过程中，诗人又变成了一个隐形的、非上帝意义的上帝，被读者所接受。这为我们进入诗歌写作中的词与物的关系问题，创造了一个理论背景。

处在20世纪之后、21世纪开端的语境之中，在20世纪一百年对词与物的关系的大争论尚未尘埃落定、仍在持续进行的背景下，我们今天谈论词与物的关系时，请允许我先不谈现代诗，反而跳到中国古典诗歌一探究竟。

整个中国古代诗歌是在农耕文明的时代精神与背景中被写出、被阅读、被领悟、被阐释的，中国古典诗歌中词与物的关系里的"物"一定是农耕时代的。它不是工业时代，更不是后工业时代和机器人时代的产物，现在大家耳熟能详的古典诗歌，在它们成为我们的种族记忆、汉语的伟大艺术精品之前，这些诗歌的写作也有一个刚刚创作出来的现场，置身于词和

物的发生现场，就好像写作时这些诗歌里的鱼刚刚离开水，还在文本的地上活蹦乱跳——我们要返回这样一种现场，这样的现场对我们理解后来成为经典的诗歌所在的文本空间大有裨益，这样的地点和诗歌诞生时的现实空间，诗人词人的日常生活和日常生活身后的农耕文明背景，他们所处的社会和政治背景，所有这些还是活的，是有变数的，这些关系构成了一个复杂的"发生"。

那么，在不同的词与物的关系里面，需要诗人处理的除了他的经验、他的处境、他的感触、他的思想、他的情感之外，他还需要处理诗歌作品中永恒的要素，比如说诗歌中的声音，但这种声音跟日常说话的声音，写作散文的声音，以及哲学著作的声音完全不一样，诗歌需要处理的是被美国诗人弗罗斯特称为"内韵"的一种声音，中国古典诗歌的"内韵"已经被规定为平平仄仄、各种典故等，读出来就是一种天然的声音，跌宕起伏、连绵、中断与微妙的传递、换气、停顿等都自然地出现。

古典诗歌处理声音非常困难，因为它有一个被规定好的声音框架，只能在这个声音的框架里面誊录和理解声音，而那个框架一方面给你方便，让你的写作天然地成为音乐意义上的声音，但是另一方面也因为千人一面、千音一耳出现雷同的问题。很多大诗人也因此致力于格律的突破，怎么在格律的小空间里面出一些奇、险、怪的东西来破局，怎样让诗歌的声音

反抗格律所规定的公共声音，反抗那个声音里面的形式、格律和规定，是他们努力的方向。

中国古典诗歌的最高成就，甚至人类所有诗歌形式里的最高成就就是中国的律诗，尤其是七律，但这个最高成就从某种意义上讲也是锁链，诗人得戴着锁链跳舞，它正像格林伯格说的，你得跟它斗争，一方面它保证你写出来的在声音意义上一定是诗，另一方面却不是自己的声音，而是在同一个声音的格式中的不同声音处理，我们在这之中遇到的声音已经变成一个物质性的存在，不光是语言和听觉的存在，因此需要在物质层面处理词与物的关系。

二、"推敲"与"望见"：炼字中的词物关联

对于在物质层面处理词与物的关系，我举一个耳熟能详的例子——"推敲"的来历。

中国有很多诗歌"疯子"，连梦中都在写诗得句，"推敲"便是来自中唐诗人贾岛的苦吟与炼字，他写"鸟宿池边树，僧敲月下门"时，在"敲"与"推"二字间徘徊不定，在路上苦吟取舍时，韩愈乘马车偶遇道中不避的贾岛，前去询问，为贾岛定下"敲"字更妙。

古人炼字炼句的尖锐性、精准性和确切性就可以见得，因为"推"或"敲"字引领的动作、场景、声音本就不一样。"僧推月下门"的声音只能传出三五米，很短促，"敲"字则

不同，"哒哒哒"的声音很清脆且与门有触及点，就说明敲响的是木门，把门的木质感也带出来，手指敲门的敲击音会反弹过来，传到门后面空旷的、清凉的、安静的环境中，因为这是僧人住地，是山中庙宇，敲门声就会在寂静的空间里传得很远。同时屋子里的情况也被"推"和"敲"暗示出来，"僧推月下门"就说明门里的房子是僧人自己的房子，而且是他自己独居，没有他者存在，否则一定会敲门以示归来，直接推门而入就是不礼貌的行为，还有一点是这间房子没有上锁，它是敞开的、被掩上的，这些情景被"推"字带出来了，这些都是确定的情况。"僧敲月下门"则说明屋子里可能有别的僧人，甚至可能是别人的房子，不知道在何处敲门，也不知道敲谁的门，但主要是敲给屋里的人听，传递了"我来了"的信息，唯一清楚的是"敲"字使得隐含的他者出现，而且出现了真正的声音回响，是在无人的山林、清新的空气里回响，敲门声可以传到遥远的无人之地，被屋子外面的世界听到，这种不确定性与空间的扩大都与"敲"字有关。一字之差就连带出这么多信息的差异，这也是"推"和"敲"第一次在诗歌中被这样使用。

"推"和"敲"这两个字带出来的信息差别如此之大，虽然这两个字在词里面好像都是一个声音词，这个声音词里带出来的有画面、有动作、有空间的不一样，从这个意义上讲，

写作也是一个发生，赋予词语可感受的物理性质。诗歌对诗意的呈现，对词与物关系的把握，是诗人在其中发明了一种物质，并且给这个刚刚发明出来的物质以一个现场，这个现场至少是两个空间，而且给了它一个从未出现过的初次命名，或许它早就被使用了千万遍，却从来没有人在这样一种上下文关系里面、语境里面、现场里面、词与物的关系里面、词与词的关系里面使用过，这是诗歌最神奇的地方，它像一个新生婴儿一样刚刚出现。

另外，站在写作的角度，韩愈的改动和敲定为什么特别好，因为他不是站在批评者或读诗人的角度，而是作为一个写作者带入自己的写作伦理、写作经验、写作立场、写作才华之后的建议和敲定。

现在同样带着这个角度，我们进入另一个耳熟能详的句子，陶渊明的"采菊东篱下，悠然见南山"，这个"见"字也可以读成xiàn，但是有一个异文是"悠然望南山"，最早的版本都是"望"，为什么它变成"见"？这首《饮酒》是陶渊明最为耳熟能详的一首诗，也确立了陶渊明的形象，宋朝苏东坡读了这首诗，给陶渊明定了调，而且敲定"悠然见南山"与"悠然望南山"的一字之差。唐朝时，陶渊明只是六朝伟大诗人的其中之一，因为唐朝诗人对六朝诗人的偏好多种多样，但是陶渊明被北宋诗人苏东坡解读后，变成六朝时代唯一一个伟大诗人。发生这样的变化，是因为北宋文

人将社会现实问题、时代精神以及理想中的诗人形象的建立都投射到了陶渊明的身上，陶渊明被塑造成一个归隐、忠君、任真（"任真"是庄子所倡导的"与物同化"的概念，是天真、自然的一面）的形象，虽然这样的形象在很大程度上并不是陶渊明自己，而是苏东坡读出来的。

究竟是"见"还是"望"呢？中国古代诗歌的早期流传依赖手抄本，大部分具有出版性质的手抄本里出现的是"悠然望南山"，但是考古一些藏家的善本书又发现了"见"字的使用。而苏东坡一看就说肯定是"见"不是"望"，"望"是一个讹传，且只能是"见"而不能是"望"，因为"望"字太用力了，是一个主观的、受控制的行为，诗人是一个主体、一个望者，"见南山"就不一样了，是偶然的，"见"字本身在古文中有一个异文，也就是"现"字，所以"悠然见南山"说不定就是因为抬头南山才出现了，内含天地刚刚诞生的神秘感，而且万物有灵，我见山，山也见我，是人与山的相互看见。但是田晓菲在最近的作品中认为，苏东坡的这个解读是错误的，应该是"望"字，这一字之争体现出校勘背后的意识形态与文化认同的差异。她认为苏东坡是把自己的处境、经验以及北宋文人的焦虑倾注其中，诗歌想要表达的是关于"得"，是怎么把山给得到，而"得"最重要的一点是"望"，所以这首诗最后"此中有真意，欲辨已忘言"是庄子在《大宗师》里关于身体随万物变化的感觉，这种感觉是依靠"望"得来的，而这种"望"的作用恰好勾连了古代的哲学家、思想家和诗人的关系。

关于"见"字和"望"字，我觉得两个都挺好。"见"字确实是因为苏东坡将他自己作为一个诗人，使他自己像韩愈回答"敲"和"推"哪个更好一样，来回答大家的问题，在那时他与陶渊明相隔好几百年，他来读陶渊明，既是读心中的最伟大的诗人，也是读他自己想成为的那个人，"见"字也许是儿时的误读，但他把这个错误用北宋人特有的时代精神阐释清楚。而这些时代精神是陶渊明的时代不具备的，而陶渊明不是一个无所作为、没有主动性的人，从"结庐在人境"可以看出陶渊明的住地离南山较远，可能离闹市不远，那么"南山"可能就是"心远"的产物，将"心远"寄托在南山之上，南山不是一个万物有灵的偶然，不是自然生长出来的。但是苏东坡这样去理解也很好，因为他把如何得到山的焦虑投射在"见"字上，解决了自己与北宋文人的关于"得"的焦虑。而陶渊明已经用他自己的方式来得到山了，关键不在山本身，在于不同的人"得山"的不同方式，这种方式体现在诗歌中，陶渊明的得山是"心远地自偏"，身在闹市而心望南山，现在我们所讲的"诗与远方"不正是"悠然望南山"，是悠然的、从容的慢生活。

所以，我们就通过这两个例子，"推"和"敲"、"见"和"望"带出来的画面、词和物的关系、人和心灵的关系都是不一样的，这是中国古诗的妙处，有时一字之差会导致整个文本的立足点与打开方式不一样，打开之后透露给我们的那个隐含的诗的背面世界也不一样。

三、"山"间见"花""月"：物象概念中的词物关联

"山"被这么多人写了以后，从某种意义上来说已经不是一个物质性的存在，而是变成了一种寄托，一种隐形的、观念的、内心的山。就好像去问你为什么去登山，一个美国人说，因为山在那儿，在哪儿呢？在你的内心，在你的头脑中，在它本来在的那个地方，这是很微妙的。现代性出现以后，登山变成锻炼、征服和冒险。

但古人不这样想，古人关于山有自己的观点。像杜甫写"会当凌绝顶，一览众山小"，写自己已经登过泰山，其他山就不在话下，但泰山只是文化意义上的"王者之山"，所以"会当凌绝顶"中"山顶"的概念是一个文化、诗学、伦理与历史的概念，这句诗也是中国文化中一个非常重要的母题。中国的诗歌形成了众多母题，围绕月亮、流水、酒、柳树等，形成了很多成系列的写作，这是世界诗歌史里绝无仅有的，而这些都是咏物诗。比如，苏东坡

的《杨花词》第一句就是"似花还似非花"，将"非花"的概念引入，"花非花雾非雾"，而"雾"也是中国的一个母题，禅意的东西都在雾里面，雾里看花，这又跟观看有关。我们再回到"花"这个话题，由于"采菊东篱下"，我们一提起菊花立即联想到的诗人是陶渊明，而想到梅花的时候，可能就提到林逋，因为他的那一句"疏影横斜水清浅，暗香浮动月黄昏"。现在我要给大家推荐的是一首黄庭坚写水仙花的七古《王充道送水仙花五十支》：

凌波仙子生尘袜，水上轻盈步微月。
是谁招此断肠魂，种作寒花寄愁绝。
含香体素欲倾城，山矾是弟梅是兄。
坐对真成被花恼，出门一笑大江横。

这首诗被创作出来以后，水仙花就被黄庭坚给"认领"了，感觉这首诗就是在给水仙命名，在语言的意义上，这首诗是一个发生，水仙花被黄庭坚这首诗给写出来了，在这之前世界上都不存在水仙花。这是荒唐的，但在这个意义上可以理解诗人是"上帝、立法者与万事万物的命名者"，凡是没有被命名的就被主观认为不存在，就像禅宗说我没有看见这棵树于是它不存在，但是科学家说这棵树客观存在，这之间是一种世界观的差别，没有对错之分，只有站在不同的角色，在理解世界、理解词语、理解客观性和主体方面的差别，这个差别

是人生真正意义上的、超越生死的差别，因为生命的终结不代表诗的死亡。没有读到一首诗就代表不存在吗？就像花香一样，你没有闻到也不代表花香不存在，你只是没有闻到也没有读到而已，但是这首诗所发明出来的水仙，从此以后就作为诗歌的意象开始存在了。

诗歌的前四句写得很瘦，正像是水仙的样子，全是女子的形象特征，突然出现山矾与梅的男子形象，用当代诗的思维去理解"凌波仙子生尘袜"，就感觉干净、超凡脱俗的凌波仙子沾染了灰尘，但是它在水上漫步，所以灰尘被洗掉、被融化掉、被风吹去，在微微的月光投下来的水面上行走，冷冷清清的、干干净净的、出世般的景象中，红尘的繁闹被洗净。说"寒花"又因为水仙是冬天的花，"断肠魂"便是把魂融到花里面去，所以花已经是人的一部分，后面说"山矾是弟梅是兄"，水仙就介于这两者之间，具有"含香体素欲倾城"的美，但最后突转"坐对真成被花恼"，可能是从杜甫的诗歌中得来的灵感，虽写被花给惹恼了，其实只是被独自赏花无人交流给惹恼，被如此美好的花无他人问津给惹恼了，甚至被优美本身惹恼了，所以还是"出门一笑大江横"，去看看那粗犷的、汹涌的、尘世滚滚的大江，也凭借"大江横"又回到"水"的概念上，但凌波仙子行过的水是想象中的水，塑造了"花在走"的意境，而我是自己的赏花人。这首诗里也出现了一个概念，叫作男女同体。人类最重要的两大梦想在中国古已有之，一是飞翔，二是男女同体，放在中文语境里是阴阳同体，黄庭坚所写的水仙花是女性的、窈窕的、清凉的、洛神一般的，但被花惹恼的赏花人是男性，花已经变成人的一部分，"我"已经变成花的一部分，人花一体，人便是那个"非花"的存在。

黄庭坚写这首诗的时候51岁，正在被贬谪的路上，王充道赠予他五十枝花，这是事实。但这首诗里面不但写了花，而且写了赏花人，把自我带了进去，但是这个自我已经不存在，只存在粗犷的东西和花一样纤细的、优美的东西两相对照，在这种两相对照里面出现的花，已经是一种凭借自身的优美可以惹人恼怒的生命体，已经存在万物有灵般的生命在其中。

更不要说"月亮"，中国古诗写月亮，到最后都变成"月非月"，不是月亮本身作为一个物质，而是被转喻了，都变成诗学的东西，变成天地精神独往来的农耕文明的东西，它构成了中国诗歌中一个准宗教意义上的事物，构成了优美、崇高、寄托、灵魂、心理，所以优美的东西都在诗歌里面被处理被转化。

四、往"古"来"今"有新变：诗歌发展中的词物关联

面对农耕文明的理念，古典诗歌在处理词语关系时所出现的对偶、对仗，几乎最后都变

成词和词的关系，在这个词和词的对应关系里面构成了一些陈词滥调，构成了一些理所当然的、人皆用之的东西，构成了一种可以组合的词语的零部件，词语在这时已经失去活性，这有点像中国的文人画，画到最后已经不是在画物质性，不是在画山本身，而是在画其他的画所生、所留下来的笔墨和画法。所以到唐朝以后，苏东坡、黄山谷等人极力主张引进知识，把各种各样的典籍引入诗歌里面，就不像唐诗那样只有山川风物，比如，杜甫正是借由安史之乱变成了一个超一流的诗人，因为他在处理安史之乱的时候，赋予了中国古典诗歌新的本领。当历史出现灾难、国家面临危机的时候，杜甫的命运被改变，他在逃难的过程中失去日常生活的本领，但中国诗歌由于有了杜甫，开始真正处理历史意义上的、悲剧意义上的、灾变意义上的现实。

幸好有杜甫这样的大诗人处理了安史之乱的现实，否则唐诗到最后就只是艺术品，变成"熟读唐诗三百首，不会作诗也会吟"，都是读来的、学来的、二手的东西，而不是原创的东西。在知识被引入后，写诗就变成学问，明清的诗人很多都是大学问家，诗写得妙不可言，他们的知识太广博了，但是全是引经据典、寻章摘句，趣味性就差了，越来越干枯，所以诗写到最后走入板滞的僵局。

诗歌从四言到五言的扩展力非常大，虽然只多了一个字，但是它的节奏、换气的方式、

传递的方式、对仗的方式都改变了，从五言到七言是更大的扩展，七言诗的复杂性、层次感与互文性更为突出，比如，杜甫的《登高》里面有30个层次、30个现场，这是五言诗无法做到的。而后也有人试验过九言诗，但节奏、格律大打折扣，所以中文的格律诗歌到七言为止，五言和七言是中国古典诗歌，尤其是格律诗歌的最高峰。

但这种形式已经无法再发展了，诗歌要求的对仗一般是单字或基本的词，但是到了当代不能用了，首先是语言上的限制，比如美尼尔氏综合征，要怎么去跟它对仗？很多从外语翻译过来的东西，很多元概念绕不过去，无法转化为汉语用字，因为诗歌必须要处理现代性，而现代性是跟现代汉语同时出现的，中文是相对于英文、法文的一种文字，但汉语是经史子集一路累积，是中国关起门来自己生成的语言，中间只被翻译佛经给打乱过，但这也没有在诗歌和文学的意义上影响中国，所以汉语的语种跟中国人的种族是高度合一的。

当代诗歌用中文写作，存在跟其他语种相互对应、相互翻译、相互影响的双重性，诗歌写作的现代性所存在的空间从山林乡野变成了现代性意义上的城市，而非古都。古代的城市建构常是把天文图景移植下来而成，把它数学化和规则化，这也不光体现在建筑上和城市的设计上，还落到了声音里面，宋词的宫商角徵羽最早就是从星图中移植的，所以声音里面有

天象的成分。我一直认为宋词的第一文本是声音文本，文字文本是次文本，是把声音记录下来才出现的。回归到宋词的原声，由于要发19种声音，很多发音的器官靠后，只能发出气声或轻声，使得男性发音类似女声，这也许是京剧里男人唱女性角色的来源，但是后来豪放派打破这个声音体系，而是作为诗来写，文字就变成了第一文本，所以词的诞生分两种，一种是男性气质的声音，一种是女性气质的声音。而当代诗歌要写现场，写正在发生的事，诗歌想处理非农耕文明的现代性存在，需要另外发明一套语言来与现实对应，构成一体化的东西，它同时还是诗，所以对现代诗的定义、理解与古典诗有了截然不同的区分。

第三编

校友风采

36 叶嘉莹

千年传灯，日月成诗

校友简介：

叶嘉莹，号迦陵，中国古典文学研究专家，1924年7月出生于北京，1941—1945年就读于辅仁大学国文系（1952年并入北京师范大学），现为南开大学中华古典文化研究所所长，中华诗词学会名誉会长，加拿大皇家学会院士。"影响世界华人大奖"终身成就奖获得者。

经常有人形容，叶嘉莹站在那里，就是一首诗词。如灼灼荷花，亭亭出水，高洁优雅，古典隽永。诗人席慕蓉曾经这样描述："当时的我，只觉得台上的叶先生是一个发光体，好像她的人和她的话语已经合而为一，叶老师在台上的光辉，并不是讲堂里的灯光可以营造出来的，而是她盼顾之间那种自在与从容，仿佛整个生命都在诗词之中涵泳。"辅仁大学校友、北师大历史系教授刘乃和先生曾回忆："我常常想起她的音调、念诗的韵律，真好，语言也美，她自己的语言和她讲的诗词的语言的美度可以相提并论。她说的语言就有点像诗词，声调有点像歌曲，诗词的韵味无穷。"

从1945年起，她就走上了教书的道路，诗词的讲台上，一站就是近八十载。"回想我曾经走过的路，是中国的古典诗词伴随了我的一生。"读诗、写诗、讲诗，与诗词交融的人生，其本身何尝不是一首悠然的诗篇！

石根萦藻系初心，红蕖留梦月中寻

1924年，叶嘉莹出生在北京西城区察院胡同的一个四合院里。叶家的祖上是蒙古族旗人，祖居于叶赫地，本姓叶赫纳兰，在叶嘉莹的一首诗里，曾写过"我与纳兰同里籍"之句。民国以后废除满族姓氏，方简化为"叶"氏。这个三代同堂的四合院颇有京华意蕴，古香古色，书盈四壁承载了叶嘉莹的整个童年，正是在这里，她接受了传统文化的家庭教育，深受旧学熏陶，度过了她诗词创作的萌芽期。

叶嘉莹的父亲叶廷元，毕业于北京大学英文系，教她认字读音，严谨细致。伯父叶廷乂，古典文化修养深厚，常与她谈讲诗歌，鼓励她写诗与联语。叶家藏书甚多，多有人慕名来查阅、借书。虽足不出户，却可读万卷书，虽无喧嚣热闹，却有悠悠诗韵萦耳。叶家推崇传统"诗教"，重视古典诗书诵读，叶嘉莹幼年时第一本开蒙读物便是《论语》。姨母给叶嘉莹姐弟开讲《论语》的第一天，便举行了拜师仪式，还拜了孔子的牌位。从那时起，一种敬畏之感便存在于叶嘉莹稚嫩的心灵中。"畏天命，畏大人，畏圣人之言"，这是中国的传统，叶嘉莹在自己的教学生涯中，一直都是站着讲课，一站就是几小时，她说，这也是对诗词、对诗人的一种敬畏。

窗前的修竹、阶下的秋菊、庭中的榴花、檐上的新月、夜间的蝉鸣，庭院中的景物成了她最初写诗的主要题材。

记得年时花满庭，枝梢时见度流萤。
而今花落萤飞尽，忍向西风独自青。

从这首七绝小诗，叶嘉莹开始了自己的诗词创作。

因生于农历六月，中国习俗中的"荷月"，叶嘉莹得乳名"荷"。她在《梦中得句杂用义山诗足成绝句》中写道："昨夜西池凉露满，独陪明月看荷花"，荷是出泥不染，恃重高洁，月是光影澄明，皎洁沉静。"独陪明月"而"看荷花"，对叶嘉莹的一生而言，似乎也有了一种象喻的意味。

仰此高山高，可瞻不可及

1941年夏，叶嘉莹考入辅仁大学国文系。"读书曾值乱离年，学写新词比兴先"，叶嘉莹在辅仁大学学到了更专业的古典文学知识。迦陵学舍的一面墙上，挂着叶嘉莹在辅仁大学的成绩单、证书，摆放着她曾经的笔记与书本，灯光影下，斑驳字迹深深浅浅，泛黄的纸张无言诉说着过往，也记录着决定她"今后要一直行走在诗词道路上的终身命运"的那段时光。

在辅仁大学的第二年，叶嘉莹在唐宋诗课堂上初遇了对她一生影响最大的恩师——顾随先生。顾随先生是中国古典文学大家，"对于诗歌具有极敏锐之感受与极深刻之理解，又兼有中国古典与西方文学两方面之学识及修养"。顾随先生讲课常常把学文与学道、做诗与做人相提并论，不止在文学上给学生以启发，更能提升品格与修养。在顾随先生的引导启发之下，叶嘉莹对诗词的评赏有了较深的体认，在创作方面也有了进步。如果说伯父给予叶嘉莹的是诗词基础的栽培，那么顾先生给予她的便是直击诗词神髓的启发。顾随先生对资质出众的叶嘉莹十分器重，不仅为她批改诗作，还从诸多方面给予嘉勉，与她有不少诗词唱和，但不忘提醒："做诗是诗，填词是词，谱曲是曲。青年有清才若此，当善自护持。"

"禅机说到无言处，空里游丝百尺长"，顾随先生的讲课方法使叶嘉莹学到了最珍贵的评赏诗歌的妙理。叶嘉莹的讲课风格也与顾随先生有相似之处，不带手稿来讲课，思维敏捷，联想丰富，喜欢"一片神行跑野马"，以感发为主，用联想推展，从诗人本身不同的襟怀、性情，从诗歌作品中的用字、遣词、造句传达的不同效果，层层深入带领学生进行探讨，可谓一系诗心相承，一脉薪火相传。从1942年到1948年，六年跟随听讲，叶嘉莹心追手写记录顾随先生所讲的诗歌精华，记了整整八大本课堂笔记。虽多经羁旅坎坷，乱离中失物无数，但这些课堂笔记一直被保存得完好无损，后被转交于顾随先生之女，经她摘录、整理，辑成七万余字的《驼庵诗话》，将60年前顾先生谈讲诗词之兴会淋漓、音容神韵，落定于纸幅之上。

2000年，叶嘉莹在南开设置了"驼庵奖学金"，用余生所为，纪念恩师之言传身教，告慰恩师之倾囊相授，更是期愿中国古典文化的教育可以千载万年绵延久远。

转蓬辞故土，离乱断乡根

1948年，未曾有吕碧城笔下的"不遇天人目不成"，叶嘉莹嫁人南下，离开了故乡北平，又随丈夫去了台湾。经许世瑛先生和戴君仁先生的介绍和帮助，她开始在台湾大学和台湾辅仁大学教授诗选、词选等课程，又在台湾"中央人民广播电台"教国文课。1966年，叶嘉莹以台湾大学交换教授的身份赴美国讲学，去了哈佛大学和密歇根州立大学，最后辗转到加拿大的不列颠哥伦比亚大学教书。

加拿大的课程需要用英语讲授，"想让西方人更好地了解中国诗词，就需用西方人的思维方式看待、评论和讲述中国古典诗词"。叶嘉莹每日须花大量精力查生词备课至深夜。由于文化与语言的差异，无法完全复刻和传达诗词的神韵与精妙，让她有一番"欲取鸣琴弹，恨无知音赏。感此怀故人，中宵劳梦想"的滋味，终不如在祖国教书那样挥洒自得。

在英文逐渐熟练以后，叶嘉莹旁听了一些西方文学理论的课程，研读了大量西方文学理论的书籍。她大胆尝试将所学西方文学理论引入中国古典诗词研究之中，用以诠释主观、抽象的传统诗话，收到了良好的效果。通过多年的思索与探究，叶嘉莹对中国诗词特殊的美学品质的形成与演进，做出了较为完整的理论化和系统化的说明，在北美的汉学界产生了重要的影响。

在特殊的历史条件下，叶嘉莹的教学研究活动在东西方文化交流之间架起了桥梁，她也成为中西文化的"摆渡人"，如辛勤的艄公，以一方讲台为舟，将一批批学子送到了知识的彼岸。在哥伦比亚大学教学的第二年，她被聘为终身教授，这在当时的北美是没有过的先例，"这是我一生不幸中一次幸运的际遇"。1991年叶嘉莹当选加拿大皇家学会院士，成为唯一的中国古典文学院士。2012年被中华人民共和国国务院聘为中央文史研究馆馆员，成为文史馆唯一的外籍馆员。2016年，她荣获了"影响世界华人大奖终身成就奖"，被公认为是在海外传授中国古典文学时间最长、弟子最多、成就最高、影响最大的华裔女学者。

"平生几度有颜开，风雨一世逼人来。"在北美期间，叶嘉莹经历了与亲人的生死离别，她的父亲、大女儿与女婿相继离世，"信难真，泪千行"，与亲人天人两隔，让她一度沉浸在悲伤之中。而不幸中之大幸运，乃是她与古典诗词相随相伴，得以在穿林打叶声中吟啸徐行。

忆1948年诀别之时，顾随先生写下的《送嘉莹南下》，起首一句是"食茶已久渐芳甘，世味如禅彻底参"。于苦难之中品得甘甜，以无生之觉悟为有生之事业，以悲观之体验过乐观之生活。每逢遭遇困难，叶嘉莹就以此话来开导自己。

"它使我真正超越了自己的小我，不再只想自己的得失、祸福，使自己的目光投向更广大、更恒久的向往和追求。"而这个更广大、更恒久的向往和追求就是做中国传统文化的传承者和传播者。

书生报国成何计，难忘诗骚李杜魂

叶嘉莹一生景仰屈原和杜甫，屈原追索理想的执着精神，杜甫心忧天下的家国情怀，已浸透在了她的生命里。加拿大与中国建交后，叶嘉莹与故乡的家人取得了联系，并产生了回国教书的念头，想把自己在古典文学上的学识贡献给祖国，"我想这主要是出于书生想要报国的一份感情和理想以及我个人对于中国古典诗歌的一份热爱"。

1978年暮春，叶嘉莹穿过哥大寓所前的树林，走到马路边的邮筒旁，将回国教书的申请信寄出，黄昏时刻，落日熔金，余晖铺洒，倦鸟恋恋飞回巢中……

1979年，国家开始安排叶嘉莹到北京大学访问讲学。自此，凡有暑假年假，她必定回国讲学，来回都是自费。胡马依北风，越鸟巢南枝，候鸟般的行迹勾勒着"他年若遂还乡愿，骥老犹存万里心"的愿望，而这颗心，也终于在祖国的土地上落定了。

回国讲学后，叶嘉莹与母校也有着千丝万缕的联系。1987年，经辅仁大学校友会副会长马英林学长促成，叶嘉莹开启了"唐宋词系列讲座",许多老校友跟随听讲;受她的同学、北师大中文系杨敏如教授之邀到北师大讲五代北宋令词欣赏;受辅仁大学沈阳校友会赵钟玉学长邀请去沈阳讲南宋词;受辅仁大连校友会会长饶浩教授的邀请讲授南宋词的最后一家王沂孙,在讲台上完整地完成了"唐宋词系列讲座"十七讲的课程。同年,她被北师大聘为名誉教授。1991年,叶嘉莹当选加拿大皇家学会院士后,辅仁大学校友会在京为她举办了庆祝活动。2004年,"叶嘉莹先生八十寿辰暨学术思想研讨会"在北师大英东楼学术报告厅举行,叶嘉莹以"思乡"为题作了讲演。只要在国内,时间允许,叶嘉莹也会参加辅仁校友会组织的活动。2019年3月,北师大校友会副会长陈光巨到南开大学拜访叶嘉莹,并赠送了秦永龙教授书写的以叶嘉莹《鹧鸪天》一词为内容创作的书法作品。

莫怪无心恋清境,已将书剑许明时。1990年从哥伦比亚大学退休后,叶嘉莹毅然决定回国。她期待着自己所热爱的古诗词文化,中国优秀的传统文化命脉,可以代代传承。叶嘉莹所到之处,皆有众多听者追随跟从,更有不少年轻学人缘因她的课而钟情古诗词。她曾在诗里这样描写在南开上课时的情景,"白昼谈诗夜讲词,诸生与我共成痴。临歧一课浑难罢,直到深宵夜角吹"。

"转蓬万里,情牵华夏。续易安灯火,得

唐宋薪传。继静安绝学,贯中西文脉。你是诗词的女儿,你是风雅的先生。"在"感动中国"2020年度人物组委会给叶嘉莹的颁奖词里,古典诗词所厚植的家国情怀,祖国文化对天涯游子的无声召唤,叶嘉莹"一生只做一件事"的传奇人生连同她"蕴玉抱清辉"的风华气质凝结成了震撼心灵的感动。

柔蚕老去应无憾,要见天孙织锦成

叶嘉莹大半生的学术生涯,与王国维是分不开的。1956年的《说静安词〈浣溪沙〉一首》,既是叶嘉莹对王国维研究的开始,又是她在诗词道路上由单纯创作转向评赏的开始。《王国维及其文学批评》等诸多著作记载着她与这个远逝的灵魂攀谈的痕迹。自《杜甫〈秋兴八首〉集说》这一篇始,叶嘉莹从"为己"之学慢慢转向了"为人"之学。"一个原因可能是我慢慢年岁大了,就想到怎么样把这些文化传统延续下去。我们既然从我们的长辈、我们的老师那里接受了这个文化传统,到了我们这一代如果没有传下去,是一件令人愧疚的事。一个人生命的传承是靠子女,而一个文化传统的传承是靠下一代的青年学生。"

"使贫贱易安,幽居靡闷,莫尚于诗矣。"叶嘉莹是中国古典诗词的受益者,诗词伴随、支持着她走过一生的忧患,古代伟大诗人们的心灵、智慧、品格、襟抱、修养带给她生命的感发与生生不息的力量，给予她"天容海色本澄清"的平静与豁达，"我体会到了古典诗歌里面美好、高洁的世界，而现在的年轻人，他们进不去，找不到一扇门。我希望能把这一扇门打开，让大家能走进去"。叶嘉莹用融于生命体验的诗教提醒着世人诗歌的价值，在于个体，在陶冶，在感发。

《周礼》记载，"以乐语教国子，兴、道、讽、诵、言、语"，吟诵自古是学习古典诗词的重要法门，是为了使自己的心灵与作品中诗人之心灵"千秋共此时"，达到深微密切的交流和感应。把吟诵传统很好地保护并传承下来，是叶嘉莹最大的夙愿。她希望吟诵的传承要从娃娃抓起，使孩子们从小就学到正确的吟诵方式。"这是声音上的一件事，不像写在纸上可以保存很久，我对于吟诵，要有一个交代，希望自己离开世界以前，把真正的吟诵留下来。"

"皎洁终无倦，煎熬亦自求。花时随酒远，雨后背窗休。"李商隐的诗《灯》是叶嘉莹喜爱的一首诗。九十余载，"未应磨染是初心"，叶嘉莹自己是一盏灯，心头的一点火焰依然长明；她又是传灯者，从漂泊到归来，诲人不倦，望一灯燃百千灯，传承中国古典诗词命脉。

千年传灯，日月成诗。诗词的点点灯火，终会如日月星辰，明终不尽。

（撰稿：元静）

37 万慧芬

抒怀巾帼情，红心永向党

校友简介：

万慧芬，北京师范大学外语系1948级校友，曾作为北师大中央土改工作分团成员参与了江西省兴国县茶园乡的土改工作，毕业后全面负责创建山西大同三中，担任行政领导工作及教学工作。1974年调入中国对外翻译出版公司负责英语编译工作直至退休。2009年，被评为北京师范大学实验中学荣誉校友。

"是党培养了我，我不能辜负党的培养"，这是整个采访过程中，万慧芬重复最多的一句话。一心向党，公而忘私，是贯穿她整个生命的一条主线。"无私甘奉献，一心办实事"是万慧芬的人生准则，亦是她一生的真实写照。

品学兼优，年少初立革命志向

1928年，万慧芬出生于北京，是个北师大"老土著"。她小学就读于北师大第一附小，1945年考入北师大女附中，因品学兼优，毕业时被保送北师大学习。在选择专业的时候，她毫不犹豫地选择了外语系。早在高中读书时候，她就听闻外语系学生组织参与的一些爱国活动，对此向往不已。除此之外，还有两个更

明确的原因，"外语系是个大系，焦菊隐、洪琛等教授学者云集；它又是红系，当时北师大地下党总支部有三个支委，其中一个就设在外语系"。谈起当年的学习，她回忆道："一年级修读马列主义等公共课，二年级学习专业知识，学校也为我们开设了丰富的选修课，我选修了俄语"。专业学习之余，在党的教导和培养下，万慧芬阅读了大量进步书籍，并有机会参加开国大典、游行联欢、庆祝中国共产党成立30周年大会等活动，对党有了深入的了解，自此，她树立了坚定的革命信念，在新中国建立之后就申请加入共青团。

性格爽朗活泼的万慧芬，领导和组织才华逐渐展露，先后担任了班主席、外语系系会主席和北师大二院（即文学院）学生会宣传部长

等职务，负责学校午间广播稿的审阅，组织学生春游秋游，筹备北师大"三八"国际妇女节活动等。与现代的大学生活相比，回看过往，一些"当时只道是寻常"的事情却显得新鲜有趣。当时学校成立了以学生为主体的伙委会，在食堂负责食材采购、菜品安排、后勤服务等工作，两周一轮换。万慧芬担任了伙委会的主席，组织入伙学生管理伙食。"当时权力还不小，不仅可以决定大家每天吃什么，还可以获得学校发放的补助，每次有两三块钱呢。"虽然年事已高，但万慧芬关于大学时代的记忆从未褪色，这些美好的片段通过她的动情描述，仿佛在脑海中重新上演了一遍。万慧芬有一本红色的日记，里面详细记载了大学时候每天的生活情况，采访期间，粗略翻看，非常震惊，工整的字迹，详细的记录，漂亮的英文圆体字，让我们对老一辈的师大人肃然起敬。保持记日记的习惯，在年轻大学生中已实属罕见了。通过这些学生职务，万慧芬提高了政治觉悟、锻炼了工作能力。在大三时，万慧芬加入了1951年的中央土改工作团，赴赣南老革命根据地兴国县参加土改工作。1952年，土改回校后，她光荣加入了中国共产党。

亲历土改，一腔热血投身实践

"我们党取得的所有成就都凝聚着青年的热情和奉献。"新中国成立之初，投身社会主义建设、贡献青年力量的大军中，也有北师大人的足迹，万慧芬就是其中一个。1951年10月，党中央开展全国最后一次土地改革。万慧芬清楚记得当时毛主席这样强调土改的重要性，"状元三年一考，土改千载难逢"。根据部署，中央政府各部门部长、局长，民主党派人士及几所重点大学高年级大学生都加入这次土改工作团。北师大选出了一部分学生组成中央土改工作团十三分团，参与土改工作，当时读大四的万慧芬被列入了名单。

1951年，载着北京大学生土改分团的专列南下，同时承载的，还有他们的青春激情。专列逢车必让，从北京到汉口，走了整整两天。到达汉口后，他们乘轮渡过江，再乘火车到武昌，最后坐大巴到中南区军政委员会驻地——武汉。在出发前，万慧芬与同行的同学们接受了十多天的集体培训，聆听中央领导的指示，了解相关土改政策，"大家都做好了不怕吃苦，不畏艰难，不怕牺牲、经受考验的思想准备"。随后，北师大土改十三分团被派往宁都专区的兴国和于都两县开展工作。

雩都、兴国两县是老革命根据地，中国红军就是从于都县渡河北上开始长征的。兴国是中央苏区的模范县，闻名遐迩的将军县，也是革命烈士最多的县份。通过时任兴国县委杨锐政委和李贻树县长的报告，万慧芬和同学们了解到兴国人民光荣和感人的革命斗争历史，"我们更加崇敬和热爱老区人民，作为能在兴国搞土改的学生，深感荣幸"。

在分配土改任务前，北师大土改第十三分团党支部决定，把万慧芬从外语系小组调到力量相对薄弱的中文系小组，负责茶园乡的工作。茶园乡地处兴国边界，下辖茶园、匡坊、罗坑等六个行政村，一般情况下，两位大学生负责一个行政村，万慧芬却被委以单独负责茶园乡的重任。"党支部调我独自掌管茶园村的工作，这是党组织对我的信任和培养，我必须无条件服从革命工作的需要和党组织的决定。"没有任何犹豫，万慧芬打包行李，住到了茶园乡。白天，万慧芬与农民一起劳动，帮助兴修水利，访贫问苦，讲解政策，做村民的思想动员。为了不影响农民的生产劳动和正常生活作息，土改工作团安排大家晚上在村公所开会，经常要凌晨才能结束。万慧芬翻山过岭回到村公所需要二三十分钟时间，正值冬季，万慧芬独自走在深山峻岭中，听着山风吹着树木沙沙作响，又想起村民议论的地主婆在路经的木桥上投河自尽，害怕至极，但别无选择，只有鼓足勇气，疾步返回。当地村民知道这些情况后，钦佩地夸奖赞她："同志嫂真不简单，胆子大，有魄力。"从1951年11月底，进驻茶园村，直到1952年4月初完成土改任务撤离，四个月的时间，每天朝夕相处，万慧芬与革命老区的村民结下了深厚的情谊，被他们亲切地称作"同志嫂"。土改后期，她参与了协调分配土改土地，帮助农民发展农业生产的工作，当然，让她引以为豪的还有另一件事：为改善茶园乡重男轻女，妇女没有社会地位、没有自主权的现象，万慧芬通过讲故事、举实例来启发农村妇女努力学习文化，提高觉悟，争取自己的权利和自由。"我一定要把妇女的思想工作做好，还要争取保护她们在土改中的各项权利。"受她的影响，茶园乡一名妇女同志刘甲凤在茶园乡建立乡政权时，被选为副乡长兼妇女主任，工作能力得到了肯定。如此看来，万慧芬的努力有了结果。

"初生牛犊不怕虎"的无所畏惧与内心的坚定信念，让二十出头的万慧芬经受住了考验，圆满完成了任务。"党中央安排大学生参加土改工作的决定是英明正确的。"近70年后，万慧芬仍然反复强调当时国家政策的深远意义，"我们不仅认识到了土改对农村生产发展以及农村工作和基层工作对国家建设的重要意义，更认识到了我们是党和国家培养起来的大学生，一定要急国家之所急，服务于国家需要，为革命贡献力量，回报国家对大学生的培养"。参与土改期间，在革命老区人民的教育和帮助下，年轻的大学生认真贯彻党的政策，积极努力地工作，政治思想进步得很快，有七位同学光荣入团，万慧芬也在土改后申请加入了共产党。1952年4月10日，万慧芬和同学们回到北京，返回课堂，恢复了正常的学习生活。

与兴国的缘分，并没有因为土改结束而终

止。2001年，万慧芬受邀参加了"土改工作团五十周年重返兴国活动"。回京后，她以一名老共产党员和一名曾参加革命老区土改工作的老大学生的身份给党中央呈报了一份《重返兴国纪行》报告。她向党中央建议，希望国家在政策、规划、投资、扶贫和教育等方面向兴国这样的革命老区倾斜和扶持，并请中央有关部门在兴国资助修建一所红军后代学校。虽当时未能实现，但2015年9月，红军后代学校最终建成，为兴国的人才培养、地区发展和建设提供了力量支持。几经努力，万慧芬还从教育部的国家计划投资项目中为兴国争取到180万元的资金，资助修建了兴国县青少年校外活动中心。2008年建成投入使用后，这个青少年校外活动中心成为当地的文化阵地，得到青少年和家长的高度评价，还被教育部表彰为"全国县级示范性青少年校外活动场所"。"后来我去活动中心参观，一位九岁女孩连夜为我赶绘了一幅画，画面上有模范县和一群女孩欢迎一位老奶奶，意寓生动，我很感动。"如今白首已心尽，万里归程在梦中。一次特殊的经历，一次青春激情的挥洒，这片热土便成了万慧芬永远的牵挂所在，只要有机会，她就想着多回去看看。

艰苦创业，革命青年志在四方

"要做一番伟大的事业，总得在青年时代开始。"奋斗的青春，和党的伟大征程，底色是一致的，步伐也是一致的。1952年8月，国家首次对毕业大学生实行统一分配，万慧芬按照当时的条件本可以留京工作，但她主动申请到条件艰苦的地方创业，之后便来到了塞北边陲的大同市，成为新中国成立后分配到大同市的第一位大学生。"那时候也没有想得太多，只是觉得自己是党员，应该为新中国的革命事业献身。"万慧芬回忆道。初到大同，她就临危受命，承担起了筹建市立中学的重任。刚走出校门，缺乏经验的她内心非常忐忑，但领导的一针"强心剂"让她鼓起了勇气，并暗暗下决心一定要干出一番事业来。"你是最合适的人选，你有足够的能力来承担这个任务，这是革命工作的需要。"

建校筹备工作正式开展，这个过程中，万慧芬坚持校舍基建和教学建设齐头并进。在设备简陋的办公环境下，万慧芬充分发挥自己在北师大所受教育的优势，并借鉴北京先进中学的经验，完成了建校规划的制定和校舍的布局安排，制订了教学计划、课程设置和校规校制等。

在市委、市政府的大力支持下，经过万慧芬与筹备组同志们的不懈努力，不足两月，这所市立中学（后被命名为大同三中）移迁新校址。1952年10月20日正式开学上课，教学工作逐步走向正轨。建校之初，学校系统的管理机制还不完善，作为学校仅有的一名党员，万慧芬一人承担了教学、行政、总务的工作，负责管理当时的6个班200多名学生的学习和生活，虽任务繁重，但各项工作都被安排得井然有序。

在管理教学工作中，万慧芬边探索研究教学方案，边下到课堂去听课。除此之外，她笑称自己还有两大法宝："一是建立教室日志，由班主任记录学生的政治思想，她进行总结和反思。二是建立教学日志，班主任统计学生们的教学意见，了解教学情况。"由于万慧芬带领的筹建组在短时间内完成了大同三中的建校工作，且办学理念新颖，教学方式先进，为其他学校提供了经验，大同三中得到了一架进口钢琴作为奖励，成为当时全市唯一一个拥有钢琴、专业音乐教室、专职音乐教师的中学。

在大同三中建成后，1953年1月，中央组织部将万慧芬调回北京到中共中央调查部从事与英语相关的工作。1974年调到中国对外翻译出版公司，从事联合国文件的编译工作，直至退休。虽然离开了大同，但是这段刻骨铭心的经历始终留在她心中。2011年，万慧芬撰写了《牢记党的培养 难忘峥嵘岁月——创建山西大同三中的艰难经历纪实》一文，记述这段艰难经历与峥嵘岁月。2002年与2016年，她曾两次回到自己亲手创办的学校去参观，抚今追昔，感慨万千。

"我是与共和国共进步、共成长。"万慧芬一生没有忘记党的教育和栽培，她总说，没有党和国家就没有现在的她。对于党的指示，她坚定追随，"为完成祖国交给我们的神圣使命而斗争"，是她日记本扉页的最后一句话，从青春年少到双鬓染白，万慧芬以拳拳赤子之心，用一生书写并践行着自己的红色誓言。

（撰稿：陈秋宇）

38 胡德海

游书海著书千言，育桃李终生无悔

校友简介：

胡德海，北京师范大学教育系1949级校友，1953年分配到西北师范大学任教，扎根西北，献身教育事业。曾任甘肃省高校教师高级职务评审委员会委员、甘肃省特级教师评定委员会委员、甘肃省教育学研究会理事长、甘肃省少数民族教育研究会副理事长、全国教育科学规划领导小组教育基本理论学科规划组成员、《教育研究》杂志编委、国家教委中小学教材审定委员会审查委员、《教育大辞典》(修订版)编委等社会兼职。进入新世纪，他又兼任中国教育学会教育学分会学术顾问，甘肃省第三、四、五届中小学教材审查委员会副主任，甘肃省教育学会教育学研究会名誉理事长，西北师范大学学位委员会委员、《中国教育大百科全书》编委等。

（2019年）胡德海已92岁。电话拨通，电波那端的声音平稳沉着、儒雅谦和，从声音中便可约莫勾勒出老人睿智的面庞，感受到他平和的眼神。

览群书：书舟踏浪波不阻

浙江金华，秀水碧山，人杰地灵。胡德海在那里度过了18年的时光。"吾十有五而志于学"，国家危难，烽火战乱的时代背景让胡德海从小立下了读书报国的志向。1949年，高中毕业后，胡德海考取了北京师范大学。"当教师，可以终身与书为伴，这是实现人生价值的最好选择。"1949年9月19日是他到北京报到的日子，记忆中的入学场景跨越70年依然鲜活如初。10月1日，开国大典举行，作为新中国成立后的首批大学生，他有幸去天安门现场观摩了典礼。无论何时谈起这段经历，先生都会感慨，"可以参加开国典礼，算是一个特殊时代的幸运啊"。书生报国成何计？与那个时代的年轻人一样，胡德海认识到自己站在新时代的起点，建设新中国的序幕正徐徐展开，待他们大展才华。

胡德海回忆，入校时，学校给新生赠送了三个书签作为迎新礼物。其中一个写着列宁的话："学习、学习、再学习。"另两个分别写着毛主席的话："新民主主义的教育是民族的、科学的、大众的。""随着经济建设的高潮的到来，不可避免地将要出现一个文化建设的高潮。"看到这三句话，胡德海内心备受鼓舞，同时他也开始思考如何在这个大有可为的时代发挥自己的价值，如何让教育有中国的特色。

与现在不同，胡德海那一代学子的学习生涯并不平静，甚至说是与时代脉搏一同跳动，与国家活动休戚相关。胡德海举了几个例子，"比如，抗美援朝战争爆发，我们就马上响应，要到农村去，到基层去，到老百姓中间去投入宣传动员工作；在镇压反革命运动中，我们也要在前门区委会政府组织安排下进行街道积极分子组织工作"。1951年，党中央决定让在校大学生一同参加国家最后一次土改工作，同时接受爱国主义教育，胡德海也是其中一分子。土改之际，胡德海与同学们辗转武汉、南昌等地学习土改政策，接着他服从分配到各区县参与土改运动。在大一时，他虽然旁听过文学院李长之教授的"李白与杜甫"、叶丁易教授的"现代文学史"以及俄语系何万福教授的俄语课程，但还是感到摄取知识的散乱与不成系统。在学习进程频频被中断的情况下，胡德海选择了扎入图书馆畅游书海、自我钻研。从此，读书与思考成为主线贯穿了他整个生命。

胡德海对北师大图书馆的感情非常深厚。浩瀚如烟的藏书为他打开了一片广博的新天地，他意识到过去摄入的知识已不足；进入新时代，社会发展也需更新知识才可跟进。"在北师大图书馆，许多书就在眼前，每本书都唾手可得。我把要读的每本书都列出来，抓住这个机会每天都在图书馆看书。"谈起图书馆与自己的读书生活，胡德海的语气变得欢快，似乎又回到了那些埋头书海、徜徉书架、醉心阅读的日子。

在北师大期间，胡德海除了上课、吃饭和休息之外，其余时间都泡在图书馆里，分门别类阅读人文社科类书籍。他对马克思主义哲学特别是辩证法部分饶有兴趣，光是读书笔记就写了30多万字。"读书和学习是在别人思想和知识的帮助下，建立起自己的思想和知识"，这段经历为他以后反思和构建教育学原理的学科体系打下了坚实的理论基础，也开拓了思维，扩大了胸襟格局。

育桃李：衣带渐宽终不悔

读书之乐何处寻？教育情怀天地心。"从1949年上半年开始一直到现在，我都一直有这么一个感觉，（教师）这个职业对我来说是很合适的，是值得坚持一生的。我对自己从事一辈子的教学工作，一想起来，内心里都是很安定的。我感觉到这一辈子，选择教书这样的职业，没选择错。"胡德海坚决而笃定地说出这番话，字字平淡但却掷地有声。70年专注一件事，70年不改心智、不动杂念，这样的境界是弥足珍贵的。

胡德海与教育工作缘分深厚。1949年1月，胡德海高中毕业，在毕业到考大学的间隙，他应邀在汤溪私立维二中学当了一学期的中学教师，初启了与教育的奇缘。进入大学后，1949年10月到1951年7月间，他又担任了教育系学生兴办的平民夜校的副校长与校长等职，管理教学行政，也承担教学工作，之后也曾在北京大栅栏某胡同小学教语文课。这三段教育兼职经历，为他提供了对教师职业的感性认识，也坚定了他选择教育工作的信念。胡德海选择教师职业的首要理由，是可以寄居书海、钻研知识、与人类最伟大的思想碰撞；但他保存教育激情的秘方，则是教师职业对后辈的启迪与奉献。胡德海在基础教育领域、高等教育领域皆有工作经验，他认为不管学生处于小学、中学、高校任何阶段，教师对他们的情感都应该是一致的。大学专业教育，强调的就是一个"专"字，"专"对教师来说，主要是为学生提供学问、学术方面的提点与引领。小学、中学阶段，主要是打基础，虽然面临的对象不一样，但从事教育工作的精神是一样的。教师是再平凡普通不过的职业，但这一份职业背后却牵系着重大的社会历史使命，教师在满足年轻一辈对知识文化的需求之时，也传递着自己对社会的理解与体验，更时时丰富着自己的人文素养和知识积淀。这就是胡德海对教师职业的深刻见解，在他的教书生涯里，他也是如此践行的。

自1953年到西北师范大学工作，从教60余载，胡德海在三尺讲台上，躬耕不辍，在著书

立人的道路上，亦未停止步伐，为教育理论的探索与完善做出了卓越的贡献。"做人要实实在在，做学问也要实实在在"，胡德海的严谨与真诚、执着与探索、格局与高度，成就了其所著教材在学界的标杆地位。他的《教育学原理》《雷沛鸿与中国现代教育》《教育理念的沉思与言说》等著作获誉无数，影响深远，至今是高等院校教育学科广为使用的教科书，也为后继教育理论研究者提供了深厚的思想养分和明确的理论指引。

挽回清微风，笔有万钧力。就这样，以笔为篙，胡德海如辛勤摆渡的艄公，将一批批学子送到了知识的彼岸，风里雨里，日出日落，无怨无悔。学生称他为西北沙漠之中的"千年之魂"——胡杨树。"自爱、自尊、自立、自强、爱人、尊人、立人、强人"是胡德海送给西北师范大学毕业生的十六字箴言，他说这是我们中国人做人的根本，也是做教师的根本。山高水长，春风化雨，他的治学精神与高尚品格，为学生留下了最为珍贵的财富。

诉心语：少年须惜读书时

胡德海的退休生活是丰富和忙碌的。他曾受邀到山西师范大学、武汉大学、江西师范大学等高校参与学术论坛和毕业生答辩等活动，但教育活动之余，他的生活核心仍是"读书"与"著书"。胡德海坚定地表示读书已经成为

2019年，校领导看望甘肃校友，92岁高龄的胡德海（三排左四）全程参加了座谈会

他的习惯，已与他的生命水乳交融，不可分离。他一辈子都在读书，不读书就觉得少了点什么。听至此我们备感敬佩，被老一辈学人好学钻研、终身学习的精神感染。审视自我，似乎少了那代学人的笃定从容，而更多了一分浮躁迷茫。

谈到当代大学生如何学习，胡德海也给出了自己的见解，"人文社科甚至是理工科学生，首先要打好文史哲的基础，文史哲基础过关，写文章才会少些瓶颈。我们表达思想的手段是写文章，书籍提供建设思维的质料。读书可助人达到更高平台、开阔视野、丰富思维方式。这些工作要在大学里头打好基础，但打好基础还不够，在毕业之后，还要继续夯实自己，读一辈子的书，才能成为比较成熟的、在某一方面有成就的学者"。

胡德海与北师大的缘分，同共和国的历史一道，走过了风雨峥嵘70载岁月。如今，师大后辈仍潮涌不息，佼佼于前，灼灼于后。胡德海为后辈提出寄语，"师大学生的气质与其他高校学生不同，师大的学生读书、做人都比较低调，而'师范'的底色又为我们的朴实笃定加上一分奉公利他。这种气质从1902年延续而来，直至今天，历久弥新。要珍惜和利用师大给予我们的平台与资源，保留这一分可贵的气质。在大学阶段求知识、充实自己，成为符合自己要求的读书人"。叮嘱之语，字字珠玑，情深切切。

后记

一番畅谈之后，我们为老一辈教育家胡德海的人格魅力所打动。静心畅游书海，专心著书立言，诚心培育桃李，胡德海一生所精专的三件大事，无不在践行着入学时三个书签上的希冀。而他笃定、谦和、踏实、勤勉的人格魅力，何尝不是共和国初批大学生的共同画像？他们与共和国一道，踏过70周年的风雨岁月，纵路有弯折，仍永葆初心。如张载所言："为天地立心，为生民立命，为往圣继绝学，为万世开太平。"立一颗读书求真之心，为后辈传授所学所知，完成教师的社会责任与使命，这就是胡德海那一代北师大学子给予我们最大的感动与启迪了。

（撰稿：赵鑫）

39 温景恒

终身未敢忘思国，丹心一片向碧空

校友简介：
温景恒，北京师范大学1949级美术工艺系校友。
大学期间参军入伍，多次受到立功表彰。

序言

东风习习早春天，来拜访温景恒学长是在3月的一个下午，北四环的一所部队大院儿内。初见到老先生，爽朗浑厚的笑声，笔直挺拔的身姿，凌烁坚毅的神色，军人的绰约风姿在这位88岁耄耋老者身上未曾褪去过。不大的房间被打理得井井有条，桌上放置了一盆盛开的蝴蝶兰，屋内整齐摆放的全家福、绘画作品、剪纸作品、飞机模型、立功证书等，不由得让人心底的敬意油然而生。这些物品，于老先生而言，是为再平凡不过的陈列，然于我们而言，已经迫不及待地等着他讲述这些平凡之物背后的故事，展开新中国成立后首批师大学生的精彩人生画卷了。

求学路途的归宿

1931年，温景恒出生在北京。家中有三个孩子，他排第二。因家里教育氛围浓厚，弟兄三人都读了大学。1948年夏天，温景恒进入北师大先修班，进行了为期一年的预科学习，第二年考入北京师范大学美术工艺系。温景恒是新中国成立后北师大美术工艺系的第一批大学生。在此之前，他曾在求学路上经历过一些波折，但最终考入北师大，人生道路上便有了别样的风景。

在特殊的时代背景下，大学生活显得丰富又别具一格。本着从小对美术的热爱，温景恒选择了美术专业。专业课包括素描、水彩、图案、雕塑、油画、解剖学等，任课教师都是从老解放区来的穿着灰布军装的老干部，但大都为大师级的人物。除此之外，学校还开设了体育课，包括篮球、排球、手球、垒球等科目，劳作课包括制作桌椅、小提琴等木工活儿，金工课上学习打铁、车床等，学习雕塑、染色、制图等，政治课是大课，学生们一起在大棚里听报告……"用现在的话来说，我们是德智体美劳全面发展"，温景恒笑道。

温景恒的业余时间也被各种活动填满，因为是班长，又是"康乐部"（学生会宣传部）的主要干事，他带领班级同学发挥特长制作标语、承办宣传橱窗、布置学校大型会议会场，"当时积极性很高，干什么都不觉累，浑身是劲儿，不知疲倦，活动的主题很多与抗美援朝等国家大事有关"。他还报名参加了学校腰鼓队，在五一、五四、七一等节日进行游行表演。"美工系、音乐系、体育系、保育系、教育系的同学经常在一起参加活动，大家分工不同，协作得非常好"，这样的青春时光，这样专属于那个时代的记忆，教人如何不怀念？

学校带给他的不仅仅是艺术方面的熏陶和造诣，还有对党和国家的一腔热爱和真诚拥护。这也为他以后的人生轨迹埋下了伏笔。

开国大典的亲历者

1949年10月1日下午3时，开国大典举行。

温景恒有幸亲历了这个神圣时刻。他不仅亲临现场参加了大典，还参与了庆典的前期筹备活动。在准备阶段，他和同学们负责毛主席和朱德总司令画像的搬运，参与游行排练、写标语、举红旗、打腰鼓等。尽管当时条件艰苦，设备不足，很多宣传品的制作费时又费力，但是大家干劲十足，"我们这群学习美术工艺的新同学是新中国成立后，北师大创建美术工艺系的首批学生，无论是对学习还是课外活动都充满热情，踊跃参加。"据温景恒回忆，大典当天，北师大的庆祝队伍早早地就进入了指定地点，在天安门国旗杆处向南行进，队伍直排到中华门前。遗憾的是，他们一年级新生排在队伍的最后面，加上天安门广场上三十万群众摩肩接踵，他没能看清楚毛主席，只听到高音喇叭里传来的毛主席那宏伟的声音。广场上的口号声响彻天际："毛主席万岁""中国共产党万岁"！温景恒和同学们心潮澎湃，"前方又传来坦克、炮车、装甲车隆隆的轰鸣声以及人民子弟兵铿锵有力的脚步声，看到天上飞过的一批批空军战斗机群，心里感到无比自豪：新中国成立了！我们的腰板终于挺起来了！"黄昏时候，他和同学们点燃花灯，打着腰鼓，挥着红旗，回到学校。"那个晚上，我们一直沉浸在白天的兴奋中，围坐在一起，彻夜未眠啊。"

在开国大典之前，温景恒还参加了迎接解放军入城的活动。"当时我和同学们站在前门箭楼前的电车铁轨交叉点边的安全岛上，身穿黑色棉大衣，同学们互相在背后用白粉笔写着'解放人'三个大字，举着专门制作的'欢迎解放军'大木牌和校旗，望着如钢铁洪流般涌进来的解放军部队，内心无比激动。"目送着解放队伍走向城外，一颗立志报国的种子也在温景恒心中慢慢发芽。"经历了这一天之后，我的心情久久不能平静，它影响着我的一生，两年后我也报名参加了解放军。"

投笔从戎的报国心

梦想开花终可期。大二时，温景恒响应国家号召，参军入伍进入了空军部队。为迎合抗美援朝和建设一支现代化国防军的需要，中央人民政府军事委员会于1950年12月和1951年6月发出了《关于招收青年学生青年工人参加各种军事干部学校的决定》，掀起两次鼓励参加军干校的热潮。温景恒毅然决然地投入部队军旅生活之中。从1951年的西安空军第二航空预科总队驻地，到1952年的空军干部学校，到1958年的福建前线，再到后来的1965年的广西前线，1969年的贵州飞机制造基地，1975年的空军学院，前线后方几度切换，尝试了机械兵、文化教员、政工干事和军代表等不同角色，温景恒经历了许多普通在校大学生难以想象的困难与历练。当青春遇上蓝色迷彩，他的经历便注定了不平凡。

印象深刻的经历之一是在福建前线炮击金门后的一个中午。当时温景恒从军校下放到这个空军英雄部队当机械兵，温景恒一人在战机旁边值班，这时一颗红色信号弹射向天空，这是空军一级战备的警报，他凭着前几次战斗实习中的经验，迅速做好了起飞前的准备，仅一次便"开车"（帮助飞行员启动发动机）成功，千钧一发时刻保证了飞行员及时起飞迎敌。一次与军队结缘，终身便不曾离开军营。大学从军结束后，他的教员生活由此开启。从西安回到北京，温景恒被分配到速成识字班担任文化教员，同时开始从事军队政治工作。由于单位的改革重组，他服从调配，辗转洛阳空军干部学校、南京空军政治学校、上海空军政治学校，直到1969年，受"文化大革命"影响，学校纷纷解散，他才暂时离开了教员的岗位，进入贵阳某航空生产基地。"文化大革命"结束后，温景恒来到空军学院，重新回到政治工作岗位上，直到1991年退休。在此期间，他因工作出色，在部队立过三次三等功，并受到嘉奖。

"我从未有过转业的念头。"在参军的35年里，温景恒不曾萌生过转业的想法。他把人生最宝贵的时光都毫无保留地奉献给了军队，献给了国家。他的军人情怀更是影响了后代，两个女儿分别进入了空军院校系统工作，两位女婿同样是军人，红色家风可谓一脉相承。屋内挂着几张全家福，两代军人同框，让人肃然起敬。

除去严苛的军事训练，在部队里，温景恒没有放弃自己的兴趣爱好，继续钻研绘画，积极参与部队的宣传工作，成为单位的宣传骨干。

老去且逢新岁月

莫道桑榆晚，为霞尚满天。退休之后，虽由紧张的军旅生活切换到轻松的生活状态中，但温景恒结合自己的兴趣爱好认真规划了退休后的生活，至今回味，依然十分精彩。

他先是发挥自己的美术特长协助地方单位为玉渊潭等公园的游园活动设计规划图，之后组织并参与干休所的各项娱乐活动。1991年9月，包括温景恒在内的第一批老干部被安排到现在的住所，只有19人的院内冷冷清清，缺乏生气。为改变这种情况，丰富院内退休干部的生活，温景恒自告奋勇，从院内的宣传橱窗入手，定期制作宣传板报。每逢重大节日或欢庆活动，不论雨打风吹，温景恒都坚持在露天的环境下作画，截至目前，他已经在这块阵地上完成了200多幅作品。宣传橱窗为大院里的生活增添了不少情趣，更为老人们的退休生活注入了缤纷色彩，也因此受到干休所领导和老同志们的称赞。2004年与2009年他先后被民政部、原总政治部、原总后勤部评为"全国先进军队退休干部"，也曾获得"北京师范大学荣誉校友"称号，由校友会推荐他参加中央电视

台举办的2012年庆祝全国第29届教师节的活动，他作为50年代大学生代表发言。

温景恒曾经说过"我要用画笔，画出老年人的风采，画出绚丽的夕阳红事业来，全身心投入宣传事业中"，这么多年来，他也正是这么做的。在温景恒的家里，挂着各式各样的工笔画，他还特地向我们展示了灵气十足的仙鹤、栩栩如生的老虎等绘画作品。

温景恒把自己对党和国家的一腔热情倾注在剪纸上。每逢党和国家的重要纪念日或重大活动，他总会提前近一年的时间筹备，制作一个个相关主题的大型剪纸，为党和国家献礼。庆祝中国共产党成立、庆祝建军节、庆祝改革开放、纪念红军长征胜利等大型活动几乎全部涵盖在内，对祖国的热爱跃然纸上，每一幅作品都令人震撼，印象深刻。温景恒家中作画的条件并不是很好，他只能弯腰坐在不足小腿肚高的凳子上一点一点刻画，从构思到最后的成果展示，整个过程需要不断查找资料和进行修改，要耗费很多时间和精力。把兴趣爱好和爱国热情紧密相连，岁岁年年如此劳作，这对普通人来说已经很难得了，一位88岁高龄的老人能够坚持下来更是弥足珍贵。

采访结束前，温景恒激动地与我们分享了他接下来的剪纸创意，"我的脑子还能活动，眼睛还能够看得见，脑子指挥着手，还能刻制剪纸，我要把现在的日子过好，还没到不能动的时候呢"。从温景恒身上，我们体会到了

"纵浪大化中，不喜亦不惧。应尽便须尽，无复独多虑"的释然，亦是一种历经沧桑后的乐观与包容。他的豁达和执着是新中国成立后第一批大学生的时代缩影，在那个艰苦的年代，他们从不轻言放弃，而是在各自的领域内为党、为国家的发展默默奉献，即使面临再大的苦难，也从不丧失对生活的希冀和热情，坚定守护着心中的爱国信仰。

（撰稿：高鑫宇　刘盼盼）

40 刘国华

体育之炬传薪火

校友简介:

刘国华,北京师范大学1949级体育卫生系校友,南开大学体育教师。

"我们上小学时就组建了一个篮球队叫TB队,TB是什么意思呢? T就是肺结核Tuberculosis的缩写,B是Basketball的缩写,那个时候人人都怕。我们的篮球队队名意思就是别人见了都怕。"谈起少年时代与篮球的故事,年已耄耋的刘国华眼里不觉开始闪动明亮的光。正是篮球埋下了他与北师大、与体育事业结缘的种子,使他走上了为党的体育事业发展而奉献的道路。

结缘北师大

1949年,中华人民共和国成立,国家需要大力发展教育事业,培养体育人才。就在这"不拘一格选人才"之时,刘国华有幸被招

入北京师范大学体育卫生系,成为新中国成立后第一批大学生。经历了两次高考落榜,刘国华从一入学就意识到,如果没有共产党解放全中国,自己就不可能考入北师大。"所以我就立志,入学后我必须做到最好,我必须跟着党走,必须忠心于革命!"他强调了很多遍上大学于他的重要意义,"这相当于一次我人生的改变、思想上的改变"。对于刘国华来说,这一改变成为他人生道路上的转折点,使他找到了正确的思想道路,树立了坚定的理想信念,熏陶了他一生的教育情怀。

因为从小喜欢体育运动,且在小学和中学接受过训练,刘国华的身体素质和篮球水平在入校前已经较一般同学高了。据刘国华回忆,新中国成立后,北京市的体育活动在党和政府

的领导下得到了蓬勃发展，特别是群众基础较好的篮球运动，不仅得到普及，而且技术水平也有了明显的提高。只用了不到一年的时间，北京先后在东长安街体育场、文化宫体育场、北海体育场都设置了篮球场地，同时也出现了一批具有一定水平的篮球队，除了原有的"木乃伊""未名"篮球队以外，还有"北斗""燕队""电信局"等队。在这样的背景下，刘国华与同班同学自发组建了"师大红队"篮球队，并承担了队长一职，带领队员们开始了较为系统和专业的篮球训练，短时间内就打出了名气，尤其是在迎战传统强队"木乃伊"这一华北最强的篮球队时获胜，一时"师大红队"名声大噪。"师大红队"的队员重视全面身体训练，而且每个人都不满足于学习篮球这一项，对于田径、体操及其他球类项目都认真学习。为了提高速度和耐力，刘国华和队友们在冬季早晨摸黑练长跑，由和平门外北师大校园出发，顺西河沿向东到前门，向北到天安门再沿长安街到六部口，再回到和平门返回学校，全程5000多米。"师大红队"有四名队员入选了1950年迎战苏联篮球队的北京学联队和1952年迎战波兰队的北京联队，以及1951年和1953年全国篮、排球比赛的华北队和火车头队。

恰同学少年，风华正茂，书生意气，挥斥方遒。正是在"师大红队"这两年的锻炼中，刘国华和队员们从初生牛犊逐渐成长为经验丰富、能够独当一面的角色，在"学联队"集训、比赛中所学到的系统战术意识、战略思想也为他们后来参加体育工作、进行体育教学打下了坚实的基础。

体育生涯展风采

1952年从北师大毕业后，刘国华被分配到南开大学教体育。为了让体育教学适应国家体委颁布的劳卫制标准，刘国华和其他教师一道做了很多开创性的工作。青年教师早上6点多就出来练体操各项，老年教师则练习保健班的教学内容。劳卫制中有多项体操项目，刘国华在上学时仅学过简单的垫上运动，而自由体操、单杠、双杠、跳马、鞍马、吊环等项目是苏联体操队来我国表演时才看到的。他就参考苏联《竞技体操图解》进行日常练习，并用来指导体育教学。南开大学从1953开始，开设冬季滑冰课，教师们就进修滑冰课程。恰好李宝华先生是冰球名将，在李先生带动下，全体男教师组织了冰球队。仅经过3个月学练滑冰和冰球，到1954年冬，刘国华就被选入天津市冰球队，参加1955年2月全国冰上运动会，凭借着较好的田径基础，他在第一场比赛中便得分。初出茅庐的小将在赛场上的精彩瞬间，也被刊登在1956年《新体育》第一期的封底。教师们的进修项目从球类到田径无不涉猎。尽管当时还要克服设施不足、运动场条件差等困难，但这一段经历对于刘国华来说无疑是一段难忘的、饱含热情、挥洒热血的青春岁月，他至今还存留着当时的照片及苏联冰球、体操运动员的书籍。

1955年，在北京举办的全国第一届工人体育运动会上，刘国华代表教工队参加比赛并拿下了撑竿跳高的冠军。他以一个全能型运动选手的形象活跃在赛场上，展示出了新中国成立后运动健儿的新气象新风采。

兵法运筹帷幄中

青年时代的刘国华对《孙子兵法》产生了极大的兴趣，下了一番功夫进行研究，并将其与体育运动结合起来。谈及篮球战术时，他饶有趣味地讲解道："《孙子兵法》中兵无常势，水无常形，能因敌之变化而取胜者，谓之神。"

1973年，刘国华被派到天津的河北体工队训练科工作，有机会到各队观看训练，学习各名教练之长，结合《孙子兵法》写出自己的体会，将兵法智慧与体育运动策略糅合在一起；不同队伍的训练方法，也带给了他灵感。用刘国华的话来说，在1973年到1979年这7年的进修中，他等于修读了"研究生"，在体育素养方面得到了提升与完善，并写出了一些高质量的专业论文。

运筹帷幄之中、决胜千里之外的兵家思想被他运用到体育运动中，使古老兵书中的智慧再现于体育场上，熠熠生辉。1989年，军事科学院举办《孙子兵法》国际学术讨论会，刘国华被邀参加会议，并且得到了在会上发言的宝贵机会，其论文也被编入会议论文集——《孙子新探——中外学者论孙子》中。

桃李满园育芬芳

谈及他所培养的优秀弟子时，刘国华的脸上不禁洋溢出骄傲和喜悦。他既是一个传道授业解惑的师者，也是一个独具慧眼的伯乐。刘国华现在还保留着当年南开大学管理学系对学生谭莹四年学习情况的介绍文件：入党积极分子，被列为重点培养对象……学习刻苦努力，原入学基础较差，经努力，进入班级前列，曾获得"优秀学生奖学金""学校特别奖学金"等荣誉，并保送读研究生。谭莹正是他所发现的一匹千里马。在刘国华的指导下，她由排球改练人称"铁人"的七项全能，仅练了一年半，就参加1991年全国田径锦标赛，并取得了第七名。在1992年第四届全国大学生运动会上，又取得了田径女子甲组七项全能冠军。

从1952年毕业赴岗到20世纪90年代退休，40年来，刘国华在体育战线上默默地耕耘着。在河北田径队，他在两年内培养的一个优秀短跑运动员战胜了国家队所有的短跑队员，在全国运动会上拿到了200米第一名、100米第二名；在南开大学，他担任撑竿跳高和男、女全能的训练，在连撑竿跳高的专用杆子都没有的情况下，从零基础培养学生，以伯乐的慧眼选拔，培养出了许多品学兼优的人才。他所教的大部分学子，在体育专业课和文化课上实现了双头并进，取得了良好的成绩。弹指一挥间，他走过的人生道路两侧，早已桃李成荫，也铸就了一段段浓浓的师生情。

从北师大毕业后将近70年的岁月里，刘国华牢牢记着并践行着母校"学为人师，行为世范"的校训。百年校庆的时候，被评为"北京师范大学荣誉校友"。如今，92岁高龄的他，依然保持着大学时期养成的良好习惯，每天都坚持运动一个小时。无论是三伏还是三九，都可以看到他在小区锻炼的身影，良好的运动习惯贯穿了他人生的每一个阶段。

作为共和国的第一批大学生，在谈及教育和他所取得的成绩时，刘国华坚定地说："我取得的成绩得益于党的培养，我的成绩是属于党和人民的。"他这一生都在为党的体育教育事业而奋斗，虽劳累而未悔。他践行着为党和国家培养优秀体育人才的誓言，点亮着体育之炬代代相传。

（撰稿：李宇凡）

41 李之保

走在改革这条路上

校友简介：
李之保，北京师范大学地理系1950级校友。曾任北京师范大学地理系副系主任，原国家高级教育行政学院副院长。

"这是教育类的、这是理论类的，这是地理学科的，关于南极考察、北极科考、生态文明等。"李之保先生指着一个等身高的铁架子给我们说明。先生头发花白，身板却依旧硬朗，声音平和有力。书房内的铁架子上分层放着一摞一摞的报纸，整齐地折叠堆摞着，当我们想拍照时，他非常谦虚地摆摆手，"这没什么好拍的……有人爱打麻将，爱跳舞，我爱剪报。"年近90岁的他依然保持着阅读和剪报的习惯，他订阅了五份报纸，分类把有用的信息收集起来，这跟他给自己布置的"作业"有关。

卸下所有职务后，李之保自发地重新研究中学地理教材，他收集两极考察、太空探索、生态文明建设等这些地理领域的新成就。他认为现在的中学地理课本中深化爱国主义教育还不够，只有让下一代真正看到祖国的新成就及其由来，他们才会从内心感到社会主义的优越性和中国共产党的正确领导。教材不能是新闻稿，"怎么样在地理教材中反映这些中国特色社会主义新成就，怎么样用这些新成就来描述中国的新面貌"，这是李之保这几年来思考的问题。没有人要求他做这些，他只是想把自己多年的理论政策学习心得、地理教育研究心得和改革经验运用起来，继续为社会做一些力所能及的事情，不要虚度晚年。

"教育"和"改革"组成他人生的关键词。从新中国成立后的师范教育体制改革，到改革开放后的科技体制改革和教育体制改革，李之保始终围绕教育，参与改革，为国效力。

结缘地理，心系祖国

"希望了解大自然，希望了解全世界。"李之保与地理学的缘分源自中学时稍显童稚的心愿。他很爱上地理课，不过他险些与地理失之交臂。李之保是新中国成立后第一批大学生，那时摆在他面前的选择不止一项，20世纪的天津，是国际化程度很高的大都市，他从津沽大学附属中学毕业，原本能直接升入津沽大学读最好的国际贸易系，同时他还考上了南开大学，可以选择南开著名的西语系，不过最终他还是没有去，一来他想到首都北京念书，二来他对地理的兴趣在科学救国的想法之下变得更加浓烈，他想要学习地理，可以通过改造自然、消除自然灾害，把贫穷落后的中国改造好。

第二年，李之保考上了北大地质系和北师大地理系。当时北师大的地理系系主任是著名学者黄国璋先生，系里名师云集，并且在中国传统观念"天地君亲师"和"为人师表"等赞誉下，老师的地位是很崇高的，李之保最终选择了北师大。

谈起北师大对自己的教育影响，李之保感慨万千。他认为母校培养了让他一生受益的三个习惯。第一是上进的意识。李之保勤于学习，积极进取，深受老师和同学们的信任，因此在系里任学生会主席，后来在校学生会做过副主席兼学习部长，也曾被学校推选为前门区

的人民代表。他认识到无论是学习还是工作，都应该对自己有所要求，做出成就。第二是好学的习惯。李之保回忆，北师大的学术气氛一直很浓，受益于众多名师治学的熏陶，晚上去图书馆看书，每每都需要"抢"座位，即使在周末大家也很少外出，都钻到图书馆里去。那时，师大老教授白寿彝先生有一句话鼓励着学子们："治学如积薪。"李之保至今还保留的剪报习惯，就是在不断地积累新知。第三是简朴的作风。北师大在著名学府中是比较简朴的，师生的服装、追求都很质朴。那时，学校的领导还时常会来到食堂和宿舍，与同学们亲密接触。从上到下，简朴之风，蔚然成风。

在北师大的四年学习，李之保在政治上不断成长。在入学之前，他对共产党的认识是感性的，只知道"共产党是为人民服务的，对人民好"，直到上了学校的公共课，读过《苏共（布尔什维克）简史教程》和《政治经济学》，知道了什么是劳动和剥削、什么是阶级、什么是阶级斗争，以及人类社会发展规律等，才从理性层面上认识了共产党。同时，李之保积极参加社会运动，例如，"三反"运动，抗美援朝活动，等等，在实践中不仅树立了拥护共产党的信念，还加入了共产党。

根据工作需要和本人表现，毕业后，李之保留校任教并先后担任科研处处长、教育管理学院副院长等一些行政职务，而他的改革之路也正式开启。

地理教育改革的见证人

李之保参与的第一项改革，是1958年改变照搬苏联师范教育制度和模式的教育改革。那时他已留校工作四年，担任地理系副系主任，此前一次教育改革，是改造旧的教育制度，取消了一些不合时宜的制度，但正值新中国成立初期，还没有来得及建立自己的教育制度，于是全面向苏联借鉴，照搬了苏联的教育制度。1956年以毛主席的《论十大关系》等著作为指引，扭转了过分照搬的偏向，提出要从中国的实际出发，办中国自己的学校，这之后教育改革如火如荼地开展起来。

那时候有一些非常偏激的做法，例如，在高校校园里大炼钢铁，安排劳动时间过多，等等。为了扭转改革中的激进偏向，中共中央于1961年针对教育战线定制了新方针，提出了《高教六十条》《中学五十条》和《小学四十条》，整顿了违反教育规律、打乱教学秩序的做法。李之保参与地理系新教学计划的制订，构建新的课程结构，将地理系课程细化，改变以往只有一门综合性"普通自然地理"基础课的情况，分门别类开设地质地貌、气象气候、水文等课程，提高了教学水平，促进了学科的发展。

李之保还是新中国成立后中学地理教材重大改革的编写成员。教育部指定北师大负责地理学科教材的改革工作，李之保带领师大几位老师，与人民教育出版社叶立群等编辑合作，根据中央宣传部提出的四个"适当"——适当缩短学制、适当减少课时、适当增加劳动、适当提高水平开始编写新教材。新教材在推广时，遭遇困难，编写组以提高水平为主要目的，忽视了中学地理教育现状和实际，导致教材内容偏深，老师没办法教，学生也很难学。

这段经历尤其令李之保记忆深刻，"我们把大学的学术尺度硬搬到中学去，认为是提高水平，结果脱离实际，这是教训"。这几段经历让李之保认识到，理论必须和实际结合，做决策也好、做学问也罢，都不能只在象牙塔中凭主观臆断。

时代变革中的探索者

"文化大革命"结束后，国家拨乱反正，要编制国家长远的科技发展规划，教育部将原有的科技办公室扩建为科学技术局，需要一批干部，于是从重点大学借调了一批系主任级的教师，承担各学科规划的负责人。从复旦大学借调负责数学学科的干部，从南京大学借调化学学科的，从北师大借调地理学科的。于是李之保来到教育部，并在随后的工作中，由借调转为正式调入。

在教育部，他负责科技规划编制，组织科研项目，在教育部直属重点高等学校里面贯彻落实全国教育规划，组织高等学校科研立项，使高等学校的重点项目能和国家的科学规划相结合，和国家科技发展的前沿科技吻合，并依此分配世界银行贷款资金。

李之保有一个特点，他总是在新的机构里承担探索者、开办者的角色。1982年，李之保从科技局又调动到新成立的国家教育发展战略与政策研究中心，从事当代国际高等教育改革的比较研究工作。他去国外参与国际研讨会，进行调研，形成当代国外教育改革趋向研究成果，为政策研究提供参考。后来他又被调去国家高级教育行政学院任职，两年后退休，再次返聘到教育部，在机关党委工作，组织创办教育部的党校。

退休不意味着李之保工作的停止。退休前，经教育部推荐，他接受了联合国开发计划署的聘任，担任中国教育项目的专职总顾问，负责推动十个省、市、自治区的干部培训和普及西部地区义务教育。"我退休25年，从1994年彻底退休到现在，就本着一个愿望，只要自己身体还行，只要组织上有需要，就要'退而不休'，党培养我不容易，我参加了不少会议，出国考察了不少地方，给了我多次实践的机会，所以应该永远有一颗报国的心。"他提出了改善西部义务教育普及的三条建议，特别要关注女童自主自强的心理教育、增加落后地区职业技术教育、超前学习计算机。这三条建议即使在今天来看，也具有前瞻性。

采访快要结束，李之保在表达对母校教育培养、信任重用的感激之情的同时，说要提两点建议。这两点建议与我们采访提纲列在最后还未问出的问题竟不谋而合。仔细听来，这就是一个一辈子从事教育的北师大人对教育的忠爱，对母校的关心、祝愿和期望。在教育改革发展这条道路上，李之保是见证者，更是参与探索者，在教育与新时代要求这个宏大又关切的命题上，他也从未停止过思考。

以下为李之保的两点建议：

一是对学校的建议。北师大作为著名老校，应该更加重视师范教育，率先办好师范教育，保持持续领先。学校应该综合性和师范性相融合，师范性大学不等于说学术水平低，反过来说，也不能为追求学术水平忽视师范教育。新时代的教师任务很重，国家要培养的是能够承担民族复兴大任的新型人才，这是空前的高要求，有时代使命性的高要求，所以我们师范大学，从上到下，从教师到学生，要大力加强师范专业思想教育，增强责任感、使命感、自豪感。应该站在一个新的历史高度，来看我们的定位，一心一意办好师范教育，更加重视、突出，落实新时代教育的使命，在教育研究上出一些有中国特色、世界水平的教育理论成果，特别是贯彻落实党的教育方针和培养目标，瞄准教育前沿问题。

二是对校友会的建议。校友会要开创新局面，就要更加重视开发校友的人才资源，充分发挥他们对母校办学的助力作用，并且要落实到组织上、制度上、计划上。特别是开发那些毕业后多年跟教育没脱钩的校友，从事教育工作的校友、从事教师管理的校友、从事教育科研的校友，等等，形成一个"智库"。

（撰稿：聂阳欣）

42 任伊临

献身边疆教育的岁月

校友简介：

任伊临，北京师范大学历史系1955级校友，毕业后，主动去新疆任教，先后担任乌鲁木齐市二中教师，乌鲁木齐教育学院教师、院长、党委书记，市委党校副校长，兼任乌鲁木齐市大中专院校社科联主席、市社科联副主席、自治区党干校系统高级职务评审委员会委员、北京师范大学新疆校友会秘书长。

来到北师大，是意料之外的结果

"我来北师大历史系，实事求是地说是意料之外的结果。"年轻时的任伊临热爱写作，热爱新闻工作，因此，他最初的愿望，是报考北京大学或者复旦大学的新闻传播专业，没想到最后却阴差阳错地被北师大历史系录取。自此，北师大在任伊临的人生中留下了浓墨重彩的一笔，任伊临也与北师大、与历史系结下了不解之缘。

任伊临于1955年进入北师大历史系学习，起初他的大学生活还是十分顺利的，他是1955级2班的学习班长，还被学校授予"优等生"称号。但一年级下半学期，他患上了重症神经衰弱，每个晚上几乎很少睡觉，精神状态不佳，身体相对虚弱，迫使他在1956年6月申请休学。在休学一年后，本可以返回原级继续学业的任伊临却选择了进入历史系1957级学习，在他看来"时间越长，能学到的东西也越多"。原本四年的大学生活，便被延长到了六年。

尽管身体状况不大好，但是任伊临在学习上却从未松懈过，哪怕是在60多年后的今天，他仍能细细道来当年上课的科目和内容。"世界史也是四个部分——世界古代史、世界中世纪史、世界近代史、世界现代史，除此之外我们还要学习马列主义哲学、政治经济学、马列主义基础……"授课老师们他也记得很清楚，"杨钊老师的北京口音很重，常把贝壳叫作'ga la beng zi'，下课打听了其他同学才知道老师说的什么意思。"任伊临提起当年与老师之间的趣事，言语间充满了笑意："还有刘乃和老师，这位老师你们肯定知道，她是陈垣校长的秘书，历史学院小会议室的题词就是她写的，她讲'历史要籍介绍'这门课，讲得很好。"何兹全先生是对任伊临影响最大的老师之一，虽在校未聆听何先生授课，但在他赴疆工作的第二十四个年头，因何先生去新疆大学做学术讲座而与何先生有了密切的联系。在任伊临以后的工作中，何先生不遗余力地指导，安排瞿林东先生为他解答业务上的疑问，并支持他发表学术著作《谪戍新疆的林则徐》，无私地提携后学。每次有机会回京，他总会抽出时间去看望何先生与师母。

当时的校园生活，学习并不是唯一的内容，运动非常多……劳动更多。在任伊临复学之后的那年，就参加了十三陵水库的劳动。考虑到他身体较弱，班上的同学备加照顾，不给他分配挑担、推小车等重体力劳动，而只让他挖土、装筐；有一次任伊临上火去医院拔牙，他班的生活班长还专程到医院看望；在密云钢铁公社参加劳动时，他被分配到料场警卫班；在小鲁庄劳动的时候，他当了伙食管理员，他与另外一位同学每天四点钟要起床准备早饭，他俩因担心打扰同宿舍同学的休息，常不叠被褥，但每次等他俩回去后，被褥都已经被同学叠得整整齐齐……同学之间的情谊在朝夕相伴中，在日常的点点滴滴里，带给了他足以铭记一生的温暖和感动，至今提起，仍是感慨万千。

到边疆去，到祖国需要的地方去

在大四的时候，刚刚结束校外活动的同学们回校后，年级党支部要求：每位同学要制定自己的红专规划，在规划中要写清楚政治和业务上的努力方向，未来应当如何奋斗。任伊临这样写道："我要听党的话，服从组织分配，到祖国最需要的地方去，到最艰苦的地方去……"举头西北望浮云，倚天万里须长剑。任伊临的心中早已有了为祖国边疆教育事业奉献青春的豪情壮志。

1961年，任伊临同当时的十八位历史系同学坐着绿皮火车，经过七天七夜的漫长路程，一起抵达新疆。具体分配方案是在他们到达乌鲁木齐后定下来的，任伊临与四位同学留在乌鲁木齐。分别前，他们到天池路照相馆合影，算作临别的纪念。从1961年开始工作直至1998年退休，他在这片土地的教育战线上耕耘了整整38年。

刚到新疆的前十三年，任伊临在乌鲁木齐市第二中学担任班主任，并兼任历史、政治老师。1974年，教育局将任伊临调到教育局编译室，主要任务是编写全市从初一到高三的政治教材。不久，编译室变成了教师进修学校、教师进修学院，1984年又在上述学校的基础上创办了乌鲁木齐教育学院。学院的创办为乌鲁木齐地区中学教师大专学历补偿教育提供了平台，任伊临参与创办并担任了首任院长。

刚刚接手教育学院的时候，时任主管教育

的市委热哈甫副书记询问任伊临对创办教育学院的想法，他只回答了四个字"地、人、财、权"。因为当时的教育学院还在兴建之中，只有一栋正在建设的教学行政楼，四周全是荒地。教职工们存在的忧虑是"吃饭没有锅，睡觉没有窝"。为此，任伊临经常去工地了解情况，催促工程进度。又与新疆维吾尔自治区人大代表朱冠豪，前往昆仑宾馆拜访参加人民代表大会的乌鲁木齐市委书记栗寿山，送给他一份有关教育学院亟待解决的问题的报告，并邀请栗书记来学院检查指导工作。不久，栗书记率领热哈甫副书记、尤努斯副市长和其他领导来到学院，他们在认真地听取了学院领导的汇报和参会中层干部的意见后，当场决定：拨款给学院建24套讲师住房；教育学院和市教委、市规划局一起做一份学院的发展规划；学院校址不变，并且准备向东扩展……一系列发愁已久的问题迎刃而解。接下来，任伊临就开始思考如何制定科学管理学院的规章制度，以便更有效地促进学院的发展。

其间，他还邀请了何兹全先生来学院讲课，两人在这次交流中聊得十分投机。何兹全先生提醒任伊临："担任了行政工作以后，也不能放弃业务工作，哪怕再忙也不能放弃。"在何先生的指导下，任伊临坚持无论行政和党务工作有多少，从不减少自己上课的次数。1989年，他出任教育学院的党委书记。

1994年，在任伊临调离前，经过他和学院其他领导八年共同的努力，将原有荒芜的黄土地变成了一座颇具规模的校园，同时使学院的管理走上了正规化、科学化。教育学院在1986年被评为"市级文明单位"，在1991年通过了国家教委师范司和自治区教委的评估验收，定为合格的办学单位。

之后任伊临被调任到乌鲁木齐市委党校担任副校长，工作期间他有幸参加了一次高规格的全国性学术研讨会。1994年年底，任伊临收到了"陈云生平与思想研讨会"筹备组发来的征文函件，经过一段时间收集资料和研究之后，他写出了《陈云在新疆援接西路军左支队的经过与贡献》，并且入围受邀参加"陈云生平与思想研讨会"。

其中令他印象最深刻的是6月13日上午纪念陈云同志诞辰九十周年座谈会，任伊临见到了出席会议的党和国家领导人。"我为在退休之前能看到党和国家领导人而感到高兴。"1998年，任伊临从党校副校长的岗位上退休，结束了他长达38年的教育生涯。

我们向母校奉献的是一颗赤诚之心

在职期间，因工作繁忙，思想一直处于高度紧张的状态，任伊临无暇顾及自己的写作爱好。退休后，他便把精力用到了课业和小说上。"我刚退下来，精力旺盛，身体也不错。就想做点儿一直想做却没有时间做的事。"在这之前，他曾完成了20多万字的学术著作《谪戍新疆的林则徐》，之后以此为基础，创作了30多万字的长篇历史小说《苍松傲雪》。不久又写了《左宗棠征讨阿古柏》（学术著作），出版了《1876年的新疆》（长篇历史小说）。他还与人合作，编辑出版了《献身边疆教育的人们》和《去新疆到祖国最需要的地方去》两本书，为此他采访了近百位来自内地名校，却在新疆默默奉献了一辈子的人。编完后，他意犹未尽，开始创作长篇小说《拓荒曲》。《拓荒曲》的故事发生在20世纪六七十年代，讲述了一批内地大学毕业生，扎根边疆，为边疆教育事业奉献一生的故事。故事的原型则是他们这一批高校援疆的青年学子。写《拓荒曲》时，任伊临已年过古稀，明显感觉到精力和体力不如从前，他索性放慢速度，断断续续写了五年，2016年得以出版。"尽管时代不同了，但是奉献的精神应当传承下去。"任伊临坚定地说。

创作之余，任伊临还担任了北师大新疆校友会的秘书长，在2012年编辑了《北京师范大学新疆校友名录》，其中记录在册的赴疆工作的本科生500多名，函授生400多名，来新疆工作30年以上的达200余人。他们既是一脉相承的北师大人，又是志同道合的校友，一批批北师大毕业生前赴后继来到新疆，在这片占全国土地面积1/6的大地上留下北师大人的足迹，留下薪火相传的种子，留下了他们无悔的青春。名录当中，有6人获得国务院特殊津贴奖，8人获得曾宪梓奖，13人成为中学特级教师，12人获得国家级、部委级先进工作者称号，44人获得自治区先进教师、先进科技工作者称号或自治区级各项奖励，15人担任厅局以上领导干部，40多人被评为教授和优秀企业家。除此之外，还有许许多多默默无闻的校友们，他们同样做着毫不逊色的工作，在自己的领域内书写着北师大人的精彩故事。岁月代序，他们培养的学生和子女也陆陆续续成为开发边疆、建设边疆的人才，用智慧和知识服务着边疆经济社会发展。在他们和全疆各族人民的共同努力下，新疆发生了翻天覆地的变化。

正如任伊临在书中写到的——"我们可以毫不夸张地对母校说：我们在新疆工作的校友无愧于母校的教诲，无愧为北师大人，我们向母校奉献的是一颗赤诚之心。"

谈起母校北师大对他的人生影响，任伊临意味深长地讲道，正是在北师大的学习与生活，尤其那些劳动学习，奠定了他革命的人生观，坚定了他要为人民教育服务的决心。尽管任伊临原来的志愿是新闻事业，但是入学时陈垣老校长的一番教育打动了他，学校的教育改变了他原来的志愿，"让我坚定了要做老师的决心……这些都是北师大为我们奠定的基础，带给我们的信念，让我们遇到再大的困难，再艰苦的条件，都不会动摇自己的初心"。近一个甲子过去了，母校一直是他心底最怀念的地方，是他终身不可忘却的牵挂，"我们对母校的感情是十分深厚的，毕业后到今天，我们一直怀念着母校"。"以身许国家，何事不敢为"，拳拳赤子之心，殷殷爱国之情，他们的形象映照着北师大的风华气质与精神脊梁。

"北师大这些年的变化很大，我们作为师大学子，感到非常骄傲"，任伊临感慨着母校这些年的巨大变化，"历史系变成了历史学院，好多专业也不太一样了"。值此母校120校庆之际，任伊临也给在读的同学们提出殷切的期望："知识就是力量，希望同学们不忘初心，树立正确的人生观，好好学习，打牢坚实的理论基础，把握学校优良的教育资源。只有具备扎实的知识基础，才能为国家的富强，为祖国教育事业的发展贡献一份力量。"对毕业生校友们，则希望他们在岗位上踏踏实实地工作，能够做到干一行爱一行，期待着无论何时何处，都有着北师大人在为祖国富强而发出的光和热！

（撰稿：马楚雨）

43 柴春华

传道授业为人师，求知无涯为学问

校友简介：

柴春华，北京师范大学中文系1956级校友。海南师范大学汉语言文学教授。曾任海南师范大学国际教育学院首任院长、汉语及方言研究中心主任、中国修辞学会副会长、海南语言学会会长等职。主要从事汉语语法修辞学的教学与研究。1992年被首批授予国务院特殊津贴专家、海南省有突出贡献专家。

　　玉壶存冰心，朱笔写师魂，这无疑是对一个师者形象的生动刻画。柴春华从教60余年，用一颗丹心，一腔情怀，三寸粉笔，四季晴雨，一生为教育事业和中国修辞学事业贡献着力量。

学问就是毕生的追求和付出

　　20世纪50年代，中国学习苏联研究生培养模式，制定了副博士研究生培养制度。1956年，包括北师大在内的几所知名大学开始在全国范围内招收副博士研究生。当时正在河南大学就读汉语言文学专业的柴春华，以32门课程全优成绩毕业被保送后经过严格考试到北师大，师从汉语言文字学家黎锦熙先生。大师学者云集，是柴春华选择北师大的关键原因。怀着对大师的景仰，柴春华开启了自己的北师大读书时光。更幸运的是，入校后，柴春华那一届研究生为北京师范大学、北京大学联合培养，可谓天之骄子，享受着得天独厚的师资力量。

　　受黎锦熙先生耳提面命，谆谆教导，三年的学习，柴春华在语言文字、词汇修辞、作家语言、比较修辞研究等方面积攒下了深厚的专业功底，为他日后的教学和研究奠定了基础。同时，在这所百年学府浓厚的学术氛围与严谨治学的环境熏陶下，他坚定了教书育人，滋兰树蕙的终身信仰。柴春华至今仍记得恩师黎锦熙先生在一次讲话中曾经说："我今年已八十九岁，风烛残年，但我要活到老，学到老，工作到老，只要我一息尚存，我就要把全部精力贡献给祖国的语文教育事业。"正是这样的言传身教，躬亲示范，让北师大人一脉相承，时刻铭记校训精神，培沃土，育桃李，无怨无悔，并将此作为人生的追求与骄傲。

学问到底是什么？柴春华一直在思考这个问题。"学问就是毕生的追求和付出！"从开封到北京，从郑州大学到海南师范大学，他用学海求知与诲人不倦的几十载光阴回答了这个问题。对于怎样做一名教师，柴春华有自己的深刻认知。他把教师育英划分为三个台阶或程级：初级教师扮演着传递他人研究成果的角色，能照本宣科地讲述别人"咀嚼"过的东西；中级教师则在掌握专业知识外，能引经据典，对他人成果稍加分析便可将基本知识理论讲得通透明白；高级教师，则能博览群书，通古达今，中西合璧，从前人的研究中悟出真谛，开辟学问的新天地。柴春华以高标准要求自己，一边悉心育人，一边做好学术研究。历年来，他发表关于语言学的论文百余篇，如《两岸修辞学研究之比较》《引用典故的修辞手法》《"新著国语文法"的学术地位、价值及其他》《朱自清散文的语言艺术》《冰心散文的咀嚼韵味》等论文在学界耳熟能详，影响深远。编写了《新编现代汉语》等论著12部，参与了《汉语拼音方案》和《现代汉语词典》的制定初编工作，见证了汉字改革的60年。总而言之，柴春华把重心牢牢地扎在汉语的实际应用和十三

亿人民群众活的语言之中。

我把学会当成了事业的一部分

为人师者，教书自然是第一要务。但在三尺讲台勤恳耕耘之外，柴春华做了两件自认为有意义的事情：一件是高校语文教材的重编，另一件是中国修辞学会的建立。

1977年，高等学校掀起了配合恢复高考进行教材建设的热潮，教育部将编写一本新统编现代汉语教材的任务交给了郑州大学，张静任主编，柴春华担任编委，并负责整个组织安排落实工作，邀请全国近百位专家讨论而后编写。经过充分讨论协商，完成并出版了两本教材：一本是适用师范院校的《现代汉语》，另一本是供综合大学使用的《新编现代汉语》。两本书的出版发行，推动了恢复高考后教材建设的发展，对全国教育教学的交流起到了很大的作用。此时，一大批已经活跃在全国高等教育教学一线的修辞爱好者开始酝酿，呼吁成立"中国修辞学会"。作为发起人之一，柴春华参与了学会的筹备工作，"从郑州到北京，不知道跑了多少趟"，经过充分酝酿、协商、拜访和恳求，得到了首都几乎所有语法修辞学界老前辈、专家、学者的支持与首肯。

1980年12月7日，中国修辞学会在武汉正式成立，之后各地区的分会相继成立，在全国范围内掀起了修辞学学习、教学、研究的热

潮，就连日本、韩国、俄罗斯等国家的一些大学教授和汉学家也闻讯而来，希望建立学术交流关系，参加学术活动。从1978年的筹备工作到2000年中国修辞学会成立20周年，柴春华先后担任学会的副秘书长、秘书长、副会长兼秘书长等职务，至今仍是修辞学会的顾问，"我把它当成了事业的一部分，付出太多，感情太深"。柴春华总结道，自己在学会中做了三件事情：一是壮大组织培植新人，二是扩大影响发扬正气，三是组织好会议，让会员把学会当成家。

是落叶与根的校友深情

结束了北师大三年的研究生生涯，1959年，柴春华被分配到郑州大学中文系工作，三尺讲台，从讲师、副教授到教授，一站就是30年。在这期间，柴春华担任着北师大河南校友会的会长。1988年，柴春华被调到海南师范大学，履职国际文化交流学院的首任院长。那时，海南的北师大校友正找寻一个比较有资历的人牵头成立北师大海南校友会，调任到海师大的柴春华便成了组建北师大海南校友会的第一人选。在大家的期待中，他担任了北师大海南校友会第一任会长，在这个职位上服务了15年之久。卸任后，至今仍担任海南校友会名誉会长。

谈及为何如此喜爱做校友工作，柴春华回答说："这一切都源于对母校的责任和坚守。"他感恩母校的栽培，也想尽其所能，回馈母校。在母校百年诞辰之际，柴春华同徐金龙校友，经过多番周折，终于亲自将一块莫大的水晶石不远万里送到母校，作为全体海南校友的献礼。

采访动情之时，柴春华竟亲自为母校献唱了一首歌——《好大一棵树》："好大一棵树，绿色的祝福，你的胸怀在蓝天，深情藏沃土……"恐怕再也没有任何歌曲能够如此地贴切形容学子和母校之间的亲密关系了。"我对母校的感情正如我对母亲的深情。"柴春华对母校念念不忘，对每一位北师大校友也如至亲，但凡有校友来到海南，柴春华都躬亲迎候，热情地予以接待。

"天涯海角，不管我们离开母校到了任何一个地方，都是师大的学子，师大的身份不能忘怀。"他说，海南校友会是校友总会这棵大树的一片常青枝叶，"母校是众多校友魂牵梦萦的地方，而相隔万水千山的校友在各自生活的城市也应有一个属于母校的栖息地，在累了倦了的时候能够有个落脚之处，闲暇之时汇集在一起谈天说地，分享工作生活，凝聚一下感情。"柴春华坚守着这种"家"的理念来做校友工作，让在琼的校友有了坚实的、可依靠的组织力量，也拥有了一份安定与温暖的感情。

为祖国健康工作50年

尽管已至耄耋高龄，柴春华的身体依然健朗。"身体不错，精神爽朗，还可以发挥些余热。"电话另一端，柴春华笑呵呵地说道。他又兴致地说："庆幸我们当时听了毛主席'德智体全面发展'的话！体质是最重要的条件，今天的健康身体，得益于在两个母校受到的良好教育。"柴春华曾是一名业余足球运动员。1954年元旦，他还代表河南省青年足球队进行比赛，但不幸受伤，小腿筋骨腓骨断裂。痊愈后，他又开始活跃在足球场上，并把这个爱好一直坚持了下去。他回忆说，在北师大读书期间，盛行这样一句口号"锻炼好身体，健康地为祖国工作50年"。如此看来，柴春华可谓把这句口号贯彻到底，甚至超额完成了任务。

柴春华兴趣广泛，喜爱书法。他的老伴笑言道："他从6岁就给邻里写对联，如果不搞语言学，专心练习书写，恐怕现在也是一名著名的书法家喽！"他同样爱好摄影，让他记忆犹新的是1959年毕业前夕的五四青年节，时任北师大研究生部主任钟敬文教授带领全体研究生、进修生到北京香山游玩，由柴春华负责给大家照相。在全体北师大进修班、研究班面前为大家摄影，对柴春华来说简直是莫大的机遇和享受。

柴春华有四个子女，两个女儿也在高校任教，其中之一也是北师大校友。"我在那里受的教育，我也把孩子送到那里去接受教育。"母校的培育和对职业的高度认同感使得柴春华教书育人的家风代代相传。

（撰稿：刘盼盼）

44 侯国强

信念照亮援疆之路

校友简介:

侯国强,北京师范大学地理系1958级校友,1963年赴新疆工作,曾任哈密铁二中校长兼党支部书记、乌鲁木齐铁路分局党委书记,曾被评为铁道部优秀思想政治教育工作者。

心怀教育梦,结缘北师大

"从初中开始我的理想就是当一位教师。"侯国强从小家庭贫寒,初中毕业后考上了湖南省第一师范,为的是圆自己的教师梦。在湖南省第一师范就读时,侯国强努力上进,保持着全优的成绩,还担任了团支部书记,被学校列为重点培养的对象。1958年5月,响应国家文化政策号召,侯国强提前毕业了,被分配到当地一所中学做了一名教师,很快便成为该中学的得力干将。同年9月,省教育厅发下通知,北京师范大学前来招生,品学兼优的侯国强不出意料地进入保送名列。此次北师大的招生名额一共10个,其中,物理系和数学系各2人,地理系6人。在选择专业时,侯国强没有多想,他认为哪个系需要人才,便到哪个系去,一切服从安排。于是侯国强等一行10人,挑上行李,途经武汉,一路北上,赴京求学,10月初才抵达北师大报到。

对侯国强来说,在北师大度过的岁月是美好而难以忘怀的。1960年4月28日,这一天是侯国强站在党旗下宣誓的日子。"半个多世纪了,我一直记着这一天,一辈子都不会忘。"他说入党是他大学期间最重要最振奋人心的一件事,奠定了他的人生轨迹,坚定了他为共产主义奋斗的初心。他下定决心,不管遇到什么的困难,都要响应党的号召,完成党交给他的任务,对党的忠诚和信仰让他终生保持着奋斗的热情。

"那时候正是困难时期,吃饭都是定量分

配，男同志每个月33斤粮食，女同志一般29斤，但罗文彦同志只要27斤，她还总是把自己的馒头分给我。"侯国强提到这些，忍不住含笑，带着少年一股的羞涩。那时侯国强不仅担任了班级团支部书记，还先后担任系学生会和校学生会的宣传部长，同时他也是文工团的小提琴手。在学校的每一天都很充实，尤其周三对侯国强来说，有着特殊的意义。每到周三，身为学生会文化部副部长的罗文彦就会到广播站发布活动通知，而侯国强正好负责广播站的宣传工作，一来二去，两人相互吸引，慢慢地产生了爱情。"说到罗文彦同志啊，我们那个时候谈朋友不看长相，不论家境，就讲个志同道合。"侯国强说着笑了笑，"不过，我们老罗还是很美的，她还给周总理献过花呢！"侯国强常常给罗文彦演奏她爱听的《梁祝》和《沂蒙山小调》，还总是一起谈理想，谈学业，谈人生。他们不仅有着相似的爱好，更有着相同的理想，因此，毕业前夕聆听完周总理的讲话后，两人不约而同地递交了前往边疆的申请。

遥忆青春时，依依从别情

20世纪60年代初，正值国家困难时期，让困难和贫穷显得不那么苍凉的是学校丰富的文化娱乐和社会活动。侯国强告诉我们，那时，学校每周都在北饭厅、东饭厅举办周末友谊舞会，在大操场播放露天电影，并组织文艺节目演出，偶尔还到新街口电影院包场，歌舞团、管弦乐团、话剧团经常排练文艺节目。每月都有小型演出，每学期有大型节目排演，侯国强的专长是拉小提琴，从1959年到1961年的演练活动他都参加了。更幸运的是，当时，首都的大学生有机会参加国家大型庆典活动，侯国强曾和同学们一起到机场迎接来访的金日成同志，他站在第一排。

"大自然把人们困在黑暗之中，迫使人们永远向往光明。"为缓解粮食供应紧张的问题，学校组织学生开荒，自己动手，种瓜种豆，校园里面的空地差不多都开垦成了菜园子，各系学生分片负责耕耘，每人每周至少参加半天劳动。"每到星期六下午，参加积肥的同学，两人抬一个筐，拿一把铁锹和扫帚到校外去拾马粪，从西直门到德胜门的大街小巷，都能看到我们北师大拾粪大军的身影。"诙谐的语气，爽朗的笑声，话语之间，光影暗换，仿佛回到了那些在生命中永远闪亮的日子。

立志兴中华，慷慨赴边疆

侯国强在参观圆明园时曾写下这样的诗句："振兴中华责无异，以身献国学英雄。"侯国强在学生时代就有了为国献身的意识和担当，他反复强调自己是党和人民精心培养出来的，他应当为党和人民服务，报效祖国是他的责任。"听党的号召""服从组织安排"这些字句，早已融进了侯国强的灵魂深处。

有次假期在陕西开展地理实习，侯国强说条件很艰苦，可每个人都怀有极大的热情，一壶凉白开，两个窝窝头，再包上些许咸菜，踏曦光而出，披月华而归，倒胜似餐菊饮露的隐士。这样的日子持续了一个月，后来他们翻越秦岭抵达西安，在陕西大学继续制作标本。在北师大的五年，侯国强参加过很多类似的活动，他在实践中磨砺心志，也深深意识到自己应当投入祖国山河的建设中。"渴饮清泉饿食果，大自然中炼真功"，游迹山水之间，文思如涌而出，侯国强在野外地理实践和实习中，即兴写下许多诗词，让我们透过字里行间得以追寻那个年代的故事，感受他们挥斥方遒的青春激情。

1963年7月21日，和三万多名毕业生聚在人民大会堂的侯国强心潮澎湃，激动不已，看着正在台上作报告的周总理，侯国强暗下决心，祖国最艰苦的地方急需建设，他决不能辜负党和人民的期望。于是当晚回去便写下申请前往新疆的志愿书，决意赴疆的他得到了双亲的支持和鼓励，同时让他欣喜的是女友罗文彦也递交了前往新疆的申请书，有着共同信念的两人注定要同甘共苦并肩奋斗。那年至少三分之二的同学都主动选择去建设黑龙江、内蒙古、新疆等边疆地区，侯国强忆及此处感慨不已，他希望现在的年轻学子也能继承北师大的优良传统，在大学期间不仅要学本领，学科

学，也要加强思想政治学习，牢记校训，做一个为祖国、讲作风、有担当、有知识的青年。

回想50多年前初到新疆，侯国强记忆最深刻的是当地人民的热情，都道"西出阳关无故人"，在他看来却是"西出阳关有故人"。火车隆隆越过漫天风沙驶至乌鲁木齐，眼前的绿洲让侯国强看到了希望，人民的热情也增添了他的信心。当年北师大地理系有三名毕业生来到了新疆，而根据组织安排，有两名留在乌鲁木齐，有一名则需要前往哈密。虽然此时教育系毕业的罗文彦已经分配在乌鲁木齐文教局，但侯国强了解到哈密更为艰苦，更需要人才，便主动请缨前往哈密，成为哈密铁中的一名地理教师，正式开启了援疆生涯。

在哈密的日子无疑是艰难的，在理想信念的照耀下，这段岁月却熠熠生辉，光泽动人。1964年2月8日，分居两地的侯国强和罗文彦趁着春节假期在哈密成家了。一张低矮的小床，一张破旧的桌子，两条长凳，墙壁贴上一张毛主席像，再加上两副从毛主席语录中摘出的对联，这些便成了两人婚姻的见证。这一间仅14平方米的小土屋不仅见证了两人相濡以沫共历艰难的决心，也承载了侯国强夫妇长达9年的峥嵘岁月。

一心耕耘育桃李，锐意改革促发展

在35年的工作生涯中，侯国强一直兢兢业

业，"学为人师，行为世范"的校训时刻谨记于心。侯国强最初在哈密铁中任教，罗文彦后来也申请调入，夫妻俩与学生建立了深厚的师生情谊。1965年，侯国强被评为铁路局的优秀教师。侯国强从教19年，即使任校长期间也坚持为学生讲授地理课，调入乌鲁木齐铁路局机关工作后他负责的是思想教育和政治教育相关工作，他说"我这一生就是个教育人"。

81岁的侯国强一提到在哈铁二中建校的日子，声音不觉高亢起来。70年代初，在动乱中复课的哈密铁中一时无法容纳积压四届的小学毕业生，于是哈密铁中分成了哈密铁一中和哈密铁二中两所学校，侯国强被分到了哈铁二中，当了教导主任。哈铁二中建校初期可以说是一无所有，没有校舍，没有教学设备，2800多名学生只能分散在三个临时教学点上课。不久后侯国强被提升为校长，他肩上的担子更重了，冬无寒假，夏无暑期，侯国强克服重重困难，一心只想让学生们坐进明亮的教室上课。于是侯国强带领全校教职工边教学、边建校，来回200多千米去天山深处采运木材，用铁钎和铁镐挖开冻土打下教学楼的地基，挖高填低建成有400米跑道的正规操场，在戈壁滩上培植了两千多米长的环校林带。侯国强曾在搬运木料时因使劲过猛而造成腰椎间盘脱位，可校园还未建成，躺在病床上的他日夜难眠，每日盼着尽早出院返回到建校队伍中去。讲述这

些时，侯国强语气中透露着自豪和恋念，这是他倾注心血用双手建立起来的学校，那与同事并肩奋斗、与学生亲切相处的时光弥足珍贵。

尽管心有不舍，但侯国强还是服从组织安排，由哈铁二中调到乌鲁木齐铁路局党委，紧抓精神文明建设，使铁路面貌焕然一新。侯国强提到，当时乌铁局的北京车队工作落后，69—70次列车由于脏乱差而被称为"黑乌龙"，只能停在丰台站而不能进驻北京车站。为了摘掉这个耻辱的帽子，侯国强带领工作组，亲力亲为，不顾冬季严寒对列车进行彻底清扫，手指破了用胶布包扎一下继续干，直到戴上白手套都摸不到灰尘才能罢休。同时，他也组织车队同志开展列车文明服务，经过半年多努力将"黑乌龙"变成了"精神文明的绿色长廊"。1990年年末，侯国强调任乌鲁木齐铁路分局党委书记，领导乌分局取得了不菲成绩，同时侯国强也被评为铁道部思想政治工作优秀工作者。

退休后，侯国强也不忘勉励自己："挂甲"未尽平生志，宜将余热夕照明。见证了祖国繁荣发展和新疆建设成就的侯国强，写下一千多首诗词讴歌祖国的大好山河，出版了诗词集《诗意情怀》。为了回馈母校，自北师大开展"寸草报春晖"活动以来，他每年都捐款200元资助困难学生。侯国强回忆这一生，从

教育战线到铁路岗位，他挥洒热血为西北边疆培养了大量人才，也在新疆铁路建设上取得了不少成就。他动情地说道，罗文彦同志离世后葬在了天山脚下的烈士陵园，这是无上的光荣，这证明他们夫妇为祖国的建设有所贡献，得到了党和人民的认可。

"我们那一辈的人很多都不在了，老罗也不在了。但我们从二十几岁起，大半辈子都在为祖国建设边疆，完成了党交给我们的任务，看到祖国站起来，富起来，强起来，这里面有北师大毕业生献出的不可或缺的力量，我很开心。"侯国强选择到新疆来，半个多世纪已然过去，他坚定信念牢记使命，初心不负，此生亦不悔。

（撰稿：龙智慧）

45 梁日明

千里华侨梦，万古爱国情

校友简介：

梁日明，北京师范大学政教系1962级校友，作为一名华侨，扎根新疆五十余载，为新疆的团结与发展倾尽心血，曾任新疆维吾尔族自治区侨联秘书长兼自治区侨办群工处处长，新疆侨联副主席、主席兼党组书记，撰写《侨联日志》，记录新疆侨联的发展历程，组织筹建"新疆粤新民族情援疆纪念馆"，出任纪念馆理事会会长、纪念馆馆长。

"臣心一片磁针石，不指南方不肯休。"爱国精神始终融汇在华夏子孙的血液中，叶落归根也总是海外游子的期愿。在祖国深厚文化与亲切乡音的吸引下，一代代年轻的华侨选择归国，把自己的青春与热血抛洒在祖辈的土地上，叙写着一部部可歌可泣的华侨建设史。梁日明是北京师范大学1967届政教系校友，他作为一名华侨，扎根新疆五十余载，为新疆的团结与发展倾尽心血。如今让我们重访他的事迹，去领略他那深厚的爱国情意与奉献精神。

生于异土经战乱，青春做伴需还乡

1941年，梁日明出生在印度尼西亚苏门答腊岛赤道旁的一个山村小镇——马尤横镇。他的父亲在17岁的时候闯南洋，定居至此。第二年，日军占领了印度尼西亚，中日是交战国，华侨自然也成为被奴役的对象。梁日明一家选择深入热带雨林，开荒自救，以渡难关。梁日明的母亲精通农活，父亲又是木匠出身，多年从事建筑工作，凭着勤劳和技术，他们在热带雨林之中开启了新生活。梁日明回忆，这段童年时光是艰难但美好的。父亲用树和茅草盖起房子、鸡舍、猪圈，母亲种下果蔬作物，养了家禽，父亲还在市场租了店铺卖起杂货。幼小的梁日明经历了与野兽抗争，与蛇斗智，与狗互助，抓鱼摸虾，爬树掏鸟的多姿多彩的童年生活。学龄到了，尽管家境困难，母亲毅然支持他去读书。"我就读的华侨小学里有一个爱国进步的陈校长，当祖国大陆的五星红旗冉冉升起时，学校也飘起了五星红旗。"梁日明至今还记得当初学过的一篇课文："长城东起山海关，西到嘉峪关。长城长，显我民族力量；长城长，显我民族荣光。"中华民族一家亲的理念，在梁日明幼小的心灵埋下种子，日久生根发芽。日本投降之后，荷兰侵略者卷土重来，印度尼西亚的经济再遭重创，生计也越来越艰难，梁日明的哥哥们虽然都已成年，风雨飘零的环境中却无法成家立业。此时，中国驻印尼的领事前来介绍大陆情况，并邀请部分华侨组团回国参观访问。他们回来之后向大家做了回国观感报告。通过这些活动，梁日明一家认识了新中国，下定决心回到祖地。1953年，父母变卖了所有家产，举家迁徙，历经半年，梁日明一家终于回到了祖国。

回国后经考核，梁日明插班转入广州朝天小学读四年级。老师的慈祥亲切，同学的情同手足，使他很快融入了新环境。异国的经历使梁日明比其他同学多了一层感受：今天的幸福来之不易，没有理由不备加珍惜。他刻苦学习，成绩很快追赶了上来，也迅速加入了少先队与青年团，开始接受党和国家的爱国教育。1962年，梁日明准备考大学，三年自然灾害大大降低了国内大学的招生录取率，在选择大学与志愿的时候，梁日明深思熟虑，想要为新中国培养一批有能力、有学识、有思想、有立场的优秀科学家，于是义无反顾地报考了北京师

范大学。由于专业调剂，他最终入读了思想政治教育专业。

何以忘却师生情，古稀尤感母校恩

从广州到北京，对梁日明来说是个巨大的挑战。首先是气候环境和饮食习惯上发生了很大的变化，从吃大米饭到吃窝窝头，从温暖湿润、青山碧水的南国，到严寒干燥、红楼灰墙的北方，这让他经历了一段漫长的适应过程。在大学六年期间，梁日明与同学们搞"四清""社教"，去延安参加社会主义教育活动，下乡学工学农，实践生活丰富多彩，涵养了品行，坚定了意志，亦增添了智慧。梁日明对延安精神有深刻的认识，"延安精神正是以毛泽东同志为首的中国共产党人把马克思列宁主义与中华民族的优秀传统风范结合的产物，是一种具有中国特色的无产阶级革命精神"。梁日明从中领会到了全心全意为人民服务的精髓；自力更生，艰苦奋斗的精神；勤俭节约，艰苦朴素的精神；默默无闻，勇挑重担的骆驼精神。在这样的精神感召下，青年时期的梁日明，就树立了崇高的理想，坚定了为人民服务的立场。梁日明回忆："母校真正教给我的是如何做人，如何树立正确的世界观、人生观、价值观，引导我积淀下了坚实的自我获取新知识的功底，以及锲而不舍的做事精神，这些令我受益终身。"正是在北师大沉稳含蓄学风的

影响下，梁日明到了晚年仍然笔耕不辍，编写粤新民族历史，持续学习，发挥余热，为社会做贡献。半个多世纪过去了，每每谈到在母校的生活，谈到师生情谊，他仍唏嘘不已。"我们的辅导员十分尽心，在学习生活中尽可能地帮助大家，为同学服务。在大家毕业之后，辅导员仍然热心地帮助同学解决问题，组织同学活动。为筹备毕业50周年聚会，他努力寻找当时的每一位同学，想方设法与他们取得联系"，几十年的师生情谊如同佳酿，愈久弥香。

十年教育梦，千山桃李香

1968年深秋，北京火车站，一列西去的火车缓缓驶动。梁日明探出窗外挥手与同学们告别，他要前往新疆。列车过了西安，驶出嘉峪关，车窗外的绿色渐渐褪去，连绵起伏的黄土沟壑、大漠戈壁映入眼帘，苍茫无垠、凄凉萧肃。夜深人静，铁轨与车轮的摩擦撞击声直抵心间。"在那遥远的地方，有位好姑娘"，伴着特色的新疆民歌，梁日明陷入了思考，他想到了父母。大学毕业后，理应回到他们身边行孝敬之意。但是周总理在北京高校学生分配动员大会上号召学生们到基层去、到边疆去、到祖国最需要的地方去，激发了他的爱国情、报国志。书生报国成何计，却向边关撒丹青，他想，只要能鞠躬尽瘁为国家效力，就是对父母最好的孝顺了。

梁日明被分配到铁路大修厂，进入锅炉房工作。在那个特殊的年代，一个500人的铁路大修厂汇集了四五十个来自全国各地的大学毕业生，大家也主动接受劳动再教育，承担了又脏又累的活儿。次年，梁日明被厂革委会安排到铁路第八小学当老师，正式开始了他长达十几年的教育生涯。

1978年，地窝堡和北站地区的学校调整合并，组建了铁五中，梁日明出任第一届校长。他针对工人子弟中普遍存在的父母难以辅导孩子功课、学生学习成绩偏低与信心不足的现状，创办了"成才教育实验班"，试图改变应试教育的模式。梁日明派老师到自己的母校学习，改用北师大的实验教材，改进教学方法，坚持在教师指导下，让学生通过自我探究获得新知识，培养学生靠自己的努力获得知识的能力，增强学生学习的信心。他坚信非智力因素如理想、意志、情绪等对智力发展有重要的作用，他带领教师自编"成才教育补充教材"，以讲座的形式定期在实验班进行理想教育与意志教育。理想教育包括时代精神、状元谱、英烈传、可爱的祖国、科学幻想等，大大激发了学生做有用之才的自信心。意志讲座以"磨炼你的意志"为主题，介绍了古今中外大人物的成才经历与磨炼意志的关系，以此激发学生自觉磨砺意志，为成才打下坚实的基础。在首次将生物作为高考考试科目之后，生物课引入了分子生物学基础知识，当时学校缺乏能教生物课的教师，梁日明就自告奋勇去接受培训，认真学习生物课本新知识，承担起学校生物课教学。数年后，铁五中取得傲人的高考成绩，证明了梁日明实验的可行性。积极探索适合学生的教育方法，探求更好的育人模式，是从北师大走出的教师的共同追求，也是北师大精神与北师大使命的体现与传承。

拨乱反正辟新章，团结互助华侨魂

1977年，梁日明被新疆维吾尔自治区主管侨务工作的领导点名，出任自治区侨联秘书长兼自治区侨办群工处处长，之后又被选为新疆侨联第二届主席、第三届副主席、第四届主席兼党组书记，在侨联工作21年，直到退休。梁日明在任期间做出了许多开创性、奠基性的工作，他充分调查了解了新疆侨情特点，发挥侨联作用，认真贯彻《侨权法》，强化完善侨联组织建设，营造了稳定发展的环境；出台了《关于加强我区新时期侨联工作的意见》的第22号文件，成为指导新疆侨联工作的指导性文件。梁日明总结道，新疆侨联，已经步入知天命之年，在它创立初期，侨联是团结华侨的场所。党的十一届三中全会之后，侨联才恢复了活动，经过几代人的不懈努力，终于组织了起来，活跃了起来，今天的侨联进入了成立以来最好的时期。

岁暮心不已，扬鞭千里行

在退休之后，梁日明依然为新疆的发展、为侨胞权益、为广东和新疆人民的情谊奔走着。梁日明受聘担任非公企业新疆华侨旅行社的高级顾问、党总支书记，推动了公司党政工团的组织建设，形成党政工团齐抓并管共谋发展的治理格局。梁日明将华侨精神抽象提炼出来作为座右铭，他认为："拼搏精神是华侨的立命之基、处事之本、向上之根与成功之源；爱国主义是华侨的灵魂；团结互助是华侨的生存基础；勤俭节约是华侨的看家宝；乐善好施、扶危济困是华侨的美德。"梁日明主编并独立撰稿多达48万字的《新疆侨联志》，忠实地记载了改革开放以来新疆侨联成立30年的发展历程，填补了新疆地方史志的空白。梁日明在多处开展题为"研读三史凝聚认同"的讲座，对新疆历史、新疆民族发展史、新疆宗教演变史等，进行深入浅出地讲述，号召维护民族团结和捍卫祖国统一。

梁日明还在新疆广东商会担任顾问，关怀弱势群体，支持企业家做慈善，逢年过节协助广东企业家慰问特困老乡，弘扬扶危济困的传统美德。他也不遗余力地进行宣传，全力推动两省区委宣传部在乌鲁木齐举办粤新百年边疆情座谈会。2013年9月，又在"粤新百年边疆情纪念室"基础上，向自治区民政厅成功申办"新疆粤新情援疆纪念馆"，出任纪念馆理事会会长、纪念馆馆长。粤新纪念馆组织出版了《广东人在新疆百年实录》第一、二、三辑，《岭南儿女天山情》上、下卷，《粤新情诗词300首》，开办了视频网站、微信公众平台。在全国第一个烈士纪念日，举办缅怀在新疆牺牲的十位广东籍烈士，发起并联合十五个单位举办"纪念抗战胜利70周年"的书画展，不遗余力地为新疆发展发挥着余热。

（撰稿：靳洋洋）

46 胡 辛

从文学到影视的跨界

校友介绍：

胡辛，艺术与传媒学院影视系校友，江西南昌人，南昌大学中文系教授，南昌大学影视艺术研究中心主任，中国高教学会影视专业委员会常务理事。

北师大求学

胡辛老师在北师大有一年的访学经历。她是在21世纪初，应我校艺术与传媒学院院长黄会林教授之邀来到北师大访学的。那一年她实现了从文学到影视的跨界，并且完成了南昌大学影视专业的创立、广播电视艺术学和电影学硕士点的申报。胡老师回忆说，这在当时是蛮稀罕的事，因为整个江西高校都没有影视方面的硕士点，而南昌大学在黄会林教授的鼎力相助和大家的共同努力下，率先达成。

胡辛老师说，在北师大的学习经历让她重新拥有了"白手起家"的勇气、力量和智慧。学习期间，她曾采访黄会林、绍武夫妇，为他们的人生经历而震撼。在黄会林教授的引领下，

北师大师生还曾在人民艺术剧院演出剧目，整部剧的台前幕后工作都是由师生独立完成的，胡辛老师感慨"这是现实版传奇"。后来，由南昌大学影视艺术研究中心全体师生自编自导自演自拍自制的校园青春剧《聚沙》的播出，以及此后校园青春剧《沙之舞》的播出，都受到了导师黄会林教授的精神鼓舞。胡辛老师说，没有黄会林教授和绍武教授，不可能有今天南昌大学的影视专业。黄老师在学术上的一丝不苟、精益求精，注重理论体系的建设，对她有很积极的影响。提及学院的众多老师们，胡辛老师称赞他们在治学上的严谨、为人处世上的亲切和善。她说："那段时间在北师大艺术与传媒学院任职的全体老师，我向他们致敬。这一年在我的人生经历中是很宝贵的一年。"

文学与影视

胡辛老师表示，文学与影视有相当密切的关系，也是不同的艺术形式，各有各的语言体系和表达方式。她之所以从文学向影视方面拓展最终又回归文学，是恰恰因为当今时代，人们对影视的需求更普遍更广泛了。

胡辛老师从小就喜欢看电影，作品画面感较强，改编为影视剧非常合适。《四个四十岁的女人》是她的处女作，一经问世就被王蒙老师鼎力推荐，获评国家级文学奖，后来被改编成上下集同名电视剧，并获得飞天奖。中篇小说《这里有泉水》也被改编成同名电视剧。胡辛老师由文学向影视跨界的契机出现在1990年。因为欣赏胡老师的长篇小说《蔷薇雨》，中央电视台中国电视剧制作中心邀请她去参加在北戴河召开的选题研讨会，并提出希望她亲自改编。于是胡辛老师临时学习剧作的格式和风格，最终创作出65万余字的剧本，该剧本出版并被拍摄制作成电视剧后全国热播。

胡辛老师认为，单从题材来看，文学创作和影视剧本创作无甚区别。思想性强、主题立意好、故事情节精彩、表现人物命运、人性的都是好作品。但随着影视剧的镜头语言的表现力更丰富、更容易被观众理解、接受。并且，二者的写作格式截然不同，文学的写作更包容更富有变化，剧本为了演出来、拍出来，更强调台词和动作。

胡辛老师认为，从文学到影视是一种再创作，跨媒介创作，绝不可能是原著的复制品。对经典必须致敬，但致敬并不等同照搬，还是必须进行二度创作的。改编是否让原著作者满意，取决于改编者对原著的阅读认真程度、对原著的尊重与否，也取决于改编作品的思想境界、艺术表现力、艺术风格追求。即便原著作者改编自己的小说成为影视剧，也是要进行再创作的。

胡辛老师在创作上的优秀成绩，一定程度上也得益于大量的阅读和观影。胡老师说，对她影响最深刻的古典文学作品是《红楼梦》，当代文学作品她很喜欢《青春万岁》《林海雪原》等，影视作品她最喜欢《静静的顿河》。

在创作生涯中，胡辛老师写的题材类型中家族史比较多，常聚焦知识女性。这是因为她出身知识分子家庭所受的熏陶，以及因经历家族的变化而感受到时代的变迁。胡辛老师表示，女人的青春相比男人要短暂太多，这既有生理的，也有心理的原因；既有自然的，更有社会的缘由。女性担负着繁衍生息的主要和重要的角色，很辛苦沦为"第二性"，也是不能不正视的现实。女性随着经济地位、社会地位等的改变，生存境况已有所改观，然而，拐卖妇女儿童等问题仍存在，作为创作者，更应关注和表现。

多身份、多职业于一身

胡辛老师不仅是教师、学者，还是出色的编剧、作家，在绘画和陶瓷艺术界也有所涉猎，不仅在其中自由转换，且在多个领域都留下了不凡的成就。这些看似迥异的职业道路，共同的起点是胡老师那颗不断追梦的淳朴、至善的心。她讲述的丰富的人生经历，为正处于学生时代的我们带来了很多启迪。

来自师范，也要走向师范。胡老师是江西师范大学中文系毕业，其父是从事音乐艺术教育的大学教授。出自教育世家的她从小受到良好的熏陶，立志成为一名好老师。在持续性进行长篇写作的情况下，胡老师也不忘教师本职，上好每节课，认真对待学生，秉持"学为人师，行为世范"的品质。

挖掘人性深处的光辉。回忆起青年时到景德镇偏远山区教学，后被调离学校时，她听到来自山林里学生们为她送行的叫喊声。这些朴素、善良的学生感动了她，投射在胡老师的文学作品中，形成了《四个四十岁的女人》里的柳青。在生活中保持对高尚品德的追求与崇敬，时时体味生活的感动，也会无形中影响我们的选择。

在采访中，胡老师一直非常谦虚地形容自己是业余作家。其实，早在1983年其处女作《四个四十岁的女人》就荣获了中国优秀小说奖，而后1990年长篇小说《蔷薇雨》获华东地区优秀图书一等奖和首届文学艺术大奖。2005年胡老师更是被评为"中国十大当代优秀传记文学作家"，并三次问鼎"中国女性文学奖"。著作等身、荣誉等身，这些成就来自悉心观察生活和日复一日的笔耕不辍。胡辛老师积极的工作态度和对写作的热爱也激励着我们。

家乡与人

不论是成长过程，还是就业道路，胡老师不断地在自己的家乡汲取和回馈养分。"家乡对于真正有家乡的人而言，那就是土地。因为人就如同一粒种子"，胡老师说。因为童年在赣南，她创作了《蒋经国与章亚若之恋》《我的奶娘》；因为与南昌的不了情，她创作了《四个四十岁的女人》《蔷薇雨》等。因为人生的黄金岁月十三年留在了千年瓷都景德镇，她创作了《陶瓷物语》《瓷行天下》和系列片《瓷都景德镇》（担任主创之一）等。在未来的就业中我们能为家乡做什么、应该怎样做，胡老师的选择值得我们学习和思考。

对有志于文学艺术的学生们的建议

一代人有一代人的际遇，胡老师就当下的时代特点提出了四点殷切的建议。

第一，兴趣。兴趣是成功的一半。"长的是磨难，短的是人生"，当年没有多少选择的机会，而如今我们有很多选择。无论什么事，想要做好就必须吃苦耐劳，因此既然可以选择，那么就选择自己感兴趣的事情，这样更有利于长久的坚持。

第二，认真。凡事要注重细节，因此要认真对待一切。写作时可能下笔只有几页的内容，但在血液里却已经积淀了二十多年，厚积才能薄发。

第三，开拓视野。眼界非常重要。现在获取知识要容易许多，更要懂得合理地利用资源。文学艺术的创作，如古人所说："读万卷书，行万里路。"

第四，不忘初心。胡老师感谢一路走来的恩师，感谢职业道路中的成长，并嘱托我们应当不忘初心、懂得感恩，保持人性中的真善美。

（撰稿：高千惠　冯瑞琪　孙晴）

47 次旺俊美、张廷芳

雪域高原的美丽传奇

校友简介：

次旺俊美，北京师范大学1965级校友，1970年毕业于教育系，是北师大第一位来自雪域高原的藏族校友。1972年自愿要求回家乡工作，先后在西藏自治区师范学校、西藏师范学院任教师、系主任、西藏大学（原西藏师院校址）筹备组副组长、西藏大学校长。1992年年底调任西藏民族学院院长，1998年7月调任西藏社会科学院院长至2014年。

张廷芳，北京师范大学1965级校友，1970年毕业于中文系，1972年主动赴藏工作，曾任西藏大学语文系主任、西藏大学教务处处长、西藏大学副校长。

西藏大学第一任校长次旺俊美夫妇亲历和见证了西藏高等教育发展的历史进程，他们用自己的青春为雪域高原的高等教育事业谱写了光辉的一页。在他们的传奇人生中，有三个"第一"被传为佳话——次旺俊美是北师大第一位来自西藏的藏族学生，他们是北师大第一对进藏的夫妇毕业生，张廷芳是北师大第一位从北京去支援西藏并长期建藏的女学生。次旺俊美还是20世纪80年代全国最年轻的大学校长，而且他们夫妇都担任过同一所大学的领导，他们富有传奇色彩的人生，成为雪域高原的美丽传说。

动人的爱情之歌

1959年，一个名叫次旺俊美的藏族少年，戴着红领巾，在布达拉宫广场上升起了一面鲜艳的五星红旗。六年后，这位少年考入北京师范大学教育系，成为北师大的第一位藏族本科生。在北师大学习生活的七年，他不仅收获了知识，还赢得了一位北京姑娘的芳心。这位北京姑娘就是同届中文系的张廷芳。学校的文艺宣传活动使他们走到了一起。

1971年12月31日晚上，北师大教二楼洋溢着欢乐、喜庆的气氛，教育系、中文系、学校文艺宣传队的老师、同学和中央民族学院的老师以及新郎新娘在京的亲友齐聚在教室里，参加次旺俊美和张廷芳别开生面的婚礼。这场婚礼打破了当时婚礼政治化的模式，开成了民族团结、热闹非凡的文艺晚会，新郎和新娘也情不自禁地献歌献舞，以答谢所有来参加婚礼的来宾。"良宵载歌舞，藏汉连千古；战地结同心，花香飘万里"。教育系1970届同学即兴书写的这副对联，真实地记录了那一美好时刻，深情地表达了所有同学和老师对他们婚姻的赞誉和美好爱情的祝福。

新时代的"文成公主"

结婚之后，他们主动要求去西藏工作。可那时学校的派遣计划并没有西藏的名额，是学校帮他们转呈申请才获准进藏的。他们从首都北京出发，先乘火车到青海西宁，再转乘汽车沿青藏公路来到拉萨，沿途用了15天的时间！"北京姑娘进藏来"，张廷芳被誉为新时代的"文成公主"。

1972年7月，他们被安排在西藏自治区师范学校工作，次旺俊美在藏文教研组执教，张廷芳在汉语教研组，担任中师科学生的汉语教学。当时学校刚刚恢复招生，学生全是藏族和世代居住在西藏的其他少数民族，大部分学生只懂藏语和藏文。一个地地道道的北京姑娘，说着字正腔圆的标准普通话，可是上课却成了她巨大的难题，当时有学生向汉语教研组组长反映"那个北京姑娘说话很好听，听她讲课像听中央台的广播一样，可我们什么也不明白"。如此巨大的语言障碍，并没有动摇他们在西藏工作的决心，他俩想出各种行之有效的方法来应对。次旺俊美把生词翻译成藏文，张廷芳上课时再让学习好的学生抄在黑板上；他们又编了一套汉文、藏文、汉语拼音三对照的《汉语文》教材，解决了当时藏族学生初学汉语的困难；他们在课余时间还组织学生用汉语开展各种文体活动。经过一段时间的努力，学生的汉语水平有了明显提高。他们编写的《汉语文》教材受到学生的欢迎，并且在拉萨之外的地区迅速流传使用，对西藏地区的汉语教学和普通话学习推广起了积极的推动作用。

20世纪70年代的拉萨，生活条件异常艰苦。高寒缺氧，物资紧缺，没有取暖设备，吃的是糌粑和面疙瘩，睡的是草垫。但是，他们全身心教学生、爱学生，同学们都尊称张廷芳为"阿妈张啦"。

和西藏的高等教育事业一起成长

1975年7月，西藏自治区师范学校改建为西藏师范学院。次旺俊美和张廷芳夫妇和着学校前进的步伐在雪域高原成长。1978年6月，张廷芳加入中国共产党，7月被任命为西藏师范学院政治语文系汉语教研室副主任。同年9月，次旺俊美被派往复旦大学进修，主修文学概论和马列文论，兼修中文专业基础课程和研究生的一些课程，并挤时间听外语课。课余时间，次旺俊美还注意了解上海高校办学的特点，学习好的经验。1980年，次旺俊美完成进修后回到西藏师范学院，光荣地加入了中国共产党，走上系领导岗位。

1983年9月，西藏大学筹备组成立，次旺俊美任临时党委委员、筹备组副组长兼办公室主任。1984年，张廷芳被任命为西藏大学语文系副主任。1985年2月，次旺俊美被任命为西藏大学校长、党委副书记。同年7月20日，西藏大学正式成立。在大学初创的日子里，次旺俊美和领导班子的同志们一道继承和发扬"特别能吃苦，特别能忍耐，特别能战斗，特别能团结，特别能奉献"的"老西藏精神"，带领全校各民族师生员工，正确处理改革、发展和稳定三者的关系，在原西藏师范学院三系一科10个专业的基础上，将学科扩建到八系一部共18个专业，首届藏医专业本科生和英语师资、导游翻译、经济管理、藏汉翻译、新闻等专业的大专生先后走进西藏大学的校门。任职期间，次旺俊美强调教学科研相长，发挥优势，突出特色，强化和规范了各专业并增设具有地区特点和民族优秀传统文化特色的课程。他积极推进师范各专业藏汉双语教学试点工作；广泛开展同区内外、国际高校之间的交流活动，请进外籍教师强化英语教学；多边合作建立了西藏大学羊八井国际宇宙射线观测站；新建电教中心、计算机中心，改善了教学条件，并积极推进藏文信息处理和藏文字符国际编码研究工作；校产开发也迈出步伐，西藏大学研制的科技产品悄然打进西藏各大商场、宾馆。次旺俊美还亲自策划、指导创办《西藏大学报》

《西藏大学学报》，建立和规范学校各项规章制度，全面开创新局面，为西藏大学的建立和西藏民族高等教育的发展，做了大量卓有成效的工作。到1992年，西藏大学校园里盖起了一座座现代楼房，小树也长成了大树，绿地花坛疏密有致地点缀其间。世界屋脊上的第一所综合性高等学府——西藏大学，以其鲜明的民族特色和崭新的姿态，跻身于全国高校之林。

除积极支持和配合次旺俊美的工作外，张廷芳在教学、科研、管理等方面也取得了丰硕的成果，受到各级表彰和鼓励。1988年2月，张廷芳被任命为语文系主任。她狠抓系风、学风建设，注重学生全面发展及实践能力的培养，语文系的毕业生受到社会普遍的欢迎。张廷芳1989年获西藏自治区优秀教学成果奖，1993年获西藏自治区"巾帼建功"先进个人、全国教育系统"巾帼建功"标兵称号、"楚雄杯"全国少数民族学讲普通话大赛优秀组织奖和创作奖。1995年她作为党代表出席西藏自治区第五次党代会，1997年获宝钢优秀教师奖。

1992年12月，次旺俊美被调往西藏民族学院任院长、党委副书记。通过多次教育思想大讨论和几年的综合改革实践，这所1965年建立的西藏第一所高等学府，初步打破了几十年来在计划经济体制下形成的办学模式，较快地实现了在保持西藏民族教育特色的前提下与全国高等教育接轨的目标，教学质量、办学效益、办学综合实力上都有了较大的飞跃，为学院的建设和各项事业的跨越式发展奠定了坚实的基础。

1998年9月，在西藏民族学院迎来建院40周年华诞前夕，次旺俊美接到了调任西藏自治区社会科学院院长、党委副书记的通知，年逾五旬的他开始了在新的领域的学习探索。张廷芳也在同年5月被任命为西藏大学副校长和校党委委员。她把严谨务实的工作作风和全面干练的工作能力带到学校领导岗位上，为西藏大学的领导班子建设、制度建设、干部培养和全面改革发挥了重要作用，赢得了更多师生员工的尊重和赞誉。2005年，张廷芳获西藏自治区"三八"红旗手称号，2007年被评为全国全民国防教育先进个人、全国少数民族双语教育先进工作者。

次旺俊美和张廷芳于2006年10月退休，他们按照西藏自治区党委政府和西藏大学的要求，继续在高校建设和民族团结进步事业等领域发挥余热。没想到的是，2014年年初，次旺俊美被查出癌症晚期。这年的12月5日，他便离开了人世。

这对张廷芳是莫大的打击，"他的身体比我好，我怎么也没想到他会走在我的前面。"

如今，张廷芳的微信头像，是一把勿忘我和白玫瑰。这是次旺俊美去世100天时，她为他摆的花束。花朵不言不语，却道尽一切深情。

（根据《辉煌的报告——北京师范大学优秀校友风采（一）》整理）

48 闵维方

坚守初心，情系教育

校友简介：

闵维方，北京师范大学教育系1977级校友。1968年—1973年，北京门头沟煤矿井下采煤工、矿团委干部。1973年—1978年，共青团北京市委干部；1978年—1983年，北京师范大学学习，获教育学学士学位；1983年—1988年，美国斯坦福大学获高等教育学硕士学位、组织社会学第二硕士学位、哲学博士学位；美国得克萨斯大学博士后研究、校长助理；1988年—1994年，北京大学高等教育科学研究所副教授、副所长；北京大学高等教育科学研究所所长、教授、博士生导师；1994年—2000年，中共北京大学委员会常委；校长助理兼高等教育科学研究所所长；副校长兼高等教育科学研究所所长；2000年—2011年，中共北京大学委员会常务副书记；常务副校长兼教育学院院长，中共北京大学委员会书记；2011年8月至今，北京大学教育学院名誉院长、北京大学博雅荣休教授。

如果50多年前，作为中学生的你突然被送到煤矿挖煤，十年后告诉你还可以读大学，你还会参加高考吗？如果你凭借斯坦福大学的博士学位和在世界银行的工作经历、在国外可以找到待遇优厚的工作，你还会选择回国吗？如果你回国参加工作，发现你的工作单位只有两间拥挤的办公室、一台老式中文打字机，你会拼尽全力去把它做起来吗？如果你发现国家有114个贫困县的孩子没有良好的校舍和学习条件，你愿意为了他们东奔西走吗？如果你从教师岗转到行政岗，并做到了主要领导岗位上，你还会坚持给学生上课、坚持科研吗？如果卸任领导岗位，面前有很多选择机会，你愿意重回一线做教师带学生吗？以上这份试卷，有的人无法全部答完，有的人没办法给出全部肯定答案，有的人甚至看完第一题就提交了试卷。但有一个人，不仅从头到尾全部做完，而且给出了一份优异的答卷。这就是北师大1977级的校友闵维方。

艰难方显勇毅，磨砺始得玉成

1968年，正在北京市第八中学读书的闵维方被分配到门头沟煤矿去挖煤。"这是我的第一份工作，我被分到门头沟煤矿，每天到几百米深的地下去挖煤。我当时切身体会到了最真实的社会生活。"闵维方无比感慨地说。煤矿里的艰辛劳作磨炼了他，重塑了他。但地下的黑暗从未磨灭过他心底的光，他从来没有放弃过读书的想法。在煤矿工作期间，闵维方认真努力，被评为先进矿工，同时利用业余时间刻苦学习，广泛阅读，并在后来被调到北京团市委工作。1977年国家恢复高考，闵维方毅然参加考试，被北师大录取，成为北师大教育系的一名学生，并在四年后被美国斯坦福大学录取，攻读硕士、博士学位。

艰难方显勇毅，磨砺始得玉成。无论是在美丽的校园，还是在漆黑的井下，闵维方从未放弃过读书的想法。于是，煤矿成了他磨炼自己意志的地方，他用勇气与力量照亮了自己的第一份职业，也照亮了自己的人生。

砥砺家国情怀，彰显责任担当

"当时我们高教所只有在电教楼四楼的两间办公室和一台旧式的中文打字机。"提及初到北京大学的工作情景，闵维方动情地说。1988年，闵维方放弃国外待遇优厚的工作机会，回到祖国，来到北大高等教育研究所（以下简称高教所）工作。当时北大的教育学科处于恢复和发展初期，高教所工作环境也相当简陋。闵维方从一名基层教师做起，从教师岗转向兼职行政岗，最后做到高教所所长，北大党委书记，自己一步步成长的同时也为北大的不断发展壮大贡献力量。

因为有留学和在世界银行总部学习工作的经验，闵维方十分清楚基金会对于大学发展的重要性。但那时纵观国内大学，没有一所学校有基金会，更没有创建基金会、引导社会资源向教育领域配置的意识。因此，闵维方在工作中为北大基金会的建设与发展上倾注了巨大心血。"当时北大基金会几乎是从零做起，是从办公楼传达室里的一张桌子、一个工作人员，开始运作这个基金会的"，闵维方说起北大基金会的创立发展如数家珍，"我们努力发展壮大北大基金会，引导社会资源向教育领域配置，以服务社会的公共利益。而教育当然是社会最大的公共利益。"北大基金会成立之后，闵维方与他的同事们一道努力争取社会资源，盖教学楼，设立奖学金奖教金，资助家庭经济困难的学生，为北大的发展提供了更坚实的物质基础。"工作这么多年，我在北大校园里走一走，看到北大新建了这么多教学和生活设施，且大部分都是靠基金会筹款建设起来的，我就感到非常高兴。培养人才本来就是让人特别骄傲的事情。我在学校层面工作期间，就与同事们一道表示，决不能让一个学生因为家庭经济困难而离开北大。"闵维方眼睛里闪着光激动地说。正是这样一片热爱教育的赤子之心激励着闵维方克服各种困难，和他的同事们一道不断推动北大向前发展。

除了关注北大的发展，闵维方还十分关注我们国家贫困地区的教育事业。1992年他担任了世界银行中国贫困省教育发展项目专家组组长。这个项目包括1.3亿美元的援助性软贷款，加上各级配套经费共达3亿多美元的教育投入资金，用于支持我国114个国家级贫困县的教育发展，包括校舍建设、教学仪器设备的购置、教师培训和教育管理信息系统的建设等，同时还特别强调了支持女童和少数民族儿童教育的发展。"以前我经常到这些项目县去，跟这些地方师生和教育管理人员都结下了很深的友谊。现在你们到这些地方去，如果看到有的学校门口的牌子上面标着CR2339，那就是我们当时项目资助的学校。"时隔多年，闵维方依然记得他走过的那些泥泞的山路、资助过的那些学校。"要实现共同富裕，教育是最根本的，共同富裕不能单纯靠再分配，而是要靠提高所有社会成员的创造财富的能力，这样就需要加大对低收入家庭、经济欠发达地区的教育支持。"在闵维方看来，对于贫困地区教育的资助，不仅仅是资助一个孩子的成长，更是资助一个家庭，一个地区的脱贫事业。

"繁霜尽是心头血，洒向千峰秋叶丹。"从踏上回国之路开始，闵维方便把祖国和人民放在了心里最重要的地方。他始终胸怀大局、心有大我，把自身的前途命运同国家和民族的前途命运紧紧联系在一起，用尽自己所学回报他热爱的祖国和人民。

坚定教育初心，牢记育人使命

2011年，闵维方作为北大党委书记的任期届满，这时他面临着很多工作选择机会，闵维方坚定地说："我是教师出身，是个学者，我还是希望留在学术环境，回归教学科研第一线。"做行政工作的这些年，闵维方不管多忙一直坚持给学生上课，做科研工作。他说，通过教学科研可以更好地了解师生的需求，密切同师生的感情联系，使学校管理工作更"接地气"，更好地为师生服务，在这方面，蔡元培先生等前辈为我们树立了榜样。"人类理性的体现之一是决策，而决策的本质是选择。一个人的选择应该主要是看你自己更在意什么，你在意什么就去做什么。我在意我的教学工作，所以我始终想在教育这个岗位上工作。"在谈及当下年轻人对于就业和读书的选择困难时，闵维方给出了自己的见解。热爱可抵岁月漫长，选择一份热爱的事业才是选择的关键所在。退休后，闵维方受邀成为北大教育学院名誉院长，如今已经70多岁的他依然坚持给本科生上大课、带研究生做科研课题、为国家培养人才。

从教师岗出发再回到教师岗，闵维方在向前的路上从未忘记自己的教育初心和育人使命。"我做学校管理时，工作非常忙。那时我就调整自己的工作节奏，很长一段时间是利用每周周三的晚上和周六的上午来给学生上课。这么多年，我始终记得我是一名教育工作者，从来没有放弃我的教学和科研工作。"闵维方用自己的实际行动向我们展示了初心的真正内涵。

"国运兴衰，系于教育；三尺讲台，关乎未来。"闵维方始终以对教育事业的高度忠诚和满腔热忱，不负重托，奋发向上，为北大和我国教育事业的发展而竭诚尽智！闵维方的人生展现，是他对教育的执着，同时也是改革开放以来伟大祖国繁荣发展的一个缩影。他用五十多年的工作时光诠释了一个知识分子的家国情怀和责任担当，践行了一个共产党员对祖国和人民的初心和使命，是吾辈青年学习之楷模！

（撰稿：马廷红　黄丽惠　朱丹丹）

49 周满生

回应时代，坚持热爱

校友简介：

周满生，北京师范大学教育系1978级校友，生长于北京，父母是老一代留美学生，1950年他随父母回到祖国。他在学术氛围浓厚的家庭环境中成长，1978年恢复高考后考入北师大教育学系。1982年毕业时，综合考虑个人优势、对名师的向往和对英语的偏好后，他报考北师大外国教育研究所（现国际与比较教育研究院）的研究生，成为外国教育研究所的第二批学生，师从符娟明老师和顾明远老师，研究方向是比较教育与美国高等教育。

工作的三十几年中，周满生获得了很多荣誉：国家教育发展研究中心原副主任、中心专家咨询委员会副主任、中国教育发展战略学会副会长兼学术委员会常务副主任、儿童教育与发展专业委员会理事长、创新人才研究会副会长、中国教育学会学校文化研究分会理事长、全国教育科学规划领导小组比较教育学科组副组长、国务院特殊津贴专家、美国富布莱特新世纪学者。他长期从事国家宏观教育政策和比较教育研究，参与国家许多宏观政策与法规的起草与制定，在国内外学术杂志发表论文200余篇，著作分别获全国第二届、第三届、第四届教育科学优秀成果二等奖。

如果人生是一棵树，这些头衔便是繁茂的枝丫，但你若拨开去看，会发现他的内核不过是一位将毕生奉献给教育的学者与老师。

认识自我求发展，受培于国铸人才

在职工作时期，周满生对自己的兴趣与优势有清晰的认识并进行了充分开发，国家也给了他很多机会。他先后两次到瑞士日内瓦联合国教科文组织国际教育局挂职研修，在加拿大麦吉尔大学学习，又在加拿大魁北克省教育局挂职工作，还在美国哥伦比亚大学以富布莱特新世纪学者的身份从事研究工作。他曾代表国家教育部门和教育政策研究机构参加了许多国际会议并作主旨发言，如联合国教科文组织、儿童基金会、经合组织（OECD）、亚太经合组织（APEC）、亚欧教育部长会议、东盟教育部长会议乃至国别间教育战略对话等，每次会议后必有研究报告和会议综述见诸研究性期刊和报刊。

其中，令他印象最深刻的一次是在2010年9月，他代表教育部在美国纽约联合国大会经社理事会联合国千年发展目标高级别会议上做了《中国基础教育改革及其扶贫经验》的报告及答疑。那次报告引起了对发展中国家的高度关注，大会执行主席对中国的经验给予了高度肯定，联合国电视台对此进行了专门采访，时任联合国副秘书长沙祖康大使也给予了高度评价。这些赞誉不仅是对中国教育的肯定，也是对他研究工作的肯定。

由敬业至爱业，由参与塑认同

1985年7月，周满生硕士研究生毕业，彼时教育部初更名为国家教育委员会。他被分配到教育委员会政策研究室，自此开始宏观政策、教育法规研究并参与国家中长期发展规划的制定。

对于教育部政策研究室的这份工作，周满生开始是怀有一定的抵触情绪的，因为他觉得自己的个性不适合去"当官"；他更想留在北师大做一名大学教师，既可以为国家培养人才，又能继续过熟悉的学术生活；或者

到中央教育科学研究所去，踏踏实实地做教育科研工作；他还可以接受学位办公室（研究生司）对他发出的任职意向，因为他的研究生论文的主题便是"美国研究生科研能力的培养"，这让他有信心实现学术抱负。

可是，一个人所能获得的选择与成就，都必然依赖时代阵风的吹拂滋养。时逢20世纪80年代中期，国家改革开放不久，百废待兴，人才紧缺，周满生作为恢复高考后国家培养的第一批研究生，其职业道路的展开注定会与国家发展的轨迹一致。所以，虽然那时因不甚了解教育部的工作而心怀抵触，他还是服从组织的安排，懵懂而坚决地一头扎进教育政策研究的领域。

1986年年底，政策研究室调整为法规司和国家教育发展研究中心两个单位，周满生进入国家教育发展研究中心，参与国家重大宏观政策的前期研讨，撰写决策咨询报告，同时开展比较教育研究，包括参与宏观政策研究课题、出版书籍、参加诸多国际会议和进入国际组织学习、研究等。2012年退休后，他又任职于中国教育发展战略学会，继续进行教育政策研究和比较教育研究。

在三十多年的工作经历中，他因为对所处职业的逐渐了解而增加了自我认同，不再为无法从事纯粹的科研工作感到遗憾，而是一心为做好当前的工作，为国家服务，展现出了他负责任、有担当的人格。

崇教必爱生，求真以育人

在"科研人员"这个身份之外，周满生也是一名热爱讲台的"兼任"教师。虽是兼职，他依然将全副精力和热情投入其中。这样做不仅仅是因为热爱，还因为他格外看重教师的作用，他认为教师的水平和视野决定了一所学校的实力。

基于这份信念，周满生曾在国家教育行政学院授课长达二十余年，为校长、领导干部和出国人员进行培训。在上百次课程中，出现最多的题目是"国外高等教育的发展趋势及其参考借鉴"，因为这个主题恰是他多年来不断探索研究的方向，题目虽无变动，内容却与时俱进。二十年来，周满生的课堂总能获得学员的高度认可，良好的反馈让他留在了"兼职教授"这个位置上，成就了一段又一段佳话。

他在2004年至2013年被聘为北师大国际与比较教育研究院兼职博士生导师，培养的数名博士生都在国内高校工作。在他心中，教师这个职业很好地诠释了什么是"一分耕耘，一分收获"。也许一段呕心沥血的科研经历不一定能得出漂亮的成果，但一次准备充分的讲课总是能在学生心中播下一颗种子，甚至改变一个人的命运。

诚心索真知，踏实行万里

在走出校园，初次面对职业生涯时，许多同学都是茫然无措的。周满生结合自身经历与体悟为毕业生们提出了三点建议。

第一，脚踏实地。许多大学生在毕业后都是踌躇满志想要做出一番事业的，但实际上在职场中可能遇到大量的挑战。只有脚踏实地，才能避免现实与空想中存在过大的落差，造成心理失衡。

第二，不要好高骛远，要经受得起挫折。无论是工作，还是人际关系的处理，都应保持平常的心态。同学们应对自己有正确、客观的评价，不应对什么事情都有过高的期待，最终沉溺于空想。做工作要脚踏实地，有责任心，敢于承担。

第三，科研工作是一分耕耘一分收获的，来不得半点虚假。做研究工作，要克服浮躁、急功近利的心态，避免浅尝辄止。此外，要多读书。"书到用时方恨少"，同学们应利用有限的时间读书学习，关注报刊信息与研究动态。

周满生用行动展示了敬业爱业的职业素质、严谨认真的科研精神、锲而不舍的学术追求和崇教爱生的人师风范，为后辈的成长和职业发展提供了宝贵的指导和建议。

（撰稿：马雅楠　李虹霓）

50 陈松蹊

保持好奇，保持向上

校友简介：

陈松蹊，北京师范大学1979级校友，1983年获北京师范大学数学学士学位，1988年获北京师范大学数理统计硕士学位，1993年获澳大利亚国立大学统计学博士学位，2021年当选为中国科学院院士。曾先后在澳大利亚、新加坡、美国等高校任职。现任北京大学讲席教授、统计科学中心科学委员会主席。

春风化雨，弦歌不辍

从1979年入学到1988年硕士毕业，陈松蹊先生在北京师范大学度过了一段充实且难忘的时光。谈起在北师大求学过程中印象深刻的老师，陈院士如数家珍，绘声绘色地讲述了这些老师给他带来的帮助和影响。他提到研究模糊数学的罗承忠老师，表示非常感激罗老师当年把他招进数学系，从报考生物学到被数学系录取，是始料未及，也是意外之喜。在上课方面，教数理逻辑的王世强先生用生动的课堂加深了他对数理逻辑的喜爱，回想起来，他说："王世强先生是一个非常严谨，非常低调，非常温文尔雅的老先生。"提起教概率统计的王隽骧先生时，他忍不住称赞"本科时王老师的

概率统计讲得非常漂亮"。除此之外，陈先生还提到了吴品三、陈木法、严士健、柳藩、郑小谷、徐承彝等老师。而且在当时的四大博导和一众优秀老师的影响下，数学系也培养出很多优秀的学生。尽管这么多年过去了，老师们的言传身教他依旧牢记在心中。他也非常感激母校，让他打好数理基础，收获很多。

走出北师大30多年，北师大的校园发生了很多变化，陈先生在分享老照片时也介绍了他最初认识的北师大。1983年5月13日，他在当时的数学楼前拍摄了毕业照。虽然现在数学楼还保存着，但是已经改成了一个公共教室。而最让他感慨的是，以前的老图书馆已经变成了现在的新主楼，往日在图书馆自习的学习经历已成回忆。除了北师大校园的变化，陈先生还

——介绍了毕业照中的同学以及他们的去向。这么多年过去了，他依旧与同学们保持着联系，对此他特别提到了当时的班主任贾绍勤老师，"他把班级凝聚得很好，所以大家才能一直保持联系"。

学以致用，乐在其中

关于科研，陈松蹊院士在北师大求学七年，硕士论文是他最早的科研尝试。真正开始深入科研则是从1990年在澳大利亚国立大学攻读博士学位的阶段起。留学期间他开阔了研究视野，开始研究比较前沿的问题，科研生涯也就此正式起步。尽管研究的问题具有多样性，但是陈先生一直都保持着对科研的兴趣。

当被问到是否曾遇到过研究的瓶颈时，陈先生的回答坦率而乐观："还真找不出瓶颈，因为我每天起来都满怀信心。只能说我在不同的阶段，有不同的研究问题的转型。"博士期间他专注于做经验似然相关研究，而1992年毕业后在澳洲的联邦科学院渔业研究所的工作机会促使陈先生开始关注生物统计方向，拓宽了研究面。后来他也陆续涉猎人口普查研究、高维统计、核估计、金融统计、计量经济等不同的研究方向。

2014年开始，陈松蹊先生带领团队着手大气污染方向的统计研究。当时北方的大气污染非常严重，这也是国家发展的一个瓶颈问题。

陈先生团队发现如果仅仅局限于已有的观测数据，并不能完全反映污染排放量。于是，他带领团队一边做统计测度研究，一边学习环境方面的知识，同时，与相关管理部门进行沟通、交流。最终，该团队得到了显著有效的研究成果。与后来的新冠肺炎的项目一样，陈先生往往关注满足人民需求的研究问题。疫情暴发的时候，他将大气污染研究团队进行转型，转向做新冠肺炎的研究。"现在回忆起来，很惊心动魄也很欣慰，在国家需要的时候，学者们要有所反应、有所贡献。"陈先生提到，回到国内以后，他做研究更有主人翁意识，这也体现了中国学者的社会责任感。

提及做科研需要的品质，陈先生认为做研究一定要保持一个向上的心态，保持积极的心态，要有强烈的内驱力、有耐性。"生活每天看起来很不一样，能从中发现很有意思的内容，要保持一种'我行，我可以'的感觉。"这也是促使陈先生持续不断地进行科学研究的动力。

陈松蹊先生还分享了对于统计学发展前景的看法。从统计学的发展历程谈到统计学的发展方向，他认为现在很多人都在做数据、预测、分析，但是在这些人中，统计学家是头脑最冷静，也是最科学的。"统计学人知道做实验设计需要去除样本中的偏差，不是上来就计算。"当然，在传统培养模式下，统计学人始终保持批判性的思维，有时过于严谨。这个世界在改变，其实可能也需要融合一些"不冷静"。整体而言，统计学的未来发展是好的，但也需要用发展的眼光看问题，更加注重学科交叉，更加注重问题驱动，更加考虑工程化。

薪火相传，生生不息

在访谈中，陈松蹊先生分享了当时的学习生活作息。在一、二年级的时候，伴随6点起床铃响，晨跑、早餐结束后，7点半到8点他会找个地方朗读英文。陈先生特意提到，当时清晨的校园里是琅琅读书声，这个小习惯是从77级和78级的学长们那里学来的，79级延续了学长们的好学风。8点钟开始上课，一直到中午快12点才下课，此时大家早已饥肠辘辘，火速吃完饭睡个午觉，再开始下午的课程。下课后，陈先生一般会去自习，自习结束后去打球运动。晚饭后又去图书馆自习到9：45闭馆，最后在10点半睡觉结束一天的学习生活。规律的生活让陈先生保持自律的习惯，即使三、四年级的时候学校不要求晨跑，但是他的学习生活安排依旧井井有条。每天都充满了学习的劲头，心无旁骛地学习知识，这让陈先生在大学的四年里扎扎实实地学到了不少东西。

谈到北师大的培养模式，陈先生认为北师大非常注重基本功的培养，"北师大对于学生基本功的培养可以和国内任何一所高校媲美"。包括他后来招到的一些来自北师大的学生也都非常优秀、可靠。学风扎实、不张扬，追求脚踏实地，这是北师大人的特点。陈先生做研究、做事的风格，也源于各位先生们的培养和言传身教。同时，他也建议北师大的学生可以探索新的研究领域和研究范式，积极扩宽自己的思路，把目标定得更高一点。

而关于如何看待"被迫"选择专业的问题，陈松蹊先生认为，有时候需要"随遇而安"，塞翁失马，焉知非福，在各个领域都有机会和发展空间。有时候走直线是一件很难的事情，追梦的路上不能因为没有直线而放弃，而是需要培养自己的韧性，走折线、走曲线都可以，只要总体来说是在向上走就可以。类似地，谈到选择工作还是科研的问题，陈松蹊先生认为关键在于一定要做自己喜欢的事情，这样每天才能充满动力、满怀信心。学校培养的不仅是学界的精英，也是业界的领袖。不同的行业侧重点不同，但是无论从事什么行业，都要有严谨的学风、扎实的基础和端正的做事态度。不能因为行业热门就跟随潮流，要选择自己所热爱的，否则就容易迷失方向，出现问题。

在研究生专业能力的培养方面，陈松蹊先生谈到统计学近几十年更加注重计算。相对而言，数学和统计学研究生的培养还是应该更注重数学推导能力和研究能力。但是写作能力也值得注意，写作能力本质上是关于思想构成和思维方式的培养，思路清晰才能写好文章。希望同学们重视这方面的锻炼，好的写作能力能够帮助大家在工作和科研中更好地展示自己。

最后，在谈到母校的120周年校庆时，陈先生忍不住感叹时间飞逝，并向母校表达了衷心的祝福。"希望母校继续之前的辉煌成就和历史传承，继续践行'学为人师、行为世范'的校训，为国家培养更多优秀的人才、更多优秀的教师、科研工作者和在各行各业的精英领袖。"

（撰稿：施春艳　李明娜　龙可蒙　安宁
肖文轩　郭新慧　方之扬　关迪航）

51 秦 争

高山仰止——从繁星点点到卫星传版

校友简介：

秦争，天文学系1980级校友，北京东泽勤争传版技术有限公司董事长、创始人。1980年考入北京师范大学天文系，1984年本科毕业后考入北京大学地球物理学系研究生，毕业后进入北大方正工作。

北师大生活：繁星点点美好永存

"在北师大学习的四年，留下了非常美好的印象，应该说我的（北师大）记忆都是特别美好的……"

北师大是醉人的。当我们放映完为秦争学长准备的北师大航拍视频后，在北师大的美好时光如粉色蝴蝶般飞入秦争师兄的脑海，也翩然于学长浮满笑意的脸颊。

"球场，球场是我常去的地方。"

秦争学长首先回忆起当年在运动场挥洒的汗水：那时的北师大没有邱季端体育馆，但是有小而精的滑冰场；那时的篮球场也是人来人往，备受青睐；那时的北师大人会在清晨用早操唤醒自己的身体和情绪……其中"素未谋面"的滑冰课程如旋涡般牢牢吸引着我们，"当时冬天的体育课要学习滑冰，在一个小足球场地上浇上水形成冰场，学生可以借冰鞋，滑冰也是学生们都会修读的体育课。"听闻北师大现在没有冰场时，他还觉得十分遗憾。秦争学长还常常作为天文系主力参加院系之间的篮球比赛、排球比赛等。时至今日，秦争学长也积极参与各项体育活动，更是参与了2017年北师大毕业生长跑。可以说，体育运动给学长的生活添上了浓墨重彩的一笔，也是他生命中必不可少的一部分。

时光荏苒，也使秦争学长的学习生活对于我们而言如影片一般，来源于身边却又缥缈着差异。现在的我们，在高考填报志愿的时候都会非常迷茫和焦虑，这种情绪往往会延续至

"考研"还是"保研","就业"还是"读博"，直至"居有定所"才得以消散。对于这种现象，秦争学长虽不能感同身受，但仍亲切地以自身为例，谈了他的想法。

"在那个年代，大学生毕业以后的工作都是国家包分配的，毕业就有工作，所以没有工作上的顾虑。……对于现在从学生到家长在选专业时都会考虑就业的问题，也不必过分焦虑，因为大学本科学习的专业和将来工作的领域可能会相差很大。"

于学长而言本科阶段学习天文学这个基础性学科，为他的知识和技能储备打下了坚实的基础。而到了研究生阶段，他进入北大地球物理系也是进一步学习基础知识。从本科到研究生，学长都在不断地学习基础课程，理解深奥的物理概念，掌握巧妙的数学手段，反复磨炼自己的学习方法，形成了自己的思维方式和学习方法。尽管现在他从事的工作与天文和物理没有太大的关联，但是保留下来的学习方法在他工作中遇到新问题的时候，能够帮助他快速地自学。他认为这种自我学习的能力是大学期间最大的收获。

秦争学长随后亲切地关怀了我们的学习情况，当得知我们在本科就能够学习到Matlab，Python，Java这些丰富多彩的计算机语言后，学长感到无比欣慰。听到新一辈的北师人在师大校园中继续创造着崭新的美好回忆，学长对北师大的怀念又一次真情流露。

"我至今仍十分怀念本科期间的美好校园生活，学习氛围浓厚，同学们都非常热爱学习，积极向上。师生之间关系融洽，老师都非常关爱学生，同学之间也友爱互助。学校里洋溢着浓浓的师范气息，大多数的同学毕业以后都选择成为人民教师，所以同学们都以'学为人师，行为世范'为自身标准"。

卫星传版，厚积薄发引领行业

从北师大毕业后，秦争学长前往北京大学地球物理学系学习，并留校从教。1988年，他在北大的所属科技公司兼职时，接触到了王选教授主持推广的电子出版系统，并沉醉其中。几年后，他创办了北京东泽勤争传版技术有限公司，主要为报业提供版面传输的技术支持。

秦争学长在北师大受到了计算机语言的启蒙，这也为创办IT公司做了一定的积累。在他读本科期间，北师大天文系一位老师在出国当访问学者时省吃俭用，攒下来买了一台苹果电脑（Apple Ⅱ，1983年问世）供系里师生使用。借助这台电脑，老师在他大四那年开设了Basic语言的选修课，新鲜的编程知识令他着迷，也为他未来的事业播下种子、打下基础，学长直言："我现在的工作与计算机紧密相连，我们公司也就是一个IT公司，所以当时的计算机启蒙对我而言影响非常大。"研究生期间他更深入地学习了计算机语言。借此技能，他工作后参与到了王选教授推动的印刷行业的革命——"告别铅与火，迎来光与电"。在此之前，计算机能够解决的实际问题并不多，这一场革命通过计算机技术替代传统铅字排版，提出电子出版技术，达到效率高、污染小、能耗低的效果。秦争学长说在北大方正兼职时第一次接触到这项技术就沉醉其中，没有人能不为一次伟大的革新而振奋。工作期间，他做过销售，也做过技术人员，"有技术才能在销售的时候给客户把产品讲解明白"。

他在参与电子出排技术推广几年后，根据自己对报社用户的了解，创办了北京东泽勤争传版技术有限公司。通过卫星通信系统保证报社报纸版面远程传送过程顺利、高效进行。创立初期，行业内竞争激烈，但是他一步一个脚印，反复钻研技术难点，不断更新产品，为客户提供长期、及时、可靠的技术支持、系统升级和维修服务。最终成为业内最专业、专一的企业。尽管近年来纸媒不似从前那般兴旺，但只要这种媒介仍然存在，他们的创新与坚守就还在。

百廿祝福，北师大精神薪火相传

访谈中我们提到现在很多同学为了更好的升学结果，在本科期间参与许多创新创业项目，秦争学长认为这是不必要的。"这些项目大多只有一年左右就要结项，可真正的商业创新并不是这么简单的事，起步可能就需要三至五年，还需要持续不断地全身心投入，本科生拿出一段时间来参与项目，一方面容易形成'很少的时间就能做好一件事'的思维定式，产生浮躁的心气，另一方面也浪费了精力，错过专业基础的学习。"

他认为，作为学生在校期间还是应该专注学业，打好基础，最为重要的是要学会学习的方法。回望天文与物理这样的基础学科的发展历史，都是在螺旋上升中不断地深化对世界的理解，这就是一种学习和思考的方法。学长认为工作与在校最大的不同就在于对于问题的解决，在学校时我们倾向于请教他人，而在工作实践的过程中却常常无人可请教，尤其是创新创业的过程中，需要不断突破已有的知识，才能取得成果。学长创业的过程中也是遇到问题、解决问题，一步一步将公司发展到如今的规模。因此要培养自己的学习能力，树立终身学习的态度。

学长提到他发现很多同学在大四课业轻松的情况下就不在学校学习，而是在校外参与各类活动。当今的许多大学生其实都还没有充分地探索自己的兴趣，广泛学习的过程其实也是一个探索自身的过程，秦争学长在大四接触到计算机编程这一"新鲜有趣"的事物，为他此后的事业奠定了基础。我们也要在一生中不断探索、学习，寻找我们的"事业"。

谈到对北师大的祝愿，学长认为北师大一直以来的风气都是沉稳务实的，这种风气能够培养学生形成良好的性格与健全的人格，他希望北师大能够始终传承谦逊质朴的品格。这种希冀要靠在校的每一位同学共同实现，我们应当谨遵"学为人师，行为世范"的校训，刻苦钻研、求真务实，将北师大一代代传承下来的品格继承、发扬，一同走向更好。

（撰稿：揭文茹　冯蕾　王雨芹　刘小琪）

52 孙蚌珠

学高为师，身正为范

校友简介:

孙蚌珠，北京师范大学经济与工商管理学院1981级校友，北京大学马克思主义学院党委书记、北京大学习近平新时代中国特色社会主义思想研究院副院长、北京大学国家教材建设重点研究基地执行主任，教授，博士生导师。教育部高等学校思想政治理论课教学指导委员会总教指委主任委员、"形势与政策"和"当代世界经济和政治"分指委主任委员；中央马克思主义研究和建设工程首席专家。中国政治经济学学会副会长、中国《资本论》研究会副会长、首都经济学家论坛主席。北京市高等学校教师名师、北京市思想政治理论课特聘教授，首届全国百名优秀"两课"教师、全国高校思想政治理论课影响力标兵人物、国家"万人计划"教学名师，享受国务院政府特殊津贴专家。

北师大的生活是充实快乐的

谈到与北师大的缘分，孙蚌珠总会提到对"教师"这个职业的热爱。受高中班主任老师——省级模范教师的影响，孙蚌珠十分喜欢老师这个职业，出于想像老师那样教书育人这一朴素的愿望，在高考填志愿时坚定地选择了北师大。

每个年代都有每个年代独特的记忆，孙蚌珠在读本科时印象最深刻的是集体活动。当时一个年级58人，每班都有固定的教室和座位，她清楚地记得他们班教室是教七楼一进楼门的第一个教室107。每逢佳节，老师和同学们都会一起联欢、外出游玩，香山、圆明园、八大处等地都留下了他们的足迹。他们还到中学教学

实习、去山西吕梁社会调研、去密云植树等。她说她特别感恩能遇到那么多那么好的同学，和他们一起学习成长，度过最美好的青春岁月。

孙蚌珠十分热爱阅读，当时她每周至少有半天时间要到期刊阅览室阅读各种非专业期刊，也会阅读最新的诗集小说，那时同学们的床头一般都会放着经典名著，这与现在大多数年轻人习惯碎片化阅读形成鲜明的对比。孙蚌珠说囿于历史的局限，她在上大学前阅读条件比较差，接触的经典书籍很少，所以上了大学之后读起书来才如饥似渴，"没有白读的一本书，没有白做的一件事"是孙蚌珠对待知识的态度，她说："不能功利地看待知识，有些知识不是马上就有用的。在未来某个时间，会把沉淀的东西激活。"

孙蚌珠深情地回忆，她说北师大的生活充实而快乐，那里的景、那里的物、那里的人、那里发生的事都深深地刻在了记忆里：图书馆前的小广场、期刊阅览室前的葡萄架、中北楼216宿舍、主楼5层的系办公室，食堂里3角钱的熘肉片、5分钱的熬白菜，接收手写书信的"218"信箱，系里的老师和同学，还有发生在那里的所有故事……

北师大给予她的财富是丰厚的

孙蚌珠18岁来到北师大，她说大学生活是短暂的，但在这里的四年她获得的财富是丰厚的，这笔财富在她的一生中都非常重要。

这里为她从事科学研究奠定了非常好的基础。当时北师大经济系"两史一论"（经济史、经济思想史、经济理论）类课程比较多，她认为这些课程的学习特别重要。不了解经济发展史，就无法解释经济发展也无法理解经济原理；不了解经济思想史，就无法知晓前人的理论探索和思想轨迹。孙蚌珠在北师大读书的时候遇到了一批非常优秀的老师，陶大镛先生、姚森老师、朱元珍老师、程树礼老师、王同勋老师、杨国昌老师、陶秉福老师、詹君仲老师、王善迈老师、滕显间老师、郑佩权老师、彭延光老师等，她几乎可以数出给他们上过专业课的所有老师。她说这

些老师风格各异，但他们为人为学、言传身教深深地影响了她的世界观、人生观、价值观，潜移默化中她是学他们的样子努力去做好老师这个职业的。

孙蚌珠说她读书的时候，教育学、心理学、教学法等师范类课程是必修课，因为她后来从事教师职业，觉得这些课程让她特别受益。她一直记得老师说的"课比天大，迟到一分钟就是教学事故"这句话，并时刻提醒自己严守做教师的职业道德和行为规范。她记忆特别深的还有教学法课，说教给她很多，包括如何写正板书和副板书，应该有什么样的教态，等等，这些教学的"技术"和"艺术"为她教学方面取得的成就提供了很大的帮助。

孙蚌珠谈及北师大文化，她说当时老师们最常告诫他们的一句话是"学高为师，身正为范"，其实就是现在的校训"学为人师，行为世范"。"教学生一瓢水，自己要有一桶水"，所以要不断学习；"言教不如身教"，所以要特别注意自己的言行。北师大为人师表的教育是融进血液里的。她还谈到三个班主任：庚欣老师、杨春明老师、刘松柏老师，还有当时的系党总支书记孟月乔老师，他们都对她产生了很大的影响。她说她特别感恩能在北师大这样一个有着光荣传统、独特气质与深厚底蕴的百年名校学习四年，给她打好了"学为人师，行为世范"的底色。

一直努力践行着北师大的校训

在陶秉福老师的建议下，孙蚌珠本科毕业后考入北京大学政治经济学专业继续深造，她说北师大和北大同根同源但有着不同的精神气质。读研期间，正值中国改革开放全面展开阶段，经济社会快速发展、各种思潮交织激荡，那时北大政治经济学专业名师荟萃，打开了她的学术视野，也让她更深刻意识到政治经济学要更多关注现实。她用两年半时间获得硕士学位，并由于学习期间的表现直接留校任教，于1988年1月成为北大经济学院的教师。1992年北大成立马克思主义学院，她同政治经济学教研室的部分老师一起转入马院，一直在马院工作至今。

30多年来，她教书育人，践行着母校北师大"学为人师，行为世范"的校训，身体力行努力做一个合格的好老师。从北京大学优秀教学成果奖到北京市教育教学成果奖再到国家级教育教学成果一等奖，从北大学生评选的"最受学生爱戴的老师"到教育部首届全国普通高校百名优秀"两课"教师再到全国高校思想政治理论课教师影响力标兵人物，从北大优秀青年教师到北京市高等学校教学名师再到国家"万人教学"教学名师，这一串闪光的荣誉记录着她的成长轨迹，也诠释着她的努力和付出。

她说作为一名马克思主义理论研究者和思想政治理论课教师，要用学术讲政治，用理论的力量征服学生，教学要密切联系实际，回应重大理论和现实问题，她始终把科学研究作为提高教育教学水平的基础和前提，把重大理论问题和实践问题作为科研方向，并及时把科学成果运用到教育教学中。她先后主持过多项北京市、教育部和国家社科基金项目，在《经济研究》《经济学动态》《北京大学学报》《高校社会科学》《思想理论教育导刊》等重要学术期刊发表论文100多篇，在1992年获得北京市科学技术进步二等奖。

人是需要有奉献和担当精神的

孙蚌珠从1988年留校至今工作的30多年时间里，从36岁开始有20多年的时间在学院行政管理岗位上，副院长、学术委员会主任、党委书记等。她说其实行政管理工作并非她的兴趣，但不管怎样，学校学院培养了她，需要她付出、需要她奉献的时候不能讲条件，她说其实在任何一个团队里，都应该这样。她说在最初担任10年副院长期间，因为有特殊项目，几乎没有休息过一个完整的暑假；2020年因为新冠肺炎疫情大年初一就到校到岗；2021年一年到离退休老师家里走访10多人次……行政管理工作占用大量时间精力，同时还要进行教学科研工作，这些工作只能千方百计"挤时间"。孙蚌珠的担当精神、敬业精神、奉献精神和工作态度让我们由衷地感到佩服，孙蚌珠用实际行动为当代青年树立了非常好的榜样。

　　孙蚌珠在北大期间先后师从杨娴教授、钱淦荣教授、吴树青教授。她说杨老师带她走进学术领域，钱先生和吴先生除了指导她学术研究，还带她进入了教材编写和教材研究领域。从20世纪90年代开始，她就被两位先生带入教材建设工作中。最初是教育部组编的示范教材，从2005年起先后作为马克思主义理论研究和建设重点教材的主要成员和首席专家、教育部普通高中思想政治课程标准试验教材编写指导委员会委员和国家统编高中思想政治必修教材《经济与社会》主编、国家中等职业教育思想政治教材编委会主任，担任北京大学国家教材建设重点研究基地执行主任。教材编写和建设工作花费非常多的时间和精力，但不容易以显性的科研成果体现。孙蚌珠说她之所以能一直坚持在这条战线上耕耘，很重要的是受老先生们的影响和感召，她认为是非常有意义特别重要的事业。

对青年的寄语

　　孙蚌珠长期在高校从事马克思主义理论教育工作，对青年人如何在时代发展和社会进步的浪潮中实现自身价值有着自己深入的思考和认识。她说，一代青年有一代青年的历史际遇，现在的年轻人正逢盛世，世界正处于百年未有之变局中，肩负国家现代化建设和民族复兴大任。要把个人的成长成才融入国家和民族的事业中。在学习中增长知识、锤炼品格，在实践中增长才干、练就本领，不"躺平"也不"追名逐利"，在平凡的岗位上铸就不凡。她说每一个北师大学子从踏进北师大大门的那天起，就成为永远的北师大人，有责任承继母校的光荣传统，践行母校的校训。

（撰稿：崔思璇　罗紫琪　史玖琦　屈逸）

53 崔新建

身份在变，情怀不变

校友简介：

崔新建，北京师范大学哲学学院1981级本科、1985级硕士、1991级博士校友。曾任北京师范大学社科处副处长，哲学系党总支书记、副主任，哲学与社会学院分党委书记、副院长，北京市邓小平理论与"三个代表"重要思想研究中心秘书长，市委宣传部理论处处长，市社科联党组副书记、秘书长，大学生杂志社社长，北京市哲学社会科学规划办公室主任。现任北京市人大常委会副秘书长、研究室主任。

"我现在还清楚地记得1981年第一次踏入北师大校门的时候，看到老主楼门口挂着横幅，上面写着'北师大是人民教师的摇篮'，一转眼已经过去了40年。"

七载北师大光阴，回忆似水年华

对于崔新建老师来说，在北师大求学的时光，不仅是学业进步、增长知识的七年，也是日积月累、成长成才的七年。

"从一开始对哲学知之甚少，到后来硕士毕业时，对于马克思主义哲学以及中国哲学、西方哲学等哲学分支都有了较系统的了解。"令崔新建老师记忆犹新的是他除了上好本专业的课程外，还学习了高等数学、大学物理等诸

多领域的课程和知识，在图书馆阅读了许多书籍和期刊。这种培养路径帮助他在学到知识的同时，尝试"学会哲学地思考"（康德语）。

提到在北师大印象深刻的老师，他顿时打开了话匣子：学业上主要的领路人齐振海教授，每天早上在操场陪着他们班同学做早操的退休校领导王正之，在学习和生活上精心辅导他们的班主任桑新民，给同学做病号饭并送到宿舍的王文杨，关心青年教师成长的系党总支书记郑万耕，指导崔新建本科教育实习、提出"做学问要求异存同，做人要求同存异"的余少波……

从1981年入学到1988年开始工作，再到2006年的11月离开北师大，崔新建老师在北师大学习工作整整25年。这25年有很多难以忘怀

的时刻。

20世纪80年代，哲学系1979级女生宿舍成为全国第一个"文明宿舍"；1985年，国家设立教师节，第一次庆祝教师节的大会在北师大的东操场举行，崔新建作为新入学的硕士研究生也身处其中；2002年，北京师范大学在人民大会堂举行建校100周年庆祝大会，党和国家领导人就"实施科教兴国战略，大力推进教育创新"发表重要讲话，时任北师大哲学系党总支书记的他参与了北师大百年校庆的组织活动，也来到了人民大会堂参加百年校庆的庆典大会，他深深感受到北师大作为百年学府的学术积累和人才培养方面的成就；2003年"非典"期间，崔新建跟学院师生一起抗击疫情，哲学系学生刘翔等创作的话剧《与"非典"无关》，记录了特殊时期的特殊感受。

回忆北师大岁月；崔老师更多的是感恩，感恩母校与恩师的培养，感恩在校工作的温暖与成长，这些点滴时光融合进崔老师的人生中，形成了踏实朴素、勤奋真挚的职业性格，帮助他在职业生涯中取得一个又一个进步。

三次职业转型，情怀一路同行

谈及崔老师的职业生涯离不开两个数字"3"和"33"。崔新建老师参加工作33年以来，共经历了3次转型：第一次是1988年在哲学系取得硕士学位后留校担任助教，由学生成为高校教师，并逐渐成长为一名出色的教授、博士生导师；第二次是1999年年底担任北师大社会科学处副处长，在承担教学任务的同时兼做行政工作，在2001年年初开始担任哲学系党总支书记、副系主任以及哲学与社会学学院分党委书记、副院长职务；第三次是2006年离开母校进入北京市委宣传部工作，从高校教师转变为机关干部，先后在北京市委宣传部、市社科联、原大学生杂志社、原市社科规划办等单位任职，2017年年底起，任北京市人大常委会副秘书长、研究室主任。从学生到教师、从学院到校机关、从学校到政府部门，崔老师经历了多次平台的转变，而每次转变后都能在新的工作岗位上发光发热，做出新的出色成绩。

"有偶然性，但也有必然性"，谈及离开高校，进入政府部门时崔老师这么说道。除了组织安排的因素外，崔老师这次职业转型还与自己心中的一个想法有关："一个人的生活经历，还可以更丰富一些，不一定一辈子只做一件事情。人生的轨迹不是线性的，随时都有角色身份的转换，关键在于如何为社会做出自己的贡献，如何实现自身的价值。"提到有关职业转型的心路历程，崔老师认为人可以在年轻时抓住机会，尝试不同的工作，但也需要认准一个方向，"坚持把一件事情做好，也是非常值得敬佩的事情"。

身份在变，北师大情怀始终一路同行。在北师大多年的求学与工作，不仅使崔老师收获

"哲学智慧",更具备"北师大气质"。作为一名哲学专业的学生,最核心的就业竞争力在于宏观的视野、战略性思考和历史的深度,成为一个多维度的"通才"。和众多北师大学子一样,"诚信""质朴""勤奋""能吃苦"是崔老师身上的特质。

一路坚守信仰,不改育人初心

无论是在北师大25载的求学与任教时光,还是在机关单位十几年的辛勤工作,崔老师的身份一直在变,但他对理论研究的满腔热忱始终如一,对身边同志爱护培养的态度诚心可鉴。

当被问到如何在不同工作平台之间自如转换时,崔老师说,自己虽然经历了几次岗位调动,但从没离开过理论研究与理论宣传。在理论工作中,他努力将马克思主义理论作为自己的看家本领,扎实的知识结构与专业能力让他能够胜任不同的工作岗位,对理论和实践的热情帮助他实现角色转换的同时守正创新,深学笃用。

北师大走出去的学生,有北师大人的专属烙印。每当提到自己在北师大任教多年的经历,崔老师总是充满自豪。尽管崔老师的工作角色在转换,但育人初心始终不变。他说:"在学校当老师要带学生,在工作机关也需要带队伍,都要帮助年轻人成长。"在崔老师看

来,即使自己已离开高校,但还要像在学校带学生一样培养工作单位的年轻人,发挥他们的优势与特点。在采访之中,他也嘱咐我们,要做好应对各种挑战的准备,将自己的能力运用到实践之中。

工作30余年,崔老师铭记"学为人师,身为世范"的教导,真心对待学生,做好他们的领路人。做行政,他爱生爱校。在学院任职期间,积极投入学院的发展建设中。在机关工作,他勤勉尽责。"无论是什么样的工作单位,还是什么样的工作岗位,都应当把以人民为中心的理念贯穿始终。"崔老师如是说。

从学生到教师,从学校到社会,无论是哪个身份,崔新建老师都以高度负责的态度与永不懈怠的精神慎终如始。坚守理论阵地,不改育人初心。

访谈临近结束时,针对当今"就业难""内卷"等现象,崔老师为同学们提供了几条锦囊妙计。

一是提升核心竞争力,勇于迎接新挑战。学校是传播知识、培育人才的场所,不是自我设限的"象牙塔"。作为在校学生,同学们应该做好应对各种挑战的准备,利用宝贵时光广泛学习,拓宽自己的知识面,提升自己的核心竞争力,认真思考自己的择业兴趣与个人特点,选择适合自己的工作。

二是清晰定位自身,多学多用多思考。对自己要有清醒和全面的认识,思考自己的优

势。还要有意识地培养自己多方面的能力。哲学专业的学生要善于利用自己的理论思维、抽象思维，做全能型人才，在从业中发挥专业优势。

三是传承师大好校风，风物长宜放眼量。北师大的学子身上诚信质朴、坚韧踏实的特质是校园文化潜移默化影响的结果，也是我们在职场中的优势。同学们要放长眼光、拥有大格局。热门岗位不一定适合每个人，"人是多样的，要认清自己的特点，选择适合自己的道路"。同时"对职业的社会认可度要用发展的观点去看，不要去追捧一些暂时比较热门的专业，因为随着社会发展变化热门职业也总是在变化"。

在北京师范大学120周年校庆到来之际，崔老师为全体北师大学生送上祝福与寄语：今天我以师大为荣，明天师大以我为傲！

（撰稿：王璇　陈薪水　黄闻钦　张晗　刘敏）

54 丛中笑

立志如山，行道如水

校友简介：

丛中笑，北京师范大学教育学部1981级学前教育专业本科，1985级学前教育专业硕士，2000级教育管理专业博士。曾任中华女子学院副院长，现任中国儿童中心党委书记。国务院特殊津贴专家。曾荣获"中直机关青年岗位能手"、"中直机关十大杰出青年"、全国妇联"巾帼建功标兵"、北京市"中青年骨干教师"、全国妇联机关"优秀党务工作者"等多项荣誉称号；负责和参与多项儿童相关的课题研究，积极宣传和倡导现代儿童发展理念，并在国内外引起广泛关注。

43岁那年，一纸调令打破了丛中笑原本平静的生活。

那一年，她是中华女子学院副院长。那一年，她离开了曾经的舒适地带，开启了生命中的那段新篇章。自此，她的人生轨迹与儿童更加紧密地连在了一起。

人生态度：轻重分明的淡泊人

提及中国儿童中心党委书记这个岗位，很多人第一眼看到的是"厅局级""一把手"的头衔，对此丛中笑却微微一笑。即便在被问及"取得过什么成就"这样的问题时，她也仅有寥寥数语，仿佛自己从未获得过什么荣誉。

即便已功成名就，当谈及自己最成功的事时，最能让丛中笑为之动容的不是那一个个令人望而生畏的头衔，也不是那一个个意义深重的奖项，而是为儿童发展做出的每一件事。在与儿童打交道的过程中，她感到无比的快乐和满足。

"我从来没想过当领导，是不知不觉走上领导岗位的。"在进入管理岗位前，丛中笑从未设想过有这么一条道路，也未曾对此抱有什么希冀。她只是"为了做专业而做专业"，是彻彻底底的"专业人"。

"对于那些一心想要走仕途的，自然无可厚非。"但在她看来，做专业的事并不应该是为了向上爬，而是不断定下目标和完成目标的过程。职业也应是个自我谋划的过程，否则就会非常被动。"感觉现在的孩子没什么激情了",丛中笑感慨道,"我总感觉年轻人还是得拼一拼,积极主动一些。"

专业在丛中笑的生命中具有特别的分量。她认为,无论从事什么行业,都要努力学好自己的专业,"踏踏实实地把自己的专业品质打好",同时提升自己的修养,开拓自己的眼界,树立远景目标,那么在行业里有所成就也就是水到渠成的事情。

相对于其他职业,从事学前教育并不怎么赚钱。即使已经有了十几年的工龄,丛中笑的薪水也远不及一些其他行业刚刚工作的年轻人。"真的是干一辈子都比不上人家刚毕业。"她笑道。

即便如此,"高薪水"的诱惑也并未在丛中笑的心中激起什么浪花。她仍旧忙忙碌碌,朝九晚五,做着自己喜欢的工作,感受着辛勤耕耘带来的充实感和幸福感。规律的工作作息,相对闲暇的时间,每天看到孩子们一张张笑脸,听到孩子们叫一声"老师",这样的生活已值得满足,生命也有了独特的意义与价值。

不争不抢,不骄不躁,做好当下的每一件事,这便是丛中笑的风度。

从业伊始:投身基层的幼教师

1987年,刚刚硕士毕业的丛中笑入职中华女子学院,成为一名学前教育领域的一线教师。

对于小孩的热爱让她很快适应了实习期的工作和生活,在取得优秀的实习成绩的同时,也得到了领导的青睐,"橄榄枝"就这样抛在了丛中笑的面前。

"当然,选择这个职业也带有一些功利的想法。""不坐班"的工作机制、相对轻松的工作任务、入职即可获得的北京户口,对于刚刚毕业的丛中笑而言产生了莫大的吸引力。在诸多因素的考量下,她最终走上了这个岗位,书写起她将近20年的工作序章。

基于兴趣和热爱,加上扎实的专业功底、出色的工作能力和踏实的工作作风,丛中笑在短短十年间就从一线教师一路晋升,最终达到了副院长的位置。也正因拥有这样的条件,2006年她被调到中国儿童中心,担任常务副主任的职务。自此,一条崭新的道路在她的生命中缓缓延伸。

风雨波折:从零开始的新征程

回忆起刚到儿童发展中心时的情境,丛中笑的心中五味杂陈。

尽管已经做了充足的心理准备,初到中心时的丛中笑还是被眼前复杂的情况所震惊。数不尽的遗留问题、混乱的现状和不确定的环境让初来乍到的她手足无措。

为了获得大家的支持,丛中笑在与单位同事沟通交流时,用诚意打动大家,增进了解,获得信任。同时，她灵活运用自己的专业知识，以过硬的专业素养，在诸多决策中得到了众人的认同。

在为人处世方面，丛中笑坚持"一碗水端平"，始终秉承着公平、公正的原则处理事务。"你千万不能有厚有薄，起码要让大家看到你是出于公心地去考虑这些问题，这样才可能得到大家的理解。"基于这样的正派为人，她在儿童发展中心逐渐有了威望，被越来越多的人认可。

在丛中笑看来，一个单位中最重要的就是人。一个单位中，每个人的情况都不尽相同。"有一批老人快要退休了，有一些人听不懂你说什么，有一些人有能力且非常希望单位发展，还有些人给你捣乱。"

尽管初期的工作不怎么顺利，依然不乏很多人给予了她工作上的支持。这对原本孤军奋战的她而言是一种巨大的帮助和鼓励，也是一种莫大的宽慰。"尤其是有些老同志，特别希望中心能够很好地发展。"丛中笑说。

在长期的摸索中，她对单位中的人员情况有了较深的了解。她以培养核心骨干为着手点，以滚雪球的方式逐渐构建起一支干部队伍。他们团结一致，同气连心，成为工作落实中的先行队伍，机构运转也逐渐步入正轨。"五六年吧，我感觉管理顺了、人心顺了。大家都憋着一股劲，想大干一场。"

当时的工作十分繁重，牵涉的方面众多，诸多事宜都需要丛中笑拍板。为了做好工作，她经常从早到晚连轴转，即便是下班回家也无法安心休息，时刻惦记着中心的事，即便是周末和假期也不敢有丝毫松懈。

这份工作也让丛中笑成长了许多，自身的能力得到了更为全面的发展，人生阅历也变得更为丰满。作为单位的主要负责人，她需要面对各种复杂的情况，处理最为复杂的人事问题。这不仅是对她能力的考验，更是对她修养和品性的磨砺与考量。褪去昔日的稚嫩和懵懂，一个成熟干练而立于不惑的领导最终出现在了更多人的视线里。

沉淀自我：攻读博士的波折路

2000年，丛中笑带着中华女子学院副院长的头衔，重新回到了北师大这个熟悉的校园，开始攻读博士学位。

然而，读博的生涯并不像预想的那般愉快。由于她是由单位派遣的"公费生"，因而在研究的方向上有了严格的限制，原本热爱儿童、对儿童发展领域充满兴趣的她，不得不将研究重心转移到妇女和女性上来。这一度让她十分痛苦，也对自己的博士之路感到无比迷茫。

为了了解这一陌生领域，丛中笑做了许多调研，收集了浩如烟海的原始数据。为了开拓研究的视野，她专门出国参加女性研讨会，寻找可能的研究路径。但是，专业基础的严重缺失使她的研究进行得无比困难，而兴趣的缺乏更是使她的研究进程一拖再拖。直到调任中国儿童中心之时，丛中笑依然没有把自己的研究主题定下来。

工作转变意味着曾经的枷锁不再，做研究的难度却丝毫不减。调任之初，丛中笑的工作十分繁重，需要解决的事情多如牛毛。"忙成这个样，哪有时间做课题？"丛中笑常和老师诉说自己的苦恼。恩师林崇德在给予她安慰和理解的同时，也对她的"健康人格"的想法大加赞许，鼓励她按照已有想法做下去。

"后来林教授把我收留之后，我就是跟着他读的。"提到恩师时，丛中笑显得异常激动，感激之情溢于言表。在恩师的理解和指导下，在夜以继日的付出和努力下，丛中笑终于完成了论文答辩，取得了这来之不易的博士学位。

在丛中笑的眼中，学前教育行业有着光明的未来。在家校社协同育人的背景下，国家对社会育人有了更多的要求，也促进着校外教育的大发展。对于这一领域的从业者而言，切身对小孩进行教育同样也是给人生打基础的过程。

"未来的路还很长，而我愿始终对此抱有期待。"奔月者不惧黑暗，寻芳者不畏荆棘。在这个领域中，在这个岗位上，丛中笑仍在用力地走着，走着……

（撰稿：田宇乾　芦晋汉）

55 陈学锋

初心 爱心 信心 童心

校友简介：

陈学锋，北京师范大学心理学部1982级校友，1989年于儿童心理研究所硕士毕业，在中国儿童发展中心工作15年，1998年回北师大攻读博士学位，师从林崇德老师，2004年进入联合国儿童基金会工作，现任联合国儿童基金会教育专家。

初心不忘：从心出发 用心积累

陈学锋1982年就读于北京师范大学心理系，1986年在当时的儿童心理研究所攻读硕士学位。朱智贤、林崇德老师所强调的心理学理论为教育服务、为儿童发展的实践服务的精神为她铺上了专业服务实践的底色。毕业以后，陈学锋来到了当时的中国儿童发展中心（后更名为中国儿童中心）的心理与教育研究室工作，跟随陈会昌老师做了有关儿童社会性的研究，还参与了创建基于社区的儿童早期发展服务试点工作，第一次体会到了要把服务扎实地在地方建立起来，专业的知识才能转化成儿童实实在在的成长，为儿童的服务自此也就化作了陈学锋的专业理想。1994年陈学锋带领研究

室的同事们成立了中国最早的儿童心理咨询中心，在这里根据需要对孩子们进行儿童心理发展的测验及评量，也会对家长们最关心的心理问题、学习问题和家庭教育进行培训和指导。与此同时，研究室里进行着和学习困难有关的研究和项目，通过借鉴美国的资源班的方法进行相关能力的补足和提升，帮助那些由于发展不足而存在学习困难的孩子们，让他们更好地适应学校的学习。随后，在联合国儿童基金会的资助下，陈学锋研究了儿童听力、视力以及象征性游戏（symbolic play）（智力）三套筛查工具，这些都是使儿童发展障碍的早期筛查能够更容易下沉到社区层面，达到"早发现，早干预"目标而做出的努力。在1996年她从美国丹佛大学进修回国后，还引进了"以游戏为基

础的多学科融合儿童评估与干预法"，以促进特殊需求儿童的早期发现和干预。

1998年陈学锋跟随林崇德老师进行博士阶段的学习和研究，这时她将工作中发现的问题投射在研究中。在林先生的指导下，陈学锋继续对儿童学习困难问题进行了更深入地探索。其间，陈学锋创办了中国儿童中心实验幼儿园来提供发展"多元智能的"教育，并开创了"小脚印"家庭养护支持中心，作为儿童早期发展社区服务模式的先期实验。多年来，陈学锋还撰写心理与教育的研究成果文章，向专业人员和家长举办心理与教育知识的讲座分享、邀请国际专家授课并担任翻译等，这一系列的科研项目工作和知识传播工作，无不是围绕着心理学，尤其是儿童发展心理学来开展的。

和联合国的缘分，始于儿童中心的第二段历程。自1999年开始，陈学锋成为中心的主任助理和副主任，负责了科研板块和国际交流的工作，也是在这里，她的人生开始与"联合国"产生了更多的交集。陈学锋参与了儿童中心与联合国儿童基金会合作的"儿童权利的参与式培训教材"的编制，还在国务院妇女儿童工作委员会与儿基会的合作项目中，完成了当时最早的大规模的关于流动儿童状况的调查——《中国九城市流动儿童状况调查》等调查研究。在这个时期，扎实的心理学基础开始不断衍生出新的色彩，支持着陈老师对于国际儿童事业的探索。

爱心不已：投身到更广阔的儿童事业里去

2004年，陈老师来到了联合国儿童基金会驻华办事处工作。她说，在这里能够同时和更多的组织、部门合作，能为儿童事业做更多的事情。儿基会的项目"总是着眼于中国儿童最需要的那个地方，或者说是最薄弱的环节"，这给在儿童事业上热爱且执着的陈学锋带来了更大的发挥空间。陈学锋再次投身于儿童早期发展、学前教育和儿童保护领域，在学前教育的普及和质量提高方面做了非常多的工作，尤其是《3—6岁儿童学习与发展指南》的制定过程，更大程度运用了心理学的方法，确保了《指南》内容对中国儿童发展的合理期待及与幼儿年龄符合的程度，并对教师家长提出了符合规律的教育建议。

访谈中最令我们印象深刻的是陈学锋讲到汶川大地震后的儿童友好家园项目。这个psycho-social support的项目模式是陈学锋借鉴国际经验，和国务院妇女儿童工作委员会的伙伴一起，紧急赶到震区，与当地政府逐个联络商讨而促成的。这个模式不同于心理咨询的个体帮助概念，而是为震后的汶川建立起更全面的社会心理援助机制，在21个受地震影响的县建立了42个儿童友好家园。这一项目对心理学的理论进行了应用和实践，更好地帮助到了灾区的孩子们。近两个十年的《中国儿童发展纲要》里都设立了推动儿童之家建设的目标，要求全国大部分社区为儿童留一块活动的乐园。

当谈到自己的感受时，陈学锋说："虽然说每天都在各种会议当中穿梭，但是确实都很充实。就感觉可以把自己之前学到的东西真正地助人，而且你能得到回应。我基本上做的项目都是相对比较新的，大多都特别新。我们提倡的推动的这些新的东西，经过一个过程，一个用心的设计，被大家认可，让儿童受益，尤其你能够听到回响，这确实感觉还是挺好的。"

信心不移：在浪潮中成长为独特的自己

在访谈中，我们和陈学锋老师聊到了当下"风靡"的内卷问题。面对在洪流中迷茫和动摇的我们，陈学锋老师给了我们真诚恳切的几点建议。

第一，要保持独立思考的能力。陈学锋表示，在国际组织工作对自身的各个方面能力都有着不小的挑战。因为生长在同样的文化环境中，陈学锋非常能够理解我们，她期望我们能够拥有足够的独立自主性。"所谓独立自主性，就是我不依赖别人。必须要有自己的想法，如果我哪一点不明白，或者跟别人有不同的观点，都要养成去坦诚讨论的习惯。"陈学锋表示，有时担心在高考体制之下冲出来

的"学霸们"是不是会有一种惯性，总是只想去得到别人认为正确的那个答案。但是她强调，现实是复杂的，往往没有人会给你正确的答案，最重要的就是要相信自己。"咱们都学过研究方法，你首先有个假设，然后再去检验它。你自己心里要有这么一个因果链，假设、检验之后，再调整到你认为对的路上去。"这样会有助于形成独立思考和判断的能力。

第二，要在实践中学习，"就是我们要知道这个知识往哪里去用"。"我觉得尤其当学生的时候，比方说选题，每个人的思考不一样，很多时候思路来自文献，这是有必要的，尤其在你的思维基础训练的过程中。但是后来我慢慢就会觉得，很多时候还需要知道知识可以用于哪里，让头脑中有一个大的概念，有个主导理念，其实是挺重要的。"而这个大的理念，自然不是凭空获得的，它需要丰富的阅历和对知识的融会贯通。"像我们做项目评估的时候，因素特别多。这个时候你不可能像实验室实验一样去严格地做，但是你要有科学的思路来剥离和组合这些复杂的因素，可以有研究的思维，也尽量找到证据能证明它。"许多时候，理论和现实需求及实施等需要有恰当的配合与取舍，而这种能力只能通过实践来获得。

在实践中更能培养一个人所需要具备的全方面素质，同时还能找到自己的兴趣和能够坚持的点。"我现在坚信，任何一件事情想做成，

都要靠综合的能力。再一个就是面向自己的内心，体悟你到底喜欢什么。当然，你可以意识到并有意识补足你的短板，但是你确实更要知道自己喜欢什么，才有办法长期坚持做下去。"

童心不负：用歌声装点生活

跟陈学锋谈话感觉比较轻松。她说，工作上全身心投入，生活中保有一颗童心，能找到更多的快乐。谈到业余爱好时，我问陈学锋，唱歌对您的职业和人生有什么助力，在繁忙工作中我们应不应该继续坚持业余爱好，她说："你看我在上个礼拜五的中国文化之夜上，我刚刚给同事们唱了一个《前门情思大碗茶》，几位年轻人在后面给我伴舞……另外我自己没事儿的时候也弹弹琴、唱唱歌，对情绪调节什么的也是蛮好的，一定是要坚持的。"陈学锋非常热爱唱歌，曾为京师合唱团女中音声部长，还曾与艺术系一同参加校外的演出。通过合唱团，她现在和之前的各个院系的老同学、师兄师姐们仍然保持着联系，在即将到来的120周年校庆合唱或许我们也能看到陈学锋的身影。

爱好积累到最后，更是一种习惯，一种生活的态度。"其实练习（一个爱好），年轻的时候，更多想的是技巧，慢慢你会觉得它的内涵给你的东西更多，技术就变成次要的了，所以你只要坚持做就行。"生活如此，职业亦是如此，无论做什么都少不了这份坚持。

以梦为马，不负韶华，希望我们都能和陈学锋期望的一样独立乐观、坚定执着，在心理学的广阔天地走出属于自己的道路，为国家、社会、世界的建设添砖加瓦。

（撰稿：李亿佳　叶文洁）

56 张济顺

银丝映日月，丹心沃新花

校友简介：

张济顺，北京师范大学历史系1978级本科、马克思主义学院1982级硕士校友，在复旦大学工作15年，从专业教师兼职担任辅导员、系党总支副书记，至1993年被调到校党委学生工作部工作，后又担任校党委副书记。2000年，张济顺从复旦调任华东师范大学党委书记，2011年从校领导岗位上卸任，回归史学研究与教学，2017年退休。

如沐春风，师范入心

1949年生人的张济顺在恢复高考后，十分幸运地成为北京师范大学历史系1978级本科生。从北京师范大学本科毕业后考入马列研究所的中共党史专业，到进入复旦大学历史系，成为中国近现代史专业的教师，1998年在职取得博士学位。从此张老师再也没离开过大学，与大学结下了深厚缘分。

张老师的大学求学与职业生涯，起自师范，又回到师范，师范是维系她人生际遇的纽带。在采访过程中，我们关注到，张老师十分珍视大学的历史学专业的求学经历，在问到"您觉得在步入大学，进行历史学习研究后，自身生活、心态方面发生了什么变化"时，张

老师若有所思地回答道，"最重要的改变，是一种兴趣的培养与志向的变化"，接着张老师再一次打开了话匣子，告诉我们她报考北京师范大学是"孤注一掷"，而进入历史学专业则是"误打误撞"。

1978年参加高考，受限于复旦大学和华东师大的招生名额，张老师考回上海基本无望。身边的老大学生"师傅"纷纷替张老师"分析形势"，根据77级录取经验——考高分的"大龄青年"都被师范大学录取，劝说老师以师范为目标。张老师采纳了"师范"的建议，但心想，"要考师范大学，我就要去最好的师范大学，其他师范不考虑"，北京师范大学就成了第一志愿。出谋划策的师傅们看了专业志愿，竟然报的是学前教育专业，第二志愿才是历史

专业。本倾向接触教育专业的张老师"误打误撞"被录取进入历史专业，认为是历史考的高分，让她"跌"入了第二专业志愿，其实她对历史学"无感"。但是进入历史系后，张老师才发现是"撞对了"，发现其中魅力无穷，以至于后来她做了那么多年的党务工作，依然舍不得放弃那点史学"科班功底"，始终对史学抱有敬意与兴趣。采访过程中张老师也提到，如果单纯把历史学当作未来职业追求，未必会如愿，但是如果把史学当作志业，即便是从事别的职业，或受到环境与条件的种种制约，也不会改变对史学的钟爱，也就会有所成就，哪怕是点点滴滴。

志之所在，行之所向

在将近32年的高校工作生涯中，张老师从事兼职或专职学生工作的岁月将近一半，一张张老照片承载着张老师和学生们满满的情谊。

第一张是1999年，她带领复旦大学学生参加挑战杯的合影留念。第二张则是清明节和同学们在河边放纸鹤、撒花瓣的留影。这张照片承载着一个生命灿烂绽放的故事，主人公是复旦大学管理学院的学生吕俊。1997年夏，他和七位同学去大别山进行暑期社会实践，临别前，看到三位女生卷入山岩边潜在的漩涡，情形万分危急。吕俊奋不顾身，与当地的中学生彭明一起去抢救。三位同学被救起，吕俊与彭明却献出生命。第二年，张老师偕同其他同学在清明节到大别山祭扫这两位舍己救人的年轻学子。张老师在一开始分享这张照片时非常动情，告诉我们它"极其珍贵"，是张老师做学生工作中最难忘的记忆。那故事的主人公早已远去，但留在张老师心中的，是那个关键时刻"挺身而出的凡人"——永远的复旦人。

对于同学们提出的"大学教师如何平衡科研与教学"这个问题，张老师态度坚定地表明，"师范师范，为人之范"，身为教师，教学是本职工作，教书育人是应有之义，这是最基本的态度问题。作为大学教师，科研同样也是必须和必要的职责，教学要求有研究支撑，科研也会反哺教学。这里的科研，不应狭隘地理解为发表和出版，而是泛指研究，既包括本专业某个领域的科研工作及研究成果，也包括对教学的不断研究和探索，更泛指科学精神和钻深求精的研究态度。

基于学院的特点，我们学院的部分同学会选择走上辅导员的职业道路。就此，张老师提出了"职业理解"的问题，"你了解这份工作背后的辛苦吗？你能承担并无悔地付出吗？"对于访谈中提及的部分同学享受辅导员工作获得的幸福感时，张老师以其多年的工作经历提醒道，学生工作的事务繁杂得可能超乎想象，这个过程"烦恼可能大于快乐"，做出就业选择前，一定要对所选择岗位的工作强度与压力有尽可能充分的了解，并有一个清晰的认识。

除此之外，我们联系本学院"中共党史专业成为一级学科"的政策背景，询问张老师对该专业就业前景的看法。张老师一语惊醒梦中人，"一级学科也好，二级学科也好，是学科内部的结构变化，对学科本身的发展有关，但与你的就业没有关系。你的就业还是与个人素质和能力相关"。无论党史学科它是一级还是二级，其实对于我们就业来说，还是要夯实自己的研究基础，提升自身专业素养与工作能力。

师道律己，教书育人

张老师作为师范院校的校友，同时也作为一名有学养的资深教师，在回答同学们最好奇的"张老师心中的教师应该具备哪些品质"这个问题时，提到"教师的基本功"这个概念，张老师认为做教师需要具备几样基本功：热爱学生、学习进取、灵活施教等。

首先，热爱学生，这是第一位的，"你要把学生看成是自己生活中不可或缺的人，是学生让你成为教师，没有学生，要你做什么？而且，要平等地对待学生，一定是跟学生建立一种平等的关系，切莫居高临下，好像身为人师就是天生的人生导师。常说，'严师出高徒'，当然没错，但不等于你和学生是不平等的……严要严在学业与培养的要求和标准，不是当老师就事事高明。"

其次，谈到学习进取，张老师回忆了自己在求学路上遇到的多位恩师，她说："我的硕士导师王承璞老师在选题上很'放手'，鼓励我尽可自由选题，但资料和阅读材料却从不放手，不时要'召见'去汇报，不时对支撑选题的材料提出许多疑问，有时问得我怀疑选题可行性，促使我再去'挖材料'，看参考书。"再如，张老师悉心保存着她的博士生导师汪熙教授对她论文初稿写下的四页纸的意见，大到指出论述上的漏洞，小到引用参考不同译本之间的优劣……正是这些严格而又宽容的老师，让张老师的求学道路大有收获，既长了学问，又学会如何做一名合格的教师。

最后，谈到灵活施教，张老师认为，就是根据学生的特点和阶段来选择适合的教育方式，包括教学也应该遵循这样的规律——人格到学识逐渐完善，切忌年龄学段与教学深度成反比。对于一个宏大的学习进程来说，要由浅入深、由情感、意识到理论，由实践到概念，潜移默化、循序渐进，遵循教育规律和人思维发展的规律。

针对大学生普遍关注的论文写作问题，张老师提出了这样的见解，她指出："发表不等于就研究好了，更不能说发表了就一定代表研究水平到了，纯粹为发表而写的论文十有八九经不起时间的检验。"就历史研究而言，既要追求真相，又要探寻真理，"求真"是历史学的使命和本质，但历史学者只能一步一步接近真相，从中求解也是不断前进的过程，没有哪本著作，哪一篇文章，可以说研究就此中止了，所以发表或出版，永远在路上。

最后，张老师希望，作为教师和科研工作者，要始终坚持求真求实，不为外物所动摇。

作为一名史学研究者，更要知道历史发展的复杂性、多面性，怀抱对历史的敬畏、尊重和责任感。

（撰稿：王雨娜　何雨萌　马丽　吴一凡　于子芙　张蕴之）

57 黄兴涛

史家高风远，桃李再华章

校友简历：

黄兴涛，北京师范大学历史系1982级本科、1986级硕士、1989级博士校友，在北师大就读十载。1992年博士毕业后到中国人民大学清史研究所工作，曾任清史研究所所长、历史学院院长，2009年评为新世纪百千万人才工程国家级人选，2015年获聘教育部长江学者特聘教授。现为中国人民大学学位委员会副主席，学术委员会人文学部副主任，兼任国务院学位委员会第八届中国史学科评议组成员，中国历史研究院学术委员，国家清史编纂委员会委员，中国孙中山研究会和中国现代文化学会副会长等。

忆北师大——十载求学，一枝一叶总关情

当回忆起在北师大的读书生活时，黄兴涛首先陷入了沉思，继而流露出了难以忘怀的神情，他感叹道，在北师大的十年是他一生成长中最为关键的十年，今天，他仍梦魂萦绕。

2022年，距离黄兴涛进入北师大历史学系读书已经40年过去了。那时17岁的他，一人从湖北荆州来到北京求学。现在的他，已成为一位知名学者。当他算起这四十载光阴时，不禁感慨万端，原来自己已经在"历史"这条路上走了很远、很远了。

"我选历史系，还真不是自己所选"，在被问到为什么会选择进入师大历史系学习时，他表示，选择历史专业是因为高考的历史成绩好，而相比于历史，那时的他对文学表现出更大兴趣，他想当作家，他写诗，他常去听顾城等诗人的诗文讲座，去阅览室排队阅读张承志《北方的河》。

从第三方纵观他的师大时光，他近距离接触到了白寿彝、何兹全先生以及他的硕博导师龚书铎先生等历史学界的璀璨群星，筑牢了坚实的专业基础，掌握了历史学的基本思维；也多年追摹启功先生的书法，自如地在校图书馆里阅读着诗歌和小说、学习摄影、参加歌词创作班，真实感受着北师大古典和现代相结合的人文气息；同时被"学为人师，行为世范"的校训和校园同学朝气蓬勃、对未来充满信心的精神面貌所感染、所熏陶。这十年，他的诗和

远方得到悉数满足的同时也收获颇丰，他的兴趣所在，谋生的手段和心中的信念也在这十年里得以形成某种契合。

求学路——折柳成荫，学术渐入佳境

虽然选择历史学并非出于热爱，但在母校这个史学的殿堂经过一段时间的学习之后，他却越来越喜欢这门博大的学科，在研究方向上，他也逐渐有了一点选择的自觉。在大三的暑假，成绩优异的黄兴涛获得了保研的资格。那个时候的保研与现在不同，当时的保研只能保送本校。虽然提前一年保送了，可并不能直接进入研究生状态。据他回忆，"导师会用研究生的标准要求你去读书，但是并没有课程，完全是自学一年。"于是，黄兴涛选择用这一年去完善自己的本科论文《张之洞与晚清儒学》，并提前得到了龚老和史革新老师的指导。为了研究张之洞，他在龚老的建议下花费一年时间将《张文襄公全集》共20函一本一本地认真看完、且详细做了札记。从诗文中，他发现张之洞对自己后期洋务活动事与愿违的效果其实早有自觉，并得到老师表扬，这增加了他揭示复杂历史人物内心世界的兴趣和信心，颇受鼓舞。在一边看前人成果，一边看原始文献的过程中，也全面提高了自己的文化素养。在他看来，北师大历史系的教学方式，是十分扎实系统的，不急功近利，这为他之后从事思

想文化史研究打下了很好的基础，使之受益终身。他还说，本科时他所抄录的那些资料，至今仍然保存着，"它常常使我想起刚刚踏上学术之途时的那种感觉，那种冲劲、渴望和期盼。"

做研究——反思性地再现过去，带着关怀面向未来

"以史为鉴"是学历史的一个重要目标，因为学历史，就是通过对历史资料的发掘，对人类已往之活动进行深入的探研、真实的再现和深度的反思。这是一个具有永恒意义的工作，黄兴涛称它为"反思性地再现过去"，认为这是历史学的本质追求，也是人类的天性所在。今人总是自觉不自觉地带着今天的视角、今人的关怀，对过去进行永无止境的关照。而作为一个历史学家或者历史撰述者，黄兴涛认为这样一种自觉的探掘、反思、审视的理性活动，是人类存在和发展的基本活动。任何人文社会科学的研究，也都是以历史研究为基础的，用习近平总书记的话来说，"历史研究是一切社会科学的基础"。在这个意义上讲"以史为鉴"，实际上就体现了这样一种思路——每个学科都有自己的历史。只有了解过去，你才能站在一个新的起点和高度，知道未来的路怎么走。所以史学真正的目的并不是回顾过去，而是展望未来。

而究竟如何才能成为一名优秀的史学家？黄兴涛指出，除了要拥有广博的知识，广阔的视野以外，还必须有真正的关怀。关怀有小有大，小到对个人成长，大到对社会进步，对民族人类生存。史学家应当立大志，树立远大的理想，掌握更多的知识，研究宏大的问题。所以史学家最后都应该是思想家，要具有反思性这种自觉。他强调我们应该带着反思性的自觉去呈现历史。我们为什么要探寻过去之事的真相？是因为我们有关怀。像王国维致力于弄清中国上古的帝王序列，就不纯粹是一个简单史实的问题，它其实也关系到我们民族的根，它有助于我们明了这个族群、这个文明的起点。历史学并非不寻求意义，而是通过再现过去、反思过去，来呈现对人类发展的最根本意义。最近，我们读到黄兴涛发表在《人民日报》上的《历史学的价值与使命》一文，他认为史学的价值不仅体现在其保持人类自我记忆、涵育文化修养和增强文化底蕴上，还体现在一种"历史感"的培育上。所谓历史感，"就是一种长时段、大视野的综合整体把握的'通感'；一种将人、事、物置于特定时空与历史过程中去认知、把握、审视和定位的自觉与思维习惯；一种对社会、人、事与环境的关联性、延续性和变迁性的格外关注和深度认识"。养成深厚的历史感，无论个人还是民族，都将受益无穷。

拓视野——融合交叉，当以读史通世事

不同于现代社会对历史学"冷门""找工作难""工资低""工作专业不对口"的反面刻板印象，黄兴涛作为见证了无数学生到来和最后抉择的一线教授，有着自己的见解。

首先，针对"历史学冷门"的现象，他表示，由于历史学具有高素质要求和实效性较弱等特点，它在社会中受到的关注较少也是可以理解的，而七八十年代过度关注文史哲专业反而是一种社会异常现象。

其次，他认为，一流高校历史学专业出身的学生就业也是较好的，这一点不同于社会上的刻板印象。因为历史学掌握的知识是实在的、有用的，能有效地转化为文化修养，从而有助于从事多方面的社会文化工作。

而且，黄兴涛认为学习历史并不一定要从事历史研究。"历史学是一个非常有用的基础学科，选了它以后，你去从事别的学科研究都是非常有用的，优势也是非常明显的。"他以身边的例子讲到，"我认识的许多管理学的朋友就很欢迎历史学的本科生去，也有好多学生转去读新闻、法学、经济学，而这些选择的前提当然是做好历史学的基础训练。"他指出，历史知识关乎人文、关乎社会发展的基本问题，对于所有应用型社科研究都非常重要。掌握了丰富的历史知识才能真正有视野，看问题

才能有纵深，从而对别的社科领域触类旁通。

作为一位历史学家，黄兴涛指出，想要学好历史，光靠历史学既有的知识本身是不够的。一个历史学大家，一定富有多学科的知识素养，尤其是在现代社会。历史由各类事件组成，背后都有其多方面的成因。想要研究这些事件，就需要其他学科的知识支撑。他主张学历史学的同学在掌握基本历史知识，具备最基本的人文素养的前提下，尽量多去掌握一些别的学科知识，"历史学生来就是跨学科的"。现在是我们历史学的新时代，可以说是黄金时代，今天学历史的人要想掌握多学科的知识，我们也有了得天独厚的条件——网络。遇到未知领域，搜索一下即可得到一个大概。本来历史学就是个通学，通学就要有通识，你一定要尽量多地去掌握别的学科的知识，哪怕是肤浅的概括性知识，也将有利于发现问题和解读问题。

另外，黄兴涛指出历史学的所有现象都是交叉的，谁拥有的知识多、手段多、语言多，那就比别人多一个观察问题的窗口。近代以后全球事件频发，解读这些事件天然地需要国际学者从不同的视域、角度、不同的利益来考量，再通过互动还原一个真正的史实，也才有助于掌握全局。他特别强调，在这个大数据的时代，历史学也应当建立起可靠的数据库，有了可靠的数据，才能真正把实证做到家。而且

这个数据，不能让外行人去做，历史学人最好自觉参与到数据制作中去，必须注重基本数据的积累。未来历史学的数据库一定是全球共享的，我们中国史学界应努力建设一些可供国际使用的数据平台，让国际学者都愿意来我们这里做研究，而不是老跑到人家国外去，这才是真正的国际化。

寄语百廿

当我们请黄兴涛给即将毕业的北师大学子和想报考北师大历史学院的学生一些寄语时，他说道："我希望众多有志于学历史的同学报考北师大历史学院，这里真的是一个培养人才的地方，是一个杰出的教育基地。也希望在北师大历史学院的同学们，利用好这样一个平台，掌握好你的本领，服务社会、报效国家，为人类命运共同体做出更大的贡献，不一定要从事历史学研究，但是一定要做有助于文化建设、文明发展、社会进步的事业。我们北师大的学子应当有这个雄心和崇高的目标。"黄兴涛真挚而厚重的赠语，充分表达了对北师大历史学院教育水平的信心和对未来师弟师妹们的美好祝愿。

（撰稿：赵紫瑜 李金益 孙嘉伟 陈榆洁）

58 郑旺全

培根铸魂匠人心，启智增慧做书人

校友简介：

郑旺全，北京师范大学外国语言文学学院1983级校友，1983年于外语系英文专业读大学本科，1987年于教育系比较教育专业读研究生，1990年进入人民教育出版社。现任人民教育出版社党委委员、副总编辑、人民教育电子音像社社长兼总编辑。

百年大计，教育为本。教育大计，教材为基。有这样一群人，他们隐于教材之后，穿梭于字里行间，在教育教材和教育图书编研出版上辛勤耕耘、接续奋斗。

他们就是教育出版人。

在以编写教材著称的人民教育出版社，有众多的北师大毕业生，郑旺全便是其中之一。

人教社的历史是一卷学海编舟史

自1990年入职人教社以来，郑学长深切感受到了教材建设的巨大进展。特别是党的十八大以来，以习近平同志为核心的党中央高度重视教材建设，习近平总书记多次对教材建设做出重要指示批示，做出顶层制度设计，强调教材建设是"国家事权"。作为中小学教材建设的国家队和主力军，70多年来，人教社先后编写出版了11套中小学教材供全国中小学生使用。这其中，郑学长也参与了多套教材的编写工作，包括20世纪90年代主人公有"李雷、韩梅梅"的英语教材。现在，他和同事们正在为第12套人教版义务教育教材的编写修订而忙碌着。

郑学长深情地说，这就是人教社，一个为亿万孩子编书立心的地方，一个为无数学子编织梦想之舟的出版社，一个值得他好好为之努力、为之奋斗的地方。

"做书就像生孩子，我们做的是国家的书，是给祖国花朵的书"

谈到自己工作的细节，郑学长介绍道：做编辑是一件非常辛苦的工作，做教材编辑更是如此。

刚入职时，领导就告诫大家做教材工作的心情就是"如临深渊，如履薄冰"。试想一下：有哪本书能拥有几百万上千万的读者，即使是最畅销的作家作品也难以达到这一点。更何况中小学教材是为培养接班人服务的，是为帮助青少年扣好人生第一粒扣子服务的。

郑学长又介绍：教材编辑首先要有很高的政治素养，了解党和国家的育人目标，熟悉国家课程方案、学科课程标准对教材编写的要求。其次要有很强的业务能力，包括教材框架设计、选篇、练习编写、图文版式设计等方面的能力，特别是研究的能力，另外还要有很强的实践能力，教材编写出来后，人教社的编辑需要去给教师做培训工作，帮助教师了解教材编写的理念思路和教学方法。所以编辑还必须是一个合格的培训者。这是人教社对编辑一个独特的要求。除培训任务外，每年还要做大量调研、回访工作，了解一线师生的反馈信息，随时对教材做修订工作。

"你编的书全国家家户户的学生都在读，小学生刚进校时就是一张白纸，你编的每个语篇都是在帮他们认识世界，这是马虎不得的。一本编给全国学生的书出版出来，是要经过很多双眼睛审阅的。"

做书就像生孩子一样，是个漫长艰辛的过程，要经过三审三校，要经过无数双眼睛。就像天上的烟花，绽放的时候很美丽，可它在炮膛里的时候，那种巨大的挤压都是别人看不到的。那一本本教科书，在我们当学生时看着不起眼也不怎么在意，"还拿课本叠扑克牌玩"，但上面的每一个语篇，每一个文段，每一张图片，每一行文字，都是编辑无数的心血。

在那么多隐藏的艰辛和努力之下，郑学长仍说："虽然我们编辑在实际干起工作来时没有那么浪漫，但看到自己的名字印在书上时，还是很有成就感的。终于看到有自己的书，就像自己的孩子一样。"

身为人教社副总编，郑学长的理想不止看到自己名字被印在书面上那一瞬间的感动，还想传递更深的理念到更远的地方，影响更多的人。他的确也是这么做的。

做了近10年的《中华经典资源库》

聚焦郑学长"人教电音社社长兼总编辑"的身份，我们会看到他身上更多的闪光点。

"人民教育电子音像出版社"是人教社下属的一个单位，该社的主要任务是为人教版的纸质教材编制配套的音视频和数字产品。同时还开发制作一些文化类产品。

在这个电音社成立的23年中，因为在同类题材中选材独特，推出的多部音像作品，如《盛世钟韵》《国粹京剧》《鲁迅笔下人物》等都获得了多个国家大奖。五届蝉联出版界最高的荣誉——中国出版政府奖。

在电音社出版的众多音像作品中，郑学长印象最深的是做了将近10年的《中华经典资源库》项目。

这个项目最初是受教育部国家语委委托而制作的。为了展现、阐释和推广中华优秀传统文化，该项目通过诵读、讲解、书写三种表现形式，用兼具知识传播性和艺术欣赏性的影像精品，从思想、情感和文化等多个角度展现经典的独特魅力，发掘经典的时代意义。

在项目制作过程中，北师大文学院的王宁、康震、李山等许多教授都参与进来，为资源库的建设做出了重要贡献。

本科毕业于外语系的郑学长特别强调外文人学国学、学中国优秀文化的重要性。"我们的外语学习，不只是要了解国外的语言和文化，同时也承担着弘扬中华优秀传统文化的责任。你不能不了解中国的文化，不能一跟人交流总是对国外的节假日对答如流，对我们自己的文化却知之甚少。"

他提到《中华经典资源库》对他自己的帮助，以前上中学时注意力大多放在背诵记忆上，现在再来重温这些经典，加上阅历的增加，感觉有了更深的理解。经典是能够永流传的东西，是过去了多少年以后仍然对当下有现实意义的东西，是能够古为今用的东西，经过世界的洗礼、经过大浪淘沙在现在这个世界上还能够用得上的篇目。中华文化确实是博大精深，源远流长，值得我们每一个中国人好好学习。

郑学长也提到，他本人非常愿意在中华优秀文化传承与弘扬方面都做一些工作，近期，他们申请到了一个国家级的课题，是关于中华优秀文化的音视频资源的应用研究。他希望通过他和同事们的共同努力，为社会提供更多更好的文化精品力作。

（撰稿：李睿熹　李菀　侯雨珊）

59 李 蓬

路无止境，探索不停

校友简介：

李蓬，北京师范大学生命科学学院1983级校友。1965年10月出生于江西宁都，分子生理学家，中国科学院院士，发展中国家科学院院士，清华大学生命科学学院教授、博士生导师。现任郑州大学校长。

志存高远，他乡求学

谈起最初的求学历程，李教授的声音中带着追忆的感慨与兴奋："我们刚到学校的时候，正值北师大庆祝校庆，到处是鲜花和彩旗，老师和同学的脸上都洋溢着快乐和热情的笑容，我很兴奋，印象也很深刻。"北师大的这种独特的热情、认真的文化氛围和职业教育规划深刻地影响了李教授，投身科学研究的念头此时在她的心中扎了根。

可以说北师大为李蓬教授的整个职业生涯种下了一颗种子，在大学的时候她便立志成为一名基础科研工作者，"后来在1984年的时候，我参加了35周年国庆的庆典。在那个时候，我们国家、我们这一批人有非常强烈的理想主义色彩，也很有激情。走向科研这条道路，其中既有我的老师的影响，也是我自己的兴趣所向。当时北师大的细胞生物学在全国处于领先地位，我们的仪器设备都是全国最好的，我们的很多老师都是领域内造诣极高，备受尊重的老师，上细胞生物学课时同学们都很骄傲。我在大学时就把科学研究作为我的第一追求"。

从北师大毕业后，李蓬教授获得中美CUSBEA奖学金留学美国，并于1995年在加州大学圣地亚哥分校获得了博士学位。

出国多年，她万分思念祖国和亲人，"当时国内没有特别好的研究基础条件，因此在1997年，我应朋友的邀请去了新加坡，当时那边有一个国际顶尖的分子和细胞生物学研究所，聚集了很多优秀人才，也有很好的研究平台和条件"。从东方到美国后，她又回到了东方，完成了科研和人生阅历的再次升级。

"后来回到中国，我觉得有几个方面的原因：一是新世纪初的时候，国家经济发展蒸蒸日上，有一些大学和研究院已经建立了较好的科研条件；二是各个大学包括清华大学都是求贤若渴，老师和朋友一再介绍和鼓励；三是很想念家人和朋友，也希望能够回国和亲人团聚，同时为中国的生命科学研究做一些事情。"祖国科技的进步与优秀科研人员的召唤，让这位离乡多年的学者终于在阔别多年后踏上了归国之路，开启了后来的辉煌成就。

脚步不停，探索不止

在科研这条曲折而又富有魅力的道路上，无数的先人为此前赴后继，踏遍荆棘，他们会经历数不清的磨难和挫折。"要甘于从最基础的事情做起，并在这过程中不断磨炼自己。学到基本技术，对科学问题有深刻理解和领悟，一旦时机成熟，自然会水到渠成，量变引发质变。"这是李蓬教授秉持的做事原则。在外人眼里，从事科研的过程就是不断重复的过程，这不可避免地与枯燥挂钩。但在李教授看来，科研其实完全不一样，"做基础研究，我们每天都要面对未知和不确定性，面对失败，但这本身就是一种挑战和激励，如果事情都可以预测和按部就班，就失去了挑战性。如果没有新的东西来挑战的话，我就会觉得生活很无聊"。回国后，无论是教学还是科研，李教授都取得了丰硕成果。学无止境，她没办法停下脚步，"我们每天面对的问题都非常前沿，有时候有很多的不确定性，每做完一个项目，或者发表了一篇文章以后，更前沿的问题又会出现在我的脑海中"。这种责任感和求知欲驱使着李蓬教授不断向前进，也不断提醒着她科研道路的无止境。

旁人眼中的李教授是个人生赢家，一帆风顺走到今天，但只有真正投身到科研过程中的人，才能体会个中艰辛。李教授表示，科研没有一条现成的路可以走，在研究的每一个阶段，很多人都容易放弃。保持科学研究的长期动力除了面对未知的兴奋外还有一个诀窍就是乐观和有满足感。"我对研究工作中的每一个小进展都会感到欣喜"，李教授的乐观心态并非与生俱来的，而是伴随着磨炼慢慢成长的，"我们这一代人跟年轻一代不一样，我们小时候比较贫穷，需要吃苦耐劳，有了困难就得去克服它。所以我们对生活没有太高要求，对事业的要求会比较高一点。我觉得在年轻的时候受一些苦，有一些挫折可能会好一些"。

信念不移，迎风前进

作为一名女性科学工作者，她需要在潜

心科研的同时肩负起母亲的责任。"能够长期坚持科学研究，并一直走在科学前沿的科学家非常少，女科学家更是凤毛麟角，要付出常人无法想象的艰辛努力。"在科学研究上，对于李教授而言，她从未把自己置身在女性科学家的位置上，"科学家没有男女之分，而是以成果和科学影响力来评判的。而作为一名女性，自然是对家庭和孩子要承担母亲的责任"。谈及在家庭和事业之间的平衡，李教授表示自己并没有身份转换的烦恼，"因为我有一个优点就是可以在不同的角色间之间迅速切换。一旦进入科学思考，到了办公室和实验室，与学生和同行交流，我的脑子里只有科学，但回到家中面对孩子的时候，我马上又会变成一个母亲。做行政和管理工作时，我会切换到与人交流的行政管理模式"。当然，能够做到这些需要效率和聚焦的能力，也需要其他的帮助。李教授对于很多女性科学家因为家庭的压力被迫选择放弃事业觉得很可惜。"很多女性非常出色，但容易受到家庭和社会的影响。这种情况的时候你必须坚持你的追求，也要学会寻求帮助。"

桃李不言，下自成蹊

尽管现在身份特殊，李教授需要承担大量的社会责任和义务，但是她还是尽可能留出时间与学生和助手进行科研讨论交流，了解科研进展情况。对学生的爱护与殷切的期盼让李蓬教授格外重视学生们的身心健康，"我经常鼓励实验室的人员要出去参加锻炼、休闲，参加一些艺术活动或者培养其他爱好"。

在李教授看来，要成为一名科研工作者，首先要有良好的心态，"要真正了解科学，尤其是前沿的基础研究，它是有很多不确定性的，你要有经得起失败的心理。同时，在整个科研的过程里，要有扎实专业的技能，举一反三的逻辑思维能力和团队合作和交流精神"。

对于想要从事科学研究的同学，李教授也给出了自己衷心的建议，"科学研究就像种树，先要有种子种在心里，然后还要一直不断地去浇水施肥，看着它长大的。对科学的好奇就是这颗种子，高中或者大学时可以通过进入实验室，为这颗种子浇水和施肥，这个过程需要很久。也是因为有这颗种子，学生进入科研领域，一定要有一种自主的内驱动性来想要解决这个问题。需要踏踏实实地从某一个方向上开始做起来，培养自己的能力和自信"。

在访谈最后，李教授为刚刚进入职场的年轻人给出了几点建议，"态度很重要，乐观、自信和热爱工作的心态决定了你无论做什么事情，都可能成功；同时，过硬的专业技能也必不可少；最后也是最重要的能力则是终生的学习能力"。

（撰稿：刘会珠　徐靖雯　李亚慧　刘海）

60 梁继良

在这个"卡脖子"领域，北师大精神陪我勇毅前行

校友简介：

梁继良，北京师范大学物理学系1984级校友。1984—1988年就读于北京师范大学物理学系，获学士学位；1988—1994年任绵阳师范学院物理系教师；1994—1997年就读于北京大学电子系电子物理专业，获研究生学历；1997—2002年任北京大学电子系教师；2002—2003年任北京盈天科技有限公司总经理；2003—2008年任北京华诚世纪科技有限公司总经理；2009年起任北京优炫软件股份有限公司董事长兼总经理。

千里赴京师，梦起北师大

1984年金秋，不满16岁的梁继良满怀热情与梦想，从四川偏远的小乡村，考入北京师范大学物理系。与千万个身负振兴教育重任的师大学子一样，梁继良最初的梦想是成为一名人民教师。

他至今记得开学时帮忙指路提行李的师兄师姐们，让孑然一身、赴京求学的梁继良有了归属感。他感言："脚踩北师大校园，感受到在北京有了暂时的'驻足之地'，使我浑身充满奋不顾身打拼的力量，未来的某一天，定要靠自己的力量反哺母校。"

在北师大的四年学习生涯里，梁继良钻研量子力学和相对论，艰涩难懂的物理课程培养了他不畏困难、勇于挑战的精神；他和同学们一起学习下围棋、参加围棋比赛，既锻炼了逻辑思维能力又收获了宝贵的友谊；他聆听大师讲座，感受到师大浓厚的人文气息，家国情怀在心中萌芽。

1988年从师大毕业后，年仅20岁的梁继良被分到四川绵阳师范学院担任物理系教师，圆了自己的教师梦。

在教学过程中，梁继良感到自己还需要进一步地学习；而且由于大部分朋友不在绵阳，梁继良感到了不适应。种种考虑之下，梁继良决定回到北京继续求学深造。于是，在校任教期间，梁继良不断学习，终于在北师大老师、家人的支持下，于1994年考上北京大学电子系的电子物理研究生。

创业屡败屡战，精神越挫越勇

北京大学硕士毕业后，梁继良又留在北大任教了6年，那时正赶上我国科技技术浪潮，老一辈的先生们鼓励他抓住时代机遇创业，用自身技术优势实现科技报国理想。

2002年，梁继良和同学成立了北京盈天科技有限公司，担任总经理职务，他谈到当时的自己是教师出身，没有创业经验。所以在短短一年后，梁继良的第一次创业宣告结束。

2003年，梁继良开始了第二次创业，和朋友共同成立了北京华诚世纪科技有限公司。在第一次创业曲折的经验总结下，他迎来了创业生涯中第一桶金，在北京和武汉都买下了写字楼。

初尝胜果，"头脑发热，觉得自己无所不能"，梁继良这样形容那时的自己。2005年，正逢北大的一个化学系博士提出一项化工技术，于是梁继良到湖北洪湖投资办了化工厂。

不幸发生在2008年5月21日，化工厂发生了一次小的爆炸事故。他谈道："化工企业运营模式特殊，可能5—10年都能盈利，但一次生产事故就可能导致巨大经济损失甚至引发生命问题。"

与此同时，2008年金融危机爆发了，种种不利因素让梁继良的事业受到重创。经历几番曲折后，梁继良一行人回到北京。东山再起说起来容易，做起来难。他选择将此前创立的华诚世纪留给曾经的合作伙伴，独自奔赴下一条创业之路。

几次创业曲折，梁继良坦言："当时创业失败是有失落，但更多的是坦然，创业屡败屡战，方能越挫越勇，只有一直不放弃，才能走得更久更远。"

精准把握机遇，深耕国产技术

"在创业失败后，北师大的老师和同学们给了我很大鼓舞，我逐渐开始有了信心。我当时就在想，创建一个企业，我的原理是什么？我怎么满足客户的需求？我真正能为社会、为国家解决什么问题？"梁继良谈到在再次创业前思考的三个问题。

重新踏上创业之路，正赶上当时我国科技浪潮发生巨变，数据库作为基础软件，是国家发改委认定的35项"卡脖子"技术之一。多年来我国数据库市场一直被国外厂商所垄断，随着国家重大利好政策的涌现，梁继良看到国家对摆脱"卡脖子"技术的态度非常坚定。而他自身在信息IT领域也很专业，他相信自己能够做好。在此背景下，梁继良选择了数据库这个核心赛道。

2009年，梁继良创立了北京优炫软件股份有限公司，立志让中国人用上自己的数据库。他带领着团队，像搬运工一样一点点创造出优炫软件今天的一切。

春去秋来，优炫软件股份有限公司已经发展了13个年头。当被问起创业过程中的困难和挑战，董事长梁继良表示每个阶段都不一样。

创业初期的挑战更多是生存问题。数据库领域的研发投入比梁继良预先想象中大得多，2009年到2011年，开发软件的过程中公司都是没有盈利的。为凑启动资金，梁继良卖掉了房子。

到了中期，最重要的是产品问题。要考虑怎么把产品做好，要能够满足客户的需要。优炫软件瞄准核心基础和关键技术难点，经过多年的技术探索和努力，建立自主的技术体系、产品体系和生态体系，形成金融级数据库集群、共享存储集群、主备集群、大规模并行处理集群为代表的数据库产品系列和生态工具，以其高稳定、高安全、高性能的产品能力，满足各行业客户构建管理信息、交易、分析、高并发及数据迁移管理等场景。

优炫软件已经发展壮大，公司在全国设立了三十多家分支机构，员工过千人。这就涉及方方面面利益平衡的问题，还可能出现人员变动等突发问题。梁继良引进众多年轻优秀的技术人才和管理人才；发展管培生战略；给大家设置股权激励政策……在开明且具有激励性的政策下，优炫团队氛围积极向上，具有凝聚力。

尽管曾经历过这样那样的问题，梁继良从未想到过放弃。在全体优炫人持之以恒的努力下，优炫软件蓬勃发展。现如今，它拥有数据库及数据安全相关专利、知识产权百余项，拥有国家高新技术企业、涉密软件等资质和认证百余项，参与国家统计局第三次全国农业普查、第四次全国经济普查、第七次全国人口普查、工信部信创三期、公安部"互联网+政务服务"二期等国家重大项目建设。

"要让中国人用上自己的数据库。"这是梁继良经常挂在嘴边的话，也是挂在优炫软件前台醒目的企业愿景。梁继良一直在实现自己这一梦想的道路上迈着坚实而有力的步伐。

"我最感谢的是，在我创业的路上，曾经的老师、同学们，一直陪伴我鼓励我。优炫软件能有今天的小小成就，北师大精神一直支撑我到如今！"回首前路，梁继良说道。

事实上，在企业发展的道路中，梁继良一直坚持三个"重视"。

第一，重视科技创新。对于软件公司来说，研发技术是企业的核心基石，只有不断推陈出新，才能突破外国对中国的数据库"卡脖子"封锁，真正实现技术自主可控。梁继良带领企业冲出一个个困境，突破一个个关卡，致力于成为民族复兴的国家名片。

第二，重视人才培养。优炫软件集产学研为一体，在北京师范大学捐资百万设置优炫物理奖励基金；与曲阜师范大学、绵阳师范学院共同成立优炫网络空间安全学院；向北京大学捐款捐物。梁继良坚持企业的发展创新要以吸引人才为基础。

第三，重视企业文化。梁继良深知，当一家企业发展到一定时期，就会成为社会企业，肩负社会使命。他充分发挥北师大"学为人师，行为世范"的校训精神，以身作则，永葆善良之心，积极投身于社会公益事业。

在谈到优炫软件未来的发展道路，梁继良说道："优炫软件是一个科技企业，也是一个民族企业，注定要为我国国产数据库事业燃烧自己，贡献全部。而优炫软件今天所取得的成绩，与我在北师大的生活、学习经历息息相关，希望优炫软件未来能持续赋能北师大的教育事业。殷切希望越来越多的北师大人能够扛起时代重任，不忘母校的哺育与栽培。"

"作为北师大学子，我定将不忘初心，砥砺前行！"

（撰稿：李佳泓　肖向君　师米云　杨圆圆　赵愿　狄晨涵）

北师大的
校友们

下册 ◎

周作宇　陈光巨　主编

北京师范大学出版集团
BEIJING NORMAL UNIVERSITY PUBLISHING GROUP
北京师范大学出版社

学为人师

行为世范

61 李 艳

立德树人，倾心教育

校友简介：

李艳，北京师范大学外国语言文学学院1985级校友，现任北师大附属实验中学教师、北师大基础教育教研员、北京普通教育名师研究会外语专业委员会副理事长、北京师范大学专业学位兼职导师。北京市中学特级教师。曾获第四届全国中小学外语教师园丁奖、北京市骨干教师、学科带头人等称号。带领团队进行科研探索，进行区级、市级课题的研究，并发表多篇论文。

家校熏陶，立志从教

家庭氛围和优秀老师的影响，是李艳选择从事教师行业的原因。李艳的母亲是老师，所以她从小跟着母亲出入学校。她坦言："见到学生们看我妈妈和其他老师那种敬佩的眼神，我就非常向往，想以后也成为他们。"此外，学生时代遇到的优秀教师对李艳的职业选择也影响颇深。她中学的数学老师关爱学生、教学严谨，作图水平很高，写的阿拉伯数字极具美感。李艳的英语老师也给予了她很大的帮助，在她英语学习遇到困难时不断辅导、督促她。亲其师信其道，在高考报志愿的时候李艳选择了北师大，就是想成为像他们一样受人爱戴的人，就像那首歌一样，长大后我也成了你。

1985年，李艳进入北京师范大学外语系学习。在师大学习的四年，李艳接触到了更多优秀的教师，"我记得，钱媛教授给刚入学的我们讲如何查字典、如何学英语。我在后来的课堂上还不断告诉学生，查到一个词要把它弄懂、弄透、弄全面才算放过。我记得陈达兴教授的耐心、细致，并且在我们当教师后还经常指导我们。我记得王蔷教授对我们的教学指导深入浅出、通顺易懂。不管是什么样抽象的学科理论，经过她的演绎和解释都让我们能够理解到位，运用自如。我还记得程晓堂教授的严格要求，他督促我们以严谨的求学作风，高效认真地对待任何学术问题。这些老师就是我的榜样，就是我正在模仿的英雄"。

细心耐心，造就良师

1989年7月，李艳从北京师范大学英语专业毕业，进入学校工作。刚参加工作，理想与现实的冲突就摆在她面前，"学生并不像想象中的那么渴望学习，教学并不如预期中的那么得心应手"。李艳面临着和其他新手教师一样的问题，怎样才能快速从学生转变为老师？起初，李艳对教师这个职业的理解是"跟学生交朋友"。但李艳渐渐发现，学生只把她当成朋友，越来越忽视了她的教师身份，说话不分场合和时间。她精心准备的教学内容，上课时也会遭到学生的质疑、挑战。那时候，李艳坦言自己经常被学生气哭。但是李艳并没有气馁，她坚信只要努力干，就会有收获。借助学校平台的引领，李艳成功度过了这段适应期。

经历了"朋友式师生关系"带来的波折，李艳渐渐把自己的身份定位于"学生的引导者、激励者、帮助者"。什么样的定位都离不开"爱学生"。与此同时，李艳在工作一段时间后，对教学方法的掌握愈发炉火纯青，她的公开课也得到了大家的称赞。李艳觉得自己的职业生涯进入了稳定期，她算是一个合格的老师了。但李艳并不甘心止步于此，她开始思考未来方向。2000年，李艳选择去新加坡国立教育学院进修，认真研究英语教学法，包括听、说、读、写及心理等多个领域。在这次学习中，李艳收获颇丰，"感觉相当于全部技能升级了一个层次"。

进修回来后，李艳给自己提了两个小目标。第一个是希望自己每年都能够做一两次公开课。为此她虚心向同事学习，在实践中探索任务型课堂等新的教学形式。第二个是每年写一到两篇论文来总结教学反思。"可能刚开始写得不怎么样，像写总结似的，后来慢慢成形，写成的论文基本上都发表甚至还能获一、二等奖"。

在年复一年的实践和反思中，李艳从新手教师蜕变为"教""研"结合的优秀教师。她的教学能力在市里得到了广泛认可，职业生涯步入了上升期。这时，李艳萌发了争取当特级教师的想法。起初她并不在意这个称号，只想把本职工作做好。但在同组的特级教师胡老师的督促下，李艳自己也认识到，这个称号似乎能带来一个神圣的光环，让老师的形象在学生心中更加高大。但真当她站到了这个高度，李艳陡然感受到身上有了更大的责任，"我觉得必须得继续努力"。就这样，她持续保持着教学激情，不断完善自己、改进自己的教学。

李艳能在工作上持续进步，主要是因为她能保持一个良好的心态，保持教育激情。李艳坦言，良好心态和教学激情都来自成就感，而这种成就感大都是从学生那里获得的。无论是正在教的学生，还是毕业生，只要他们学业有成或事业顺利，李艳就会有很大的成就感。

"当教师"这件事，给她带来了成就感和幸福感，帮助对抗平凡、索然无味的日常生活，保持热情和激情。

英语学科知识的时常"保鲜"，是李艳能持续进步的另一个重要原因。教师需要学习前沿知识，"就像一个高级饭店也不断地变菜谱一样"。一旦教学方法长期不变，学生就会感到无趣。"保鲜"不仅能让学生有新鲜感，也能让自己越教越有新鲜感，保持教学的热情。李艳笑称，好的学生既费老师，也费材料，"要想学生走得快，老师就得跑起来"。想要跟上时代，引领学生在英语学习上进步，教师自己必须要永远走在学习的路上。但教师也要认识到，"弟子不必不如师，师不必贤于弟子"，教师和学生应当相互学习，相互探讨，更重要的是培养学生的学习能力，"授之以渔"更重要。

师德为本，真诚待人

李艳不仅在教学上做出了显著成果，生活中也受到大家广泛喜爱，这与她给自己的要求密切相关。李艳坚持以师德为本，真诚待人，处理好和同事、学生、家长等多方面的关系。

被问及教师的基本素质是什么时，李艳指出，教师的基本素质是师德。"师德是爱学生，愿意和他们在一起，愿意帮助他们成长为栋梁人才。"先为其友，再做其师。无论是学习问题，同学关系问题，还是情感问题，学生都乐意向李艳求助。曾经有个学生，父母都因故去世了，他的性格跟刺头一样，谁也不能接近他。但李艳对他关怀备至，他腿骨折了，李艳天天晚上把他送回家；他成绩差了，李艳主动给他讲作业。慢慢地，李艳和他的交流越来越顺畅。这个学生字写得不好，可有一天他突然送给李艳一张"hand writing"，上面的字迹好得让人难以置信。这位学生通过这样的方式表达了他的改变。到高考的时候他已经非常出色，不仅努力学习英语了，性格也发生了改变。以真心待人，得到的必然也是真心。很多毕业生给李艳的留言令人感动，"我在高三的收获，不仅仅是知识，不仅仅是英语学习，对我来说，最重要的是您给我讲过的道理，帮我解决的困惑。"

人是一切社会关系的总和。作为教师，要和学生、家长、同事同时打交道。被问及处理好这些关系的秘诀时，李艳坦言，真诚和共情是处理好这些关系的关键。

李艳认为良好的同事关系可以提升工作状态，她所在的英语组就是相互关爱的氛围，比如谁有最后一节课，没有课的老师可能会给她准备一杯果汁。同事之间还会一起下厨，分享自己的厨房作品。大家互相督促、共同进步，经常聚在一起备课、整理资料、讲课，提高理论知识水平。就这样，李艳所在的外语组有将近20人都获得了英国剑桥TKT的证书。在处理和家长的关系时，李艳特别注重真诚，"当你用真心去对待他的时候，所有交流的问题会被摆平的"。教师在和家长交流时，一定要让对方能感受到自己的真诚，不能站在对立面，也不用完全站在对方的立场，要和家长平等地沟通。而在处理和学生的关系时，李艳认为关键在于共情，特别是年轻教师刚从学生时代过来，应当深入了解学生的想法，和家长共同想办法。有位家长曾因和孩子糟糕的关系向李艳求助。李艳在了解后发现他酷爱外国赛车游戏，接触到了大量相关英文表达。借此机会，李艳当众夸奖了他的长处，称他是"英语大神"，并在课堂上鼓励他回答问题，树立自信。经过不懈的努力，这个学生的成绩有了起色，和家长的关系也逐渐缓和。

传承未来，寄语青年

对正在求学的学子们，李艳表达了自己期待："提高专业技术水平，因为一张口，一动笔，就能告诉学生你的英语水平。锻炼演讲表达能力，因为站在讲台上的你，就应该是学生目光的焦点。学好青少年心理学，因为学生的心理可不是你想象的那样简单。最主要的是，你希望遇到一个什么样的老师，就去成为什么样的老师！"

对正在迷茫的新手教师，李艳也给出了建议。"首先是稳住心态，不要慌。"成绩不是一两个月就能立刻见效的，关键还是持之以恒。在静下来后，新手教师应当找出适合自己的方法，观察其他老师的做法，多分析自己班学生的特点，要从各种渠道多去学习技能方法。

在访谈的最后，李艳也为即将迎来百廿校庆的北师大送上了诚挚的祝福："希望120年的北师大未来能更加辉煌！"

（撰稿：赵子鸿　陶传奇）

62 王 跃

求真务实做学问，兢兢业业育桃李

校友简介：

王跃，北京师范大学马克思主义学院1985级校友，1990年北京师范大学中共党史专业博士毕业，进入南京师范大学任教。历任南京师范大学马克思主义学院院长、教授、博士生导师、博士后学术联系导师。现任南京师范大学马克思主义学院教授委员会主任，马克思主义中国化研究博士点带头人，教育部人文社会科学研究重大攻关项目首席专家，南京师范大学中国共产党革命精神与红色文化研究中心主任。兼任教育部高校思想政治理论课教学指导委员会委员，江苏省高校思想政治理论课教学指导委员会副主任委员，江苏省中共党史学会副会长，南京雨花英烈研究会会长，江苏省政治学会常务理事。先后荣获首届"全国高校思想政治理论课教师影响力人物"，中国学位与研究生教育学会研究生教育成果一等奖、江苏省高等教育优秀成果二等奖多项。主要从事中共党史党建、马克思主义中国化、高校思政课方面的教学和研究。

张先生对我的影响是巨大的，无论怎么讲都不过分

1977年高考恢复后，王跃考入安徽师范大学历史学专业，毕业后在中国近现代史教研室留校工作。兴许是缘分天注定，正是这个决定，使得后来北京师范大学的张静如先生到安徽师范大学讲学时，王跃与张先生相遇并成为张先生的学生。张静如先生于1982年开始带中共党史专业的研究生，王跃是张先生第三届硕士。1986年张先生评为博导，1987年开始招博士生，王跃是张先生的第一届博士。

王跃在张先生门下学习五载，张先生带着他读书、做学问。"先生一辈子在教育我们做人，他的教导方法与别人不同，不是简单地给你讲道理，而是用润物细无声的方法来教你做人。"求真务实是张先生的坚守，做学问来不得半分虚假，做人就要踏踏实实。在张先生的影响下，他专心致志、孜孜不倦地读书，并确定了最终研究方向。张先生在学术上有着重大的贡献，开创了很多学术研究领域。其中包括党史、革命史与社会史的研究相结合领域，王跃是第一个跟随张先生做这个方面研究的学生。由于是历史学科出身，王跃史学功底非常好，张先生因材施教，送他《论历史唯物主义》上、中、下三册，以此来夯实他的马克思主义理论功底。也因此造就了现在的王跃，他所开设的一些课程，如马克思主义理论著作等就非常受学生们的欢迎。

只有与学生面对面交流，才能真正教给学生们东西

1990年，王跃从北京师范大学毕业，作为北师大中共党史专业的第一个博士，在当时，他成为稀缺人才。他有着许多的职业选择，诸如国务院政策研究室，国防大学等。但在多重因素影响以及恩师张静如先生的殷切希望下，王跃选择进入南京师范大学，在马列部从事教学工作。自1982年本科毕业留校任教算起，到1985年进入北京师范大学攻读硕士、博士学位，再到1990年毕业进入南京师范大学担任思政课教师，在2012年，南京师大为王跃颁发了从教30周年的证书，2022年，王跃已然执教40周年了。自他任教之始，王跃从未离开过本科生一线课堂。近年来，王跃连续几年年均课时达到1000个以上，纯教学课堂就达到了700多课时。令人赞叹的是，王跃的课堂极具魅力，课堂非常精彩，上课内容非常丰富，受到同学们的广泛欢迎与喜爱。早在1992年，王跃给当时南京师范大学中文系本科生上中国革命史课程时，中文专业中就有6人表露出考王跃研究生的意愿，到这一届学生毕业时，有一个中文专业的学生，成功考上了王跃的研究生。而这个学生毕业后，担任了南京《扬子晚报》主编。

王跃从1993年开始带硕士研究生，2004年开始带博士研究生，时至今日，已经带出了250多名研究生，其中有近80名博士。在带的学生当中，有党史、马克思主义中国化以及行政管理专业。现在，王跃仍然带着16个博士生和5名硕士生。据不完全统计，王跃的博士、硕士毕业生中成为大学教授六七十个、大学党委书记三个。在竞争激烈的江苏省，2011—2021年，王跃培养的学生中有四名学生的论文被评为了省优论文，在南京师范大学文科专业里屈指可数，由此可见王跃教学质量之好，教学水平之高。

王跃不仅进行课堂教学，还肩挑重任。1994年的时候担任南京师范大学政治系主任，2008担任南京师大马克思主义学院前身思政部主任，2011马克思主义学院成立，担任首任院长，直至2016年12月退出院长工作岗位，担任学院教授委员会主任至今。在担任思政部主任和马院院长的8年间，王跃带领的南京师范大学马克思主义理论学科成为南京师范大学两个A类学科之一，将南京师大的马克思原理攀升到了华东地区、全中国的第一方阵。王跃在任期间，尽管身兼数职，但从未有过任何的无担当行为，可谓是尽职尽责的典范。

不求回报才能得到最好的回报

在当前就业形势较为严峻的背景下，王跃提出职业选择的多元化，并且强调不同的选择要根据不同的喜好来定，对于做学问、搞科研的人来说，要踏踏实实做好学问，认真学好课程。

学习期间，他培养学生更多的是思考问题、分析问题、研究问题的能力以及素质，这是每个人无论选择什么工作都必须具备的条件。"无论你做什么工作，只要具备该有的能力和素质，什么工作都可以灵活应对"，王跃这样说道。

对于从业生涯，王跃一直秉承的原则是"坚持"。他说这是从张静如先生身上继承下来的最宝贵的东西。从业几十年来，他始终如一地坚持自己的工作，并且谆谆教导学生。通常每个人都会想要选择一个自认为最适合的、最能发挥个人能力与长处的工作，但现实生活中，却往往不清楚自己最擅长或者最合适什么，所以王跃一再强调坚持的重要性，并告诫学生，不要太早放弃，只有坚持下去了才能知道自己适合什么。

"创新并不意味着要求新，而是要有基础地去创新。要有所准备，认真思考，想清楚突破点。"王跃这样说道。为了让大家更加深刻地感受到，他用自己的工作经验给大家提供了思考方向。1996年，他作为首创者开创了研究生课程班并担任系主任，且将这个班办到了南京师范大学的最大规模，办了3年；1999年，办了两课硕士教育部绿色通道，专门为高校思政课教师解决学历问题；从2003年开始，王跃开始主办学校特色自考班，又做到学校的最大规模；2004年开始，他同江苏省人社厅一起在全国率先搞公务员面试考官培训班，到2008年做思政

课教育教学改革，搞互联网+思政课。这十几年的经历，王跃始终走在创新的最前沿，大胆迈出第一步。他有着敢于创新，敢为人先的精神。他说道："虽然总会有难处，但是老跟在别人后边亦步亦趋，是做不出什么东西的。"

"不要在意所谓的冷门热门，不要在意所谓的眼前利益。"王跃以自己从教多年的经验告诉我们。尽管计算机、外语、行政管理等学科曾经比较时髦，但最终发展却不一定最好。王跃相信在经过时间的沉淀之后，最能够经得起考验的仍然是数学、语文、哲学这些可能在当时看来不是最有影响力的学科。作为一个研究马克思主义的学者，要认认真真地学习基础理论，无论是宣传工作还是理论工作，专业能力做到极致就是最好。要踏踏实实做事，认认真真地坚守，敢于思考，敢于创新。坚守政治理论和政治信仰，坚定政治站位。一定要坚持学习，累积知识，在积累的基础上创新，多一点思路，多一些探索，无论哪种工作都适用。

最后，王跃给即将迎来120周年校庆的母校深情寄语，首先表达了对母校马克思主义学院，对恩师的感激和怀念。其次，希望北师大学高为师，身正为范，在师范的道路上成为真正的中国师范，成为灵魂的师范。

（撰稿：王幸运 侯雅凌 弭宇航 李俊美 李婕瑜）

63 李润泽

统计学之路

校友简介：

李润泽，北京师范大学统计学1986级校友，美国北卡大学主校区博士学位。现任美国宾州州立大学统计系冠名讲座教授，曾担任世界顶级统计学刊物《统计年鉴》（*The Annals of Statistics*）的联合主编（2013—2015）。2014年至2020年连续7年入选高被引数学家。他曾担任"*Statistica Sinica*"的副主编和"*The Annals of Statistics*"的副主编，现任统计学刊物"*Journal of American Statistical Association*"的副主编，同时也是国际最权威统计学学会Institute of Mathematical Statistics和American Statistical Association的资深会士以及American Association for the Advancement of Science的资深会士。

时代不断更新，让一代又一代的科研者不断突破，建立着一个又一个里程碑。统计学发展到今天，人才辈出，无数前辈为之奋斗终生，使其发展绵延不绝，使中国的学术研究代代精进，终于在世界也有了一席之地。近年来，随着机器学习的广泛应用，统计学也成为人们视线的交点。同时，一批刻苦钻研、不断创新的科研者们也相继涌现，走进了人们的视线。而北京师范大学的校友李润泽，也正是其中的一员。

学无止境，精益求精

李润泽一直走在学习、挑战与精益求精的路途上。他从教几十年，桃李无数。学生们进入各行各业，有的在大学中工作，有的在银行工作，有的在金融系统工作，部分学生选择进入IT公司，如谷歌、Facebook、苹果、Microsoft之中以数据科学家的身份工作，等等。他表示无论进入哪个岗位，都需要有充足的统计的知识，坚实的数理基础，还需要有相关行业的知识背景作为支持。但不管是从事哪个领域的统计学工作，都需要回归到统计学处理数据的本质，即统计工具是从数据里的不确定性中提取出确定的成分。他从自己的生活和工作中深刻体会到统计学的学习是无止境的，一旦放弃学习和进步，就会被社会的洪流抛弃。

李润泽更是不断挑战自我。他说只有工作具有极高的挑战性，才能让人有成就感。他在大学期间最大的成就感来源是第一篇文章发表在高质量杂志上的时候，他认为从0到1的飞跃是一个非常值得纪念的时刻。在工作期间，他不断督促自己去学习，只有输出而没有输入的生活让他感到空洞和麻木。只有不断学习，不断实现0到1的突破，才能让自己一直保持高昂的工作信心和自豪感。

随着专业能力被逐步认可，李润泽更是保持初心，在科研的道路上精益求精。他谈到自己科研道路上的最大的挑战并非是没有题目去研究，而是很难找到让自己激动且有研究价值的选题。他谈到如果仅是追求热点问题，而没有和自己的强势方向、感兴趣的方向结合，这个科研工作是没有意义的，这抛弃了自己做科研的初心。

他表示所有的科研阶段也面临相似的问题：适合当前本科阶段做的选题并不一定多；对于老师或者教授也一样，这个阶段也很难找到一个在自己能力范畴中感兴趣同时又很有意义的题目。

对这个问题，李老师结合自己的教学经验和科研生涯给出了解决方向。我们做研究不能只是单纯的空想，你要利用现有的工具，同时明确自己想要达到的目标，去探索和尝试新的东西，去找到自己想要的方向。他提到自己教学中的一个实际例子：他有一个很优秀的学生，这个学生在博士期间对feature screening这类问题很感兴趣，但仅仅进行理论研究并没有找到一个好的方向，所以来向李老师求助方向。李润泽通过网络来输入不同的关键词，经过多重对比后找到一个非常契合他研究的方向

这个同学最终完成了质量极高的研究。

挂心母校，排忧解难

自从北师大毕业之后，李润泽非常关心后辈们在大学期间的学习质量，因此他参与了统计学院近年来的课程规划安排。作为一名专业能力极强的学术导师，他对北师大的教育水平和教学安排给予了很高的评价："北师大统计学院的课程安排是非常全面的，不仅打牢了学生们的数理知识，也很符合统计学发展和应用的方向。"

同时，他非常了解同学们在学习学校课程中的担忧和忧虑。他提到自己在大学期间，经常担心学习的知识过于理论而无法很好地应用到工作中，产生知识"无用论"的想法：微积分、测度论等在统计中是怎么运用的呢？我们学这些到底有什么用？统计学的学生真的有必要学习这么多理论的知识吗？他说这是一种非常正常的心理状态，每一个大学生在这个阶段都会面临困惑和对未来的迷茫。他对这个问题提出了自己的看法：数理基础的学习其实是在利用数学的方法或者思维。当我们在构建一个统计问题的时候，只是单纯地运用软件是没有办法真正抓到问题的本质。只有灵活地运用数学理论知识，把里面的思维内化于心，才能达到事半功倍的效果。

他用自己的切身经历告诉同学们不用过分担忧和焦虑，很多知识只有真正进入工作岗位

或者是实际进入科研领域后才能切身体会并且真正理解。他建议本科生阶段最需要关注的，就是把学校安排的基础课学好学扎实，特别是数理基础的课程。

在职业选择问题上，李润泽不禁感慨当下统计学较好的就业形势：无论是从事科研还是去工作，都是不错的选择。这恰恰是因为统计学在各个领域都有用武之地，任何一个学科和统计结合起来就会衍生出全新的特性，成为一个新的学科，因此现在的学生有很广袤的空间去施展拳脚。而在这种环境下，选择的关键是学生的兴趣，兴趣才是发展的原动力。但是他也提到，做选择的时候应慎之又慎，在选择方向前应该去参加相关企业实习或者参与科研项目，在切身体会后，再确定自己未来发展的方向。

李润泽谈到就业压力的来源："就业压力的来源并非是你找不到工作，而是你害怕找不到理想的工作，这是你对自己严格要求的表现。"一语道破困扰许多同学的就业问题本质。简单地说，其实这种困境的解决，是需要学生在兴趣指导下，针对具体方面进行补足和深入地学习。读研究生的时候，就应有所侧重地进行相关能力的提升。如果毕业后想去职场打拼，就需要在空闲时间学习一些工作中会使用的软件；如果想读博士，就更需要注重数理基础，把科研基础打扎实。同时，想要做到全面的了解，还应该多向面临就业和已经就业的学长多请教，从而收获更多的一手经验。

眼光远大，心系祖国

李老师本科在北京师范大学就读，研究生前往国外深造后在美国定居，担任大学教授，拥有国内外学习经历和教学经历的他见证了统计学国内外20多年的发展。

他表示，20年前，统计学国内外的发展差距是比较大，我们国家缺少先进的研究方法和研究人才。而现如今很多年轻人包括年轻教授都有国外留学、国外访问或者国外工作的经历，这些人才回国后，会给我们国家的统计学专业输入新鲜的血液，国外研究的前沿课题和研究模式都会带回国内。国内国外的接触会愈加紧密。

"近年来我们国家统计学的科研以及学科能力在不断提升，前景如今能和国外比肩。"他骄傲地说。

最后，他谈到现在很多大学都承担着让祖国学科发展和壮大的任务，北师大一直为国家科研培育着大批人才。他发自肺腑地祝福北师大："北师大已经有120年的历史了，北师大这120年培养了很多优秀的人才。我很感激母校，大学四年是我人生中最有意义且最快乐的时光，我衷心祝福北师大人才辈出、兴旺发达，希望我们的学校能够不断发展，对国家、社会做出更大的贡献。"

（撰稿：张昕仪　吴亚凝）

64 于殿利

甘作落红碾入泥，只为书瓣香如故

校友简介：

于殿利，北京师范大学历史学博士，历史学院1982级校友。1990年自北京师范大学毕业后，分配至商务印书馆历史编辑室从事编辑工作，历任发行部副主任、主任及商务印书馆副总经理、总经理，现为中国出版传媒股份有限公司董事、副总经理，致力于亚述学、出版与文化研究，在中国出版业挥洒汗水30余年，为书香广溢，甘作落红。

时代的风吹来，旧红拂落，化作春泥；时代的风吹去，新绿苗壮，清香如故。中国出版业绵延不衰，以落红入泥之姿默默滋养着那一抹悠远书香。近年，科技潮涌、疫情袭来，人们读书求知的渴望更胜从前，出版业作为创造文化价值的重要环节，作用愈加凸显。同时，一批投身于出版行业辛勤工作、默默付出的从业者亦相继涌现。而北师大的优秀校友于殿利，便是其中一员。

专研精学必有得，无心插柳柳成荫

"人，我一定要留下！"

编辑室主任的话令于殿利记忆犹新。出乎意料的是，于殿利在简历上随意写下的话竟是

入职的关键。1985年，攻读北京师范大学世界古代史专业的于殿利确定了亚述学楔形文字的研究方向，并进行拉丁语的学习。当时，商务印书馆译介的作品中最具代表性的是"汉译世界学术名著丛书"，西方古典史学是丛书的重中之重。然而，译作编辑室里懂得希腊语和拉丁语的编辑极为稀缺，这一度使得编辑室主任十分苦恼。因此，在看到于殿利求职信的最后一行字——"曾学习过两年拉丁语"时，主任当即断言，这人我一定要留下，一定要引进来。于是，在1990年，于殿利从一名北师大学生正式转变为一名商务印书馆编辑。

"这真的是学历史的时候没有觉得学历史好。（当初）没想到学历史让我受益终身。"在访谈中于殿利感慨万千，回忆起高考后选报专

业时"无心插柳"的相似经历。

于殿利在高考选报专业时的选择十分有限：中文、哲学、学前教育以及历史。虽然与书结缘，但写作并不是他的长项，面对五年制的中文系，他望而生畏。而对于哲学，他的兴趣还处于蛰伏状态。至于学前教育，当时报考的女生居多，留给男生的余地很小。万般无奈下，他选择了历史。然而，在深入学习历史乃至工作后，于殿利清晰地体会到了历史学习的"后劲儿"。在北师大的学习经历使他深知，做历史研究应当避免两种极端：一种是大而化之，不愿意不善于乃至不屑于做扎实的考据考证，绣花功夫不到位，导致成果空洞无物；另一种是只见树木，不见森林，仅限于细枝末节的研究，却无法从整体提炼出有价值的事物。由此，不论做学问还是做工作，他始终坚持从大处着眼、从小处着手，一点一滴地做，踏踏实实地做。

2001年，当时已调入发行部工作的于殿利以"图书上架率"为切入点来透视出版业所面临的问题。他发挥务实精神，提出措施并付诸行动，将发行部的工作越做越好。2002年12月，于殿利凭借不凡的眼界与出色的业务能力，升任商务印书馆副总经理，主管策划部、出版部和发行部等工作。员工向他请教："您这么年轻就坐到这个位置上，有没有什么捷径或者诀窍？"他回答道："踏踏实实地把每件事情做好，就能走到你应该走到的位置上，别的

没有什么诀窍。"

于殿利"无奈学历史"，"随手写拉丁"的经历，均以"偶然的尝试"开端，以"确然的收获"结尾，意外地成为一笔笔人生财富。专于一科，勤奋钻研，以学习夯实未来的基础，方有峰回路转的机遇；充实当下，勿忧未来，以能力拓展未来的可能，才有柳暗花明的回馈。

广读博学必有益，他山之石可攻玉

2010年，于殿利接手商务印书馆，担任总经理和法人代表。新的岗位对于殿利的业务能力有着更高、更全面的要求，也带来更加复杂的挑战。彼时信息技术的发展冲击着出版业，随着全媒体时代的到来，媒体和产业甚至给纸书划出了死亡期限。眼看楼台将要变平地，于殿利在演讲中自嘲："我就那么倒霉吗？纸书和出版的辉煌，到我这里就要出现转折了吗？"消极的情绪并不长久，科学技术发展历史启发了他——数字技术只能改变产品的生产和传播方式，改变不了纸书的核心价值，出版的魂依然在——他曾学习的经济学和哲学知识也派上了大用场。

起初接触到供给侧结构性改革的概念，于殿利并不十分明白。但有经济学基础的他并不畏惧。他看了部分供给侧结构性改革的当代著作，又将经典原著钻研了一遍，最终产生了自

己的理解。他认为，一个产业的持续发展首先要做到的是持续输出优质内容。然而，现在出版社普遍不知道新时代需要什么样的知识、思想和精神动力，以致供需失衡。因此在改革的大潮中，出版业必须主动做出改变，切准时代脉搏，满足市场需求。于殿利将洞见运用在产业实践上，最终转换为生产力，取得良好的成效，为众多出版社做出了表率。

虽有作为，但于殿利并不自满。在谈及自己的知识积淀时，他强调，大学时期广泛的阅读学习为他打下了良好的工作基础。在室友的推荐下，于殿利选择了一个暑假留校。"那时候上午在绿园种植物、除草；下午很热很晒，我就开始看书。我利用一个假期的时间看了《马克思恩格斯选集》四卷，受益非常大。"这四卷《马克思恩格斯选集》宛如观察世界的新透镜，为于殿利灌注了经济思维和哲学思维。这不仅加深了他对老本行历史学的理解，更草蛇灰线般延伸到了生活和工作当中。他总是被人称赞言语有道理，文章有逻辑。

如今，于殿利升任商务印书馆总经理已经十年有余了，在指导员工工作时，他同样会提醒员工，要勤问"为什么"，这其实就是哲学思维的运用。在他看来，人离开哲学和经济学寸步难行，哲学和经济学经典的阅读非常重要。"我们要有意识地广泛阅读，每一个学科里最经典的著作看10本。10个学科100本这样

的书能奠定你的人生底色，奠定你的思维基础，奠定你的世界观基础。"

不论是身处校园，还是走上工作岗位，于殿利都不曾局限于某一领域。他在精于专业的同时广泛阅读，广博学习，拓宽知识面，开阔眼界，也锻炼了自己的学习能力。他山之石，可以攻玉。延展学习宽度，可以挖掘未来深度。

文化担当必有我，须作春泥护书香

"我们其实低估了出版业的价值。要论对人类文明发展的贡献，任何一个行业都无法和出版业相比拟。"编辑、发行部主任、商务印书馆总经理，无论身处哪个职位，于殿利都深深认同着自己工作的价值。因一本书成名的作者常有，但因一本书出名的编辑却少见。老编辑常说，想要当编辑，就要有为他人做嫁衣的觉悟。担任编辑时，于殿利未曾觉得编辑一职无足轻重，他说："编辑是人类灵魂的工程师。"他始终以精雕细琢、精益求精的标准要求自己。担任总经理时，于殿利也未曾对工作有轻慢之心，他说："用思想推动社会进步是我们出版人的职责。"

一些学术研究著述、小语种类的图书，因其受众面狭窄，在实际销售过程中往往市场反响惨淡，出版方不仅不能盈利，反而还要亏本贴钱，许多出版社因此不能且不敢在这些图书

上投入成本。但是，于殿利深知，作为中国现代出版业的先驱、中国历史最为悠久的出版社，商务印书馆的作品不仅传播优秀文化，而且助力国家发展。他毫不犹豫地拍板出书："如果连商务印书馆都不出，那中国还有人出吗？"他始终坚信，出版的事业是一代人接一代人的事业，是始终与国家和民族的命运紧密相连的事业。它需要一代又一代人，将薪火相传，将迄今为止人类所有现存的研究成果传承下去。

日日风起，年年落红，岁岁书香如故。纸页终有泛黄时，书瓣总有绽放日。落红纷飞里，浓郁香氛中，我们始终看得见，他捧起一本书，静静地、细细地阅读……

（撰稿：刘万君　王晨菡　谢海玫　马可英）

65 张晓勇

以文辅政秉初心，砥砺奋进谋新篇

校友简介：

张晓勇，北京师范大学经济与工商管理学院1986级校友。1990年8月，毕业分配在赣州地区体改委工作；1993年起，历任南康区政府办副主任、蓉江镇党委副书记、南康区委宣传部副部长、南康区委组织部组织员、办公室主任；1999年起，历任赣州市委政研室经济二科科长、赣州市委办综合科科长；2003年调入省委政研室，历任综合研究处主任科员、副调研员、副处长、经济社会研究处调研员、综合研究处处长、省委改革办规划研究处处长、秘书处处长。现任中共江西省委政研室副主任兼省委改革办专职副主任。

忆往昔峥嵘岁月

星光不负赶路人，江河眷顾奋楫者。在一所乡镇普通中学三年寒窗苦读的张晓勇，高考中出乎大家所料，在该校历史上"破天荒"取得了赣州市文科第三名的优异成绩。谈及报考经历，他笑称这是与北师大的一次"美丽而意外的邂逅"。恰逢第一年实行提前批录取的制度，他抱着"提前志愿栏目不要空着"的想法，填报了北师大等几所师范类院校，最终被北师大录取。就这样，张晓勇与巍巍师大结下了不解之缘。

大学校园的时光是人生中浓墨重彩又精彩纷呈的青葱岁月。张晓勇回忆起36年前那段充满激情、梦想与活力的光阴，有很多美好又难忘的故事想要和我们分享。

求学之路，道阻且长。在那个交通不便的年代，张晓勇从家乡赣州辗转到北京，需要一整天汽车和36小时火车的行程。他还和我们分享了他珍藏多年的录取通知书、食堂饭菜票和《政治经济学》教材等。我们透过泛黄的纸张，仿佛看到36年前的那位少年手持通知书，满怀憧憬地踏入师大校园时的情景。

良师益友，情谊悠悠。尽管毕业多年，但他仍能清晰地回忆起不少授课老师的名字和特点，或严肃认真，或娓娓道来，或幽默风趣，师恩拳拳，难以忘怀；在校四年，张晓勇和西南楼212室的室友们，每年元旦都会到北太平庄照相馆合影留念，作为青春成长和深厚友谊的美好见证……

书信日记，一路相伴。张晓勇与我们分享了他写信收信、记日记的经历。他在回忆中体会到，对处于青春期的大学生来说，记日记是一个很好的自我心理调适办法。因为他来自农村，一开始比较自卑，幸亏当时记日记，"吾日三省吾身"，才帮助自己走出了那段迷茫。

谈及大学期间的实习和工作经历，张晓勇提到，假期时会参加一些社会实践活动。比如，和同学一起去天津、广东佛山等地参观、旅行，进行社会调查，增加了对社会认知的感性认识，让这位未出学校的年轻人增加了探索外面世界的勇气和决心。

踔厉奋发行致远

说起入职经过，张晓勇依旧充满感慨："我毕业那年，政策规定北京高校外省生源毕业生原则上要回原籍工作。"幸亏家乡有个政策，要"从外地回赣州安置的大学毕业生中挑选18个进地直机关"，他比较幸运地分配到赣州地区体改委。

刚到单位报到，张晓勇就被安排在一家国企——赣州木材厂锻炼一年。由于他学的是经济管理专业，厂领导安排他在企业管理科上班，让他起草企业三年承包工作总结的初稿。提起这事，他至今还特别感激那位厂领导给的这个"练兵"机会。"虽然不知道从哪里起笔，但我内心还不是太慌，从工作内容上我觉得专

业是对口的。所以我找到以前的总结材料，模仿着写，初稿很快得到厂领导认可。"张晓勇说。就这样，在这位厂领导不经意的安排之下，张晓勇与"爬格子"工作结下了不解之缘，一干就是几十年。

如今，当初那位初出茅庐的大学生，经历省、市、县、乡镇多层级多岗位工作经历，已经成长为省委机关一名副厅级领导干部。在职场中的几十年，他既有遭受挫折的失望和迷茫，也有找寻到自我价值的喜悦和兴奋。说起自己职业生涯种种体会，张晓勇给我们特别梳理了几条感悟。

"热爱才会乐此不疲。"文稿服务是确保各级党政机关高质量运转的一种"刚需"，但"爬格子"又是公认的苦差事，也是要求很高、富有挑战性的工作。虽然在别人眼里苦不堪言，但张晓勇却在苦差事中找到了"真乐趣"。他工作几十年、十多个岗位，大部分是在各级党政机关从事领导文稿服务工作。当被问到如何在辛苦的岗位上坚持了这么久时，他回答说："被需要是一种价值，被肯定是一种幸福！就这样，不知不觉喜欢这行了。"

"专注才能变成专业。"党的十八届三中全会做出全面深化改革的决定之后，从中央到地方各级党委相继成立全面深化改革专门办事机构。江西省委改革办组建时，领导考虑张晓勇有过改革工作经历，任命他为省委改革办处长，负责综合协调、文稿服务等工作。他不负

组织重托，筹备服务了几十次重要会议，提出许多改革工作建议被省领导采纳。因为工作业绩突出，2019年提拔他为副厅级领导干部，分管改革业务工作。张晓勇感言："专注力也是一种竞争力。这些年自己之所以得到组织和领导信任，关键还在于自己能够心无旁骛加强学习、专注工作。"

"真诚才有良好的人际。"一颗真诚的心是职场中联系人与人之间的纽带。除了爱岗敬业、积极工作之外，张晓勇认为乐于分享、真诚待人在职场中也是很重要的品质。这一点是他对自己的要求，也是对自己的评价。在与张晓勇交流的过程中，"亲切"是我们最大的感受。"只有用真心才可以换来真心，这就是待人接物的道理。"正是因为做到了这一点，他才可以做到广受同事们的欢迎、领导的认可，在事业上不断取得进步。

"坚持才可梦想成真。""人生就是一场马拉松，只有坚持，才可能给自己带来惊喜的收获。"张晓勇如此分享。参加工作后不久，他很快就得到了领导的认可，24岁就被提拔为副科级，他认为自己是名校毕业，再加上踏实肯干，在不久之后一定会顺利地升为正科。但是，事与愿违，多次平调，同事纷纷升职，只有他在副科岗位上"原地踏步"长达六年。这些都让年轻的张晓勇一度很迷茫、无奈与焦急。"现在想来，幸好那段日子坚持过来了"，张晓勇说，"所以我要对你们年轻人说，前进路上一定不能轻易放弃希望，有时候可能再坚持一下，就会绝处逢生！"

"反正就是要干一行，爱一行，精气神是很重要的。"张晓勇语重心长地嘱咐道。从入职公务员，他就坚定不移地走着在那个时代条件下自己选择的道路。始终保持不断向上、不甘落后的奋斗姿态，是他一路走来的真实写照；始终拥有忠诚履职、爱岗敬业的赤子之心，是他难能可贵的鲜明特质。如今，张晓勇倍加珍惜组织给予自己的工作机会，正以永不懈怠的精神状态，不断为江西政研和改革事业贡献智慧和力量。

盼来日巍巍师大

作为一名"过来人"，张晓勇认为学校的就业与创业指导中心在推进学生就业工作方面有重要作用，并对学校的就业指导工作提出了三点建议。第一，中心应加强对毕业生对就业需求的社会调研，以适应动态的就业形势。第二，学校在教学阶段应从多方面引导学生、培养就业的竞争能力，提高自身的综合素质，如文稿能力和表达能力等。第三，应加强对学生心理预期的引导，使他们对未来和职业规划保持乐观积极的心态。

尽管毕业多年，张晓勇仍心系母校的发展变化，也向外界传播着北师大的声音。在毕业10周年和30周年的同学聚会时，莘莘学子重聚于此，追忆当年风华岁月，畅想母校美好的未来。两次故园重游，面对优雅厚重的校园环境和更加先进的教育设施，张晓勇感叹于母校北师大发展变化的日新月异，也希望未来能有更多的机会回到母校，见证师大的蓬勃发展。

访谈的最后，张晓勇表达了对母校120周年校庆的诚挚祝福和对母校建设成为世界一流大学的殷切期盼："深化改革添活力，桃李芬芳续辉煌。祝福母校在新起点上越来越好，也祝师弟师妹们学业有成！"

（撰稿：董英涵　周美彤　伊桂沅　卢祖玲）

66 尹 鸿

审时度势敢发轫，奉己终身筑杏坛

校友简介：

尹鸿，北京师范大学文学院1986级校友，1989年获文学博士学位后，先后任教于北京师范大学中文系、艺术系。1999年加入清华大学，现任清华大学新闻与传播学院教授、博士生导师，兼任澳门科技大学特聘教授和电影学院院长。同时担任中国电影家协会副主席兼理论评论委员会会长，中国文艺评论家协会副主席，北京电影家协会副主席等职务。

"像我这样一直在学校里工作的，如果说有什么从业经验能够给同学们分享的，那就是对知识的信仰"。刚刚结束审片工作的尹鸿，作为1986级中文系（现文学院）校友欣然接受了我们的采访，他坦言从一而终的职业并无冒进的波澜，只是将兴趣与机遇结合，顺应时代的趋势，但谈及过往的选择与坚持，却是神采奕奕，难掩热爱。尹鸿从大学本科、研究生，到获得北师大博士学位，再到成为一名老师，其间不仅饱含对知识的热爱，更有传承与开拓的信仰，尽管他如今已不再是学生身份，但他却将职业的开创视作学习的过程。

成长自己，影响他人

尹鸿在1977年考上了四川大学中文系，是当时同年级中年纪最小的学生。在权衡了社会状况和自身储备之后，毕业后他决定继续攻读四川大学研究生，"在我们全年级100来号人当中，我年龄最小，一方面，自己的社会经验不足，很难去适应社会的发展；另一方面，那个时候学知识学文化正好是整个社会都在提倡的，我自己还年轻，应该趁这个机会再多读点书"。正是在研究生期间，全国范围内浓厚的学习热潮燃起大众的热情，尹鸿担任研究生会的宣传部长，也参与了许多校外的教育辅导工作，逐渐确立了自己的发展方向。"我经常给其他同学们介绍新书，交流新知识，许多与我要好的年轻人也会到我这来借书、请教。在读书生涯中，我深刻明白了'知识改变命运'的内涵，知识改变了我的命运，我也想通过传授知识影响、改变别人的命运，所以我决定毕业后当一名老师。"

在那个年代，老师这个职业并非是最优的就业选择。大部分高学历的毕业生并不会过于留恋"象牙塔"，而是选择走上社会这个更为广阔的舞台上寻获大有可为的人生。但对于尹鸿来说，成为一名老师，传道授业解惑，才是实现自我价值的方式。于是，1984年刚刚硕士毕业的尹鸿留在了四川大学任教。

想成为最好的，先看最好的

在四川大学的两年间，为响应哲学社会科学发展规划，尹鸿两次被借调至教育部，先后采访了多位当时在人文社会科学领域鼎鼎有名的大师，也见到了数位在文学界高屋建瓴的北师大老师，并与北师大结下了深厚的缘分。"与众位老前辈的交流学习，让我明白了中国需要更多的人投身学术研究，向世界各国人民传播中国思想和文化，这让我更加坚定了成为一名优秀学者的决心。真要做学术还是应该来北京。"尹鸿如是说。

1986年，在中国高校百废待兴、广招人才之时，尹鸿放弃了更加广阔的职业发展空间，选择了报考北师大现代文学的博士学位。那时正值中国现代文学研究学科的奠基者李何林先生招生，且招生名额只有三个，北师大中文系的学科实力又居全国首位，竞争可谓异常激烈。面对自身年龄较小、阅历不足等诸多短板，尹鸿毫无退缩之意，将当时现代文学研究领域中顶尖学者发表的、最前沿的文章拿来悉心研究，他说："不管是作为一名学生也好，还是作为一位年轻学者也罢，要想成为最好的，那你得先看最好的，永远以这个领域中最好的学者作为自己的榜样和参照，不仅要看他说了什么，更要看他为什么这样说。"在备考的那几个月，尹鸿找遍了当时学界最好的读物，不断填满自己知识图谱中空缺的色块。即便如此，他也坚持着良好的作息习惯，每周休息一日，每日规律作息，不忘晨练，劳逸结合。最终，尹鸿顺利通过了博士考试，那些浓缩着众多学者毕生心血的读物，像溪流滋养着草木，草木并非溪流的模样，却也有着澄清的灵魂。

业余地开始，专业地继续

北师大读博期间，尹鸿仍在现代文学领域进行探索与深耕。当时中国第五代导演班子逐渐走向国际舞台，中国电影也开始走进全球的视野。恰好北师大又临近中国电影资料馆，有时为了拿到免费的电影票，尹鸿会尝试写一些影视评论。这个机会让他业余地开始关注电影知识，同时也是他学术研究转向的伊始。

1989年，尹鸿获得了北师大文学博士学位。当时，北师大中文系戏剧影视教研室刚刚成立，正缺乏人才支持，黄会林老师力邀尹鸿加入，于是他选择留在戏剧影视教研室工作，希望自己能在影视文化领域深入研究，助力中国影视文化的发展。

谈及这次学术研究转向，尹鸿坦言这是契机与诱惑的结合，"我意识到，在当今文化环境中，影像文化的影响力逐渐超越了文学，成为一个越来越重要的、有价值的信息和艺术载体，但影像文化的研究者又非常少，这对我来说肯定是一个巨大的诱惑"。但从业余转向专业的道路并非是坦途，最大的困难就是专业性不足，"（转向影视学科）这个过程是非常困难的，我有较为深厚的文学、文化史基础，甚至是哲学基础，但没有技术和行业知识储备。不过，越发现自己有不足，越需要去补短板。对我来讲，补的方法就是遇到专家便认真聆听，做好记录，回去再对照自己的经验进行丰富和补充"。尹鸿常常向著名的导演、摄影师、美术师求教，主动参与影视的实践，他说"不仅要读万卷书，行万里路"，还要"识万种人"。

即便在北师大任教期间，尹鸿的身份已不再是学生，却仍铭记"读万卷书，行万里路"。当黄会林先生邀请尹鸿加入，共同恢复北师大艺术系建制时，尹鸿拒绝了行政管理的职位，而选择了教学岗位，"因为我自己在专

业上需要有学习的机会，我还需要努力，去负责这个学科的教学工作"。读书可拓学识，但实践才出真知。在北师大任教期间专业知识与实践的积累，也让尹鸿之后的选择犹如云程发轫，干霄凌云。

干好一个领域，重点在于热爱

1989—1999年，尹鸿跟着北师大艺术系逐渐成长、成熟起来。1993年，为了解决电影行业和当时的年轻观众有距离感的问题，他和艺术系的老师们联系和整合各方资源，成功举办了第一届大学生电影节，引起了当时影视界、教育界的极大反响。谈及"第一次吃螃蟹"的经历，尹鸿说："那时条件比较艰苦，连出租车都没有，我们都是骑着自行车在大街小巷进行活动宣传。"而支持他一往无前的动力，便是他对影视文化领域的热爱。

1992年邓小平南方谈话过后，伴随市场经济的繁荣，社会上掀起了"下海潮"，这对于那个年代生活辛苦、工资低微、没有住房保障的教师来说的确是极大的诱惑，许多人劝说尹鸿下海经商，他说"一个人要干好一个领域，他得有对这个领域的热爱，不是什么东西都需要用钱来衡量的。一份好的工作不仅仅是收入问题，更关乎个人成就感。做老师这份工作，让我有成就感、荣誉感和成长感。那便是值得的，所以我从来就没有想过换种职业"。当其

他更"优越"的职位向尹鸿抛出橄榄枝时,都被他一口回绝,"因为我觉得我热爱教师这份工作,它适合我,我也热爱它。我已经找到了价值所在,哪怕穷一点苦一点,我都能心无旁骛、做好自己"。

成为对社会有用的学者

1999年,尹鸿前往清华大学刚刚成立的传播系任教,希冀能够进一步开拓自己的研究领域,"既然有了机遇,希望做得更好"。对于他来说,这种学术转向并非是冒进的尝试,而是顺理成章地从电影转向更大的传媒领域,他将自己的选择描述成"顺势而为","当你每一次意识到自己的不足,或者意识到要改变自己的时候,那你就一定要开始做改变。当你在做尝试,时代就会给你准备一个台阶,因为时代也在变化。如果时代已经需要变化了,但你故步自封,那你就没能力跨上去,最终落后于这个时代"。尹鸿热衷于学科的开创工作,所做的工作始终围绕着"更有利于学科的建设",他认为开创的本身就是一个学习的过程,"我给自己的定位,无论何时,我首先是一个学者,而这个学者应该是对社会有用的人"。

在采访的最后,尹鸿也为当下准备就业的学生留下了寄语:"初次择业,犹如另一番人生伊始,我希望大家不要仅以金钱来衡量职业,而是将职业视为社会阅历与社会成长的第一途径,选择的出发点是让未来有更好的发展空间与可能性,它对于能力和知识的积累具有一定的铺垫作用,不要完全为急功近利的原因去选择职业。"

为你想做的事业做好充足的准备,机遇来时方不悔。

(撰稿:陈小梅　李文慧　毛璐璐　赵晨雨)

67 陈建明

拂拭初心，静水流深

校友简介：

陈建明，北京师范大学化学系1987级校友。1991年毕业后，回到家乡福建漳州，在福建省龙海市程溪中学先后担任化学老师、班主任、备课组长、教研组长、年段长。1998年至今，任教于福建省龙海第一中学，先后担任化学老师、班主任、副段长、段长、教研室副主任、教研室主任、分管年段领导、校长助理、副校长、校长。

"学为人师，行为世范"，跨入教育行业的北师大人或许自带一身光环，然而光环阴影处的艰涩与迷惘，却往往不为人知。陈建明校友回顾30多年来的求学与工作历程，其中有苦痛挫折，亦有自豪喜悦。在一个普通的沿海小城，这是一位无论何时都充实昂扬的北师大人、一位无论何种处境都踏实向前的教育工作者。

学子返乡破迷惘，锋芒初露甘为师

最初择业时陈建明校友倾向于毕业留校。"大学时，我和周围同学举办了各类学生活动，因此受到学生处相关老师的赏识，基本获得留校的机会。"然而因母亲强烈反对其留京，极力要求他回到家乡，无奈之下，他返乡从教。回首起来，虽有点遗憾，但他的言语中更多的是坦然。

陈建明虽然就读于师范专业，但一直认为自己不适合当老师："高中班主任建议我填报北京师范大学时，我就曾向他表明自己不适合从事这份工作。甚至直到本科实习之前，我仍然这样认为。"

但实习时第一次走上讲台的经历却让他改变了想法。虽然当时他并不向往教师这份工作，但实习时仍认真备课，不断试讲打磨。正式走上讲台的一瞬他获得了一种"鱼儿回到大海的感觉"。他说："第一堂课我把自己想讲的都讲出来了，唯一遗憾的是15分钟讲完了原本计划整堂课的内容，剩下半个小时，我放开讲述其他想传授的知识。下课以后所有学生和指导老师整个团队都为我鼓掌。离开教室的时候，指导老师对我说："小陈，你天生是个老师！'"

从那以后的30多年教学工作，陈建明都和第一次上讲台一样，课前反复备课打磨，而课上则从未看过教案，因为反复准备的内容已刻入脑海。

理论实践合为一，竹条宝剑舞自如

陈建明前期在农村中学任教，相比于大城市的孩子，学生的综合素质可能并不高；而从大学走入职场，无论何种行业，理论与实践或许都存在分野。但他认为任何地方都可以好好工作："一根竹条就可以被一位实践的高手视为宝剑。倘若你能力不够，哪怕拿着一把真正的宝剑，也抵挡不住他的竹条。"从教师职业素养的视角，他结合自身经历详细阐述了教师何以将竹条炼为宝剑——

"我认为作为老师要会讲、会写、会学。会讲即课堂教学；讲之后要会写，把你讲的东西总结并公开发表，让大家评判。而会学更要学杂。大三暑假时我在家里啃《新华字典》；初期工作中有一年多的时间，我读欧洲的哲学通史。艰涩难懂的书，一点一点理解，铁杵磨成针。

"所谓理论与教学实践，孔子说有教无类——教学不是选教学对象，而是选适合教学对

象的教学方法，为学而教。一位真正高明的老师，应该让第一名的小孩听得津津有味，最后一名的小孩也收获满满。我通过反复试讲去审视自己的课堂，每隔一段时间总把教育学、心理学的书籍再翻出来看一看，每次都有新的体会。"

求学从教心未改，惜护师大情犹在

陈建明在程溪中学有一段曲折的经历，曾令他迷茫痛苦，但所幸最终守护信念，未使初心惹尘埃。

1995年陈建明在程溪中学担任化学老师。当时高考成绩通知单是打印后由教务处到高招办将之带回校。然而当年龙海高招办打印成绩时出现失误，把物理和化学成绩打印反了，而一开始大家均不知情。"那天成绩出来，我第一个遇到去领取成绩的王老师，我和他打招呼，他没理我。我想了解成绩，就跟他一起走。半路上也遇到了物理老师。他邀请物理老师一起到家里泡茶。他将茶端给物理老师，却没有端给我。他的态度让我困惑。"

"后来查成绩，发现物理成绩大都在100分以上，而化学成绩却不如人意。当时我心里很难受，不是因为王老师对我的态度，而是因为我努力教学，学生也努力学习备考，考出这个成绩，我觉得对不起他们。"那段时间他听到许多这样的言语："不会教就别教""还北师大的，教了个什么。"这些话让他痛苦，甚至自

我怀疑，认为因自己能力不够而给北师大抹黑了。

事情发生的前一年，1994年，陈建明被漳州市提名为"十佳青年"，他当时写的报告标题正是《一位北师大人的山区情结》。"我为什么当时提到'北师大人'，因为我确实珍惜爱护'北师大'这个标签，借用'时时勤拂拭，莫使惹尘埃'之语，我们的心里当留下那么一块地方，时时刻刻保持绝对的干净。所以看到学生高考成绩这么差，我很自责，既感到对不起学生，也觉得对不起北师大。后来得知化学与物理成绩打印反了，成绩符合我的预期，我便释然了。

"不忘初心、牢记使命。无论是一名普通的科任老师，还是一名校长，我都希望能'时时勤拂拭，勿使惹尘埃'。"

人师自以"人"为本，教学当以"学"为先

从教30年，陈建明对于北师大"学为人师，行为世范"的校训有自己的理解，他从教师职业的角度阐释了他的看法。

"首先是'人师'，这个'师'不是单纯的'老师''教师'，而是'人师'。这意味着'师'任何时刻都紧紧联系着育'人'。"

"其次是'学'。'学'的繁体字是'學'，它的上半部分指的是一个器皿里包含各种各样的东西，教师就需要将这个容器中繁杂的知识反复研磨、钻研消化，结晶之后的精华就是人师需要带给孩子的东西。《论语》里提到'教'的语句屈指可数，而处处都提到'学'，学本身已经把教的手段包含进去了。"

三十载笙歌踏浪，化春泥逐梦护航

几十年来，龙海的教育事业日新月异。陈建明在这一过程中成长、建设与扎根。而他作为一名教育工作者的梦想是让更多的孩子上更好的大学。

"每一年高考成绩出炉，作为校长，学校出了状元或者有学生考上清华大学、北京大学，我很高兴；但如果没有，也没关系，只要本科上线率达到我预期的高度，我就很满足。虽说一个2000瓦的灯，它的亮度或许远远超过10个100瓦、20个100瓦的灯，但我希望追求更多的群众因教育受益。

"如今城乡教育的差异越来越大，是不可逆的时代趋势，只通过发声是无法改变的。农村有许多留守儿童，他们遇到困难没有人帮助解决，到最后积重难返，只能放弃学业。我从穷困的地方走出来，想尽己所能帮助他们。所以我退休后打算回老家盖几间草屋，邀请志同道合的老师一起帮助农村学生，不谈一分钱的报酬。辅导课业也好，开讲座也罢，归根结底，都是希望更多的孩子能上更好的大学。"

时时回首勤拂拭，莫使初心惹尘埃

踏入北师大虽是机缘巧合，甚至选择师范专业更多是缘于学费较少可以减轻家里的经济负担，但在北师大的学习生活却让多年后的他将北京视为"第二故乡"与"精神故乡"。陈建明将过往30多年的学习与工作经历娓娓道来，我们从叙述中既看到了最初择业的无奈，也看到了几十年来从教的坚守。从认为自己"不适合当老师"到被指导老师称赞"天生是个老师"，他似乎只用了一节实习课程的时间；从毕业返乡去山区从教到被漳州市提名"十佳青年"，他似乎只用了三年的时间。然而那些闪耀的日子背后是"杂学"与"钻研"的细水长流，是数十年来精神与品格的静水流深。因家庭因素而不得不返乡回到基层工作的毕业生或许年年都有，如愿与否在选择过后都只能放下。而重新拾起的是"学为人师，行为世范"的校训，是"北京师范大学"的标签，更是始终以高标准要求自己，秉持一颗党员初心，做好眼前的工作，担好肩上的职责，"时时勤拂拭，勿使惹尘埃"。

（撰稿：施菲妍　陈怡凡　庄庭）

68 王凤雨

吃苦打开一扇窗，感恩"君子"数学系

校友简介：

王凤雨，北京师范大学数学科学学院1987级校友，1993年研究生毕业，获博士学位并留校工作。先后被破格晋升为副教授和教授，博士生导师，2000年被聘为教育部"长江学者奖励计划"特聘教授，2007年任英国Swansea大学兼职研究教授，现任天津大学教授。1995年获中国数学会"钟家庆"数学奖，1998年获教育部科技进步奖三等奖和霍英东青年教师基金，1999年获国家自然科学奖三等奖和教育部首届青年教师奖，2000年获北京市五四青年奖章和国家杰出青年科学基金，2002年获霍英东青年教师奖（研究类）一等奖，入选2004年度新世纪百千万人才工程国家级人选，2005年被评为北京市先进工作者，2009年获教育部高等学校科学研究优秀成果奖（自然科学）一等奖。从事随机分析与相关课题的研究，独立发现无穷维Harnack不等式，马氏过程的泛函不等式与应用，研究分布依赖随机（偏微分）方程，与陈木法院士合作发展概率方法估计Riemann流形上的特征值。发表论文220余篇，出版专著3部。

习近平总书记在庆祝中国共产党成立100周年大会上的重要讲话中强调，广大青年应切实扛起时代责任，立足科技自立自强，敢于坐"冷板凳"，勇于闯"无人区"，加强基础学科学习，提高原始创新能力，着力破解制约进步的卡脖子技术难题。近年来，我们已经看到，应用概率论预测疫情传播、计算航空航天领域的轨道以及基于概率论而发展起来的信息论，再到与每天生活息息相关的天气预测，概率论起着重要作用。与此同时，一批投身于概率论研究，辛勤工作、默默付出的从业者亦相继涌现。而北师大的优秀校友王凤雨，便是其中一员。

1989年，王凤雨面临着一个决定，要不要念博士。"因为我们就业情况非常好，那时候研究生很少，很容易就业。"大家念博士的积极性不是那么高。那时的王凤雨也在想找个工作算了，然而令王凤雨彻底决定留下来念博士的转折，是一次令他终生难忘的经历。

王凤雨的导师，陈木法先生，惜时如金，别人可能在火车上打牌、聊天，而陈木法就一直在看书，令王凤雨一生都难忘的一件事，是陈木法老师有一次居然跑到他的宿舍敲门，"陈先生非要拉着我到校园去散步，我当时非常惊讶！"原来陈木法先生找王凤雨去散散步，在学校里转来转去，谈天说地……"最后我才知道他的目的就是要说服我留下念博士"。这对王凤雨来说是非常感动的，是促使他做出正确的选择的关键因素，"因为他是非常惜时如金的一个人，却愿意花这么长的时间

来陪我散步"王凤雨说道，最终决定了留校读博士。

王凤雨被导师陈木法赋予重任，选择当时的热门方向——随机分析与几何分析的交叉领域进行研究。

"在年轻的时候，在最有创造力的时候，一定要吃苦。"王凤雨对这句话有着深刻的体会。他在陈木法的指导下开始自学日本学者Ikeda和Watanabe合著的关于流形上随机微分方程的著作，它至今仍是国际上公认的研究生高等教程。王凤雨说，自己的特长就是能吃苦。从头开始，他什么都得自己学。这部厚厚的著作苦读了一个学期。他常常因为在自学时遇到困难无人讨论而苦恼，就像"被困在一个四面围墙的封闭房间里，要想尽办法冲出去"。

终于，学到第五章，涉及几何了。陈木法让王凤雨研读英国学者关于流形上的随机分析的文章，并建议他主攻几何分析中的梯度估计与特征值问题。于是，更艰苦的历程开始了。为寻找有效的突破点，王凤雨一度被困扰了很长时间，以至于担心自己不能毕业。一位师兄安慰他说，陈老师那么多学生，有哪个不能毕业的？于是，王凤雨才不那么焦虑了。

经过一年多的艰苦摸索和四处碰壁后，他终于发现了这个封闭房间里的一道亮光——利用其群体所擅长的耦合方法找到了问题的突破口。他的工作获得了充分的认可——提前通过博士论文答辩并留校任教，博士论文获得了中

国数学会的"钟家庆"奖。天道酬勤，1994年、1995年、1996年，王凤雨连续三级跳——副教授、教授、博导。

若干年后，回忆起当初选择王凤雨攻克新方向时，陈木法院士承认他所有过的担心，做出来之后才松一口气。"如果做不出来，很可能毕不了业；如果做出来，就表明他具备独立的科研能力了！"陈木法说。

一鼓作气，王凤雨继续在这个领域里奋力前行。他所建立的不依赖于维数的Harnack不等式已被成功应用于无穷维随机分析的多个课题研究，在文献中被称为"王氏Harnack不等式"。他所发展的"泛函不等式、马氏过程和谱理论"的理论构架及应用，被国际同行和美国数学评论为"对概率论与相关分析的未来发展是重要的""优美的"和"令人惊讶的"。他与陈木法导师合作发展概率论中的耦合方法并应用于几何分析的研究，获得流形上第一特征值下界的显式变分公式，改进了几何学家30余年来所获得的同类成果。

我记忆中的北师大数学系

说起自己今天的成绩，王凤雨非常感激自己进入了一个好的团队——"概率论创新研究群体"。这是国家创新研究群体基金资助的首个数学研究群体，被两家国际数学评论杂志称为"中国学派"或"北京学派"。

"高校和单位常常会有各种各样的矛盾，北师大也不例外，但是北师大数学系处理的方式很好，包括各种各样的会议，基本上就没有争执出现。这个名声在外的一个称谓叫君子，也不是我说的，是大家给它的这个评价。"王凤雨非常欣慰地说道。

北师大概率团队之所以能够一直保持创新能力，就在于优良的学术传统和强大的团队向心力，而优秀传统和团队精神的形成是和几代学术带头人的无私奉献分不开的。回忆起北师大数学系的老教师们，王凤雨说道："对我影响最大的应该是两位老师，一位是陈木法先生，另一位是严士健先生。"

"他们的人生经历给了我很大的震撼！陈木法所处的时代跟现在不一样，他上大学是1965年，基本全靠自学！而且后来条件也无好转，陈木法被分配到贵州，一直到1979年恢复研究生招生制度才考上北师大的研究生。但是对于陈木法来说非常顺利：1979年到北师大读研究生，1983年就获得博士学位，提前了一年半，而且这是在本科没有接受系统教育的情况下完成的！"王凤雨说道，"有时候碰到困难，（陈木法）只能偷偷去问，他从来没有想过要放弃，一般人在这种条件应该是学不下来的。"

"他们都非常爱护年轻人，努力创造着条件！"王凤雨硕士入学时，严士健先生把王凤雨叫到他家里去，"严先生问我测度论学了没

有，我说没学，严先生当时很生气，说作为一个概率论的研究生，怎么能不学测度论？"王凤雨回答道："我的本科没开。"严先生这时候更生气了："它不开，你应该自学！那图书馆有没有测度论的书？你为什么不自学？"当王凤雨回忆到这里时，还能记起当时的紧张，毫无疑问，这对他是一个很大的打击。但严士健是非常爱护学生的，不是批评完就完事了，严士健还特意指定了一个刚留校的老师来督促王凤雨学习！"一学期结束正儿八经地出一套题就我一个人在那儿考，后来我考了满分，这个满分让我很高兴，这是对我最大的鼓励。"王凤雨很感激地说道。后来严士健先生在许多场合聊起这件事，觉得这是他得意之作——老师对你的严厉是对你有所期盼！

"学高为师，身正为范"，"君子"数学系里的老先生们，他们经历过苦难，但仍然胸怀对祖国的满腔热忱，笃信科学真理，坚持学术研究。他们抵抗住了生活中的重重压力，在研究上取得丰硕成果，更在为人处世方面身先士卒，淡泊名利。

所以，王凤雨老师经常告诫自己，要向老先生们学习，在学术上严格要求自己，做出成绩，做出表率，也要在教学上身先士卒，成为学生的好榜样！

（撰稿：徐佩涵　张润）

69 张瑞清

勤业敬业勇争先，潜心耕耘三十年

校友简介：

张瑞清，北京师范大学历史学院1988级校友。1992年毕业后分配至北京师范大学附属实验中学，从事历史学科教学工作。北京市正高级教师，曾获得过北京市骨干教师等称号。课例获北京市教育学会组织的研究课一等奖。全国教育科学"十二五"规划年度教育部重点课题负责人，课题成果获北京市基础教育课程建设优秀成果一等奖。北京市"十三五"教育科学规划课题负责人。

百年大计，教育为本。教师是立教之本，兴教之源，社会发展需要一支师德高尚、业务精湛的高素质教师队伍。北师大的优秀校友张瑞清就是教师队伍中的一员。

仁师难遇，润物细无声

1988年，张瑞清进入北京师范大学历史系（现历史学院）学习，有幸走进了白寿彝、赵光贤、何兹全、龚书铎、刘家和、瞿林东、陈其泰、晁福林、郑师渠等知名教授给本科生开设的课堂，"老先生们学识渊博、为人谦和，不厌其烦地解答我们这些本科生提出的问题，有时我们还三五成群地到这些教授的家中请教问题"。北师大历史学院教师身上体现的

扎实学风和严谨的教学态度深刻影响了张瑞清的从教生涯。

离开母校走上中学教学工作岗位后，她对课堂教学日渐痴迷。近年来，在唯物史观统领下出现了研究历史的多个角度，如革命史视角、近代化视角、全球化视角和社会生活史视角。史学研究的突飞猛进，让张瑞清时刻充满危机意识，在备课中深感史实储备不足，为了紧跟史学以及教育学、心理学和信息技术的最新成果，她先后回到母校北师大，在职攻读了外文学院英语第二学历、历史学院教育硕士、历史学院中国近代文化史博士。

在博士论文的写作过程中，她面临巨大的困境，在孙燕京教授的悉心指导下，她逐渐找到了一些适合自己的学术研究方法。中

国近代史教研室的其他老师也在她论文写作的过程中提出了大量的修改意见。北师大历史学院的各位师长以自己高尚的师德和扎实的学术修养践行着北师大"学为人师，行为世范"的校训。

身担重任，厚积则薄发

张瑞清几十年如一日地坚持在教学一线，有着多年的高考历史学科教学经验。有时会出现送走老高三，迎来新高三的艰苦岁月，她经常和学生们说："人生是一场漫长的马拉松，哪有什么天才和奇迹，有的只是极强的自律意识。"她言传身教，鼓励学生们不怕吃苦，将个人奋斗汇入时代洪流，心系祖国，胸怀天下。

除教学外，她先后担任教务处主任、党委委员、工会副主席、学生综合评价中心主任等职，每天"四条腿走路"：教学、行政、党务、科研，她在四种角色中高频次转换。她深入研究国家和市区教育改革精神，统筹规划北京师范大学附属实验中学教育集团的教务行政管理工作，在集团与市、区各级行政机构之间、集团内各学校之间、集团内同级和上下级之间进行有效的沟通协调，在学校历次重大课程改革中发挥了管理和落实的职能，为集团始终走在教学改革的最前沿提供了有力的保障。

张瑞清是正高级教师，也获得了北京市骨干教师的荣誉称号，这看似是一个水到渠成的过程，实则是长久以来的储备到了收获的季节。长久以来，张瑞清对历史教学及教育事业热爱、坚持，前进的步伐从未停歇，这才逐步走过了一个又一个里程碑式的阶段。

教学有方，玉壶存冰心

张瑞清执教的30余年经历了我国基础教育领域从双基到三维目标，再到核心素养的发展历程。五大核心素养是教育界针对中学历史教学提出的针对性培养要求，关于这几大核心素养的养成和训练，张瑞清有着自己的见解和经验。

史料实证是诸素养得以达成的必要途径，教师要把教材中的史料刨根问底找到原始出处，要辨析史料类型，要掌握史料互证的方法，要运用现有史料解决现实问题。时空观念是诸素养中学科本质的体现，借助历史地图册等工具培养初中学生时空观念，高中学生则要求学会运用，要具备将具体史事定位在时空框架中的能力，对较长时段的一个史事，要能够放在时空观念中去考察探究。唯物史观是诸素养得以达成的理论保证，唯物史观要渗透在每节课的理论分析中，使其对学生产生潜移默化的影响。历史解释是对历史思维与表达能力的要求，对于比较难掌握的历史解释，要在学生有一定学科素养的基础上引导学生对历史事件主动进行分析、阐释和评价。最后，家国情怀是诸素养中价值追求的目标，张瑞清认为，"历史课如果没有家国情怀，就上成理论分析课了，对于基础教育阶段的学生来说，每节课一定要渗透和加入家国情怀"。最终通过诸素养的培育，达到立德树人的要求。三维目标其根本的不足在于它仍然以学生对知识的掌握程度为主要教育目标，缺乏对人本身最终发展程度和发展结果的关注与界定。学科核心素养则是在唯物史观指导下，以家国情怀为人文价值追求目标，运用时空观念和史料实证等历史学科的研究方法，最终提升学生解决历史问题的学科能力。

作为一名党员，张瑞清在承担学校党课任务的同时，对于当前大力倡导的四史教育也有见解和实践。首先，对四史的教育要给予足够的重视，认识到其在整个历史教学过程中具有重要意义。其次，对于基础教育阶段的孩子进行四史教育，要区别于党课教育，要用对方法，"肯定不能用灌输的方法。我一般都是点睛之笔。例如，在分析新民主主义革命胜利的原因时，一定让学生认识到，中国共产党自1921年成立以来，始终把为中国人民谋幸福、为中华民族谋复兴作为自己的初心使命"。最后，鉴于四史教育的时代性和发展性，及时了解最新观点，对教材加以补充，也是张瑞清对于四史教育的针对性方法。《中国共产党简史》《新闻联播》《人民日报》理论版都是她时常翻看的材料。

迎难而上，寄望后来者

北师大作为师范类名校，教师行业是许多毕业生的选择。张瑞清对于即将走上教师岗位的师弟师妹们既有期待，也有建议。

职业选择的前提应该是兴趣和热爱，"教师职业最大的源泉，就是跟你朝夕相处六年或者三年的孩子有一个特别好的发展，将来能对社会有贡献，这是让人觉得特别快乐的事"。如果确实希望以教师作为一生的职业，在校期间，就应该注重积累，勤加锻炼。既要利用好在校的时间学习、积累知识，也要尝试输出，在写作的过程中训练自己的笔头表达能力和批判性思维。同时，张瑞清鼓励师弟师妹们有机会可以提前进入中学实习，锻炼口头表达能力。

身份的转化往往是刚毕业的大学生们成为新老师后面临的第一道难关，能否成功完成转化至关重要。张瑞清在工作中接触过众多新手老师，她的建议是"新手一定不能怕"。"有困难挫折也不要担心，一开始上课你怎么就可能把核心知识讲得那么明白，学生还愿意学，而且你们班成绩还特好，不可能做到这些。"认真钻研是基本态度，顶住压力，坚信自己能做好，跟学生多交流，认真备好、讲好每一节课，遇事积极请教是快速进步的有效方法。

"你有问题就跟同事、老教师去请教，同事、老教师有什么问题你也愿意帮助他们，尽自己所能，跟大家都能和谐相处。"持之以恒是关键，新教师、老教师都要不放弃每天有所进步的追求。

"学为人师，行为世范"的校训，在张瑞清30余年的教师生涯中既是前进方向的指引，也是教学工作的衡量标准。她将继续以饱满的热情、开拓进取的精神和丰富的经验投入新一轮的教学工作中。以其为代表的一批批北师大人亦正在或即将在祖国各地为教育事业的发展贡献力量。

（撰稿：刘潇　陈飞雨）

70 邬平川

把创新答卷写在脱贫攻坚一线

校友简介：

邬平川，北京师范大学教育学部1988级校友，现任安徽省淮南市委常委、宣传部部长。2015年9月，受省委组织部委派，到寿县挂职县委常委、副县长，分管扶贫和教育工作。2017年9月，挂职期满后，邬平川主动申请延挂一任，继续坚守在脱贫攻坚第一线。曾获2019年"全国脱贫攻坚创新奖"。

2019年10月17日上午，全国脱贫攻坚奖表彰大会暨先进事迹报告会在北京举行。时任安徽省教育厅基础教育处处长的邬平川获得2019年"全国脱贫攻坚创新奖"。

邬平川于1992年从北京师范大学教育系特殊教育专业毕业，毕业后，他回到家乡安徽省成为安徽省教委初教处的一名干部。2015年9月，45岁的邬平川受省委组织部委派，到国家级贫困县寿县挂职县委常委、副县长，分管扶贫和教育工作。两年挂职期满后，他主动申请延挂一任，继续坚守在脱贫攻坚第一线，探索脱贫攻坚"寿县模式"，把创新的答卷书写在广阔的寿县大地上。

扎根脱贫第一线，精准帮扶每一家

2015年，邬平川来到寿县时，这座历史文化名城正面临着摆脱贫困的艰巨任务。频发的灾害给这个曾经辉煌的地方带去了贫穷和落后，寿县269个行政村里有72个重点贫困村，140万人口中有13万贫困人口，这让邬平川感受到任务艰巨、责任重大。

为了改变以往"大水漫灌"式的扶贫，到寿县后，邬平川在全面把握中央扶贫开发工作会议精神和精准扶贫精髓的基础上，深入基层调研，不到半年，已走遍了全县25个乡镇，到过近百个村，深入百余户贫困户家中，召开多种形式、多种层次的座谈会，初步了解了县情、扶贫工作的现状及存在的问题，逐步形成了"适应四个转变、抓住四个机遇、推进四级精准"的工作思路。

在邬平川的建言献策和积极推动下，寿县率先在安徽出台"脱贫攻坚考核办法"和"产业到村到户的发展导则"等政策体系，同时在产业扶贫、脱贫攻坚的制度化推进等方面也进行了可贵的探索。在产业扶贫中寿县探索实施"百社帮千户"，即组织全县农民专业合作社帮扶带动具备条件的建档立卡贫困户发展产业。产业扶贫成败的关键，是看有没有形成一个可持续的利益联结机制，而"百社帮千户"的模式有效地解决了这一难题。"我们一方面鼓励和支持新型农业经营主体建立和扩大生产基地，对在贫困村建立生产基地或吸纳贫困户参与经营的带动主体，给予支农项目安排、贷款贴息等方面的政策倾斜；另一方面，依托他们健全产业到户到人的精准帮扶机制，制定到户产业扶贫清单，建成一批特色产业基地。"邬平川说。这样的帮扶对于贫困户而言，不仅是授之以鱼，更是授之以渔，使每个贫困户都能拥有1到2门技术，大大提升了他们的自我发展能力。

李明红是邬平川对口帮扶的众兴镇李圩村里的一名贫困户。李明红患病20多年，走路不利落，说话也不利索，家里艰难地供女儿上了大学，家庭重担都压在他的妻子顾银珠身上，这个生性好强的女人被生活压得常常流泪叹气。在邬平川多次上门了解情况后，他发现顾银珠有基本的养殖技能，便亲自送去了200只鸡苗，又联系镇里在种苗、防疫、销售等方面给予扶持，鼓励她发展养殖业。2017年，他们一家成功实现了脱贫。昔日死气沉沉的家里多年积郁的忧伤一扫而光，久违的笑容又绽放在一家人的脸上。每次邬平川登门，两口子总是拉着他的手，有说不完的话。

几年来，邬平川为李圩村争取了20万元的捐款；争取各项资金1000余万元，兴建衬砌渠5900米，水泥路4.6千米，硬化村、组道路10.5千米；新建60千瓦村级光伏发电站一处，贫困户光伏发电项目13户；抽灌站5处；新挖当家塘4口，可用水面600亩。大大改善了广大群众的生活环境，彻底解决了日常出行难、旱季灌溉难、家庭经济增收难等实际问题，到2017年，全村154户、420名贫困人口均得到了有效帮扶，已脱贫128户354人，贫困发生率降至1.3%。

邬平川在寿县创新开展了"五户"活动，按照10—15户的规模，将贫困户组成互助小组，开展互动、互帮、互学、互比、互促等活动，有效地激发了贫困户的内生动力，也探索了乡村治理的新模式；较早开展了边缘户的帮扶，打造了贫困户与非贫困户之间的缓冲地带，也为解决相对贫困问题积累了经验；实施了房屋修缮计划，打上了政策补丁，有效地保障了贫困人口的住房安全。一系列创新做法，使精准扶贫精准脱贫基本方略在寿县得到了全面落实，寿县的脱贫攻坚取得了显著成效，各项目标任务圆满完成，贫困人口乃至广大农民得到了实实在在的实惠。在省对市县脱贫成效考核中，寿县连续三年都位居第一方阵，并且位次逐年前移，在全省乃至全国都产生了一定的影响。

扶贫先扶智，开创"寿县模式"

想要扶贫首先就要扶智，这一点是毕业于教育系的邬平川再清楚不过的。"刚来寿县，全县义务教育面临历史欠账多、机制不顺、底子薄、条件差、体量大的难题，95%以上的学校达不到义务教育均衡发展验收标准。"邬平川说道。

针对寿县学校数量过多、布点分散、效益不高的状况，邬平川实施了"坚持以县为主，推进县乡共管"教育综合改革，对资源进行全方位的整合，将全县义务教育段公办中小学由315所调整为192所。明确了乡镇党委政府在教育方面的权、责、利，将学区管委会设置为具备独立法人资格的机构，作为县教育局的派出机构，同时接受属地乡镇党委、政府的管理，使县教育局、乡镇党委政府管理教育有了有力的抓手。建立了分级分类督导机制，加强了对基层教育的管理，压实了部门的责任，形成了推动与改革发展的强大合力。同时，全面实施中小学教师"无校籍管理"改革，在2017年选择5个乡镇成功试点的基础上，2018年在全县所有乡镇全面推行。改革后，寿县实行教师编制"有编即补、总量控制、动态调整"，职称岗位"按需设岗、按岗聘用、合同管理"，工作岗位"上岗必竞、双向选择、统筹使用"；建立校内竞岗、学区内竞岗、跨学区双向选择竞岗三级竞聘上岗机制，5000余名教师全部竞聘上岗，两年时间，408名初中教师分流到农村小学。中小学教师在学区内实现了由"学校人"向"系统人"的转变，优化了教师结构，打破了流动障碍，提升了资源效益。"无校籍改革之后极大充实了我们小学的师资力量，音乐、体育、美术这些学科都能开展起来，有利于学校正常教学，对我们学校教学质量有极大提升。"寿县茶庵镇茶庵小学的校长杨武凡这样评价道。

在教育资助方面，邬平川创造性地提出"资助、建档、关爱"三个全覆盖，使教育资助的精准化程度得到了极大提升。这一举措破解了长期制约县域教育发展的体制机制障碍，使得寿县的教育水平得到显著提高，到2018年年底，全县学前三年毛入园率87.6%、九年义务教育巩固率95.5%、高中阶段毛入学率92.2%，让每一个孩子享有公平而有质量的教育正在寿州大地变为现实。这项改革在全国也具有开创性的意义，获得了第五届全国教育改革创新案例优秀奖，《中国教育报》头版头条进行了长篇报道，在教育部举办的全国教育扶贫论坛上做了典型介绍。

从理论到实践，用爱交出样板卷

邬平川在扶贫工作上的创新实践离不开他

深入实际的调查和反复不断的思考。每一项举措的提出都是邬平川在县委县政府的大力支持下，组织专门班子，深入调研，广泛学习，积极探索，大胆创新的结果。寿县扶贫办副主任徐中贵说："他善于思考，善于总结，发现脱贫攻坚中的一些短板，进行总结提炼，创新了政策和措施，对我们来说是学习的榜样。"

四年的扶贫工作中，邬平川总是对实践中的做法和成效，及时总结提炼，2017年度，国务院扶贫办举办了"习近平总书记扶贫开发战略思想理论创新和实践创新"学习成果征文活动，他撰写的《论县域扶贫开发治理体系的完善与优化》一文获得前100名优秀奖，并作为31篇论文之一入选《习近平总书记关于扶贫工作的重要论述学习文集（2017）》。在他忙碌的日常工作中，他还发表了多篇论文，并将这些理论成果都运用到了实际工作中，为推进寿县脱贫攻坚整体质量和水平的提升，起到了很好的指导作用。同时，他还自己备课，结合自己的工作体会和学习心得，为寿县的扶贫专干、驻村工作队、各级干部培训授课10多次，为提升全县干部脱贫攻坚的能力发挥了积极作用。

"让老百姓过上好日子，就是我最大的动力。"邬平川曾在一次采访中这样告诉记者。在平时的工作中，邬平川总和贫困户们在一起集思广益，分享一些种植技术、养殖技术，面对扶贫"战友"们的汇报，他从没说过没时间，更没见过不耐烦。对老乡们，邬平川总是尽心尽力，在他的手机里，储存了10多位贫困户的号码，他们中或是家有孩子读书，或是有病人住院，或是有残疾人，只要遇到困难，他们随时随地可以和邬平川联系。而对于家人，邬平川更多的是感激与抱歉。2016年年初，正逢邬平川牵头起草寿县脱贫攻坚1+3+N系列政策体系文件的关键期，在省城居住的老父亲得了严重的皮肤病，手和脚大面积溃烂，不得已住进了医院，无法抽身的邬平川足足一周后才见到父亲。邬平川在《我的扶贫经历》中写道："我感谢我的家人，女儿中考我不能陪伴于左右，年迈的父母我不能服侍在身边，我的家人没有任何的怨言，这是我能够全身心投入脱贫攻坚第一线的强大保障。"

"我将继续坚守在脱贫攻坚第一线，心无旁骛、脚踏实地为寿县的脱贫摘帽做出自己应有的贡献！"这是2017年10月邬平川在寿县两年挂职期满、主动要求延挂时说的话。又是两年过去，当邬平川站在2019年全国脱贫攻坚创新奖的领奖台上时，寿县早于2018年就高质量实现脱贫摘帽目标，邬平川在寿县开创的新颖脱贫方法与改革模式成为全国学习的范本。他用自己对这片土地深沉的爱交出了一份百姓满意的样板卷，老百姓对邬平川也给予了高度的评价，《蹚过河便是一马平川》《子在川上》《异乡的寿县人——写给扶贫干部邬平川》等文章，表达了寿县人民对邬平川的肯定和赞扬。邬平川的先进事迹和取得的成绩也得到了组织的认可，2019年10月，邬平川被提拔为安徽省淮南市副市长，除了继续分管扶贫和教育工作外，还分管农业、民政、水利等多项工作。邬平川说，寿县四年的积淀，让他具备了行稳致远的底气和勇毅，他将继续为脱贫攻坚贡献自己的全部力量，继续奋战在打赢打好脱贫攻坚战、全面建成小康社会、实现乡村振兴的战场上！

（撰稿：李欣然）

71 周大良

踔厉奋发，笃行不怠

校友简介：

周大良，北京师范大学地理科学学部1990级校友，1994年进入北京大学攻读硕士研究生，1997年研究生毕业后工作于北大方正集团（以下简称"北大方正"），2003年创办北京山海经纬信息技术有限公司（以下简称"山海经纬"），2011年到方正国际软件（北京）有限公司（以下简称"方正国际"）工作，后成为方正国际软件（北京）有限公司CEO，2017年入职北京中星微电子有限公司（以下简称"中星微"），现任中星微电子旗下中星微技术股份有限公司（以下简称"中星微技术"）联席总裁。

伏尔泰曾说过，坚持意志伟大的事业需要始终不渝的精神。从北京师范大学到北京大学，从山海经纬到中星微，周大良始终如伏尔泰所言那般，把坚持当作自己人生的座右铭。

求学辛劳，得遇良师

1990年，周大良考入北京师范大学地理系，攻读地理学本科专业，一批知名地理学家、教授授业解惑，赵济先生当时教授自然地理学。"赵济先生讲课非常有趣"，周大良这样说道，"他常把各个自然地理现象，解释得像一个个故事讲给我们。我记得那时候野外考察非常辛苦，需要自己带着馕，在沙漠里面，没有水的时候，就拿沙棘果当水喝，一口馕一

颗沙棘果就这样度过。虽然在外面很苦，但是后来去看，觉得这都是人生的一种历练，一种经历，一种宝贵的积累和财富。"

除了日常课程外，周大良与赵济先生之间还发生过一件"特殊事情"。大一那年，周大良在黑龙潭考察结束后撰写了第一篇学术论文，并参加了学校的京师学术大赛。这篇论文虽然很青涩，但是展现了周大良作为一名大一学生积极思考、乐于钻研的精神品格。为了鼓励学生，担任评委的赵济先生为周大良颁发了大学时期第一个奖项。周大良直到现在依然铭记赵济先生的话，他说："虽然说它只是类似于一个考察报告，但充分体现了作为一名大一的学生就愿意去参与这样一个活动，而且能很好地把东西讲得这么清楚，这本身就是一件值

得鼓励的事儿。"也因为这件事情，赵济先生记住了他这名"特别"的学生，并在周大良报考北京大学研究生时为他写推荐信。"在我之前，我们北师大没有一个人考北大遥感所的研究生，我是第一个，他（赵济先生）给我写的推荐信，我到现在还是非常感谢他。"

在北师大的四年时光，周大良收获颇丰。北师大的心理学在全国闻名，为了不浪费这个能够接触全国顶尖心理学大师的机会，周大良当时选了包括组织心理学、教育心理学在内的好几门心理学课程，这些课程也对他日后的成长帮助很大。"可能有些人认为学校的教育和未来的工作之间有较大的区别，可我不是特别认同这个观点。学校的教育，是全面、基础的教育，是培养一个人最基本的能力、素养的教育。如果没有学校里面这些看似无用的教育，可能就培养不出一个人的基本思维方式和基本逻辑。"

把握机遇，业精于勤

1997年，周大良在硕士研究生毕业后到北大方正（北京大学计算机研究所）工作，跟随中国文字出版的王选院士从事地图的出版工作，开发了一套地图出版软件。这个软件当时在全国配发几千套，几乎每个地图出版社、地图院都购买了这个软件，这个地图出版软件使得原本需要由手工绘制的地图，可以通过印刷机印刷出来。

2003年，周大良离开北大方正，开始自己创业。他所创办的山海经纬主要从事全国公安部门的地理信息系统软件研发。恰逢2008年北京奥运会，周大良及其所在团队为北京市公安局研发了一套专业的面向奥运的警用地理信息系统，得到了奥组委的高度赞扬，获得了国家科技进步二等奖。也因此，公安部认为地理信息系统在整个公安的指挥调度、安保、人口的管理等方面起着重要的作用，把地理信息系统列为全国公安的三大平台之一，即警用地理信息平台。山海经纬公司最终形成一个全国统一的地理信息平台，使得全国共用一张警用地图，能在一张图上指挥作战。

2011年的时候，山海经纬有幸被北大方正收购，周大良重回方正旗下，来到方正国际工作。初到新环境，周大良从主管公安业务的副总裁开始做起，学习新知识、了解新业务，逐步成为方正国际CEO，管理整个方正国际的业务：在国外，方正国际向其他国家输出王选院士的技术；在国内，周大良与团队围绕智慧城市方向开展工作，在智慧城市（包括智慧金融、智慧医疗、智慧教育、智慧公安等）领域承接了大量的业务，在行业内树立了良好的口碑和影响力。在周大良的领导下，方正国际成功并入上市公司——方正科技，方正国际成为上市公司的一部分。

2017年，周大良离开方正国际，恰好遇

到我国芯片领域专家——中国工程院院士邓中翰。当时邓院士所承担的"星光中国芯工程"与周大良所熟悉的公安、社会、城市等业务方向非常契合，这也是"星光中国芯工程"非常需要解决的问题，因此周大良应邀加入中星微。

从方正到山海经纬再到中星微，周大良在三家公司所承担的业务，有很大的不同。从一开始的地图出版，到后来的警用地理信息系统，再到现在的芯片、人工智能和大数据融合，在三个阶段的不断发展与在北师大时受到的良好教育有很大关系。地理学不仅需要"下知地理"，也要"上知天文"，从天文、气象、物理、化学到政治、经济、文化各个方面都需要学习。"在北师大的学习让我养成了良好的思维方式，扩大了我的视野，铸就了我们北师大人独有的胸怀，为国家、社会做一些贡献，也去成就我们自己。"

关于创业的故事

"地理信息行业是非常适合创业的行业，因为它的应用需求、技术发展是千变万化的，也一直在飞速发展，它时刻都有创业的机会。"周大良在2003年的时候把握住了地理信息专业的发展机遇，创办了GIS应用服务团队——山海经纬。

周大良的创业初期并不是一帆风顺，在创业的前七八年，其收入仅仅处于养活自己和团队的水平；但周大良依然坚持，为了能和公安部达成长期合作，他几乎每天都到公安部工作，帮助他们梳理需求、开发相应的软件。功夫不负有心人，2013年在公安部的支持下，山海经纬开发的软件在全国大规模地推广。有人问起他成功的秘诀时，周大良回应："其实就是很简单的一句话，如果你们每一个人都在这个行业里面能坚持十年，就有可能成功。"对于有创业意向的年轻人，周大良也表示，"我希望大家能够有坚持的精神，用信念去坚持下去，这样才能够在一次次的挫折中找到自己的路。"说起现在的创业环境，周大良也表示与过去不同，在大数据时代、互联网时代，年轻人会有更好的平台，可能不需要用十年去坚持，但是我们必须要有这种持之以恒的精神，才能够真正地把事业做得更好，做得更加成功。

除了坚持之外，创业也需要团队建设，"靠一个人是创不了业的，需要团队分工协作，共同奋斗才可能做好创业"。作为用人单位，周大良一直会跟随时代的发展，不会强迫年轻人"迎合"自己的目光，相反，周大良还会适应这些年轻人，学习他们的文化。在周大良的团队里面，大家尊重彼此、关系融洽。"应该得到的利益、应该得到的表扬都应该去争取，不用委屈自己。但是同样也要勇敢承担责任。"

对母校的祝福与展望

毕业后的周大良一直关注着母校的成长与发展，在他的心里，北师大拥有丰富的历史积淀和深厚的文化底蕴。"学为人师，行为世范"的校训也一直铭记在心。而对于地理系，看着地理系从一个系、一个院，发展到了一个大的学部，他感到由衷地自豪。

作为GIS应用领域的前沿人物，周大良也希望未来的地理学部不仅仅在学术方面有所建树，也希望在经济和产业的大潮里能够有更好的发展，把我们的商业价值充分挖掘出来。"我很期待我们北师大能够有自己的地理信息产业化公司，能够真正实现技术走向产业化。"

在北京师范大学建校120周年之际，周大良也为母校送出了诚挚的祝福："希望母校继续向世界一流大学迈进，愿每一位北师大学子不忘初心，成为祖国栋梁之材。"

（撰稿：杨向睿）

72 连保军

用手中的镜头和笔为中国教育发展贡献力量

校友简介：

连保军，北京师范大学哲学学院1990级校友。全国宣传文化系统"四个一批"人才，享受国务院政府特殊津贴，全国新闻出版行业领军人才。曾担任中国新闻奖、"五个一工程奖"评委。多次被评为教育部优秀党员、优秀党务工作者。获首都优秀影视工作者称号。《见证2003.6.7》《阳光伙伴》等数十部电视作品获得中宣部、中国记协、教育部、新闻出版广电总局等颁发的特别奖、一二三等奖。参与主创的"万里边疆教育行"大型融媒体报道获中国新闻奖。出版专著《冲突与重塑——后WTO时期的价值观建设》，发表论文《论先进价值观的教育与传播》《关注热点与舆论引导》《教育新闻传播能力建设策略初探》等十余篇。

1964年出生的连保军，1990年进入北京师范大学攻读哲学硕士学位，毕业后入职中国教育电视台。2000年，他回到北师大，在职攻读哲学博士学位。三年的硕士经历和四年的博士经历，让他与北师大结下不解之缘。而30年的媒体生涯，又给予他对教育新闻行业深刻的认识。"没有北师大的学习，就没有今天的我。"诚如他所言，北师大于他，已然成为其生命的底色。

结缘北师大——为生命铺设"教育基调"

"没有北师大的学习，就没有今天的我。北师大给予我知识的积淀、思想的淬炼、人格的滋养，给予我前进的力量。"虽然并非"土生土长"的北师大人，但北师大的学习经历无疑为连学长的生命铺设了浓重的"教育基调"。

1986年，连学长在河南信阳师范学院就读中文系，毕业后进入焦作教育学院成为一名教师。"在教育学院工作的四年，使我完成从学生到老师的角色转换，也让我明白了：学生是无条件信任老师的，那老师就要像个老师的样子。老师要关心爱护自己的学生，哪怕学生比老师的年龄大。"从连学长讲述的和学生交往的小故事中，我们感受到初当教师的他对教育的朴素情感。

当时正值20世纪80年代改革开放初期，时代的变革令年轻人的内心也充满了激情。做好教师工作的同时，连学长也在积极寻找着更适合自己的发展道路。生活中与北师大校友的亲密接触，再加上作为"教育学院"教师的工作需要，使年轻的连学长决意到北师大"寻找新天地"。

在问到"为何从中文系转攻哲学系"时，连学长谈到自己读书时的"兴趣"。性格内向的他喜欢思考深层次的问题。对政治、经济、法律等具体学科有浓厚兴趣的他，在思考过程中，发现具体学科多是"满足对社会生活中某一方面的需求"，而哲学不一样，"哲学是研究人和世界整体认知的问题"。这种观念，促使连学长最后选择攻读北师大哲学系。

连学长回忆，读硕士时，曾把自己的两篇文章给导师袁贵仁教授看，过了几天教授还给他文稿。令他惊讶的是："袁老师不但在文章首页提了总体的意见，还对内文一字一句进行了修改。"连学长坦言："这么认真地对待学生文章的老师我以前从未遇到过。"直到现在，连学长还保留着袁贵仁教授审阅的这两篇文章。

在老师们的悉心培育下，连学长对哲学的学习与思考不断深入。"老师们认为，哲学不能仅是纯学术研究，要与现实相结合"，连学长引用老师的一句话，"哲学与现实相结合，才更有活力"。这一理念，也被连学长贯彻到日后的新闻生涯中。

媒体生涯——重大历史时刻的亲历者，见证者，记录者，传播者

1993年硕士毕业后，连学长选择了一个看起来与哲学毫无关联的岗位——中国教育电视台。被问到"为何选择电视台工作"时，他回答："主要是对新事物的好奇，有探索的欲望。"

探索，也意味着挑战。2003年"非典"肆虐，那年的高考也面临前所未有的困难。连学长提早策划，组织记者深入考场，他们全程记录现场，并以无解说、全纪实的方式，制作出《见证2003.6.7》这部"特殊时期，特殊视角下的特殊高考"专题片。由于其独特价值，该专题被中国历史博物馆永久收藏，成为"非典"特殊历史时期的见证者。

从事媒体行业，要求媒体人不断提出新点子。2019年是新中国成立70周年，连学长所在的中国教育报刊社策划了"万里边疆教育行"大型融媒体报道，多个融媒体团队前往边疆，记录采访70年来边疆教育翻天覆地的变化，角度新颖。系列报道刊发后引起热烈反响，获得了2019年度中国新闻奖。

媒体行业辛苦，但也有很强的成就感。作为多件重大事件亲历者的连学长，想起1998年的国务院记者发布会，领导人庄严宣布科教兴国重大方针，彼时坐在台下第二排的连学长离国家领导人不过五六米。"我既是这个重大历史时刻的亲历者、见证者，也是记录者，传播者。"当晚，中国教育电视台将该新闻单独播发，产生强烈反响。

教育媒体人——懂传媒，更要懂教育

新闻媒体行业，一直以来是党和政府高度重视的。媒体行业的变化也有目共睹，这也对毕业生的能力提出挑战。连学长说："如今，我们更看重毕业生的综合素质——思维能力、文字与口头表达能力、人格状态。"而媒体从业者面临的最大挑战，则是"适应新技术不断发展的挑战；适应新理念、新表达方式的挑战；适应原有的体制机制与社会巨变、市场激烈竞争的形势不相匹配的挑战"。

作为教育媒体人，连学长认为，教育新闻对从业者的教育专业素养提出了更高要求。"要了解教育，对国家大政方针、对各级各类教育、教育的地区地域差别、教与学、教育的历史与趋势要能说出一二"，而更高的要求，则是针对"专家型记者、编辑、主持人"，要具有与业内人士交流探讨与对话的能力。达到这一高度，需要媒体人的长期积累。他表示，在师范院校的学习经历和不算长的教师生涯，为自己从事教育新闻奠定了"教育的地基"。

教育新闻，情怀为重。"这与教育事业本身的特性有关。教育是立德树人的事业，是有光的事业，是一颗心启发、帮助、温暖、激荡另一颗心的事业，是关系党的大业、国家和民族未来、家庭幸福、个人一生的事业，做教育的人一定要有情怀才能做好。"连学长也用自己30年的媒体生涯，践行了这份情怀。

回想自己的学习经历和职业生涯，连学长想对现在的毕业生说一些话。

"我希望今天的年轻人能够尽可能按照自己的兴趣选择职业。如果还不太明确兴趣与方向，那就大胆去尝试，因为年轻，有足够的选择和尝试的机会。"连学长说。

毕业30余年了，连学长依然清晰地记得北师大校园里的砖瓦草木。毕业后，他参加校友会的一些工作，组织媒体校友联谊会，现在还担任校友总会常务理事。他深情地说："30年过去了，我为母校的巨大变化感到欣喜，但在我眼里，无论怎么变，母校的精神没有变，我对母校的感恩、感情没有变。而且，随着时间的推移，母校给予我的营养和力量显得越发丰富和厚重，成为我生命中不可或缺的一部分。今天，我只想说，母校是我精神的家园，祝愿母校长青、长秀、长情！"

（撰稿：蒋宇楼　白子义　杨思睿　望今朝　王志明）

73 苏 昊

奶牛场来了个北师大人

校友简介：

苏昊，北京师范大学外国语言文学学院1990级校友，北京东石北美牧场科技有限公司联合创始人，兼任中荷奶业发展中心秘书长。北京师范大学外国语言文学学院"中和西琴"励学金创始人。

牛有很多习性，最复杂的是奶牛。

"一旦奶牛的直肠温度超过38.5℃，产奶量就会减少、发病率提高……奶牛的舒适度、日粮和饮水、牛舍通风管理等方方面面都要照顾到。"采访从奶牛的话题开始切入。

从东石公司总部朝窗外望去，北京市朝阳区的地标建筑望京SOHO在夕阳下如线条般流动着。不同于科创新贵商务圈的气质，苏昊的办公室绿植掩映，墙壁正中间是风景画家艾伯特·比尔兹塔德创作于1863年的《落基山脉，兰德峰》，描绘了美国西部一个肖肖尼族印第安部落的营地，草原上马群悠闲。油画对面则挂着一幅老树用水墨绘制的"在江湖"系列小画，它们散发着自然的诗情，与室内形态各异的奶牛陶瓷、木雕帆船、家庭照片、文艺摆件一起，将望京的超现实主义风格阻挡在了窗外。

"闯"入畜牧业

畜牧业的人才流动较为封闭，且多出自农林专业背景。在诸多行业"大咖"眼里，"闯"进畜牧业的苏昊是个独特的存在。苏昊刚从国企、外企转悠了一趟，跳出舒适圈的他显然有自己隐藏的一面要展露。尽管刚入这行时，苏昊连奶牛有几个乳头都搞不清楚。

1994年，苏昊从北师大外语系毕业后进入中信公司，并在5年内成长为中信外贸战线上的一名尖兵。千禧年到来前夕，本被公司允诺升职的他却决心到外企闯一闯。他与好友联合启动了北京东石北美牧场科技有限公司（以下简称东石公司）的项目。5年之后，对于亲手负责的独联体业务，他已驾轻就熟。陆运口岸向独联体国家的出口量曾占据满洲里口岸五成以上的水平，企业迈向了新高度。又是离开的时候了。他还记得在外企工作的最后一天，公司总部发来的传真上写道："这是你的'头等舱返程机票'，只要你想回来，公司永远有你的位置。"有这句话，就值了。2005年8月1日，他以全职身份进入东石公司。

正式经营东石公司的头年，公司发展就遇到了瓶颈，节奏突然慢下来了。那段日子，苏昊很不适应，没那么多活儿能让自己忙起来，也不知道该干什么。

迷茫期，他只好操起以往熟悉的业务，和一个老供货商合办了一个珍珠岩加工厂。租住在河南信阳，没有电视，也懒得做饭，苏昊每天开着车，进入上天梯矿区。那段日子，他感觉比上天还难。

无论在国企还是外企，生活都充满着挑战与新鲜。他曾负责的一单贸易货物被卡在了满洲里，一列纸浆被卸在火车站，积压带来的成本一天比一天高。交涉无果，深夜回到北京后，他躺在公司门口的沙发上，仰望着天花板，苦思突围困境的办法。他一举拿下过6800余吨的矿石订单，开拓了数个市场，也曾在矿山进行资源普查时迷了路，只能用手和身体开路，从山石上摔下，胯骨已见淤血，灌木丛在

他脸上、胳膊刮出道道血痕，等到走出树林时，手中的四袋样品却完好无损。

不怕辛苦，就怕价值取向的差异和经营理念的冲突。往来无数次的京广线滋生了苏昊的逆反心理，在长达一年不断往返于河南信阳与北京两地后，苏昊决心把那种单调的人生远远抛在身后。

苏昊全身心投入行业中，卖设备、做推广，东石公司逐渐有了起色。作为团队的核心成员，他带领团队完成了全球最大食品企业瑞士雀巢奶牛养殖培训中心DFI牧场的规划、设计、建设和设备安装；还完成了全球最大乳品出口企业新西兰恒天然集团在华全部牧场的设备配套工作，以及部分牧场单体工程的设计和建设工作。此外，他还为国内多家著名乳品企业和养殖企业提供了设计技术合作或设备配套工作。东石公司在积极拓展国内市场的同时，稳步国际市场，其制造的养殖专业装备已经在50多个国家和地区销售。

不怕出格，只怕不真。苏昊的少年心气，有专业知识的支撑。入行后，他一步一个脚印地学习如何进行牧场选址、规划功能区，如何安置奶牛医院、窗帘、喷淋等养殖设施。2008年，行业迭代突然加速，许多企业缺乏技术储备，牧场管理的认识也不到位。怎么办？凭借语言优势，他多次到美国学习，引进技术设备，频繁参与工作坊，降低养殖成本，形成新的合作伙伴关系。后来，苏昊活跃于国内外奶

业讲坛，多次受邀在澳大利、美国、新西兰等地国际会议上发表演讲。

从国企到外企再到民企，苏昊的事业经历了摸索期、困惑期再到步入正轨、快速发展，各个阶段转变都充满了选择。"所有的转变都应是主动做出的，在任何场合下都不能当逃兵。"他说人生的长度、宽度与厚度都是需要不断地延展，不想过早进入舒适地带，"95年的小伙子都继续念书去了，不终身学习，以后我跟年轻人怎么聊？"

如今，他在办公室摆上瑜伽垫，在自己的微信视频号上教英语、讲行情、和外国友人搞直播，玩得不亦乐乎。但他也想过50岁后的事业，"未来我不可能这么一直干下去"。他开始直面一个深层的提问：生命是什么？

起初，他看到奶牛刚产下的牛犊子在20分钟后就被抱走，好几天都郁郁寡欢。生命是什么？这般天真的共情，也常出现在他的大学时代。

对北师大的想念是从
离校那一刻开始的

"北师大的故事不是4年写成，要用10年、20年，甚至一生，时光沉淀下来的全是回忆的浓浆。"离开外语系27年了，母校变成了一种感觉。每次回校，那些过往的声光画面便一一浮现，仿佛所有的青春记忆都回来了。

苏昊曾跟着老学长们回到西西楼。他看着一群20世纪50年代的毕业生兴奋地用手指着说：那栋楼以前是长什么样的，这摆着什么，那儿放着什么。他心里一酸：这么多年，宿舍还是老样子。2015年创办"中和西琴"励学金时，他与同学也回了一趟旧日宿舍楼，门被敲开："打扰各位同学了，我曾经在这住过，想看一眼我的宿舍。"

陌生而亲切的面孔对视间，是两代师大学子无言的相逢。

上一次那样的对视，发生在毕业实习期间。苏昊第一次站上汇文中学的英语课讲台，看着台下几十个高二的学生，止不住内心的感动与呼唤，"站过讲台的人才知道三尺讲台的分量"。许多年以后，当他注视行业的每一个细节时，都会回想起实习时的那几个月，如何保持一种平等的思辨意识，如何让对方愿意听、听懂、听进去。

苏昊认为："高考志愿填报时大家选择了北师大，便有了一份人生气质的吸引，人生履历从此打上了北师大的气质。而北师大的环境浸润着你们，慢慢培养起一份信赖。"

2015年，苏昊作为校友导师回母校讲课时，学校送了他一对刻着校训的戒指。他当着学生的面，把戒指戴在了陪同而来的夫人手上，他夫人也同为师大校友。那是他们结婚以来的第二对戒指。"其实那是一对很普通的金属圈，我也没有给她送过钻戒，但我们戴上戒指后拥抱的一刻，伴着学生们的掌声，10年、20年、30年，时光跟星际穿越的场面一样，瞬间高速在脑海重新闪过。"

刚到外企工作时，看到《校友通讯》上记录着校友们五元、十元的捐赠记录，苏昊深受感动。学校似乎并不在乎捐赠额度，但这些钱最后会变成500元一份的奖学金，发放给家庭贫困的同学。翻到通讯的最后一页，上面书写着"寸草报春晖"。苏昊开始坚持每年捐款，之后又利用回学校出席招聘会的间隙前往校友会当面捐赠。

百年校庆时，看到母校落成的木铎纪念碑的捐赠名单里刻着自己的名字，他自认捐赠得并不多，心底一酸，很不是滋味。

2015年，经提议，苏昊作为创始人联合17位校友及爱心人士在师大外文学院设立了奖助学金，帮助、激励外文学院优秀寒门学子完成学业。他将项目命名为"中和西琴"，有人解释成：中西结合，琴瑟和弦，苏昊会心一笑。第一年颁奖现场，他告诉了大家名字的由来，"答案"就在台下——苏昊的父母，父亲名中和，母亲名西琴，两人都是普通的人民教师。

苏昊在一次回校参加颁奖仪式时重申了设置奖学金的初衷："让他们相信自己的未来，即使现在身处困境；让他们心怀爱与感恩，即使当下的路并不顺遂；让他们学会拥抱幸福，不要辜负了人生中最美好的时光。只有我们怀着一颗感恩的心来做事情；这个社会才会更加和谐美好。创办"中和西琴励学金基金"，从小处讲是为了回馈母校的培养，为了支持寒门学子学业有成做些力所能及的事情；从大处讲，是为了身体力行将感恩与奉献的精神传承下去"。

回学校的次数多了，苏昊感受到现在的学生更自信了。"以前我在学生会要做发言时，都得求助中文系的哥们给我写稿子，而现在同学们的发言稿质量都很高，真诚、没有套话。"采访时，他还说起一名2011届的师大毕业生叶锬焰的故事。入职公司后，这个学妹曾帮他翻译一份报告，看到她将"city of country"翻译成"乡野之都"，苏昊的眼睛一亮。师大学生阳光、笃定、学问扎实的一面，常让他感到惊艳。

"从1994年7月1日那天起，我未曾有一天忘记过学校。"师大校友会成立100周年纪念大会上，他走到台前和老学长分享，"每个毕业生都像风筝一样，飞得再高，风筝线都还在新街口外大街19号"。

生命即是体验

"遇到很多翻不过去的山，最后也都翻过去了"，苏昊坦言，人性之中的真伪在困难之中全被检验出来了，"我只能做到尽心尽力，无愧天地"。

2012年8月，东石公司创立10周年，团队赴泰国纪念旅行。旅途的最后一天，意外发生了。公司租借的4辆丰田牌中巴车的其中一辆与一卡车相撞。驾驶员当场身故，卡在椅子底下，腿被死死压着。苏昊打开车门，傻了，脑子里只有一句话："求求你们，一定要活下去，哪怕我后半辈子都陪着你们。"

现场混乱，患者需要紧急转往医院。苏昊与合伙人调度着团队：10辆救护车，每台车需要有一男一女，确保有人能讲英语。收集所有护照、信用卡、现金，以备不时之需。当地医疗资源不行，他们便申请转到公立医院，再转到私立外资医院，"不惜一切代价"。紧接着开会，将信息告知受伤同事家属，所有受伤员工放下工作，项目重新调配分工。会议结束后，他一个人走进卫生间洗掉衣服上的血迹。

那个翻译"乡野之都"的学妹叶锬焰也受了重伤，被送往重症病房抢救。二十几小时内，团队里的5个人都做了手术。行政秘书看到苏昊独自守在走廊角落，面对墙壁痛哭失声。那段日子，有同事在病房度过了难忘的生日。他也曾守在病房过夜，在归国后与同事们发了许多深夜短信，并安排家属飞赴泰国，还从北京带去了食品和生活用品。

学妹在重症病房住了21天，尔后顺利转入普通病房。9月12日，第一批归国团组从曼谷的毗太亚医院出发回国，公司同事们来机场接机，迎接牌写着"亲人们，欢迎回家"。这段经历被苏昊剪辑成视频《泰国日记》，在公司成立11周年的晚会上放映，让许多同事动容。后来，学妹决定去加拿大读民族学的研究生，苏昊特意在国贸79层餐厅请她吃了一顿告别饭，祝她"展翅高飞"。

苏昊也曾直面死亡。47岁的时候，他走在了海拔5000多米的转山途中。从G219左转向塔尔钦，冈仁波齐山峰就清晰地耸立在眼前了。这注定是一段与自己内心对话的旅途，高原缺氧最严重的时候，苏昊走二十步就要平躺到地上休息一阵，才能再起身走。有段时间他走错了路，将近50个小时没有进食，体验到了濒死感。体力的枯竭、内心的恐慌、高原反应交织在一起，让他恍惚非常……

转山的念头源自2000年，苏昊读了《广州日报》记者熊育群写的《西藏的感动》，书中朴实记录的阿里等地让他魂牵梦萦。2004年他曾和北大MBA同学相约走了一趟川藏线，但没走成自己喜欢的新藏线。后来决心去走已是多年后，行走在新疆、西藏交界，苏昊仪式般地用手举起《西藏的感动》——旧日的转山梦隔着16年的时光逆流而上与他相遇。

"流浪者就永远只是在途中，不会有终止的一刻。生命因此而变得富有和充足，浪漫和迷离，像一个谜，让你猜了又猜。"熊育群在书里写道。苏昊受到鼓舞，用足迹书写他存在主义式的答案："生命即是体验，有些人只能看见江南的春色，而我还曾走过冈仁波齐。"

回来后，苏昊将数次感受到的死亡，落笔

成两万多字的感想，整整齐齐地排列进日记，上传到网络平台上。毕业之后，他一直保持着笔耕习惯，迄今，他已在各大网络平台陆续写下了几十万字的文章。那是采访的最后，他字句铿锵地回应："拍照没法拍出内心，文字可以一笔一句记录。我要一笔一刀地雕刻自己的生命。"

在苏昊身后的相框里，放着一张京师广场的实景图，木铎纪念碑上天空清朗。桌上竖着一幅小蜡笔画，两大两小的四只企鹅在冰面上用自拍杆玩着自拍，那是一位名叫Leo的前同事送给他的50岁生日礼物。画中的企鹅依偎着，对应着苏昊的一家四口。"家人之爱，也许不会常用语言去表达，但不管多晚回来，都有热饭等着我。"在外打拼，家人，是最能让苏昊展现出柔情的地方，也最终是他温暖安心的归所。

（撰稿：陈一海）

74 张少刚

笃志力行韶华赴，无非一念育苍生

校友简介：

张少刚，北京师范大学教育学部1991级校友，毕业于教育技术专业，国家开放大学研究员。

忆得旧时师大事，壮岁风情心中留

巍巍师大，百廿风华。张少刚老师在谈到对母校的回忆时，时常露出和蔼的笑容。他形容心中的北师大是"友爱"和"典范"。"友爱"是指北师大的师生、同学之间的相处都其乐融融，十分友爱团结。"典范"是指大家做事情都力争做到最好。"学为人师，行为世范"，在访谈时张老师提到他一直记得母校的校训，并用几十年的光阴努力践行着。

虽然张老师已从北师大毕业很多年了，但对师大仍有着诸多印象深刻的事，尤其是老师们的教导和关怀让他终身受益。其中，对他产生深刻影响的就是他的导师尹俊华教授，尹教授是北师大教育技术创始人，同时也是我国的教育技术创始人。在访谈中，张老师言辞恳切地说道："尹老师对我的影响是非常大的，他安排我和另一个同学到英语老师家里一对二听英语录音上课，让我的英语水平提高不少，为后来负责外事工作打下了坚实的基础。"此外，张老师还谈到了裴娣娜老师，他认为裴老师在教育研究方法导论课上让学生们不断修改、打磨自己的课程论文令他感触颇深、收获颇多。学无止境也是在这个时候逐渐在心底扎根，成了他之后不断鼓励学生进步的动力源泉。时隔多年，裴老师的教导仍在他心里留下了深刻的印象，如春风化雨，润物无声，都陪伴着他人生中许多重要的时刻。

当我们询问张老师对母校最难忘的事物

时，他缓缓地说道："这里的人最难忘。在教育学部求学的过程就是我不断进步和提高的过程，'三人行，必有我师'，'与善人居，如入芝兰之室，久而不闻其香'，和优秀的老师和同学们相处，自己也会产生智慧，感知到更高的东西，从而不断进步。"

辛勤坚守四十载，开放教育为人人

1981年，张少刚老师从吉林大学物理系光学专业毕业后，被分配到广播电视大学担任物理老师，他讲授的物理课借助广播电视台面向全国播出，这也让他和广播电视学校结下了40年的不解之缘。

为了更好地促进农村发展，国家制订了星火计划、燎原计划、丰收计划，分别由科技部、教育部、农业农村部三部委完成。其中燎原计划是专门负责将星火计划中的科学技术应用制成电视片，再借助卫星电视推广到全国各地。为此经教育部批准，1990年4月，中国燎原广播电视学校在中央广播电视大学正式成立，之前在广播电视大学制作过电视课程，具有一定工作经验的张老师便调到这所新学校，专门负责农村实用技术工作，开展面向农村的远程教育工作，这为他后来继续选择远程教育，坚定远程教育的现实意义和社会价值奠定了基础。

一直坚信"干一行爱一行"的张老师在1991年选择来到北师大教育技术专业攻读研究生。在谈及为什么选择教育技术方向时，张老师笑称自己是"需求导向，工作导向"，由于有在内蒙古农村插队下乡的经历，张老师更了解我国农村的真实情况，他深知在农村将实用技术制作成电视片，再借助远程教育在农村播放将对农村发展起重大作用。为了更好地满足工作的需要，他选择了教育技术专业。在校期间他刻苦钻研，努力争先，全情投入，夯实了教育技术相关理论基础，提高了自身的研究能力。

1994年硕士毕业，他回到广播电视学校。1996年，张老师被任命为河北省阳原县副县长。1999年，张老师以访问学者的身份到英国的诺丁汉大学交流学习。2003年中共中央组织部决定开展对农村党员干部的远程教育工作，组织农村党员进行远程学习，张老师参与其中的资源建设工作，挑起了课程组副组长的重任，一干就是八年。直至今日，张老师回忆起这八年的农村远程教育推进工作时仍然倍感自豪。

2012年国家开放大学正式成立，结束了八年农村党员远程教育工作的张老师来到了国家开放大学，延续他和广播电视大学的缘分。经过不懈奋斗，张老师从校长助理到学校党委副书记，分管学校的科研、外事、中专学校的工作。由于他工作成绩突出，国务院还授予他政府津贴，这不仅是他辛勤工作被认可的标志，更是一份莫大的荣誉。

张老师完整的工作经历与广播电视大学有着深厚的渊源，在这承载了他近40年工作岁月的地方，张老师最感自豪的就是"电大不仅招生多，而且普及范围广"。国家刚恢复高考时，由于高校招生能力有限，导致积压的人才多，但这时电大不仅邀请到华罗庚等名师讲学，更是利用广播电视开展教育，推动了全国各地的教育普及，为国家高等教育大众化、普及化做出了极大的贡献。

"为那些拖家带口没有机会上大学的人提供上学的机会，为弱势群体提供教育服务"，这在张老师心中就是了不起的事业，而张老师在工作中找到的责任感和使命感也成为他工作幸福感的重要来源。

如今中央广播电视大学已经更名为国家开放大学，而"开放"一词也表明学校不再是以"广播"这一技术驱动，而是以人为本，张老师认为"以人为本"是指不分老幼，不分男女，不分种族，只要想学习又有能力学，都可以学习，体现的是一种全民终身学习的理念。他期待未来的国家开放大学能加强技术上的保障，通过云端学习，借助人工智能技术和大数据更好地促进远程教育的发展，让人人都受教育的理念更广泛地传播。

2017年张老师正式退休，但退休后的他并没有"不问世事"，仍然在教育技术协会兼任常务副会长，希望能借助教育技术协会这个平台继续为教育技术多做实事。

立志宜思真品格，躬行实践驱迷茫

就业一直是毕业生十分关注的问题，对于师大学子怎样更好地走出校园，适应身份的转变，张老师也为我们分享了自己的经验。"校园很单纯，而社会就复杂得多"，"还是要多接触社会，把自己的学习和读书跟社会多衔接，多思考，而不要盲目地去记什么东西，另外也不要放弃到社会体验的机会。最好的就业指导就是让同学们用不同的方式去社会接触不同的人，社会人才是最好的教科书"。

在和张老师交流的过程中，他认为很重要的一点在于主动性。在学校期间，不论是实习机会，还是实践活动，张老师都建议我们主动地去参与。"纸上得来终觉浅，绝知此事要躬行。"书本上的知识在应用中才能绽放出它耀眼的光芒，而我们则要抓住这种实践的机会。

我们跟张老师聊到，学校提供给我们的实践机会和平台很丰富，同学们也很积极地参与，张老师连连点头，说着："对对，就该这样！给自己增加这种阅历感，是你们能够把握自己的未来，减少盲目性的一种很重要的方法。"

张老师对于当代年轻人对未来迷茫的问题，分享了自己的看法。他认为，我们担忧未来，其实就是害怕未知。因为有太多因素无法控制，而使我们内心产生焦虑的情绪，这在现代社会很普遍，也属于正常情况。使我们驱散迷茫的最好方法就是行动。积极地投身于实践活动中，不仅是了解社会的一个过程，也是发现自己所爱之处的重要机会。未来的发展有很多条道路，在基本功扎实的基础上，寻求更多的锻炼机会，才能减少自己的未知和不安，多一份娴熟和踏实。

在访谈接近尾声时，张老师对师弟师妹们寄予了真挚的期望。他建议师弟师妹们尤其关注一个词，那就是"专注"，要有沉下心来的定力，做任何一件事，都把事做清楚、做明白，这样才能干一行爱一行。除此之外，张老师希望他们将"学为人师，行为世范"的校训发扬光大，为国家教育方面做出力所能及的贡献。

（撰稿：李玲 徐新雨 刘孟垚）

75 赫忠慧

笃行致远，唯实励新

校友简介：

赫忠慧，北京师范大学体育与运动学院1993级校友。现任北京大学体育教研部教授，硕士生导师。兼任中国医药教育协会慢病管理培训中心副主任委员，中国体育科学学会体能训练学会"体能训练师"认证专家委员会委员，世界大学生体育联合会"健康校园"标准制定专家，中国医体整合联盟常务理事，北京体能协会副会长兼秘书长，北京大学体育与健康研究中心主任，第十七届北京市高等学校教学名师。曾入选教育部新世纪优秀人才，并担任2019年国家社会科学重大项目主研专家，承担教育部人文社科基金项目、国家体育总局重点攻关课题、北京市教育科学规划项目及企事业委托项目30余项，国家社会科学基金课题主要成员5项，取得教学改革成果10余项。发表论文近百篇，发明专利2项。

教育，民族之命脉；先生，教育之魂魄。从师大走出的一批批优秀人民教师，他们用"学为人师，行为世范"的师大精神，在中华大地的热土上传递着百年学府的韧劲与能量；他们积极活跃在教学一线，探索着教育规律，引领教学团队成长；他们慎思笃行，弘文励教，为各行各业输送了一批批杰出人才，筑牢国家教育基石。北师大体育与运动学院1993级优秀校友赫忠慧便是其中的一员。

心怀梦想，不负勇往

"当一名老师是我儿时的梦想，人心怀着梦想出发的时候，内心会充满力量。"儿时的她怀揣着要做一名"人类灵魂的工程师"的梦想，经过不断地努力学习，通过高考顺利进入北师大体育与运动学院（体育系），此后本硕均就读于这里。

在北师大学习期间深受"学为人师，行为世范"校训精神的影响，毕业后选择去北京大学应聘，成为一名人民教师。现身经百战，出类拔萃的她也曾遇到过教学中的问题与挑战，但这丝毫没有影响到她的教育初心。初为人师，她为了给学生上好每一节体育课，经常利用业余时间去看课，用笔记本记录下老师怎样教授学生们技术动作，如何激发学生学习的兴趣，让整个课堂学习效率最大化。她觉得一个人的学习能力非常重要，面对自己未曾接触过的东西要敢于去学习、去挑战。如果在实现人生理想的路上害怕磕磕绊绊，不去突破自我，就不可能有进步，就会一直停留在自己原有的水平上，甚至会随着年龄的增长而退步。

按照职业精神的要求去对待工作，竭尽全力做到最好。在一线执教多年的赫老师，正是凭借着这股永不服输的韧劲，不断地完善自己，她曾先后在瑞典隆德大学、美国密歇根大学做访问学者，每一次出访，都给她在教学改革等方面带来很多启发。从教学内容的丰富，到课堂教学组织形式的调整，以及场地器材的不断扩充，使得她任教的课程逐渐变得有特色、技术先进、实用性强，深受学生们喜爱。

学风浓郁，享受且成长

北师大于学生时代的她而言，是她心中梦寐以求的学府。回想起初入北师大时，赫老师就收到了时任北京师范大学体育与运动学院（体育系）学生工作教师张玉新附赠在录取通知书上的寄语，写道"欢迎到北师大求学，希望你在将来的学习中能取得好成绩"，这封通知书至今保留在她的家中，对于她来说既是一种激励更是一种鞭策。

北师大纯正淳朴的校风，赋予了这所学校独有的魅力。在这种人文氛围的熏陶下，北师大人踏实沉稳，谦逊低调，且内心又充满了力量，正是这样的一种激励，让她在未来的工作中一直初心不渝，守正创新。同时老一辈先生们的言传身教更是一直在教育着她，要有作为、敢担当。本科期间体育系的众多教师兢兢业业、严谨求实的精神深深地影响着她，攻读硕士期间，师从田继宗先生，在田先生和体育系众多知名教师的培养下，她在学习知识的同时，更多地感受到的是精神的影响与鼓舞，也更加明确了她今后的发展方向与努力的目标。

回首曾经的过往，始终饱含着崇敬之意，在整个求学过程中，成为一名人民教师之前，北师大所给予她的是德行的引领，知识的传授以及行动中的正能量。在北师大七年的时光里，母校给予了她强烈的归属感，这里的一草一木始终亲切，七年的时间深深地改变着一个人。

择一业，忠一生

体育教师需要"十八般武艺"，但实际上不可能样样精通。她在中学期间并不是一位专业的运动员，很多运动项目都没有经过专业的学习，是到大学后从头开始学体操、篮球、排球、足球等项目。

踏入工作岗位后，她觉得自身仍需继续提高与完善，2002年她考取了北京体育大学的博士，在职三年拿到博士学位；到北大工作后的第二年，北大成立了虚体研究机构——北京大学体育与健康研究中心，团队想进一步研究社会休闲文化，需要去深挖社会学的因素和影响，以及制约力量和作用，所以她在2009年申请到瑞典的隆德大学，访学一年后回国继续从事教学工作；2015年在一个学习和发展的契机下，再次申请到美国密歇根大学访问交流。由于当时合作的陈云教授成立了体育健康实验室，正好与她的研究领域契合，所以在那一年访学回国后，整个研究方向、研究领域更加清楚，并且有了很好的国际合作的基础；2016年开始，她从事教学创新，进行虚拟仿真实验教学的探索，人工智能助力体育教学，到现在已拿到两项专利。赫忠慧具有较高的学术造诣，长期活跃在教学一线，教学水平高、教学效果好，获得2021年"第十七届北京市高等学校教学名师奖"。

从求学到工作，从学艺到谋生，赫忠慧经历了深刻的角色转变，从最初的一名助教，到后来的讲师、副教授、教授，经历了很多事情，这让她在工作与科研中考虑问题更加全面细致，眼光长远，顾全大局。但不变的是她始终保持着不懈的学习精神、积极乐观的态度，活跃在自己热爱的岗位上。她对教师这一职业有着自己的看法，作为一名老师，要提高与丰富自己，掌握知识、技能和技术非常必要，"教师有一桶水，才能给学生一碗水"。体育教师与其他学科教师的不同在于需要广泛涉猎与掌握各项运动，运动技能是非常难得的体验，也不是每个人都会具备的，中小学校园中体育教师有很大的缺口，这也是现在"不拘一格降人才"的原因之一。她并不希望所有的学生都能记住她，但是她希望哪怕是一件非常小的事情能够影响到学生就已足够，这就是她自己内心的真实感受。

谈及当今大学生在职业选择时的困惑时，她说道："大学生想要获得更多、更好的就业机会，需要迅速适应角色转变，在树立科学的职业观念与职业理想的同时，要对职业生涯发展中典型的人和事物进行深入了解和分析，一些具有生活实际性、强感染性的事物是激励自身努力进取的直接动力。此外，需要通过理论学习、自我价值认识等方式来主动接受正确的职业发展观念和价值取向。同时在学校氛围与教育环境的影响下，要积极参加有目的、有组织的职业实践活动，让自身得到真切的职业体验和经验积累，不断探索和调整自身的职业发展路径，从而找到最适合自我发展的职业目标。

展望与祝福

何其有幸在北师大成长七年，在我们的身后永远站着一个强大的巨人，当大家从北师大毕业变成"北师大人"时，母校已经为大家打下了走向社会最坚实的基础。

值此北京师范大学120周年校庆之际，赫忠慧为母校献上诚挚的祝福，祝愿我们的母校、我们的体育与运动学院蒸蒸日上、蓬勃发展。愿北师大的学子们能够积极活跃在祖国的各行各业，努力去为社会主义建设添砖加瓦，奔赴祖国最需要的地方，做北师大人应该做的事，共同为母校争光。

（撰稿：侯金美　宫美智　项鑫　辛小艺　李龙飞　马悦）

76 朱亚华

玉质长怀兰蕙心，朱笔乐琢师者魂

校友简介：

朱亚华，北京师范大学外国语言文学学院1994级校友，中学英语高级教师，北京市东城区骨干教师，"为中国而教"导师。1998年至2001年支教于云南麻栗坡县一中，2001年至今任职于北京市第二中学英语组，执教20余年。

朱亚华毅然走上教育之路，是在高中毕业前春光明媚的三月。她正漫步听着广播，两会"提高中国人口素质"的呼声却突然溜进耳中。那一刻，心中的火苗被点燃了。

出身于外交官家庭的朱亚华没有选择父母的道路，而是投身于教育事业。这是纯粹又果断的决定——高考填报志愿时，朱亚华的表中只有一行字：北京师范大学外语系。

1994年，高考还是先报志愿后出分。老师们都说她"疯了"，只有她知道，决定成为教师时，她的目标便只剩全国最顶尖的师范学府，破釜沉舟，不留退路。所幸那年夏天，北师大外语系的录取证书如约而至，"学为人师，行为世范"镌入她的生命。

24年，风雨兼程。从云南边境到京城中心，从支教志愿到骨干力量，温柔坚定的师者情怀，始终如一；为国执教的赤子之心，矢志不渝。

匠心独运致新知，克勤尽力育英才

朱亚华任教于北京二中，至今已20余年。作为北京市东城区骨干教师和英语备课组组长的她，积累了丰富的教学经验，更形成以"可持续发展"为核心的系统教育理念：激发学生的内驱力，使其在学习上实现由被动到主动、由课内到课外的突破，掌握了解自我、规划未来、持续进步的能力。

快速更新的社会中，"可持续发展"并不容易。与知识体系相对固定的理科不同，教育改革下的英语学科处于动态变化中，教育理念、内容不断更新，政策、环境、生源不断改变，在永动中跟上时代是一大挑战。在朱亚华眼中，以前的英语教学材料并不多，改革开放和网络发展却使材料如雨后春笋般涌现，如何优中选优，平衡课内外知识便成了关键。

除了变化的教学环境，更大的挑战在于素质教育和应试教育间难以调和的矛盾。如何在保证分数的前提下，拓宽学生视野，培养审美情趣，提高综合素质，是教育者终生探索的话题。以诗歌教学为例，朱亚华先摘录各个时代的代表诗作展现诗歌之美，再通过电影《死亡诗社》的经典片段激发学生的写作热情，又引导学生试作对偶、五行诗，介绍隐喻、类比等写作手法，激励学生创作佳作并在年级展示，形成知识输入、输出的闭环。"阅读是一辈子的事。"朱亚华每学期都会带领学生阅读英文原版书籍，《穿条纹睡衣的男孩》《相约星期二》……学生们在文史哲的海洋中畅游，阅读水平与综合素质迅速提高。

英语教学并不是朱亚华唯一的目标，她更希望以此为媒介，唤醒学生对语言的热爱、对知识的渴求和对探求世界的向往。一次剪报作业中，一位男生表达了"人类就像火山灰一样毫无意义"的观点，朱亚华与男生多次谈心，鼓励他规划自己的人生。在她的帮助下，男生的学习积极性逐渐提高，甚至在课堂讨论中主动分享自己帮助同学走出抑郁症阴影的经历。

朱亚华感叹，教师只有真正观察、陪伴学生，全面帮助学生成长，才能使他们实现做学问和做人的共同发展。

朱亚华还认为教师需要具备四种素养：终身成长的学习力，观察世界的好奇心，善良、耐心、平和的品质，淡泊名利的奉献精神。"老师这个职业一定程度上像在'象牙塔'"。如何在相对清贫的物质条件下实现精神富足，是收获幸福的关键——知足而知不足，淡然而求前进。

灿灿萱草暖书堂，为华而教志馨芳

屏幕前，画册徐徐展开，古灵精怪的画面携着孩子们的笑脸，跃然眼前。它是《萱》，一位支教志愿者为班中13名孩子编撰的国画作品集，也是"为中国而教"送给朱亚华的特别礼物。

作为一名热衷公益教育事业的教师，朱亚华与"大山里的孩子"结缘已久。1998年毕业后，她自赴云南省文山州麻栗坡县第一中学支教三年。学生中有考取中国科学技术大学的县理科状元，更不乏南京大学、中央民族大学等名校学子。她就像从天而降的引路人，伴着孩子步入校门，又带领他们走向大山外的世界。

创设丰富多彩的英语课程与活动，是朱亚华心之所向。她支教的三年里，学生们既参与英文戏剧比赛，自编自导英语晚会，欣赏《罗马假日》等电影；也在周末上山采野花时，伴着吉他高唱《音乐之声》。直到高三去州里参加口语考试时，朱亚华带去的十几名学生全部轻松拿下90多分，她才意识到，三年的陪伴使孩子们更阳光自信，能与大城市的学生同台竞技。作为北师大英语教育专业毕业生，她为他们提供了"改变"的契机。

支教结束后，朱亚华回到北京，但她与乡村教育的缘分远没有结束。2009年，她受"为中国而教"项目创始人沈世德的邀请，为项目首届六名志愿者分享支教经验，后续也作为"未来教育家"项目导师参与新人培训，启迪心怀梦想的青年教师。

朱亚华坦言，乡村孩子与城市孩子相比，物质、精神层面上都有基础性不足，这些是支教很难改变的。但支教的核心目的，是"带来更多的可能"，让原本只在村中种地的孩子有更宽广的视野，更多发展的机会，创造更美好生活的愿望。缺乏兴趣爱好的孩子用绘画、篮球充实生活，不知山外世界的孩子萌发"去城里""去昆明""去北京"的念想。无论未来去城市工作，还是建设新农村，孩子们心中都洋溢着希望："到外面的世界去看看。"

她鼓励有支教理想与现实条件的师大学子积极关注相关信息，"放开手脚实现自己的理想"，为社会服务的同时，收获精彩的人生阅历与精神财富。

灿灿萱草，熠熠辉光。深怀理想主义的"普罗米修斯"们播下的火种，终将使乡村孩子焕发蓬勃热情，涌现无限力量。

行远自迩素履往，笃行不怠木铎宣

毕业20余年，朱亚华的"师大印象"仍鲜活如初："海不辞水，故能成其大。"师大以海纳百川的胸怀欣赏、接纳各位学子，实施个性化培养方案。学生并不一定要成为教师，他们可以依据自己的兴趣与能力，自由、自信地从事理想行业。"只要想成长，师大总有无限空间。"

对于有从事教育行业意向的北师大学子，朱亚华也提出几点建议。首先是热爱，进取与激情可抵奋斗路上的挫折痛苦。其次是自我规划，达成考取教师资格证、普通话证书的硬性要求，参加"未教赛"等教学活动积累经验，关注目标学校的招聘要求。最后，大学期间获得的教育理论知识较为基础，与教师工作的现实要求存在脱节，因此大学生不必成为"教育专家"，而应以专业知识武装自己，为走上实践岗位打好基础。

教育改革不断推进，教育人才的理想标准也随之改变。从"专才"到"通才"，综合型人才需求不断增强，专业过硬、视野广博的"终身学习者"愈受青睐。表达能力与合作意识也不可忽视，"教学不仅是老师与学生之间，更是教育者之间的协作与互助"。未来的教育人才是什么样的？朱亚华期待着。

　　三尺讲台，四季耕耘，朱亚华还将在杏坛驻守很久，即使桃李已无言开满天下。2018年的高考日记里，送别毕业生的她写道："勇敢地前行吧。我不会去追，追也追不上；但如果彷徨或疲惫时想回来看看，我随时恭候。"她在哪里，师者之魂就在哪里，学生们坚信不疑。

（撰稿：周欣宜　宋美仪）

77 孟德宏

教师是我一生无悔的事业

校友简介：

孟德宏，北京师范大学1994级校友，古典文献学硕士，语言学及应用语言学博士。北京外国语大学中国语言文学学院对外汉语系主任，北京中外文化交流研究基地研究员。自1998年开始从事对外汉语教学工作，历任美国达慕思大学、特拉华大学、宾夕法尼亚大学沃顿商学院、英国伦敦大学、意大利罗马大学等院校汉语学习项目主讲教师；曾为国家汉办（孔子学院总部）、国家侨办等各级教育机构培训国外汉语教师逾千人。兼任中国国家图书馆中国记忆项目组《我们的文字》学术顾问、中数传媒巡展《汉字里的中国》撰稿人、"大美汉字"基础教育阶段《汉字读本》策划及学术顾问、"中国青少年国学大赛"评委及学术顾问等职务。

1994年的盛夏，一位辽宁的高三少年郑重地在高考志愿表上填下了六所师范大学。排在第一的，是北京师范大学。那时候，孟德宏并不知道，他将考出超过北京大学分数线的好成绩，也没预想到他将与这所国内顶尖的师范大学结下十年，甚至是终身的缘分。

北师大给了我一笔无与伦比的人生财富

孟德宏从小就想当老师。他的母亲就是一位老师，看到母亲和学生亲近的关系，目睹她一生从教的成就，孟德宏被深深触动。1994年，北师大中文系只在辽宁省招两个文科生，孟德宏以投档第一名的成绩被录取。那时，他的愿望非常朴素，就是毕业后回到当地做一名普通的初中老师。

入校报到时，中文系学生会主席马嘉宾看见孟德宏，立马热情地把他的行李全部接了过去。进入北师大的第一天就遇到"陌生人"的善意，这让孟德宏在异乡收获了第一份感动，路途的疲惫随之烟消云散。在那之后，无论是在教学还是在生活中，孟德宏都同样以温暖的姿态待人，回应所有人的关心与帮助。

在北师大印象最深的还是影响孟德宏一生的老师们。回想当时的课堂，情境犹在昨日。讲授文字学的邹晓丽老师是俞敏先生的弟子，当时她罹患类风湿，不能走路。教室又在教二的二楼，没有电梯。每到上课的时候，同学们就会齐心协力地把邹老师搀扶到教室；杨联芬老师讲授鲁迅，慷慨激昂，听得同学们热血沸腾；李正荣老师的学术观点和态度、对外国文学的评价，带给了孟德宏深远的影响；王宁先生虽然没有给孟德宏上课，但他听了很多先生的报告。王先生时任首都女教授联谊会会长，给女学生开了很多课，有一次孟德宏作为北师大校报的编辑前去采访，有幸成为全场唯一的男学生……

在北师大生活，人文关怀是对这些在外求学的学子最好的心灵慰藉。孟德宏的宿舍有七个人，基本上都是穷孩子，为了给家里人省学费来到北师大。孟德宏至今都忘不了北师大食堂八毛钱的豆芽菜和免费的玉米粥，前段时间他回学校，发现这个传统竟然还在。"这就是北师大一种朴素无华的精神，对穷苦孩子的关心一直存在着。北师大很低调地做着关爱学生的工作，维护家庭经济相对没那么好的学生的自尊。这就是北师大对于人的关怀，是一种基因的延续，在民国师范馆的时候可能就有这样的传统。北师大对我的精神关怀和教导都体现和落实到细微处，不是只停留在言语层面的价值观念。人与人之间的同情、理解和关爱……这都是北师大教给我的，是我收获到的一笔无与伦比的人生财富，也是我对北师大有这么强烈的归属感的原因。"

在校期间，孟德宏参与了许多学生活动，担任过"一二·九"大合唱的指挥；参加过北京大学生万人黄河大合唱，那时候，同学们一边唱一边激动地流泪，那种强烈的归属感成为孟德宏的青春岁月里最美好的回忆。除了活动本身，一起参加活动的人也十分有趣，对于孟德宏来说又有着别样的意义。中文系1994级毕业20周年聚会的时候，孟德宏与同学们回到了当初上课的辅仁校区，他为聚会写了很多首诗歌，过往的时光、同学的情谊从平平仄仄的诗行中缓缓流淌。有的诗歌还被同学谱成了吉他曲，很有纪念意义。

本科期间孟德宏报名参加了陕西支教扫盲活动，做了一名今天的"白鸽志愿者"。在张志斌老师的带领下，团队到红色圣地延安扫盲。那是西渠村一所很小的学校，各个年级都有，但一个年级却只有一两个学生，全校也只有一位老师——校长王思明。王老师因参加全国教北师大会被媒体报道，从此被更多人知道，大家把他称作"圣地红烛"。通过这次活动，孟德宏明白了，有一群无私奉献的老师与中国乡村学生的命运紧密相连，在最艰苦的大地扎根。在那些地图都无法精确标注的教室里，因为他们的存在，充满梦想与希望的力量，他们在为民族的未来而教。这一份认知，可以铭记终生。

"北师大给了我更宽的视野、更高的学位、更亲密的朋友。但最重要的是，给了我可以相伴一生的人。"在校期间，通过参加志愿者活动，孟德宏认识了自己的爱人，毕业后携手走进了婚姻的殿堂。2018年，他们回来参加了校友会举办的伉俪校友回母校活动，其中有一个环节是给彼此戴上刻录了校训的戒指：相视一笑间，一切还是初相遇的模样。

学生认为我是一个好老师，这就是我最大的成就

毕业时，孟德宏拿到六个offer，而他选择继续留在高校，从事行政工作，这样每天依旧可以和学生打交道。但是身在学校却远离了讲台和教学一线，孟德宏心里直犯痒痒。于是，已做了父亲的他毅然决定重回北师大读书。出于对古代文化尤其是文字学的热爱，孟德宏在硕士期间选择攻读文献学。他的硕士论文研究元代理学，成果扎实，至今仍被诸多学者引用。考虑到文献学专业的学生毕业后大都进入图书馆整理古籍，就业面相对狭窄，依旧不能完成他的教师梦，孟德宏当机立断，再次"突围"，继续攻读博士学位，这一次他选择了汉语国际教育：既可以做一些研究，又靠近教学一线，可以和世界各地的学生交流。虽然博士期间没有再从事文献学研究，但是硕士期间打下的坚实专业基础，让他去哪讲课肚子里都有"货"。

孟德宏的课堂因风趣幽默而闻名于整个北外校园。每个学期，他都会开一门全校性的通选课，选课名额限定在百人以内。这门课非常火爆，很多没有抢到的同学给孟德宏写信要求

旁听，无奈教室容量有限。"晚上的课要持续到九点半，那时候整个人已经比较累了，但学生们每节课结束时都会鼓掌。那个讲台就像有魔力一般，站上去的那一刻，就精神焕发，浑身都是劲儿。"对孟德宏而言，有多少荣誉称号并不重要，能够被学生认可，被学生记在心里，被学生认为是一个好老师，这就是他最大的成就。

作为世界上历史悠久沿用至今的自源文字体系，汉字经历了漫长的发展过程，凝聚了丰富深厚的中华文化。"汉字中蕴含了很多中国文化的密码，掌握汉字，人们便掌握理解中国文化的一把钥匙。"这些年，孟德宏的课堂早已经走出北外，走向了世界。他为世界各地的人开课，讲解汉字、教授中国传统文化。他曾专门赴德国、奥地利、比利时、菲律宾、马来西亚等多个国家为汉语教师做专业培训，也曾应孔子学院拉美中心之邀为拉美地区汉语教师授课。除此之外，中国华文教育基金会邀请他为美国、法国等华人学校做订制的专题培训，在孔子学院总部和国家侨办，孟德宏专门负责培训来自世界各地的海外汉语教师。在这一次次培训、一次次授课中，孟德宏积累了丰富的汉语第二语言教学经验与国际汉语教师培训经验，也用努力让汉语走向了世界舞台。

孟德宏创造了独特的第二汉语教学法，有效利用英语来学汉字、用汉字来学英语。他

说："汉语第二语言教学虽然是教学，但背后却是不同的文化。中国人打招呼用'你好，吃了吗'，西方人用'hello，good bye'，这背后体现了不同的文化形态。在不同语言的背后，各语言使用者的思维习惯和认知特征也一定存在某种相通性。追溯单词的源流，就可以找到文化沟通的密码。"运用认知语言学提出的象似性、隐喻和转喻等理论，通过揭示词源意义的相通性，可以加强我们对第二语言中词汇的物理与心理特征的理解，并帮助我们分析。孟德宏举了几个例子，如毛笔的"笔"下面有个毛，是用动物的毛做的，而英语单词的"pen"考证词源后其原料也是毛做的，不管是猪毛还是鹅毛；如"妻"字里面记录的故事，跟英文里的"bride"一样。小伙子带着女孩，骑着大马向自己的家飞奔而去，因为他是riding a horse to bring the girl，他的动作是bring和ride，所以这个女孩自然也就是bride了！这样的汉英对比，比较受留学生的欢迎，也更容易被理解。

孟德宏讲道："文字能够拉近不同人群之间的距离，也成为讲好中国故事的关键所在。语言本身就是文化的反映，既是载体，又是文化本身。在语言文字的对比里找到这种共通性，这也使得我的教学充满趣味。在我的教学里，充满了对比的视角，它们把我的研究方向和专业所学密切地结合在一起。"

我有责任有义务传承
我所了解的中国文化

研究汉字、做学术在很多人看来很枯燥，如同苦行僧，孟德宏却乐在其中。"我喜欢做这件事，这件事本身就很有意思，有利于科普，有利于专业知识的传播。"从一名高校专业教师的角度，孟德宏觉得自己有义务为公众做一些科普。"现在的民间科普很多，自媒体很多，有很多不太正确的信息在互联网传播，我愿意把自己的专业知识分享给更多人。"从一名从事对外汉语教学教师的角度，孟德宏觉得自己有义务助力中华文明走向世界。

孟德宏运营着自己的公众号——"梦辽远"。他用业余时间，捕捉时事，紧跟热点，在公众号上讲解汉字。比如，母亲节说"母"字，劳动节说"劳"字，植树节说"植"与"树"字，从字的象性意义出发，又延伸到《说文解字》《诗经》《孟子》《左传》《史记》《易经》等著作中文字的含义，一个生动的形象、含义丰满的文字就呈现在读者眼前。在世界读书日的前一天，已经是凌晨一点多了，孟德宏还是打开了电脑，写下了"书"一字的源流。在苏伊士运河堵塞期间，孟德宏又别出心裁地考证了"渠"一字的前世今生。此类发掘文字背后故事的工作还有很多，与学生交流往往也能够激发他的灵感，有一次，一位外籍学生问起孟德宏除夕的"除"为什么还有去除掉的意思？

孟德宏觉得这是一个很好的问题，最后考证出"除"和"刍"之间的假借关系。

研究汉字，传播中国文化，孟德宏感到重任在肩。在他看来："什么是中国，什么是中国文化，听起来特别宏大，内涵也非常丰富。但中国其实就是每一个中国人的集合，中国也是具体而微的。我们可以从每一个中国人身上去理解中国文化，因为每个人都是中国文化的载体。从这个角度去看，我有责任有义务传承我所了解的中国文化，并传递给我所遇到的中国人和外国人。这促使我做一些事情，利用好每一个机会。这份工作不是出多少书，写多少论文，而是渗透在日常每一个具体的工作里，每一个介绍中国文化的机会都很宝贵。"多年来，孟德宏通过各种途径，认真讲着"汉字的故事"，如同一个"摆渡者"，把汉字文化和求知的学生摆渡至彼岸。

2020年，孟德宏担任《人民日报》（海外版）"用汉字讲述中国故事系列连载"的主笔。作为词汇与词汇教学和汉字与汉字教学课程的主讲教师，孟德宏曾为国家汉办（孔子学院总部）、国家侨办、国际汉语学院、贵州师范大学、厦门教委等各级教育机构与教育培训机构培训中来自美国、加拿大、东欧、澳大利亚、非洲、韩国、东南亚等国家和地区的、以汉语作为第二语言的教师逾千人。作为传统小学（中国古代研究音韵、文字、训诂的学科）的学习者和教学者，孟德宏在国家图书馆、中

国青少年国学大赛夏令营、北京红十字会、厦门教委、北师大实验中学、北师大第二附属中学、北京171中学、首北师大附小、中关村四小、农科院附小、彼岸书店等单位开展多场运用传统小学知识进行传统经典解读的国学讲座，受到众多听众的好评。几乎每一个听完孟德宏课的人，都会成为他的粉丝。

我的座右铭就是北师大的校训

对孟德宏而言，教师这一职业永远是他最基本的底色。在不同的场合、不同的讲台上，孟德宏经常提起北师大的校训：学为人师，行为世范。作为北师大的毕业生，孟德宏对校训有着至深的体会。他喜欢把校训念成：学，为人师；行，为世范。他解释说："既然要给别人一碗水，自己就要有一桶水。既然选择了当老师，就一定要铭记时时刻刻学习。不仅仅是专业知识上的，还包括各种语言文字，各种其他的技能。"生命不息，学习不止，这是校训给他的启发。"'行，为世范'不是说我们真的可以做世人楷模了，而是要更加注意自身的行为。我们的品德，一言一行，会给学生很多启发，潜移默化的影响非常大。我非常注意行，不经意的一个词、一个动作都给他们带来很大影响。我的座右铭就是北师大的校训，同时把校训贯彻到具体行动当中。"

同学院一位老师评价道：孟德宏讲《论

语》，是可以把人讲哭的。他自己事后回想，之所以有这样感人至深的力量，是因为他不是在传授死板的知识，而是传递以中国语言文字为载体的先人道理。这些东西永远不会过时，学生自然会感动。孟德宏注重知行合一，每一次备课、讲课都是穿越时空与古人的心灵对话，又将学生带入这样的情境中，生动有趣，传统文化的魅力直击心灵，他的课程深受中外学生、老师和同行的喜爱与好评。因深谙校训背后的言语魔力，他不仅仅传授专业的知识和技能，更传递传统文化背后的学习体会和心灵触动。

作为一名老师，最欣慰的莫过于成就学生的不凡。孟德宏带领学生组成了北外历史上第一支留学生辩论队。近年来，他指导并带领北外留学生团队获得多项奖励。2017年，他的学生包揽了"甲骨文杯"留学生"我与汉字"演讲比赛前三名。2018年，北外留学生辩论队力克群雄夺得京津冀留学生辩论大赛一等奖。2018年，他的学生获得全国留学生演讲大赛三等奖。2019年，他指导留学生获得汉语之星大赛"汉语之星"（一等奖）和"优胜选手"（二等奖）。2017年、2018年、2019年，他带领多个留学生分别获得北京市留学生书法大赛一、二等奖。

孟德宏还记得一位北师大的老师说过：

"作为一位老师，既要有继承也要有发展。然而大多数老师不过是踏踏实实地把自身所学完整无缺地教给学生。这种默默无闻是值得尊重的，天才太少了，大多数人能做到继承就已很不容易。"这位老师的理念，给了孟德宏很大启发。不好高骛远，先踏踏实实把一件事情做好，可以仰望星空，但一定要先脚踏实地。

在孟德宏的认识里，做一名好老师必须要热爱这个职业，专业性不是最重要的。有热爱才会全身心地投入，才能感到成就感、自豪感，任何难题也都会迎刃而解。"能在学生的回忆当中有一席之地，能得到认可，能让他们感觉温暖而美好，我就非常满足了。"这种温暖就像是生命里的盐，不能单独成菜，却是每一门课都必不可少的。

"走到工作岗位上，北师大毕业的人都很受欢迎。他们注重团队协作精神，可以较好地配合别人。北师大人不务虚，行动踏实，不计较任何功利，对自己的职称、职位、利益并不是那么看重，不会汲汲于功名。北师大出来的人，教书教得很好。"孟德宏很感激这样的北师大精神，这让他很踏实、很心安。

（撰稿：钟大禄）

78 王西敏

愿更多的孩子成长在"林间"

校友简介：

王西敏，北京师范大学文学院1994级校友，上海师范大学儿童文学硕士，2008年获得美国威斯康星大学环境教育专业硕士学位，回国后致力于推动自然教育的发展。曾担任中国科学院西双版纳热带植物园科学传播与培训部部长，现任职于上海辰山植物园科普部，同时担任桃花源生态保护基金会自然教育总监，全国自然教育论坛发起人，全国科普先进工作者，获得国际植物园保护联盟（BGCI）颁发的马什植物园教育奖，自然教育领域经典书籍《林间最后的小孩》译者。

王西敏被圈内称为"自然教育专家"，这听起来似乎应该是生命科学院的背景，然而他却出人意料地毕业于北师大中文系。

这样的反差源于他的爱好——观鸟。

现在已经有很多人知道观鸟是什么了，但在2000年左右他开始观鸟时，旁边的人看着手里举着望远镜的他和朋友们，经常会有类似这样的反应："关鸟？把鸟关在笼子里看？""这只野鸭看上去有好几斤重，味道应该不错。"

"怎么才能让更多的人，能够去欣赏鸟的美丽，而不仅仅把它们当作食物或者宠物呢？"这个想法让他在潜移默化中改变着自己的人生轨迹。从爱鸟、观鸟、保护鸟到想要使更多人喜欢上鸟，他像是一个沉醉于其中的孩童用最纯粹的欢喜守护着这片森林，又播撒出更多的种子，步履不停。

一只翠鸟

《理想国》中说：我们一直寻找的，却是自己原本早已拥有的，我们总是东张西望，唯独漏了自己想要的，这就是我们至今难以如愿以偿的原因。

王西敏至今还记得他第一次"被唤醒"是在故乡的池塘边。一只鸟忽然从他眼前飞过，闪着金属般耀眼的翠绿光泽，宛若精灵现身，还没等完全看清样子，它便远远地停在了对岸的苇秆上。后来他才知道这就是小时候课本上学过的翠鸟，以往从未留意原来这么美丽的鸟儿竟然就在自己的身边。

一只翠鸟打开了王西敏的新天地。对翠鸟的喜爱一直保持到现在，做自然教育的人大多数喜欢用一种动物、植物或者自然现象给自己命名，王西敏的自然名就叫做"普通翠鸟"。

在王西敏看来，做鸟类保护教育，并不是要把所有人培养成观鸟爱好者，但是这个世界上一定有一些人是喜欢观鸟的，他们可能自己还没意识到，这时候就需要有人做一些事情，让他们发现原来自己是喜欢这个的，他把这个过程称作"去唤醒"。

王西敏身体力行，去感染着身边的人。他最得意的例子是把中科院西双版纳热带植物园工作时的室友、生态学博士赵江波发展成了观鸟爱好者，现在赵江波在国内的观鸟圈已经是知名人物了。2014年还是西双版纳植物园研究生的顾伯健前来自报家门，说自己中学时代就喜欢观鸟，后来顾伯健为保护中国绿孔雀而奔走，让绿孔雀的保护重归大众视野。

还有些反馈是不经意间的。2013年，王西敏陪几位鸟友在西双版纳植物园外面的一个小饭店吃饭，一个年轻的女服务员对他说：我认识你，你到我们学校讲过鸟类保护，还放了很多照片。这个女孩中学毕业后没有继续读书，但还记得王西敏给她讲过的那些鸟儿的美丽故事。

二十多年间，王西敏还和全国鸟友一起，成立观鸟会，举办观鸟讲座、户外观鸟、观鸟节、鸟类调查等活动，见证了中国观鸟事业的成长。这个圈子自称"鸟人"，称呼自己的伙伴们为"鸟友"。什么地方看到什么罕见的鸟，是他们最津津乐道的话题。

在林间

一只翠鸟唤醒了王西敏心底对鸟类保护的爱，几经"迁徙"，这只"普通翠鸟"也在西双版纳找到了栖息的森林。

西双版纳，古傣语叫"勐巴拉娜西"，意思是"理想而神奇的乐土"，这块北回归线上唯一的绿洲是中国热带雨林生态系统环境保护最完整、面积最大的地区，也是王西敏驻足了八年的地方。

"科普，对于一个国家，一个民族其实是很重要的事情，只是没有得到太多重视。这里是国内乃至亚洲最好的科普场所，我要多做点工作。"王西敏就这样开始了他的科普生涯。2010年，王西敏成为西双版纳热带植物园科普教育组组长，他结合植物园自身环境与科研基础的优势，参考在国外学到的环境教育理念，在植物园进行了一系列科普教育工作，从策划活动、布置展览到培训讲解都亲力亲为。

闲暇时间，王西敏除了接待各地来访的"鸟友"，自己还活跃在"鸟网"中，义务做《中国鸟类观察》编辑，制作《西双版纳热带植物园观鸟指南》，参加环境教育公益讲座，向普通大众推广观鸟和鸟类保护。在王西敏的带动下，越来越多的工作人员开始探索利用园区资源，开发科普项目。科普旅游部也相继开发出"绿岛历奇""大手拉小手""植物艺术"和"秘密花园"等品牌活动，创办了《雨林故事》电子期刊。植物园的环境教育很快就在中科院、植物园系统乃至社会上拥有了很高的知名度。

2017年，王西敏和同为观鸟爱好者的赵江波、顾伯清一起编写的《雨林飞羽》一书对西双版纳热带植物园内最常见和最罕见的鸟类做了细致的介绍。这不仅圆了他在读书期间想要编写地区完整鸟类名目的愿望，也受到了大家的广泛喜爱，被誉为是来西双版纳热带植物园的必带书目。

与自然重逢

2005年，美国作家理查德·勒夫在其畅销书《林间最后的小孩》中首次提出"自然缺失症"，指出当今社会儿童在大自然中度过的时间越来越少，从而导致了一系列行为和心理上的问题。

《林间最后的小孩》是王西敏在美国威斯康星大学学习环境教育时的必读书目，当时带给他极大的震撼。回国后，王西敏和当时环境教育领域的资深人士郝冰一起为这本书的出版做了大量修订工作。出版后在公众中掀起了阅读热潮，其中关于孩子与自然的讨论更是引发

了广泛关注，成为"自然教育"这一行业出现的重要催化剂。

为了不让现在的孩子成为林间最后的小孩，王西敏一直在努力着。与他同行的还有许许多多同样热爱自然的朋友。各类自然教育机构纷纷成立，成为促进孩子接触自然的重要力量。他和朋友们一起发起了全国自然教育论坛，这是目前国内最具影响力的自然教育盛会。

著名的生物学家蕾切尔·卡森说过，在自然界中，让儿童去学习知识远没有让他去体验重要。西双版纳热带植物园为勐腊县中学生举办科学夏令营，王西敏带领同学们实地进入植物园进行《不同植物被覆盖下土壤含水量的变化》《种子活性测试》《植物芽的物理防护策略》等一系列科学探究活动。来到上海后，他着眼于自然教育强调的动手能力、科学道理和对环境产生的友好结果，在桃源里中心开展昆虫旅馆等活动，让孩子真正参与进来。

"我们希望更多的孩子有机会到户外玩耍，而不是被电子游戏所吸引或者被作业占据大部分的业余时间。大家都能够有机会去了解身边的动植物，发现它们的美好。如果有更多的人去关注我们的自然，这样当有一天决策者在决定要把某个池塘填平或者把树砍掉时，是不是就会犹豫一下，我们做的努力正是为了这片刻的犹豫。"

王西敏记得小时候，在老家浙江仙居，和小伙伴们在盂溪游泳，又约着去爬山，采大片

大片的映山红，"我们都是在野地里生长起来的"。在多个对环保主义者和自然主义者的调查研究中显示，童年的经历对其成年后参加环保运动会产生重要影响，那些往事成为他们参与环保的动力，这被称为"重要生命经历"。

路上

1994年，带着作家梦，王西敏进入北师大中文系学习。古朴雅致的辅仁校区，后花园的读书身影，知识渊博的教授，经典的文学书籍，热闹非凡的电影节……勾勒出王西敏在北师大的学生时光。

20世纪90年代，民间环境保护的理念刚刚兴起，大学成了宣传相对开放的窗口。那时中国最早的全国性民间环保组织"自然之友"在北京刚刚成立，北师大作为"自然之友"的重要活动场所，创办人梁从诫老师经常被邀请来学校做讲座。王西敏还记得第一次在教七听到梁老师讲述"自然之友"在沙漠种树的故事，梁老师的签名留在了他仅带在身边的一本《当代西方文论》上。"大学生绿色营"举办滇金丝猴保护活动，在学校图书馆一楼举办了图片展览，吸引了包括王西敏在内的许多对环保感兴趣的大学生。

这些都潜移默化地培养了王西敏对环境保护的关注，他感谢母校，在母校度过的四年时光，"所有喜怒哀乐都是很珍贵的"。

1998年王西敏从北师大毕业成为语文教师，两年后他选择进入上海师范大学跟随梅子涵教授攻读自己喜爱的儿童文学研究生，之后迷上观鸟，为了更好地保护鸟儿，在此期间他做了很多鸟类保护的工作。后来，他在世界自然基金会、瑞尔保护协会等组织做了一些保护环境的工作，种种经历，贯穿着他热爱大自然、致力于保护大自然的人生主线。

2018年起，王西敏在上海辰山植物园继续从事自然教育的工作。随着自然教育在国内的日益发展，王西敏开始把兴趣点放在自然教育的评估和理论研究上，他希望通过学术研究进一步推动自然教育实践的发展。

在通往理想的路上，王西敏一路疾行，足迹清晰而坚定。谈到给师弟师妹的寄语时，他说："要做自己想做的事情。热爱生活，与人为善。"正如他自己所做的那样。不管是从事与文学还是自然教育有关的事情，王西敏身上都流露出一种理想主义者的气质，昂扬乐观，充满希望。

王西敏最喜欢的儿童文学作品《夏洛的网》中有这样一句话：当你在等着什么事情发生，等着什么孵出来时，生活总是一段充实稳定的时光。或许对于始终把大自然当作向导的理想主义者而言，这也正是他最美好的时光吧。

（撰稿：施艺）

79 刘跃明

吾心归田园

校友简介：

刘跃明，北京师范大学生命科学学院1994级校友，"美田阳光"农场创办人、总经理。

"归田园"的生活也许人人都向往，但真正从高楼大厦走进田间乡野，守护并实现自己的梦想却不是那么容易。十年前，刘跃明辞职创办了"美田阳光"农场，她说冥冥之中自己注定要做一个"种菜人"，她喜欢广阔的地方，喜欢野地里的风，喜欢真实的收获和双脚踩着踏实的土地。十年来，刘跃明与中国的生态农业一起成长，十年踪迹十年心，这一路，有如影随行的希望，也有辛苦的付出与努力的汗水。

我的全部感情，都是土地的馈赠

在创办"美田阳光"之前，刘跃明的人生轨迹几乎与所有人无异：一直在念书，考上大学，在完成学业之后找一份稳定的工作。但长期的办公室"白领"生活让她的健康状况一度亮起了红灯，2008年的三聚氰胺事件也使得"食品安全"这一议题备受关注，彼时QQ农场的偷菜风靡一时，看着人们在虚拟网络世界中体验种地的乐趣，一个大胆的想法在刘跃明脑海中诞生了——"为什么我不开辟一块属于自己的农场呢？"

"我们家也有地，我也可以回家做这个事情。"刘跃明的家就在北京顺义郊区，作为一个在农村长大的孩子，种地对于她并不陌生，家里也一直种菜。"食品安全"的意识一直潜移默化影响着她的日常生活中，如家里人会念叨说："冬天黄瓜你就不要吃了，用的药很多。"

刘跃明在北师大生物系学习时，尤其喜欢植物学的课程，学得也很好，那时她甚至做好了念蔬菜学研究生的准备，也和农科院蔬菜所、南京农大的老师联系过，虽然最后因为种种原因没能如愿，但她的心中一直期待和植物学打交道，在天地自然中去工作。

"我想读农业、蔬菜学，就是因为我想象着读完这些专业，可以找到经常在田间地头、在大地山野里行走的工作。"刘跃明喜欢蔬菜，每到一个地方旅游，她都要去看看当地的菜市场。同行的小伙伴们也都知道她很会挑蔬菜瓜果，在大街上买水果这事经常由她来做。刘跃明喜欢田野，在她的书籍《我有一个农场》里，字里行间都是对它的爱，"开车走在田间小路，两边植物繁茂，庄稼连成一片，仿佛在碧绿的大海中航行。偶尔走到某个田野绿荫深处，会有一群老年人在那里喝茶聊天下象棋，说不出来的悠闲惬意"。

"我觉得人生还是要干一些自己应该干的事情，想干的事情。"于是，刘跃明下定决心，顺依着内心的意愿回到家乡的土地耕耘，"美田阳光"农场诞生了，寓意美丽田野，阳光生活。农场位于北京市顺义区大孙各庄镇东尹家府村，于2011年3月正式营业，现有150亩左右的有效耕地，建有日光温室21栋，钢架大棚28栋，冷库2座，可全年提供蔬菜80余种。此外，还有15亩杨树林和相关旅游休闲设施，可供游客们休息、玩耍。

要种的就是自然的菜，原则不能被改变

辞职回家种地，在很多人看来都是特别不可思议的事，她还曾收到过来信，朋友在信中诉说自己对农业的热爱，但因为害怕村里人嘲笑而不敢回家付诸行动。但刘跃明从未有过这样的心理障碍，因为在她的心中"务农""农民"从来都不该被看低一等，"靠自己辛苦工作来生存，我觉得这是一个很实在的事情，是应该自豪的"。

"我想做真正的生态农业。"经过几个月的学习、思考与实地考察，以及在朋友当中的调查，刘跃明决心要做一个这样的农场：第一，是生产型农场，为自己、家人、亲朋好友以及客户提供安全健康的食材；第二，生产安全、健康的蔬菜，种植过程中不用任何化肥、农药等物质；第三，经营模式采用CSA（Community Supported Agriculture，社区支持农业）模式，会员预付菜金。这是关于农业及粮食分配的一种新型社会经济学模式。它于20世纪六七十年代起源于德国、瑞士与日本，是消费者为了寻找安全的食物，与那些希望生产有机食品并建立稳定客源的农民达成供需协议，消费者以会员形式提前支付费用，农场再进行生产，提供新鲜安全的当季农产品。用户可参与劳动，亲手种植、采摘、收获，或者直接运送给预定的客户。刘跃明解释说，这一农业模式的出现是由于城市人与土地的距离越来越远，也越来越

少的人了解食品的来源和生产者，出于关注土地健康和城乡关系才出现的。

创办之初，在得到了家人的支持与理解之后，更多的来自朋友们的热切期待。还没开始种菜，便收到了许多朋友们预交蔬菜卡的钱。刘跃明的第一个"合伙人"是她的叔叔，虽说他叔叔有种菜的经验，知道什么时候该浇水，什么时候该整枝，但是这次不用化肥、不用农药、不用除草剂来种，如何增加土壤肥力，如何培育新苗，如何控制病虫害就需要刘跃明重新学习和不断实践了。

"发展生态农业，就必须和常规农业完全区分开来。常规农业的思想是人定胜天，用人力改变自然带来的影响，有虫子就喷药，有病害就杀死，产量低就用化肥。但是生态农业不是这样的，在农业生产的过程中：要敬畏自然，敬畏天地，用整体系统的理念解决问题，而不是常规农业机械直线式的方式，简单粗暴地解决问题。""美田阳光"农场的耕地土壤均经过了谱尼测试公司有机农产品地检测，符合有机种植标准。

刘跃明对自己要做的有机农业产品有着一份执着，每个环节都要按照标准严格把关。拿除草这一项工作来说，在菜畦里面的直接撒种子播种的菜地是最难办的。"大型植物可以用覆盖地膜、稻草等方式控制。那种撒了种子，最后杂草和菜苗一起出来的就只能靠人工慢慢剔除。这时候我们的农民就表示不理解，问为

啥不能喷除草剂呢？喷喷除草剂，多省事！以前种菜，都喷除草剂，喷完了再种，就没什么草长出来了。虽然我们已经讲了除草剂的危害，但是大家一时半会儿还是不能转变思维。而且，除草的确是件很麻烦的事，尤其菜和小苗混在一起的时候，不是特别有耐心的人真是干着心里起急。性子急的人会说，这活儿，给多少钱我都不干。"

当然，他们的做法也经常被嘲笑，经常有熟悉的村民路过时严肃地感叹："你们的草太多了，地怎么能这么种呢！咋不除杂草呢？""因为不用除草剂，地里经常杂草很多，生态农业的概念是并不完全否定杂草与病虫害，因为这些也是自然生态系统的一部分。在一定程度上保留一些杂草或者说对人类无用的植物，可以给小动物和昆虫提供栖息地，让农场整体生态环境更加平衡。而且植物与植物之间也是有交流和感应的，复杂环境生长的植物相对来说更健康。"

有时候，看着菜长得慢，种菜的农民很替刘跃明着急，虽说已经和他们讲过农场的理念以及化肥和农药对土壤、环境以及农产品的危害，他们自己也清楚，但是只要见到菜长得那么慢，他们还是很着急，叨念着"用一把尿素或者水冲肥，这菜肯定一下子就长起来了"！刘跃明只好一遍一遍地解释："咱们种的不是那样的菜，咱们种的就是自然的菜，要不然客户为啥花那么多钱买呢？"

一开始，她没有任何经验，也并不知道每年要种什么，本以为会遇冷的生意，却收获到意外好的成果。她没有想到，虽然菜价贵，但大家却十分认可生态农业的理念，而且随着人们生活水平普遍提高，对于健康安全农产品的需求也越来越大，她的农场也一步步发展起来了。

"有多美好就有多艰难。"做农业，光有一腔热情是不够的，还要有一颗扛得住暴风雨的心。"农业是要和天地合作的。"一年夏天，下起了大暴雨，地里就像赶海一样，人走到地里去，都会陷进去，那一年大多数农作物都死掉了，收成并不好。在做农场第三年的11月，正值刘跃明农场扩建的关键一年，北京下了一场特别大的雨夹雪，刚刚建好的温室大棚一夜塌掉，一切只能从头再来，她的农场半年多没有收入。但刘跃明也早就做好了心理准备，"天灾带来的损失是无法避免的，也正是农业经济最大的不稳定因素"。

农业是要现代化发展的，我想做更多尝试和努力

刘跃明注意到发展生态农业是较早的，她认为现在很多农业是在过度利用科技，从而拔苗助长，而生态农业的发展是需要保持一个平衡的状态，既需要尊重自然，同时也能够保证产量和品质，这其实是对常规农业的一个纠正。从十年前生态农业还未广泛为人所知，到今天倡导绿色健康食品的理念深入人心，这样的发展也证明了她所坚持的理念是正确的。

除了之前所学专业知识的基础，刘跃明还注重与其他地区的生态农人交流，吸取更多的实践经验，他们对很多农业发展的关注甚至要先于科研工作者，"我们一开始做的东西，在之后整个学术界都已经开始关注了"。这批"新农人"与中国人民大学等高校的研究者们也展开了相应的合作。

在这十年间，刘跃明出过书、开过博客、做过宣传农业和农村生活的网络音频节目，因为对所从事行业的热爱，她希望能通过这些渠道的宣传，来扭转和重塑大家对新时代农民的认识，"我想为这个行业去发声，让大家了解我们的食物从哪来，我们农民是什么样的"。在刘跃明看来，社会大环境也在转型，追求品质与美好生活成了共同的目标，政府也提供了政策支持与引导方向，科研院所的老师们也为有机农业尽可能地提供技术帮助，"未来我们吃的食物会越来越安全，越来越健康"。谈到未来的发展，刘跃明充满了憧憬。

谈到对"美田阳光"农场的定位，刘跃明说："我们不是农家乐，也并不仅仅是给大家提供'周末时尚农夫'的蜻蜓点水般的体验活动，我们是时尚与实践结合的、脚踏实地的生产型农场。"在对农场明确清晰定位的同时，刘跃明更加致力于改善和解决一个实际问题，

即面对食品安全危机与都市人的健康隐患，首要目的就是给自己、亲友以及其他有类似需求的朋友，提供安全健康的蔬菜和食物。

时至今日，刘跃明还时常会回忆起在北师大生物系学习的时光。野外实习中与同学们在大自然中轻松自如地玩闹；全班一起劳作，在分配的土地上耕种，体验收获的满足感……"师大培养了我务实的态度和习惯，你看，我

们农业人都是很朴实的"，刘跃明带着师大赋予她的知识与理念，秉承着师大人脚踏实地的态度，在生态农业这条路上继续开拓、进步，在"美田阳光"的田园生活中怡然自乐——脚踏实地，仰望星空。

（撰稿：马楚雨）

80 王可然

一切为戏剧

校友简介：

王可然，北京师范大学艺术与传媒学院1994级校友，央华戏剧创始人、艺术总监。被《中华儿女》杂志评价为"世界戏剧舞台上最具代表性的中国面孔之一"；2021年，法国文化部授予王可然法兰西艺术与文学骑士勋章，以表彰其在戏剧领域的成就和对中法戏剧艺术交流及中法两国之间的友谊所做出的杰出贡献。2008年至今，王可然出品、监制、制作、编剧以及导演的作品已超过50部，在全国46个城市演出超2000场，覆盖观众400余万人。其代表作包括《如梦之梦》《陪我看电视》《宝岛一村》《庞氏骗局》《雷雨》《雷雨·后》《你和我，剧场奇妙七步》等。

母校所给予我的美育是无可比拟的

1994年，王可然来到北京师范大学艺术系学习戏剧影视，从此与北师大结下不解情缘。"北师大是一所综合性大学，我认为在这样一所综合性大学里我能得到更多的、更为丰厚的养分。"回想起那段珍贵的学习经历，王可然用"积累文化厚度""开阔人生视野"和"担当社会责任"总结了母校对自己的影响。

在王可然看来，北师大的生活和学习"像一盆水一样细腻地浸透着文化感"，那时艺术系尚在辅仁大学旧址，这里原为清朝的涛贝勒府，"花园极有腔调，光在里面走上一年，整个人都会变得古意盎然"。在这里，王可然遇到了对他的戏剧之路影响颇深的几位老师，从行动中感受到大学所能带给自己的力量：黄会林先生的大家担当、大国担当以及她对传统经典戏剧价值的探索，张同道老师对新诗激昂的解读、对文化深刻的拷问，于丹老师对于古诗的浪漫诗意表达，周星老师在讲述现当代文学史时眼神中所闪着的纯粹的亮光……都成为王可然认识戏剧的动力。学校的每一次讲座、每一场活动，都为他提供着汲取不同学科理论养分的机会，这些学养渗透进王可然的成长气质，激发着他对戏剧、对人生乃至社会的兴趣，激励他坚持"戏剧不能只是做给本行业的人看、而要努力让全社会的人成为观众"的戏剧制作信念，并帮助他探索更深、更广的戏剧技术角度和更先进的戏剧理念方向。

2018年，央华戏剧引进的《西贡》被《纽约时报》评为"全欧洲5部代表着当今戏剧地位和戏剧创作高度的戏剧作品"中的第一部。王可然认为，他与央华戏剧之所以能到此高度，离不开母校的春风化雨，"能达到与全世界最好的作品一样的审美高度是央华戏剧能够和世界一流的戏剧节和戏剧制作团队齐头并进的原因，母校所给予我的美育是任何学校都无可比拟的"。因此，王可然也尤为希望学弟学妹们能够充分吸收北师大的养分，努力把握每一个将文化沉淀到肚子里的机会——"它们在10年或20年后自会显现其力量"。

在自己所热爱的专业里工作，
我很充实

"临近毕业的时候不光是迷茫，还有一种深深的恐惧，很害怕自己毕业即失业。"同现在的很多年轻人一样，1998年毕业时，王可然也在为了面包和梦想发愁。作为北师大戏剧影视专业的首批毕业生，他无法借鉴前辈的求职经验。他开始在北京的各个电视台里当出镜记者、编剧、策划、导演，也在几家广播电台做过主持人，虽然没有稳定的工作单位和工作岗位，但一干就是10年。这段漫长且难得的工作经验为王可然日后踏入戏剧行业奠定了坚实的基础。

王可然在高中时便意识到自己热爱戏剧艺术，但当时的戏剧行业还很不成熟，"那个时

候中国没有戏剧的生存空间，但是我抓住了一个机会，就投入进去了"。2007年，在张同道老师的推荐下，王可然受邀为中央电视台纪念中国改革开放30年做特别企划。为了准确呈现这30年来中国百姓在物质和精神方面的巨大变化，王可然选择了戏剧。一年后，由他担纲制作人、赖声川担任导演的话剧《陪我看电视》在多座城市上演，该剧别出心裁地以一台黑白电视机的命运赢得了无数观众的笑与泪。这次尝试让王可然进入了自己所热爱的戏剧领域，但他也不知道接下来该何去何从。

2009年，王可然在中国台湾地区观看了赖声川导演的《宝岛一村》，被深深地震撼了，他第一次感受到一部戏剧作品能将生命勾连得如此之深刻。王可然当即便决定要把《宝岛一村》从台湾带到大陆。顶着亏损风险和多方压力，王可然和他的团队一个一个谈巡演城市，反复解释和沟通细节，终于在2010年，《宝岛一村》迎来了大陆首演，王可然也真正坚定了自己要走戏剧道路的决心。

在王可然看来，一名优秀的戏剧制作人必须有准确判断作品艺术价值的能力以及连接创作者和观众之间关系的能力，通过创作、制作、市场三个环节来为一部好戏的诞生保驾护航。"我现在更多担任的是监制或者说'第二导演'的工作。"正是因为有着对戏剧的执着和责任感，王可然不断地完善、打磨作品，努力做到心中最优。"舞台可以帮我战胜生命中

的不安与恐惧；戏剧是一种能够让每个人都体验到快乐的生活方式，我会一直为了实现这一目标而努力。"

我认为这个时代机会更多

"我们那个时候是命运推到哪就走到哪"，王可然坦言，大学时代的他，字典里并没有"职业规划"一词，"但对现在的同学们来说，是可以规划的"。王可然对想进入戏剧行业发展的年轻人给出了针对性的建议："如果想做编剧，就要努力地去让自己的心去感知世界，当你能够认识到自己内心最真的东西，并把它们写成作品，你就能成功；如果想做导演，要趁现在尽量多地看各种戏，并存在肚子里。导演不过是把故事在舞台上清楚地呈现给大家，当你寻找到手段做到这一点时，就能成为一个好的导演；而如果想做制作人，要先把导演和编剧的东西都搞透了，再去深入地了解这个社会，当你真切感受到了这个时代大部分人的焦虑、痛苦以及不安，你就知道要给社会做什么样的作品。"

除了以上的经验之谈外，王可然认为他成功的最大动力是勇气和热爱，"这两点是我真正想给学弟学妹们分享的，我刚开始做戏剧时没有任何资源，全是靠自己一点一点拼出来的"。王可然的成长之路告诉大家，所谓资源并不是成功的必需品：为了做成第一部戏，他

卖掉了房子；剧场意外着火，他赔款拿回自己的作品；合作团队不配合，他一个一个城市、一个一个剧场地跑，只为了能顺利演出……起步几乎没有任何支撑，但王可然凭着自己的勇气和热爱走到了今天。

正是因为有了这些经历，面对如今的"躺平"论调，王可然旗帜鲜明地表达了反对意见："我认为所谓'社会固化'不过是一些懒汉学者制造的谬论。社会从来没有固化，恰恰相反，这个时代机会更多。"在王可然看来，这一伪命题并不能成为年轻人选择"躺平"的借口，同样，害怕失败也不是"躺平"的理由："我在做戏剧之初也经历了无数次失败，有谁不失败呢？但如果仅仅因为可能失败就选择'躺平'，不过是想不劳而获的借口罢了。"

如今，王可然正忙于筹备他的新作品《悲惨世界》，从步入戏剧行业到今天，他始终保持着高强度的创作和输出，这来源于他对生活源源不断的热情。王可然也鼓励学弟学妹们珍惜春光，在人生最美好的年华里沉淀自己，感受生活，勇于尝试。"当你犹豫不决的时候，一定要对自己说一句：先去体验。"

1998年，王可然从北京师范大学艺术系毕业，彼时他的专业尚未被社会广泛接纳与认可，少有人知道在北师大有这样一批能在未来的文化管理和影视制作领域独挑大梁的学生。而如今，在黄会林等优秀老师的默默耕耘下，北京师范大学已经成为培养艺术传媒领域专业

人才的沃土，一批又一批优秀的北师大艺传人先后在各行各业扎下根来又反哺母校。王可然就是其中的一位，他一直和母校与学院保持着密切的合作关系，"我的母校在力所能及的范围内呵护我、支持我，我也希望能尽量多地发掘学院优秀的年轻创作者。祝福母校越来越美丽，越来越时尚，越来越凌志飞扬"。

（撰稿：杨尔康　管浩桢　董慧　袁艺铭）

81 朱劲松

博观而约取，厚积而薄发

校友简介：

朱劲松，北京师范大学人工智能学院1994级校友，计算机及应用专业学士，信息管理专业硕士。1998年毕业后，曾任交通运输部科学研究院研发工程师，随后于2000年开始担任易车网研发部经理等职位，中间曾短暂离开攻读硕士。硕士毕业后在易车集团历任易车网总经理、易车集团副总裁、新意互动联席总裁、车慧CEO、新意互动CTO等职务。现创办了北京迪光数字科技有限公司和北京蔚岚新能源科技有限公司。

从2000年起，搜索开始成为人们上网获取信息的主要方式之一。一大批优秀的互联网从业者脱颖而出，掀起了第二次互联网浪潮，成为那时搜索引擎时代的中坚力量。而这其中，就包含了北师大的优秀校友朱劲松。

今携硕果同相庆，饮水思源不忘情

对于母校，师兄毫不吝啬赞美之词。访谈伊始，师兄就表示自己对北师大很有感情，曾经的许多老师和同学，包括导师姚力老师，现在都还留在学院里工作。对北师大曾经的印象，师兄说："第一感觉北师大很大，因为我来自农村嘛，原来都没到过大城市。第二感觉学校很有年代感，很多古建筑很有年代感。"

回忆起自己高考填志愿时的场景，师兄说："当时的北师大在北京乃至全国排名靠前，是北京'清北人师'四大名校之一，在基础教育方面实力强劲"，师兄言语中充满自豪，"所以自己的第一志愿选择了北师大"。我询问师兄为何要选择计算机专业，师兄的回答十分直白："那时候从农村出来，想法比较土，想着学了计算机至少学会了一门技术，至少可以混口饭吃。"如此朴素的回答让我们都哈哈大笑。师兄随即说道："后来一发现，当时选的这个专业，对我后面的就业，包括后来自己的成长还是有很大帮助的。"

谈到大学四年的学习的目标和重点，师兄认为，计算机技术会随着时代而变化，但基础性的知识如数据结构、操作系统这些不会有太大变化。因此，大学阶段要着重学习基础的理论知识，以及整个知识框架。

良禽择木而栖，士为伯乐而荣

有人说："第一份工作，很大程度会左右你的未来。"对于毕业后的首份工作，师兄告诉我，他们是首届毕业不包分配的毕业生。为了毕业后留在北京，师兄选择了一个可以解决北京户口的事业单位，成为交通运输部科学研究院的研发工程师，开始从事软件开发的工作。

2000年前后，计算机和互联网是大热门。那时的师兄对互联网很感兴趣，又与易车公司的创始人李总相识。于是师兄选择离开事业单位加入易车公司，投身到更热门、跟自己专业更匹配的领域当中去。

天有不测风云，2001年前后互联网泡沫破裂，行业进入洗牌阶段，投资撤资，许多互联网公司面临人员的优化。为了寻求更好的发展，师兄选择重回北师大，攻读通信与信息系统专业的硕士。但谁也没想到，在之后的两年中，易车公司找到新的机会，发展规模越来越大。在研究生三年级的时候，师兄选择回到了易车公司。

我询问师兄："当时您经历了互联网泡沫破裂，之后选择读硕士来谋求新的机会，但最后为何还是选择回到这个行业中来呢？"师兄思考后回答："我觉得核心有两个。一是我对

创始人比较熟悉，如果有熟悉的人加上一个好的平台，在合适的地方碰见合适的人，对自己的成长会有很大帮助。二是那时候互联网和汽车行业都是热门，在当时的中国都是快速发展的阶段。如果能结合互联网的技术去对汽车进行营销，就可以给消费者获取汽车的信息提供很多帮助，两者结合就形成了非常好的行业。类似于现在的智能电动汽车，汽车行业又搞自动驾驶，又搞大数据，包括元宇宙。热门的技术和热门的行业一结合，一定会成为当下的热点。"

不经一番寒彻骨，怎得梅花扑鼻香

师兄从2005年开始逐步担任管理团队的职务，2006年成为易车网事业部的总经理。"也就是从那时候起，我开始接触除了产品技术之外的一些业务，如内容、市场和销售，做纯粹技术上的工作就少了。"

师兄分享自己的工作变化和心得体会："我在易车工作的时间很长，经历了很多岗位。从最早的产品技术人员开始，到后来的事业部的总经理，到最后公司的副总裁。实现这个过程需要公司提供这样平台，同时也要靠自己去争取，自己要有创新的精神，不断地去寻找新的方向，这对于个人的成长是很有帮助的，而且成长的过程也是非常愉悦的。"

要胜任公司的管理岗位并不是一件容易的

事情，师兄认为，首先，管理者需要有过硬的技术背景，管理时要有大致的工作思路和框架。其次，要了解新技术和新技术的潜在性应用，特别是技术与业务的结合要有深刻认识。再次，由于是管理工作，需要有跟人打交道的能力。最后，要有战略眼光，管理者不仅要完成某个技术的应用，还要配合公司的战略发展方向，做一些战略上的技术和应用的一些布局。这些都是对一个CTO，或是对一个有技术和产品背景的管理者的要求。

对于管理的过程中可能遇到的问题和挑战，师兄表示，管理者也是在不断地学习和经历当中成长的，比方说处理人际关系，处理部门之间的关系，包括处理一些难以实现的新技术的突破，等等，肯定会碰到不少问题。问题和挑战并不可怕，只要有好的心态，愿意去面对问题，面对挑战，方法肯定比困难多。只要坚持在正确的方向上，愿意花时间和精力，肯定都能获得比较好的结果。

"我觉得管理当中也是一样。不要怕问题，只要有好的心态面对问题，有决心去解决问题，瓶颈自然都会突破了。"

逆水行舟，不进则退

有人认为IT行业都是吃青春饭的，也有人认为程序员35岁就会陷入瓶颈，面临失业。对于这些观点，师兄认为，这种现象的出现有两个原因。第一，计算机的新技术迭代很快，如果不去学习新的东西，一直用老的技术和工具，那就不是公司把你淘汰，而是技术把你淘汰了。第二，计算机需要比较强的脑力劳动，工作经验的积累有帮助，但是经验积累有可能跑不赢新技术的学习。

师兄强调："在互联网公司，员工在企业里面待的时间长短，跟员工的工资不直接挂钩，更多的还是看重你给企业创造的价值。还有就是看你的岗位，它的可替换性或者可替换成本。"我赞同道："不断积累别人没有的经验，提高自己岗位的可替换成本，当自己拥有的技术别人都没有，而且自己的岗位替换成本很高时，就不容易失业了。"

那么如何积累有用的经验呢？师兄认为，不断学习新的技术是一个途径。另一个途径是思考如何把技术和业务结合。你若有独特的眼光，就可以做技术相关的工作和技术应用工作，你就可能比单独做应用和单独做业务的人来讲更具有优势。

谈到北师大学子们的求职简历，师兄认为：面试官看中的，一是学生自己动手的经历和能力；二是专业对口，学校、专业和自己的动手能力包括社会工作的经历，这些东西都能够给自己加分。

对于即将走出学校步入社会实习或求职的北师大学子们。师兄鼓励道："北师大是非常好的学校，学生整体非常优秀。"为此，师兄建议："第一，学生自己要非常自信，在新的实习岗位上，都要有能把事情做好的信心。第二，要尊重每一个实习的机会，踏实做好每一件小事。第三，要利用实习的机会多交朋友，敢于去接触更多的人，对自己以后的发展肯定有帮助。"

访谈期间，师兄还与我分享了易车公司创始至今的发展轨迹，以及汽车互联网与自动驾驶等热门技术的看法。访谈结束时，师兄衷心祝愿各位北师大的学子们："正值母校120年校庆之际，祝所有师弟师妹节日快乐！在北师大的每一天不仅能学习到知识，更能获得成长！早日学业有成，实现人生的目标和理想，为国家和社会创造更大的价值。"

（撰稿：黄君浩　高兴林　张宜放）

82 丁俊萍

京师学堂饮甘霖，丁香花自珞珈开

校友简介：

丁俊萍，北京师范大学马克思主义学院1995级校友，国家"万人计划"教学名师，武汉大学二级教授、珞珈杰出学者，长期从事思想政治理论课及中共党史党建、马克思主义中国化等学科专业的一线教学与研究工作。

中国共产党的百年历程波澜壮阔。百年来，中国共产党在理论创新中深化认识，在实践探索中创造未来。在这个伟大的历史进程中，一批批优秀的学者秉持人民情怀，关注社会现实，用学术话语解答现实的理论与实践问题，以学术科研为"剑"，以"侠之大者为国为民"为初心，为党和国家发展献计献策，在三尺讲台上教书育人。其中，1995级博士生丁俊萍便是其中的优秀代表。

青灯黄卷心不改，雪案萤窗终有得

"不能辜负先生！不能辜负家人！不能辜负自己！"

"不能给母校丢脸！不能给单位丢脸！"

提起在北师大的博士求学经历，丁俊萍的三个"不能辜负"与两个"不能丢脸"让人印象深刻。1995年，已经当了四年武汉大学副教授，并且担任政治与行政学院副院长的丁俊萍毅然辞去副院长职务，做好推迟晋升教授职称的准备，将年幼的孩子嘱托给家人之后，独身一人来到北师大，开始了博士研究生的学习。谈及当时为何做出这样的决定时，丁俊萍言语亲切，将那时的故事娓娓道来，言谈间仿佛将我们带回了那个青葱却激情的岁月。

1995年前后，正值"211工程"实施阶段，国家在高等教育领域进行了一系列重点建设。时任武汉大学政治与行政学院副院长的副教授丁俊萍，积极响应国家号召，决定继续在职攻读博士学位。但是做出这个决定并非容易，她一度陷入"两难"的困境中。一方面，硕士毕业已有八年之久，繁重的教学科研工作、繁杂的日常行政事务与琐碎的家庭事务，让她感到"自己就像被挤干了水的海绵"，她渴望通过攻读博士学位给自己"充充电"；另一方面，也正是工作事务的牵绊和对家庭家人的牵挂，让她对是否赴京攻博犹豫不决。作为教师，她明白持续学习的重要性；作为母亲，她须忍受与孩子短暂"分离"的不舍与挂念。此外，她还须权衡北上攻博而带来的额外的经济支出。幸运的是，丁俊萍不仅有全力支持她的家人，而且有大力支持她的导师——全国著名党史学家、北京师范大学教授张静如。谈及张静如先生，丁俊萍言语中满是怀念与感激。自1992年秋第一次近距离接触这位党史界的权威，到后来因工作关系的多次信件来往，张先生的关心和勉励使丁俊萍萌生了报考张先生博士的想法。先生的大力支持则让她有了去北京、去北师大、去读博士的信心与勇气。

博士求学的过程不是一帆风顺的，丁俊萍不仅仅是武汉大学党委委员，还是武汉大学中共党史专业的硕士生导师，更是8岁孩子的母亲。艰难时刻很多，但三个"不能辜负"和两个"不能丢脸"时刻在丁俊萍耳边回响，"从43℃的武汉到19℃的北京，穿着单薄的我一到北京就生病了，几乎咳嗽了两个月"；"学期中间回家照顾生病的孩子"；"省吃俭用留足打长途电话的钱与家人特别是孩子沟通"……

但这些艰难时刻并没有难住丁俊萍，她如期完成了课程任务。博士写作更是枯燥且辛苦的。为了保持头脑清晰，她在寒冷的冬天也打开窗户，以至于双手长满了冻疮；眼睛过于疲劳且营养不良，导致"眼睛黄斑出血，有几天什么也看不见了"；"把孩子哄睡、抹黑在枕头下拿笔和纸记录关于论文的想法"，这是丁俊萍的难忘经历，更是她为了学术顽强坚持的现实体现；"痛苦""煎熬""几万字的草稿说不要就不要"是这一时期的真实写照，更是她对研究问题的不懈思考和探索；"朝思暮想""魂牵梦绕"是对写作过程的深刻描绘，更是她严谨细腻、缜密周到的学术态度。顽强拼搏、刻苦钻研，使丁俊萍在最后一学期伊始便提前完成了毕业论文，并且在北师大创造了很多个"第一"，比如第一个提交论文、第一个进行答辩、第一个被授予学位。"不经一番寒彻骨，怎得梅花扑鼻香"，这句耳熟能详的诗句在丁俊萍身上得到了深刻体现，只有经受了青灯黄卷，雪案萤窗的清苦，才会最终有得。

求真问道终不改，立足社会开先河

"社会科学就是要回应社会问题"，丁俊萍关于学科之根本的回答铿锵有力、掷地有声。早在做博士学位论文的时候，她就关注社会问题，站在学术前沿，以手中的笔作为武器，用真实的数据作为有力支撑，回击社会上诸如"中国共产党有解放和发展生产力的思想吗"等疑问。在指导学生时，丁俊萍更是坚持让学生关注实际问题，从而激发他们对社会、对祖国的热爱和责任感。回忆做毕业论文的场景，一位学生讲道："丁老师教育我做事要首先考虑国家、民族利益，不要害怕困难。"丁俊萍从选择中共党史学科开始，便以坚定的信念支撑着一名中共党员之政治信仰，以求实的态度支撑着一名马克思主义理论学者之学术信仰。

师泽如光照前行，递薪传火灯长明

"先生对我很关心，总鼓励我""先生很仁慈""先生认真读我的论文，指导我修改"，"先生在我家人来北京游玩时送给我们三套游览套票，解决了我们的燃眉之急""先生总是为我的发展考虑，给我创造条件"，提到张静如先生，丁俊萍的感激和敬仰之情溢于言表。

师同父母，关怀备至

从1982年在武汉大学任教至今，丁俊萍在教育岗位上耕耘了整整40年，在这漫长的岁月里，她用辛勤的汗水浇灌出了桃李芬芳、硕果累累的园林。她对待学生就像对待自己的孩子，尽心尽力地呵护，主动找学生交流，给予鼓励；学生遇到困难时，她总是倾听她们的困扰，帮助他们渡过难关，给予每个学生真诚的爱和鼓励，使学生备感温暖。她的一位学生回忆自己去请她改论文的情景，"丁老师正在看新闻联播，见我来了赶忙招呼我去沙发上坐。我表明了来意，她很开心，说'我给你看，你坐你坐，吃橘子，还有瓜子，别客气呀'，说着还从茶几上拿了个橘子硬塞在我手上。"

恩威并重，一丝不苟

在教育工作中，丁俊萍以严格执教为特色，恩威并重，秉承着"严谨求实"的教风，不仅传授知识，而且重视思想政治教育。她说："我对学生要求比较严格，在政治上，在党言党，在马言马，政治过硬。在道德品质上，遵纪守法，尊敬老师，与人为善。在学术上，要多读书，多思考、多写作。"在为学生修改论文时，丁俊萍总是认真细致，力求完美，一篇文章甚至有时候修改十几遍；当学生提出疑惑、问题或者创新性见解时，她总是耐心指点学生如何去理解、掌握、运用这些内容。"我接过稿纸，上面是丁老师的圈圈点点，仔细到甚至连标点符号的疏漏都细心又耐心地给我改好了""丁老师戴着高度数眼镜在电脑上逐字逐句地为我修改博士论文，常常加班至深夜"，这些对老师充满感激的深刻回忆，让我们看到了一位严师对学术严谨的追求以及一丝不苟的态度。

研究与社会发展相结合，为国家做出自己的贡献！"

因人制宜，因材施教

在培养学生上，丁俊萍坚持因材施教。在她眼里，每个人都可能拥有与众不同的优势和潜质，给他们创造良好的条件，使每个人都能够得到充分的发展和提升，这是教师的责任。她说道："培养学生还是要因人而异，基础好的就做一些有挑战性的题目，基础弱的就做点相对容易但是下功夫就能做出来的选题。"不仅如此，丁俊萍还根据学生的实际情况对学生进行引导和指正，从而促使他们更加坚定自己的研究方向，走出自己的研究道路。有位学生回忆自己第一次与丁老师谈论研究方向的场景时说："当丁老师得知我有西藏高校的学习经历后，就建议我围绕党的西藏工作做研究，并在我遇到困难时鼓励将自己的

实事求是，择你所爱

花有千万朵，人有万千个。丁俊萍在谈到学生的未来职业选择时强调，每一位学生都要理性分析自身优势，不应盲目跟风；要明确自己的职业发展规划，避免因盲目追求升学等原因影响工作与生活质量；要坚持实事求是，从自身实际情况出发，找准自己的位置；要选择自己喜爱的职业和发展方向，让自己的人生道路越走越宽阔！

巍巍师大，屹立于今。丁俊萍感念母校领导，感谢老师和同学的支持、鼓舞和帮助，愿拥有百廿年悠久历史的北师大永葆青春！

（撰稿：王子环　冯昊萨　王嘉祺）

83 张 明

木铎之心，素履之往

校友简介：

张明，北京师范大学经济与工商管理学院1995级校友。现任四川省绵阳市委常委、副市长（挂职），中国社科院金融研究所副所长，国家金融与发展实验室副主任、研究员，博士生导师。曾任中国社科院世界经济与政治研究所国际金融研究室副主任、国际投资研究室主任，毕马威会计师事务所审计师，Asset Managers私募股权基金经理与平安证券首席经济学家。研究领域为国际金融与中国宏观经济。

行远自迩，求知不怠

张明老师1995年起就读于北师大经济系，本科专业为国际经济，后保研本校，在何璋老师门下继续学习国际金融。谈起在北师大的求学经历，张明老师感慨万千："我在北师大度过了七年的宝贵时光。如果让我形容北师大，我会用三个词：第一个词是底蕴深厚。北师大是百年名校，文化底蕴深厚，迄今为止出过很多大师。我在北师大就读的时候就对几位大师的事迹耳熟能详，比如启功先生、钟敬文先生、陶大镛先生、白寿彝先生，他们的风范时刻激励着我。第二个词是朴实沉稳。北师大的风气非常朴实，校训'学为人师，行为世范'从求学和做人两个方面激励着师生。第三个词

是飞扬灵动。当时我们的生活是非常丰富多彩的，有各类文体活动，如一二·九合唱团、辩论赛等。我当时还是篮球队的一员。那时，我们活力四射，可以说是青春飞扬。"

在北师大求学的七年时间，张明老师对所有老师都心怀感恩。谈及记忆尤深的两位老师，他更是热情地与我们分享："首先是我的导师何璋老师。何老师那个时候正在推行教学改革，他会让学生预习之后上台试讲，这让我印象非常深刻。而且在我读硕士的三年期间，何老师给了我很多照顾，我跟何老师也一直保持着联系。第二位老师是钟伟老师。钟伟老师既是我师兄，也是我的老师。钟老师教会了我，如果要从事经济学研究，需要充分发挥自己的优势，把自己的长板做得更长；同时，在我读

硕士的时候，他向我再三强调了清晰表达的重要性，这既包括口头的演讲能力，也包括书面的写作能力。在过去的20多年，无论是研究风格还是演讲的风格，钟老师对我的影响都非常大。"

守正出新，力学笃行

谈及职业方向，张明老师详细地介绍了自己的经历。从在毕马威会计师事务所负责审计工作到私募，再到选择做研究，每一步方向的确定他都坚守本心，付之以全部的热情。

在从事金融研究的过程中，张明老师的成就感来源于提出自己独立的想法和建议："我在中国社科院工作，我们的研究强调学术研究与政策研究相结合，我们会研究当前中国的重大经济金融问题，并预警未来可能发生的风险，同时提出政策建议，所以在这里经常有很多政策讨论。对我个人来讲，有满足感的大概是这样一种情景：当大部分人对一个问题持有同一种看法，而我提出了不一样的看法，但是后来这个事情的发展验证了我的看法，这就会给我带来很强的满足感。"

春风化雨，润物无声

谈及对师弟师妹们的建议，张明老师从能力和习惯的培养、职业规划和选择等方面进行了讲解。励教兴邦，初心不渝，循循善诱中体现着他对当代青年的期望和对教育事业的赤诚。

"我对师弟师妹们的建议是这样的：不要拘泥于短期目标，而应该有一些长远的目标，再把长远的目标分解到短期实现。在未来，我觉得有四种能力是至关重要的。第一是快速学习的能力。科技和社会都在飞速变化，我们在大学里学到的知识有时难以适应社会的变化，所以快速的学习能力在未来会至关重要。第二是清晰表达的能力。无论是口头表达还是书面写作都需要逻辑清晰，让大家觉得言之有物。第三是构建人际关系的能力。有效的人际关系网络对我们很重要，并不要人很多，但是要相互信任。构建一个好的人际关系网，一是要主动出击，二是要坦诚待人。如果你用这两个策略去交朋友的话，长期肯定会交到相互信任、共同成长的朋友。第四是减压的能力。现在的社会压力非常大，在这个时候，我们至少要找到一种有效的减压方式，把压力、负面情绪疏解出去。对我来讲，运动就是一种非常好的减压方式，找朋友倾诉也是一种好的方式。"

对于不同阶段的同学，张明老师给出了不同的职业规划建议："低年级的同学不要有过早地直接规划，因为有很多东西还没有想明白，所以更重要的是怎么把目前的知识学好。学好不是考高分，而是要善于用自己的思维总结精华。同时，低年级的同学还要利用这个时间多阅读多思考，多交朋友多运动，夯实各方面能力，做在大学该做的事儿。"

"高年级的同学的确要开始做职业规划了，首要任务是要想明白自己是读研还是就业。如果就业的话，我建议大家多找有经验的师兄师姐了解一下自己想从事的行业。也不一定要去找很热门的工作，而是要结合自己的兴趣爱好找那种成长潜力比较强的工作。"

行稳致远，再铸华章

提及对学院就业工作方面的建议，张明老师谈道："我觉得学院可以进一步利用校友资源。校友的感情还是非常纯粹的，是愿意帮忙的。就业办公室应该更好地挖掘校友资源，多组织校友联谊活动，经常邀请校友回学校看一看，让校友和在校的师弟师妹之间能够有更多的交流和互动，这样就能衍生出很多的就业机会。"

张明老师对北师大有着非常浓厚的感情。谈到母校，张明老师动情地说道："我在北师大待了七年，七年师大情，一辈子师大人！这点我感怀很深。我一直关心着母校的发展，也希望为母校的发展做出应有的贡献。母校已经有120周年的历史了，衷心地祝愿母校越来越好！"

（撰稿：杨玉婷　姜浩　李泽根）

84 杨苁

不负积年功与血，愿得千里云和月

校友简介：

杨苁，北京师范大学经济与工商管理学院1995级本科生，北方天途航空技术发展(北京)有限公司创始人。主编多本无人机培训教材，由高等教育出版社和机械工业出版社出版，并被众多无人机职业院校选作无人机专业核心教材。2019年参与教育部《农田信息空天地协同感知与精准管理技术及应用》项目，获得教育部科学技术进步奖一等奖；2016年参与《农田信息多尺度获取与精准管理关键技术及装备》项目，获得浙江省科学技术进步奖一等奖。出任教育部双创导师、深圳无人机行业协会副会长和中国航空救援联盟副主席等。

莫听穿林打叶声，何妨吟啸且徐行

大四那年，杨苁和很多大学生一样，尝试走一条稳妥之路：参加公务员考试。经过辛苦备战，她笔试成绩名列第二，但面试未通过。这对于曾获得北师大一等奖学金的"学霸"来说，是一种信心的重挫，并且错过了保研、考研以及留京的机会，最初的梦想被打碎了。

几经波折后，杨苁成为一名职业学院的教师。回首往事，她说："有时人生并非一帆风顺，我们需要接受命运的所有安排，因为每段经历都有独特的意义。在当老师的过程中，我发现自己非常热爱教育事业，喜欢认真地备课，享受课堂互动式教学，非常受学生欢迎。"对标职业教育领先的德国的师资，她发觉自己欠缺企业实战经验，于是不顾周围人的反对，离开安逸的教学岗位，加入TCL集团，在近六年的实体经济的摸爬滚打后，她真正体会到科技就是生产力，对实业情有独钟。

2008年，也是三十而立之年，杨苁机缘巧合地开启了无人机行业的创业历程。北师大的"教育基因"让她创办的北方天途航空在无人机行业中独树一帜，从无人机系统开发到教育培训，覆盖全产业链。

2014年，北方天途航空成为民航AOPA最早的一批无人机教培机构。从2017年开始，天途立足于无人机的大规模网联化未来，聚焦基于云的无人机架构开发，并在成长迅速的无人机应用市场之一——教培领域——创新应用。

天途已成为中国最具规模的无人机资质

类头部教育机构，同全国400多家中高职及应用型本科院校展开校企合作。杨苡希望通过链接院校、政府、企业和学生，推进无人机职业技能教育，让更多年轻人开启无人系统职业新赛道。

天途是教育部产学合作协同育人单位。谈及校企合作，杨苡说："院校积极推进产教融合以及国际交流，拓展学生的产业理解和全球化视角。"2019年，杨苡与北师大签订了《北京师范大学专业实习基地共建协议》，为北师大师生提供实训和实习平台，体现了其立足未来的情怀和实践。

精感石没羽，岂云惮险艰

时光荏苒，从学生到老师，再从白领到创业者，杨苡身份的转变更像她阶段式成长的标志。谈及学生时代对当下的意义，她说："北师大的经管专业教育为我打下了扎实的学科通识理论基础，在学校掌握的学习方法以及勤奋严谨的学习态度，将陪伴我在职业生涯中不断奋进。"

从一个过来人的视角，杨苡建议道："对于学生而言，社会是一个更为复杂和多样化的系统，因此，初入职场的新人需要花时间找准自己的定位。最好选择一个自己热爱的职业，这样会投入自己所有的热忱，在工作中会发现并且成为更好的自己。"在杨苡看来："如果每个人都能倾听内心真实的声音，并且持之以恒的付诸努力，若干年后，我们大概率都能梦想成真！"

在无人机领域的创业中，杨苡发现女性高管占比与男性相差甚远；在企业创始人中，女性数量则更少。杨苡鼓励女生保持独立和韧性，勇敢拥抱梦想，寻求自我价值的实现。她觉得："女性必须要有自己的职业，结婚生子也许会让职业进程放缓或者暂停，但不能放弃。工作可以赋予女性自立、自强、自信的底气。"

直如朱丝绳，清如玉壶冰

交谈中的杨苡流露出她的沉稳与谦逊。她坦言："创业并非易事，成功概率极低，所以创业者首先须有优秀的抗压能力以及持之以恒的奋斗精神。（创业）不是一个人的行动，需要凝聚整个团队，用有限的资源做好长期战斗的准备。"

经过疫情的严峻考验，天途没有裁员、没有降薪。杨苡觉得自己有责任带领团队度过至暗时刻，并确保持续的成长。她用"如履薄冰""兢兢业业"来形容自己的状态。

此外，她认为创业的核心是为社会提供优质的产品和服务，这需要创业者在自己的领域里持续学习、不断精进，持续拓展认知与格局。

十几年风雨兼程的创业历程，杨苡始终怀揣实业兴国的梦想，关于研发成果，她自豪地介绍道："现在我们通过云控云算技术，可以让无人机突破时间和空间限制，进行多机型多任务的集群作业，目前已经在应急、安防和林业等部门投入使用，我们正在践行（让世界更高效）的使命，让机器代替人去从事危险且繁重的任务。"

未来是平平淡淡，还是追求一个又一个"人生的高光时刻"？在杨苡看来，成功的定义不尽相同，无论是平淡还是巅峰，外界的评价并不重要，我们需要宁静致远，持续实现自我价值，每个人都值得拥有与众不同的人生。谈及未来，她说道："我希望自己几十年如一日，脚踏实地，为客户、股东、员工、社会创造价值。无惧挫折，永不放弃，一直向前！"

桃李不言，下自成蹊

从教学楼到图书馆，北师大校园在岁月流逝中浓厚底蕴依然不减。杨苡对此颇有感触："北师大'学为人师，行为世范'的校训，对我们每位学子都有深远的影响。当我们在社会上打拼与沉浮，当我们面临诸多诱惑与考验，校训始终提醒我们坚守道德底线。"

如今杨苡在北师大教授一门选修课，也是经管院MBA的校外导师。每次回到北师大，她都能感受到内心的平静与能量的激活。曾有位教授说："教育的本质是一个灵魂去唤醒另外一个灵魂。"杨苡在从事无人机教培的过程中坚定地认为："我们不仅在做技能培训，还需要从思政和职业素养方面正向引导学员，激励他们开启精彩的职业生涯。"

北京师范大学120周年校庆来临，杨苡也送上深情的祝福："在国家新一代人工智能与数字化的发展进程中，希望母校能够培养出更多具有综合素质的师资和专业人才。祝母校繁荣昌盛！"

（撰稿：赵航　桂贤娴　韩钰　葛子旖）

85 韩小雨

从象牙塔到实践场，北师大人步履不停

校友简介：

韩小雨，北京师范大学教育学部1997级校友，学前教育专业本科，2001级硕士，2004级博士。曾任北京师范大学教育学部讲师，2011年调到海南省教育厅工作，历任政策法规处处长、厅办公室主任。现任海南省教育厅基础教育处（民族教育处）处长。

选择：从学校到行政单位

与许多进入北师大的学子一样，韩小雨从小就想成为一名教师。高考选择志愿时，她填报了包括北师大在内的多所师范院校。

如愿进入北师大后，韩小雨便跟随庞丽娟老师从事科学研究。在庞老师的指导和影响下，韩小雨始终保持对教育事业的热忱，后来她的研究方向转向了对国家影响更加深远的政策研究。

在北师大顺利读完博士后，韩小雨留校担任讲师。多年的科研和实践经历让她逐渐意识到"待在象牙塔里制定不出好的教育政策"——教育事业常常涉及社会多个领域，人们仅仅从教育理论出发是行不通的，需要在实践中真正了解。也是出于这样的考虑，学校外派韩小雨到海南省教育厅挂职。

挂职期间，韩小雨对教育实践有了更深的感触。她曾在日记中写道："如果我能直接参与一个地方教育政策的制定和实施，是否可以更多地影响这个地方的教育发展，从而影响更多的人？影响一个地方的教育政策，改变更多的孩子，就能更大限度地发挥我们做教育人的作用和价值。"燃起这样的信念后，韩小雨最后选择留在了教育厅中工作，过去在日记里写下的只言片语，成为她日后参与教育政策实践的动力源泉。

挑战：在实践场上"真枪实弹"地"干"

2011年，韩小雨正式调入海南省教育厅，

她先后担任了厅办公室（信访处）副主任、政策法规处副处长、处长，办公室（信访处）主任、基础教育处（民族教育处）处长。从初入实践场挂职的青涩懵懂到如今能在各种繁杂的工作事务中独当一面，韩小雨在教育行政管理岗位上已经工作了十余年。宏观上，她需要贯彻落实教育部对基础教育的各项政策，制定省级层面的各方面教育政策和制度，指导市县落实国家和省里相关的政策要求，推动基础教育改革发展，促进教育质量的提升；微观上，涉及政策制定和实施的全流程管理以及基础教育各学段、各领域的具体工作。而行政工作面临的考核是多样且全面的，如2021年海南省政府工作报告要求省教育厅推动海口等人口流入较多的市县增加学位的重点任务完成考核以及改革创新成果考核等。

教育是社会属性很强的事业，将学校的学习成果运用于实践场上的过程中，韩小雨面临着不小的挑战。2020年韩小雨转岗到教育厅基础教育处工作时就要面对全国倒数第一的海南省公办在园率和普惠性幼儿园覆盖率攻坚提升的考核挑战。平日里，她还要协调相关部门，了解政策形成落地的机制，处理各种不确定性工作，如新冠肺炎（疫情）、生育政策调整等。

得益于北师大多年科研训练培养出的统筹协调能力和乐观精神，韩小雨的工作渐有起色。一年时间内，她和同事们采取了九种政策措施来推动学前教育的发展，全面落实了国家对公办幼儿园在园率和普惠性幼儿园覆盖率"50""80"的硬性要求，全省公办在园幼儿占比从24.5%提高到53.31%，普惠园覆盖率从64.1%提高到86.62%。这次"胜仗"也让韩小雨对"政策研究是一个方向，应先于政策的落实，起到引领的作用"有了更加深刻的认识。她表示，她所做的就是把这些走在前面的研究变成政策去落实，去发挥真正的作用。

行政事业中，一项简单的决定的落实背后也要付出大量的努力。韩小雨曾为针对严重不良行为学生进行矫治教育的专门学校提出了给予老师特殊津贴的提议，但现行的制度无相关政策的支持，事业单位工资管理程序的严格让这项提议遭到了各方反对。考虑到专门学校的工作性质特殊、工作难度和强度大，缺少特殊津贴可能会影响教师队伍的稳定性，韩小雨和同事们对此展开调研，寻找国内外的政策依据来促进这项工作，从省委、省政府到部门层面一一进行协商。多番努力之后，这项看起来简单的工作终于得以落实。

信念：努力办好人民满意的基础教育

与考核的成果相比，老百姓对教育的认可才是韩小雨工作成就感的主要来源，为此，她始终秉承着"要办人民满意的教育"的理念。2021年，韩小雨收获了意外之喜。在国务院对全国教育履职情况的评价结果中，海南的老百姓对教育的满意率位列全国第一。就全国而言，海南省的教育基础比较薄弱，人才体量较小，但近几年来，省基础教育的各项核心指标都达到了全国中等偏上水平。

从北师大的讲师到行政人员，韩小雨一直在为教育事业发光发热、尽心尽力。她说："我希望能在更广阔的范围做一些事情。这条路还很长，因为基础教育是很难让人满意的，但我始终抱有一种乐观的心态，只要方向正确，持续努力，我们就一定会不断进步。"

经验：北师大学生拥有无限可能

在谈及大学生的职业规划时，韩小雨认为职业生涯规划要扎根于现实生活，在考虑家庭基础与期待之外，更需要认识自己和认识社会。

韩小雨出于对教师职业的向往选择了教育事业，她认为，认识自己就要了解自己的职业理想、个人的能力倾向以及价值追求。如选择科研应具有对科研的兴趣和能"坐冷板凳的耐力"；选择成为教师，应该有耐心和交往能力；选择成为公务员，需要有一颗"公心"，有协调能力和奉献精神；选择进入企业或者创业，需要有活络的思维来产生源源不断的想法与创意和极高的抗压能力。同时大学生也需要认识社会，了解社会能够提供的选择和平台。韩小雨以这几年变化较大的教育培训行业为例，新

的政策出台，就要产生新的行业认识，大学生要适应这种变化。

对于向往行政岗位的同学，韩小雨建议：首先，继续学习深造以提升自身的综合素质；其次，养成读书、思考的习惯，拓宽知识面，加强对社会的了解；再者，积极参与学生工作等各项活动来提升协调交往能力；最后，由于公务员职业的特殊性，可以通过实习去了解其具体的工作内容。

谈及实习，韩小雨对北师大的职业发展与就业指导工作对学生实习安排的重视十分认可，同时她希望母校实习和职业实践的岗位可以扩宽范围和类别，比如扩展到一些新型的教育产业、教育服务业等，为学生提供去行政机关的实习机会，帮助其更好地了解行政岗位，从而进行职业规划。教育行业中有许多不同的层级、类型，新时代教育还会有更多分类，这也要求学校不断更新信息，扩大职业规划设计和职业实践的平台，让学生有更多的机会去体验教育细分的不同领域，从而更科学合理地做出职业选择。同时，她也由衷地希望能有更多专业人士加入政府的教育事业。

往者不可谏，来者犹可追。韩小雨对师弟师妹们满怀信心，她相信每一个师大人都有无限可能。韩小雨鼓励在校生把握现在，认真学习，在学科训练中锻炼思维能力，提升基础素质；鼓励在校生拓展交往面，多感受，多了解，多和优秀的老师、师兄师姐接触，也许会

收获人生的另一种可能；建议在校生若非家庭因素，应该将成长的空间和平台摆在初期职业选择的重要位置。

究走向教育行政，从改变一群人到改变一个地区、一个领域，韩小雨不断向前，坚守初心。她始终怀抱热忱在教育领域中深耕笃行。

（撰稿：吴梦琪　曹添子　张金兰）

后记

从校园到职场，从学生到讲师，从教育研

86 李 娜

纵览金融风云，寄情乡村振兴

校友简介：

李娜，北京师范大学经济与工商管理学院1997级校友，2001级硕士研究生，现担任全国社会保障基金理事会处长。2020年被派往重庆市酉阳土家族苗族自治县挂职，任县委常委、副县长，2021年荣获重庆市脱贫攻坚先进个人奖励。

扎根基层：让金融在实体经济上开出花朵

在国家级养老金投资机构历练成长，李娜掌握了一身投资运营的过硬本领。转身投入脱贫攻坚的一线，她积极响应国家西部大开发的号召，主动报名西老革挂职项目。按照上级组织的派遣，她与其他14名中央国家机关干部一道，奔赴重庆相对贫困偏远的渝东北三峡库区与渝东南武陵山区。李娜所在的酉阳土家族苗族自治县，位于武陵山区腹地，面积5173平方公里，人口86万，曾是重庆贫困人口最多、脱贫任务最重的区县之一，实现脱贫摘帽后，困扰当地的绝对贫困问题得以解决，乡村振兴发展接续推进。

一边是金融，一边是扶贫，两种不同类型的工作，看似没有什么关系，但在李娜看来，它们有着紧密的结合。因为不论是社保基金会，还是县域工作，这二者最终满足的需求是一样的，都是促进社会实体经济的发展。

在社保基金会的工作中，金融的扎根需要依托实体经济。作为一名从业16年的特许金融分析师，李娜总结道："金融是跨时空的资源优化配置手段，只有满足实体经济的需求，与实体经济形成良性互动，金融才能开出最美的花朵。实体为本，金融是花，如果金融不深深地扎根于实体经济，就是无本之木、无源之水。"

在县域工作中，实体经济也需要金融助力。到了县域之后，李娜更加意识到，无论是产业发展，还是为人民群众提供长期可持续的公共服务，都需要金融的助力，金融是县域治理的有效方式之一。一个地区要发展，一个项目要落地，当然少不了资金层面的支持，而带有资源和能力的钱是更为稀缺的，从这一点来看，金融便能够更好地提供更优解决方案的钱。

特别是转入乡村振兴以来，金融与县域治理的关系就更紧密了。脱贫攻坚阶段，尚有专项的资金支持，财政承担了绝大部分刚性的资金支出。转入乡村振兴阶段后，从"点对点"精准帮扶的脱贫攻坚，到普惠、持久的乡村振兴，具体内涵涉及乡村面貌的改善、乡村产业的持续发展、乡村人居环境的改善、老百姓生活体验等方方面面的提升和优化。此时，财政不可能覆盖所有的支出，更需要金融动员各个业态能够提供的资金，包括社会资本在内，在乡村振兴的过程中发挥作用。

李娜的此番挂职，就是将她的金融专业与扶贫工作进行全过程融合与碰撞的一次体验。

勤勤恳恳：老百姓的心里有一本账

在区县工作，每位领导干部都有自己相对明确的分工，每个人都是基层治理体系中的一个螺丝钉。

李娜分管供销社和社保保险工作，在被问到基层工作过程中有没有巧劲儿时，她笑着脱口而出："没有巧劲儿，每一件事情都必须扎扎实实，细水长流地去推进，这也是总书记能够面对全世界宣布我国已告别绝对贫困最大的底气。"脱贫攻坚事无巨细，让脱贫群众不愁吃、不愁穿，义务教育、基本医疗、住房安全等都有保障，一桩桩、一件件事都有工作台账，有清晰的记录和对应的帮扶人员。李娜补充说："这是一个系统性工程，对于规模化返贫，绝对零容忍。这么一个庞大的基业，是需要每个参与扶贫的工作人员用全身心的投入和万分仔细的态度来夯实的。"

县域工作的特点在于，服务的对象更为广泛，处理的事情更为繁杂。李娜认为，这需要扶贫干部用更加积极的心态，更加开放的态度，既谦卑又专业地融入地方治理的生态。李娜说："老百姓心里都有一杆秤，群众的眼睛是雪亮的，能清楚看到我们这些干部是不是真正为当地做实事。"

沟通与分享，是挂职干部最有效的工作方式之一。李娜抓住每一次机会，与县里最基层的同志们交流多年工作经验与观察所得。无论是通过县委县政府的发言，还是众创空间的青年沙龙，甚至在散步路上碰到的村民、出租车司机、理发师等各行各业的人群，李娜都积极地尝试着去和他们交流，摸索着用通俗易懂的语言给他们讲解经济管理和实业运营的理念，传递城乡融合发展的思路与方法。

讲到初心与使命，李娜分享了一名老党

员对她说过的话。那是在海拔较高的谢家盖草原，老人就生活在这里。"当时看他的状态就和别人不一样，后来一问，原来是一名党员。"这名老党员说："脱贫攻坚也好，乡村振兴也好，我们并不指望能从国家拿到多少补贴，只希望有带头人把我们的产业做起来，只要把产业做起来了，生活就有奔头。"这番话让李娜为之动容，基层的党员同志的耿直淳朴更坚定了她在广阔乡野大地上肩挑重任、聚焦产业、扎实工作、为民服务的信念。

融合协调：用专业知识为乡村带来创新发展理念

挂职干部参与乡村振兴的一大重要意义在于，他们能够运用自己专业的知识、开拓的视野、全局的角度和积淀的经验为县域发展带来创新发展的活力。李娜认为，创新应该是落到实处的，如果一个项目没有落地，就无法称之为创新，真的创新是做出产品和服务来，这需要时间和过程。而产品服务的落地又分为决策前、执行中、评估后三个阶段，尤为关键的是，决策前发展理念的提出须能够提纲挈领地引导项目的发展方向。

作为资深金融从业者，李娜敏锐地看到了县域经济发展存在的问题及其发展的潜力，提出了一些颇具创新性的发展观念和建议，开拓了地方经济发展的思路和思维。

比如，李娜敏锐地意识到，金融机构与农业合作社和供销社的融合是当前"三社"融合（供销社、农业合作社、信用社）的重要瓶颈点之一。李娜分管的供销社，其中非常重要的任务便是"三社"融合。"目前，供销社下面的基层供销社、综合服务部、农业合作社之间的融合做得还算是可以的，但供销社和信用社，也就是金融机构的融合，做得还不够。"于是，李娜在前期做了很多工作，促进农业合作社融资，进而带动当地的产业发展。在促成两个机构融合的过程中，困难重重，常常出现"一个来自金星，一个来自火星"的问题，双方都有各自的目的和诉求，所以沟通显得非常重要。李娜经过一年的工作积累，对当地的"三农"工作有了较多的了解，更明晰了农业合作社的诉求与金融机构的放贷考量，在保证金融机构放贷底线的基础上，尽量满足农业合作社的诉求，将更多金融力量注入农业合作社的产业发展中，为合作融合构筑基础。

再如，李娜为当地旅游业的发展建言献策。西阳处在青山绿水的怀抱中，自然条件极佳，历史底蕴深厚，文化灿烂，有桃花源、菖蒲大草原、阿蓬江、乌江、百里画廊等秀丽壮美的自然资源。但按照以往惯例，西阳县把旅游人群定位在周边300千米进行宣传，而这些景色对于周边人群来讲是再熟悉不过的，吸引力大大下降。于是李娜提出，要把目光投到北上广深等更远的城市人群，这些景色便成为令人震撼的中国山水之美了，一系列的宣传政策与手段也要着眼于更广泛的潜在目标人群。李娜说："这也是我们挂职的价值，从不同的视角为当地发展带来不一样的角度和看法。"同时，她充分利用包括在特许金融分析师协会担任ESG技术委员会成员的机会，宣传和推介酉阳，将"这世界上有两个桃花源：一个在你心中，一个在重庆酉阳"的宣传语广而告之，时时刻刻把酉阳放在心里。

除此之外，李娜运用自己的专业知识，向当地村民传达党和国家最新的经济政策理念与市场规则精神。比如，"三社"融合中所需的现代企业制度框架与具体治理、政府引导基金设计的初衷与要义等，而这恰好与李娜在社保基金会做的投资工作相契合，于是，李娜充分利用自己的专业背景，审时度势地传播法制化市场化理念，以及营商环境改善急需的契约和规则精神。

峥嵘岁月：北师大的精彩生活与精神滋养

回首十几年前的大学生活，李娜说道："世纪之交，北京的高校多元、灿烂、奔放，北师大亦是如此。北师大给予我们精彩的校园生活，丰富多彩的活动给了我们彼此亲密的接触，也给了我们和同龄人共同成长的机会。同学们到现在还保持着很好的联系，我们都在各

行各业践行着北师大精神，努力成为某个领域中优秀的人。"

而北师大精神，李娜概括起来便是：谦虚谨慎、不骄不躁、身体力行。她说："可能我们师大人走出去后不擅长自我推销，短期内给人留下的印象并不突出。但是我们师大人有着'老黄牛'精神，我们始终在那里，耐心、执着、坚守，最后市场和社会会报以我们掌声。"

青春寄语：不给人生设限，踏实地持续学习

以学长的身份，李娜分享道："在学校的时候，多数人都在仰望星空，只有少数人在脚踏实地干事情，这少数人很珍贵；等到工作以后，多数人都在脚踏实地干事情，只有少数人在仰望星空，这少数人也很珍贵。因为，在学生时代，我们需要在学校踏实学习，打下扎实的专业基础。而步入社会工作，事情和业务太多了，大多数人根本没时间抬头仰望星空。倘若我们能在工作之余，沉浸下来，放空心灵，提升灵魂，认真思考生活中什么是最重要的，这也就很珍贵。"

青春就是有无限的可能。李娜说道："只要是可以干好一件事情或者提升某方面的技能，喜欢什么，就去做吧！不要给人生设限，因为我们根本不知道什么时候就用上它们。只

要不违法违规，在完成学校基本要求的基础上，想干什么就去做，大学生活应该更丰富多彩一点。不要焦虑，因为这一点儿用都没有。"

对于目前在基层工作或者将赴基层工作的师弟师妹，李娜也有自己的一番叮嘱："当我们来到工作岗位，可能存在专业和事业不对口的问题。但是，专业本身并没有这么要紧，重要的是我们要有持之以恒的精神，知识上的欠缺都是可以通过后续努力弥补的。而本科生的优势恰恰就在于年轻，吸收知识快，好培养。最怕的就是，当我们在校园里学到了知识后，到了工作岗位便停止学习，或者说不开放地学习了。那么，社会和实际生活会狠狠地教训我们的。"

如今，越来越多的大学生选择到基层锻炼学习，李娜认为，这对于国家来说，获得了不可多得的人才；对于大学生来讲，获得了不可多得的学习机会，他们可以在走出象牙塔的实践中，在以奋斗为底色的青春里，日益了解和评估自己还需要学习的方面，从而获得更大的进步。

（撰稿：钟润文）

87 孔亚平

在祖国大地上科研，为交通绿色发展耕耘

校友简介：

孔亚平，北京师范大学地理科学学部自然地理学专业1999级校友，师从张科利教授。2002年毕业，进入交通运输部科学研究院工作，先后主持和参加多个国家级和省部级重点项目，获国家科技进步二等奖1项、省部级特等奖3项、一等奖3项、二等奖9项、三等奖4项。现任交通运输部科学研究院环境中心主任，二级研究员，全国"三八红旗手"，交通运输部中青年科技创新领军人才。长期从事交通环境保护与可持续发展的研究和咨询工作，专注于交通环保、绿色低碳和交旅融合相关研究和工程实践。曾获中国公路学会青年科技奖、中国公路百名优秀工程师等荣誉称号。

成长：没有一点努力会被辜负

1999年，一个稚嫩、惯于穿深色衣服的普通女孩走入了北师大，开启了人生新篇章。3年硕士生活，她不断汲取着老师们给予的养分，从腼腆害羞的女孩成长为独自驻守野外的地理人，从懵懂无知的孩子成长为待人处世逐渐成熟的大人。她的工作生活处处有着北师大的印记，她永远是北师大的一员。

回顾北师大时光，孔亚平说，张科利教授和刘宝元教授对她影响深远，他们不仅是她学术科研的授业人，而且是她人生路上的传道者。她现在仍对两位老师的教诲和教育理念牢记于心，刘宝元教授有一个"批评恒定论"——认为一个人一生受到的批评是恒定的，在学校被老师指出来多了，改正了，未来在社会中被批评的次数就少了。上学时，每一次组会，每一次展示，论文中每一句表述、每一张图表……两位老师都会认真严格地对待，只要表述不清楚、不符合要求，就会指出让大家独立修改。在一次次反复的修改中，孔亚平锻炼了科学思维，逐步学会了解决科学问题的方法和能力，这为她的学术之路打下了坚实的基础。两位老师也常在生活中教她为人处世。组里会常常进行团队建设，每次组会或者聚餐后的桌椅摆放都要复原；每周组内同学都要进行一次卫生大扫除，包括组内所有老师的房间；野外考察时，首要技能是制定严密的调研和实验方案以及进行相关准备工作，再是较强的动手能力和野外生存能力……这些在组里培

养的谦卑有礼、科学严谨、团队协作和自立自强的意识，早已悄无声息地融入日常的生活中，也成为孔亚平一生的财富。她说，在北师大读书、跟老师做研究，是非常宝贵的，一定要珍惜每一次学习、历练的机会，能多做就多做，每一份付出和努力都会收获成长，都不会被辜负。

求职时，孔亚平也曾想过成为一名老师，但偶然间从在水保所做实验时认识的一位同学那里了解到一则招聘信息——交通运输部科学研究院在招聘，她才决定试一试。面试前，张科利老师建议她用一个文件夹准备好野外做实验时的系列照片和相关成果，尽可能清晰地展示自己，并亲自帮她整理、检查相关材料。这些准备让她最终顺利通过面试并获得宝贵的实习机会。经过5个多月的实习，她以自己过硬的实力留在了交通运输部科学研究院。回想这段经历，孔亚平多次强调自己非常幸运，幸运地了解到招聘信息，幸运地争取到实习机会，幸运地留任，但每一段幸运的背后，都有她默默的付出和努力，是这些付出和努力造就了她的"幸运"。

积累：没有不会，更没有不能

刚入职，孔亚平就接到了一项自己从没有尝试过的任务——为院里打算申请的项目"冻土地区公路建设生态环境保护与评价技术研究"写项目申报书。这和当时参与过的科研工作相距甚远，一筹莫展之下，她动了退缩的念头。是张科利教授的一番话点醒了她，这也成为她工作中一直坚守的信条："永远没有'不会'的工作，努力学习，总能把'不会'变为'会'。"摆正态度后，孔亚平从头开始，查找相关文献，明确项目的主要目标是解决青藏公路改扩建过程中的环境保护问题，刻苦学习青藏高原生态环境、公路建设生态环境影响等相关理论和技术知识，遇到问题不断向前辈和老师请教，最终完成了申请书的撰写，成功中标并成为这个项目的主要参与人。

此后的4年间，青藏高原成为孔亚平的另一个常驻地，每年两三次进藏，在海拔4000多米的工地一待就是两个多月。面对全新的研究领域和艰苦的地理环境，她也再没有过"不会""不能"的想法。按照之前形成的科学研究思路，她查阅文献，走访调研，实地观测，请教专家，找到关键性问题的技术路径后，通过实验工程进行验证，不断跟踪观测和成果总结。高原科研经历中，她是大课题组唯一一名女性，不怕艰苦，克服身体的严重不适和工作中缺少设备的各种困难：住所简陋到靠烧牛粪取暖，没有条件洗澡，没有通信设施和手机信号，实验设备须自己到镇上去加工，工程设备要到铁路施工现场去租……最终她还是和伙伴们一起圆满地完成了这个项目，并获得了中国公路学会科学技术奖一等奖。也正是这段最难忘最艰苦的经历，让她在工作中迅速地成长。

孔亚平说，工作以后每个人都可能会遇到很多自己不擅长的事，但是布置给你，肯定是领导认为你可以，你就要去尝试，如果不尝试就说自己不会，那是不行的。后来，她虽然接触了更多更难的工作，但都靠着不怕困难、不懂就学的态度，勇于承担的责任感，吃苦耐劳的精神，一次次攻坚克难，出色完成。这些经历，一步步地成就了她在公路环保领域的深厚造诣。

飞跃：让交通建设的美更加多彩

问及具体的工作内容，孔亚平说，从研究内容上讲，主要是和交通相关的环境保护问题，比如说生态保护、节能减排和污染防治等；从研究类型上讲，政策研究、技术研发、标准规范制定都有涵盖；从研究领域上讲，陆路水路都会涉猎。可能是感受到了我们的一脸茫然，她又笑着补充道："形象地讲，我们就像交通领域的一块砖，行业需要我们做什么，我们就做什么。"

从刚入职时的"冻土地区公路建设生态环境保护与评价技术研究"项目，到近年来的"西部地区公路建设资源保护成套技术研究"项目，再到承担"生态敏感地区陆路交通基础设施生态保护与修复技术研究"国家重点研发

计划，孔亚平及其团队20多年如一日地在交通领域深耕，真正推动、践行并见证了交通运输领域中环境保护理念从环境友好型交通到绿色交通再到低碳交通的转变。每一步看似简单的理念转变，都紧跟政策变化，都是一代代交通人努力的结果。

在这个过程中，"绿色公路"的概念在中国逐渐建立并得以完善——以最小的能源耗用、最低的污染排放、最少的生态环境影响来获得最优的工程质量和最高效的运输服务效率。进一步地，"旅游公路"的概念也在中国逐渐发展——在交通建设过程中保护青山绿水，建好道路不留污染的同时，把青山绿水变为金山银山，实现生态和经济的高质量发展，把路建成旅游产品，结合自然和人文，讲好文化故事。在她和团队的建言献策下，交通运输行业和旅游行业融合发展，从肩并肩走向手拉手，为社会经济发展创造了更多新动能。谈到这些，孔亚平滔滔不绝，神采飞扬，语气中难掩自信和希冀。她说，这是一件非常有意义的事情，公路建设的同时，保护了生态，美了乡村。建设美丽公路，让乡村的美丽走出去，把乡土美和公路建设结合起来，讲好中国交通故事，打造国际精品旅游线路，这她对旅游交通的期待。

（撰稿：侯程程　孔亚平）

88 杨 希

长风破浪会有时，直挂云帆济沧海

校友简介：

杨希，北京师范大学系统科学学院1999级校友。从事风险投资行业15年。2008年至2014年就职于德丰杰全球核心基金，先后担任投资副总裁、合伙人；现任沣扬资本创始合伙人。他擅长前瞻性地把握新科技趋势下中国公司的比较优势并提前布局，早于2010年即开始投资物联网和智能制造，并建立映翰通、恒实科技、和鹰机电、上海大郡等明星企业。曾获得《投资界》2016年"最具潜力35岁以下创投明星"，中国风险投资研究院CVCRI"2017中国新锐魅力领袖TOP20"等荣誉。

博观约取，厚积薄发

杨希是四川泸州人。高考填报志愿时，他坚持走保守路线，以高于清华大学、北京大学录取分数线的成绩被北京师范大学顺利录取，并开始学习系统理论专业。

从大一到大四，在数学、物理类课程考试中，杨希一直保持近乎满分的成绩。大学毕业前，成绩突出的他顺利地获得了保研机会。"2002年，我拿到了两个保研的offer。一个是到中科院计算所读人工智能专业博士，另一个是到北京大学光华管理学院管理科学工程专业攻读硕士。经过慎重考虑后，我决定去北大。"由此，杨希成为北师大系统科学学院第一个被保送到北京大学的学生。也正是这个机会，让杨

希有幸开始接触投资领域。在光华管理学院的研究生学习经历为他奠定了扎实的功底。他在计算机模拟、复杂系统、神经网络人工智能等前沿领域受到了非常系统的学术训练，这为日后他迈入高科技投资行业打下了很好的基础。"从事高科技风险投资行业，要想做得出色，需要的是跨学科的知识储备。一方面，需要有商科的基础，比如对管理学、金融学要有一定了解；另一方面，需要具备理工科的思维方式及相关技术领域的认识，这样才能更好地了解高科技领域的企业状况，并做好风险投资。"

抓住机遇，敢于冒险

2004年，在读硕士的杨希误打误撞去了鼎

晖投资实习。当时，鼎晖投资刚从中金投资集团划分出来，虽然体量小，但接近10个月的全职实习使他对投资行业有了全新的认识。

2005年5月，君联资本去北大招聘，此时的杨希已经跟一家企业签约。君联当时的招聘要求是只招MBA。杨希出于对风险投资行业的憧憬，竟鼓足勇气，"非常冒昧地去投了简历"。幸运的是，他得到了面试机会。而不幸的是，他被果断拒绝了。然而，一个多星期后，君联新来的投资负责人看到了他的简历，并给了他第二次面试机会。最终，他顺利地被录取，但是要通过长达半年的考验才能顺利转正。为了这份类似于临时工的工作，他必须与之前的企业解约，解约代价是失去北京户口。然而，他还是义无反顾地选择了这份自己喜欢的工作。当时，全国风险投资行业的从业者也就一二百人，作为一名应届毕业生，他能够跻身到这个行业，难度显而易见。2008年，杨希加入了德丰杰全球核心基金。他在那里接触到了硅谷的具有前瞻性和敏感性的投资理念。2013年前后，他开始把本土和硅谷两种理念糅合，形成自己的投资方法论。

从2005年正式入行风险投资，经过十年的磨砺，杨希在2015年决定创立自己的基金——沣扬资本，致力于成为高科技风险投资顶级品牌。

杨希认为自己之所以能够做好投资，是因为有以下三方面的优势：一是对这件事情有源于血液、发自骨髓般的热爱，这是一切的前提；二是有很强的学习能力，不断以开放的心态学习新兴的事物；三是有冒险精神，勇于在不确定中做决策。

饮水思源，反哺母校

2013年，1999级系统科学学院校友举办"十年再相聚"活动。当同学们聊起各自从事的行业时，大家都对杨希所从事的投资行业充满好奇。在那时，投资还没有像现在这么火热。杨希向大家介绍："我们在系统科学专业中塑造的学习方法和思维方式，其实非常适合做投资领域的工作。"为了回报母校的培养之情，1999级学院统科学学院校友自发捐款共计6万元。最终，这笔资金作为"久久源川奖学金"启动资金，此后一直由杨希负责投资和管理。杨希表示，"如果赔了，我来兜底。如果这个钱不够了，我个人会一直付下去"。目前，"久久源川奖学金"已资助系统科学学院优秀学子近8年，账户资金已达30余万元，资助金额从最初的4000元/人上升到6000元/人。

杨希说："设立'久久源川奖学金'有三个目的。第一，想让大家知道系统科学学院培养出来的人是非常有优势的；第二，鼓励师弟师妹们努力学习；第三，提高学院知名度。我在北师大读书时，系统科学学院特别小。当我跟其他人提到系统科学专业时，人家总说没听过。我想通过校友的努力，尽自己微薄之力，为学院创造一点跟其他学院没有的福利。"

"饮水思源、海纳百川"是"久久源川奖学金"的美好愿景，承载了1999级学子对学院的感恩之情和对师弟师妹的殷切希望。杨希通过自己的行动践行着系统科学人的大爱与担当。

奋斗在社会的大熔炉里，很少有人是一帆风顺的。只有坚持学习、把握机会，才可能逃出平庸的旋涡；只有常思己过、莫论人非，才可能避免走多余的弯路。最难坚守是平凡，最不能忘是初心，杨希师兄秉承"学为人师，行为世范"的校训，用自己的故事阐释着系统人担当实干、行胜于言的情怀和担当，激励着系统科学学院的学子与祖国发展同行、放飞青春梦想，以聪明才智贡献国家，以开拓进取服务社会！

（撰稿：任峻泽　张中杰　陈娜）

89 陈洪伟

凡心所向，素履以往

校友简介：

陈洪伟，北京师范大学文学院1999级校友。2003年攻读艺术与传媒学院硕士研究生。曾经担任万达影视副总经理、腾讯影业副总裁等职务，目前北京电影学院博士研究生在读。

以梦为马，诗酒趁年华

谈起在北师大的生活，陈洪伟说那是一段舒服惬意的时光。他高中就在北师大预备班，一直理科成绩优异却报读文学专业，原因竟是文学不好所以要学，这种探索精神和不惧困难的挑战品格令人敬佩。陈洪伟形容自己是逐水草而居的"游牧民族"，闲来无事就喜欢在老主楼的长椅上半倚着读自己爱看的书。也正是这四年文学知识的滋养成就了后来的他。他非常感激在北师大遇到的老师，他们循循善诱，让他的思维更加开阔，使他在纷繁复杂的社会里仍然坚持本心。

研究生阶段的陈洪伟选择了影视专业。在一次偶然的观影中，他与电影结下了不解之缘，这部电影给了他内心极大的触动，他认为电影带来的全方位冲击力与文学相比有截然不同的效果。与选择本科专业的想法同出一辙，陈洪伟因为自己不擅长所以选择进入影视系深入研究，但更多的是因为对电影的热爱。他不仅喜欢看电影、研究电影，还在研究生阶段做了很多与电影相关的活动，如在北师大组织放电影、组织同学看电影、邀请主创参加活动等。"做自己喜欢的事情，那份沉浸和快乐感是不一样的。"这一份热爱一直延续到现在，从交谈中我们能够感受到他对电影的热忱和对自己内心所爱的坚守。

在北师大学习的时光让陈洪伟在热爱的领域里熠熠生辉，更大的影响则是使他形成独立思考的能力，能够自己做出判断。

保持热爱，奔赴山海

陈洪伟履历出色、阅历丰富的背后，是他积极的思考状态、学习能力和行动实践。

谈及自己的职业生涯规划，陈洪伟说，在研究生阶段，他已经对未来的职业做了一系列准备，他对自己在未来的工作、职业生涯中可能会面临的问题提前进行了思考，在真正进入职业生涯时便从容了很多。陈洪伟在获得硕士学位后直接进入万达公司，从事电影营销宣传、市场发行方面的工作。万达影业往往只招聘具有一定电影行业从业经验的工作者，而陈洪伟作为"初出茅庐"的应届毕业生，之所以能拿到万达公司抛出的橄榄枝，是因为他在研究生阶段曾在多家电影公司实习，在担任研究生学生会主席期间也开展了多项与电影相关的大型活动，具有丰富的实践经历。正如陈洪伟所说："进入万达时，我的状态已经不是一个应届毕业生了，而是在电影行业工作了三年的从业者。"

陈洪伟在万达公司九年，见证了万达公司快速发展的开创期。陈洪伟继续保持自己在读书时的那份创造性和主动性，不断尝试新潮概念与新鲜事物，在对电影的热爱中沉浸于并享受着每个任务，他并没有将自己的工作视作一成不变的循环往复，在万达院线工作六年后，他转岗到万达影院工作了三年。对于职业的规划和判断，陈洪伟提出的建议是，应该为自己

热爱的事情付出时间和精力，在体验中获得感知。

"思考决定行为。"陈洪伟工作发展的每个阶段都包含了他的一贯思考。他结合自身工作，继续对电影行业深入思考，在产生困惑与解答问题之间不断探索。现在，他选择另一种方式来继续电影工作——去攻读北京电影学院博士。无论是何种工作路径，陈洪伟都是一个怀揣热爱、一往无前的电影追梦人。

终日乾乾，与时偕行

参与过多个影视IP项目的陈洪伟直言，IP改编是前几年的潮流，如今随着互联网时代的发展，新的潮流已悄然出现。陈洪伟认为，互联网经历过了传统的PC互联网时代和移动互联网时代，现在的环境又和移动互联网时代不一样了，并在对当下的社会环境、生活环境、文化环境产生影响。"全真互联网""产业互联网"以及现在非常热的概念"元宇宙"，都是对下一个互联网时代的解读，陈洪伟则更倾向于称之为"沉浸互联网"。他认为这个沉浸不是把人沉浸于数字世界，而是数字世界无形中已成为人生活的一部分。

陈洪伟认为，我们现在处于"在网"阶段，而下一个阶段将会是"浸网"。大家的思维方式在发生变化，社会的集体潜意识在发生改变，"浸网"将成为未来大的互联网趋势。陈

洪伟以影视剧《开端》为例进行了解读，他认为《开端》就是"浸网"时代的开端，它将网感与现实感巧妙地融合在一起。面对未来影视行业的发展，陈洪伟认为这种沉浸与融合会越来越强烈，这种创作也值得持续关注。"现实与虚拟的边界越来越模糊，人类的生存焦虑、生存危机、生存乐趣都将发生在这个时代。"

面对新的互联网时代，陈洪伟对影视行业的未来进行了解读。他认为，未来需要的是"沉浸互联网"时代的人才，沉浸意味着融合，那么它需要的也将是复合型人才。一个懂艺术、有审美，同时懂技术、会编程的人，在未来的影视行业中大概率不会找不到工作。陈洪伟建议，现在获取信息的渠道很广，同学们要具备更多的技能，而不是只掌握单一技能。"因为一旦沉浸，就会有新的领域出现，甚至会取代旧的领域，要不断给自己增加优势。"

享受迷茫，提灯前行

谈及对年轻人择业的建议，陈洪伟直言当前信息爆炸的时代不同往昔，带来很多的机遇的同时也引发了一系列"小马过河"现象：老牛和松鼠告诉小马的都是事实，大家都提出不同的建议，但能不能过河，小马得自己实践。陈洪伟建议年轻人利用好这个时代的机会，做自己喜欢做的事，是成是败并不重要，重要的是自己不后悔。同时，陈洪伟认为当下的年轻人应当具有"信息自主"的能力。陈洪伟指出，现在的娱乐诱惑与信息诱惑比过去多，繁杂的社交网络及手机对生活的介入极大地改变了人的生活和行为模式，这时候便需要足够的自我克制，学会过滤信息，提取自己需要获得的重要信息，因为"信息能够塑造人，你接触什么样的信息，你就会变成什么样的人"。

关于就业选择时应考虑的因素，陈洪伟提起了自己"体验派"的人生观。他在中文系"逐水草而居"的生活中探寻到对于电影的热爱，之后便以电影为圆心在校内校外尝试了多种多样的活动，他说："有了电影这个底层动力之后，其实不论做什么都会享受这个'冲浪'的过程。"将热爱作为自己的内驱力，在体验中积累职场经验，是陈洪伟对年轻人的忠告。陈洪伟还建议影视专业的学子在读书期间不要着急在自己的就业大方向上下结论，而是在操作层面给自己一些必要的小训练。他提到，自己在读研期间帮人剪片子，来训练自己的视觉思维与剪辑逻辑。陈洪伟认为，通过此类操作性的训练来积极拓展自己对于影像表达的认知，对影视行业的实际工作大有裨益。

针对年轻人的就业焦虑与迷茫，陈洪伟给出了自己的答案。他认为人生有不同的时期，人人都会有阶段性的迷茫；遇到迷茫期时，一定要享受这个过程。因为在一往无前的阶段，行动会多于思考，只有在迷茫时才有机会思考下一步的落点。同时，陈洪伟指出，享受迷茫不代表放任自己消沉，深陷迷茫期则更应该积极思考、学习、行动。在直冲期重视行动力，在迷茫期多点思考力，在个人的周期交替中寻找自己的发展节奏。

最后，陈洪伟对第29届大学生电影节以及在艺术与传媒学院就读的学弟学妹送上了自己的祝福与期盼。作为大影节曾经的参与者，他一直有感于大学生电影节对青年创作者的支持，自己也计划未来给予更多创作者发声的平台。陈洪伟认为中国影视行业的每一次颠覆与变革都是由年轻人推动的，行业对于年轻人带来的新视野、新技能充满着期待，青年影人务必不要将自己禁锢在没有经验的焦虑中，多多沉淀，日拱一卒，最终定会功不唐捐！

（撰稿：尉馨文　杨露露　迟贝贝　丁璐　丁丽月）

90 贺航飞

务实的理想主义者

校友简介:

贺航飞,北京师范大学数学科学学院2000级校友,第二十六届"海南青年五四奖章"获得者。中学数学高级教师,现任海南中学教务科副科长。自2004年9月起,担任海南中学数学竞赛教练员,先后指导130余人次获得全国高中数学联赛海南省赛区一等奖,70余人次获得国家级奖励。先后被评为海南省骨干教师、海南省有突出贡献优秀专家、海南省优秀教师,入选海南省"515人才工程"。

与贺航飞约定好电话采访是在下午三点。一接通,电话那头就响起一个有些沙哑、略带南方口音的声音。交谈的过程中,贺航飞说话的语气始终是温和而亲切的,可以想象出平常他与学生相处时的模样。

相遇 · 北师大

贺航飞出生在湖南省衡南县的一个农村,在中学课堂上,老师激励的话语悄悄地在他心里种下了一颗具有北京情结的种子。2000年,从进入北师大那一刻,他梦想的种子终于开花了。

回忆起初到北师大报到的日子,情景仍历历在目:热情的北京老太太把不识路的他带到了校门前,因为提早到了一天,宿舍还没有铺好床,他和同学只好睡在床板上,用来避寒取暖的只有一件军大衣。很多年后扎根在海南的他,仍旧对北京初秋下过雨后的凉意记忆犹新。

虽说是充满理性精神的北师大数学人,但学养深厚的北师大还是在贺航飞身上留下了文人气质。20世纪80年代是北师大诗歌潮的顶峰阶段,刚入学的他正好赶上了诗歌潮的尾巴。大二那年贺航飞加了五四文学社,此后的一年里他都有着"诗人"的身份。这一段"诗人"经历,他也时常会在跟学生聊天时提起,学生们既惊讶又觉得有趣。当然,无论是从贺航飞日常谈吐的幽默睿智中还是从他待人处世的谦逊儒雅中,我们都能感受到他身上或隐或显的文人气息。

毕业时，来北师大招聘的海南中学领导生动幽默地告诉同学们"海南岛是一个充满生机和活力的地方，插根扁担都能发芽"。贺航飞对这个美丽的热带海岛燃起了极高的兴趣，签下了到海南中学任教的协议。从湖南到北京，再从北京到海南，一路的轨迹没有太多的纠结困惑，反而包含着更多顺其自然、水到渠成的意味。也许，这种做出相应努力之后一切随缘的坦然态度，在当下大学生普遍存在的"就业焦虑"面前，未尝不是一种更轻松自在的选择。

扎根·探索

2004年9月，从初次站在讲堂的那一刻起，贺航飞就开始探索如何做一名合格的数学老师。"工作的第一年尤其关键，因为这是学生与老师之间形成正反馈的过程，而随着学生对自己的正反馈不断增多，老师的自信也会逐渐积累，更加惠及课堂教学，师生之间的感情也会不断加深。"令人欣慰的是，在2007年贺航飞所带的第一届学生毕业后，他已经在海南省内小有名气了。纵使如此，贺航飞还清楚地记得第一次上课的情景，在课前他几乎把每一句台词都想好了，课堂上的教学也进行得很顺利，却唯独忘记了向同学们介绍自己的名字，直到有位同学下课问他的名字，他才意识到。

如何让每一堂课变得生动有趣，是老师需要琢磨思考的问题，贺航飞的经验是：用心准备问题，而不仅仅是题目，掌握好提问的契机。意识到高中生涯的第一节数学课对孩子们来说的重要意义，贺航飞没有一上来就教授课本知识点，而是提出了一个十分生活化的问题："如何买菜更划算"——青菜价格平均每斤一块钱，现在有两种买菜方式，一种是每次买一块钱，另一种是每次买一斤，哪种更加划算？这样的问题很快就激发了同学们思考和探讨的兴趣，在轻松愉悦的氛围中老师引导孩子们运用数学知识解决问题，让学生切实体会到"数学源于生活"，让他们对高中数学不会望而生畏。

成为科任老师一年之后，贺航飞接过了班主任的大旗。在他看来，班级并不是班主任一人独揽大权，承担所有事务，而是大家一起共建，因此制定好规矩非常重要。在班级建设上，他坚持"民主协商，底层管理"，鼓励班干部放开手脚，大胆工作，树立权威，明确各级班委权与责。"专门的人做专门的事，剩下的归班长"，这样的机制充分调动了班委的工作热情，培养了领导能力，每一位同学都有展示的空间，每一位同学都能得到锻炼。贺航飞特别强调的一点是，人人都可以定规矩，但第一个破坏规矩的最有可能是制定规矩的人。因此，制定规矩并不是件一劳永逸的事情，班主任以身作则，同学们才会自觉按照规则行事，否则规则就只会是一纸空文。

2007年秋季开学，贺航飞开始担任理科试验班班主任。如何带好集中了整个海南省最优秀的尖子生的理科试验班，贺航飞慢慢摸索出了适合自己班级的管理经验，他在一篇文章里说道："尖子生培养，无外乎九个字，'镇得住、放得开、抓得紧'。要'镇得住'，老师要做表率，在专业上一定要能服众，在精神上一定要占领制高点，在管理上一定要公平公道。你要学生听你的，你自己先要学会倾听他们；你要学生勤奋谨慎，你自己先得勤学慎思；你要学生大气点，你自己就不能小气；你要学生阳光点，你自己就不能鼓励打小报告；你要学生树立高远理想，你自己就不能怨天尤人。至于'放得开、抓得紧'，一张一弛之间，展现的就是班级管理艺术，我一般倾向于思想上'放得开'，行为上、时间上'抓得紧'。"也许是受益于北师大求学阶段较为宽松自由的氛围，贺航飞说自己一定会给同学们留一个相对自由的空间，那里是他们"撒野"的地盘，这体现了贺航飞在保持师者威信下的师生平等观念。面对如今这一群聪慧、上进、敏感而又个性突出的学生，平等观念确实是使他们健康成长和全面发展的必要条件。

耕耘·收获

除了担任科任老师和理科试验班的班主任外，自2004年起，贺航飞就承担数学竞赛培训的任务。当被问及带学生参加竞赛的经验时，贺航飞谦逊地说其实并没有什么特别的经验，但吃苦耐劳、甘于奉献是必需的。一些年轻的竞赛教练员曾经向贺航飞沮丧地问起，自己那么努力，为什么总不见收获令人满意的成果，贺航飞的回答是"你是努力的，但你怎么知道别的老师不会比你更努力呢"。这种付出努力却没有获得回报的现象在已经有了十多年一线工作经验的贺航飞看来，其实是很常见的，没有捷径可走，能做的只有持续努力，静待花开。贺航飞等来了属于他的"花季"：何天鹰同学获得第五届中国西部数学奥林匹克（CWMO）金牌第1名，入选第47届国际数学奥林匹克中国国家集训队，这是海南省第一人；许伦博同学获得首届丘成桐中学数学奖南部赛区一等奖第2名，入围总决赛；林道哲同学获得第31届全国中学生数学奥林匹克冬令营（CMO）金牌，实现海南省参加该项赛事金牌零的突破……在贺航飞的指导下，越来越多喜爱数学的好苗子在竞赛场上大放异彩，他们的努力和天赋被更多人知道，他们的人生道路也多了一种选择的机会。

学生们战绩显著，贺航飞的个人才能也不断被发掘和肯定：2008年11月，参加第四届全国高中青年数学教师优秀课观摩与评选活动，获得全国一等奖；2010年被评为海南省首届"教坛新秀"，2011年被评为海南省首届"教学能手"，2015年被评为海南省首批中小学教育科研骨干，2017年入选海南省"515人才工程"第三层次人选，2018年入选海南省"515人才工程"第二层次人选，2018年被评为海南省骨干教师，2018年被评为海南省有突出贡献优秀专家，2019年被评为海南省优秀教师，2020年获得"第二十六届海南省青年五四奖章"。

光鲜成绩的背后毫无疑问是艰辛。由于经常每天工作超过12小时，贺航飞获得了"办公室主任"的外号。然而这样的付出在贺航飞看来是"双向激励"的事情，当学生看到了自己如此纯粹的努力，他们便会不由自主地更加支持自己，更加理解老师的良苦用心，对他们自身而言，也是一种无形的激励。学生在奋斗，老师也在奋斗，学生与老师形成战斗伙伴的关系，在一道道需要跨越的障碍面前，他们为自己的人生拼搏的同时，也给对方带来了前行的动力。能与学生一起成长，在贺航飞看来，是作为老师最幸福、最感动、最有成就感的事情。

突破·展望

课堂是老师的主战场。一名合格的老师应该会认真对待每一次站上讲台的机会。贺航飞体会到，工作久了，老师就会有自己的舒适区，形成一定的套路。这个时候最需要做的就是学习，封闭都是没有好处的。贺航飞又一次提到了"契机"的重要性，为此他拿听报告和听讲座举例。在他看来，不是每一次听报告、听讲座都会有收获，但只要坚持听下去，报告或讲座中的某一个点或许便会为自己打开新世界的大门。"每一个新阶段都会有新的瓶颈，但人的认知是螺旋上升的，对自己的要求不降低的话，就一定能找到解决的办法。"在现实中从未放弃对美好理想的追求，在理想主义的追寻中又始终坚持走好脚下的每一步，贺航飞就这样以身作则地践行着"务实的理想主义者"的人生信条。

作为一名奋斗在基础教育一线的老师，除了对自己事业上的高要求之外，贺航飞对未来的展望是与中国教育的大环境紧密联系在一起的。百年大计，教育为本。"到底应该怎样做，才能把教育的真正目的落到实处，关于这一点，我们的探索永远在路上。"

从湖南小山村走向繁华的北京，又从北京大学生变成海南的"岛民"，一路走来，理想主义色彩为贺航飞注入敢想敢做的勇气，而勤勉务实的做事态度带给他破釜沉舟的底气。

（撰稿：李雨盈）

91 王小敏

逆势而上抓机遇，乘风破浪开新局

校友简介：

王小敏，北京师范大学生命科学学院2001级校友。2008年硕士毕业后，进入北京胸科医院（前结核病研究所）担任科研助理，从事肺癌研究。2009年离开北京胸科医院，进入外企Bio-Rad（伯乐生命医学产品有限公司），从事现场技术支持和市场推广工作。2011年加入德国默克集团从事销售工作。2017年从默克辞职，创立Micro-Future（北京微未来科技有限公司），担任总经理。

踏实敬业勇追梦，敢闯敢拼创佳绩

"我之前负责中国、日本和韩国的业务，在外企也算是做到比较高的一个位置了。当时辞职出来创业很重要的一个原因是自己在外企看到的一些先进技术、管理经验，这些总归是人家的。在基本的温饱问题解决之后，我还是希望做一些更有意义的事情。"2017年王小敏从德国默克集团辞职，开始了创业之路。

创业并不是有想法就可以成功，成功往往只会留给那些有准备的人。在进入这个领域前，王小敏做了很多调研。即便如此，他也还是遇到了很多问题。王小敏说："你在进入一个领域之前，首先，要对这个领域进行充分的调研，找这一行业的领袖们去访谈，或者通过一些特定的渠道去了解这个行业。其次，要衡量你是否具备这个行业所需的知识、能力，如果你不具备，有两种解决方案：一是赶紧学习，将短板补上来；二是在组建核心团队的时候，去寻找具备这个能力的人，去补你的这块短板。最后，要保持一颗开放的心，在进入新的领域前一定要学会做加法，当真正进入之后就要学会做减法。一件事情解决不了，就要适时放弃，这时候你可能会发现虽然你退了一步，但是却在为下一次进步奠定基础。"

作为一个创业者，王小敏有敢于尝试的勇气，持之以恒的恒心，并且选择了一个比较有前景的项目，这些都促成了他如今的成功。

机遇与挑战并重，困难与险阻齐进

"研究生阶段，学习的更多的是解决问题的能力，当然专业知识也很重要。你要学会在面对一个问题时，怎么把它拆解，怎么一步一步把它解决，怎么总结经验教训，以便在下次遇到问题时更好地应对。"就是凭借着研究生阶段的学习心得，王小敏直面创业中一个又一个难题，并想出了很好的解决办法，使公司得到进一步的发展。

王小敏提到，对绝大部分创业公司而言，第二年都是一个比较困难的阶段。公司需要快速地扩张，同时产品还需要向市场进行推广。在北京微未来科技有限公司进入第二年时，他遇到的一个比较大的挑战就是选方向——公司下一个阶段的方向到底是什么。在组建团队的时候，王小敏把重点放在了营销领域，这一年很顺利。第二年进入自主产品开发后，在自主化的包装等问题上就遇到了很大的挑战。如何把这些自主产品进行包装，从而更接地气地满足客户的需求，最终再转化成公司的销售额和利润，使公司进入下一阶段的发展，这是当时最具挑战性的事情。起初公司运用的是外企所使用的一些营销方式。王小敏及时意识到了这些方式的不适用性，带领公司团队请教了一些行业内的前辈，并根据自己公司的状况进行调整。终于在2019年下半年，他把公司的方向确定了下来，接下来几年公司也是基本遵循这个方向来发展的。

作为公司的总经理，王小敏的压力可以说是非常大的。他所从事的生命科学领域，是一个技术迭代特别快的领域，这带来的问题是竞争对手也会出现得非常快。公司有一个好的创意，即便很快就可以把它做成一个产品，但是此时竞争产品也可能随之出现。这时候就需要调整公司策略，使自己的产品、自己的方案具有优势，让公司的竞争对手永远和自己保持一定的距离。作为管理者，王小敏还会将企业创造的价值和员工分享。在公司发展壮大后，他想要自己的团队认同企业文化，和他有共同的想法，这时他会培养员工，使他们的能力得到更好的提升。

只有在实践中总结经验与教训，寻求更好的解决问题的办法，及时调整公司的发展方向，才可以使公司有更长远的发展。也正是这样，王小敏才可以带领公司研发了具有广泛应用前景的捕获试剂盒、基因测序技术和生物信息分析平台。在2020年，北京微未来科技有限公司入选了第九批中关村金种子企业名单，并开始在业内小有名气。

重任在肩当笃行，信心在身唯倾力

王小敏提到，公司当初在生命科学领域创立了一个亚学科，通过对病毒进行全基因组测序，研发具有广泛应用前景的捕获试剂盒、基因测序技术和生物信息分析平台。在这次的抗击新冠肺炎疫情中，北京微未来科技有限公司就起到了比较大的作用。其实这几项技术本身不是那么新，也不是多么有创造性，但是它有广阔的应用前景。王小敏带领公司把它从无到有做出来，最终实现了特殊的价值，这于他而言，是非常有成就感的。

王小敏提到，他从事的这个行业隶属于大健康领域，公司的主要研究方向则是解码病原微生物，通过对病原微生物的信息进行解码，实现传染病防控。让国人更健康是他们的企业使命。在这样的一个企业使命之下，王小敏要求员工一定要有这样的使命感。王小敏还提到，他很幸运从事大健康这个领域，因为人口老龄化现象日益严重，这带来的问题是如何让老年人更好地、更健康地生活，而他所从事的工作，就是解决这个问题的很重要的一个领域。在大健康下有四个核心环节：预防、检测、治疗、康复，而康复是王小敏未来最为看好的一个环节。康复指的是一个病人在治疗结束后到可以恢复正常生活前的这一阶段。现在国内的康复更多的是治疗结束后就回到家里，靠家人进行看护，这会产生诸多问题。王小敏预测，康复这个行业未来在国内会有很好的机遇和发展空间。

王小敏说，作为一名北师大人，我们要沉得住气，要发挥自己的价值，不要随波逐流，辜负了自己。他鼓励大家要向前看，要怀有美好的愿景，或许我们不能实现太大的目标，但是我们可以为构建更好的社会贡献力量。

北京微未来科技有限公司入选了第九批中关村金种子企业名单是对王小敏既往努力的肯定，更是新的起点。相信在未来，王小敏会携微未来科技一起，为我国病原微生物的解码和传染病的防控做出更大的贡献！

（撰稿：严璐　于馨淇　张瀚霖）

92 张兴赢

于偶然中成就必然

校友简介:

张兴赢，北京师范大学化学学院2001级校友，物理化学专业（大气化学研究方向）理学博士。现任国家卫星气象中心副主任、第十三届全国政协委员、政协农业和农村委员会委员、二级研究员、博士生导师、国家大气环境监测卫星工程应用系统副总师、中国风云四号气象卫星地面系统副总指挥。

律回岁晚冰霜少，春到人间草木知。2022年春，冬奥盛会，四海汇京；2022年秋，青春北师，百廿芳华。而无论是冬奥还是校庆，都离不开气象卫星系统的保驾护航。在那些监测数据的忙碌身影中，就有张兴赢先生。

这位从福建省南平市的一个小村庄走出来的"大气爱好者"，带着属于他家乡的，如建盏和武夷岩茶一般的气质，在自己的职业道路上走出了一片天地。

建盏硬自焙烧来

建盏，一种瓷器，胎质厚实，釉面古朴，是张兴赢家乡南平市的特产。建盏烧制技艺繁杂，经过十三道工序，终成一件建盏。张兴赢

在走进中国气象局之前也经历了许多锻炼与选择。

最开始，张兴赢梦想成为一名记者。因为想看看雪花的模样，他高考选择考到首都，却因为理科专业限制，没能选报新闻专业，最后选择了北京航空航天大学，本科就读于材料系。

但是专业并没有限制张兴赢对文字和与人沟通的热爱。他加入了学校的记者站，成为系刊的一名编辑。有着良好语文功底的他，用热爱写下多篇文章。了解到新闻媒体对理工科人才的需求，大学毕业那年，张兴赢向新华社、《北京日报》和《中国青年报》等新闻媒体机构投出了简历。

新华社的选拔经历让张兴赢津津乐道。当时新华社的笔试，除了理论考试，还有新闻敏

感性的现场考核。面对如此难的考核,许多人望而却步,1000多名应试者最后只有400多人交了试卷,张兴赢便是其中一位。在后续的面试中,张兴赢被问及坐地铁时留意到的身边事物、材料领域的新闻热点与研究前沿。凭借着过硬的专业实力和优秀的新闻素养,张兴赢和面试官相谈甚欢,对纳米材料的见解更是让面试官耳目一新,面试顺利通过!

人生总是有些戏剧化。在就职新华社和读研继续深造的分岔路口,张兴赢出乎意料地选择了到北师大进行大气化学方向的硕博连读。

"我觉得这个人生,兜兜转转的。有时看似是往你计划的方向去努力,但是最终走到哪个方向去,也不完全受你的控制。虽然一路走来也在不断地积攒成功,到了最终的一哆嗦,我好像终究也没走到我原来想走的那个行业上。"采访中,张兴赢发出这样的感慨。

当决定选择读研深造时,他开始思考自己的未来:在大三的时候就已经发表了学术论文,获得了一些奖,在材料系化学实验室泡了一年多,那么未来三年还要继续在本专业深造吗?但他又不想丢掉自己在化学领域积累的底子,于是就开始思考和化学有关的其他领域。

那时北京沙尘暴很严重,张兴赢就想:这个空气里到底有什么?除了有供大家维持生命的氧气外,大气里究竟还有什么?发生着哪些变化?他在阅读国外的文献后发现,欧美国家在工业化的过程中走过了漫长的大气污染治理道路,在中国的工业发展道路上,未来大气污染的治理必将是要面对的难题。他对大气化学的兴趣就此萌发。张兴赢在网上搜索相关专业的老师,通过邮件联系到了旅美归国的大气化学家庄国顺老师,机缘巧合之下,张兴赢开启了在北师大的求学之旅。

博士毕业后,张兴赢免试进入了国家卫星气象中心。工作多年,现已然从应聘者转变为面试官的张兴赢,谈起面试,仍感触良多。

"很多人来我单位求职面试,我问他,了解我们的单位吗?你了解我们的卫星吗?他们都摇摇头,那怎么行?你要去一家单位面试之前,要做很多工作。"在去面试之前,张兴赢了解了新华社的历史,并且在新闻学方面花了很多功夫。只有针对性地了解自己想应聘的岗位,才能高效率地利用好短暂的面试时间。

张兴赢还反复提到面试中应注意的其他两个方面:仪表举止和底蕴积累。方方面面都会是面试官考察的部分,如何在有限的时间内,用三言两语介绍好自己,让对方感受到自己的真诚态度,至关重要。张兴赢还举了他发表获奖感言时不忘向身后领导席鞠躬致谢的例子,强调了重视细节的重要性。

生活中很多机遇都是看似偶然,实则必然。我们只有做好了充分的准备,才能更好地迎接挑战。张兴赢从事科研工作,离开了梦想的新闻传播行业,但是他似乎又没有完全离开。

在新冠肺炎疫情影响下，全国"两会"记者无法上会采访，于是为了满足媒体对"两会"的报道需求，身为全国政协委员的张兴赢开始拍摄vlog，客串了一把"记者"。没有专业设备，没有采访稿，一切都靠临场发挥。而临场发挥的前提，是对采访对象和"两会"议题有较为详细的了解，并且具有较强的沟通能力。遇到不同职业的委员，要聊不同的话题，如此，才能在镜头前表现得轻松自如。他拍摄的vlog直接成了央视新闻播出的内容。很多委员认为他"比记者更有范儿"，连一些报社的社长都形容他"比记者更像记者"。

"我觉得新闻素养、文字功底其实是会伴随你一生的，不管你做什么工作。你的表达、你的文学功底，这些对你的职业生涯都是很重要的。"

也正因为有了不同经历的锻炼，才有了大家眼里如此优秀的张兴赢。就如家乡的建窑建盏，经历十三重工艺，烈火焙烧，方得硬质，方成瑰宝。

岩茶香迎气象春

2013年始，国家大力治理雾霾。

兔毫紫瓯新，雨后茶芽发。"我觉得，一是功夫不负有心人，二是要有一些前瞻性的判断和眼光。（现在的情况）说明我原来判断得没有错，中国的发展，终究会走到这一环。"

问起坚守这份职业的理由，张兴赢如是回答："等国家发展到一定程度，人民的物质生活富足，大家就会去追求精神生活。一样地，当解决了温饱问题以后，我们立马就会想到大家需要美好的生态环境。"

当无人关注、没有鲜花的时候，还能默默地去研究，还能自得其乐，怀揣热情和活力；在国家有需要时，厚积薄发，水到渠成，能够发挥自己所长为国家做出贡献，这就是张兴赢。他赢在了具有前瞻性的职业选择，赢在了对科学的坚守。

张兴赢获得的奖项几乎都在2013年之后。颁奖就只有一瞬间，而要得到这些荣誉却需要许多无名的努力。

工作多年，张兴赢取得了很多荣誉，获得了很多奖项，但是他没有迷失其中，依然保持着对科学创新的执着和对工作生活的热爱——历经千帆，归来仍是少年。

谈到工作，张兴赢会回忆起自己的学生时代。做学生的时候，钻研冰山一角，低头走路；而工作后，要学会抬头看天。"我虽然也在走路，但我会不断地去看前方是什么，我周边环境是什么，这样才能确保我这条路走得是正确的，是能够适宜周边环境的发展与变化的，而且向着远方，才能看到更美好的未来。"

张兴赢认为，待人接物永远要有谦逊的态度。在一个人的社会资产中，可能知识只占三成，而情商则更为重要；走到岗位上，我们就会发现大学课程学到的东西，很多并不能直接应用，所以需要每时每刻都保持谦虚谨慎的学习态度，这对个人职业乃至人生的发展都会有长足的好处。

万草未排动，灵芽先吐芳。旗枪冲雨出，垄壑见春分。采处香连雾，烹时秀结云。

对于正在追逐梦想的化学专业后辈，张兴赢有话想说：地球科学领域与人类生存息息相关，涉及的学科特别多，化学也是地球科学的重要组成部分，地质化学、环境化学、大气化学都可能是大家未来的就业方向。希望大家在学校学习化学基础理论课的同时，要拓展化学的应用领域的学习，了解化学在地球科学当中的应用技术、手段以及所需要具备的相关知识，选好未来研究生阶段深造的方向。

风起，请听春风携来的祝福：祝福母校趁着新时代的东风，培养出更多不同行业的高层次人才。

（撰稿：蒋君遥　左康）

93 吕琳媛

肩负时代责任，奉献青春力量

校友简介:

吕琳媛，北京师范大学系统科学学院2002级校友，电子科技大学教授、博士生导师。长期从事复杂系统、网络科学领域的研究工作，取得了丰硕的成果。2008年从北师大毕业后，已成长为复杂科学研究领域的青年领军人物。2019年入选《麻省理工科技评论》中国35岁以下科技创新35人。2021年获科学探索奖，成为该奖项在前沿交叉领域获奖的唯一女性科学家。

失之东隅，收之桑榆

吕琳媛本科就读于北师大管理学院管理科学专业，也就是后来的系统科学专业。作为管理科学专业首批本科生以及系统科学专业研究生，吕琳媛可谓伴随北师大系统科学一同成长。

大四那年，吕琳媛决定攻读研究生。保研排名出来，她以一位之差没有获得直博名额，只能推免硕士。起初她感到有些沮丧，毕竟和前一位同学的分数只有极小的差距。但也正因为这一点点的分差，让她在硕士阶段跟随王有贵老师进入了一个新的研究领域——经济物理学。硕士期间，她表现优异，提前一年毕业，并前往瑞士攻读博士。

回顾当年错失直博机会，吕琳媛说，人生就像一个动态系统，我们无法掌控随机因素的变化，但只要始终坚信并执着于自己认可的大方向，任何困难都不足以产生大的影响，甚至可能从短期发展的一种"阻力"转化为未来长期发展的"助力"；作为学生，不要过分在意一城一池的得失。

对吕琳媛而言，长期主义并不是一句空话，而是渗透于每一件事。2006年，正在写毕业论文的她偶然得知国际经济物理学会议将在日本举行，未曾出国参加会议的她非常向往。但作为一名本科生，获得国际差旅、住宿费用的支持几乎是异想天开。她的导师王有贵老师就说："那你先写个摘要吧，要是能中咱们就去。"

摘要只需要一页纸，而吕琳媛和王老师一起打磨了一遍又一遍，对中英文表达方式上的微小差异都会琢磨很久。在如此细致工作的加持下，稿件被接受了，王老师也争取到了经费支持，当时还在美国访问的他也专程飞到东京，给第一次参加国际会议的吕琳媛加油打气。

十几年前的研究条件与今天的不可同日而语，后来吕琳媛才得知，王老师一开始就知道几乎不可能为本科生申请到经费，只是为了不打击她的积极性，就让她去试着投稿。而吕琳媛把这个机会把握住了，并使之成为自己学术生涯路的一块基石。

正是这次博出来的机会，让她开阔了视野，也更加坚定了从事科学研究的信念。这种信念也产生了奇妙的连锁反应，让她遇到了人生中的第二位导师。在这次会议的几年后，中国人民大学举办了一个学术活动，在这次活动中，王老师向张翼成老师引荐了吕琳媛。起初只是纯粹的学术讨论，张老师也随口给她提了个问题。一回到宿舍，吕琳媛就开始设计数学模型，并在当晚交出了令人满意的答案。这让张老师大为震撼，也为之后吕琳媛的博士之旅埋下了种子。看似幸运和偶然的背后，是踏实认真的做事方式和长期主义的人生信念，这两点完美地结合在一起，也最终给吕琳媛带来了好运。

吕琳媛在北师大的另一个收获是甜蜜的，就是遇到了她的先生。她的先生在2003年秋准备考试时，想找一个学习好的同学指导，机缘巧合下，他和每天去图书馆学习的吕琳媛一起自习。在日复一日的共同学习与接触中，他们互生情愫，终成眷侣。

北师大毕业至今十余年，吕琳媛感叹道："校园的生活是最纯粹、最美好的，也是人生最珍贵的财富。但这份珍贵，只有当我们离开校园之后才能真正体会到。因此，一定要珍惜在学校学习生活的这段单纯且美好的时光，把所有的时间都投入自己喜欢并且社会需要的事情。"

念念不忘，必有回响

毕业后，吕琳媛前往瑞士开启了攻读博士的生活。她的博士生涯并非一帆风顺，刚开始就遇到了阻力。导师希望她继续做经济物理方向的研究，但那时的吕琳媛痴迷于对海量数据的分析挖掘。2008年，大数据还未成为时代风口，但长期主义的思维模式让吕琳媛对自己的研究充满了憧憬。

她回忆说，虽然当时还无法预见数据增长带来的具体影响是什么，但数据增长是必然趋势，而这种必然一定会催生出对海量信息处理的新理论、新方法，网络信息挖掘也将成为未来时代的"缺"。基于这个大胆的预测，吕琳媛的研究工作从经济物理转向了信息物理。2012年她博士毕业时，这一领域已被推上风口浪尖。

凭借着多年在网络信息挖掘领域的持续深耕，吕琳媛一回国便直接拿到特聘教授的职位。我们总会羡慕那些幸运的人，却看不到正是当初的选择和坚持才最终成就了这份幸运，让最初的"冷门"变成了"热门"。

这样的执着或许也来自吕琳媛在北师大的导师王有贵教授。他们初识时，王老师已经在新经济学领域耕耘多年，直到今天他依然在这个领域开疆拓土。哪怕当时这个研究并不热门，不容易申请课题，王老师依然乐在其中。这种态度对吕琳媛影响很大，让她愿意在科研上坐"冷板凳"，最终守得云开见月明。

在吕琳媛看来，这种执着体现的是北师大系统科学的一种精神。她非常开心地看到，北师大迎来120周年华诞之际，其系统科学专业成功入选新一轮"双一流"建设学科名单。

吕琳媛相信，个人的成绩离不开集体的帮助。学校和学生、老师和学生一定是相互成就、相互成长的命运共同体。复杂系统的研究从最初的无人问津到2021年斩获诺贝尔物理学奖，背后是方福康先生等一代代系统科学人的执着、奉献与坚持。只有学会感恩，才有机会在最好的时代遇见最好的自己。

桃李不言，下自成蹊

吕琳媛将北师大的校训"学为人师，行为世范"归结为两个字：传承。这既是她的人生信念，也是她的行为准则。

吕琳媛带的第一个研究生在校期间想申请去韩国开会，这在当时的杭州师范大学也是史无前例的。和当年的王老师一样，吕琳媛也是竭尽全力为学生争取到了机会，而这次经历也成为这位学生人生中的重要节点。硕士期间，这位学生在科研上披荆斩棘，几乎包揽了学校全部重要奖项，获得了国家奖学金和浙江省优秀毕业生等荣誉。毕业后，他在国家留学基金的资助下前往苏黎世联邦理工学院学习，博士毕业后回到吕琳媛的团队，成为一名青年教师。

作为一位在国际上颇有声誉的青年学者，每次毕业季吕琳媛都会嘱咐她的学生，不管未来在哪里学习和工作，一定要心系祖国，学成后报效祖国。多年前，吕琳媛在国内举办了一场国际会议，其间遇到了德累斯顿理工大学的一位老师。他说的一句话每次吕琳媛回想起来都特别震撼——"China is the future"（中国是未来）。

这绝不是一句空话，而是体现了一种对时代大趋势的客观认识。令人高兴的是，几年之后，这位老师来到中国，就职于清华大学。

吕琳媛坚信，随着国家对基础前沿研究的重视和支持，北师大系统科学学院一定会成为国际复杂科学研究的高地，成为同学们干大事业的舞台。她经常向学生强调，不应简单地着眼于自己学习的课题，而要把自己置于更广阔的时代背景，去思考如何把个人的学习研究与国家社会的进步融合在一起。她从系统科学学院承接过来，又传递下去的学术精神让一代代学人的科研之花开在祖国的大地上。

（撰稿：祁瀛　汤中华　沈忱　杜文千　王娟）

94 翟 博

立足北师大，深耕教育

校友简介：

翟博，北京师范大学经济与工商管理学院2002级校友。中国教育报刊社原党委书记、社长、编审，中国教育发展战略学会副会长、区域教育专业委员会理事长，中国作家协会会员。2009年被中宣部确定为全国宣传文化战线"四个一批"人才；2011年被国务院授予新闻出版事业突出贡献专家，享受国务院政府特殊津贴；2012年，被原新闻出版总署评为全国新闻出版行业领军人才。

严谨治学育人才

翟博本科时学习中文专业，青年时的理想是成为一名作家，后来成为记者，也成为中国作家协会会员。翟博毕业时赶上市场经济高速发展，为了顺应时代发展，翟博选择了经济学作为硕士研究生的专业方向，这个选择为他带来了更为丰富的专业视角，也为他后来广阔的职业发展道路奠定了坚实的知识基础。

大学毕业留校工作五年后，也就是1991年，翟博进入《中国教育报》驻陕西记者站工作，正式成为一名新闻工作者。1996年，翟博调入中国教育报刊社，从事教育相关报道。2000年，我国实现了基本普及九年义务教育和基本扫除青壮年文盲的战略目标，翟博受教育部委托采写了《世纪的承诺——来自中国实现"基本普及九年义务教育和基本扫除青壮年文盲"的报告》。在采写这篇重大报道时，他结合采访思考着一个重大问题——我国实现基本普及九年义务教育之后，中国义务教育发展的未来之路在何方？接着，他根据自己的研究和思考，撰写了《教育均衡发展：现代教育发展的新境界》一文，在《教育研究》上刊发，从此他开始了有关教育均衡发展的学习和研究，逐渐对教育经济领域产生浓厚的兴趣。在发现北京师范大学经济与工商管理学院王善迈教授是这一领域的业界权威后，翟博立志师从王善迈教授，在教育经济学领域深造。

翟博向王善迈教授表达了博士申读意向，王教授首先对他提出了一个要求，即参加统招考试入学，读全日制的教育经济学博士。全日制博士不仅入学门槛更高，要考查英语、政治等公共科目和专业科目，就读和毕业要求也更为苛刻，这对于还有全职工作的翟博来说是不小的挑战。不过，翟博跟随王教授深造的意愿坚定，文学和经济学的基础扎实，于是在一段时间的努力备考之后，翟博顺利入学，成为王善迈教授的得意弟子之一。

王善迈教授严谨治学的教学理念同样贯彻在翟博的博士学习期间。翟博选取了教育均衡方面的理论研究作为博士毕业论文的题目，在最初的论文体系中，翟博主要探讨教育均衡的理论构架、指标体系等。他拿着沉甸甸的研究成果请王教授指导，没想到王教授给他提出了更高的要求，希望他能将理论研究与实证研究结合起来。当时工作繁忙的翟博心中虽对老师的要求稍有不解，但还是听从了老师的建议，发放了3000多份问卷，以丰富论文的实证研究部分，最终得以顺利毕业。

功夫不负有心人。毕业后，翟博的博士论文《教育均衡论——中国基础教育均衡发展实证分析》成功出版。此书凭借对教育均衡的理论指标体系和实践路径的扎实研究与独特价值斩获了新闻出版总署原创图书奖、教育部第四届全国教育科学研究优秀成果奖等多项重大奖项。他在博士论文的基础上撰写了关于教育均衡发展的理论、指标、实证的系列研究文章，先后在《教育研究》《求是》等期刊发表，产生了重要影响。翟博认为，这与母校"学为人师，行为世范"的教育、严谨的学风教风有很大关系："这些给我留下了很深印象，也使我受益终生！"

兴趣导向助发展

多年深耕教育领域研究的翟博非常理解众多学生和家长在选专业、选工作时的迷茫和困惑。他认为，无论是进入大学时的专业选择，还是大学毕业时的就业去向，都应以兴趣为导向，以生涯教育为抓手。

翟博发现，许多学生和家长在填志愿时都是为着名校，抱有"不管学什么专业，只要能进入名校就行了"的心态，而这样的心态恰恰没有考虑学生自身的兴趣和未来的发展方向，导致很多聪明的孩子因为专业没选好反倒学"废了"的现象。这样的例子数不胜数，也让从事教育工作的翟博备感心痛，他希望同学们跟着兴趣，以兴趣为导向进行专业与职业选择。

翟博认为，职业生涯培养可以帮助孩子尽早找到自己喜欢的领域。"从高中开始对学生进行这种教育，让学生深入社会实践，帮助学生补足短板，去基层了解社会各行各业，真正了解自己喜欢哪个领域，这样以后学的知识才有用。"事实上，职业生涯教育在许多国家已被纳入中小学的必修课程。翟博提出，在自己的教育经历中，职业发展的切身体验是他选择

第三编　校友风采｜94 翟　博

读博深造的重要原因。"当时我来北师大读博士不是为了文凭，而是为了丰富知识，为了补足自己的知识短板，为了解决教育问题，所以学习目标很明确，很有动力，学得也比较扎实，也正因如此，撰写的教育均衡方面的博士论文在出版后产生了重要的影响。"

五大根基做新闻

随着互联网技术的不断进步，媒体行业近年来也经历了翻天覆地的变化。关于当下从事媒体行业是不是一个好的选择，翟博从自身的职业经验出发分享了自己的看法。

翟博指出，对于准备进入社会的年轻人来说，媒体是一个不错的选择。一方面，新闻工作是一项社会性很强的工作，对年轻人理解社会、适应社会、深入基层、学习成长很有帮助。另一方面，媒体行业的重要性在国家发展中不断凸显，中央高度重视媒体的发展。此外，在社会舆论多元化的今天更需要发挥媒体的引导作用，舆论对于权威媒体、主流媒体的需求也在逐步凸显。

在谈到如何做好新闻工作时，翟博认为必须培养五个根基。

第一，理论路线的根基。媒体要坚持党的领导，媒体从业者要坚持正确的政治方向、舆论导向，坚持以人民为中心的工作导向，树立"政治意识、大局意识、核心意识、看齐意识"，同时打好新闻理论根基。

第二，政策和法律的根基。翟博指出："我们做新闻，不论是政治口、法律口、经济口还是教育口，都必须懂政策。"从事新闻工作一定要掌握相关的政策和法律。

第三，群众路线的根基，即实践根基。只有深入基层，才能写出好新闻来。新闻工作者要增强"四力"，即眼力、笔力、脑力、脚力。这里的脚力就是指到基层去。

第四，知识储备的根基。只有知识丰富，才能下笔如有神。

第五，业务能力的根基。对于一个"铁肩担道义，妙手著文章"的记者而言，最重要的根基就是写作的能力。写作能力既需要在学生阶段不断学习，也需要在工作中不断坚持。翟博特别提到，对新闻专业的学生而言，写新闻上手快是优势，但法律、经济、医学等专业知识是比较欠缺的，所以一定要保持学习的热情和终身学习的意识。

最后，翟博提醒同学们，选择进入媒体行业，要将其作为一种事业、一种奉献，而不只是谋生的手段。做媒体人，需要有传播公平公正、为正义呐喊、为群众代言的新闻理想。进入媒体行业后，只有始终保持将其作为自己的事业、作为自己的崇高理想的初心，才能真正做出成绩。

（撰稿：钱沛杉　王美力　李劼）

95 邢秀清

木铎清风育人心

校友简介：

邢秀清，北京师范大学历史学院2003级校友，现为北京一零一中学历史学科正高级教师、北京市特级教师、骨干教师。曾获全国历史优质课二等奖、北京市说课一等奖，北京市"紫禁杯"优秀班主任特等奖，北京市学生最喜爱的班主任，北京市首届家庭教育大讲堂专家等荣誉，参与《讲给孩子的历史故事》系列丛书编写。

人生不是设计出来的

邢秀清从小就喜欢读书和讲故事。尽管小学和初中的同学们都认为她非常适合当老师，但她最初并没有这个想法。

邢秀清本科阶段在内蒙古大学学习历史，出于对历史的热爱，她报考了研究生，却没有考上。"有什么办法可以继续走历史研究这条路呢？"她思索着。这种情况下，当历史老师无疑是一个不错的选择。于是1994年毕业后，她来到北京一所山区学校教书。

最初的工作并不顺利。有些学生对学习的兴趣很低，家长也缺乏重视。她采取了权威式的管理方法：做不到就批评，犯错了就惩罚，再严重一些就要请家长，并要求他们当众检讨。然而，这样做的效果并不理想，甚至使邢秀清与一些学生之间发展为对立关系，师生相处并不融洽。

"我当时觉得，学生既然来上学，就应该好好学习。我在你身上很用心，我花了大部分的精力来教你，最终至少不应该闹得不愉快。"邢秀清回忆道。

改变这种心态的是学生的一封信。那名学生成绩不佳，和邢秀清之间曾有过一些矛盾，后来他走上了职业技术培训的道路。在工作后，他给邢秀清写了一封信。这不是一封声讨她的批评信，也不是长大后明白老师用心良苦而写的感谢信。这位学生只是简单描述了他的状况：他是一个在自己的工作领域很受人尊敬的堂堂正正的人，现在过得很好。

这封信给了邢秀清很大的触动，她开始慢慢理解孩子，接纳他们的"做不到"。对不交作业、上课迟到等问题，她以更温和的方式来处理，既不纵容，也不疾言厉色，而是告诉他们：作业还是要交，上课也不能迟到，你们可以做不到，但即便做不到也得努力。

最初几年磕磕绊绊的摸索无疑是艰难的。1998年，邢秀清来到一所郊区重点中学教书，她计划五年以后继续追寻自己的历史研究梦，不过五年后她再次考研时，目的与方向与最初已截然不同。

"人生不是设计出来的，它其实是一边走一边校正，一边走一边调整。知难就退意味着永远不能前进。"她笑笑，接着说："所以有困难时，只要能坚持住，那就坚持一下。"正是在坚持的过程中，她爱上了历史教学，走上了一条最适合自己的路。

她在内蒙古大学就读的历史学专业不属于师范类，在几年的工作实践中，她自觉教育方面的专业素养需要提升，而当时北师大为在职教师提供进一步学习的机会。2003年，她被录取为在职研究生，与北师大的缘分由此展开。

这两年的学习，短暂而宝贵

做老师后再做回学生，邢秀清分外珍惜，也有了更深的领悟。在两年的学习中，邢秀清的教学水平和历史学科素养进一步提高，为日后课堂的高度与深度奠定了基础。

北师大为历史教育方向的在职研究生设置了三类课程：公共课，教育学与心理学课，以及历史学专业课。公共课要求学生阅读马克思主义经典原著，尽管一些书邢秀清在本科阶段也读过，但这次她更深刻地认识到了阅读对教学的重要性，在日后的备课过程中常常为了教学的深入浅出进行大量阅读。心理学中的建构主义给邢秀清留下了深刻的印象。邢秀清意识到，学生对于新知识的吸收也和他们此前的认知密切相关，这无疑要求老师在进行课程设计时充分考虑学生的起点和反应。历史专业课则是权威的老先生们以讲座的形式讲解中外通史。这样的教学模式不仅进一步夯实了邢秀清的历史知识，而且补充了不少重要和前沿的历史学术研究知识，在每个领域里留下了很多思考空间。

同时，邢秀清对历史教学的理解也有了巨大的变化。最初她把中学历史教学仅当作知识的传递，而在北师大学习两年后，她逐渐转向历史学研究思维和学科本质的教授。"如果没有那段时间的学习，我可能就只停留在一个普通教师的视野。"她感叹道。

北师大还带给邢秀清许多难以替代的东西。在与导师汝企和先生及同门师兄师姐的沟通交流中，邢秀清感到了深深的认同感、归属感。这种情感上的联结为她日后的工作提供了重要的支持。

对于邢秀清而言，在北师大的两年求学时

光短暂而宝贵。在北师大的所学、所感与所思
仿佛一粒粒种子，在她重新走上讲台后实践的
滋养下，终于长出令人满怀欣喜与希望的果实。

读书、备课、上课，
是我认为最幸福的事

　　邢秀清的学生总会用"有趣""深受启
发"来评价她的课堂。作为一名教授人文学
科的中学教师，能获得这样的评价其实并不
容易。这既是她两年进修的成果，也是自身
性格使然。一方面，邢秀清无比注重做事的
意义感，不愿让备课和上课成为消极应付；
另一方面，要强的性格鞭策着她在职业生涯
中不断追求进步。她坦言："看到学生上自己
的课时犯困会让我十分难受。"因此，她下决
心让自己的工作与课堂真正做到"有意思"，
并为之而努力。

　　"读书、备课、上课，是我认为最幸福的
事。"邢秀清这样形容自己的工作。她意识
到，对于一个中学历史教师而言，一堂好课必
须以学生为重心。"大学老师可以讲自己的知
识，讲自己的研究成果，但中学老师不行。学
生最多有20分钟能完全集中注意力，如果仅把
关注点放在知识上，那最后学生都不会听这门
课了。"

　　基于这种认识，她针对学生的状态反复设
计课堂问题，因材施教，将问题作为自己课堂
的首要导向，并鼓励学生通过自己分析材料学
习历史。

　　邢秀清讲解"辛亥革命"这堂课时，首先
以学术前沿著成果为出发点，让学生尝试基于
史实进行论证。对于"初生牛犊不怕虎"的中
学生而言，这样的过程无疑是充满挑战与吸引
力的。邢秀清从《近代中国社会的新陈代谢》
中发掘灵感，让学生品味历史事件的复杂。在
这样的课堂上，学生用自己的视角审视历史材
料，时而沉思，时而共情，在主动学习中，其
历史学科核心素养得到了提升，思路方法受到
了启发。

　　课堂之外，邢秀清与同事共同设计了
选修课程"古墓探幽与博物奇想"，培养学
生对于文博考古的兴趣。"其实这是一种尝
试，希望能引导孩子们形成读书、逛博物馆
的爱好。"当爱上文博的学生发来消息告诉
邢秀清自己走上了考古的专业道路时，她感
到一种幸福。

没有也不可能有抽象的学生

　　在历史教学工作之外，邢秀清还担任班
主任。成为教师至今，邢秀清做班主任已有
16年。在邢秀清眼中，历史教师与班主任两
种身份并重，也各有侧重。班级如一个小型
社会，只有当了班主任，老师才能更加全面
地认识学生、了解学生，这也是她在学科教

学中做到因材施教的重要前提。

在北师大的教育学、心理学课程对邢秀清的班主任工作意义匪浅。她对苏霍姆林斯基所说的"没有也不可能有抽象的学生"体会深刻，不再像初入教坛时那样"理想化"地看学生，而是从更高的思维水平将每一个学生视作具体的、活跃的个体。这种思维上的转换深刻影响着她的工作，并让她收获了学生的喜爱与真挚的情感。

然而，包容并不意味着失去原则，在邢秀清眼中，有些教师虽与学生关系很好，但不能对学生加以约束，这样的"好关系"实际上是一种失职。教育学生是老师的责任，不能随意揣测学生，而应当对其进行道德上的引领，只有把握好教育的尺度和方法，才能达到最佳的效果。

选择老师这个职业会让人生变得不一样

教师生涯带给邢秀清的不仅是成就与情谊，还有独特的处世态度。这个职业让她学会倾听和包容，对身边的事物一直有好奇心，没有沾染世俗与功利。"如果将人生的意义寄托在外在的东西上，其实好没意思。"她感叹道。

对于以后想担任中学教师的师弟师妹，邢秀清也有"锦囊"相授。对于尚未毕业的大学生来说，学业上的扎实基础是完成教学工作的前提，未来教师知识大赛等模拟教学比赛虽有积极意义，但终究与现实课堂有很大的差异，不可代替实习。踏上工作岗位后，新教师内心必须强大，遇到问题时一定要善于请教老教师。

谈及中学历史教师的未来时，邢秀清认为，正如教育领域整体的稳定性，某次具体的改革或者应试标准的变化并不会影响历史教育的整体功能，这个职业也永远有其存在的意义和价值。中学历史教师带领学生了解人类文明的进程，传承历史发展过程中的宝贵精神，这便是它最本质的和永恒的价值。

邢秀清总喜欢说"幸福"两个字。备课、上课，她幸福着；育人、树人，她幸福着；在生机勃勃的学生中工作，她感到善意与活力。从成为老师到做回学生再回到讲台，时光流逝，她在一方杏坛寻觅到人生的意义。

这一缕木铎清风，带着幸福的气息。

（撰稿：杜晓芙　马思宇　严佩瑄　赵佳琪）

96 邓黎啸

"坚持"为砖

校友简介：

邓黎啸，北京师范大学珠海分校2003级传播学专业校友，中央广播电视总台社会与法频道《一线》栏目资深记者，多次参与全国两会报道。

起航·央视路漫漫

"做记者这一行，能去不同城市，与不同人打交道，还能了解不同当事人的不同心理，这些都是与我性格很相符的事情。"

邓黎啸从小性格外向，虽然他喜欢计算机、软件等相关专业，但他的父亲觉得他难以克服年少的浮躁之气，帮他选了新闻传播这个专业。四年的学习让邓黎啸渐渐喜欢上了这个专业。在他的记忆里，学院的老师十分重视同学的专业能力，让大家参与了办报刊、录节目、采访等一系列实践活动，大家收获了很多经验与思考的机会。

大学生活刚开始，邓黎啸就加入了学校《励耘报》。万事开头难，虽然写稿摄影是他专业内的技能，但在实践中他却发现一切并没有想象中那么简单。"那个时候遇到的困难就是不会写稿子，不知道怎么写才比较适合同学的口味和阅读习惯，如某件事情该以什么样的角度去切入。解决的办法就是多看同类的报纸或者杂志，观察他们是怎么写类似的稿件的，从模仿开始。"在自己的不断摸索以及老师的严格把关与悉心指导下，邓黎啸能力渐长，为未来的职业生涯打下了基础，积累了经验。

大二下学期，邓黎啸就开启了自己的实习征程，他到一个县电视台工作，跟着新闻采编老师东奔西跑，收集新闻素材，熟悉电视台的工作。到大三下学期，他迎来了去央视实习的机会。他深知要"打有准备之仗"，当时信息通信还不发达，他依靠自己的努力，尽量地去了解央视，大到栏目设置、人事结构，小到不同岗位的具体工作内容，在去央视之前他都已悉知。

"那时候挺辛苦的，因为当时住在北京最西边，是地铁线的始发站，上班是在地铁线的终点站，每天大概有40分钟的地铁路程。唯一的好处是上下班都有座位坐。"他回忆道。

在央视实习期间，邓黎啸尽心尽力地完成工作，甚至超额完成工作。其他实习生都准点下班，他却主动熬夜，帮老师剪片子。

"做老师安排的工作，我永远冲在第一个，也做了很多年轻人不屑去做的事情，如帮老师点餐、取餐、倒水、修电脑、修打印机等，虽然这些可能与工作无关，但也绝对是成长的一方面。疲惫，但有所收获。"当时在同学们眼里，邓黎啸去央视实习是十分令人羡慕的，但独自在北京打拼的孤独，专业知识应用到实际工作中的困难，身体上的疲惫与心里的压力，这些外人难以理解的辛酸只能他自己去消解。凭着不怕出错的心态，以及年少的自信与勤勉，他得到了央视老师们的肯定，最终如愿留在央视。

盛放·硕果终有成

邓黎啸以"央视记者"的身份被大家熟知，两会现场有他的身影，洞察百态成为他的本能。在邓黎啸眼中，这些都是提升自己、恪尽职守的动力。

央视的工作带给邓黎啸的还有丰富的人生体验、多元的观察视角和不断积淀的专业素养。记者之路十余年，邓黎啸遇到过很多让人动容的故事。

经过十余年的历练，对邓黎啸来说，变化最大的是他的思维方式和工作方式。一拿到新闻线索，他的大脑就会本能地做出反应，知道怎么架构它，怎么找角度，怎么解读它，怎么挖掘它，同时还会本能地去想解决方案。

面对这种变化，他说："我觉得只要把这个工作放在一件重要的位置，你就会有这样的变化，因为你一直在琢磨，一直在付出，一直在花心思。"

不变的热情与勤勉，加上与日俱增的能力，成就了今日的邓黎啸。

牵挂·北师大情未了

毕业以后，邓黎啸与北师珠的联系从未中断，良师益友遍布四方，时而三两小聚一堂。但要说到大型的校友见面会，就是"母校情·北京行"的校友分享讲座了。北师珠学子在北京相聚，让邓黎啸感受到家人重聚的喜悦。有一次他听到一位北师大女生分享观看电影《寄生虫》的感受，惊讶于在校学生能对社会有着深刻的认识，当代北师大学子的成长超越了他的想象。

在见面会上，邓黎啸认真且耐心地解答了学弟学妹们的问题，并把自己的联系方式留下，希望帮助迷茫时期的学弟学妹寻求答案。问及他这样做的原因时，他说："首先我从北师大毕业，学弟学妹就像我的家人，而且未来他们也会步入职场、接触社会。即使是十分聪明的学生，也有可能出于一些原因走弯路。每个人的成长过程都需要这样一种人，提前告诉他们以后可能遇到的一些问题，希望给他们的未来带来小小的帮助。"

"我想告诉学弟学妹们的是，大家可能会到一些优秀的单位工作，但一定要警惕平台给我们的'光环'。这种光环往往使人产生一种膨胀的幻觉。大家要做的是正确认识和不断提升自己的才能，既要对得起平台，也要对得起自己。"他深知优秀的人无论在哪里都会做出成绩，他想让人们认识他的作品，真正感受他作为一线记者的情怀。

正是这样一种清醒的觉悟和不改的初心，让邓黎啸不断前行。除记者工作外，他还尝试做新媒体，与门户网站策划的活动点击量过亿，还同一些业内知名人士共同打造了大型反盗版公益宣传片。作为一个媒体人，他真正扛起了社会之责。

工作之初，"用力者长力"这句话给邓黎啸留下了深刻的印象，这么多年他一直和自己赛跑。

（撰稿：姜艺萌　叶凯戎）

97 叶　苑

滋润边防士兵的心田，部队内的心理教师

校友简介：

叶苑，北京师范大学心理学部2004级博士校友，师从邹泓教授，专业方向为发展与教育心理学。从北师大毕业至今已工作17年，现就职于国家移民管理局。曾参与多项紧急事件的心理危机干预工作，对士兵进行心理安抚；同时，积极开展心理学方面的科研工作。2008年被评为公安边防部队心理健康工作先进个人，并荣获个人二等功。

因为心理学这个专业而爱上了这个职业

硕士毕业后，叶苑于2000年参军入伍，加入云南武警边防部队。与公司、高校等不同，部队的管理很严格，对个人的约束力也很强。而且部队对个人体能也有一定的要求。刚进入部队的时候，叶苑感到非常不适应，集训时的训练强度很大，她产生了很强的失落感。但这些都是这份工作所需要的，部队要下基层去开展心理咨询、心理健康教育等工作，这要求部队的心理教师有良好的体能。

在下基层工作的期间，叶苑发现部队对心理学相关工作的需求很大，同时大家对于心理学的了解很匮乏。例如，曾有人问过叶苑，"叶老师，你是学心理的，他是学物理的，你们两个的专业就差一个字，是不是差不多?"甚至也有人认为正常人并不需要心理咨询。作为祖国边境安全的第一道防线，边防部队常常遇到各类危机事件，尽管士兵拥有更好的心理素质，部分士兵仍会产生一定的应激反应，遭受心理上的折磨。这时，心理危机干预、心理援助等工作就十分重要。在承担心理教育等科研任务的同时，叶苑也承担部队个体咨询和团体咨询的相关工作，义务为士兵提供心理援助。

在北师大读博士时，尽管学业任务很重，叶苑仍不间断地为士兵进行远程心理咨询。叶苑多次提到，是心理学这个专业让她感受到这份工作的价值和意义。

成就感与失落感兼具，有得必有舍

部队心理学专业的人才较少，由于部队工作的特殊性，部队对于心理学人才的需求侧重于心理学应用领域，尤其是心理咨询、心理危机干预、心理测评系统开发等工作，而对学术科研的需求不大。因此，选择到部队任心理教师，很可能要放弃部分科研追求。

不过，偏应用性的工作可以带来更快和更直接的工作成就感。由于部队经常面对突发事件，士兵可能出现创伤后应激障碍，这时心理干预和救助工作就非常重要。需要进行个体心理咨询的士兵也不少，大部分与情感问题、人际交往问题等有关。

工作经验的不断积累让叶苑提升了自身的能力，也发现了自己工作的价值——被人需要，也能为他人解决问题。除了心理咨询，部队心理教师还需要承担心理教育相关课程的工作，而实践工作经验的大量积累也使得叶苑的心理教育课程丰富有趣，备受士兵喜爱。这也让叶苑感到极大的成就感和自豪感。

在部队内进行心理工作也会有很多失落和面临挑战的时候。因为对心理学的了解程度不够，很多人对心理学存在误解，这为心理咨询工作带来了困难。比如，很多来访者并不是出于自愿，而是由于上级领导要求才过来进行心理咨询；或者担心被人看透而不如实作答。此外，由于部队任务有一定危险性，对心理教师自身的心理调适能力也提出更高的要求。比如，在一次救灾任务中，叶苑曾教过的一名士兵在抢救老百姓时被石头砸中，最后牺牲了。叶苑讲道，牺牲事件会在心理上带来巨大冲击，这要求她自身拥有更强的心理调适能力。

尽管这份工作会有一定的挑战和困难，但叶苑坚定地说："心理学的转换变得有意义、有价值，就应该是变成普通人都能理解的心理学。"士兵只有在认识上进步了，才能更好地理解和正视心理问题，因此，心理教育工作在部队还是很有必要的。

工作选择取决于个人追求

在谈到职业现状和职业前景的时候，叶苑说到以下几点。

首先，该职业对于个人体能有一定的要求，而且部队工作的管理较为严格，例如，假期不同，该职业的放假时间往往视任务而定，刚入职时大部分时间会在地方工作。

其次，对于希望毕业后能够完全从事心理学科研工作的同学，不建议选择部队心理教师这一职业。

最后，关于职业前景，叶苑提到尽管政策越来越重视心理学方面的工作，但还需要一步步落实。刚入职时可能要面临工作方向变换的情况，所以同学要做好一开始的工作内容与本专业不相符的思想准备，不过相信未来会更好。

（撰稿：邹子兰　梅刻寒）

98 高 松

勇于挑战，笃行致远

校友简介：

高松，北京师范大学地理科学学部地图学与地理信息系统专业2005级校友，北京大学硕士，美国加利福尼亚大学圣塔芭芭拉分校博士学位。美国威斯康星大学麦迪逊分校地理信息科学专业助理教授、博士生导师，成立地理空间数据科学实验室GeoDS Lab，从事场所地理信息科学理论、地理人工智能、基于时空大数据的社会感知研究，在国际期刊发表地理信息科学相关学术论文60余篇。主持和参与美国国家自然科学基金委、威斯康星大学校友基金会、微软人工智能与地球科学等多项科研项目。担任《地理信息系统年鉴》副主编，《国际地理信息科学》（IJGIS）客座编辑，美国地理学会地理信息系统与科学分会理事会学术主任，国际华人地理信息科学协会理事会成员和2021—2022年主席。

求学北师大，收获颇丰

回忆起为何选择地图学与地理信息系统作为自己的专业，高松说原因其实很简单："信息科技与传统地理学的有机结合以及交叉学科的特点对我来说是最大的吸引力。"在北师大的求学生活中，高松处处践行"学为人师，行为世范"的校训，在浓厚的研学氛围中潜心学习，收获颇丰。

对于北师大提供的求学环境和对其人生的塑造，高松充满感激。首先，高松指出在学部的学习让他尤为感激。北师大地理科学学部的课程体系建设非常有系统性。"博大精深"对地理人知识面的诠释是生动而具体的，从最初的导论课到信息地理学的相关课程，涉及的知识面非常广，极大地开拓了他的视野。其次，北京师范大学提供了全面而扎实的学科体系培养。"我们学的知识非常丰富，打下了坚实的基础。"学习不能一步登天，前期的知识基础是未来深入科研的保障。高松本科时在励耘实验班，能够和其他学院、其他专业的同学一起丰富自己的知识，比如心理学和管理学，同时还锻炼了一些实践技能，包括计算机和人文社科研究方法等，这一点令高松尤为难忘。在励耘实验班的学习不仅使他获得了更广阔的知识面，还让他的实践能力得到了提升，并且认识了其他专业非常优秀的同学。另外，积极向上的学风，勤奋踏实的治学氛围，"学为人师，行为世范"的校训，都是北师大在高松身上留下的烙印。也正是在这样的求学环境下，高松勤学笃志，上下求索，不断挑战。最后，北师大具有雄厚的师资力量。老师们学识渊博，并且倾囊相授。他们践行着"学为人师，行为世范"的校训，"是我们学习的榜样"。教授人文地理的周尚意老师（高松本科时期的科研指导老师）、亦师亦友的刘慧平老师（高松本科毕业论文指导老师）等都对高松帮助很大、影响深远。

科研，教学，公共服务：在挑战中提升

在高松看来，做科研就是不断挑战科学难题，解决实际问题。做科研时的探索发现能够给他带来快乐。对学科的发展进步做出贡献，在公共事件（包括公共卫生、公共安全等）的应急中起到支持和辅助作用，都让高松获得了满满成就感。他举例道，在应对新冠肺炎疫情时，GIS发挥了非常重要的作用，通过一些数据手段，可以明晰疫情在空间和时间上如何传播，支持公共政策决策。

谈及高校的教学时，高松说主要任务一是课程的教授，二是指导学生，这些也是高松非常喜欢的事。"学生的成长、成功与收获过程让老师非常欣慰，老师都希望桃李满天下，这是非常重要也是很有成就感的一件事。"

高松认为，基于自身价值的公共服务既可以是对学校的服务，也可以是对组织的服务，如在各种协会的工作以及期刊的编委工作。

因为要顾好科研、教学和服务三个方面的事情，时间管理和分配是高松在工作中面临的最大挑战。有人开玩笑说："老师可能都不只是'996'，而是'007'，因为每时每刻都在想科研和教学问题。"

工作以来，不同身份的转换对高松来说是一个非常好的成长过程：从求学到指导学生，从做科研助理到做项目负责人。作为项目负责人，他更多地从指导者的角度去看待相关问题。也正是在各个组织中承担不同角色，让他不断开阔视野、提升自我。

高松多次提到"挑战"这个词：不论是科研难题还是社会问题，在挑战中提升自我，在挑战中发现乐趣；主动迎接挑战，抓住并存的机遇，享受成功的满足。

尽早参与，勇于表达

高松结合自身的经历，给师弟师妹们提出了两点建议。第一，尽早参与科研。把简单的事情做好就是不简单，把平凡的事情做好就是不平凡。"从最简单的事情做起，哪怕是最简单的重复性的数据处理。"第二，大量阅读文献。做科研必须紧跟学术动态，这就离不开大量的文献阅读，高松认为："大量的文献阅读与查询是我们在任何阶段都要做的。"磨刀不误砍柴工，文献阅读能为科研打下坚实的基础，让我们能够紧跟学术动态。第三，展示、

表达与汇报自己的研究成果。尽早参与国际性学术活动，无论是研讨会还是汇报，以各种形式参与，并逐渐建立自己在学术网络中的影响力。

高松提到，地理科学学部的年度学术研讨会是非常好的平台。无论是老师与老师之间，老师和学生之间，还是学生和学生之间，在听了报告后都可以深入探讨自己感兴趣的内容，从而实现思维和学术的提升。

祝福母校，献礼百廿

高松在期待母校百廿校庆的同时，也表达了自己的建议和美好祝愿。

"希望学校和学部继续开展相关交流活动，让校友们有机会了解学校和学部的最新工作，并构建好校友网络。通过就业推荐，让师弟师妹们有机会到相关行业部门工作和实习。从实习开始，这是很重要的环节。"

"祝贺母校成立120周年，很荣幸成为母校毕业生的一员。'学为人师，行为世范'的校训其实也是治学的准则和人生的信仰，就像人生的指南针一样，伴随我一辈子。希望北师大在未来能够培养出更多国际化、多样化的人才。"

（撰稿：李妍漳 刘明瑶）

99 李 敏

与学生为伴，视教学为尊，以科研为责

校友简介：

李敏，北京师范大学教育学部2005级博士校友。现任首都师范大学初等教育学院教授，博士生导师，首都师范大学附属小学科研副校长，全国德育专业委员会理事、中国陶行知研究会生命教育专业委员会理事。

谈及在工作中成就感，李敏认为参与教育，获得对教育更深的理解，是最大的收获。李敏的价值感来自在工作岗位上所获得的身份性认同。在科学研究过程中，她能经常性地与自我进行对话，通过研究解决自己遇到的问题；在育人的过程中，她发现学生在自己的培育下成长发展得很好；在参与一线的德育项目、教师发展项目的过程中，她能通过分析讨论自己的观点对学校的实践给予系统性的引领。这种价值感让她觉得非常强大，即使繁忙疲惫，但是她很少体会到乏力感，并且一直保有很高的自洽性。在参加工作的第三年，李敏总结出了"与学生为伴，视教学为尊，以科研为责"，并将此作为自己努力追求的方向。

学生为伴多高徒，教学为尊必有成

李敏在首都师范大学数十年的任教生涯中，曾被评为"学生最喜爱的导师""十佳教师""优秀班主任"，无论是作为导师、教师还是班主任，她都颇受学生喜爱。如何与学生相处，李敏有自己的感悟，而恩师檀传宝教授在这方面也给她留下非常深刻的印象。回忆自己读博期间，那时檀教授给研一与博一的学生安排值班表，要求学生每周都在他的办公室里值班半天或一天。李敏后来明白这是导师有心在做的事情。导师的办公室里，有整整一面柜子，里面全是书，而导师又会把他认为有意思的博士论文与硕士论文分类放置在书架上。学生看似待在他的办公室里"值班"，其实是沉浸在他所营造的科研氛围里。檀教授是一位严师，对学生很负责，作业、文稿等都有很细致的批复，而这也深深地影响了以后成为大学教师的李敏。

李敏对自己的学生也很严格。在与学生的双向选择中，她要求做自己的学生，就不能以任何方式兼职。对于这一点，她有着自己的看法。学生需要有清晰的个人发展的主线，当选择科研氛围浓厚的团队时，就要静下心来主做学问，如果自己选择的是复合型发展，那么会有更适合的老师指导，所以在自己对学生的要求上多加一条不能以任何方式兼职。而这其实也是师者对学生的忠告。李敏解释，她之所以将"与学生为伴"放在自己追求的首位，是因为她发现学生与导师又有相互促进的作用，学生在老师的陪伴下能实现成长，老师也能在陪伴学生的过程中获得教学与科研上的启发。在首都师范大学，良好的教学氛围和师生关系，也让她在教师这份职业中获得非常强的成就感与价值感，她也非常认真地从身边的优秀教师身上"取经"。而她的付出，也收获了学生的肯定。

科研为责多成果，沉心静气埋头干

谈起自己的科研经历，李敏笑着说："在对的时间，动对了脑子，跟对了人。"

李敏的本科与硕士都是在安徽师范大学念书。李敏现在还能回忆起当年读过的书，上过的课。在大四那一年写毕业论文时，李敏发现写论文其实很有意思，可以说是一个"启智"的工作。李敏形容自己那时候很"笨拙"，因为没有电脑，所以会经常跑图书馆，跑得很勤快。功夫不负有心人，李敏的本科生毕业论文也在读硕士一年级时成功地发表在C刊上。

李敏仍记得在硕士二年级一节心理学的课上，老师讲到人的游戏性时，她被深深触动了，觉得非常美好，正是这一堂课激发了她对儿童游戏与德育的兴趣。从那以后，李敏就开始疯狂地查阅资料，而在那时对人类游戏性的讨论基本上都在哲学书籍上。虽然自己是教育社会学方向，但是毕业论文写的是哲学性很强的与游戏精神相关的论文。在硕士阶段李敏就发表了11篇论文，核心与C刊都有，就这样敲开了北师大的门。

李敏回忆起在北师大读博的三年，感觉时间一晃而过，紧凑而充实。读博时，第一学期要上公选课与导师的课，第二学期时每个月都要有一次汇报和交一篇论文。虽然读得很苦，但文章的发表率也很高。第二年时会参与导师的项目，老师们会对选题进行指导，有更多时间与老师们沟通交流。第三年时，就开始待在图书馆写毕业论文。李敏在北师大的三年，可以用"心无旁骛，专心学术"来总结。

关于社会上讨论很多的"什么样的人适合读博"的问题，李敏提出了自己的看法。在关于是否适合读博这个问题，应该在是否热爱读书后面追问一句，是否喜欢读某一方向的专业书籍，有积累的基础与阅读的喜好以及科研的兴趣，这样才能保证自己读完博士能持续地做科研，完成知识输出。

读博要面对比较枯燥且压力比较大的生活。是否适合读博，首先，需要我们追问自己有没有静下来坐冷板凳的毅力。李敏认为选择读博的人，需要有强大的情绪情感的自我管理能力，也可以说是时间管理能力。其次，读博还要能耐得住钻研，享受文字的喜悦，而这些要靠非日常的情绪来支撑。最后，人会受到很多日常情感的影响，这些情感可能会介入科研的节奏里，如饮食问题、交际问题、外貌问题等。如果在这些问题上产生了太多的情绪，消耗很多精力，其实是不太适合做科研的。所以是否适合读博，需要一个人对自己有比较深刻的认识。

博览群书必有益，勉励后辈尚可期

李敏认为对于北师大的学子而言，非常重要的一点是，当生活向你敞开时，你要知道如何去选择，去审辨，去判断。有些学生经过导师与家长的点拨能找到自己的发展方向；而有的学生可能处于一种混沌的状态，忙忙碌碌，却一直在这种模糊的状态，从而留下许多遗憾。李敏建议，读书时要多亲近自己的导师，努力参与导师的课堂与项目，平时不仅要关注

专业课程，还应留心非专业的课程。这些都是非常宝贵的受教育的经历。

对本科生普遍存在的对教育学学科认识的迷惑，李敏这样解释：有一种大的判断，认为教育学是一种实践科学、实践学科，这种判断虽然争议很大，但是也是我们认识教育学的一种方向。从教育学的养成或研究来说，教育学是随趋势变化的，教育学的视野要有全学科的敏感性，具有多学科的理论基础，通过多学科的互相借力，指向未来的应用。而教育学的这种前瞻性与钻研性，其实都是需要去付出艰苦的努力的。本科生会有见习、实习的机会，因为他们要看到一个敞开的实践领域，但同时，要把更多的心思放在知识积累和知识生产上。

教育学本质上确实是指向实践的，随着社会的发展会有层出不穷的新问题，而许多学者提出的理论之所以具有魅力，之所以会进行跨学科的研究，是因为他所输出的观点、知识、生产的东西，能在一线找到解释的原型，或者可以说，一线的现象可以用理论去做展示。教育学的问题，是来自一线的。拥有很强理论基础的人，被抛到教育的实践场时，能很敏锐地看到现象的背后，有很强的抓捕能力。从一线走出的教育家们，他们有很强的管理学校、管理学科、管理课程的能力，还起到了知识生产的作用，他们有丰富的教育理论基础与教育分析能力。高校研究者生产的赋能更强，而一线的老师实践能力更强。

李敏建议初学教育学一定要多读经典。这些书不是一次就能全部读通的，有的能打通，有的需要有一定的实践经验才可以。所有的做不好其实是理论上的无力感，该积累的时候做得不够。同学们应该学会放大、保存象牙塔的这种功能，为未来做好储备。

（撰稿：夏梦雨　许双盈　刘星雨）

100 李宗波

法治扶贫守初心

校友简介：

李宗波，北京师范大学法学院2005级校友。作为中央依法治国办秘书局干部，他到机关定点扶贫县挂职第一书记，即任河北省阜城县建桥乡建阳村第一书记。他结合自己的专业知识，以法治扶贫为钥匙，带动全面脱贫。在职期间，建阳村荣获全国民主与法治示范村；建阳村人民调解委员会荣获2020年全国模范人民调解委员会。先后获评河北省2020年度、2021年度扶贫脱贫优秀驻村第一书记，"全国脱贫攻坚先进个人"。

初识建阳村

在担任建阳村驻村书记前，李宗波曾两次到建阳村调研学习，所以在组织决定将他调往建阳村担任第一书记时，李宗波觉得这是一次非常有缘分的契机。

要想做好工作，首先要了解工作情况与任务。为了更好地精准扶贫，李宗波细致考察了建阳村的方方面面，摸清了建阳村的情况。建阳村有600多人，党员32名，青壮年劳动力多数外出务工。全村有耕地1000余亩，主要种植玉米、小麦等。在司法部前任帮扶干部的努力帮扶下，全村33户贫困户仅剩两户未顺利脱贫。如何帮扶最后两户贫困户顺利脱贫、帮助建阳村发展得更好，是李宗波到任后的重点任务。

细析贫困症结

授人以鱼不如授人以渔，精准脱贫需要找准贫困症结，激发内生动力。李宗波在充分了解了建阳村的情况后，就贫困原因进行了总结，也正是在贫困症结的分析与应对中，李宗波探索出了法治扶贫的道路。

对贫困症结的分析，需要结合多学科的知识。李宗波从多方面分析，首先，认为建阳村贫困的原因是思想上缺少创新意识。其次，是当地的产业相对薄弱单一，建阳村的产业主要以光伏和土地流转为主。再次，一部分村民生病，因病致残，部分丧失损失劳动能力。最后，缺少劳动技能等，也是致贫的原因之一。这些都是可以后期通过培训得到改善的。

探索法治扶贫路径

在探索扶贫路径中，李宗波充分借助并发挥法律专业知识的优势，并结合其他方面，为建阳村注入发展生机。

第一，李宗波充分利用了国家的相关政策，并结合建阳村的实际情况，帮助村民们脱贫致富。一是充分借助了小额贷等国家金融扶贫政策，支持村民养牛等。二是积极响应国家土地流转的政策，村里90%的土地都进行了流转。尤其是对两户未脱贫人家的帮扶，充分利用了各项政策来激发贫困户的内生动力，为他们提供渠道，让他们去实现自给自足。

第二，李宗波还因地制宜，采用了多种方式来激发贫困户脱贫致富内生动力。例如，延续原有的乡村集市，村民们可以做一些熟食、手工艺品等进行售卖，或者开办自行车修理、家电维修、日用品买卖等商铺；设立扶贫工作车间，为贫困户提供务工就业机会，并进行免费培训。此外，还在村里面设置了护林员和保洁员的岗位，为有劳动能力的人提供工作机会，帮助他们做一些力所能及的事情，进一步提高收入。

第三，在扶贫过程中，李宗波结合自己的工作职责，非常注重法治社会的宣传与建设。首先，提前沟通、宣传，让村民了解法治建设在脱贫致富中的重要作用。其次，积极争取河北省司法厅、衡水市司法局的政策支持，帮助建阳村更好地开展法治乡村的建设。最后，加强法治文化建设，改善基础设施，组织观看法治电影，参加法治讲座，排练法治文化节目等，润物细无声，让村民在潜移默化的文化熏陶中，逐步接受法治，遵法守法，进而自觉成为普法员。

党员本色，不忘初心

李宗波的身份，除了法学生与第一书记外，还以党员为底色。党员的本色是什么？是为人民服务，同时还需要以身作则。尤其是从学法的角度来讲，党员更需要知法守法，以身作则，积极推进依法治国的建设。

在驻村书记的工作中，党员这一身份给予了李宗波无穷的力量，他始终坚守党员本色、不忘初心。心中有信仰，脚下有力量。李宗波的信仰，第一就是对党的坚定信仰，第二就是对老百姓的深厚感情。他是一个人进的村，刚去的时候人生地不熟，和老百姓的关系还没有那么近，那个时候干工作会面临很多困难，也会面临老百姓不理解的问题。但是他始终坚信这些问题都是可以调控和解决的，因为他确实在认真做自己的工作，总有一天，会得到老百姓的认可的。除此之外，老百姓对党的信任也使得他的党员身份在工作中发挥了重要作用，能够让大家协同一致。

在这一过程中，李宗波逐渐获得了老百姓

的认可，也收获了老百姓们的真心。李宗波印象非常深刻的是，2016年和2017年他都去过村里调研，而在他2018年进村任职的时候，一个干部见到他之后对他说了一句话："李书记，我是不是见过你？"这让他意识到，你来过了，并且用心做工作，就会给别人留下印象。包括当时单位来考核他的时候，有些村民在对他的工作进行评价的时候竟然哭了，这说明他的工作得到了村民们的认可，他干了的工作、他的付出都被村民们看在眼里、记在心里。由此，李宗波深刻意识到，干工作得失心不能太重，付出了就会有回报，只是时间问题。还有一次有个村民说让李宗波帮忙劝劝他的儿子，他说："李书记，我说的话不管用，你说的话他会听。"当时李宗波听了之后也特别感动，

他感受到了老百姓的认可，也越发意识到老百姓是很可爱的，你对他好，他就会对你好。

最后，李宗波校友寄语师弟师妹们："立足当下，负重前行，做好当下的事情，努力就会有回报！"无论是以法学生的身份推动基层法治扶贫，还是以党员的身份不忘初心、认真为人民服务，李宗波校友始终坚持做好当下自己应当做的事情。春种一粒粟，秋收万颗子，我们当深耕法学知识，以图回馈祖国建设。

（撰稿：付典训　俎卓圻　赵南茵　唐雨萌　陈柯言）

101 吴天楠

驻守港珠澳大桥

校友简介：

吴天楠，北京师范大学珠海分校法律与行政学院2005级校友。现就职于中华人民共和国珠海出入境边防检查总站港珠澳大桥边检站，一级警长。多次被公安部评为"优秀公务员"，多次授予个人嘉奖荣誉。2018年1月，经珠海出入境边防检查总站批准，荣立个人三等功。广东省音乐家协会会员，曾荣获第二届珠海市民中国民族器乐大赛决赛一等奖，第四届珠港澳中国民族器乐大赛决赛一等奖等诸多奖项。现北京师范大学政府管理学院2020级MPA研究生在读。

做第一代边检人，站好第一班岗

2008年秋天，成功举办奥运会的激情与自信骄傲久久洋溢在祖国的大江南北。那一年吴天楠大四，报名参加国家公务员考试，并成为全学院唯一一个考上的"幸运儿"，从此开始了"热血"的公务员生涯。2019年9月，服从单位安排，他来到了现在工作的地方——港珠澳大桥边检站，成为第一代大桥边检人。接到调令的时候，吴天楠并不知道要到什么单位，只知道新的岗位极其重要，后来才知道是去港珠澳大桥。那一刻的他虽备感压力，但更多的是荣幸与自豪。

习近平总书记说，港珠澳大桥是国家工程、国之重器，体现了我国综合国力、自主创新能力，体现了勇闯世界一流的民族志气。党

中央高度重视，人民群众热切期待，慕名来到港珠澳大桥的游览者不计其数，社会各界也高度关注港珠澳大桥，这对第一代大桥边检人来说是巨大的鼓舞，也是更大的责任与挑战。由于港珠澳大桥口岸全年无休，检查工作每日24小时执勤模式，对于吴天楠这样的大桥边检人来说，上班执勤不分昼夜，也没有过节放假的概念：越是节假日，客流量越大，他们就越忙碌。除了日常执勤，每逢重要节点还有安保工作任务。就拿2020年来说，吴天楠就参与了"元旦春节安保""全国两会安保""五一劳动节安保""国庆中秋安保"等多项重大任务。国泰民安的背后凝聚着众多边检人的辛勤努力，吴天楠也在其中。

走上工作岗位已11个年头，吴天楠的踏实

努力也获得了组织的认可，被授予"个人三等功""珠海边检总站年度文明使者"等荣誉。

严谨贯之以工作，音符传递温度

吴天楠的日常执勤工作比较忙碌，而且常常伴随一些突然增加的重要任务。但是他没有放弃对音乐艺术的追求与热爱，"音乐是我生命的一部分，音乐让我的生活更加充实精彩，也给了我许多生活中的灵感"。吴天楠从五岁开始学习声乐和钢琴，继而又学习了二胡与扬琴。初中的时候又学习了古典吉他，大学的时候又在课余时间学习了播音主持和指挥。平时需要严肃、理性地处理千头万绪的工作，在生活中玩音乐时却需要感性灵感，风格迥异的二者却很好地结合在吴天楠身上，"它们其实指引着我如何更好地平衡生活与工作，更好地去解答理性和感性的人生命题"。

在校期间，吴天楠担任了校艺术团团长。毕业后，他依旧心系母校艺术事业的发展。2014年以来，尽管工作十分忙碌，但他依旧参与改编、创作并指导母校艺术团的各项比赛。"千淘万漉虽辛苦，吹尽黄沙始到金"，《弥渡山歌》《林冲夜奔》《梦中的额吉》《美丽的夏牧场》等作品在广东省第四届大学生声乐比赛、广东省第三届器乐比赛、珠海市庆祝中华人民共和国成立70周年合唱比赛、珠港澳民族器乐比赛上获得优异的成绩。同时吴天楠也获

得了广东省教育厅颁发的"优秀指导教师奖"。

饮其流而思其源，犹记杏坛芬芳

毕业当年，吴天楠的同学有去创业的，有去当律师、当老师的，留在体制内的并不多。他只是抱着试一试的心态，居然最终考上了国考。"如果现在回过头去问自己，会不会有更好的选择？我想应该也会有，但是我告诉自己，既然走上了这个工作岗位，就应该静下心来努力做好，既要积极进取，又要顺其自然。"

提起母校，吴天楠充满着感恩与自豪，"这些年在工作岗位上的进步和发展，点点滴滴都渗透着母校的润泽与培养。母校教会我的不仅是课本上的知识，更多的是一种学会学习、学会做人的精神。我也始终牢记着母校'学为人师，行为世范'的校训，不断鞭策着自己做一个力争上游的人，做一个可称之为表率的人，成为一个实至名归的北师大人。"

吴天楠很享受这一与学弟学妹一起努力收获的过程，"这是母校艺术团和我的美好时光，把我和母校的情缘维系得更紧了。"对音乐的热爱与坚持让吴天楠成为一个更懂得工作与生活的人，也成为一名更加热爱母校、团结校友的北师大人。

"母校给我提供了坚实的平台，让我有充分的机会汲取各方面的养分，懂得比书本更深远的知识，看到更远的人生风景。"吴天楠从

大一就加入了校团委领导下的艺术团，作为校级的学生组织，艺术团里有很多各方面都很优秀的人。他向这个优秀团体里的老师和同学学习工作经验和方法，并一直坚持到本科毕业。

"母校的培养让我拥有了更宽广的格局和视野，让我受益至今。"在艺术团的四年里，吴天楠从其中的普通一员成长为艺术团团长，和学校里各个专业的人都有了接触。于他而言，这是一种在课堂之外的宝贵学习体验，因为它可以让一个人跳出本专业背景去思考，收获更多方面的知识与能力，拥有各个领域的良师益友。四年忙碌充实的大学生活，让吴天楠的学习能力、沟通能力、执行能力有了很大提升，而且这些习惯与能力的养成也将伴随他人生的每一个阶段。

十一年磨砺长剑，与母校共成长

在毕业离开母校的第11个年头，吴天楠顺利通过全国硕士研究生招生考试，重新回到母校开始攻读硕士学位。

"回到母校读书，我并没有太多功利性的考量，仅仅是实现纯粹地提升自我的愿望。看见母校日新月异的蓬勃发展，我就有一股也要迎头赶上的冲劲儿。数月的备考经历有些痛苦，因为我只能在繁忙的工作和单位临时安排的重要任务之余做这件极具挑战的事。"但又一次幸运的是，吴天楠考上了。在珠海工作生活的他从每一天的变化中能够真切地感受到母校的巨大进步，感受到母校与粤港澳大湾区发展的同呼吸共命运，这给了他很大的备考动力。

北师大的沃土孕育着每一个莘莘学子。南国北师正在飞速发展，吴天楠越来越能够感受到母校"一体两翼"办学格局的贯彻实施。"不论你在新街口外大街19号，还是在唐家湾金凤路18号，我们都是一家人！从硬件设施上，珠海校区已经是国内一流水平。从师资力量的配备上，越来越多北京校区的老师如候鸟般辛勤教书育人，助力南国北师的发展。能够看见并亲身体验母校日新月异的发展，我感到无比荣幸。"

佼佼于前，灼灼于后。吴天楠向在读的学弟学妹分享了自己的经验和感悟，他满怀深情地说："希望我们北师大的师弟师妹们能够珍惜美好的大学时光，遇到再大的艰难险阻都不要畏惧。完成好本专业学习的同时，尽可能多地涉猎本专业之外的知识，在多方面锻炼组织管理能力、人际交往能力和解决问题的能力，也要尽早地规划自己的未来，但愿未来的职业是从事着自己喜欢做的事情。"他也希望每一位北师大学子都可以把"学为人师，行为世范"的校训铭刻在心，把学习当成终生的事情，秉承优良传统，内心充实笃定，不断战胜自我，勇立时代潮头！

（撰稿：钟大禄）

102 钱家锋

为人师者，幸福模样

校友简介：

钱家锋，北京师范大学历史学院2007级校友，首届公费师范生，现任职于兰州大学附属中学，为兰州市市级骨干教师、市级学科带头人、兼职教研员。从教九年来，曾获得教育部"一师一优课、一课一名师"部级、省级一等奖，甘肃省第四届中小学教师教学技能大赛暨观摩研讨活动高中历史学科组二等奖，兰州市第一届中学优质课教学大赛一等奖，兰州市第三届中小学、幼儿园教师教学技能大赛一等奖，兰州市骨干教师优质课比赛一等奖等多项教学成果奖，连续多年荣获校级"优秀教师""优秀班主任"称号，先后在国家级刊物和省级刊物上发表多篇论文。

初为人师，勤字为上

2011年9月，钱家锋从母校北师大毕业，初上讲台，一切都让他感到新奇和憧憬。每每想起那段日子，他总会感慨万千。

常言道，万事开头难。摆在钱家锋面前的第一道坎儿是从学生思维向教师思维的转变，如何站在教师的角度把学科知识转化为教学知识，这个问题在很长一段时间里困扰着他。为此，钱家锋在课余时间常去旁听同一教研室老师的课，认真记录笔记。在每节课完成教学设计后，他都会提前试讲。他经常虚心向教研室的前辈请教，遇到校级、市级公开课也都会积极自荐参与，在同行的批评和指正中认识到自己的不足。他甚至尝试着自己写高三省"一诊"、市"一诊"的试题解析和高考历史试题的评析，这种虚心的态度和踏实的努力使得他的教学能力和水平日渐提高。

钱家锋自工作以来一直担任班主任的角色。刚开始，"由于资历太浅，经验基本为零，缺乏自信，不敢和学生们走得太近"，往往是为了维护自己的威信和班级的正常秩序而不得不从严治班，甚至在部分学生心中留下了"不友好"的印象。

面对这些新教师常见的、阶段性的问题，他没有气馁，"发挥能动性，认真细致地付出、始终如一地坚守就是最简单、最有效的班级管理方式"。他向有经验的前辈请教、阅读相关书籍杂志、上网搜索教育案例、与学生一一谈心、每天写文章总结反思，以上种种不一而足。刚开始工作的三年，只能用一个"忙"字来概括他的生活。每天六点半起床开始一天的工作，晚上十一点方才休息，这一度使得自高中起定期更新博客的他不得不从"一日一更"转为"一周一更"而后"一月一更"。最终让钱家锋感到欣慰的是，他带的第一个班集体的高考成绩都达到了二本线以上。

大胆创新，走进敦煌

"我从来不会拘泥于陈规和老旧思维的束缚，能创新便大胆地去创新"，经历了初为人师的种种磨炼，钱家锋逐渐适应了从教生活并创造出自己的课程品牌。"走进敦煌学"是钱家锋在综合考量了兰大附中所具备的独特优势和学生兴趣而开发出的原创校本课程。

"刚开始研究敦煌学，纯粹是出于自己对它的浓厚兴趣"，作为一个纯正的西北人，钱家锋在就读本科时就已关注到了充满生机、包罗万象的敦煌学，并在四年学习生活中不断涉猎相关内容，他还曾专程去敦煌考察参观，敦煌文化的博大精深给他留下了深刻的印象。

从教后，以学校实施校本课为契机，"走进敦煌学"校本课的开发和实施也提上了日程，经过前期的系列调研和访谈，钱家锋和同事们确定了开发敦煌学的两个基本原则，即科学性和趣味性，既要坚持知识的严谨性又要满足学生们的兴趣，帮助学生们开阔眼界，促进学生优势潜能的充分发挥。

带领学生们"走进敦煌学"的路并不是那么好走，钱家锋和同事们在编写伊始便遇到了棘手的问题：敦煌学内容广泛、复杂，大学教材又系统、理论性太强，究竟该选取哪些内容、以怎样的方式呈现给学生才更合适呢？

在认真研究之后，他和同事们决定选择以敦煌艺术和敦煌遗书作为课堂的核心内容，因为这部分内容既能激发学生的学习兴趣，又是敦煌学中最具魅力的内容之一。

经历了许多个日日夜夜的加班和修改，在兰州大学的专家教授帮助审定通过之后，一本集专业性和通俗性为一体的《走进敦煌学》校本教材终于和同学们见面了。而"走进敦煌学"这门校本课程也在实施中不断优化，如今已成为学校的精品课程。

在第一次校本课实施结束之后，钱家锋做了一项调查问卷以了解学生们的课堂体验。出乎所有课堂开发小组老师们的意料，理论性最强的"敦煌学简介"这一部分给学生们留下了相当深刻的印象。这让钱家锋认识到，学生们在自己所感兴趣的领域获得了一定的知识储备后，是有进一步关注、探索最新学术信息和相关理论的动力的。"走进敦煌学"校本课成功地培养了学生们的兴趣，传递了先进的学术信息，为学生们日后在大学开展学术研究起到了不可替代的启蒙作用。同时，这门课也弘扬了优秀的民族文化，渗透了家国情怀。

亦师亦友，善学善思

2019年，钱家锋送走了他带的第三届毕业班学生，他说这是自己见过的最优秀的班集体。在毕业纪念册上，他的学生这样写道："七班于我来说，是高中三年最好的遇见，是最好的安排，我觉得少了任何一个老师或同学我都不会有这么美丽的青春。我一开始就讲过，七班，是值得我们全心投入的地方，是我高中的家。"看到学生写下的心里话，钱家锋感觉自己所有的付出都是值得的。作为一个班级的"家长"，学生认可这个家，就是对钱家锋的最好褒奖。

钱家锋将自己做班主任的经验进行归纳总结，探索出一条"以人文素养渗透为出发点，以加强凝聚力为核心，以主体化、系列化的活动为载体"的班级建设之路。

不同于之前只注重维护自己的权威而忽略了个性发展，钱家锋变得更有耐心，面对犯错的学生，他选择在批评教育的同时给予学生改错的机会，尝试换位思考，尝试着以更加温和的方式解决问题，奖励多于责备。

不同于之前刻意和学生保持一定距离，以至于被学生贴上"高冷老师"的标签，钱家锋逐渐摆脱了简单粗暴地处理问题的方式而学会了耐心倾听，他更愿意主动一对一去约谈学生，设身处地地为学生提供力所能及的帮助和支持，"每次约谈学生到办公室，我的第一句话永远是'请坐'"，通过靠近学生、更加深入地了解学生，使得学生能够心情放松地交流。久而久之，学生们开始更多地和钱家锋分享快乐，倾诉苦恼。有学生评价他们的钱老师："他是我喜欢的一束光。无须多言，感谢他在我的高中生活里。"

作为一名历史任课教师，钱家锋也不断地创新、创造以改善自己的教学风格，从教数年的历练和积累使得他的历史课从以往的关注教学设计的完成度、课堂教学的流畅度转变为关注学生课堂教学的参与度和收获的真实度。在教学方法上，钱家锋的课堂从原来的"导入—讲授"环节变为"导入—自主学习、合作探究—讲授"环节。在课堂上，学生们可以充分发挥自主性，自主学习、自主通读教材、自主解决问题，学生们参与课堂的积极性大大提高，班级的整体成绩更是显著上升。

勤于思考、乐于写作、善于反思，这是钱家锋自己归纳的如何促进个人成长的三条箴言，"每每有空余时间我都会思考如何把下一节课讲得出彩，每一个细节都会提前在头脑里预设好"，钱家锋坦言自己是个"相当能写的历史老师"，工作走上正轨后，他的个人博客和公众号始终保持着一定频率的更新，九年来从未中断，"想到什么就会写下来，哪怕是想到一个问题也会记录下来"。他还说："我始终坚信教育家叶澜所说的话，一个教师写一辈子教案不一定成为名师，如果一个教师写三年

回母校

反思可能会成为名师。"

北师大当年，师者今日

"北师大教会了我自主学习、自主探究问题的能力，使我具备了终身学习的理念以及认真对待每一件事情的态度，只要自己决定好了去做一件事，就一定要下决心排除万难做好它。"

钱家锋强调自己能取得今天的成绩绝对离不开北师大的培育，"毕业后，梦中出现次数最多的就是北师大"。

作为合唱团的主力之一，钱家锋连续参加了四年"一二·九"大合唱，工作后他也经常组织班级举办合唱活动，在毕业班的毕业典礼上，他还带领学生合唱抗战年代的"毕业歌"，用特殊的方式为他们上了最后一节生动的"历史课"。

在成长为一名优秀教师的过程中，钱家锋认为自己在教育实习过程中收获特别多。"在北师大附属实验中学的实习经历，使我有机会向很多名师学习，他们为我今后的教育教学树立了标杆。我尤其要感谢实习时的师父孙玲玲老师，她也是北师大校友，她的授课风格和课堂活动深深吸引了我、影响了我。"

作为首届公费师范生，钱家锋勉励师弟师妹们："公费师范生的使命就是做好基础教育的传承和创新。大家应该积极承担起身上的责任，传承北师大的优良传统，为国家基础教育事业进步贡献自己的一份力量。"

作为师范院校排头兵的北师大发起设立了"四有好老师"启航计划，鼓励引导更多优秀毕业生到基础教育领域就业，尤其是到中西部和基层一线任教，践行"学为人师，行为世范"的校训精神，争做有理想信念、有道德情操、有扎实学识、有仁爱之心的"四有好老师"。

教育兴邦，师范报国。未来将有更多薪火

相传、一脉相承的北师大学子，带着习近平总书记的殷切嘱托，带着教育兴邦的初心启航，到祖国最需要的地方去，挥洒青春热血，书写青春篇章。

跟随钱家锋的记忆，时间仿佛又回到了2011年6月17日，那天，时任国务院总理温家宝同志专程来到北师大参加首届公费师范生的毕业典礼。在致辞中，温家宝同志讲道："教师是人类灵魂的工程师，是太阳底下最光辉的职业。"时隔九载，这段话依旧回荡在钱家锋耳畔，毕业典礼上的每一个场景都那么深刻，往事历历，如在眼前。

对于钱家锋而言，每天的教育教学已经成了一种享受。他就像一位勤劳的园丁，用心血浇灌着每一棵朝气蓬勃的幼苗，注目着他们节节生长，"以爱育爱，静待花开"，钱家锋说，于他而言，教师不仅是太阳底下最光辉的职业，也是太阳底下最幸福的职业！

我们也想通过钱家锋以及更多工作在基础教育一线的年轻北师大人的从教故事，分享经验，给予在校有志于从事教育事业的学子以指导和引领。

"很久没有到北师大的'杏坛路'走一走了，但好在，能够每天都耕耘在杏坛！"钱家锋笑着说。

（撰稿：刘德智）

103 珠 曲

到祖国最需要的地方去

校友简介：

珠曲，北京师范大学文学院2007级校友，国家首届
公费师范生，现在拉萨阿里河北完全中学任教。

"作为一名普通的中国大学生，应当到祖国最需要的地方。"火车悠长的鸣笛声飘散在一望无际的蔚蓝天空，从北师大毕业的公费师范生珠曲踏上了回乡的道路，2011年7月，他终于又回到了那个抚育自己长大的、熟悉的地方。草原哺育了他的童年，如今他要回来，为家乡的教育事业贡献自己的青春。

心怀为师梦

在珠曲心里种下"教师梦"种子的是他的一位小学老师。珠曲出生在西藏高原的牧区，当他还只是一个懵懂的孩子时，守候着草原与牛羊度过每一个朝夕。一位名叫巴达尔的小学老师带来的照片打破了他日复一日看到的风景。这位小学老师从遥远的城市而来，同时带来的是外乡的景致和新奇的世界，这让珠曲对草原之外的天地有了憧憬。不仅如此，这位老师也以他的教育情怀与人格魅力深深地影响了珠曲，教育就是一棵树摇动一棵树，一朵云推动一朵云，一个灵魂唤醒另一个灵魂。从那时，他的内心第一次萌生了理想——要成为一名像老师一样优秀的老师。

珠曲选择公费师范生的契机非常单纯，他来自西藏的牧区，家庭贫困，而国家对公费师范生群体有许多补助政策，不仅减免学费，也予以生活上的资助。而更重要的原因，则是他从小一直坚持成为老师的理想与公费师范生政策刚好契和。

难忘母校北师大

对于珠曲来说，在北师大学习生活的记忆是深刻而难忘的。而最难忘的莫过自己组织社团的经历。他组织的雪域锅庄舞协会，在传播发扬藏族文化、促进民族间交流的同时，也积极组织支教活动，他与成员们多次在暑期前往偏远地区，来到真正的课堂，在实践中对自己即将步入的职业有了更加深刻的认识。

谈起自己的大学老师们，珠曲满怀敬佩。正是他在大学遇到的老师，让他对教师的职责以及信念有了更深刻的认识："北师大的老师，拥有着崇高的人格与深厚的学术修养，他们的言谈举止，对教学的热爱与坚持，都深深地影响着我，不仅促使我在大学毕业之后毫不犹豫地走上教学岗位，并且激励我数十年如一日，不忘教学初心，以满腔赤诚投入工作中去。"

珠曲说自己已将在北师大老师身上感受到的信念与情怀镌刻进灵魂，并将其投入自己的教学事业中，踏踏实实坚守在教学的第一阵地。

不忘初心，回到草原

大学毕业后，珠曲毫不犹豫地踏上了回故乡的列车。面对大学毕业后的诸多选择，珠曲说，他的内心依旧像刚刚进入大学的时候一样坚定。

公费师范生政策的宗旨是"回到祖国最需要的地方去"。珠曲认为，在上大学的时候，他得到了国家的帮助，毕业之后回到故乡教学，为祖国边远地区的教学事业做出贡献是一件非常自然的事情。正如在他上学时遇见的老师，曾如春风化雨般滋润过无数边远地区的学生的心灵，令他们的目光不再囿于草原上的牧歌与牛羊。他也想这样做，他认为回到家乡，为家乡的基础教育事业做出贡献是他应当担负起的责任，这份责任与他公费师范生的身份一样平凡而意义重大。刚刚当上老师的时候，他觉得非常幸福，因为终于到了自己最想到的地方，有了人生最美好的归宿。

海拔4900多米的阿里乡村小学是珠曲返乡后的第一站，之后他在县教育局任职一段时间后，又回到他热衷的三尺讲台，到拉萨阿里河北完全中学任教。教学一线的工作并非一帆风顺。虽然在岗位上取得了一些成绩，自己带出的学生考取了好的学校，他们命运或许由此可以改变，但是他也认识到，自己"想要改变边远地区的教育现状、想要改变学生的命运"是多么宏大的梦想时，也会感到迷茫。"这样的理想在一个大环境中，靠个人是难以实现的。有时提出一个可以改进的政策却遇到重重阻碍，有时在教学的实践中，与学生沟通的时候会遇到种种问题，在理想与现实碰撞的时候，总会遇到种种无奈。"珠曲感叹自己当初理想的单纯与青春的激情，已经转化为日常工作中

——克服难题的平和力量。但无论如何，初心永远不会被磋磨，"总要依靠自己的能力改变一些什么。老师都是要在现实的教学中慢慢成长的，在坚持理想的过程中总会遇到困难，但是要平和心态，并且始终叩问自己的初心。"他相信只要坚持，一点一点努力，一点一点改变，中国的教育事业，无数正在求学路上前行的孩子就会变得好一些，再好一些。

勇担使命，奉献教育

谈及公费师范生这一群体，珠曲有无限的感慨与期待。作为国家的第一批公费师范生，与他同级的大多数同学一样，去到教育资源缺乏的边远地区从事教学工作，"到边远艰苦地区为教育事业奉献，其实是外界无法强求的，最重要的是学生自己内心能意识到这一事业的崇高与自己肩上承担的责任"，珠曲反复强调，公费师范生是要有信念的。

如今，北师大未来教育学院的成立，公费师范生群体的扩大，珠曲对此十分欣慰，"这样可以给公费师范生提供一个相互交流的大环境，信念可以在一个群体中增长，无疑是有利于公费师范生成长的。"

"在中国教育普及率已经很高的今天，在边远地区、世界屋脊，师资力量依旧非常缺乏，迫切需要更多公费师范生的加入"，珠曲认为，更多公费师范生充实到教师队伍中，把自己的所学、把先进的教育理念和教育方法回馈给家乡和边疆地区，对民族教育必定会产生积极的影响。

百年大计，教育为本。作为新时代的北师大青年，更应当将国家教育发展的使命承担在肩上，珠曲谈道："青年应当更加珍惜国家创造的机会，勇于担当，不能只贪图安逸、不作为，只有青年的思想更加积极，将自己的事业融入国家的教育事业之中，国家的教育才有更加光明的未来。"珠曲嘱咐在读公费师范生的学弟学妹们："每个人都有自己的人生规划，但切记要看清楚自己的内心。比如，想要做老师，那就坚定而单纯地选择做一名老师。在北师大读书，专业知识一定是过硬的，再加上坚定的信念，会让实现理想的路走得更加顺畅。做老师不一定要干一番轰轰烈烈的大事业，而是更应该坚守在平凡的岗位上，在本职的工作中有所贡献。"

作为大学期间多次参与支教的"老手"，珠曲对大学生的支教活动提出了一些建议："一定要在与自己专业相关的科目上进行教学实践，让自己在支教中真正走上讲台，体验教学生活，增长经验，并且提前感受边远地区的生活与教育情况，对毕业后自己要从事的事业也有一定的准备。"珠曲呼吁同学们可以到藏地进行暑期支教，藏地的学校暑期正常开课，"支教同学们的到来能够对当地的教学活动起到辅助作用，那将是非常有意义的事情"。

结　语

在与珠曲的对话中，他反复谈道"到祖国最需要的地方去"，也一直在强调自己只是一个平凡的人，在他所处的遥远西藏，在不起眼的乡村小学、中学中，还有无数默默奉献、坚守信念的老师。珠曲与坚守藏地教学一线的老师们，始终坚持教育初心，用自己的青春扎根脚下贫瘠但宽广的土地，以理想与热情孕育荒芜中的盎然生机。他们奉献教育事业的，是朴素而纯粹的冰心，他们以青春铸就的，是平凡而伟大的师魂。

（撰稿：茹毅）

104 周 方

深挖一口小小的井

校友简介：
周方，北京师范大学汉语文化学院2006级校友，研究生学历。现任中国教育国际交流协会会展高级项目主管，中国国际教育展负责人。

缘起："我每次都想跳出来"

周方与北京师范大学汉语文化学院结缘是在2006年，经过研究生入学考试，她进入汉语文化学院攻读汉语国际推广专业的研究生。其实周方在研究生考试之前已经有了稳定的工作，是北京某小学的英语教师。当问及为何选择重新进入校园时，周方笑着回答道，此前第一次进入北师大参观时，北师大人的精神气让她心生向往。同时，不同的体验感在她的职业生涯中一直扮演着重要角色。小学英语老师因教学对象的限制能够调动的知识相对固定，周方不满足于现状，2006年正好是北京师范大学汉语文化学院汉语国际推广专业招生的元年，周方便决定在教育这一大领域不变的方向中学

习体验不同专业，丰富自身的知识结构，多一些不同的视角体验。

谈到研究生阶段的职业生涯规划，周方坦言并未有特别详细的安排，在就业时也没有最心仪的岗位，但她感兴趣的方向非常多，十分愿意尝试新的事物，跳出熟悉的圈子。这一特点在其从业11年的职业生涯中一直不曾改变，在她研究生阶段的实习经历中也可见一二。

研二学年，周方开始在美国密歇根州兰辛市一所公立小学进行实习，据她所说，英语专业的出身给了她一定的自信，加上愿意尝试新鲜事物，有一些教学经历等因素都帮助她较好地适应了小学的实习岗位，在此期间她也学到了很多至今记忆犹新的跨文化交际经历，比如，在课堂上讲解运动项目射击的导向问题，

需要跟教学主管报备注意事项。这些跨文化交际经历中的小事也使她在此后的工作中受益匪浅。第二年她收到了美方学校的邀请，再次留任进行教学。但是在完成了两年的教学后，当美方教学主管再次邀请她长期进行合作时，周方认为自己有信心有能力做好教学方面的工作，教学经验也可以一步步积累，长此以往也会越来越顺。但顺利的同时似乎职业发展前景有所局限，加之自身原因也不想走学术道路，"所以未来10年的样子好像也能看见"，周方笑言。有了这次判断，两年实习结束之后，周方又一次跳出舒适区，谢绝了美方的邀请，回到中国参加秋招。

周方坦言，参加招聘时跟大多数同学的心态是比较相似的，对整个职业生涯没有明确的规划，但她对很多工作岗位都有兴趣、有热情，非常想尝试新的工作内容，于是，在国际教育领域大方向不变的求职导向下，她投了一些简历，在面试时更加看重开放的工作环境和办公氛围。中国国际教育展主办方看中她两年的跨文化实习经历带来的国际视野和对待工作的饱满热情，向她抛出了橄榄枝。

摸索："所有经历统筹后指向一个目标"

周方做中国国际教育展工作已有11年。当笔者问到目前为止整个职业生涯里心态和能力都发生了什么变化时，周方表示至今仍然感谢

汉语国际推广专业带给她的两年实习经历，让她能够切身实地在海外感受不同的文化，观察当地从幼儿园、小学基础教育阶段开始的、与中国全然不同的教育模式，体会与不同文化背景的人打交道的不同方式……这些经历润物细无声般带给了周方现在工作上许多帮助。与前期择业期心态不同的是，从事中国国际教育展项目不久，周方就已确定教育国际交流方面是她最想从事的职业方向。

谈到职业生涯中常常面对的挑战，她认为每年10月的中国国际教育展是非常重要的，她进入这个行业是在2010年，正好是教育交流行业发展的高峰期，这一点与留学市场趋势相同。至今该行业进入了平缓发展期，信息渠道的多元化给她们带来了一些影响，但中国国际教育展的权威性仍然毋庸置疑。工作中的调整是再正常不过的，周方认为，但这时候她更愿意全身心投入工作，从心态上进行调整。11年的工作生涯进一步拓宽了周方的国际视野，高频率地与海外国家的教育推广部门的接触与她的职业预期相匹配，周方不赞同长时间从事同一工作会丧失新鲜感的说法，她认为，职业的挑战性和新鲜感有时并非职业本身，它与求职者本人的视角息息相关，工作者本身不断更新知识储备、不停获取新技能本身就有成就感，如若在自身感兴趣的工作中能够用上，则是双倍的成就感与获得体验。

谈到11年中国国际教育展工作中周方的职

业发展规划时，她认为不同的岗位、不同的经历从来都不是毫无意义的，它们会帮助自己内心确认最想从事的职业方向。哪怕最初只有一点点兴趣，她也会尝试一下，就这样找到自己最想从事的职业，从里面的最小、最细节入手，关注行业动态，不断更新知识，深挖一口小小的井。她坦言，这样的思路是在工作中受合作伙伴启发的，那位合作伙伴从小对精密机械感兴趣，在瑞士机床协会（swissmem）任职的同时也经营了自己的机械公司，烦琐的工作并未让他产生倦怠，他认为，工资不应该是职业发展规划的第一导向，而是应该有自己的职业发展线索，找到最感兴趣的方向后继续深耕。周方补充说，若是像她一样没有明确的、最感兴趣的从业方向，不妨先去做，"不怕慢，就怕站"，慢慢找到自己的职业方向，找到之后哪怕自身起点不够高，也可以业余多加努力，有行动总是好的。

周方认为，她之前的小学英语教师工作、外派汉语教师工作经历对她的整个职业发展都很有帮助，她认为这是很神奇的事情。从开始的不明确到明确，蓦然回首，都是不可或缺的一环，自己的综合素质能力也在不同工作经历中得到提升，一切都变得顺理成章起来。

未来："感到轻松不是好的状态"

在我们采访时，周方已经是中国国际教育展会展办的高级项目主管了。谈到给师弟师妹们关于职业生涯发展的建议时，周方的第一句话仍是不要停止学习。她认为，进入职场后不同于在校阶段有学业压力督促，经过一段适应期后，往往会觉得当下工作挑战性不太高，这种轻松的状态值得警惕，人不能够太享受。周方强调说，如果想有比较长远的职业发展，越走得远，学习的脚步越不能停下，一眼望到头的工作常常不如想象中那样安逸。

对于在校的师弟师妹们，周方建议大家必须要打牢专业知识的基础，不一定要从事这个行业，但牢固的专业基础知识会帮助你深刻理解这个行业，在进行职业规划时会进一步帮助你做出客观理性、符合自己规划的选择。周方就读时，是汉语文化学院的第一届汉语国际推广专业的研究生，在专业课程和工作匹配度上尚有可以进步的空间，她建议能够有更加细化、有针对性的课程来帮助教学工作。

她同样建议多行动、多尝试，多接触社会。没有明确的目标并不可怕，但空想家是不好的。多一些实习经历，年年积累、细化经验，匹配自己的择业需求，这样的做法在周方看来是比较理性的。她同时强调，从过来人的眼光看来，在校期间能够有明确的职业规划是一件好事，反之也不应过于焦虑，建议学校的就业指导中心在研究生阶段也开设相应的就业指导和职业规划课程，将更多的案例、流程介绍给学生。

同时，周方也建议师弟师妹们可以多关注想从事的泛领域的大型展会和学术活动。以教育行业为例，中国国际教育展每年对接的是海外大学的官方招生部门和市场部门以及驻华大使馆，他们提供的咨询服务都是优质且免费的，对国际教育感兴趣的同学可以充分利用此机会，去现场交流，为自己的择业提供切实可参考的第一手体验。她认为，北师大的校训"学为人师，行为世范"对她影响深远，身在教育这个大行业，亦会在国际教育交流领域贡献自己的力量。

在周方看来，北京师范大学120周年的校庆活动非常值得期待，她认为自己目前的11年职业生涯不算长，也希望和师弟师妹们一起听到更多优秀校友的职业发展故事，苟日新，日日新，又日新。

（撰稿：沈宇　苏欣　尹璐　姚浩茜）

105 向铁生

佳木向阳而生，栋梁自然而成

校友简介：

向铁生，北京师范大学文学院2007级校友。2013年获文学博士学位，毕业后入职湖南大学，现为湖南大学文学院副教授，兼任学院党委副书记。从北京师范大学的学子到湖南大学的教师，向铁生的学术与行政成就相得益彰，十五年光阴荏苒，嫩芽早已长成大树。

怀揣学术理想与研究热情从湖南大学出发，向铁生选择走上了一条对北师大人来说无比熟悉的职业道路，他在北师大一路读到博士，在学术研究的路途上跋涉前进，最终他又回到湖南大学，投身于热爱的教学科研事业。在深入了解他的职业发展路径后，我们很难把他的职业选择同北师大的影响剥离开，他的择业之路正应了启功先生的毕业箴言：

入学初识门庭，
毕业非同学成。

涉世或始今日，
立身却在生平。

涉世：兵来将挡，水来土掩

"博士的就业范围相对狭窄，大部分人会选择科研院所或是高等院校，部分人通过人才引进政策在政府部门工作，少数人会进入企业。"2019年，《中国青年报》以2018年55所教育部直属高校24856名博士毕业生为样本数据展开的就业调查显示，有50.2%的博士毕业生选择进入学术系统就业，高校和科研院所是博士毕业生的主要去向。

然而，在博士毕业生的"溢出效应"下，高校和科研院所的就业岗位竞争十分激烈。相较之下，政府部门和企业则显得容易许多，相当比例的毕业生就职于后者。向铁生就曾在博士毕业的关头，站在分别指向高校和政府部门的分岔路口，思索自己的抉择。

博士毕业生向铁生，首先把目光投向高等院校，"目标定位是985学校或211学校，一般的学校或者是离家乡很远的学校不考虑"。湖南省满足上述条件的高校屈指可数：湖南大学、中南大学、国防科技大学和湖南师范大学。他找到这些学校的官网，详细比对招聘公告，又通过师长、同学和朋友的关系辗转打听"内部人"对于这些高校的评价和感受，最后将湖南大学和国防科技大学作为目标院校，挨个儿投递简历，剩下的就是漫长的等待。

在等待中，惠州市政府面向北师大的人才引进项目引起了他的注意。"通过人才引进项目，博士毕业生能享受正科级的待遇。……广东离老家湖南近一些，惠州的气候也比较好。"这是一个难得的机会，他一边等着高校的消息，一边向惠州市政府投了简历，后来还进行了一趟惠州之旅。

惠州市如期给出了邀约，但向铁生迟疑了。"每个人都会有这样的一个经历，在面临人生关键选择的时候，总会犹豫。"而除却这份寻常的犹豫，他的犹豫里更多了几分不甘——满怀学术热情与理想走进校门，一步步打磨学术能力，一点点积攒研究经验，校园里几千个日夜的努力，早已将他的职业目标校准为成为一位优秀的学者，到学成之时，现实却告诉他，放弃学术研究吧，他的位置是写公文

稿的公务员。

当时已经临近毕业，留给向铁生的时间并不多，他陷入了深深的纠结中。"我的纠结点其实是，人生要不要发生这个转向？"一旦做出转向的决定，遗憾和迷惘不可避免，否定那些图书馆的日日夜夜，如同抛弃了部分的自己。

迷惘之际，湖南大学文学院向他抛出了橄榄枝，向铁生欣然接受。忆起之所以能及时向湖南大学投简历，还是因为他在湖南大学就读时结识的老师告知他文学院的招聘消息，鼓励他可以投个简历试试。九年后的今天，他不由得慨叹："某些关键一步可能会改变你的人生轨迹，幸好山重水复，峰回路转，最后还是走到了我最想走的这个道路上，在高校里面做学问，教书育人。"

尘埃落定，向铁生心满意足地参加毕业典礼。入学时，他是开学典礼上的研究生新生代表，毕业时，他又将以优秀毕业生的身份代表毕业生在典礼上发言。

向铁生在评价自己的求学、求职过往时，最常用到的两个词便是"随性、弱规划性"，"永远是那种兵来将挡、水来土掩的感觉"。比起时时盯着人生进度，刻刻算着优劣利害的急功近利，他的想法朦胧而单纯，"一个人可以一直看书，一直读书，还有人给你开工资，这是多么幸福的事情"。随性并非没有规划，朦胧正是恰到好处。在方向不明确也难以明确

的时候，把精力倾注在焦虑未来的杞人忧天上，费尽心思规划精密的人生进度表，终究会是徒劳无功。倒不如脚踏实地，把眼前手头的事情做好，专注于技能磨炼和自我提升，坐得稳冷板凳，耐得住空寂寞，方能厚积，方能薄发。当前方的迷雾散去，起跑的哨声吹响，真正考验选手的是长久的脚力，一时的"赢在起跑线上"，终究会输于"用时方恨少"。

读什么书，交什么朋友，做什么工作，一切都是自然而成的。正像向铁生对随性的体悟，"心态会特别好，特别健康，没有很强的目的性，没有很强的功利性，能保持住自己的精神领域当中的一小份纯粹性"。在内卷成风的当下，大家真的只有辛苦"卷人"和焦虑"被卷"两种选择吗？向铁生的求职故事，或许能给焦躁的莘莘学子注射一剂名为"冷静"的良药，而他平和淡泊的性情，也将使他在接下来的职业生涯中大放光彩。

立身：学为人师，行为世范

初入职场的向铁生，面对由学生到老师的身份转换，不适和迷茫时常萦绕在他的心头。他直面挑战，摸索出了一套属于自己的制胜法宝。一是心态要好，工作中的困难与挫折常有，良好的心态是战胜它们的基础；二是要善于观察和学习，多向前辈请教，多向有经验的人取经；三是多跟学生交流沟通，"现在的年

轻人想法很多、很活跃，很有活力、想象力，可以听听他们的想法，了解他们希望看到怎样的老师，希望有什么样的收获"。正是在一点一滴的经验累积中，向铁生逐渐适应了教师这重新身份。

如今，向铁生在湖南大学文学院承担着课程教学和学生工作两个领域的任务，如何平衡好这二者之间的关系便成为他需要思索的新问题。向铁生直言："这是一个内卷的时代，往往需要人们加倍付出。鱼和熊掌不可兼得，那么这样一种肯定会有矛盾冲突的情况，必然会对我有所影响。而我能做的，就是尽量避免这种影响，或是把这种影响降到最低。"为此，他想到了两种办法：一是增加工作时长，每周加班，每晚工作到深夜，但与此同时，他仍不忘每周腾出两三天来做自己，读自己的书、做自己的事；二是在局部时间内提高工作效率，让整体时间安排更加规律，对工作和生活状态进行相应调整。

九年来，向铁生在工作岗位上兢兢业业，从一位优秀的博士研究生逐渐成长为一名出色的人民教师。他成功地完成了身份的转变，也感悟着岁月磨砺带给自己的种种变化：读书治学方面，视野更加开阔，阅历逐渐增长，经验得到丰富；工作生活方面，相较于之前的自由随性，现在则更加规律、更有规划。他享受着当下的生活状态，虽辛苦却也充实、精彩。

回望在北师大的求学时光，老师们治学的

勤奋和严谨、对学生的关爱和奉献，都在向铁生心中烙下了深深的印记。老师们工作繁忙，仍非常耐心地为学生解答各种问题，"我们经常能在半夜收到老师的邮件回复，或是论文的批复意见。"向铁生心想，老师们在如此繁忙的情况下都能做到这样，那自己更没有理由不去努力读书。

在北师大求学时，向铁生结识了离休老教授杨敏如先生。杨先生告诉他，做老师的最高境界就是像蜡烛一样燃烧自己，照亮别人；当老师的最大收获便是培育学生，关爱学生，帮助学生成长。向铁生把杨先生的殷殷教诲铭记于心，并付诸实践。如今在课堂上，他常常跟学生们提起这段往事："一个真正的纯粹的老师可以做到什么境界？可以为学生完全不计成本，不计报酬，不带任何目的去无私地关心帮助学生。"无独有偶，当文学院一位学生身患白血病时，王宁教授远从香港捐来善款，北师大师生也纷纷伸出援手。当时的向铁生被老师们的行为所打动，也更加明白了"学为人师，行为世范"的意义。

北师大是我国培养师资的重要摇篮之一，"学为人师，行为世范"的校训一定会被广大北师大毕业学子在祖国各地践行，这是一种非常巨大的、无形的精神力量，而且可以永远传承下去。

期盼：认识自我，全面发展

从博士研究生到大学老师，向铁生在自己的人生道路上稳步前行。作为"过来人"，针对有志于进入大学任教的同学，他给出了一些建议。对还未读博的同学来说，应该认识到攻读博士是一个非常重大的人生选择，因此一定要做好心理准备，读博是一个完全不同的人生状态，也会改变将来的生活方式。对正在读博的同学而言，在考虑未来的工作选择时，一是要相信自己所学的专业，对自己有合理的评估，自信而不自大；二是要多听听自己内心的声音，或许你的心中早已有了答案；三是要灵活变通，懂得适当妥协，不要一根筋，学会将人生目标做一些分解，曲径通幽也未尝不可。

在选人用人上，高校需要的是高水平的、紧缺方向的、适合学校发展的人才。那么对于求职者来说，向铁生指出，一方面要正确认识自己的水平，另一方面则需要了解高校的用人政策、具体招聘的方向和要求。招聘的具体要求可以在学校的官网上找到，也可以通过自己的人际网咨询了解相关情况。

职场不同于书斋，为了能够在毕业后更好地适应职场，向铁生对北师大的在校生们说出了自己的建议与期盼。就文学院学生而言，最重要的是写作、沟通和表达能力，若三项能力未能俱全，那至少也要有一项能力较为突出。就整个北师大的学子而言，首先要在最适合读书的年纪多读书、多积累；读书不能死读书，要学会把眼睛从书斋里移向书斋外，珍惜北京各种丰富宝贵的资源，让自己的视野变得开阔。其次要培养良好的表达能力，无论是选择教书育人，还是其他工作岗位，表达能力对于每个人来说都是至关重要的。

佳木向阳而生，栋梁自然而成。向铁生在求职过程中的淡然沉稳，在工作岗位上的勤恳敬业，给我们留下了十分深刻的印象，他的求学求职之路、对广大学子的建议与期盼，也必然会对我们有所启发和助益。

（撰稿：盛奇敢　车韦萱　毛诗雅　陈诗怡）

106 周 华

博学洽闻，进而大成

——在跨学科的路上踏实前行

校友简介：

周华，北京师范大学法学院2008级校友，金融法硕士，大成律师事务所（中国区总部）合伙人。周华律师持有上市公司独立董事资格（上交所、深交所），是中国法学会会员、大成中国区资本市场委员会委员、金融专业委员会委员、争议解决专业委员会委员。周华律师有大学教师、公司高管等经历，并致力于宏观经济及产业政策、海洋经济和海洋产业、金融和资本市场、公司架构设计与公司治理、中小商业银行规范等领域的理论研究和实践操作。

在一番轻松且愉快的介绍之后，周华师兄向我们谈起了他在法学院求学的经历。周华师兄是北师大法学院第一届（2008级）法律硕士校友，他回忆道："法学院当时虽只设立了两个班，但班级界限完全被打开。我们同学之间的感情非常好，相处也非常融洽。现在想来，那些时光真是非常珍贵。""北师大法学院的老师也特别好"，周华师兄真心地提及了多次，"特别是我的导师贺丹老师，在我毕业论文写作期间（也是贺丹老师在国外考察学习期间），常常在QQ上和我联系，甚至给我打越洋电话，指导我的论文写作。由于有时差，贺丹老师为了照顾我这边正常的作息时间，常常自己熬夜打来电话，我非常感激。"正所谓同门为朋，同志为友。求学的时光、共学的同学、

身边的良师，都是我们大学时光中最宝贵的财富。周华师兄也希望我们能打破室友、同学、老师之间人为的壁垒，有一个融洽的氛围。

从体育到法律：
在而立之年确定人生方向

周华师兄有着出色的工作能力，在并购重组、公司治理及风险控制等领域参与或主办的部分业绩如下：中国广电集团系列并购案、华为公司对北京某高科技公司投资专项、内蒙古某著名民族品牌企业控制权安排及重组专项、羽贝纳传媒收购大武汉公司专项，以及担任多家公司的常年法律顾问等。而令人惊奇的是，成功的背后是周华师兄丰富且艰苦的学习与努

力。周华师兄本科就读于安徽师范大学，学习体育专业，因此本科毕业后成了一名体育老师。后来师兄因对法律感兴趣，花了近三年的时间准备考试和学习，最终考进了北师大法学院。进入北师大法学院那年，周华师兄已过而立之年，但对待法学学习，仍保有一颗赤子之心，真诚而热烈。谈及学习法律的原因，师兄认为，挑战性、可能性、成就感是最重要的。正是师兄这种敢闯敢拼的精神成了他律师路上的一大助力。

博闻强识，注重跨学科学习

律师作为问题解决者，需要有多维的思维方式，以及立体的知识建构。要思考问题背后的本质，不能单单依靠法律知识，还要有跨学科的视野和知识。师兄在求学期间喜欢去别的院系听课，如北师大的经管系、物理系、化学系——"我不是要成为专家，而是不至于让自己成为一个小白，对于一些学科和专业，我能有基础的认知就已经很棒了。我只希望自己以后对这个领域不感到陌生，不会被天然性地拒绝。"众所周知，律师业务包括诉讼和非诉业务，而周华师兄主要从事的非诉业务，例如证券、并购交易等便需要众多学科与领域的知识，而师兄在北师大这样的综合性大学中的跨学科学习让自己有了底气。

盈科而进，勤奋且踏实是律师的基础品格

周华师兄认为，每个行业的佼佼者都有自己独特的品质，但优秀的品质是有共性的，这是一种基础品格，律师也不例外。对于律师来说，踏实与勤奋便是前进路上的舵与桨。踏实，就是要直面问题，一步一个脚印。他提到盈科律师事务所名称中"盈科"一词便是此意，即水充满坑坎，喻打下坚实基础之意。而勤奋的重要性，自不必赘述。正所谓滴水穿石，唯勤奋、坚持是成功的不二法门。周华师兄说，任何行业都是综合素养能力的培养。做律师并非一上来就是法律文书的写作，而职场中的礼仪、为人处世的方式也是需要学习的，诸如开电梯门、端茶倒水、点菜、开车的礼仪都是需要的，要全面发展自己。这些综合素养甚至和专业知识上的积累一样重要，因为这些东西是潜移默化的，是长期积累的。

专业+实习+案例=律师职业初体验

周华师兄说，除了专业知识学习和实习，学生还可以阅读最高法院的指导案例和判例来体验律师职业。他建议说："如果大家能够坚持每天早上读一篇优秀的判例或别人写的好的法律分析的文章，一定能提高自身的表达能力、写作能力、说理能力等。这相当于把自己置身于

一个法律场景中。用一个小时扮演不同的角色。"

个人选择与人才流动是同频的

"听说很多人在做几年律师之后都会转行，请问您所观察到的情况是这样吗？如果是，您认为是什么原因呢？"访谈主持人吴盈含充满疑惑地问道。

"是这样的。"周华师兄直言。"不过，律师行业也会接纳很多其他行业的人，人才的行业流动很正常。"周华师兄说。律师选择进入其他行业的原因有很多，如工作或业绩压力、家庭原因、个人发展路径设计及个人喜好等。律师作为问题的解决者，所思所虑要高于问题本身，甚至高于企业、高于老板，这样才能彻底解决问题。

双向的奔赴：律师与社会之间

我们需要律师：中国律师行业容量是比较低的，还是一个洼地。且人们维护私权的意识在增强，对律师的客观需求在加大。

律师这一职业群体往往通过许多公益法律服务将援手伸向弱势群体，从而回报社会。周华师兄说，律师是帮助别人成长、帮助别人获得更多收益的一个职业。一般来讲，律师的薪资回报比一些职业要高，部分律师也会投身到公益领域，周华师兄便是如此，他不仅担任

了12315的法律援助律师、北京朝阳街道的法律援助律师，还常常进行普法活动。师兄说："做公益法律援助律师时，一天会接到30～40个电话，诸如房产纠纷、子女赡养、邻里吵架、索要工钱等。问题很多时候不是法律问题，而是社会问题。在公益法律援助过程中，我能感同身受，与他们共情。正是在这种使命和情感的双重驱动下，我会一直坚持去做。"

公益法律援助可以让律师跳出"利益的争夺"，拓展一个人的胸怀和格局，也能帮助到更多的人。任何一个社会个体都应该奔着社会的整体和谐与进步出发，除了实现个人价值，还要发挥社会价值。每个行业的人都应把自己获得的知识和技能投身到社会，以求构建安全、稳定的环境，这本身也有利于律师的成长。

师兄的叮嘱：勤奋踏实、心怀社会

"首先还是要养成勤奋踏实的品质：遇到问题就去解决，不要逃避和畏惧。要有滴灌式的勤奋。还有就是我之前提到的，希望师弟师妹们能有一个大格局：胸怀宽广，实现个人价值的同时更要回报社会。"

我们北师大法学院"虽是名门，但非望族"。希望我们全体北师大法学院校友"籍名门之名，塑望族之望"。

（撰稿：卜泽雄　廖婉均　谢吉伟　吴盈含　耿凌宇）

107 薛祥山

绿水青山皆妙趣，白云芳草自知心

校友简介：

薛祥山，北京师范大学水科学研究院2008级硕士校友，现任中国城市建设研究院水务环境研究所所长，兼任中国绿色发展协同创新中心特聘研究员，中国建设报社政策研究中心"建设智库"专家，清华大学环境学院工程硕士校外导师，四川大学水利水电学院研究生产业导师，西北农林科技大学研究生校外导师。主要从事水环境保护与治理、海绵城市建设、EOD（生态导向的发展）规划及绿色发展等技术咨询工作，负责并完成多个国家及省级海绵城市建设的全过程技术服务工作，发表学术论文30余篇，获得国际、国内（国家及省级）优秀规划设计奖15项。

学道须当猛烈，始终确守初心

瀑布选择了悬崖，它便跌宕成了一首奔腾的歌；种子选择了泥土，它便绽放了一片盎然的生机；雄鹰选择了蓝天，它才成为勇敢的化身；而薛祥山选择了水利，成了当之无愧的"海绵青年"。

2003年，薛祥山来到北京开始了求学之旅，进入中国农业大学水利工程系学习，2008年本科毕业后又来到北京师范大学水科学研究院攻读硕士研究生。三年美好的研究生生活，单纯而充实，满怀对未来无限的憧憬，他始终以自立自强、努力创新为方向，完成了硕士研究生的学业。

未来要做什么工作？这是一个值得深思的问题。当时，薛祥山的很多同学都选择在不同行业领域间进行"转型"，谈及这个问题时，薛祥山考虑到由于对新领域新行业没有十足的把握，他并没有轻易地跨领域转型。"闻道有先后，术业有专攻"，他认为坚持本专业、根植本行业、深耕本领域，坚定自己的发展方向，心无旁骛，坚定专注地走下去，才是快速取得成就的捷径。

2011年硕士毕业后，正值国家城镇化快速发展，同时着力打造宜居环境，对城镇环境改善尤其是水环境改善特别重视。薛祥山意识到生态环保是可持续的朝阳产业，于是选择从事与水利环境技术相关的工作，学以致用，将在校所学的专业和技术知识统筹应用到实践中去，结合城市总体规划设计配套开展城镇环境和水系统专项规划设计，入职清华大学城市规划设计研究院，开启了规划设计技术咨询的工作生涯。

在清华校企工作十年后，伴随着自我成长和校企改革，结合水务环保行业的发展形势和所处大环境，薛祥山又在2021年6月进入中国城市建设研究院，组建水务环境研究所，带领团队统筹开展城镇水务领域、生态环境领域、水环境领域等的规划编制、设计技术咨询项目等，深耕城镇水务领域综合规划和水环境综合治理，劈波斩浪，科技报国。

行舟定当用力，一篙不可放缓

"逆水行舟用力撑，一篙松劲退千寻"，薛祥山在工作中并非一帆风顺，永远都有新的未知需要探索，有新的挑战需要面对。"志不求易、事不避难"，他在工作中从不回避难题，而是敢于突破。在汇报工作时，薛祥山总是在思考如何用通俗易懂的语言把专业技术直白地讲出来，这对于他来说是个很大的挑战。面对这些问题，薛祥山和同事一道，通过自身优秀的构思能力以及借助软件工具，积极从多方面着手解决问题，通过绘制形象的动态逻辑路径图来讲解展示，将干涩的专业内容图片化、形象化、动态化，提出创新性举措。"千磨万击还坚劲，任尔东西南北风"，在求学、创业的道路上，面对一个个困难和挑战、机遇

与抉择，只有永葆初心，知行合一，不断提升自己，与时俱进，才能在自己的行业领域走得更高更远。

薛祥山对待科研和工作，坚韧求索，一丝不苟。在此过程中，通过各类项目的实践历练和不断的技术积累，系统思维以及独立承担完成项目的能力有了极大的提升，更是多了几分自信和从容淡定。浩瀚海洋，源于细小溪流；自我成长，来自艰苦奋斗。回顾以往的工作经历，不仅是项目成果给他带来了巨大的成就感，同时在行业论坛上，与同行、老师和专家教授同场交流，同台演讲，让他们见证自己的成长与成果，这是令他更加自豪的事情，激励他在自己的行业中走上更高的阶梯。

薛祥山人生的转折点可以说和"海绵"两个字密不可分。自习近平总书记在2013年提出海绵城市建设要求后，薛祥山的团队就一直关注国内海绵城市建设发展动向。2014年，住房和城乡建设部出台《海绵城市建设技术指南——低影响开发雨水系统构建（试行）》，指导各地在新型城镇化建设过程中推广和应用海绵城市理念和技术，自此薛祥山团队就开始全面、深入、系统地学习研究海绵城市。薛祥山说："海绵城市建设使城市既有'面子'又有'里子'，是一项实实在在的民生工程。"实际上，他们在海绵城市概念提出之前，就一直从事流域系统生态环境治理工作，其理念与海绵城市高度契合。从这个角度讲，他们很早

就开始践行这一生态发展理念了。

2015年3月，迁安成功入选全国首批海绵城市建设试点城市，成为河北省首个也是全国唯一一个县级试点城市。薛祥山及其团队成员为其从试点申报到全过程推进提供技术服务。作为京津冀城市圈中的重要节点城市，迁安以海绵城市建设为突破口和着力点，深度融合资源城市转型发展、生态文明建设与新型城镇化道路，进行了四年多艰苦而卓有成效的探索和实践。通过试点建设，迁安在海绵城市建设思路、组织管理、实施路径和经验教训等方面做出了很多有价值的成果，形成了一套符合北方县级城市海绵城市建设可复制、可推广的"迁安经验"，最终也将形成京津冀缺水地区水生态修复典型示范、新兴城市水资源保障示范、新老城区整体海绵城市建设推进示范，为我国海绵城市的建设发挥引领示范作用。

迁安的环境好了，城市更美了，老百姓也更幸福了……提到这件备受社会关注的事情以及外界赋予他"海绵青年"的这个称号，他也只是谦虚地说道"很荣幸"。轻飘飘三个字的背后却蕴含着数不清的艰辛与无数个在无人知晓的黑夜中的努力。薛祥山及其团队成员的共同努力也印证了一句话："为山者，基于一篑之土，以成千丈之峭；凿井者，起于三寸之坎，以就万仞之深。"

孜孜不倦十几载探索，作为我国海绵城市建设研究的开拓者之一，薛祥山谈到成功，直言它从来不是平白无故从天而降，踏实努力是通向成功的捷径。薛祥山为未来想要从事该行业的同学们提出了殷切的期盼，要不断地夯实专业课程知识基础，多学多用，熟练掌握行业专业软件分析工具，以及专业模型，如ArcGIS、CAD、ENVI、MIKE、SWMM等；经验的积累会锦上添花，积极参与重大专项课题、基金项目来培养自身项目负责能力，撰写高水平文章，提升自己的职场竞争力。石以砥焉，化钝为利；精卫衔木，以填沧海。只有掌握足够的知识和经验，才有实力冲刺更高的舞台，为推动国家城镇水务领域综合规划和水环境综合治理贡献力量。

坚持恪守本心，不坠青云之志

毕业十年再回首，在北京师范大学攻读硕士的经历，令薛祥山受益匪浅。他谈起北师大的教学培养模式给自己提供了更多的课题项目实践历练机会，汲取到了许多宝贵的科研经验，不仅在知识技能方面获得了极大的提升与突破，而且锻炼和发展了自己的团队意识和协调组织项目运行和实施的能力，为日后的事业发展打下了坚实的基础。北师大严谨治学的校风和行胜于言的行动力时刻熏陶、激励着薛祥山，令他在参加工作项目时，比旁人多了一份自信和底气。

绿水青山皆妙趣，基于本心，他精进不

休，为之后的职业生涯打下了坚实的基础。白云芳草自知心，他的成功始于本心，终于坚持。他将研究写在祖国最需要的地方，而这些也成为他人生道路上无声的"见证者"。薛祥山始终以严谨、认真、努力的态度面对工作和生活，他也希望我们作为新一代青年，应当志存高远，响应党和国家的号召，在大学中找到方向，做好规划，不忘初心，砥砺前行，无论路途中有怎样的困难坎坷，都要相信最终可以到达繁星闪烁的终点。同时也希望北京师范大学能够培养出更多有国际视野，有家国情怀，能够担任民族复兴大任的各个领域的领军人才，在薪火相传和砥砺奋进中，为祖国和人民做出更大的贡献！

（撰稿：唐清竹　郑自琪　杨蕾　罗霄雨　龚玉凤　隋官航）

108 迟 铁

功不唐捐，为者常成

校友简介：

迟铁，北京师范大学汉语文化学院2009级硕士校友，现就职于中国中铁股份有限公司国际部（外事办公室）。

在匹配采访对象时，我一眼就被师兄丰富的工作履历和别具一格的名字抓住了眼球，"在东北人的发音里，拼音'c'和'ch'的读法是一样的，所以我父亲给我起这个名字是源自'磁铁'的谐音。"的确，师兄就像他的名字一样，充满着某些特别的力量。

"我从不认为自己是杰出校友。"在采访前，师兄强调。由于自己是非全日制研究生，本科专业为英语，并且毕业后也没有从事过专业领域相关的工作，他总觉得自己并不算是杰出校友。但师兄的导师朱瑞平教授生前曾告诉他，其实不是这样，老师们希望看到从汉语文化学院（简称汉院）走出去的学生能够在各行各业都开花结果。于是，我走近了这朵拥有引力的花，希望能够让更多人看到在企业中闪闪发光的汉教人，同时把这份力量带给更多的北师大学子。

师兄心中的京师·汉院·印象

谈起对北师大的记忆，师兄笑道，非全日制学生的课程都在周末完成，因此在读书阶段，他很少有足够的时间去欣赏校园，但令他印象最深的是汉院的老师，还有学校的图书馆。图书馆馆内设计与优美环境一直让师兄念念不忘，毕业后他还曾用电子校友卡进图书馆读书。关于学院，他想说的有很多。

首先是老师们对他的影响，在他的心目中，汉院的每一位老师都真正做到了"学为人师"，他们在自己的学术专业领域上都做到了极致。同时，老师们对学生的要求也十分严格，尽管在课下师生可以尽情地聊天，但只要涉及学术问题，老师们就会格外严谨认真，容不得一丝马虎。虽然师兄是非全日制学生，但学院对他们从来都是一视同仁。从师资配备到日常管理都和全日制学生完全一样。

其次就是学院的文化氛围，正如学院全称"汉语文化学院"的字面意思一样，这里是一个充满包容与情怀的文化摇篮。丰富的文化课程涵盖了古今中外的厚重历史，在文化课上，总是能看到师生热火朝天的交流画面，思维和观点激烈碰撞的场景是那样奇妙。师兄说，当年的中华文化传播课堂上老师关于命运的阐释至今都深深影响着他，"'命'和'运'其实是分开的，命中注定的事不争，但'运'是需要自己争取的。"他也确实这样做了，师兄用自己的态度，在不同的岗位上发着光和热。

毕业后时隔三年重返校园，
从英专生变成汉教人

本科毕业后，由于家庭的经济原因，经过深思熟虑和多方面平衡，师兄选择了直接就业。工作稳定、能糊口，是他选择第一份工作的主要标准。于是2006年他进入高校，成为一名辅导员。"在高校担任辅导员的四年，是我工作以来最开心的时候。"师兄说道。每周和学生交流谈话，为他们树立正确的世界观、人生观、价值观，和一群与自己年龄相仿的弟弟妹妹们在一起真的会让人的心态变得年轻。在这个真心换真心的工作中，他收获了非常多的成就感与快乐。这些学生到现在都还会和师兄联系，他们有时聊困惑，有时拉家常。这份浓浓的师生情并没有因为岁月流逝而冲淡，它反而历久弥新。

2009年，在本科同学的影响和推荐下，师兄决定来到北师大汉院读汉语国际教育硕士。"我的本科同学当年毕业后报考了咱们学校的汉教专业，和我讲过他在美国教汉语的经历以及日常的学习工作情况，选择北师大也是因为学校在汉语国际教育专业上占据龙头地位，并且作为英语专业的学子，能够在海外传播中华优秀传统文化是心中不灭的执念。"一直以来，师兄都很想有机会走出国门，去看看更加广阔的世界，了解更多丰富的文化。这次做出读研的决定，师兄没有犹豫。

理想和现实总是存在距离，
唯一能把控的就是做好自己

从学生工作到学校的党政工作，再到企业的党政工作，之后做行政工作，又到党政工作，现在从事外事工作。"我的职业跨度还是很大的，这里面并不是每一份工作都是我自己热爱的，"师兄说，"我始终认为，你可以不热爱，但是一定要做好。"理想常常比现实丰

满，"干一行，就要爱一行；干一行，你得行一行"是师兄一直以来坚守的信念。他告诉我们，找到热爱的、让人享受的工作固然很重要，但有时也不要过分执着于自己喜欢干什么，多想一想怎样把眼前的这份工作做好，从工作成果中寻找成就感，或许可以避免因"只考虑喜欢"而陷入的恶性循环。

关于目前从事的外事工作，迟铁师兄说，起初在领导安排工作的时候，他对于从未接触过的领域也曾有过担心，在2020年7月之前，自己从未接触过任何与外事相关的工作，对于该工作的流程及内容，他一无所知。面对这种情况，师兄选择从头开始，他一点点钻研、一点点摸索外事工作的相关事项，慢慢地在工作中变得游刃有余，取得了令人满意的成绩。

一些对学弟学妹推心置腹的建议

关于外事管理：对于以后想要从事外事管理工作的后辈，师兄也给出了自己的工作心得与建议。第一，严谨。周恩来总理曾说过"外事无小事"，外事工作者代表的是公司形象，更是中国形象，因此与它相关的一切工作都要严格严谨。第二，管理。只有让大家了解外事工作的规矩，提出相应的要求，才能最大程度上提高工作效率，实现良好的对接与配合，因而"讲管理"在外事工作中十分重要。第三，服务。个性化服务是外事工作中必不可少的部分，好的服务能够提高外事流程的审批效率，从而实现"双赢"。

关于工作选择：首先，师兄说到第一份工作的重要性，首份工作的选择一定要慎之又慎，因为它很可能会给你带来许多连锁反应，提前做好规划，让它成为前进的垫脚石。其次，一定要认真对待你所做的每一份工作，没有白走的路，每一步都算数。相信认真付出就一定会带来回报，不要轻视任何一项工作，要想方设法把它做好，每一段经历都可能成为未来工作的宝贵经验。

2015年至2019年，迟铁在中国交通建设集团任职，当年整个公司只有7个人，他负责除生产经营以外的所有工作，见证一个企业从无到有、从小到大、从生到死的经历，于他而言珍贵又难忘。"你们或许以后很少有机会能拥有这样的经历了，大公司早已拥有完整的运营体系和运作体系，每个新人都像一颗螺丝钉，大家只要在自己的岗位完成相应任务即可，但陪伴它出生、成长、成熟到有成果那种成就感，是很难用言语表达的。"

在高校做辅导员的工作经历，让他学会如何与各种各样的人打交道；在中交地产工作的五年，帮助他积累了企业工作的经验；领导给予他有关维护人际关系、职场礼仪的帮助，也为他在日后企业工作的为人处世打下了坚实的基础。

来自师兄的衷心祝愿

"希望每一位学弟学妹都能够：热爱学习，热爱生活，热爱工作，热爱生命。"在师兄看来，学习这件事并不是随时都会有环境、有机会、有氛围的，离开学校之后如果再想学习，可能很难再找到比这更好的机会了。离开校园步入社会，大家都会拥有自己的事业、家庭，对生活永葆积极的态度和热情，就会为自己注入更多的活力和能量。"关于生命，它是一切追求的基础，希望大家都能够培养健康的生活习惯。"

在北师大建校120周年之际，师兄也为母校送上了最真挚的祝福。"百廿载风华正茂，北师大人薪火相传。祝母校蒸蒸日上，续谱华章！"

（撰稿：朱晓彤）

109 林 蔚

从树木到树人

校友简介:

林蔚,北京师范大学历史学院2009级公费师范生,在校期间曾获北京师范大学"十佳大学生""国家奖学金""宝钢奖学金"等荣誉。现任教于浙江省温州第二高级中学,曾获浙江省高中历史课堂评比一等奖、全国历史优质课评比一等奖、温州市"教坛新秀"等奖项荣誉。

"学霸"是怎样炼成的: 从绿叶初萌到枝叶沃若

2013年对林蔚来说是极有纪念意义的一年。这一年,22岁的她同时迎来人生的转折点和高光时刻:一是作为北师大历史系的公费师范生顺利毕业,二是问鼎"十佳大学生"这一北师大授予本科生的最高荣誉。在周围人眼中,这两件事情足以佐证林蔚在学生时代的优秀,前者是学历上完满无缺的句号,后者是简历上锦上添花的叹号。但是当林蔚回望自己的学生生涯时,这条"学霸"之路上却铺满了"打怪升级"的省略号和青春岁月里迷茫的问号。"我不是最努力的,也不是最有天分的。"这是林蔚对自己的总结,但正像所有取得不平

凡业绩的平凡人一样,这句话里省略掉的"始于平凡,但不甘于平凡",才是林蔚一以贯之的修炼指南。

林蔚并非天生是"学霸"。她在尊尚知识、书盈四壁的教师世家长大,"恶劣"是她对自小生存环境的戏谑形容:"家里有很多老师,所以从小我的学习成绩就被很多人盯着。"但是"恶劣"环境为她以后的人生道路指引了方向。林蔚在外公家中长大,外公是乡里教育事业的先驱人物,林蔚每天跟着外公上下学,要成为一名老师的理想开始在她心里萌芽。

在许多人看来,出生在教师家庭中的林蔚已经赢在了教育的起跑线上,但对林蔚而言,强大的内驱力才是克敌制胜的法宝。到市里上初中后,林蔚不得不正视自己和一些同学在英

语水平上的巨大差距。为了证明自己，林蔚开始恶补英语，每天定好闹钟，天还没亮就借着厕所灯光背单词，从死记硬背，到用心摸索规律，两个月后她终于追上了同学的进度。从那时，林蔚就知道："只要对自己狠一点，没有什么是办不到的。"

高三时林蔚报名北师大自主招生的公费师范生，被成功录取，向自小的教师梦向前迈进了一大步。浸润在北师大百年树人，学养深厚的氛围里，林蔚逐渐成长。林蔚感慨："在这样的环境里，你不努力是不行的，因为别人都比你努力。"这样忙碌而充实的环境教会了林蔚如何按照自己的节奏尽最大的努力。

"没有熬过夜的青春，总是有遗憾的。"当时的艰难苦涩，如今被风轻云淡地提起来，还夹杂着一些甘甜。举办"陈垣杯"大学生历史竞赛时，林蔚的任务是寻找政治人物小时候的照片，她找了几天几夜，还要细致入微地比对，这对体力、耐力、眼力都是大挑战。10年过去了，"陈垣杯"早已从当初的院内比赛发展成为校际历史学人的大型活动，这离不开林蔚和同伴们无数个夜晚的付出。林蔚还参与了"京师杯"学术调研，一行人以西交民巷金融街的历史街区作为考察对象，用一个多月的时间实地走访、采访、查找资料，呈现一百多年前西交民巷的繁荣景象，并以西交民巷为例尝试提出一些历史街区保护的措施。2013年，西交民巷近代银行建筑群被列为全国重点文物保护单位，提到此事，林蔚说："虽然这与我们做的项目没有直接关系，但是我们触摸了那段历史，那些建筑被关注了，被保护了，真的是与有荣焉。"这段经历让林蔚"历史人"的身份得以落地，她并逐渐体会到作为有限个体的人在无限历史长河中的作用。

"密叶成帏，生意益然"，这是家人给林蔚起名的寓意所在，然木至蔚然者更需雨露施养相承。在今天的林蔚看来，自己能够站在讲台上，离不开北师大老师们的栽培和潜移默化的熏陶。"要当好老师"在北师大是代代相传的共识，这样的共识和理念丝丝缕缕地渗入教学的每个细节里，也渗入一脉相承的北师大学子的基因里。作为"过来人"的林蔚对公费师范生们也有一番叮嘱："要朝着卓越教师的方向努力，成为专家型教师，引领当地的孩子和教师群体共同进步；要培养自己的教育热情，保持对教育问题的不断思考；要懂得反思，善于示弱，珍惜在校的宝贵时间，多读书。"

不能给母校丢人：
从"十佳大学生"到"史上最拼新娘"

2013年毕业后，林蔚回乡入职温州第二高级中学，负责历史教学和班主任工作。站上梦寐以求的讲台后，她才发现从学生到教师的角色转换并没有想象中轻松。课上时间紧、任务重，要处处考虑学生能否理解，因此教学技巧在实践中显得格外重要。最开始，林蔚和大多数新老师一样，喜欢给学生们讲历史故事，希望能激发学生们内心深处对历史的喜爱，课堂氛围是调动起来了，但不是所有学生都买账。有一次林蔚偶然从一位学生那里听到了这样的评价："林老师上课听着好玩，但听了作业也不会做。"那一瞬间，林蔚惊觉自己过于自信，她向办公室里的老师们提出疑惑，结果收到了一位老教师这样的回复："这么多年，我没见过高才生会教书的，因为他们觉得学生跟他们一样，听听故事就懂了。"学生、同事的接连否定让林蔚很受挫，林蔚对自己产生了怀疑，她编辑了一条"怎么办"的朋友圈，有师兄看见后第一时间给林蔚发消息："别忘了，你是北师大的'十佳大学生'，不能给母校丢人。"一语惊醒梦中人，母校二字给了林蔚强大的精神支撑，她立刻平静下来，反思起自己的教学方法，认为自己确实因为片面追求课堂的趣味而忘记了历史学科背后的旨趣。教学应该从学生的认知水平出发，只讲故事，学生未必能明白故事背后蕴含的历史逻辑，也未必理解教材中的关键内容。找到了问题所在，林蔚重整旗鼓，她向师父求教，师父给出了实在的建议：备课时要做充分的"文本解读"，首先将自己放在学生的位置上，再自问书上为什么这么写，不懂的地方就需要重点做文章。按照这样的思路，林蔚在讲授《中国早期政治制度的特点》一课前，首先紧扣教材上一句"新兴的周王朝以崭新的政治风格实行统治"展开教学设计，带着"为什么是'政治风格'而非'政治制度'"的问题，在课堂上着力梳理了夏商周时期政治制度沿革，并呈现原始史料让学生能够通过历史情境理解制度变化与发展背后的历史逻辑。这是一场成功的教学尝试，不但学生满意，还让林蔚斩获了温州市历史优质课一等奖。以此为起点，林蔚再接再厉，拾级而上。2018年，林蔚获得了省级优质课一等奖，这也是林蔚迄今在所获众多荣誉中最看重的一个，一个原因是，她认为此次获奖离不开温州历史教育团队的共同努力，另一个原因则十分浪漫——比赛结束的第二天，林蔚就从杭州赶回温州结婚，为此，林蔚还在朋友那里得到了一个"史上最拼新娘"的称号。

"成为好老师"的步伐并未止于此。林蔚受研究生导师马卫东的启发，萌生了和其他老师分享教学经验的想法。机缘巧合之下，林蔚参与了温州市教师教育院举办的"未来教师"研训项目和历史特级教师组建的名师工作室，以期通过研究提升自己的教学实践水平。经过两年多的学习，林蔚逐渐摸索出从教学日常中找到研究主题的方法，在导师带领下，课题研究也取得了一定的成果。在且教且研的历史课堂之外，林蔚注重对学生历史素养的培育。2016年，林蔚在学校开设了《记录身边的历史》选修课，带领20位学生探索并记录下各自身边的历史，一路上学生们学着像真正的历史研究者那样思考、行动：找资料、做采访时，尝试着将人、时间、空间、事件相关联；整理资料时，对所得的信息加以考证和辨析；撰写作品时，既追求"复原历史"，又努力在此基础上形成属于自己的"历史解释"，相关作品发表在了杂志《温州人》上，并获得了编辑的高度评价。

身为历史老师的林蔚要争当教学高手，而身为班主任的她要做好学生们的心灵导师。为了贴近学生们的心灵，林蔚不仅要更新专业知识和教育学知识，还要时刻关注学生的兴趣和话语体系。平日的碎片化时间被林蔚用来阅读公众号文章，她还和一些学生互关了微博，如果遇到学生们在讲自己听不懂的流行语，她会迅速搜索并掌握。

专业敬业、与学生打成一片的林蔚渐渐赢得了学生的喜爱与信任，学生们也敞开心扉向林蔚分享人生困惑。对于青春期的学生，如何走进他们，解答他们的疑问，解决学习上的困难，并带领他们看到书本之外更远、更精彩的风景，是林蔚不断思考和探索的问题。

在班级的成长记录本里，有学生写下这样的问句："我为什么要读书？"林蔚进一步了解才发现有不少学生都抱着同样的想法，但是一时间林蔚也无法给出能让自己和学生们都满意的答复。之后，林蔚读到一则招聘新闻，她选择以此为切入引导学生开展辩论：现在人类的很多工作都被人工智能取代了，如果人类现在

不去了解它们，那么有没有可能哪一天人类会被人工智能取代？这个问题激起了学生们的热烈讨论，从那一天起，林蔚明显感觉到学生们的学习兴趣被调动起来了，"我好像在他们的眼睛里看到了一些不一样的东西"，像这样的辩论林蔚还组织了很多场，高考时这个班取得了不俗的成绩，林蔚认为那些让学生自由思想的时刻功不可没。"学会独立思考"是林蔚一直试图传授给学生们的，她会告诉学生上大学不是终点，人生应该是一个终身学习的过程。她也希望学生们能跳出分数之外多关注社会。她以热播剧《觉醒年代》里陈独秀和李大钊相约建党的那一幕为例，告诉同学们每个时代有每个时代的主题，都需要青年主动扛起更多责任。

从教8年的林蔚带过不少毕业班，时常收到已毕业学生的问候，有逢年过节的祝福，有学业、工作上的报喜，还有对往昔的怀念。2019年"中国教师"公众号对林蔚进行了采访，评论区里最高赞的评论来自林蔚的一位已经毕业的学生："……北师大一直是我梦寐以求的学府，高一的时候上她的课，听说她是北师大的毕业生，我特别激动，也是在她的课上我第一次喜欢上了历史，我加入了她的口述历史研究学会，在课余时间记录亲人的人生历程并探讨与时代的关系，还参加了'拯救乡音计划'。毕业一年后的现在，我们多还能时常联络，甚至逛街吃饭，聊所有事情……"这样的评论，公众号收到了很多，这份只有老师才能

收获的感动在林蔚这里还有着独特寓意：是历史带来了缘分，让师生情谊能长长久久。

忙而不累：从严谨的职场到生活的烟火气

在大众的刻板印象里，老师的职业身份往往意味着严肃、古板，但是林蔚眼睛里的生活始终新鲜饱满。点开她的朋友圈，由生活点滴凝聚起来的烟火气扑面而来：如何养生、读书追剧的感悟、被堵在通勤路上的烦恼……尽管工作已经足够忙碌，林蔚还是给自己设下了"每个月至少要读两本书"的阅读KPI，如果没有完成这个指标，她下班后还会主动"加餐"：继续在办公室里读会儿书再回家。2021年年初，林蔚生下了宝宝，从此林蔚又多了母亲这一身份，生活的忙碌指数几何倍数般上升，尽管笑称生了孩子后精力大不如前，林蔚还是会遵照以往的习惯：深夜里坐在灯下打开书本，早上照常早起上班。

"忙而不累"是林蔚对自己现在生活状态的总结，她承认自己有些完美主义，所以注定做不了偷懒的事情，身边人看起来都觉得累的生活节奏林蔚却乐在其中，她对"累"有着自己的定义：心累才是累，身体上的累倒是其次，而一旦松懈，心就会受累。这样的二元论回答与生养她的那片土地气质相合：积极上进一直是温州精神的内核。

（撰稿：陈艺璇）

110 张波男

说给未来教师

校友简介：

张波男，北京师范大学2009级公费师范生、2014级硕士研究生，现任长沙高新区教育局党建督导处处长，曾获全国历史优质课大赛一等奖、教育部"一师一优课"部级优课、"国培计划"（2021）省级学科培训专家、湖南省青年岗位能手、长沙市优秀团干部、长沙市卓越教师、长沙市长贤优秀青年历史教师、长沙市优秀历史教研工作者等荣誉，入选长沙市A类人才库，聘为长沙市委党史宣讲团成员、团市委"向日葵"青年讲师团成员、湖南省作家协会教师作家分会理事、湖南省博物馆教育项目指导专家。在《十几岁》《放学后》等杂志开设专栏，撰写红色故事。曾被新华网、凤凰网、新湖南、湖南教育电视台等媒体采访报道。

教师的世界

"我家是教师之家，老爸、老妈、岳母、姐姐、爱人都是教师，估计女儿以后也会是教师。"张波男调皮的语气中带着对教师职业的自豪感，"我的第一任老师、我永远的榜样，就是我的母亲。"母亲去农村支教，培养了大量人才，为改变农村的面貌，改变学生的命运尽到了自己的力量。"我想成为她那样的人，以人影响人，改变不良现状、改变世界。"

作为公费师范生的张波男具有高度的职业自觉。他经常给师弟师妹们说："我们的职业定位要高，作为中国最强师范大学毕业生的我们，不应该是一个追随者，而应该是这个行业的领跑者。"高学历的北师大公费师范生，应该是教育行业的国之重器，承担着改变现状的使命。

如何去改变？张波男送给师范生群体的一句话是："保持对世界的好奇、保持对世界的热爱！"

他也确实是这样做的。只要听过张波男上课，就会感受到他在课堂上的魅力。小组合作、话剧表演、穿汉服上课……他做过许多大胆的尝试，比如，开设"用科学破除迷信传说"为主题的"神秘文化"社团课，引发众多媒体关注。正是不拘一格的创新，才形成了很好的示范效应——原来教学可以这样生动！张波男是个"孩子王"，学生们都亲切地称呼他为"啵啵老师"。

张波男在工作上崭露头角，也把生活经营

得有声有色，他是一个充满正能量的人。"总说'燃烧自己，照亮他人'，我不可以是电灯吗？为什么非要牺牲自己呢！"他会把工作与生活分开：工作日就"以校为家"，在有限的时间里高效地把工作做好。周末就专心陪家人、自我提升：看看话剧、博物馆看展、书店听讲座、爬爬岳麓山、湖边散步，生活与工作相辅相成。

"园丁"的成长

梦想因母亲的影响生根，在大学恣意生长，到工作单位扎下根。从一个校园走向另一个校园，从学生变成老师，张波男也在成长。

大学生活为他提供源源不断的养分。"我永远觉得大学时光是最美丽的、最为精彩的、最为珍贵的，因为里面有少年对世界的好奇，有最朴素的探索、最直观的成长。"

张波男是一个喜欢"折腾"的人。大学时，他是社团积极分子，在历史学院的春秋学社、春秋人文报社、志愿讲解队都参加过大量的活动。"我一直感觉自己现在的生活是北师大生活的继续。我现在所获的，都是大学给予的。"他大学期间在《春秋人文报》做报纸写文章，毕业后依然坚持写作和发表，今年暑假他还加入了省作协；他大学时做自强社社长，喜欢做学生工作，工作之后他就一直做学生工作、搞团队活动；他大学参加讲解队，毕业后

一直和博物馆打交道，现在还加入了团市委的青年讲师团。

张波男的梦想是"改变世界"，他清楚记得王秀丽老师对大家讲：同学们要立志当教育家。后来，张波男逐步明白了她的用意——她想告诉学生们，梦想并不是有希望才去坚持，而是坚持了才有希望！

为了自己的梦想，他在大学期间做了大量公益活动。每年他都会收到自己资助的贫困学生寄来的明信片，稚嫩歪扭的字体表达的是淳朴的感谢。"我的母亲坚守农村，认真努力，改变了当地孩子的世界；如果我也能把爱和希望、梦想的种子播散出去，我也是改变了孩子的世界，改变了未来的中国。"

在北师大的生活滋养着张波男，然而工作之初，北师大毕业生的身份有时会给他带来困扰。2011年首批免费师范生毕业，长沙迎来湖南籍北师大毕业生集体求职。2013年，与张波男一起来到湖南师范大学附属中学高新实验中学（以下简称附中）的有五位北师大毕业生，首先他们面对的便是身份带来的压力。"因为你是北师大的毕业生，你是中国最好师范大学的高才生。大家一般都会带着崇拜和挑剔的眼光将你与别人对比。"从"贴牌"到"去牌"再到"树品牌"，他们用了三年的时间，用出色成绩得到了大家的一致认可。

张波男的课堂风格独树一帜，风格的形成始于2014年，他获得全国历史优质课大赛一等

奖的那一年。

张波男来到附中的第一个学期就接到了艰巨的任务：参加本校的教学能手比赛。一个刚毕业的大学生与诸多教研组长同台竞技，他的压力达到了极点。在教学师傅罗检民的鼓励下，他不拘泥于传统，选择了用话剧的形式来讲解《万千气象的宋代生活风貌》。张波男编写了一个15分钟的课本剧，讲述了一位宋代农村小伙去京城亲戚家过年的故事，以他一路上的所见所闻为线索，把衣食住行、节日等知识全部串起来，最后通过一个关于裹小脚的争论过渡到对传统文化的反思。赛场上他的课大获称赞，最终不负众望，拿下了一等奖，成为有史以来最年轻的一等奖获得者，这对他来说是极大的鼓舞。评委老师也鼓励他要继续创新，多去尝试，不要让自己的风格固化。

事实上，创新的形式与教学的核心，是器与道的关系。

在一次次全国历史课堂比赛的实践中，张波男总结出历史教学应该"以趣味引人、以细节动人、以情怀感人、以高度悟人"。为了达到这样的效果，他做了大量的准备，让历史走近生活，让历史指导现实。

在参加2015年"附中杯"历史青年教师课堂大赛时，他选择了《血肉筑长城》这一课，讲解抗战的历史。为了能够让学生更加直观地感受到抗战的艰辛和伟大的抗战精神，他联系了位于长沙的全国首个抗战老兵疗养机构——

安华山庄，先是安排历史组前去采编，接着带领班级学生去看望老兵，聆听老兵讲故事。为了挖掘长沙、附中和抗战的联系，张波男查阅了许多本土资料，选择了两封感人的抗战家书，录制成音频，同时把附中参与抗战的过程和一脉相传的精神展示出来，最后落脚在当代孩子的时代使命上。这堂课最终荣获第一名，更重要的是，他让学生们真正触摸了历史、真正让家国情怀落地。学生们能学习历史思维，多角度地看待问题，拥有自己的史观和思维，保持探索世界的好奇心才是最重要的。

他正色道："中学历史教学的任务应该是家国情怀的培养，这也是历史学科教学的核心。历史学习是为了培养民族精神，并真正体悟人文情怀。"

为发展而支教

"我特别喜欢且认同北师大的'学为人师，行为世范'的校训，因为体现了知行合一、言传身教。"他的教育理念"做一个有温度、有高度、求发展的人"，就是沿袭北师大"学为人师，行为世范"校训知行合一精神。"有温度、有高度"是对自己知的要求，"求发展"是对自己行的要求。"和人打交道的职业需要以人为本，与人为善，知冷暖。学生是教育的服务对象，我们传授知识，需要自己有更多的知识储备，必须拥有高度。想有高度就要自己必须长期学习、有更远的见识、更加深邃的思想。我的家里有三千多本书，办公室里也是堆了各种杂书，我几乎每天晚上都睡前看半小时书。我需要学习，需要积累，需要涵养底蕴，这样才能把更好的教给学生。而求发展则是用发展的眼光看待学生、看待自己。世界处于不断的变化之中，我们要为发展而教，为未来而教。"

张波男刚开始工作的时候在班主任德育工作上走了很多弯路。每个班级都有一些调皮捣乱、油盐不进的学生。"一开始我面对这些学生的时候，真的是黔驴技穷，有时候学生会当面和我唱反调。我很纳闷，也很难过，甚至觉得自己不合适当班主任。"后来，师傅罗艳平告诉他，要学会归因。而且，他们并不是问题学生，而是"潜能生"，要善于挖掘。

一番反省之后，张波男更加用心地关心这些孩子，鼓励他们的每一点进步，努力纠正他们的行为习惯。他把他们当做"潜能生"，挖掘其特长和优点。"我印象很深，一位'潜能生'毕业后专门给我发了信息感谢我当他的父母都放弃了他的时候，我还没有放弃他……"

采访最后，张波男提到启功先生送给北师大毕业生的寄语："入学初识门庭，毕业非同学成。涉世或始今日，立身却在生平！"人生不是百米赛跑，而是一场漫长的马拉松，为了中国教育的改革和发展，为了自己人生价值与理想的实现，北师大人，要始终在路上。

（撰稿：王雨璇）

111 马玉飞

做一个无愧于母校的人

校友简介：
马玉飞，北京师范大学马克思主义学院2009级校友，现任职于中央统战部十二局，2017—2019年被选派至贵州省三都县拉揽村担任驻村第一书记。2020年，获得"全国先进工作者"荣誉称号。

提及他获得的"全国先进工作者"荣誉，马玉飞说："我只是比较幸运地参与了扶贫工作，国家政策给了我宝贵的基层锻炼机会，我所做的事情并不算最突出。这个荣誉对我而言，其实是更大的鞭策。"

北师大给我提供了很好的平台

"党史更具现实力量"，硕士阶段马玉飞选择攻读中共党史专业方向。回想起在校学习生活的日子，马玉飞把自身成长都归于母校的培养，他十分感激母校提供的良好平台。

在校期间，马玉飞担任学院学生党支部书记和研究生会主席等职务，做了大量学生工作。他参与了北师大第一届"卓越训练营"的成立和开训活动，在他看来，这是一个可以充分发挥主观能动性、培养组织协调能力、挖掘自身潜能的过程；在就业指导中心兼职工作期间，他接触到许多用人单位，了解了各种就业方向，学习到如何更好地完善实习经历、丰富简历内容；在学院做学生事务助理期间，他协助处理各种办公室行政事务，事无巨细、勤恳耐心。在与不同部门老师的接触过程中，马玉飞留心学习、虚心请教，不仅在工作上得到了认可，也对自己未来发展有了明晰的规划。在他看来，这些经验都转化为日后工作中的养分："来到北师大，收获的不仅是学历，更重要的是受到北师大校风学风的熏陶润泽，在品性修养与综合能力上实现了提升"。

毕业多年，马玉飞与导师赵朝峰仍保持着

密切的联系。"我与导师不是'纯粹'的师生关系，他关心我的学习、工作、感情等方方面面，无微不至，就像父亲一样。但这种关心没有压力，因为导师因材施教，给予我充分理解与包容。在学校他鼓励我参与学生工作，不单纯地要求我做学术、发文章。"在北师大遇见恩师，于马玉飞而言是一件极幸运的事。他的成长都有导师在背后默默关注支持，做出的许多关键抉择，也都离不开导师的指引与帮助。

马玉飞在工作上遇的"绊脚石"，无论是驻村党建方面的困惑，还是基层党支部工作中的难题，有了恩师赵朝峰的帮助，问题很快迎刃而解。马玉飞说："没有老师的支持，就没有我的蜕变。"2017年年底，零基层经验的马玉飞开启拉揽村驻村生活，2018年夏天，赵朝峰老师就专程赶赴黔南三都县，为全县干部讲授精彩的党课。舟车劳顿、路途遥远，可为了支持学生的工作，恩师慨然而行，这让马玉飞十分感动。

去人民群众最需要的地方

2015年，马玉飞从北京中医药大学考入国家宗教事务局。进入中央部委后，他更深刻地体会到国家对人民群众高度负责的态度，感受到"为人民服务"这几个字的分量。转换到国家公务员的身份，马玉飞感到肩上的责任更大了，干劲也更足了。他在初期主要从事宗教工作，曾两次赴沙特参与境外朝觐组织服务工作。通过这项工作，马玉飞更加真切地感受到国家综合实力不断增强，民众对国家的满意度逐年提升。

中央部委于2015年第一次选派第一书记赴基层参与扶贫工作，但那时他刚刚入职、还未转正，错失了机会。2017年，第一批驻村干部回京，即将选派第二批，马玉飞主动请缨。单位领导问他为什么要去，他说："我学的是中共党史，应该下到基层去了解民情，多跟老百姓接触，我是少数民族干部，也希望在历史的节点，为老百姓做一些事情。"深受北师大"爱国进步、诚信质朴"优良传统的影响，他觉得个人成长要与国家社会的发展相结合，"时代需要什么，就要往这个方向去努力，当脱贫攻坚战打响，青年人应当顺应时代潮流，为国家战略发展贡献力量。一是验证自身能力，接受党和国家的考验。二是真正为老百姓做实事，将'为人民服务'的宗旨落到实处"。

2017年12月，马玉飞拖着行李箱来到拉揽村，正式担任驻村第一书记。拉揽村，位于贵州省黔南布依族苗族自治州三都县。该村有1229户5256人，以水族、苗族为主（占总人口的96.3%），其中水族人口达到2695人。拉揽村由原拉揽乡的拉揽、高寨、排烧、懂术、来楼这五个村组建而成，当时懂术村为三都县深度贫困村之一，当时贫困发生率44.84%。"当时整个人都蒙了。"在马玉飞的意识中，一个村最多几百人。而拉揽村让他有了新认识。五个村并成一个村，人口多，且五个村相隔距离较远。要帮扶五个村，这让马玉飞压力倍增。但这一切并没有难倒他，多年来的知识积累、工作经验以及毕业后的党建工作基础给了他气魄与胆量，他很快找到了方向。

"一直以来都在学习党的历史和理论，终于有一天要面对群众了，践行党员信仰的时候到了，我对自己的要求就是一定要踏踏实实把工作做好。"为了能处理好这五个村的事务，马玉飞索性把办公室与家融合在一起，做饭、工作、休息实现了"一体化"。他对这样的"设计"很满意，这也正是他所追求的效果：起床就上班，躺下就算是下班。在马玉飞的认知里，只有主动走进群众，适应熟悉环境，群众才认可你、信赖你。马玉飞力图了解村庄各方面的情况，找到村庄的问题所在。随着五个村的合并，各村之前的党支部也就被撤销了，随之而来的问题就是缺少了"主心骨"和"领头人"，力量凝聚不起来，马玉飞要做的首件事就是恢复党组织，发挥党员的作用，建立突击队，发挥青年能人的作用。"贫困不仅是地域的问题，还是带动问题，要充分发挥能人的带动作用。"这是马玉飞从实践中总结的经验。党建基础打好了，接下来的工作才能被顺利推进。

让产业成为脱贫的助推器

担任驻村第一书记，马玉飞最大的任务就是带领村民脱贫攻坚。拉揽村山高，森林覆盖率高，在人均耕地面积少的情况下，发展什么样产业好？如何能提高村民做产业的积极性？马玉飞认为，在充分保护自然生态环境的前提下，应该发展既不占用耕地也能充分利用林地的短期、高效经济作物，让群众短期内看到效益，才能激发群众的干劲。马玉飞想起了参加中组部驻村第一书记培训班时，中科院驻村第一书记韩力推荐的云茸蘑菇。"云茸蘑菇具有周期短，最长60天出菇，且经济效益高，每亩产值约2万元等特点，适宜在林下及秋季撂荒的水稻田中种植。"有了合适的项目，马玉飞便一头扎进去，可没料想种云茸蘑菇的想法在村民中吃了闭门羹。由于生活环境相对封闭，加之受教育程度低，观念固化，接受新事物、新技术的能力弱，导致村民对这样的新产业发展持有怀疑的态度。

为了更好地化解潜在的"矛盾"，充分调动群众积极性，马玉飞决定结合以往经验，因势利导，"我印象比较深的是有一个村民在外面打工种茶树，回来自己种了30亩。三年后挣了五六万元，其他群众都眼红了。我们恰恰应该利用群众眼红的事情，激发他们的动力"。马玉飞想让村民看到实实在在的收益，决定由村委会先进行试种。种蘑菇看似对"党史专

马玉飞帮助群众收割水稻

业"出身的马玉飞是个大挑战，可在校期间已经养成自主学习能力的他临阵不惧。为了能更全面了解种植技术，他买来一大摞有关蘑菇种植的书籍，还从网上下载了许多相关论文作参考。2018年，该项目分步实施，第一期分别在云茸基地和葡萄树下试种10亩。6月，葡萄树下成功出菇，达到平均产量。8月，村干部到云南调研考察云茸项目，总结种植经验，完善种植方案。10月，云南云茸种植专家受邀实地查看气候、土壤、基料发酵情况，评估拉揽云茸基地每亩产量最高可达3吨左右。拉揽村与企业11月合作种植20亩云茸，春节后进入丰产期，每亩产量在5000斤左右。

第一步走得很稳当，可在马玉飞看来，做好一项产业还必须要有自己的品牌、经营团队、销售渠道以及稳定的产品供应。为此，他从多环节巩固产业，"找准了穷根，就对症下药"。2018年6月1日，在他带动下，村里成立同向追梦种养殖农民专业合作社；同年，为突出贵州全国唯一的水族自治县特色设计"水乡贵茸"品牌，并在微信平台上开发网上电商平台，拓展销售渠道，帮助村里销售现有的都匀毛尖等农产品。此外，马玉飞从四川引进一家具有丰富食用菌加工销售经验的企业进行投资，建立加工厂房，使产业能够市场化运营。在中央统战部相关部门的协调下，拉揽村接到了300余万元贵茸消费扶贫订单，这对于扶持水乡贵茸产业的发展，增强贫困户种植的信心，避免市场不确定因素所带来的风险，帮助贫困户持续增收，稳定脱贫，起到了重要作用。湖南卫视《快乐大本营》栏目，中央电视台7套《乡土》栏目以《行走阡陌乡村振兴中国行·菌味飘香的古村》为题宣传拉揽村水乡贵茸产品，助力消费扶贫。

拉揽村的扶贫事业有了生机和希望，马玉飞更加鼓足了干劲。继贵茸种植基地之后，他又创办了毛尖茶种植基地、猕猴桃种植基地……如今，在拉揽村，发展产业已不算新鲜事了。马玉飞结合每个村各自的情况成立了"脱贫攻坚青年产业突击队"，由每个村的致富能手为带头人，选取他们手上现有的产业进行帮扶。拉揽村产业发展势头向好，合作订单也越接越多。

"产业是脱贫攻坚的助推器。"这句话被深深烙在马玉飞的心里。在拉揽村，水乡贵茸，来楼水晶葡萄、香猪，懂术雅黛茶叶，排烧中药材（何首乌），拉揽大坳苗木花卉等已成为当地重要的产业。从没有产业支撑，到如今产业兴旺，马玉飞真正带领着拉揽村群众由"输血"转化成了"造血"。看到这一切成果，马玉飞很欣慰，但这还远远不够。

教育托起穷困山村的未来

"有吃有住，能洗澡，基本生活都能够满足，我挺开心的。"驻村生活纯粹简单，工作就是马玉飞的全部，所幸的是为之而努力的事业恰恰是他喜欢做的，可以自由发挥和创新，每天过得都很充实。在扶贫工作中经常会遇到群众不理解的难题，在马玉飞看来这是干部工作方式的问题，"只要真心走村入户去了解情况、帮助群众，群众一定会支持你。如果得不到支持和信任，你就努力干出来。要换位思考，想他人之所想，如果连自己都说服不了，怎么说服别人"。凭借着自己摸索出来的这一套扶贫工作"哲学"，马玉飞已经顺利做成了

许多事情。

北师大的毕业生天然地带着一份教育的情怀。在马玉飞的内心深处，一直有着"让山村孩童们走出去"的美好愿景。

教育是阻止贫困现象代际传递，功在当代、利在千秋的大事。马玉飞深知教育对改变山村孩子的命运、彻底扭转山村的面貌的重要性，担任驻村第一书记期间，他积极争取奖助学金24余万元，资助山村贫困学子完成学业，帮助尽可能多的贫困学子完成高等教育。为关爱留守儿童，他推动在拉揽小学建立"留守儿童之家"，设有专人对留守儿童进行心理、学业、生活等方面指导；为改善硬件设施，他积极争取资金，帮助拉揽小学新建综合楼内部设施；为了扩大学生视野，他协调重点高校大学生到拉揽村开展暑期支教活动，协调北京市府学胡同小学学生与拉揽小学学生开展结对帮扶；为改善学生的住宿条件，他向中央统战部机关党委申请为拉揽小学捐赠床上用品242套，合计资金8.7万元；为丰富学生课外活动，他组织开展六一儿童节慰问活动，为学生送去文具用品，为学生上思想政治教育课……

看到山村的孩子背上书包，笑容灿烂，马玉飞很欣慰。他希望教育能够发挥更持久深远的作用，未来拉揽村的人才就会越来越多，凭借他们的力量，贫困能够在山村绝迹，村民就能逐渐富裕起来。

两年的驻村生活结束了，驻足回首，马玉

飞的内心还是有许多遗憾，"遗憾跟群众接触得还不够，还应该更多地交流，还可以做得更好，还可以为他们做得更多一些"。他回北京已经快一年时间了，前段时间，又回了一趟拉揽村，看见地头的水乡贵茸长势喜人，他兴奋地发了个朋友圈，几张贵茸出菇和村民们在地里忙碌耕作的照片让人看到了萌动的希望，"我就像是回老家一样，会一直关注它，它已然成为我的第二故乡"。因为真用心，所以离别才动真情。

"无愧于心，充分发挥自身能动性"是马玉飞一直以来的追求。他认为每个人都应该全力以赴地去工作，把自己有限的资源发挥出来。"把自身资源调动起来的过程，就是锻炼、成长、收获的过程。"这也是马玉飞对目前在基层工作或者将赴基层工作的师弟师妹的一份嘱咐："将心比心、不忘初心。学会换位思考，设身处地为老百姓着想。你得知道自己为什么要到基层去，要端正态度，而不是镀金混日子。"带着责任与使命、感情与温度去工作，群众便会回馈你发自内心的认可。

一路走来，带着北师大的培养与期望，所有的经历与考验终将给予他更好的明天。马玉飞说："希望对得起母校的培养，不要给母校丢人。"

（撰稿：钟大禄）

112 尹宗平

职海无涯学为舟，人生无处不青山

校友简介：

尹宗平，北京师范大学政府管理学院2010级校友，行政管理专业硕士。2013年至2015年就职于中航文化股份有限公司任人力副经理；2015—2018年就职于国网英大集团任人力主管；2018年至今就职于建投华科投资股份有限公司任党委巡察办负责人。10年职场生涯，致力于国企人力资源、党建和巡察等工作，坚守终身学习，执着追求梦想！

缘起北师大古风存，心怀名师学风纯

一栋栋典雅建筑，低吟悠长古韵；一座座名人雕像，彰显累累硕果……这是尹宗平对北师大的初印象。

回忆起大三时与北师大的"初遇"，一幕幕场景犹如画卷一般缓缓展开：校园中浓厚的学习氛围、老师们高超的学术造诣，至今仍令尹宗平印象深刻。对北师大的热爱与向往，也从那时开始在他心中悄悄滋长，那时的他还不知道，在北师大这片土地上，他将从青涩懵懂的幼苗，成长为独当一面的参天大树。

"影响我职业生涯的第一个人是我的导师章文光教授。"章老师在学术研究和为人处世两方面深刻影响了尹宗平。在学术上，章老师

重视学术思维的锻炼，这使尹宗平受益良多。"解决工作中遇到的问题就像研究小课题一样，无非是厘清工作思路，然后把事情想得更全面些。"在行为上，章老师经常指点他为人处世的道理，在理解应用的过程中，他的沟通协调能力得到极大提高。

在这个过程中，尹宗平逐渐打开自我，不断开辟新领域，无论是科学研究还是社会实践，都能看到他努力的身影，这也为他进入职场奠定了基础。

实践亲历观百态，学生工作筑经验

"社会实践为我带来宝贵的经历。"在研究课题的过程中，尹宗平曾多次前往我国边疆地

区展开社会实践。为获取一手资料，他深入少数民族地区，与当地村民主动交流，化解语言、风俗差异的难题，最终顺利完成调研任务。

作为研会学生干部，尹宗平组织过不少活动，获得了同学们的一致好评。他坦言学生工作对自己综合能力的提升有很大帮助，这为自己今后的工作搭建了桥梁。在负责一项将全国60余人召集到北京进行的培训工作时，尹宗平就借鉴了之前的经验，充分考虑了双方诉求、准确规划时间地点、做好应急预案。

慎取国企窥远景，精选信息解详情

毕业后的尹宗平面临着深造与就业的选择。"不用过分追求学历，要看你选择的岗位需要什么层次的人才"，尽管研究生期间学术成果丰硕，尹宗平仍然选择了走入职场。他有着"不从众"的发展规划，政府管理学院的大部分毕业生都倾向在政府机关任职，他却将目标铆定在国企上。在他看来，虽然部分国企的竞争力比私人企业逊色，但其在中国仍占据主导地位，需要大量的管理专业人才，因此有着更宽阔的职场舞台、更长远的晋升路径。

对求职方向的明确判断来自尹宗平对企业信息的广泛了解与深入学习。他将了解信息的渠道分为两类——网络信息与熟人信息。"网络信息决定了你对企业的预期，熟人信息反映了企业较为真实的状况，两方面了解，为的是让你的预期和实际更好地匹配。"在这里，尹宗平强调了通过师兄师姐、业界人士、身边亲友来了解岗位的重要性。"从信息的可靠性上来讲，你信任的人给你的信息是最真实的。"除此之外，"业绩影响薪酬，发展决定平台，氛围也很重要！"这是了解一家公司所需要关注的核心问题。他不断调整思路、精确目标，最终找到了自己最希望进入的行业。

百行千业重思维，专业何妨乘风起

"专业不对口怎么办？"这是一个困扰广大"求职小白"的问题。尹宗平用自己的亲身经历对其进行了回答：尽管在硕士期间尹宗平对人力资源管理仅仅是"浅尝"，但入职后的他却从未想过"辄止"。刚入职时，面对自己知之甚少的"劳动仲裁"问题，尹宗平选择从头开始学习，"就像大学里做研究，解决问题的思路都一样"，他阅尽了有关劳动仲裁的法律条文、现有判例、特殊情况，最终写出了一份专业可靠的方案，得到了领导们的一致赞誉。在此之后，他趁热打铁，一举拿下了法律职业资格证书。此外，尹宗平也一直坚持思考人力资源管理者应具备的品质，将"做有温度的人力资源管理者"作为自己的目标。工作之余，他观察到，由于信息不对称，公司员工普遍很抵触和人力部门交流，"有时候你去找大家聊天，别人都吓得要死，感觉你是不是要辞退我"，于是他针对此问题与领导展开汇报交流，牵头制作人力资源简报，一方面向大家介绍人力部门最近的工作，另一方面对后续培训与招聘岗位做一个预告，提供内推机会。这很好地满足了一些员工的需要，真正做到了让人力工作"下沉"到业务一线。

虽然不是人力资源管理"科班出身"，尹宗平的工作却做得风生水起，他晋升迅速，而立之年已经成了公司中层领导。对于人力资源管理的工作，他总结道："各行各业重要的是思路，尽管人力资源管理的理论很多，但这些理论未必都适用。把握大的方向，遵守基本原则、做好实事，这才是最重要的。"

风物长宜放眼量，人生无处不青山

"不给自己的人生设限。"这是尹宗平谈及自己经历时最常提到的一句话。尹宗平管理才华出众，综合能力优秀，职场晋升迅速，这得益于他坚持终身学习的品质。在工作变迁的过程中，他感受到"自己现在与时代的对接性没有学生时代那么强，有一些前沿的知识并不是很了解"，因此，他将终身学习的理念贯穿于职业生涯中，"接触到的年轻人和长辈都在一直学习，要以一个开放的态度去强化自身。"尹宗平感叹道。他提醒尚未走上工作岗位的师弟师妹：求职就业是一场信息较量，消除信息孤岛、拓宽就业渠道、充分分析自我，才能让自己的职业生涯海阔天高。

除此之外，坚持终身学习的尹宗平总能在经典的著作中陶然忘忧。管理学巨著《管理的实践》，解读社会规则的《原则》，培养领袖才华的《毛泽东选集》等，都对尹宗平的人生产生很大影响。尹宗平将终身学习的理念贯彻在工作和生活中，一位勤奋上进、饱读经典、不断求索的领导者正在慢慢诞生。

职海无涯学为舟，人生无处不青山。积极向上、终身学习，不给自己设限，我们的人生就没有天花板。祝愿每一位北师学子都能在未来的职业生涯中：风物长宜，学海无边！

（撰稿：高周易　邝文丽　刘博研　赵格睿　何佳音）

113 贾贞贞

不为自己设限，才商双高女博士

校友简介：

贾贞贞，北京师范大学地理科学学部2010级校友，硕博连读（原地理学与遥感科学学院），师从刘绍民教授；本科毕业于中国农业大学理科试验班。2012年度国家公派联合培养博士研究生（美国马里兰大学）。现工作于重庆市勘测院，正高级工程师，主要从事遥感与地理信息应用等工作。2021年获评全国青年测绘地理信息科技创新人才，曾获得《一站到底》特别节目"美丽中国"第三届全国国家版图知识竞赛电视赛冠军。

努力争取，圆梦北师大

提到北师大的硕博求学经历，贾贞贞笑着说："其实我在高考填报志愿时，就期待自己能够来到北师大，无奈与其失之交臂，这一直是埋藏在我心底的遗憾。在本科时，面对激烈的淘汰制，我像高中一样刻苦学习，成功在三年内顺利修完本科课程，并在研究生保送时，毫不犹豫地联系了北师大，最终顺利进入北师大攻读硕士。这件事对我而言是一个很大的鼓励，也是我自己努力争取的结果。"

贾贞贞硕士期间沉下心来钻研科研，并选择在硕二转博，迎接更高难度的科研挑战。她心态一直都比较好，贾贞贞回忆道："我其实不算是特别聪明的人，但我很愿意去尝试人生

的无限可能。当我的博士答辩海报张贴在北师大地遥楼一楼后，我发现邀请的答辩专家都是领域顶尖的专家，我的内心是无比激动的，这个经历告诉我：很多事情，没有经历过不代表就不能完成，当你面对它时，仍要有信心将它解决好。"

在北师大的求学路程中，师大给予了她良好的个人发展平台。在博士期间，她又主动出击，抓住了到美国马里兰大学进行公派留学的机会，这次经历通过接触不同的文化、工作方式扩大了她的国际视野，并进一步提升了专业能力，同时海外求学的经历也对她的独立性、动手能力和英文水平都有所锻炼。

北师大老师们的授课方式和他们对科研的专注程度以及知识上的积累，给贾贞贞留下

了深刻的印象和莫大的激励。贾贞贞感激道："不管是在学习还是生活上，老师们都给予了我很多的关心，让我能够拥有良好的心态，积极主动地面对挑战。"这些经历都给予了她正向激励，培养了她的专注力和吃苦耐劳的精神。

在北师大培养出的积极向上的精神也一直伴随着贾贞贞到工作阶段，她着重提到要把学生时代的"努力争取、主动经历"精神融入职业生活，抓准机会锻炼自我、展示自我。

一路走来：适应与平衡

从青涩的大学生到如今一名正高级工程师，贾贞贞像大多数人一样，面临着身份转变，在人生的不同阶段，她并非以单一姿态面对种种挑战。每个人的时间和精力都是有限的，很难既玩得好又学得好，在不同的阶段，她认为首要的是在兴趣爱好和专业学习方面分清主次：大学时期时间相对充裕，她参加了很多活动，通过多样的平台锻炼了自己，这也为她后来工作时参加比赛、做主播的经历奠定了基础；而到了研究生阶段，需要保持专注、沉潜研究，她就主动减少了大部分事务和课外活动，把注意力放在科研上。在工作中，依然需要乘风破浪，要写论文，申报科研项目，争取人才称号。这个时期又从专注的研究状态转变为调节两者的平衡。"目前的工作单位给予了

我很多锻炼的机会和平台，基于学生时代的积淀，我的兴趣爱好得到了充分的发挥，但同时又能将其中的收获回馈到工作当中。如在工作期间参加江苏卫视的比赛，这样一档知识类节目的录制会占用很多的工作时间，很感谢工作团队在这一时期的帮助，使我顺利度过困难，但作为高层次的人才引进人员，我肩上担负着更大的科研责任，就需要投入更多的时间进行弥补，工作和个人的成长需要自己去把握和平衡。"

与求学岁月不同的是，在职业生涯中，往往会面临干扰性事务，更复杂的人际关系和压力源，对此，她也给出了自己的方法：给自己一些适应时间；多听、多看、多想、少说；主动学习、主动挑战困难、主动接受荣誉、主动承认错误……这些原则指导着她更顺畅地应对生活中的起起伏伏。

撕掉标签，最重要的是认识自己

"高级工程师""美女学霸""《一站到底》冠军""小太阳"……公众对贾贞贞的认识来自各样的经历与闪光点，一个拥有积极力量的榜样形象生动地展现出来。但是对于贾贞贞来说。生活中我们可能有时会被各种标签裹挟，但是重要的是不要拿它来定义自己。在乘风破浪的生活中，通过丰富的经历和挑战更加了解自己、认识自己才是最重要的。贾贞贞说：

"不要太多地受别人的影响，只要从自己的工作内容和工作量出发，使自己处于一个能够接受的、有一定压力的状态下就可以。"贾贞贞不怕被拒绝、不怕失败，努力地积累、感受与成长，不被自己已经拥有的东西局限，不断地拓宽人生的广度，活得精彩。

在喜迎北师大的120周年校庆之际，贾贞贞送上了诚挚的祝福："祝福母校华章续彩，再创辉煌！母校生日快乐，也希望将来在我的生活和工作当中，身边能够有越来越多的北师大人。"

（撰稿：闫沐秋 周亚柳 张萌）

114 古丽加汗·艾买提

职业之旅，以初心筑梦扬帆

校友简介：

古丽加汗·艾买提，北京师范大学历史学专业2011级本科校友，在校期间多次获得"优秀共产党员""京师先锋党员""北京师范大学十佳大学生"等荣誉称号，并在2015年被评为"第十届中国大学生年度人物"。其事迹被中国教育电视台、中央广播电视总台等媒体报道。

初心是时代华章的生动注脚，更是青年职业发展的风帆引擎。在教育行业中，坚守初心更是与立德树人息息相关。

从北师大走出这样一位教师，她以初心为行动的量尺，将青春奉献给边疆的讲台，在砥砺奋进中成就自我价值，在时代最需要的地方大放异彩。

"不忘初心、牢记使命。"她从未忘记过，并时刻践行着。

初心萌芽：理想是感性与理性的交响乐

小时候，古丽加汗有这样一个梦想：站上三尺讲台，成为一名老师。

她在孩童时代最大的乐趣就是扮演老师，让伙伴们扮演她的学生，传授知识、批改卷子……将老师的一举一动模仿得活灵活现。

于是兴趣浇灌梦想的花田，初心的种子在心底萌芽。古丽加汗没有想到，萌芽于孩童时期的初心会陪伴她成为一名优秀的历史教师，并在教育行业一路扬帆远航。

她回忆说，那时候对于当一名老师是最感性的认识和感性的梦想，那是年幼的她对这个职业最美好的期待与崇敬。

工作后，古丽加汗对教师行业有了更加理性的思考。

"现在知道了，当老师没有小时候想象得那么轻松简单，没有那么多辉煌灿烂；跟教师这个行业联系到一起的词语，更多的是平凡、重复和辛苦。"

"在工作中繁杂的事情会很多，不只是白天，晚上都会思考有关学生的问题，但也让我了解到了教师肩负责任与使命的一面。"

在教师行业，初心的坚守需要感性的热爱和理性的思考。感性的热爱是一路向前的动力，理性的思考让困难无足轻重。作为一位老师，古丽加汗最快乐的事是看到学生们的进步，在他们遇到困难的时候能给予一些帮助，让他们知道只要努力就有机会去实现自己的梦想。所以她始终想去当一名教师，在她看来，追寻教师梦的路上遇到的所有困难都是值得的，她的初心从儿时萌芽的那一刻开始就从未动摇过。

"每当我静下来去思考自己的选择、回顾这一路走来的心路历程时，我就会发现，其实困难再多我还是会坚决地选择教师这个职业，所以我就想着努力一点、再努力一点，尽己所能去付出。"

初心启航：追梦路上需要过硬本领

在北师大就读期间，古丽加汗努力塑造自己，打下了扎实的专业基础。

在心理素质训练上，为了能够从容自信地站上讲台，向同学们更加清晰有条理地传达自己的思想和精神，古丽加汗开始了一场与胆量的拉锯战。她定下目标：不管是见到谁都可以侃侃而谈，把自己的想法流畅地传达出来。善

于思考、勇于挑战的她想了一个办法：在水房里的镜子前练习讲课。她想象自己站在讲台上，练习并调整自己的神态、手势、语调等。除此之外，古丽加汗在专业课的学习上积极争取了很多锻炼的机会，通过上课前找助教老师报名讲课等方式展现自我、不断进步。

谈及在北师大求学的经历，古丽加汗十分感谢北师大对她的培养。在教师专业素养提升上，北师大为提升学生的教师职业素养进行了严格的训练，包括板书书写的规范程度，授课时的语态、语速、语气等。这样的严格训练培养了古丽加汗上课严谨认真的意识，让她受益匪浅。"作为一名历史老师，我会将课件上每一个史料的引用都标注得清楚明晰，因为我需要对我所用过的史料负责，对自己的讲台负责，对自己的学生负责。"

求学期间的训练让她的能力不断提升，进入工作岗位后，古丽加汗也没有停下自己努力的脚步。

"那时候，我每时每刻都告诉自己要快跑，要不断地奋斗、前进，每天过得紧张而有序，几乎没想过休息。"作为一位年轻老师，她一年之内拿了十多个奖状，包括公开课比赛、课题展示、历史论文等。

追梦路上需要过硬的本领守护好自己的初心。入职五六年后回看，古丽加汗觉得刚入职的自己是最可爱的，虽然工作紧张而劳累，但是在不断挑战自己、提高自己，永远怀着热忱

和勇气去跨越每一个坎，走过曲折蜿蜒的路途。

初心不忘：到需要我的南疆去

古丽加汗迎来了自己职业生涯的转折点——在新疆乌鲁木齐23中任职不久的她接到了去南疆小城叶城支教的工作任务，一去就是一整年，当支教期满后，她不舍得离开了。

"同学们很在乎你的关心时，你会觉得你是被需要的、是有价值的。你的每一次付出都带给他们鼓舞和动力，他们的关心在意让我感受到温暖和幸福。"

最初到叶城时，她确实不太习惯。但在叶城慢慢的生活节奏中，她重新审视了自己的生活环境，用心感受着与学生相处的细节，享受与同事相处的简单与快乐，她体验到了这才是她真正想要的生活。

对她来说，叶城已经成了她的第二故乡，这座城市因为她的学生们而充满温暖与感动。25岁生日那天的情景她还历历在目：叶城的孩子们记得她的生日，在校长特批的一天假期中，古丽加汗怀着激动的心情回到了以前支教的学校，买饭、买蛋糕，然后和孩子们一起唱歌跳舞。她感叹说，他们送给了她这辈子最美好的生日礼物。也正是在那时，她下定决心留在叶城。

耗时一年半的工作调动审批、远离家乡后糟糕的生理和心理状态、周围不绝于耳的质疑和不解的声音……继续支教的决定实现起来并不容易，但古丽加汗从来没有向困难低过头。

当谈到跨越重重困难的方法时，她仍然认为初心是她最好的伙伴："我不后悔来到这里。人生会有很多选择，选择没有对错，而我的选择是守住自己的初心。在我看来一帆风顺的人生和名利双收的职业都没有坚持走完自己选择的路有价值和意义。不断地朝着自己选择的道路向前，这就是我认为的不忘初心。"

现在她留在叶城教育局负责组织学生的团队活动。她喜欢和孩子们在一起，享受这种暖暖的氛围。在这里，古丽加汗为自己树立下了新的长远目标："趁我还年轻，我想尽我所能为老师、学校、学生尽责任和干实事。力争让学生们在愉快轻松的环境中享受教育，为地方教育事业的壮大出一份力。"

初心与使命：浅谈大学生职业生涯规划

回顾六年教师生涯，古丽加汗对从业有了深刻的感悟："要么热爱你从事的职业，要么从事你热爱的职业。"

就像她说的，职业道路上的选择是没有对错的，每个人都有自己的热爱和长处，在选择了职业或者是确定某一发展方向后，就要踏踏实实、扎扎实实地把每一步走好，不要总是觉得没有被选择的才是最好的、下一个才是最好的。

古丽加汗一直坚持着她作为老师的原则：从来不会抱怨老师这份职业，永远关注着它积极乐观的一面。选择了，就坚定地走下去了，不去在乎其他人怎么说。

对以后想从事教师行业的同学们，古丽加汗分享了可贵经验和切身体会。

首先是对教师行业的看法。选择了教师这份职业，就要真正热爱它，热爱教育、热爱学生、热爱学校、热爱老师，包括热爱自己所拥有的当下生活。只有这样我们的心里才会有实现价值的满足感，才会觉得自己所有的付出都是值得的，也会惊喜地发现之后的路走起来顺顺利利，回顾自己的教学生涯时，也发现它是丰富充实的。

其次是相关的基本素养。古丽加汗建议同学们在大学阶段打下坚实的基础：一是提高自己的专业素养，多读书、多争取表现的机会，拥有扎实的专业知识是教师教学所需的基本功；二是训练自己的心理素质，因为知识需要从容不迫的自信与信心去传授。

最后是关于教师的成长。一个教师的成长可以分为两个部分：一是在讲课中和学生一起成长，二是积极争取培训机会。教师要珍惜每一节课，积累经验去整理论文、准备比赛。古丽加汗强调，备课、讲课、反馈，我们要把每一节课都当成公开课。而培训同样能够给教师提供许多优秀的资源。例如，通过培训可以接触到很多教育方面的新理论，帮助教师实现自我提升，同时接触到教育行业内厉害的老师和优秀的同学，大家一起学习经验和总结方法。每一次培训都是一次提升，值得教师认真对待。

古丽加汗总结道："我们有很多可爱的学生，他们一直在惦记着我们，所以我们也一定要守好自己的初心，走好自己的职业发展之路。这样才不负自己，不负学生，不负时代。"

永葆初心，肩挑使命，将会助力我们的职业生涯走得更稳、更远。

（撰稿：张艾琳；校对：高若静　杨浙慧）

115 黄凯华

涓滴细流汇沧海

校友简介:

黄凯华,北京师范大学文学院2011级校友,中国古代文学硕士,2014年毕业,现任中共乐山市市中区委组织部机关党委书记。先后战斗在民生事业、脱贫攻坚、疫情防控、抗洪减灾、基层党建等工作一线,2020年乐山市8.18特大洪水期间,作为第一批党员突击队登上被淹没的凤洲岛开展救援。曾被评为乐山市2019年度脱贫攻坚先进个人、2021年市中区基层治理先进个人。

与黄凯华的线上采访数次延期,原因都与他的工作安排有关:暴雨之夜,他在地质灾害点值守,手机成了值班电话;有时是他的手头工作没有处理完,加班加点挑灯夜战。风雨交加坚守如常,平日工作千头万绪,采访之前,便印象初成。

2014年,黄凯华从北京师范大学文学院研究生毕业后,选调至家乡四川省乐山市工作。毕业之后,有的人选择留在大城市拼搏,也有的人选择作为选调生下到基层。北漂与回乡,黄凯华为何选择了后者?他平静地解释着:"我就没想过留在北京。"地方人才紧缺的严峻现状是他回到家乡的主要原因,"在家乡能实现更大的价值";异乡打拼的人难免会面对父母孤独终老、子欲养而亲不待的局面,亲情的

考虑是另一个原因。

他谈起了自己的高中母校,作为国家级示范性高中,很多时候连正规的本科毕业生都招不来;而在北京,有大批高素质的人才竞争去普通的学校,"读书人多多少少有报国的情怀,在北上广深这样的一线城市挣扎,我们不过是芸芸众生。"而润泽乡梓,是黄凯华认为更有意义的事情。

踏实担当

黄凯华身上有着读书人的社会责任感和拙诚,回到乡里,他谋民生之利、解民生之忧。推进脱贫攻坚进程,最重要的工作是基础设施建设和消灭绝对贫困。

通过对本地的调研了解，黄凯华发现乐山市市中区罗汉镇是一个传统的农业乡镇，面临生态环境、基础设施、基层权限等众多无法突破的瓶颈，无法复制"引进项目—聚集产业—形成园区"的突变式发展之路，只能逐步夯实基础，基础设施的建设是第一位。罗汉镇近几年的发展，得益于上级政策和地方支持，水、电、气、路等方面都有了很大的改善。交通完善了，路打通了，好走了，农副产品才走得出去，村民才能创收；条件改善了，才谈得上发展。

让黄凯华欣慰的是，罗汉镇基本消灭了绝对贫困。"脱贫是我们国家在发展过程当中必须补的一课，脱贫攻坚事实上是一个托底。"国家是一辆行进的列车，有些人脚力不稳，就会跌下来。面对跌下来的人，我们不能坐视不理，要用一辆小推车推着他们继续行进，这样整个国家才能稳步向前。

黄凯华身上同样具有儒者勇猛精进的气质，有利于百姓的，他会想尽办法去争取。2016年刚到罗汉镇的时候，他了解到有一位老太太的家庭情况很特殊，生活非常困难，但偏偏与现行社会保障的标准不太吻合。进，可能担责；退，可以全身但良心难安，黄凯华选择"不退"。为此专门向主管部门汇报争取，冒着可能被追责的风险，为这个家庭申请了救助。"我当时想着：我是给老百姓争取，又没往自己兜里揣一分钱，有什么好怕的。"做实

事者，尤其是基层工作人员，恰恰需要这种拙诚——看淡个人得失，看重百姓福祉。

大巧若拙

从2016年至今，黄凯华任罗汉镇副镇长，日常工作十分繁杂。人少事多，每个人负责的工作面广、任务量大，这是基层最真实的工作状态。事务繁杂是乡镇工作的一大挑战，其中与人打交道是第一要务，尤其是走上了管理岗位之后，黄凯华花了很多心思在做与人沟通的工作。还有就是人力资源稀缺，如何统筹分配人力、调动大家的积极性，这是工作中需要用"巧劲"的地方。

这需要时间和经验的积累，作为一名资历尚浅、初出茅庐的基层干部，如何服人也让黄凯华煞费苦心。"我们看小说，白面书生，满腹计谋。遇到困难了，就是'眉头一皱，计上心来'，靠抖机灵就把问题解决了，这种事在基层是不存在的。"

调动积极性最佳的方式是建立并肩战斗的感情，信任不是靠耍小聪明建立的。"其实大家的眼睛是雪亮的，你是一个什么样的人，大家心里清楚。如果你是一个实干的人，是一个有担当的人，大家就拥戴你。如果你是一个油滑的人，一个不作为的人，那么没有人服你。"做事先做人，这是他对自己的要求，是性格深处的本质，也是在复杂的社会环境中始

终坚持的初心。

"这些都是在这几年工作中摸索出来的，课堂上学不到这些，这些都是撞南墙撞出来的，该走的弯路一条都少不了。"但他认为所谓工作技巧与方式仍是次要的，"比如你要登上远处的峨眉山顶，只要你有决心，你徒步，你划船，逢山开路，遇水架桥，怎么着你都能上去。方法和模式都是在解决具体问题的过程中探索出来的，相当于钥匙，要自己去找，反复去试，生活中没有万能钥匙"。这也是拙，清醒冷静，唯有实干。

涓滴细流

千古文人家国梦，青年与国家、社会的相遇，在古诗词中的体现是"致君尧舜上，再使风俗淳"的理想，出将入相，使得社会风气一新。但实际上任何人都不可能凭借一己之力改变整个社会。那么青年群体真正的价值在哪里？

黄凯华认为在于对社会细水长流、一点一滴的改变，"我们就好比是河流中一股一股的涓滴细流，一个人流到河里面去，翻不起任何浪花，但是像我们这样的人越来越多，终有一天这整条河的河水会被激起千层浪。"

他认为青年人对社会历史的影响就在一点一滴之中："我回到四川以后，所做的每一件事情都是有价值的，你的一举一动、一言一行，对老百姓都是有温度、有影响的。你待人和善，对老百姓亲切，时刻用一张笑脸工作，就是在传递正能量，温暖人心。"

为官者应德才兼备，不仅要有出众的能力，还要具有崇高的品德。"作为政府的干部，对老百姓所做的每一件事情，老百姓看到的不仅是这个事的结果，更是你这个人怎么样。"每一位政府干部代表着国家的形象。"'为天地立心'，于我而言，其实就是所有的党员、所有的干部，用自己的一举一动为老百姓做榜样。"

跟随着黄凯华的视角，我们看到了一个青年眼中的自我与家国。涓滴细流汇沧海，青年应正视自己的价值，做好本职工作，落笔有力，定能描绘出自己的人生画卷。蓦然回首，你所做的那些事就在画卷上熠熠闪光。

（撰稿：王雨璇）

116 陈亚涵

开垦一方"百草园"

校友简介：

陈亚涵，北京师范大学教育学部2012级本科、2016级硕士校友，其创始的百草园乡村教育发展与促进中心，是我国首个致力于乡村闲置校舍改造与利用、为乡村振兴提供综合解决方案的公益项目。该项目于2019年获得斯坦福教育论坛优秀项目展播，并入选2020年中国公益慈善项目大赛百强名单，荣获北京市"社创之星"称号。

2016年，读研一的陈亚涵与同样对支教有着浓厚兴趣的舍友吕佳和伙伴们一拍即合，共同创建了"百草园"支教队，此后，他们的足迹踏遍了全国17个省份，在深入基层的实践中捕捉到"撤点并校"的历史遗留问题，并逐渐将"百草园"发展成为我国首个致力于乡村闲置校舍改造与利用的公益项目。

毕业后，怀揣着一份深厚的公益情怀与对"百草园"项目的热爱，陈亚涵毅然选择了一条不同于多数人的道路，全身心投入这项公益事业中。

在乡村改造一片乐土

"百草园"的名字来源于鲁迅的散文《从百草园到三味书屋》，在陈亚涵的心中，最初想要创立的正是这样一个孩子们的乐园，她希望即使是在没有学校的村落，孩子们在课余生活之外也能拥有属于自己的天地。而随着"百草园"的一步步发展，随着那些废弃的校舍一间间焕然一新，这小小天地不仅是造福了当地的孩子，更成为当地居民的一方乐土。

2016年，仍然还是支教队的"百草园"来到了广西灵川县，团县委委托一位村主任带领着他们参观了一处闲置教学点。自2011年开始，由于农村中小学重新布局，我国乡村地区留下了近32万所闲置校舍，这些校舍或成为杂物间、猪圈羊圈或直接荒废，虽然国家不断提出要妥善处置这些校舍，但这一历史遗留问题仍然成为社会的痛点。当这样的校舍呈现在陈亚涵眼前时，她难以抑制自己的心痛。一方面，乡村的孩子必须翻山越岭去合并后的学校上课，另一方面家门口的校舍空地又无法得到妥善使用，久而久之，生长在乡村的孩子自己都开始否定这片土地。

当天，"百草园"的队员们与县团委书记讨论起了这件事，书记希望用闲置校舍做些事情的想法也触动了他们。随后，通过与北师大袁桂林教授的交流，"百草园"的队员下定决心，他们的行动将不再仅限于短期支教，还要对乡村闲置校舍进行实质性的硬件改造，这为升级版"百草园"的发展埋下了伏笔。

"百草园"在支教之初以生命教育的绘本课程为主，希望借此弥补乡村儿童自我保护与生命安全意识的欠缺。在拥有了闲置校舍之后，"百草园"开始将目光转向了更广泛的受众群，使这些改造过的学校成为当地村落的"核心区"。除了孩子们会在新修的教室学习、玩耍之外，当地不少老人也会来到这里活动。同时，经过改造的校舍也担任起乡村直播间和乡村文化与村史展览馆的作用。

"百草园"最初的校舍布置均由队员们与当地的孩子共同完成，这些改造校舍的活动成为孩子们的第二课堂，也使得这里真正成为"三味书屋"之外的"百草园"。让陈亚涵印象最深的是广西灵川的一位男孩。最初，这位男孩子总是在远处默默旁观着支教队，很少说话，显得内向而沉默，然而当陈亚涵和其他队员组织着孩子们一起给校舍的墙壁刷彩绘时，看着丰富多彩而又迥异于书本教学的活动，男孩的兴趣被激发出来，便积极主动地加入了大家，不仅跟着陈亚涵一起画画，之后"百草园"开设的课程，他也积极参与进来。男孩的家虽距离校舍很远，但几乎每一次活动，他都没有缺席，成为"百草园"的常客。

陈亚涵自豪地说："这就是我们与其他支教队不太一样的地方。"无论是修建校舍的过程，还是建成后村民们给予的反馈都使得陈亚涵越来越感到自己正在做的是一件有意义的事情。

为之付出最纯粹的爱

在陈亚涵心里，"百草园"是他们这些有着共同信念与情怀的人一起孵化的"孩子"。

随着"百草园"队伍的不断壮大，陈亚涵不再满足于"支教队"的形式，这时，"创青春"大赛正好给予了他们一个让"校舍改造"计划付诸实践的机会。这段"以赛代练"的经历也帮助着他们将尚不成熟的思路一步一步完善起来。

陈亚涵自本科起学习的就是教育学专业，团队中的其他成员也并非商科的学生，参与创业大赛意味着他们必须从头学习，看着"运营模式""组织架构"等陌生的名词，他们意识到这将是一段坎坷的长路。然而凭借着对"百草园"的一腔热爱，这个硬骨头还是被他们一点点啃了下来，每个人的努力汇聚在一起，共同滋润着这方"百草园"。

"我们几个人对于'百草园'的那种爱真的很纯粹，而且那个时候大家是真的把自己所有的脑力全都献给了它。"不断地熬夜、修改，陈亚涵和同伴们在团委的办公室度过了许多夜晚，当他们走出办公室时，迎接他们的已是五六点钟的朦胧晨光。当陈亚涵带着一夜未眠的疲倦走在路上，望着天际隐隐露出的太阳，仿佛她所看见的也是"百草园"的曙光。

在这之后，"百草园"完成了一场华丽的蜕变，这也为它的不断地优化和创新奠定了基础。最终，他们拿下了北京市优秀创业项目，获得了一笔奖金和北京市教委提供的位于西三环的一个办公地点。

获奖之后，在中国儿童领域颇有影响力的一个基金会与陈亚涵取得联系，让她喜出望外的是，基金会不仅给予了"百草园"充分认可，更有意愿将"百草园"收编成为基金会的项目之一。这对于开始希望"百草园"长期走下去的陈亚涵而言，是一个难得的机会，这不仅意味着"百草园"将拥有稳定的资金来源，更意味着"百草园"的名字将更长久得延续下去。

随着与基金会的一次次磨合、商讨，陈亚涵陷入了两难。由于基金会的项目针对儿童，且已经拥有了既定的运营模式，对方希望将

"百草园"收编后，可以将这一项目的其余部分进行切除，仅保留面向儿童的部分再加以深化。当天讨论结束后，陈亚涵坐在回家的汽车上，心情久久难以平复，面对着眼前的两个选择，游移不定。

在无数次的纠结与讨论中，陈亚涵与同伴们还是难以割舍"百草园"的任何一个部分，最终他们决定坚持自己的理想与初心，将"百草园"独立运行下去。做出这一决定后，所有"百草园"的成员都心知肚明，未来将会更加充满挑战。

随着成员的分散毕业、各奔东西，如今的"百草园"主要由陈亚涵全职负责运营，但大家依然在各自的领域为"百草园"添砖加瓦。

泥泞之中走出的路

在陈亚涵的心中，公益比任何事业都更加要求从事者所具备的内驱力，从事公益最重要的就是"不能带有很强的功利心"，而仅仅这一点，已经将许多人挡在了门外。她谈到，在这个时代，大家多多少少都会有被物质压迫的紧张感，而这种感受会使人时变得焦躁不安。

陈亚涵毕业时，"百草园"已经成功在广西与张家口改造了两处校舍，由于不忍将"百草园"项目就此搁置，陈亚涵成为"百草园"的创始团队中唯一一个全职留下来的人。在

陈亚涵选择这条道路时，她已做好了心理准备，知道这并不是条"挣钱"的最优道路，也知道这份事业或许只能满足自己的基本生活需求，但它却能让自己创造与实现更多的社会价值。

然而，即使做好了充足的思想准备，陈亚涵还是不可避免地陷入了挣扎与怀疑中。

从2019年7月到新冠肺炎疫情暴发之前，陈亚涵一直在全力寻找合适的地点，希望打造"百草园"的自有营地，然而整个过程一直处于难以盈利的状态。毕业后，陈亚涵挣到的钱都并非都来自她的主业，疫情的来临更使得"百草园"原先的许多计划不得不搁置，陈亚涵难以克制住自己的焦虑情绪，但也不由怀疑，自己是否做了一个错误的决定，是否应该选择将"百草园"作为自己的兴趣而非职业，这对"百草园"是否真的就是最好的。

回忆起这段难熬的日子，陈亚涵说道："就是在硬磕。"然而，即使心中仍然饱受着焦虑的煎熬，她还是逼迫着自己踏踏实实做好每一件事。每天，陈亚涵从早晨醒来到晚上入眠，所有的时间都在为"百草园"工作，身边的朋友不止一次劝她应该多休息一下，然而陈亚涵总是觉得，只要自己再多做一点，只要这些事对"百草园"的成长有利，自己就愿意努力。她笑称自己终于理解了什么叫作"为母则刚"，对于现在的她而言，"百草园"就是自己的孩子，自己也必须为其坚持下去。

一点一滴的努力慢慢积攒，终于幻化成了新的机遇。2020年的99公益日，无论是慈展会还是全国的慈善项目大赛，陈亚涵带着"百草园"都取得了硕果，并获得了政府的补贴。与此同时，全国各地的校舍改造、营地建设项目都找上门来，陈亚涵也联系上了一家新的国字头基金会，基金会的联系人告诉陈亚涵："'百草园'是一个很好的项目，希望你不要放弃。"这些进展与鼓励成为支撑陈亚涵的信念，她愈发坚定要把"百草园"发展下去，而且在未来要建立一个城边具有公益赋能功能的营地，这将与驻村基地的实践场所相呼应，形成为更多怀揣公益情怀的年轻人提供赋能与实践机会的联动机制。

让梦想乘风而行

"我希望90后做公益，一定要搭上这个时代的顺风车。"

在2020年慈展会上，陈亚涵发现，许多公益组织仍然停留在1.0的模式，认为公益与慈善就是单纯的"菩萨心肠""好人好事"，所做的事情也往往停留于买些食物对老人、残疾人等进行慰问，资金的来源更是全然依靠着社会的爱心捐助。

而这些都不是陈亚涵真正想要的，她所梦想的是打造出2.0的公益新模式。陈亚涵萌生了"百草园"要打造自己的营地、实现自我造血的想法。从"百草园"成立开始，陈亚涵与同伴所创设的闲置校舍改造等项目都是基于一线的需求与痛点，从服务对象本身出发，将需求放在首位，而非像传统模式一样以捐赠人的供给为主。随着项目的成熟，"百草园"的业务也逐渐纵向延伸、发展，除了教育之外，还开始涉足乡村经济推广，力图打造出一个可以帮助当地匹配、链接相关资源的平台，在"百草园"能力可承受的范围之内编织起一张多功能的大网。

在正式全职运营"百草园"后，陈亚涵把更多精力放在"自造血"上，通过自我的盈利来为公益重塑活力。第一，"百草园"继续研发自己的生命教育课程与教材，通过中小学对教材的采购获取利润。第二，"百草园"还为乡村的特色农产品打造了扶贫直播平台。第三，陈亚涵和团队的其他成员还计划着拍摄一部乡村改造类的真人秀节目，除了"造血"之外，更多的是希望观众通过这种新颖的形式真正了解乡村的现状与需要，打破城市与乡村的二元对立。在陈亚涵看来，乡村并非落后、守旧，乡村文化同样有许多传统与精华，值得年轻一代学习和传承，真人秀的拍摄计划本应于2020年春天落实，但由于疫情而被暂时搁置，陈亚涵表示自己会继续将其推进下去。

目前，陈亚涵的主要工作都在张家口进行，而"百草园"正在张家口建设的自由营地也是"造血"计划中的一环。陈亚涵希望营地未来可以作为高校公益社团的赋能营地，同时也能承接一些幼儿园自然教育的活动，一方面可以为公益组织和自然教育提供场地，另一方面也可以为"百草园"带来新的收入。

在谈到自己公益情怀的萌芽时，陈亚涵感叹，这源于自己身为北师大人的责任。早在初中时代，北师大就是陈亚涵的理想学府，高中备考时的课本上也写满了北师大的名字，高考志愿也只填了这一个志愿。在陈亚涵真正迈入北师大大门之时，"学为人师，行为世范"的校训早已成了她心中的一种情结和坚守，她提醒着自己，身为北师大人，应当承担更多的社会责任，不能给母校丢脸。而正是出于这样一份责任感，陈亚涵从大一起就展开了支教实践活动，这也为她创办"百草园"埋下了伏笔。

在陈亚涵看来，北师大给予了自己与"百草园"太多帮助。教授专家们在"百草园"项目参加"创青春"大赛时热情给予帮助，团委老师们深夜加班为团队指导工作，就业创业指导中心和中国教育创新研究院的老师们为"百草园"不断提供资源支持，教育创新研究院组织线上孵化营，专门为"百草园"聘请了专家为其诊断项目……一路走来，"百草园"的茁壮成长离不开北师大的甘霖，而这份滋养也将一直伴随着陈亚涵与"百草园"前行。

令人欣慰的成果相继而至，"百草园"在教育博览会和斯坦福中国教育论坛上分别获奖，也入选了中国公益慈善百强项目名单。

2021年，"百草园"在张家口的营地建设也如火如荼地展开。2022年，全国至少有5处校舍可以完成改造，张家口的营地也将投入运营。陈亚涵展望着"百草园"的未来，一片草木葳蕤、生意盎然的新画卷正在徐徐展开。

（撰稿：李欣然）

117 逯海川

成为攀登者

校友简介：

逯海川，北京师范大学珠海分校运动休闲学院户外运动专业2012级校友，高山向导，攀登教练，社会体育高级指导员。带队攀顶国内外高海拔雪山30余次。2019年5月22日，逯海川成功登顶珠穆朗玛峰。

山脚下·与攀登的缘起

逯海川是北师大珠海分校运动休闲学院的优秀毕业生。户外运动专业的他在国内外许多高峰之巅都留下了足迹。"大学对我的影响非常大，尤其是包一飞老师和黄宇老师，他们对我的职业生涯规划给予了非常大的帮助。"包一飞老师成功登上珠峰使逯海川受到了不小的触动和影响。即使在毕业之后，老师的榜样力量也时刻激励着他。

回忆起大学生活的点点滴滴，逯海川感慨颇多：老师的谆谆教诲和在母校学习到的知识，都是他能成功登上珠峰的重要积累。他非常感谢母校为自己的成长打下坚实的基础，为了表达对母校的感恩之情，逯海川在登顶珠峰时展示了学院的旗帜，让旗帜在世界之巅高高飘扬。

一个偶然的机会，逯海川与攀登结下了缘分。他大一时选择的专业方向是高尔夫，但与老师外出露营的机会使他开始对户外和攀岩产生了兴趣，并且爱上了攀登。一开始，逯海川只把高山向导看作一份工作，但在攀登的过程中，他经历了很多毕生难忘的事情，这些事让他看到了人们对死亡的恐惧和对生存的渴望，这些经历使他更加珍惜生命、享受生活。就像母校所教给他的：不管面对多大的困难，我们都是不可战胜的！

在与攀登来了次美妙的邂逅后，逯海川有了更多机会接触高海拔山峰攀登，感受到了登山的刺激和乐趣。在征服一座座高峰的过程中，他也结识了一群志同道合的朋友，收获了真挚的友谊。渐渐地，对这个行业的喜爱和对充满挑战又热血沸腾的生活状态的迷恋，便成了他坚持攀登的基石。不知不觉逯海川与攀登结缘已有六七年。"攀登已经与我融为一体，成为我生命不可分割的一部分。"

攀登是一项危险的运动，缺氧、雪盲症、体力不支等危险时时刻刻威胁着攀登者的生命安全。逯海川和他的队友为了不让家人担心，尽量报喜不报忧。为了有"喜"可报、无事可"忧"，他们会在前期做充足的准备，比如收集山峰资料、规划路线、设计应对措施、做专业的登山训练，来确保登山时的安全。在登山的过程中，他们也会充分评估山峰的攀登难度以及自身的状态，以此来评估攀登的风险值，判断各种情况是否在自己的掌握中。

"选择放弃也是攀登的一部分，是一种经验的积累。"在挑战四姑娘山时，天气十分恶劣，经过队伍教练的综合评估，他们选择下撤。攀登者在攀登过程中会面临许多选择，每个决定都要慎之又慎，因为这些选择都关乎生死存亡。每个人都渴望成功，对攀登者而言，登顶便是对自己的认可，是挑战自我成功的表现。但成功的条件有一个大前提，就是保证自己的生命安全。"这是对自己的生命及对家人负责的表现。"

攀登中·坚韧不拔的气概

"我一定要把队友安全带回家，这是我不可推卸的责任，也是一个攀登者的使命。"逯海川在攀登珠峰时确实遇到了很多特殊情况。比如，他在登峰的过程中碰上了"大堵车"，在接近顶峰的希拉里台阶堵了两三个小时。这种情况对于攀登者的体能是个极大的考验。此外，队友体能消耗、团队士气低沉也是一项巨大挑战。在撤离的过程中，逯海川还看到了很多倒在雪地里喊"救命"，甚至说胡话的登山者。直面死亡，他感到了前所未有的恐惧，但他也看到了登山者们对于生存的渴望。为了实现他们共同的目标——下撤、活着！——逯海川一边安抚队友的情绪，一边鼓励他们继续下撤。最终，经过十几小时的艰难跋涉，他们终于成功撤回C4营地。

逯海川回忆当时的自己：尽管浑身的力气仿佛被抽光，可整个人充盈着满足与喜悦。这是一种很矛盾的感受：肉体无比疲劳，灵魂却热血欢腾。这可能就是攀登的魅力所在。

每一次攀登都是不可预测的，并伴有一定的危险性。逯海川说他的确有过放弃念头。在带队攀登海拔6178米的青海玉珠峰时，团队遇见了暴风雪。恶劣的天气使他和一个女孩在山上被困了一整晚。成功下撤后，攀登的高风险让他当时决定不再做这份工作。可下山后不久，逯海川就开始怀念登山的感觉。他意识到攀登才是属于他自己的生活。只有在攀登时，他才能找到自己存在的意义。"最后我明白，攀登是我会坚持一辈子的事情，所以我绝不会再放弃，要一直爬，爬到自己爬不动。"

登顶后·巅峰上的希冀

关于大学生活是否留有遗憾，逯海川表示，如果再给他一次机会，他会更加努力学习，夯实理论知识基础，不断训练、充实自己。更重要的是，他想抽出时间往外走一走，要到其他地方看一看，了解他们的技巧和训练方式与我们的是否有区别，取其精华以自用，提升自己的能力。

户外运动在近几年受到的关注愈来愈多，很多人加入了攀登者这一行列。考虑到攀登的危险性，逯海川建议：如果不是真正热爱攀登，请不要选择这个职业；请大家理性地看待并做出选择，因为攀登不是单纯好玩，而是充满了劳累和风险；攀登者必须经过专业且系统的训练，这绝非一朝一夕之事，千万不能只凭一时脑热，必须衡量自身的能力与攀登的难度后再去做出选择。

（撰稿：鄢清玥　曹纯）

118 黄文秀

扶贫，从"新手"到"熟路"

校友简介：

黄文秀，北京师范大学哲学学院校友、2016届广西优秀定向选调生。生前任广西百色市委宣传部副科长、乐业县新化镇百坭村第一书记。2019年6月16日晚，黄文秀从百色返回乐业途中，所搭乘的车辆被山洪冲走，不幸遇难。习近平总书记对黄文秀同志先进事迹做出重要指示强调，广大党员干部和青年同志要以黄文秀同志为榜样，不忘初心、牢记使命，勇于担当、甘于奉献，在新时代的长征路上做出新的更大贡献。先后获得"时代楷模"、全国脱贫攻坚模范、全国五一劳动奖章、全国青年五四奖章、全国三八红旗手等称号。

2019年3月，全国两会召开，习近平总书记在参加各省代表团审议时多次谈到脱贫攻坚。在参加甘肃代表团审议时总书记强调："脱贫攻坚越到紧要关头，越要坚定必胜的信心，越要有一鼓作气的决心，尽锐出战、迎难而上，真抓实干、精准施策，确保脱贫攻坚任务如期完成。"作为脱贫攻坚一线的基层干部，学习习近平总书记的讲话精神，我深有感触。

2019年3月26日，我担任百色市乐业县新化镇百坭村驻村第一书记刚满一年，一年来，我坚持带领群众学习贯彻习近平总书记关于扶贫工作的重要论述，坚持吃住在村，摸透村情民意，团结党员群众，以昂扬的斗志、饱满的热情、旺盛的干劲，带领村"两委"干部如期完成百坭村2018年的各项脱贫攻坚任务，从一名扶贫"新手"变得"轻车熟路"。

"新手"如何"上路"

在我驻村满一年的那天，我的汽车仪表盘的里程数正好增加了两万五千公里，我简单地发了一个朋友圈：我心中的长征，驻村一周年愉快。

还记得初到百坭村的情景，那时候我还是一个从没有接触过农村工作的"新手"。为了贯彻落实习近平总书记一直强调的"坚持精准扶贫、精准脱贫，找到问题根源，增强脱贫措施的实效性"，为了全面掌握百坭村的致贫原因和现状，我坚持用土办法，对村内的贫困

黄文秀工作照

户开展遍访工作，认真查摆问题并听取民情民意。

但是全百坭村一共有195户建档立卡贫困户，分散居住在几个不同的山头，对于我这个不熟悉地形的"新手"来说，要在最短时间内掌握全村贫困户的详细情况，是非常困难的。但我没有失去信心，想起了那句话——"让扶过贫的人像战争年代打过仗的人那样自豪"，长征的战士死都不怕，这点困难怎么能限制我继续前行。

到了驻村第二周的周末，我将车子小心翼翼地开到村里，正式开始我的扶贫之"路"。作为村里首位女第一书记，村民对于我的到来都表示怀疑。"之前来了这么多书记，全都是来村里镀层金就回城里升官了，你这个小年轻估计也是来走个过场的，我们跟你聊了也没用。""跟你说了你能帮我们解决问题吗？来了这么多第一书记都没让我们村富起来，你一个女娃娃就能行？别在这耽误工夫了，赶紧回城里享福去吧。"……听到村民们这么说，我觉得心里憋屈，搞不懂为什么我辛辛苦苦地翻山越岭、走街串户，老百姓们却对我这么排斥。

我找到了村里的老支书向他请教，老支书语重心长地对我说："黄书记，你刚来老百姓们对你还不熟悉，他们不愿意与你深聊，你也要理解他们。农村其实就是个熟人社会，老百姓们跟你熟了，自然就接纳你了。"如何才能跟老百姓熟起来，那天晚上回到宿舍我一宿没睡着。要想让老百姓愿意接近我，就得让老百姓觉得我和他们是一样的。

从那以后，我到贫困户家不再拿着个本子问东问西，而是脱下外套帮贫困户家扫院子；贫困户不让我进家门我就去两次、三次；贫困户不在家我就去田里，边帮他们干农活边聊天，时间久了村民们见得我多了，开始慢慢地接受我，"你这个女娃娃还真是难'缠'得很哩！"不少贫困户跟我开玩笑说。

经过两个月的摸底，我基本掌握了全村概

况，百坭村共有472户2068人，建档立卡贫困户195户883人，2017年未脱贫为154户691人，因学致贫和因残、因病致贫占比最高。

除了走访全村的贫困户之外，我还有针对性地走访了村内党员、退休村干、退休教师以及各村屯的小组组长。他们反映最为集中的一个问题就是山上片区5个屯的通屯道路硬化问题。这5个屯在2014年已经修通，其砂石路因为南方雨季长、雨量多，多处路段砂石已被雨水冲刷流失，一下雨路面就泥泞不堪，坡度较陡的路段雨季摩托车都不能通行，还有一些路段因泥石流、滑坡等出现了垮塌。这不仅影响了附近群众的交通出行，还有一个关键问题，全村的产业都集中在这5个屯的范围内，显然，基础设施的完善对百坭村的发展至关重要。对于群众反映的这些问题，我都一一记录在驻村日记中，并向上级相关部门反映情况。今年，除了两条路已达到通屯道路标准没有列入之外，其余3条路已列入乐业县2019年第一批财政专项扶贫资金安排项目。

习近平总书记关于"六个精准"的论述一直是我开展扶贫工作的方法论，为了实现"帮扶措施"精准，按照县里的统一要求，我在村内组织召开了多轮的研判会，针对全村未脱贫户、已脱贫户，每一位结对帮扶干部就自己帮扶贫困户的收入情况、产业发展情况进行汇总。对于已脱贫的贫困户也不能降低帮扶力度，继续做好跟踪帮扶工作，同时建立返贫预警机制，巩固脱贫成效；对于未脱贫户则是因户施策，杜绝虚假和"数字"脱贫。同时，同步做好国家扶贫政策的宣传，提高群众的"知晓率"和"获得感"。

"我也要让家里的孩子在大学里申请入党"

和村民渐渐熟悉之后，他们开始好奇我为啥要跑到农村来工作。有一次在全村最偏远的长沙屯走访结束后，该屯的黄仕京坚持要留我们在他家一起吃晚饭。黄仕京家有5口人，父亲已经84岁，大儿子是广西民族大学大二学生，小儿子则于2018年7月考取广西医科大学，家庭开支主要依靠销售家里种植的八角和农闲时黄仕京外出务工维持，家中因学致贫。我了解到情况后及时为他家申请了雨露计划，一次性获得了5000元的补助，解了他家的燃眉之急。饭间，黄仕京突然问我："书记，听大家说你也是大学毕业，还是北京回来的研究生，怎么会想要到这么边远的农村工作呢？我的孩子以后也会面临着找工作问题，我真的好奇你当初的选择。"

我思考了片刻对他说："百色，是一个集革命老区、少数民族地区、边境地区、大石山区、贫困地区、水库移民区'六位一体'的特殊地区，是全国脱贫攻坚的主战场之一，作为自己的家乡，面对如此情况，怎么还有理由不回来呢？一位世界著名的社会学家说过，一个国家的落后在于精英的落后，而精英的落后在于嘲笑民众的落后，我们党深刻明白这个道理，从而提出要教育扶持一批人脱贫，并且扶贫要扶志和扶智，这样一个切实为群众谋发展、谋福利的党，怎么能不响应它的号召呢？"同桌的老人家听了我的话后，当场端起酒碗向我敬酒，表示也要让家里的孩子在学校申请入党，以后让孩子回家乡。听到他的话，我心里非常感动，自己的工作能够让群众真切感受到共产党的好，对我来说是非常大的鼓舞。

2018年行驶过的扶贫之路，对我而言更像是心中的长征，这条路上我拿出了极大的勇气和极大的信心，克服各种困难，带领全村2018年通过易地扶贫搬迁脱贫18户56人，教育脱贫28户152人，发展生产脱贫42户209人，共计88户417人，完成了屯内1.5公里的道路硬化，

4个蓄水池的新建，一个屯17盏路灯的亮化工作，村集体经济收入实现6.38万元，获得了2018年度"乡风文明"红旗村荣誉称号。

截至目前，全村还有15户56人未脱贫，百坭村的基本公共服务还有待建设完善，如何推进产业发展还需继续谋划。但面对这些，我充满信心，我将一如既往地坚持贯彻落实习近平总书记关于扶贫工作的重要论述，坚持目标标准不动摇，贯彻精准方略不懈怠，行百里者半九十，不搞急功近利，杜绝形式主义，继续加强农村基层党组织建设，继续增强群众获得感、幸福感、安全感，为百坭村如期打赢脱贫攻坚战、如期和全国同步进入小康社会做出新的贡献。

（撰稿：黄文秀）

119 丁佼

且将诗酒趁年华，轻装扬帆再起航

校友简介：

丁佼，北京师范大学地理科学学部2013级博士校友，云南省定向选调生，现工作于云南省水利厅，2017—2018年参与云南省文山壮族苗族自治州驻村扶贫工作。先后荣获2017年度西畴县优秀公务员、2018年省级先进个人、2019年三季度省水利厅模范机关之星等荣誉。

2018年3月，丁佼结束了为期一年的扶贫工作，从云南西畴县返回位于昆明的水利厅，回想起这段经历，她在微信的签名栏写下：生命好在无意义，才容得下赋予意义。

博士毕业，作为选调生投身脱贫攻坚和河（湖）长制技术支撑一线，担任国家级贫困县西畴县西洒镇坝尾村驻村扶贫工作队员和村主任助理，许多人问丁佼，为什么不留在高校教书，偏要选择来到基层，还是如此偏远的村委会？你图什么呢？丁佼只是回答，人生的每一条路都是你自己在赋予它意义，每个人的出生和结束都很公平，人生的长河里，老天没有告诉你一定要走哪条路，你所走的每一条路都是你所赋予自己的。

对于丁佼而言，成为选调生、下沉基层锻炼的经历是她人生中有着特殊意义的一个片段，而对于西畴而言，丁佼也成了这个边陲小县发展进程中的一股力量，她用自己的行动响应时代号召，为脱贫攻坚战略的实现贡献着自己力所能及的努力。

从"爬山"到"下海"，"成为选调生就是我一直想做的事情"

2016年，丁佼成为云南省委组织部定向北京招录的选调生，获北京市教育委员会颁发的"北京地区高等学校毕业生支援西部地区"荣誉证书。谈起为什么做出成为选调生的选择，丁佼坦言，这是一种偶然，也是一种必然。

在得知云南省来北京招收选调生的消息

之前，丁佼对选调生还毫无概念，但很快她就意识到，这就是她一直想做的事情，她要去实现自己的社会价值。在丁佼的心中，做科研与成为选调生都是实现社会价值的一种途径，只是从她的个人追求出发，她更希望自己未来做的事，能落到实处、更接地气，能够对眼下产生更广泛的社会影响力。机会是偶然的，然而这份选择的初心却是早早就植根在了内心深处。

在北师大攻读博士期间，丁佼展现出很强的科研能力，她长期从事资源环境与地理科学、自然资源管理、河流生态学等方面研究，是同专业小有名气的科研能手，独立带领团队开展田野采样、实验室分析、编写课题报告等工作，累计参与《东江流域水生态功能三级四级分区研究》等国家科技重大专项课题和自然科学基金项目4项，参编《东江河流生态健康评价研究》专著1部，获得《一种基于水生态功能的流域分区方法》等国家专利3项，公开发表国内外核心期刊论文17篇，其中发表英文学术论文SCI7篇（含TOP期刊1篇，第一作者，被引次数达到80次），多次担任*Science of the Total Environment*、*Ecological Indicator*、《生态学》等国内外主流期刊论文审稿人。

在选择成为选调生之后，丁佼发挥多年的科研经历优势，工作以来，她一直致力于将学术与政务相结合，如何基于现实案例，进行学术上的探讨与提炼升华，是她一直在思考的事

情。在她看来，如今的选调生大多来自一流的高等院校，大家带着良好的知识素养来到工作岗位，更应当学以致用，将在高校培养出的创新钻研精神延续到工作实践中。

丁佼把成为选调生比作"下海"。她觉得读书就像"爬山"，本科、硕士、博士一直读上去，就像在攀登知识的高峰，而选择成为选调生，则是她爬到山顶后选择重新"下海"。她至今记得博士论文致谢的最后一句话，"且将诗酒趁年华，轻装扬帆再起航"。选调的工作不像是登山，不是仅仅在一座山峰上不断精进，它涉猎范围更加广泛、面对的人群将更加庞大，就像是在一片广阔无垠的大海上航行，面对领域的转变、全新的环境，丁佼拿出了自己的勇气和信心，义无反顾地选择了这条未来的航线。

路漫漫其修远兮，
"我的青春曾经浸染过泥土的芬芳"

2017年3月，丁佼来到云南省文山壮族苗族自治州西畴县村委会，担任驻村扶贫工作队队员及村主任助理。贫困对象动态管理、天然林停伐、殡葬改革、农业普查、农户信用体系建设、精准施保、危房改造、妇联换届、控辍保学、防洪抗旱、牲畜防疫、保费收缴等都是她的日常工作内容。基层工作非常繁杂，上面千条线、下面一根针，都要靠基层去落实。虽

然生活方式与工作方式与之前都有很大的差距，丁佼仍然很快适应了环境，一年的工作期内，她在推进农村信息精准管理、贫困对象精准识别、协调改善农村水利设施、多措并举推动教育扶贫和电商扶贫等方面都取得了不错的成绩。

西畴县位于滇黔桂石漠化地区，土地难以涵养水源，水资源极度匮乏。丁佼生长于水资源相对丰富的湘潭地区，这样的境况让她很震惊。丁佼第一天进村委会就遇到了村中的纠纷，两户村民因修路而产生了争执，大打出手，调解过程中，丁佼无意间瞥见了路旁一口满是落叶的水窖，她随口询问村民："水池是怎么回事？"一名妇女回答这是他们做饭喝的水，年年如此。这番对话给丁佼留下了深刻的印象，也让她切身感受到清洁水资源对当地居民的重要性。

2017年年初，丁佼所工作的坝尾村主供水水源发生了水污染事件。为保障水源涉及的13个村小组333户1401人的供水安全，丁佼多次向西畴县水务局专题汇报，及时落实了安全饮水提水巩固工程资金80万元以及配套的供水管材，及时安装了净水设备，更换了入户供水管道，修缮了坝塘附近农田排水渠，以坝塘为水源，经过滤后将自来水送到各家各户。

然而，很快丁佼意识到用水、护水习惯的改变是一个长期过程，非一朝一夕可成。通自来水后，丁佼走访村民考察用水情况，却发现

虽然大多村民已经使用自来水洗衣洗碗，但在食用时仍然使用自家水窖中的水，问及原因，村民表示"味道不一样"。同时坝塘周边随意丢弃的生活垃圾随处可见，学校周边的坝塘也不例外。祖祖辈辈的用水习惯已经在村民的脑海中根深蒂固，想要将清洁水资源的概念灌输给村民仍需要大量的努力。之后丁佼又大力推进河（湖）长制的实施，在村里的公益性岗位上设置护水员、巡河员，定期组织开展沟渠的清扫，希望通过长期的制度培养村民爱护水资源的意识。

为了更长效的改变，丁佼举办了"爱心超市公益联盟"德育体验活动。以村级便民服务站为平台，将社会捐赠的爱心物资交由坝尾村、马蹄寨村便民服务站代管，扭扣国利希望小学和马蹄寨小学学生凭借德、智、体、美、劳等日常表现情况获取积分，用积分兑换爱心物资。活动通过以奖代补的方式，对学生进行感恩自强、努力学习等品德教育，引导学生爱护坝塘周边环境，养成良好的行为习惯，培养爱水护水的思想意识。同时也规范了社会捐赠物资的管理，增加了便民服务站的客流量，充分发挥了服务站便民利民的作用，推动村级便民服务站与社会扶贫工作相融合，形成更强劲的扶贫合力。活动开展以来，累计为152名贫困学生免费兑换了1000多件生活用品和学习用品。

除了水利设施外，教育问题一直也是丁佼

关注的重点。扶贫扶智，教育是无法急于求成但却至关重要的一环。2018年4月，丁佼走访西畴县柏林乡马蹄寨小学，偶然发现小学没有就餐桌椅，学生吃饭时只能幕天席地就餐。为了让学生们能坐在室内餐桌上吃饭，她主动对接社会爱心企业，开展"爱心汇聚，情暖校园"系列活动，资助马蹄寨小学、凹塘寨小学等设施薄弱学校，捐赠了100余套餐桌椅、700平方米窗帘、100套学生床上用品等爱心物资。

那一年的工作中，丁佼最难忘的是小金写给她的小纸条。丁佼第一次走访建档立卡户罗寿荣家时，闲聊中他女儿罗志金小声地说，她想读大学。由于哥哥因病去世，父亲久病缠身，母亲精神状态不稳，小金初中毕业可能就面临失学。这个总低着头说话的小女孩，让丁佼感到说不出的心疼。两个月后，当丁佼将爱心助学款转交给小金时，她偷偷塞给丁佼一张小纸条，然后转头跑开。丁佼好奇地打开纸条，上面写道："会笑的女孩运气都不会太差，所以我要多笑，去寻找我的好运气……"小金的变化让丁佼内心触动不已，看到自己的努力帮助她克服了暂时的困难，改变了生活态度，她感到自己的工作有了价值与意义。

在驻村扶贫期间，丁佼累计为64名建档立卡贫困群众、489名贫困学生，募集扶贫爱心物资超过120万元。在2017年度考核，丁佼被评为西畴县优秀公务员。她一直坚持面对当前能解决的问题，就灵活运行政策、统筹社会力量、创新利用网络，使巧劲快速解决；当前解决不了，涉及长远的问题，如农村教育、人才振兴等，就要扎实、逐步去推进。

丁佼十分认可一句用于自律的话："文经我手无差错，事交我办你放心。"她也正是如此要求自己，希望自己以踏实的工作能为当地带来一些改变。而在以后的工作中，穿行过阡陌小巷，奔走在田间地头，沾染着泥土芬芳的这一年，也终将会成为她未来路上前行的力量。

一片冰心在玉壶，"所谓技巧就是谦虚务实四个字"

一年的扶贫生活并非一帆风顺，困难与温暖总是相辅相成。基层的工作繁杂而又要求精准，与每家每户的村民打交道是丁佼的必修课，她深知，基层工作就是要切实关注百姓的实际问题，与民同心，帮助他们走上脱贫道路。

作为从北京来的博士生，在许多村民眼中，丁佼是一个遥远的存在，在谈到如何与群众搞好关系的时候，丁佼表示，没有很多技巧，总结起来也不过是谦虚务实四个字。初来村委会，丁佼遇到的第一个障碍就是语言。为了更快拉近与村民的距离、便捷与百姓的交流，丁佼必须尽快学懂听懂当地方言，为此她每一次进村入户进行访谈时都不忘带一支录音笔，现场记下关键词，回去后再将听不懂的部分反复细听，直到彻底弄懂。丁佼也常常被村民们的善良朴实所感动，每次丁佼路过村民家门口，总有人主动吆喝着给她递当地最喜食的玉米棒，这些相处的点点滴滴都成为丁佼珍宝般的回忆。

除此之外，丁佼还经常在走访过程中主动辅导村民孩子的功课。一次，丁佼去一家贫困户的家中走访，这户人家是村里出了名的犟脾气，他们过去对扶贫工作队态度很不友善。进门后，丁佼看见他家女儿在写作业，便坐下跟他女儿聊了一个多小时，教她怎么复习准备中考，鼓励她多读书，考个好大学。从头至尾，女孩的爸爸在旁边一声不吭，但当丁佼要走时，他一直送她到路口，还邀请丁佼常去自己家。在此后丁佼上门做有关工作时，这位村民的态度一直非常友好，非常配合。

一年中，丁佼跑遍了全村78户建档立卡贫困户，逐户核实脱贫情况和实际困难，帮助制定脱贫规划，拓展增产增收思路，落实帮扶政策。她设计搭建的村级精准扶贫数据库、编制印发的每户政策告知书等创新举措，为推进村务管理信息化和贫困对象精准识别奠定了扎实基础。2017年全村无一错评、漏评情况，工作成效获群众广泛认可。

回忆这一年的生活，丁佼也常感动于家人对自己的支持与帮助。父母总再三叮嘱她要注意安全，爷爷常常来电话跟她传授工作经验，

丈夫独自照顾起家中老人，还时而寄来生活用品……而最让她印象深刻、也最开心的是替奶奶送暖衣圆心愿。

2018年春节返程，丁佼从千里外的家乡驱车回坝尾，不同于别人的返程年货，她的后备箱满载的全是自己家人收罗的爱心衣物。到村后，丁佼在全村贫困户中筛选了较困难的8户，为每户悉心分拣了衣物，共计为38人送去了333件爱心衣服和3个新书包。当把爱心衣物送到贫困户颜传喜家时，丁佼说："这些衣服是我奶奶花了三个月收集整理，亲手清洗、晾晒、叠好的，希望你们喜欢。"不善言谈的颜传喜竟走出家门，坚持要买包糖以表感谢，丁佼连忙阻止并婉言谢绝他的好意。为困难群众送暖衣，既完成了奶奶的善举心愿，也进一步拉近了驻村工作队员与群众的距离，洋溢着浓浓帮扶情义。

谁无暴风劲雨时，"敢于成为国家所需要的青年队伍中的一员"

一年的驻村扶贫工作在不知不觉中结束了，但回到工作单位后的丁佼仍在继续参与扶贫工作，立足工作岗位，发挥专业优势，用新的方式支持乡村振兴。

2018年以来，丁佼累计督办落实省委、省政府批示指示超过200件，在组织推进河（湖）长制省级技术支撑、重点河湖保护治理工作方

丁侥在实地调研

面表现突出。为推动川滇两省共同保护治理泸沽湖，彻底解决"一湖两标"问题，她与四川省河长制办公室、丽江市泸沽湖管理局同事就泸沽湖基础数据、水质目标、协商机制、共治措施等反复沟通数十次，历时半年之久，最终推动云南省、四川省人民政府共同印发川滇两省共同保护治理泸沽湖"1+3"方案，在全国率先建立跨省河湖高层次议事协商机制。同时，她积极深入一线，为临沧、普洱、大理、楚雄等州（市）7000余名河（湖）长开展培训授课，大力提升基层河（湖）长履职能力。

在工作之余，丁侥和丈夫长期在社区服务、农村支教等方面大力弘扬志愿精神，参加昆明环保科普协会、北斗星志愿者驿站等NGO组织的公益活动，累计参加志愿服务时数超过4500小时。先后获五华山华山街道第四届"最美家庭"、省水利厅第二届文明家庭荣誉。

回首作为选调生扎根基层的经历，丁侥表示自己没有留下什么遗憾。在她眼中，选调生从来不应自带光环，在最近的一次对新上任选调生的培训交流中，她对即将奔赴一线的选调生们不断强调，选调生绝不是一个高大上的身份，如果追求高薪、名声，怀有个人英雄主义，就不应该选择这样一条路，选择之前应该遵从本心，选择之后就要坚持到底。她认为，作为选调生，自己所做的工作只是扶贫工作中的一环，既然选择了这条路，就应该学会坚守，往往朴素的东西最有力量，遵从内心才能更持久。无疑，选调生需要的是大格局，要敢于成为国家所需要的青年队伍中的一员，成为时代的中坚力量，而对于个体而言，这份经历也终将磨砺人的品格，锤炼人的韧性。

丁侥从不在采访中鼓吹选调生这个身份，她认为这个身份所要求的恰恰是主动抛去光环的同时，提出更高的标准，才不辱没了选调生的名声。对于即将踏上征程的后辈们，她说出了"求学、务实、创新、坚守"八个字。以求学的姿态深入基层向大众学习，积极适应工作岗位的需要；以务实的作风扎根于扶贫岗位，落实每一个工作任务；以创新的思维寻求工作上的突破，谨记多年高等教育带给自己的本领，高效完成任务，寻找可推广可复制的模式；以坚守的决心坚持走完这条道路，不负初心与选择。

谁无暴风劲雨时，守得云开见月明。脱贫攻坚是一项长期的艰巨任务，是时代赋予的使命与责任，丁佼作为时代浪潮中的一个，时刻谨记着自己的使命，在这条路上坚守初心，坚持到底，即使会遇到许多风浪，她也坚信，每一个个体的努力涓流汇聚，终会迎来国家更好的未来。

（撰稿：李欣然）

120 金沅佳

扎根基层服务冬奥，路虽远行则将至

校友简介：

金沅佳，北京师范大学外国语言文学学院2017级校友，英语笔译专业，文学硕士。毕业后考取北京市选调生扎根基层，随后到北京市延庆区香营乡工作至今，现任北京市延庆区香营乡经济发展办公室副主任。在第24届冬季奥运会期间，金沅佳被借调到涉奥无症状隔离设施指挥部做翻译服务工作。

做一块冬奥需要的"应急砖"

北京市向北75公里，雪车雪橇项目正在被称为"雪游龙"的国家雪车雪橇中心进行。而距其25公里外的无症状隔离设施指挥部，北师大英语专业校友金沅佳正在忙碌着。她已经扎根延庆近五年，一直在香营乡服务工作，2022年1月被借调至此。

北京16城区中，延庆是最特殊的存在，是距离市中心最远的京西北门户，平均海拔500米以上，气温常年比市中心低5℃～6℃，被誉为北京夏都。延庆有举世闻名的八达岭长城、北京市第二高峰海坨山——冬奥会高山滑雪、雪车、雪橇的比赛场地等，被称为北京的"后花园"。

临近冬奥，她被紧急抽调到服务保障冬奥会及冬残奥会工作，负责涉奥无症状隔离者的翻译服务。她身处无症状感染隔离设施第一线，服务对象为来自19个国家的运动员、随队官员、媒体等，人员种类、个性需求较多。为了不错过每一位服务对象的需求，她的两部手机24小时开机，1部手机为国际卡，随时和服务对象的新冠联络官沟通联系，1部手机为个人号，随时接听各相关部门的来电和代表团的电话。

服务保障期间，晚上11点，一名运动员渴望转出，情绪强烈，但该名运动员的核酸结果迟迟未出，于是她主动联系其新冠联络官反复沟通转出事宜，在凌晨3点确定好解除隔离及转出的所有事宜，凌晨5:30转出了该名运动员，确保他如期参加了赛前最后一次训练，使其不留遗憾。事后，该运动员的新冠联络官特意发信息致谢。

服务保障冬奥会期间，她每天都要面对很多事情，最多的时候要一天和20多名观察人员沟通协调，安抚他们的情绪，解决他们的诉求，竭尽所能地为解除隔离人员提供优质的服务，确保他们能准时参赛。

英专人的另一种选择，成为一名包村干部

香营乡位于延庆区东北部，是延庆区唯一一个山川结合乡，乡域面积120平方公里，多为山区，主要生活区集中在川区，可耕种面积少，主导产业为种植业，既处于产业转型关键期，又处于乡村振兴的攻坚期。

2017年7月，金沅佳在全面建成小康社会的攻坚期入职香营乡参与这项艰巨的工作，并成为一名"包村干部"，全程参与了北京市脱低增收帮扶工作，并于2020年年底实现全部脱低。

金沅佳在选调生3年服务期内负责香营乡东白庙村，该村由于老龄化和产业单一等因素，被列为市级低收入村和市级软弱涣散村，村庄情况复杂，人均收入低，脱低增收压力较大。

但金沅佳并没有被这些吓退，反而拿出十二分精神打赢了"摘帽"战。面对以玉米种植为主导产业的东白庙村，她转换思路，发挥生态优势，引导村民投入民宿旅游产业，主动向延庆区文旅局申报材料，最终为该村申请了市级民俗旅游村的称号和价值37.8万元的基础设施，促进了村级旅游产业发展。

面对村委会资金短缺，她在不影响日常工作的情况下，挑灯夜战学习撰写了项目申报书、项目预算并获得市科委的初审，并通过答辩，最终成功为该村申请到了20万元的科普惠农兴村专项资金。随后，她按照项目申报书开展各类活动，提高了村民的科学素养，开阔了视野，进一步促进了村庄产业转型，全面助力完成了脱低增收工作。

经过3年的辛勤努力，金沅佳所服务的东白庙村顺利摘掉了软弱涣散和低收入村的"帽子"，人均收入有了较大提高，村民的幸福感满足感逐年提升。

做一名穿针引线的"绣花人"

基层的复杂性与多样性决定了基层干部的多面性。金沅佳身兼数职，既要做好乡镇干部本职工作，也要承担好包村干部职责，还要做好履职村党支部支委的工作，更要随时做好党组织的一块"砖"。她通过时间与实践练好了基本功，拿稳拿好了手中的"绣花针"，不断地用努力与真诚将各项工作串联起来，持续做

好基层服务的穿针引线工作。

5年来，她先后在4个科室轮岗锻炼，参与了十几个科室的工作，前后写了1200余篇文稿，还撰写了"十四五"时期香营经济社会发展总体规划并获得了区领导的认可与肯定。圆满完成了2021年人大换届选举及人代会筹办举办；顺利完成机构改革及事业单位改革所有工作；梳理历时10年的区级重点工程项目并成为该项目不可或缺的核心人员；参与完成"十四五"规划和乡域旅游产业规划编制工作，不遗余力地推进乡村振兴。

面对群众强烈诉求时，她详细了解村民的意愿，耐心安抚的同时积极想办法帮助其解决问题，最终获得了该村民的感谢，舒缓了干群关系。面对工单数量居高不下的情况，她协助领导做好工单数据原因分析工作，按照一事一策的原则制定对策，逐步降低了工单量，解决了群众需求的同时提升了政府公信力。面对村党支部不信任引来的企业时，她耐心做好双方的桥梁，成功促进了双方合作。她不仅为村民争取了最大化的收益，也促进了企业与村党支部的互信，将双方拧成一股绳，共同推动乡村振兴。

做一个信念坚定的"螺丝钉"

选择到基层去，这是一个很好的机缘，也是一个非常顺其自然的过程。

来自基层的她，读研期间在新华社对外部实习，用心观察隐藏在大众视角之外的社会现象，用真诚打动了受访者，独立撰写的第一篇社会观察《北京胡同收废品一家人》，在一定程度上提高了社会对这个群体的关注度。实习的经历触动了她内心深处的家国情怀，于是她义无反顾地报考了北京市选调生岗位。

回想当初为什么选择延庆，她认真想了想，回答说："我来自基层，也愿意扎根基层。我也是一个学英语的英专人，延庆有世园会和冬奥会这样的国际盛会，我的语言技能应该有用武之地。"延庆的青山绿水深深吸引了她，驱使她全身心地投入其中，不断地学习和提升为民服务能力。5年来，她遇到了困惑就从《习近平的七年知青岁月》汲取力量，遇到了难题便从《乡土中国》中寻找答案。不管前路如何，她从不后悔当初的选择，这也许就是信念的力量。

做一名潜心耕耘的"小蜜蜂"

5年来，她勤勉努力，从未有过懈怠；她身心投入，从未想过回报，组织与群众的认可是她最大的收获。她连续2次年度考核优秀，3年服务期满考核优秀，荣获"三支一扶"优秀证书。2018年11月，她被选为中国青年代表团一员到日本参观学习，短短5天的学习，让她深感埋头做事时一定要随时开阔视野，不断从优秀产业中汲取经验并内化为自己的方法。

多岗位全方位的锻炼，逐步让她成长为一名能独当一面的"多面手"。她于2021年11月被选为乡人大代表；2021年12月被任命为经发办副主任，主持经发办工作，负责统筹推进一二三产融合和绿色产业发展各项工作，如招商引资、制定乡旅游业发展规划、发展乡村旅游及民宿发展、农民增收、低收入农户帮扶等工作。

实现中华民族伟大复兴的中国梦，需要一代又一代有志青年接续奋斗。广大青年要以国家富强、人民幸福为己任，胸怀理想、志存高远，积极投身中国特色社会主义伟大实践，并为之终生奋斗。这是习近平总书记对广大青年的期盼，也是广大青年的使命与责任。金沅佳用5年的时间融入基层，扎根基层，接触了许多基础却不简单的工作，也经历了前所未有的考验，真正做到了"身入"基层，"心到"基层。

蓝图催人奋进，征途任重道远，振兴恰逢其势，奋斗正当其时。欢迎各位师弟师妹加入选调生队伍，我们一起建设祖国基层，以青春之名，无惧风雨奋楫进，不负韶华破浪行，让青春在党和人民最需要的地方绽放绚丽之花。

（撰稿：程琦毓　曹淑睿）

图书在版编目（CIP）数据

北师大的校友们 / 周作宇，陈光巨主编. —北京：
北京师范大学出版社，2022.9
（北京师范大学120周年校庆丛书）
ISBN 978-7-303-27939-5

Ⅰ. ①北… Ⅱ. ①周… ②陈… Ⅲ. ①北京师范大学
—校友—纪念文集 Ⅳ. ①K820.7-53

中国版本图书馆CIP数据核字（2020）第112602号

联　系　电　话　　010-58807068
北师大出版社教师教育分社微信公众号　京师教师教育
BEISHIDA DE XIAOYOUMEN

出版发行：北京师范大学出版社　www.bnup.com
　　　　　北京市西城区新街口外大街12-3号
　　　　　邮政编码：100088
印　　刷：北京盛通印刷股份有限公司
经　　销：全国新华书店
开　　本：787 mm×1092 mm　1/16
印　　张：34.75
字　　数：600千字
版　　次：2022年9月第1版
印　　次：2022年9月第1次印刷
定　　价：280.00元（上下册）

策划编辑：郭兴举　鲍红玉　　责任编辑：郭兴举　鲍红玉
美术编辑：焦　丽　　　　　　装帧设计：王齐云
责任校对：陈　民　谢作涛　　责任印制：马　洁　赵　龙